Avertissement
de la 21ᵉ édition

    Deux éléments essentiels ont conduit à refondre ce manuel dans sa présentation de la structure et de l'évolution des institutions de la Vᵉ République. D'une part, elles sont maintenant enracinées et clarifiées, près de quarante ans après leur établissement. Dirigées par la droite pendant près d'un quart de siècle, elles furent longtemps rejetées par l'autre moitié du pays qui les jugeait illégitimes par leur différence avec le régime parlementaire classique. Elles font maintenant l'objet d'un large consensus depuis 1981 où l'élection de François Mitterrand à l'Elysée a été suivie aussitôt par celle d'une majorité de gauche à l'Assemblée nationale. Ce doublé s'étant renouvelé en 1988, le président socialiste a bénéficié de quatorze années d'application des institutions gaulliennes auxquelles il s'était rallié dès son avènement, en cessant de les considérer comme « un coup d'Etat permanent ». Il ajoutait en 1982 : « Elles étaient dangereuses avant moi, elles le redeviendront après ». Mais il est toujours plus risqué de conduire une Porsche qu'une De Dion-Bouton.

    D'autre part, les institutions de la Vᵉ République ont révélé leur souplesse en 1986-1988 et 1993-1995, où le Président de gauche a pu coexister sans difficulté majeure avec une majorité de droite, ce que beaucoup de commentateurs jugeaient impossible auparavant. Ces « cohabitations » — terme aujourd'hui entré dans le langage juridique — ont souligné combien l'auteur de ce livre avait eu raison d'appeler « semi-présidentiel » le système politique établi en 1958-1962 parce qu'il repose sur l'association d'un Président de la République élu au suffrage universel et doté de pouvoirs effectifs avec un Premier ministre responsable devant la majorité de l'Assemblée nationale. Seul, le conservatisme intellectuel de nombreux juristes freine la généralisation en France d'une dénomination généralement reconnue à l'étranger. Quoi qu'il en soit, tout le monde a constaté qu'un régime accordant au chef de l'Etat beaucoup plus de la moitié du pouvoir gouvernemental quand il est en même temps chef de la majorité parlementaire, lui en laisse beaucoup moins quand il doit cohabiter avec une majorité opposée. L'expression « semi-présidentiel » correspond à la moyenne de ces deux extrêmes, en même temps qu'à la base de légitimité d'un système où la souveraineté nationale s'exprime à travers deux élections au suffrage universel direct.

Un troisième élément essentiel conduit enfin à rester fidèle à la méthode qui a fait l'originalité de l'ouvrage depuis sa première édition, dans la description du fonctionnement effectif des institutions : l'étroite combinaison entre le commentaire juridique et l'analyse de science politique. Le droit constitutionnel ne peut se borner au premier sans rester purement formel. L'un de ses objectifs essentiels est d'expliquer pourquoi des règles juridiques analogues fonctionnent de façons très différentes suivant les pays — tel le système parlementaire en Grande-Bretagne et en Italie — ou suivant les moments dans le même pays — à Londres par exemple, où les gouvernements sont faibles et instables dans les années 30 alors qu'ils sont forts et stables depuis 1945. Ou à Paris où ils sont dominés par le Président de la République entre 1962 et 1986, 1988 et 1993, ou depuis 1995, et par le Premier ministre entre 1986 et 1988 ou 1993 et 1995.

Au moment où l'évolution de la Ve République devrait conduire à renforcer cette méthode, un certain nombre de constitutionnalistes français sont en train de revenir au juridisme archaïque des crinolines et des fiacres, obnubilés par la réforme de 1974 qui a ouvert la voie d'une jurisprudence du Conseil constitutionnel fixant la frontière de la supériorité des lois constitutionnelles sur les lois ordinaires. Certes, ces pouvoirs nouveaux de la haute autorité qui siège aux Tuileries, à côté du Conseil d'Etat sont désormais un élément fondamental du système politique français, et il s'agit d'un progrès de la démocratie qui nous concerne tous. L'analyse de la jurisprudence de notre Conseil constitutionnel deviendra peu à peu aussi importante en France que l'est aux Etats-Unis l'analyse de la jurisprudence de la Cour suprême. Mais elle concerne surtout les relations entre les citoyens et le pouvoir législatif, celles-ci étant étudiées à travers des cas particuliers qui ne permettent pas d'avoir une vue d'ensemble du système politique.

On notera que les intégristes d'un néo-juridisme constitutionnel ont été incapables de proposer une explication valable du fonctionnement du régime en 1986-1988 et en 1993-1995, alors que le Bréviaire de la cohabitation *en a décrit les mécanismes précis avant même que la pratique soit inaugurée, en appliquant la méthode combinant l'analyse juridique et la science politique. Malgré leur myopie sur les textes, les juristissimes ont été aussi peu capables d'expliquer le nouveau rythme des révisions constitutionnelles, dont cinq importantes se sont succédé de si près, les 25 juin 1992, 27 juillet et 25 novembre 1993, 4 août 1995 et 19 février 1996.*

L'emploi simultané de l'analyse juridique et de la science politique ne doit pas aboutir cependant à confondre les règles du jeu explicitées par la première et les rapports de force ou les stratégies des joueurs qui relèvent de la seconde. Seule la délimitation claire des deux plans permet de comprendre les règles et le jeu. La Constitution de la Vᵉ République reste ainsi au cœur de l'ouvrage entre l'exposé de la formation historique du régime, qui la détermine, et celle des pratiques politiques du système, qu'elle encadre. Ainsi le lecteur est-il placé au centre même des institutions qui lui sont expliquées, sans perdre de vue leur amont et leur aval.

MAURICE DUVERGER

Sommaire

DEUXIÈME PARTIE

LES RÈGLES JURIDIQUES DU SYSTÈME FRANÇAIS

Introduction

Ce manuel décrit le système politique[1] tel qu'il fonctionne sous ses différentes variantes : avec un Président de la République s'appuyant sur une majorité parlementaire qui le reconnaît pour son chef (1962-1986, 1988-1993, et depuis 1995), avec un Président en face d'une majorité qui lui est opposée (« cohabitation » de 1986-1988 et de 1993-1995), avec un Président en face d'une Assemblée nationale sans majorité stable (1960-1962). La Constitution n'a pas plusieurs lectures, comme on le dit trop souvent. Mais sa lecture unique offre des possibilités variables suivant l'évolution du rapport de forces politiques. La confusion du régime juridique et des pratiques politiques jusqu'ici développées dans son cadre fausse complètement les perspectives de la plupart des analyses actuelles du régime de la Vᵉ République. La comparaison internationale de constitutions semblables à la nôtre éclaire la diversité des voies où elle est susceptible de s'engager.

L'orientation vers l'une ou l'autre peut être aussi pressentie à travers les traditions enracinées pendant deux siècles où les expériences françaises en matière de systèmes politiques ont été d'une richesse exceptionnelle. La Vᵉ République, établie par le général de Gaulle en 1958-1962, n'est pas compréhensible si l'on ignore le parlementarisme de ses deux sœurs aînées, qui a duré plus de quatre-vingts ans (1870-1958). Lui-même dépend profondé-

1. Sur le sens exact de ce terme, cf. ci-après, p. 18 et 19.

ment de toute l'évolution ouverte en 1789. La première partie du livre expose donc « La formation historique du système français » et les modèles qui l'ont inspirée.

La seconde partie analyse « Les règles juridiques du système français ». Elles tracent le cadre qui s'impose à tous les présidents, à tous les gouvernements, à toutes les majorités parlementaires. En fait, l'usage de leurs prérogatives respectives peut être rendu plus difficile, voire même impossible, par tels ou tels rapports des forces politiques, tandis qu'il peut être facilité ou même élargi par d'autres rapports de force. Mais chacun des pouvoirs publics peut toujours user de ses droits constitutionnels s'il le veut, et aucun ne peut obliger les autres à s'incliner devant des décisions qui méconnaîtraient leurs droits. La Constitution et ses textes d'application définissent les règles auxquelles tous les pouvoirs publics et tous les citoyens doivent se conformer dans un Etat de droit.

La troisième partie du livre explique « Les pratiques politiques du système français » dans le cadre du régime juridique ainsi établi. Ces pratiques peuvent varier suivant les rapports de force. On doit considérer la Constitution de 1958-1962 comme une constitution à plusieurs systèmes. L'un d'entre eux a fonctionné sans interruption pendant près d'un quart de siècle, de 1962 à 1986, puis a repris en 1988-1993 et depuis 1995. Un autre a été inauguré de 1986 à 1988 et recommencé de 1993 à 1995. Un troisième a été esquissé de 1958 à 1962. D'autres encore pourraient leur succéder après des élections législatives ou présidentielles modifiant les rapports de force actuels. Tous ces systèmes sont analysés dans ce livre. Les trois premiers d'une façon développée, puisqu'ils se sont appliqués effectivement et que nous pouvons les observer avec précision. Les autres d'une façon plus sommaire et plus elliptique, puisque nous pouvons seulement les imaginer par une construction intellectuelle.

Dans les précédentes éditions de ce manuel, et dans les livres antérieurs de son auteur, les termes de « régime politique » et de

« système politique » étaient employés à peu près comme synonymes. On les distinguera désormais suivant la suggestion d'Olivier Duhamel[1] : le mot « régime » étant réservé à la structure définie par la Constitution et les règles de droit qui la complètent, le mot « système » s'appliquant aux configurations que revêtent les pratiques effectives ou possibles dans le cadre du régime. La seconde partie de ce livre décrit le régime politique, lequel n'est qu'un des éléments du système politique dont les différentes modalités seront analysées dans la troisième partie.

1. Dans *Droit, institutions et systèmes politiques* (Mélanges en hommage à Maurice Duverger), 1987, p. 581 et suiv.

PREMIÈRE PARTIE

La formation historique du système français

Le système politique français d'aujourd'hui est l'aboutissement d'une évolution qui commence en 1789. Certes, les siècles qui précèdent ont aussi leur part dans la tradition nationale. D'Hugues Capet à Louis XVI, on perçoit une ligne orientée dans le même sens, malgré les oscillations, les crises et les régressions. Le développement d'un pouvoir central fort, la création d'un Etat soutenu par un corps d'administrateurs puissant, l'image d'un roi qui s'appuie sur le peuple (ou plutôt sur la bourgeoisie) contre les féodaux ont persisté jusqu'à nos jours à travers des formes nouvelles. La force des hauts fonctionnaires du XXe siècle prend sa source dans les légistes de Philippe le Bel, la planification économique et les nationalisations sont dans l'héritage de Colbert, Napoléon Ier et de Gaulle prolongent la monarchie autoritaire et populiste incarnée dans la mythologie d'Henri IV. Tocqueville a montré les liens qui unissent *L'Ancien Régime et la Révolution*, titre du livre célèbre qu'il publie en 1858. A travers ces liens, les régimes postrévolutionnaires se rattachent ainsi aux « quarante-rois-qui-en-mille-ans-firent-la-France », comme disaient les monarchistes des années 30.

Cependant, 1789 marque une rupture. Alors, la vieille monarchie n'a pas su s'adapter à la situation nouvelle engendrée par les progrès de la bourgeoisie et le développement de l'idéologie libérale, qui se produisaient dans toutes les nations de l'Europe occidentale. Par ses maladresses, elle a au contraire contribué à provoquer un choc révolutionnaire brutal. Un traumatisme profond en est résulté, qui a brisé pour longtemps le consensus national, c'est-à-dire l'accord des citoyens sur un petit nombre de règles communes leur permettant de vivre ensemble. Pendant tout le XIXᵉ siècle, alors que le contexte socio-économique et idéologique n'était pas très différent du reste de l'Europe, ces conditions historiques particulières ont obligé la France à rechercher de façon constante un compromis difficile permettant de fonder un régime acceptable par l'ensemble des Français.

La France a ainsi connu une série de systèmes politiques variés qui lui ont donné dans ce domaine une expérience plus développée que dans aucun autre pays. Une fois l'Ancien Régime renversé, elle a cherché un régime nouveau. Elle a mis longtemps à le trouver. Entre 1789 et 1875, elle tente de transposer des modèles étrangers : surtout le modèle anglais, fort à la mode bien avant la Révolution, mais aussi le modèle américain. Elle élabore également un modèle original, celui du bonapartisme. Il tend vers une monarchie républicaine qui présente des caractères modernes. Il aura des prolongements jusqu'à l'époque contemporaine.

Comme bibliographie générale de la période 1789-1958, cf. R. Rémond, *Introduction à l'histoire de notre temps*, I : *L'Ancien Régime et la Révolution (1750-1815)* ; II : *Le XIXᵉ siècle (1815-1914)* ; III : *Le XXᵉ siècle, de 1914 à nos jours* ; G. Duby et R. Mandrou, *Histoire de la civilisation française*, t. II : *XVIIᵉ-XXᵉ siècle*, 1963 ; P. Rosenvallon, *L'Etat en France de 1789 à nos jours, 1990*. — On se reportera également aux grandes histoires de France, notamment à la *Nouvelle Histoire de la France contemporaine (1787-1958)*, 18 vol., 1972-1983 (coll. « Points », Le Seuil), aussi à la vieille Histoire sous la direction de E. Lavisse, *Histoire de la France contemporaine*, 9 vol., 1920-1922.

Sur l'histoire des Constitutions, M. Duverger, *Les Constitutions de la France*, 12ᵉ éd., 1991 (« Que sais-je ? »), et M. Deslandres, *Histoire constitutionnelle de la France (1789-1870)*, 3 vol., 1933. Les textes des Constitutions et autres documents se trouvent dans M. Duverger, *Constitutions et documents politiques*, 14ᵉ éd., 1995.

Chapitre premier

DIX ANS DE RÉVOLUTION
(1789-1799)

Une révolution n'est jamais un événement fortuit. Celle de 1789 n'aurait pas éclaté si l'Ancien Régime n'avait recelé en lui de profondes contradictions, si le consensus national n'avait pas été déjà mis en cause auparavant. De fait, bien avant 1789, les « philosophes » — c'est-à-dire les intellectuels — avaient contesté de façon radicale le système de valeurs existant. Mais cette contestation se faisait aussi dans les autres pays, où elle n'a pas entraîné de révolution. Dans le nôtre, ses auteurs ne pensaient pas en tirer des conséquences radicales à court terme. Au 14 juillet 1789, il n'y a pas de républicains en France, qui croient sérieusement qu'on puisse détruire la monarchie. En 1799, il y en a beaucoup, et les monarques qui monteront ensuite sur le trône — empereurs ou rois — ne seront pas pris au sérieux par une grande partie de la population. On mesure à cela l'importance du traumatisme provoqué par une révolution qui a duré dix ans. Les échecs de cette révolution ne sont pas seulement la conséquence de la mauvaise organisation des systèmes politiques successivement établis par elle : monarchie limitée d'abord, républiques ensuite. Ils découlent aussi de la guerre que toute l'Europe coalisée mène contre la Révolution, qui a eu la maladresse de déclencher les hostilités.

Commencée en 1792, cette guerre ne s'interrompra que deux ans en 1802-1804, pour reprendre jusqu'à 1815. Elle joue un grand rôle dans la chute de la monarchie limitée, l'échec des républiques, le coup d'Etat du 18 brumaire, la proclamation du Premier Empire et sa chute.

1 / L'échec de la monarchie limitée

Quand les Etats généraux se réunissent le 5 mai 1789, la majorité de leurs membres souhaitent seulement réformer la monarchie française. Pour cela, ils ont un modèle devant les yeux, mis à la mode depuis un demi-siècle par Montesquieu : le modèle britannique. C'est une vue tout à fait juste, puisque ce modèle permettra à la Grande-Bretagne de passer de la monarchie ancienne à la démocratie moderne tout en gardant le roi finalement réduit à une fonction symbolique. Toute l'Europe occidentale s'engagera dans la même voie, en faisant l'économie de révolutions trop brutales. La France n'y réussira pas en 1789 : ainsi la révolution modérée qui proclama les Droits de l'Homme devint la révolution sanglante de 1793-1794 qui entraîna un siècle de bouleversements constitutionnels.

1 | LE MODÈLE ANGLAIS

Le modèle anglais part de l'évolution d'une institution commune à la plupart des nations d'Europe occidentale au XIVe siècle : les Assemblées d'états. Disparues ou affaiblies à peu près partout, elles se maintiendront à Londres sous le nom de Parlement, en absorbant progressivement les pouvoirs du roi. D'où le nom de « régime parlementaire » donné au système politique engendré par cette évolution.

▶ *La formation du modèle anglais*

On se bornera à souligner ici trois points saillants : l'évolution originale du Parlement britannique par rapport aux autres assemblées d'états, la naissance de la théorie de la séparation des pouvoirs à partir du Parlement britannique, les étapes du développement du modèle anglais.

1. *Assemblées d'états et Parlement britannique.* — Dans la plupart des pays européens, les assemblées d'états apparues au XIVᵉ siècle s'étiolent ou disparaissent ensuite, sauf à Londres.

• Les assemblées d'états. — Le terme « état » ne désigne pas ici un pays indépendant ou son organisation politique, mais un statut social : l'état de noble, de clerc, de bourgeois. L'apparition des assemblées d'états s'explique en général par le fait que les monarques ont des besoins d'argent croissants, et qu'ils demandent des subsides à la bourgeoisie des villes en même temps qu'à l'aristocratie et aux clergés : cette bourgeoisie étant précisément une classe en expansion.

Il s'agit moins d'une institution nouvelle que de la transformation de la vieille institution féodale des Grands conseils, Cours du roi, Champs de mars ou de mai. La nouveauté consiste dans l'adjonction des bourgeois des villes. Les assemblées ainsi constituées portent des noms divers suivant les pays : Etats généraux, Cortès, Diète, Parlement, etc. On y distingue d'ordinaire trois « états » : clergé, noblesse et bourgeoisie. En Scandinavie cependant, on réunit quatre « états » : les paysans libres formant une catégorie qui s'ajoute aux précédentes.

En général, les assemblées d'états disparaissent ou sont mises en sommeil au bout de deux à trois siècles, à moins qu'elles se maintiennent dans des cadres provinciaux. En France, les Etats généraux ne sont plus réunis après 1614, et leur résurrection en 1789 prend déjà un caractère révolutionnaire. Seul, le Parlement britannique demeure et se développe.

● Le Parlement britannique. — Pourquoi les assemblées d'états se sont-elles maintenues à Londres alors qu'elles disparaissent partout ailleurs? Très vite, le Parlement britannique avait pris une structure différente des assemblées d'états continentales. Dans celles-ci, chacun des « états » composants siège séparément : clergé, noblesse, bourgeoisie, éventuellement paysannerie. La distinction des deux chambres de Westminster ne s'établit pas sur les mêmes bases. La Chambre des Communes ne réunit pas seulement des bourgeois mais aussi des représentants de la petite et moyenne noblesse rurale (les « squires »). La Chambre des Lords comprend les grands seigneurs et les délégués du haut clergé. Chacune exprime plutôt une classe sociale au sens moderne du mot qu'un « ordre » ou un « état » au sens médiéval. Cela tient au fait qu'en Grande-Bretagne une partie de l'aristocratie foncière est entrée rapidement dans une production de type capitaliste, basée sur le profit : elle est donc devenue l'alliée naturelle de la bourgeoisie, qui repose sur la même base économique. Une sorte de classe moyenne s'est donc constituée, dont la puissance productive n'a cessé de s'étendre jusqu'à devenir prédominante. Le Parlement est l'expression de cette classe moyenne. Son développement correspond à la sienne.

Des éléments politiques ont accentué la divergence d'évolution du Parlement britannique et des assemblées d'états continentales. En France par exemple, le roi réussit assez vite à obtenir des Etats généraux le vote des subsides permanents, destinés à entretenir une armée permanente, nécessaire dans un pays continental. Il dispose ainsi d'un moyen de pression lui permettant de se libérer de la tutelle des assemblées. En Grande-Bretagne, que sa position insulaire rend moins vulnérable, le Parlement peut refuser tout subside permanent, et même interdire l'entretien d'une armée permanente en temps de paix qui permettrait de se débarrasser de lui.

2. *Le développement du modèle anglais.* — Le développement du modèle anglais n'est pas si pacifique ni si linéaire qu'on le croit. Une longue lutte a opposé le Parlement et la monarchie pendant près de quatre siècles. Elle culmine au XVIIᵉ, où le Parlement anglais a failli disparaître, comme les assemblées d'états sur le continent.

● La lutte des rois contre le Parlement. — Le Parlement britannique apparaît dès le XIIᵉ siècle dans la lutte des barons menés par Simon de Montfort contre le roi Henri III (1265). Ses pouvoirs s'accroissent dans les périodes troublées comme celle-ci et s'affaiblissent dans celles où des monarques puissants essaient de développer l'absolutisme, tels Henri VIII (1509-1547) et Elisabeth Iʳᵉ (1558-1603). La lutte des rois contre le Parlement se durcit avec les Stuarts qui montent sur le trône en 1603. Elle engendra une guerre civile, une première révolution, l'exécution du roi Charles Iᵉʳ, la république de Cromwell, la restauration de 1660, la seconde révolution en 1688 et l'acceptation par la monarchie de la Déclaration des Droits de 1689. Désormais, le Parlement a vaincu et sa croissance est régulière.

● Les formes de la croissance du pouvoir parlementaire. — Le Parlement a été convoqué à l'origine pour fournir des subsides au roi. Il refusa de les accorder de façon permanente, afin d'être convoqué régulièrement. Avant de les accorder chaque fois, il demandait à connaître l'état des dépenses du royaume. Et il présentait au roi des demandes (« bills ») qu'il souhaitait voir aboutir, en échange des subsides. La signature du roi suffisait pour que ces « bills » deviennent des lois. Peu à peu, le Parlement obtiendra qu'aucune loi royale ne soit prise sans un « bill » du Parlement, puis que tous les « bills » du Parlement deviennent nécessairement des lois.

D'autre part, les parlementaires s'efforcèrent d'obliger le roi à se séparer des ministres qui leur déplaisent. Dès le xive siècle, la Chambre des Communes parvint à en faire juger par les Lords comme concussionnaires. Telle est l'origine de la procédure dite d' « impeachment » qui consiste à se débarrasser de ministres par une accusation pénale, entraînant des sanctions pénales. Dans la grande lutte de Charles Ier contre le Parlement du xviie siècle, le roi dut s'incliner devant les accusations contre son ministre Strafford, qui aboutit à l'exécution de celui-ci. A partir de là, les ministres préfèrent démissionner quand le Parlement leur manifeste sa défiance plutôt que de risquer un « impeachment » qui pouvait les conduire à la prison et à la mort. Ainsi la responsabilité pénale se changea en responsabilité politique, laquelle prendra ensuite un caractère collectif : s'appliquant à l'ensemble des ministres formant un corps sous l'autorité du Premier ministre. Appelé « cabinet », ce corps absorbera peu à peu tout le pouvoir royal.

▶ *Le modèle anglais des Français de 1789*

En 1789, les Français ne connaissent le système anglais que dans sa première phase, celle de la monarchie limitée, établie un siècle plus tôt. La Grande-Bretagne en est alors à la seconde phase : celle que les Français appellent aujourd'hui le parlementarisme orléaniste. Pour bien situer les idées, on va retracer ci-après le développement complet du modèle anglais, qu'il faut connaître pour comprendre le développement historique du système français.

Un autre aspect de l'évolution anglaise inspirera aussi les

hommes de la Révolution française : celui de Cromwell et de la Révolution britannique du XVIIᵉ siècle. Louis XVI aurait probablement gardé sa tête sur les épaules si Charles Iᵉʳ n'avait pas été décapité en 1649. La Iʳᵉ République française n'a pas oublié le Lord protecteur de la République britannique : pour éviter de tomber sous le joug d'un dictateur, elle a refusé un président. Cependant, les ennemis de Robespierre l'ont appelé Cromwell avant que le Premier Consul l'imite à son tour, tout en ne suivant pas jusqu'au bout son exemple : puisque le Lord protecteur refusa une couronne que prit Napoléon.

1. *Les trois phases du développement du modèle anglais.* — On les décrit toutes, parce que chacune a servi de modèle à l'un ou l'autre des régimes qui se sont succédé en France, de la Révolution à 1958. Mais seule la première a été connue des hommes qui ont fait 1789. Ces phases sont figurées dans les schémas de la figure 1, p. 30-31.

• La monarchie limitée. — Elle est établie en Grande-Bretagne au lendemain de l'avènement de Guillaume d'Orange et de l'acceptation par lui de la Déclaration des Droits de 1689. Le Parlement possède définitivement le pouvoir législatif : le roi n'a pas le droit d'établir des lois sans lui, ni des impôts ou des taxes, ni d'entretenir une armée en temps de paix. La liberté de parole et de débats du Parlement est assurée. Cependant, le pouvoir législatif suppose l'accord du roi et du Parlement : le roi ne peut faire des lois sans le Parlement, mais il n'est pas obligé de promulguer tous les « bills » votés par ce dernier. Il est libre de leur donner ou non sa sanction, qui leur confère force de loi.

Par ailleurs, le roi est libre de convoquer et de dissoudre le Parlement, qui n'est pas encore arrivé à la permanence. Le souverain n'est pas obligé de choisir ses ministres dans la majorité. Investi pleinement du pouvoir exécutif, participant au pouvoir législatif par son refus de sanctionner les lois votées par le Parle-

I — L'évolution commune à l'Europe occidentale

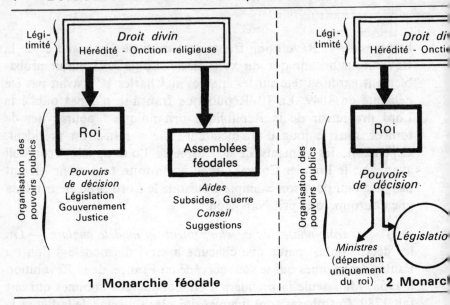

1 Monarchie féodale

2 Monar

II — Suite de l'évolution en Grande-Bretagne

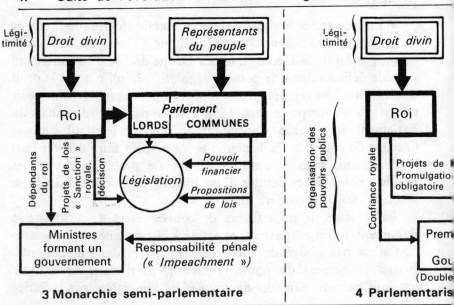

3 Monarchie semi-parlementaire

4 Parlementaris

Fig. 1. — La formation historique du régime parlementaire en Grande-Bretagne

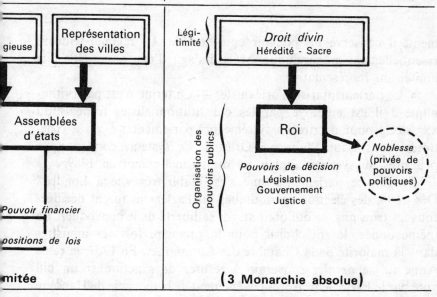

Légitimité

Droit divin
Hérédité - Sacre

gieuse

Représentation
des villes

Assemblées
d'états

Pouvoir financier

positions de lois

mitée

Organisation des pouvoirs publics

Roi

Pouvoirs de décision
Législation
Gouvernement
Justice

Noblesse
(privée de
pouvoirs
politiques)

(3 Monarchie absolue)

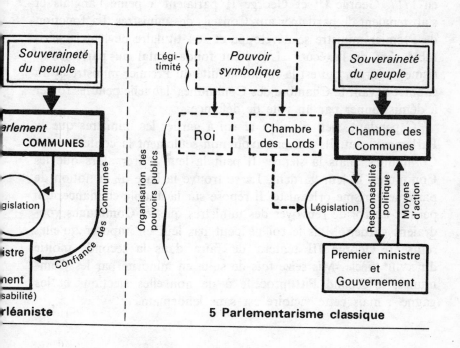

Souveraineté
du peuple

arlement
COMMUNES

gislation

istre

nent

sabilité)

rléaniste

Confiance des Communes

Légitimité

Pouvoir
symbolique

Roi

Chambre
des Lords

Organisation des pouvoirs publics

Législation

Souveraineté
du peuple

Chambre des
Communes

Responsabilité politique

Moyens d'action

Premier ministre
et
Gouvernement

5 Parlementarisme classique

ment, il conserve un pouvoir considérable. Le régime demeure essentiellement monarchique. Mais il s'agit d'une monarchie dite limitée ou représentative.

• Le parlementarisme orléaniste. — Ce terme n'est pas britannique : il est employé par les constitutionnalistes français du XXe siècle pour décrire un système pré-parlementaire qui a fonctionné sous Louis-Philippe d'Orléans. Ce système correspond à peu près au système anglais tel qu'il fonctionnait en 1789.

En fait ce parlementarisme s'est établi très vite à Londres. Dès 1694, des élections périodiques du Parlement furent décidées tous les trois ans, ce qui ôtait au roi sa liberté de le convoquer. La même année, le roi choisit pour la première fois ses ministres dans la majorité de la Chambre des Communes. En 1707, la reine Anne fut le dernier souverain à refuser de sanctionner un bill voté par le Parlement. Après l'avènement de la dynastie de Hanovre en 1717, George Ier et George II parlaient à peine l'anglais et s'abstenaient de participer aux Conseils des ministres. La fonction de Premier ministre se développe et son titulaire devient le véritable chef de l'exécutif. L'élément fondamental du parlementarisme apparaît, qui est la responsabilité du Premier ministre et du cabinet devant la Chambre des Communes, laquelle peut les forcer à démissionner par un vote de défiance.

Cependant, rien n'oblige le roi à garder les ministres que le Parlement veut. Ils doivent avoir non seulement la confiance des Communes, mais la sienne. Il peut la leur retirer alors que les Communes la leur gardent. Là se trouve la base de la notion de parlementarisme orléaniste. Il repose sur la double confiance, qui permet au roi de renvoyer des ministres que les Communes voudraient garder. Mais le roi ne peut pas leur en imposer qu'elles refusent. George III tentera de faire dans la seconde moitié du XVIIIe siècle. Mis seize fois de suite en minorité par les Communes, le second Pitt procède à de nouvelles élections et les gagne : mais cette victoire est sans lendemain.

● Le parlementarisme classique. — Il s'établira au XIXᵉ siècle. La dernière tentative de double confiance fut le renvoi du ministère Peel par Guillaume IV en 1834. A partir de ce moment, le roi choisit le Premier ministre dans le parti qui a la majorité aux Communes, il accepte comme ministre les personnes que ce Premier ministre lui propose, il garde le Premier ministre et le cabinet tant qu'ils ont la confiance des députés, il les renvoie si la Chambre des Communes leur refuse la confiance, il ne dissout le Parlement que si le Premier ministre le veut. Ainsi le pouvoir exécutif est totalement passé du roi au Premier ministre et aux ministres. En même temps, le Parlement siège désormais chaque année, par la nécessité de voter le budget autorisant l'engagement des dépenses et la perception des impôts. Ce parlementarisme-là ne sera établi en France que sous la IIIᵉ République, dans un cadre républicain.

2. *Locke et Montesquieu : la théorie du modèle anglais.* — En 1789, les Français connaissent le modèle anglais par Locke, qui l'a décrit un siècle plus tôt, et par Montesquieu, qui l'a décrit d'après Locke. L'un et l'autre en font d'ailleurs moins une description qu'une théorie. Ils le justifient à travers les concepts de représentation politique et de séparation des pouvoirs. Mais les Français de 1789 sont influencés aussi par la contestation de ces théories, développée par Rousseau.

● La théorie de Locke. — En 1690, John Locke publie ses « Deux traités du gouvernement », dont le second deviendra célèbre sous le titre de *Traité du gouvernement civil*. Exilé aux Pays-Bas pendant le régime absolutiste des Stuarts, Locke est rentré en Grande-Bretagne avec la princesse Marie et son époux Guillaume d'Orange. Il théorise la séparation des pouvoirs qui s'établit alors en fait. Il la renforce, en la rattachant à la théorie du pacte social, déjà formulée par Hobbes. Libres par l'état de nature, les hommes ne peuvent échapper à sa violence qu'en créant un pouvoir politique, lequel n'est fondé que sur leur consentement. Ils instaurent le pouvoir politique par un pacte social.

Mais ce pacte social ne peut jamais confier toute l'autorité à un seul homme : car l'absolutisme de celui-ci serait encore plus dangereux que les violences de l'état de nature. Ainsi toute société repose sur deux pouvoirs au moins. Le législatif pose les règles que doivent suivre les hommes : il ne peut être exercé que par une assemblée représentative. En face d'elle, l'exécutif applique les lois du législatif, mais peut aussi « agir discrétionnairement en vue du bien public, en l'absence d'une disposition légale, et même à son encontre ». On voit que Locke, adversaire de la monarchie absolue, laisse tout de même place à une monarchie active, en face du Parlement. Il décrit aussi un troisième pouvoir, appelé « fédératif », qui « concerne les relations extérieures »; mais il n'y a pas à en parler ici.

• La théorie de Montesquieu. — Le *Traité du gouvernement civil* a été traduit en français dès 1691. Il a été connu par tous nos auteurs du XVIIIᵉ siècle, parmi lesquels il a mis à la mode le régime britannique. Quand Montesquieu édifie sa propre théorie de la séparation des pouvoirs, il le fait dans le chapitre de *L'Esprit des lois* (1748) intitulé « De la Constitution d'Angleterre ». C'est suivant son expression « le beau système anglais » qu'il décrit en reprenant les notions de pouvoir législatif et de pouvoir exécutif élaborées par Locke. Mais il désigne comme troisième pouvoir le judiciaire, ce qui est plus exact. Il insiste sur le fait que le peuple et les nobles partagent le législatif, à travers la division du Parlement en deux chambres : Communes et Lords. La division en deux chambres est pour lui un élément essentiel, afin que « les gens distingués par la naissance, les richesses ou les honneurs » ne soient pas « confondus parmi le peuple ». La représentation par un Parlement est fondamentale : « Le grand avantage des représentants, c'est qu'ils sont capables de discuter les affaires. Le peuple n'y est pas du tout propre. »

3. *Rousseau : la critique du modèle anglais.* — La critique de Rousseau ne s'appliquait pas au seul Parlement britannique. Elle touchait à son fondement même : la représentation politique.

● Le rejet de la représentation politique. — Dès 1762, le *Contrat social* rejette le principe de toute représentation politique, en des termes clairs : « Le peuple anglais pense être libre : il se trompe, il ne l'est que durant l'élection des membres du Parlement; sitôt qu'ils sont élus, il est esclave, il n'est rien. » La conclusion est que le peuple ne peut conserver « l'exercice de ses droits si la Cité n'est très petite ». La théorie de Rousseau était décevante pour des révolutionnaires qui voulaient donner une constitution à la France, le plus grand pays de l'Europe à l'époque. Mais son auteur avait lui-même suggéré les grandes lignes d'une solution de compromis.

Pour lui, la souveraineté du peuple, qui seule établit la loi, doit être exercée directement et non par des représentants. Mais, traitant d'un grand Etat, il déclare que « la puissance législative ne peut s'y montrer d'elle-même, et ne peut agir que par députation ». Il exige seulement que les représentants changent souvent, qu'ils soient soumis à des mandats impératifs dont ils ne pourraient s'écarter sans être révoqués par leurs commettants. Il ne prohibe pas la représentation elle-même, nécessaire pour gouverner, mais le fait que les assemblées représentatives accaparent la souveraineté dont le peuple lui-même ne peut se dessaisir sans l'anéantir. C'est d'ailleurs ce qu'elles feront : la théorie de la « souveraineté nationale » inventée par les révolutionnaires modérés de 1789, tournant à la « souveraineté parlementaire » (cf. p. 194).

● L'ambiguïté de la représentation. — Très averti de l'histoire des assemblées représentatives en Europe, Rousseau rappelait que « l'idée des représentants nous vient du gouvernement féodal ». Il soulignait ainsi son ambiguïté, très visible dans la théorie de Montesquieu, président au Parlement de Bordeaux qui exprime les vues de la noblesse de robe, de façon plus intelligente et plus libérale que ses collègues. Au XVIIIe siècle, le Parlement britannique ne représentait pas le peuple. Si la Chambre des Lords représentait l'aristocratie, la Chambre des Communes ne représentait pas le peuple, à travers un suffrage très restreint qui garantissait la domination de la *gentry* et de la haute bourgeoisie. La séparation des pouvoirs prônée par Locke et Montesquieu ouvrait une certaine représentation du peuple, à travers la bourgeoisie, et c'était son aspect moderne. Mais elle restituait aussi aux aristocrates un pouvoir dont les monarques absolus les avait dépouillés, et c'était son aspect quasi féodal.

Cette seconde face explique pourquoi les juges des Parlements de Paris et de province ont provoqué la convocation des Etats généraux dont eux-mêmes allaient être les victimes. Les Parlements de France n'avaient que le nom de commun avec le Parlement de Grande-Bretagne. Formés de magistrats propriétaires de charges qui faisaient d'eux une noblesse de robe riche et respectée, les premiers étaient avant tout des tribunaux. Ayant pour fonction secondaire d'enregistrer les édits royaux, ils en profitaient pour faire au roi des « remontrances » en faisant durer l'enregistrement, qui leur était finalement imposé par un « lit de justice ». Pour éviter que la monarchie aux abois financiers ne les soumette à des impôts égaux pour tous, ils réclamaient que la nation soit consultée à travers des représentants où ils pensaient avoir une influence dominante. Le rêve de transposer à Paris le Parlement de Londres était le rêve d'une monarchie limitée par les « gens distingués » dont parle Montesquieu.

Sur le développement du modèle anglais, cf. M. Charlot, *Le pouvoir politique en Grande-Bretagne*, 1990, coll. « Thémis » ; K. Mackenzie, *The English Parliament*, Londres, 1963 (Penguin Books), par un haut fonctionnaire de la Chambre des Communes ; W. Bagehot, *The English Constitution*, 1867 (nombreuses rééditions anglaises ; trad. franç. par M. Gaulhéac, 1869), demeure un livre fondamental ; cf. également M. Duverger, *Janus : les deux faces de l'Occident*, 1972, ouvrage consacré au développement du système politique occidental.

Sur les théories de Locke, se reporter à John Locke, *Traité du gouvernement civil*, avec introduction par S. Goyard-Fabre, 1984. — Sur Montesquieu, cf. l'analyse de Pierre Manent, dans son *Histoire intellectuelle du libéralisme*, 1987, montrant que Montesquieu a inversé la séparation des pouvoirs de Locke. Pour ce dernier, le danger de despotisme venait du roi. Pour Montesquieu « l'exécution ayant ses limites par nature, il est inutile de la borner ». Mais « si la puissance exécutrice n'a pas le droit d'arrêter les entreprises du corps législatif, celui-ci sera despotique ; car, comme il pourra se donner tout le pouvoir qu'il peut imaginer, il anéantira toutes les autres puissances ». — Sur Rousseau et son influence politique en 1789, cf. R. Derathé, *Jean-Jacques Rousseau et la science politique de son temps*, 2ᵉ éd., 1970, et la contribution d'E. Weil, Rousseau et sa politique (1952), dans le recueil *Pensée de Rousseau*, 1984 (coll. « Points »).

2 | LA TRANSPOSITION FRANÇAISE DU MODÈLE ANGLAIS

Le modèle anglais s'est développé en Grande-Bretagne par une lente accumulation de réformes successives, qui n'ont jamais été codifiées. Il repose à la fois sur des textes variés, nombreux et épars, et sur une tradition faisant l'objet d'un consensus national. Les révolutionnaires français vont essayer de le transposer par une réglementation juridique définie par une constitution écrite, supérieure aux lois ordinaires et s'imposant à tous les pouvoirs. Sur ce point, ils imitent une technique américaine. Des constitutions avaient été établies dans les différentes colonies d'Amérique du Nord depuis la fin du XVIIᵉ siècle. Locke aida d'ailleurs à celle de la Caroline. Après la guerre d'Indépendance à laquelle participa La Fayette, la Constitution fédérale a été établie en 1787.

▶ *L'établissement d'une monarchie limitée (1789-1791)*

Il se fait en deux temps. Dès 1789, la transformation des Etats généraux élus en Assemblée nationale a pour effet de transformer la monarchie absolue de Louis XVI en monarchie limitée par un parlement élu. Décidant de se transformer en constituante, l'Assemblée nationale établit la première Constitution de la France, celle du 3 septembre 1791.

1. *Le régime provisoire de 1789-1791.* — Une fois que l'émeute du 14 juillet a empêché le roi de dissoudre par la force les Etats généraux — à supposer qu'il en ait eu vraiment l'intention —, deux pouvoirs règnent en France : celui du roi, celui de l' « Assemblée nationale constituante ».

• Les pouvoirs de l'Assemblée constituante. — Les Etats généraux n'étaient qu'une assemblée consultative. Le tiers état s'est proclamé « Assemblée nationale » le 17 juin, et a déclaré autoriser provisoirement la perception des impôts, ce qui implique que l'Assemblée nationale a pouvoir de décision dans ce domaine. Cet acte est révolutionnaire : il marque le partage de la souveraineté entre le roi et la nation. Le roi reconnaît le fait, et enjoint aux deux autres ordres de se réunir au tiers état. Le 9 juillet, l'Assemblée désigne un comité de la Constitution ; le 11 juillet, elle prend le nom d'Assemblée constituante.

Mais l'Assemblée constituante ne se borne pas à élaborer la future Constitution. Elle décide immédiatement des réformes essentielles, dont certaines seront incorporées dans la Constitution, dont d'autres subsisteront avec valeur législative : la Déclaration des Droits de l'Homme et du Citoyen, la suppression des privilèges et des droits féodaux, l'abolition des corporations et des jurandes, l'interdiction des coalitions ouvrières, etc. Elle exerce donc en fait le pouvoir législatif, mais a besoin de l'accord du roi. Il se borne à ordonner la publication des décrets, mais il signe la Déclaration des Droits en écrivant de sa main : « accepté pour être exécuté » (30 septembre).

• Le caractère démocratique de l'Assemblée constituante. — La théorie des anciens Parlements, d'un organe placé en face du roi pour représenter la nation, a pris corps. Mais cet organe n'est plus formé d'un groupe de privilégiés. Il a un caractère représentatif. Les Etats généraux de 1789 ont été élus en effet d'une façon assez démocratique. Etaient électeurs du tiers état « tous les habitants nés Français ou naturalisés, âgés de 25 ans, domiciliés et compris au rôle des contributions ». Le suffrage n'était pas universel puisqu'il fallait être contribuable : mais aucun chiffre minimum d'impôt n'était exigé. L'élection était à un seul degré pour le clergé et la noblesse, dans le cadre du bailliage; pour le tiers, elle était, au contraire, à deux degrés dans les campagnes (paroisse, bailliage) et à trois degrés dans les villes (corporation ou quartier, ville, bailliage). Notons que la femme titulaire de fief avait droit de vote : le suffrage féminin n'était pas complètement exclu.

Sans doute, les trois ordres étaient inégalement représentés : 500 000 privilégiés de la noblesse et du clergé avaient ensemble autant de députés que les 24 millions de membres du tiers état. Mais la majorité du clergé était formée des représentants du « bas-clergé » qui faisaient souvent cause commune avec le tiers état. Un certain nombre de nobles se sont ralliés au parti des réformes. D'autres vont commencer à émigrer à partir de 1790. Surtout, la pression populaire affaiblissait les députés conservateurs.

2. *La Constitution du 3 septembre 1791.* — Elle établit une monarchie limitée, un peu à l'image de celle qui fonctionnait déjà en fait. Cependant les fonctions et le recrutement des ministres sont désormais précisés, qui ne l'étaient pas auparavant. On restreint aussi le droit de vote.

• Le suffrage restreint. — L'Assemblée constituante s'efforce de limiter au maximum le droit de vote pour éviter que la bourgeoisie libérale soit noyée par les masses populaires. Comme le disait Barnave, on n'a voulu accorder le vote qu'aux personnes ayant « un intérêt assez pressant à la conservation de l'ordre social

existant; on justifie cela en faisant passer la souveraineté du peuple
à la nation. Au lieu d'appartenir à tous les hommes, chacun en
détenant une fraction comme l'affirmait Rousseau (cf. p. 193), la
souveraineté appartiendrait à la collectivité indivisible, constituée
par la nation. En conséquence, « la qualité d'électeur n'est qu'une
fonction à laquelle personne n'a droit, que la société dispense ainsi
que lui prescrit son intérêt », disait le même Barnave.

Seuls ont le droit de vote les citoyens actifs, c'est-à-dire les
individus payant une contribution égale à la valeur locale de trois
journées de travail; les autres, appelés citoyens passifs, ne participent point aux élections. Les citoyens actifs se réunissent au chef-
lieu de canton pour désigner les électeurs du second degré, qui
doivent être propriétaires, locataires ou fermiers d'un bien dont
le revenu varie entre cent et quatre cents journées de travail, selon
les catégories; ensuite, ces électeurs du second degré désignent les
députés. Au premier degré, le droit de vote est assez largement
répandu; la valeur de trois journées de travail constitue un cens
faible, auquel accède une grande partie des citoyens. Les citoyens
actifs étaient 4 300 000 sur un total de 24 000 000 d'habitants
environ. Il semble donc que 2 500 000 à 3 000 000 de citoyens passifs se trouvaient écartés du vote. Par contre, au second degré, le
cens était relativement élevé : la prépondérance de la bourgeoisie
se trouvait ainsi fortement assurée.

● La monarchie limitée. — Le roi tient désormais son autorité
de la nation. Il est « roi des Français » et non roi de France. Il
est « censé avoir abdiqué » en certaines hypothèses. A son avènement, il prête serment de fidélité à la nation. Sous le nom de « liste
civile », il reçoit un traitement, comme un fonctionnaire. On est
loin de la conception monarchique traditionnelle. Le roi gouverne
par l'intermédiaire de ministres qu'il nomme : les ministres ne
peuvent pas être pris dans l'Assemblée, afin que les députés ne
soient pas corrompus par l'attrait des portefeuilles.

En face du roi et de ses ministres, investis du pouvoir exécutif, il n'existe qu'une seule assemblée de 745 membres, l'Assemblée nationale législative, dont le nom indique les pouvoirs. Elle est élue au suffrage restreint, suivant le système décrit au paragraphe précédent. On a repoussé l'idée d'une chambre haute défendue par Mirabeau, par crainte de voir ses membres reconstituer à leur profit les privilèges de la noblesse. Entre le roi et l'Assemblée, la séparation des pouvoirs est assez rigide. L'Assemblée ne peut chasser le roi ni forcer ses ministres à démissionner. Le roi ne peut dissoudre l'Assemblée : il possède seulement un droit de veto suspensif sur les lois qu'elle vote, pouvant les bloquer pendant deux ans au maximum.

▶ *L'échec de la monarchie limitée (1791-1792)*

La Constitution de 1791 s'est appliquée moins d'un an : de septembre 1791 au 10 août 1792, qui voit la chute du roi. Pourquoi cet échec de la monarchie limitée ?

1. *Les difficultés d'application de la Constitution.* — Les juristes insistent sur les défauts techniques de la Constitution, qui sont communs à toutes les monarchies limitées.

● Les défauts de la monarchie limitée. — La monarchie limitée est un régime difficile à appliquer. L'équilibre qu'un tel système essaie d'établir entre une tradition monarchique qui s'estompe et une poussée démocratique qui se développe est toujours fragile. Dans un régime présidentiel, il est déjà difficile à l'exécutif et au législatif de vivre ensemble, étant donné l'absence de procédés pour résoudre un conflit entre eux. Du moins, Président et Parlement reposent-ils alors sur le même système de valeurs, sur la même légitimité, étant l'un et l'autre issus de l'élection, incarnant l'un et l'autre la souveraineté populaire.

Dans la monarchie limitée, chacun des deux pouvoirs repose, au contraire, sur des systèmes de valeurs différents et contradictoires : le roi incarne le vieux système de valeurs basé sur l'hérédité ; l'Assemblée, le nouveau système de valeurs basé sur la souveraineté populaire. S'il y a conflit entre les deux, il prend tout de suite une signification très profonde : qui l'emportera, de la légitimité fondée sur la naissance ou de la légitimité fondée sur l'élection ? L'évolution des idées et des faits tend naturellement au triomphe de la seconde. Ainsi, par nature, la monarchie limitée n'est qu'un compromis provisoire, qui tend naturellement à l'affaiblissement du pouvoir royal, au renforcement du pouvoir des assemblées : c'est-à-dire au régime parlementaire.

● *L'évolution vers le régime parlementaire.* — La France de 1791-1792 s'est engagée dans cette voie. Comme l'avait fait auparavant le Parlement britannique, l'Assemblée législative utilisa la responsabilité pénale des ministres, prévue par la Constitution, pour la transformer en responsabilité politique. Les Girondins obtinrent ainsi, le 10 mars 1791, un décret d'accusation contre Delessert, ministre des Affaires étrangères, dont la politique pacifique leur déplaisait particulièrement. Brissot déclarait sans ambages, à la sortie de cette mémorable séance : « Je sais bien qu'il sera absous, mais nous aurons gagné notre objet en l'éloignant du ministère. » En effet, le roi dut se résigner à renvoyer non seulement Delessert, mais l'ensemble des ministres, qu'il remplaça par des hommes pris dans le parti girondin qui formait la majorité de l'Assemblée.

2. *Le contexte politique.* — En Grande-Bretagne, l'évolution précédente s'est accomplie dans le cadre monarchique. Pourquoi les choses ont-elles tourné de façon différente en France, en 1791-1792 ? Parce que l'évolution a été trop précipitée, et que la monarchie avait perdu la confiance de la nation, en partie par ses maladresses et son double jeu.

• La crise de confiance. — Passer de la monarchie limitée au régime parlementaire suppose un climat de confiance : confiance de la population, et notamment de la bourgeoisie libérale, dans le monarque, qu'on croit décidé à poursuivre cette évolution progressive de la monarchie vers la démocratie ; confiance du monarque dans la nécessité d'une telle évolution et dans le fait qu'elle ne mettra pas en cause sa couronne. Ce climat n'existe pas dans la France de 1791-1792.

Les « patriotes », c'est-à-dire les révolutionnaires, vivent dans la hantise d'un complot royal. Ils pensent que Louis XVI ne joue pas loyalement le jeu de la monarchie limitée, qu'il n'attend qu'une occasion pour briser l'Assemblée législative et revenir à l'absolutisme. Ils ont besoin du roi, car ils ont peur que sans lui les masses populaires submergent tout et s'emparent du pouvoir. Mais ils n'ont pas confiance dans le roi. Ils sont ainsi en porte à faux, et toute la monarchie limitée avec eux. Telle est la cause fondamentale de son échec. On n'oubliera pas qu'avant même l'adoption de la Constitution le roi s'était enfui à Varennes, et qu'on l'avait ramené de force à Paris. Plus encore qu'un monarque limité, il était désormais un prisonnier : aucun régime ne peut tenir dans ces conditions politiques.

• Le double jeu royal. — Le roi était largement responsable de cette situation. Les quinze années de son règne précédant 1789 sont une longue suite d'atermoiements, de maladresses, de double jeu. A partir de 1789, le double jeu s'aggrave. L'émeute du 14 juillet est provoquée par la nouvelle que Louis XVI réunit des troupes à Versailles pour marcher contre l'Assemblée. La fuite de Varennes est une tentative du roi voulant se mettre à la tête de troupes fidèles pour rétablir son pouvoir (21 juin 1791). L'Assemblée feint d'y voir un « enlèvement » par les aristocrates. Nul n'est dupe et la Constitution se trouve affaiblie avant même d'être achevée.

Après la déclaration de guerre, le double jeu devient plus grave. Autour du roi, beaucoup de gens espèrent la défaite des armées françaises, la victoire des armées ennemies, pour restaurer l'absolutisme d'avant 1789. La population le devine. Le manifeste du duc de Brunswick donne corps à ces soupçons, dont les documents enfermés dans « l'armoire de fer » des Tuileries prouveront plus tard qu'ils étaient fondés. Derrière le jeu de la monarchie limitée, Louis XVI a essayé de rétablir par la force la monarchie absolue. Il l'a fait parce que lui-même n'avait pas confiance dans la monarchie limitée, dans l'assemblée, dans la population,

Sur la Révolution de 1789 jusqu'en 1792, cf. M. Vovelle, *La chute de la monarchie*, 1972, dans la « Nouvelle Histoire de la France contemporaine », où l'on trouvera une bibliographie sélective. Parmi les très nombreuses histoires de la Révolution, cf. F. Furet et M. Ozouf, *Dictionnaire de la Révolution*, 1989 ; A. Mathiez, *La Révolution française*, 1922-1927, rééd. 1959 ; A. Soboul, *La Révolution française*, 1965. — Pour une vive critique des interprétations classiques, cf. F. Furet, *Penser la Révolution française*, 1978.

Sur le droit de suffrage et les élections, cf. d'abord l'ouvrage de J. Cadart, *Le régime électoral des Etats généraux de 1789 et ses origines (1302-1614)*, 1952. — Les élections aux Etats généraux ont donné lieu à la rédaction par les électeurs de « cahiers de doléances », exprimant leurs revendications et définissant le mandat qu'ils donnaient à leurs députés : sur ces cahiers de doléances, cf. P. Goubert et M. Denis, *1789 : les Français ont la parole*, 1964.

Sur le gouvernement royal de 1789 à 1792, cf. Labroquette, *Le pouvoir exécutif dans la Constitution de 1791*, thèse, Bordeaux, 1921 ; Collas, *L'exercice du pouvoir exécutif dans la Constitution de 1791*, thèse, Dijon, 1900 ; Simonet, *Le gouvernement parlementaire et l'Assemblée constituante de 1789*, thèse, Paris, 1899 ; Maury, Le gouvernement de Louis XVI devant les Assemblées constituante et législative, *Annales des sciences politiques*, 1900.

2 / L'échec des tentatives républicaines

Au soir du 10 août 1792, la France est devenue en fait une république : une monarchie vieille de dix siècles s'est effondrée devant une émeute populaire. L'Assemblée législative organisa d'abord un Conseil exécutif provisoire de six membres, pour remplacer le roi. Puis elle convoqua une nouvelle Constituante appelée « Convention nationale » — nom emprunté à la terminologie américaine — élue au suffrage universel. La Convention se réunit le 20 septembre. Le 21 septembre, elle proclama que la royauté était abolie en France. Le 22 septembre, elle déclara qu'à partir du 21 tous les actes publics seraient datés de l'an I de la République. Le 25, elle affirma que « la République française est une et indivisible ». Cette première République allait durer un peu plus de sept ans : jusqu'au coup d'Etat du 18 brumaire an VIII (9 novembre 1799).

1 | LA Iʳᵉ RÉPUBLIQUE

En sept années, la Iʳᵉ République prend des formes variées. On peut distinguer, d'une part la République de la Convention (1792-1795), d'autre part la République du Directoire (1795-1799). Mais la première connaît elle-même plusieurs avatars.

▶ *Les Républiques de la Convention (1792-1795)*

Il s'agit de gouvernements révolutionnaires, qui fonctionnent en dehors de toute constitution régulière. Cependant, la Convention vote une première constitution républicaine en 1793 : mais celle-ci ne sera jamais appliquée.

1. *Les gouvernements révolutionnaires*. — On peut distinguer trois gouvernements non constitutionnels, pendant les trois ans de la période.

● La Convention girondine. — Dans la première phase, le pouvoir appartient au parti « girondin » qui détient la majorité des sièges parlementaires. La Convention assume directement l'ensemble des pouvoirs. Le Conseil exécutif provisoire, nommé sous la Législative, est maintenu; mais son autorité est faible : il reste étroitement soumis à l'Assemblée. Le désordre s'accroît à l'intérieur, les défaites se multiplient à l'extérieur. Un républicain, Marat, réclame en propre terme une dictature qui mette fin à cette anarchie.

● La Convention jacobine. — Par une insurrection populaire, appuyée sur la garde nationale de la Commune de Paris, le parti « jacobin » chasse les Girondins du pouvoir : leurs chefs seront d'ailleurs arrêtés et certains exécutés. Le pouvoir est alors surtout concentré dans les mains d'un « Comité de Salut public ». En théorie, le Comité est dans la main de la Convention, car ses membres ne sont élus par elle que pour un mois. Mais en fait, chaque mois la Convention réélit les mêmes, et elle entérine toutes leurs décisions. Un second comité, le « Comité de Sûreté générale » exerce aussi l'autorité : mais son rôle est beaucoup plus faible. Cependant, la rivalité des deux Comités, en fin de période, contribuera à la chute des Jacobins.

Un homme se dégage dans le Comité de Salut public, qui prend peu à peu un grand ascendant sur les autres : Robespierre. Mais il s'agit moins de la dictature personnelle d'un individu que du gouvernement d'un parti. Le prestige de Robespierre repose d'abord sur la Société des Jacobins et sur l'immense réseau de ses clubs populaires, disséminés à travers le pays, où ils animent la plupart des comités révolutionnaires locaux. Il s'appuie également sur la Commune de Paris et sur sa garde nationale, seule force armée organisée qui existe dans la capitale. La « Terreur » est un moyen de gouvernement : il s'agit à la fois de détruire les ennemis de l'intérieur au moment où la France est engagée dans une guerre terrible, et de faire régner la « vertu », c'est-à-dire le civisme. Ce régime dur réalise une œuvre considérable et sauve la France de l'invasion.

• La Convention thermidorienne. — Une fois le péril extérieur passé, la tension et la dureté paraissent insupportables. Par ailleurs, Robespierre a perdu partiellement le soutien de la Commune par sa répression contre les « Enragés », qui voulaient prolonger la Révolution dans le domaine social. La Convention le renverse et l'envoie à l'échafaud (9 thermidor : 27 juillet 1794). Elle reprend l'exercice direct du pouvoir. Les clubs jacobins sont fermés, la Commune de Paris est supprimée, la puissance du Comité de Salut public est brisée, à la fois par l'éparpillement de ses préro-gatives entre de multiples nouveaux comités et par l'obligation du renouvellement périodique de ses membres (un quart tous les mois ne sont plus rééligibles immédiatement). On voit renaître un régime d'assemblée.

2. *La Constitution du 24 juin 1793.* — Pendant sa période girondine, la Convention girondine avait préparé un projet de Constitution très décentralisateur (cf. p. 52) qui ne fut jamais adopté. Par contre, les Jacobins firent voter la Constitution du 24 juin 1793, ratifiée par le premier référendum de notre his-toire (cf. fig. 8, p. 250).

• Le contenu de la Constitution. — La Déclaration des Droits placée en tête reconnaît le droit au travail et aux secours publics, le droit à l'instruction, le droit et le devoir d'insurrection en cas d'oppression, en plus des droits proclamés en 1789. Les deux premiers éléments marquent la volonté de répondre aux besoins de la petite bourgeoisie et des classes populaires.

Le second trait de la Constitution est le suffrage universel, qui correspond aux désirs des mêmes classes sociales. Mais le vote est public, ce qui lui enlève beaucoup de liberté. Il a d'ailleurs un caractère collectif : les électeurs se réunissant en assemblées primaires dans les cantons (200 à 600 membres), pour nommer les députés. A cause du vote public, il y eut 5 millions d'abstentions sur 7 millions d'électeurs, au référendum sur la Constitution.

Le troisième trait de la Constitution est l'existence de procédures de démocratie semi-directe. La « souveraineté nationale » de 1789 — conçue comme souveraineté du Parlement — est abandonnée au profit de la « souveraineté fractionnée » (cf. p. 193). Cela explique le suffrage universel, et la participation directe des citoyens aux décisions. Les lois importantes votées par le Corps législatif (les autres sont appelées « décrets ») n'entrent en vigueur qu'après un délai de quarante jours. Pendant celui-ci, il suffit que le dixième des assemblées primaires, dans la moitié plus un des départements, fasse opposition : alors un référendum national est organisé.

Le quatrième trait de la Constitution de 1793 est la concentration des pouvoirs dans les mains d'une assemblée unique, le Corps législatif : il s'agit d'un régime d'assemblée. Le Corps législatif élit un Conseil exécutif de 24 membres qui est sous sa dépendance. Cependant, ces 24 membres sont nommés sur une liste de 85 noms présentés par les électeurs à raison d'un par département : ce qui fait directement collaborer le peuple à leur désignation et les rend moins dépendants de l'Assemblée.

• La popularité de la Constitution. — La Constitution de 1793 ne fut jamais appliquée. Mais sa valeur de propagande a été très grande. L'extrême-gauche républicaine ne cessera d'en réclamer l'application après Thermidor, et Grachus Babeuf en fit sous le Directoire un des éléments essentiels de son programme. En 1945 encore, le Parti communiste se réclamait de la Constitution de 1793 dans les débats à la Constituante.

▶ *La République du Directoire (1795-1799)*

La Convention vota une seconde constitution pendant sa période thermidorienne : celle du 5 fructidor an III (22 août 1795) dite du Directoire, du nom qu'elle donnait à l'Exécutif. Comme celle de 1793, elle fut ratifiée par référendum (cf. fig. 8, p. 250).

1. *La Constitution de l'an III.* — C'est une œuvre de compromis, élaborée par des révolutionnaires modérés, qui ne veulent ni de la monarchie ni de la Terreur jacobine. Elle est ingénieuse mais complexe.

● Le suffrage restreint. — Le suffrage universel direct de 1793 est remplacé par un suffrage restreint et à deux degrés. De plus, la majorité électorale est relevée de 21 à 25 ans. Pour être électeur du premier degré, il faut être inscrit au rôle des contributions directes sans chiffre minimum de cens, et n'être ni domestique ni vagabond (en payant une contribution électorale spéciale on peut être électeur; de même si on est ancien combattant). Le système est un peu plus large qu'en 1791 : mais un quart environ des hommes en âge de voter sont exclus du corps électoral. Pour être désigné comme électeur du deuxième degré, il faut des conditions de fortune plus sévères : être propriétaire, usufruitier, locataire ou fermier d'un bien ayant un revenu égal à la valeur de cent à deux cents journées de travail, ce qui est élevé. C'est une république bourgeoise.

● Les deux chambres. — Pour la première fois, on établit un système bicaméral. Les deux chambres — Conseil des Anciens (250 membres) et Conseil des Cinq-Cents — sont élues pour trois ans et renouvelables par tiers tous les ans, ce qui doit assurer en principe une certaine continuité en évitant des trop brusques changements de majorité. Le Conseil des Cinq-Cents, formé d'éléments plus jeunes (30 ans au minimum), a l'initiative des lois; le Conseil des Anciens, formé d'éléments plus âgés (40 ans au minimum, et mariés ou veufs), accepte ou rejette en bloc ses projets. Cette procédure est justifiée par Boissy d'Anglas, dans une formule ingénieuse : « Les Cinq-Cents seront l'imagination de la République; les Anciens en seront la raison. »

● *Le gouvernement et ses rapports avec les chambres*. — Le gouvernement est confié à cinq « Directeurs » dont l'ensemble forme le « Directoire » (d'où le nom donné au régime). Chaque Directeur est élu par le Conseil des Anciens sur une liste de 10 noms présentés par les Cinq-Cents. Les Directeurs sont assistés de ministres qui assurent le fonctionnement de l'administration : eux-mêmes exerçant les tâches proprement gouvernementales. Il y a là une application intéressante de la distinction du pouvoir politique et du pouvoir administratif, qu'on retrouve un peu dans la Constitution soviétique et dans le régime de la Ve République française.

La séparation des pouvoirs est très rigoureuse entre les Conseils et le Directoire. Les Directeurs n'assistent point aux séances des Conseils : ils ne peuvent ni les convoquer, ni les ajourner, ni les dissoudre. Inversement, les Conseils ne peuvent ni questionner les Directeurs, ni les interpeller, ni les révoquer par la mise en jeu d'une responsabilité politique; ils ont seulement le droit de les mettre en accusation devant la Haute Cour de Justice, en cas de crimes ou de délits commis dans l'exercice de leurs fonctions.

2. *Les difficultés et l'échec du Directoire*. — Le Directoire ne réussit à vivre qu'au moyen d'un coup d'Etat par an.

● *Les coups d'Etat*. — Chaque renouvellement d'un tiers des Conseils provoqua un conflit grave entre eux et le Directoire, qui fut résolu par des moyens de force. En 1797, le Directoire aidé par les troupes d'Augereau, lieutenant de Bonaparte, obligea les Conseils à annuler les élections de 49 départements où des royalistes avaient été élus (18 fructidor an V). L'année suivante, il fit annuler 150 élections où des Jacobins avaient été élus (22 floréal an VI). En 1799, ce sont les Conseils qui éliminèrent 3 directeurs (30 prairial an VII). Cela finit par un dernier coup d'Etat, le 18 brumaire, qui mit fin au régime.

• **Les causes de l'échec.** — Plusieurs explications de cet échec ont été proposées. L'explication juridique, par l'excès de séparation des pouvoirs, n'est pas très sérieuse. Sans doute, aucun moyen juridique ne permettait de résoudre les conflits entre les Conseils et le Directoire. Mais aucun conflit ne s'était encore élevé entre eux au moment de chaque coup d'Etat, et une séparation des pouvoirs aussi poussée existe depuis deux siècles aux Etats-Unis sans coup d'Etat. La Constitution du Directoire n'était pas bonne : mais elle a été paralysée par le contexte politique plus que par ses défauts techniques.

Le fond du problème, c'est que les révolutionnaires modérés qui ont fait Thermidor d'abord, la Constitution de l'an III ensuite, puis le Directoire, ne disposent pas d'une majorité suffisante dans le pays, coincés entre les Jacobins à gauche et les monarchistes à droite. Pour maintenir la république centriste qu'ils veulent faire vivre, ils sont obligés de « truquer » les élections. Ils l'ont fait dès l'origine par le célèbre « décret des deux tiers » qu'ils ont pris en même temps que la Constitution de l'an III : celui-ci prescrivait que les deux tiers des nouveaux Conseils devaient être obligatoirement composés d'anciens conventionnels. Les premières élections étaient ainsi déformées avant même d'avoir eu lieu. En 1797 et en 1798, l'équipe des révolutionnaires modérés doit recourir au coup d'Etat pour annuler la victoire électorale des extrémistes.

Le désordre administratif, économique et financier du Directoire n'a pas facilité les choses. Régime d'inflation depuis Thermidor, il aboutit en 1797 à la « banqueroute des deux tiers ». Les mœurs publiques et privées ne sont pas bonnes, et les dirigeants sont discrédités. Mais le régime corrigeait peu à peu ses défauts. Dans les dernières années, de nouvelles équipes, intelligentes, dynamiques, plus honnêtes, commençaient à réorganiser la République.

L'œuvre du Consulat continue sur beaucoup de points celle du Directoire. La Iʳᵉ République n'est pas tombée à cause de ses propres erreurs. Mais beaucoup plus à cause d'une situation qui rendait la république impossible et tout autre régime très difficile : conséquence du choc de 1789.

Sur la Iʳᵉ République, cf. M. Bouloiseau, *La République jacobine (10 août 1792 - 9 thermidor an II)*, 1972 (« Nouvelle Histoire de la France contemporaine »), avec bibliographie ; A. Soboul, *La Première République*, 1969. — Sur la Constitution de 1793, cf. F. Galy, *La notion de Constitution dans les projets de 1793*, thèse, Paris, 1932 et M. Friedieff, *Les origines du référendum dans la Constitution de 1793*, thèse, Paris, 1931 ; Coste, *Le pouvoir législatif dans la Constitution de 1793*, thèse, Paris, 1929 ; Gaston-Martin, *Les Jacobins*, 1945 ; G. Maintenant, *Les Jacobins*, 1984 ; A. Mathiez, *Girondins et Montagnards*, 1930. — Cf. aussi un ouvrage très discuté : D. Guérin, *La lutte des classes sous la Première République*, nouv. éd., 1968, et F. Furet et D. Richet, *La Révolution française*, t. I, 1965.

LE PROJET DE CONSTITUTION GIRONDINE. — Le parti girondin, qui détenait la majorité à la Convention avant qu'une émeute populaire le chassât du pouvoir, avait rédigé un projet de Constitution présenté à l'Assemblée les 15 et 16 février 1793 : il ne contenait pas moins de 400 articles. Quatre caractéristiques essentielles doivent en être retenues : d'abord, une tendance à la concentration des pouvoirs aux mains d'une assemblée unique mais qu'on ne pousse pas jusqu'à ses dernières conséquences (si le Conseil exécutif de la République est, en effet, étroitement subordonné à l'assemblée, il n'est cependant ni nommé, ni révocable par elle, ce qui lui assure une certaine indépendance) ; ensuite, l'introduction de certains procédés de gouvernement semi-direct : les lois votées par l'Assemblée pourront être soumises au référendum populaire ; en troisième lieu, l'adoption du suffrage universel direct ; enfin, un système complexe de sectionnement des communes permettant de briser le pouvoir des grandes municipalités. Ici, les Girondins montraient le bout de l'oreille : c'est Paris qui était visé.

Avant ce projet girondin, la Convention avait fait appel par décret aux citoyens, les appelant à lui présenter leurs vues sur la Constitution : 300 projets lui furent adressés. Cf. F. Galy, *La notion de Constitution dans les projets de 1793*, précité.

L'INTERPRÉTATION DU GOUVERNEMENT JACOBIN DE 1793. — De nombreuses discussions se sont élevées à ce propos.

1° *Controverse juridique*. — Reprenant les thèses de l'historien A. Aulard, « Du 6 avril 1793 au 10 juillet 1794, il y eut sous le nom de Comité de Salut public, un ministère responsable. Le premier Comité de Salut public avait été un ministère Danton, le second fut un ministère Robespierre », B. Mirkine-Guetzévitch avait considéré le gouvernement révolutionnaire comme un système parlementaire. Cette thèse est généralement repoussée. Il y a une différence entre le vote de défiance et la guillotine, entre l'atmosphère d'une assemblée parlementaire et celle de la Convention. Cf. B. Mirkine-Guetzévitch, *Le parlementarisme sous la Convention nationale*, 1936 ; R. Villers, La Convention pratiqua-t-elle le gouvernement parlementaire ? (*Revue du droit public*, 1951, p. 375 et suiv.), et Roland Dumas, *Le peuple assemblé*, 1989.

2° *Controverse sociale*. — Pour les uns, les Jacobins et le Comité de Salut public ont été les instruments des artisans, des ouvriers et de la petite bourgeoisie contre la grande et moyenne bourgeoisie qui avait fait la première Révolution, celle de 1789-1791. Ainsi la Terreur serait une dictature « progressive » tendant à promouvoir un ordre social nouveau, un peu comme la dictature du prolétariat dans la thèse communiste. Cf. A. Mathiez, *La vie chère et le mouvement social sous la Terreur*, 1927 ; La Terreur, instrument de la politique sociale des Robespierristes (*Annal. hist. de la Rév. franç.*, t. V, 1928, p. 193-219). Egalement G. Lefebvre, La place de la Révolution dans l'histoire agraire de la France (*Annales d'histoire écon. et soc.*, I, 1929, p. 506-523). D'autres estiment au contraire que les Jacobins sont restés des bourgeois, qui ont utilisé un moment les éléments prolétariens pour arriver au pouvoir et se sont ensuite débarrassés d'eux : cf. Daniel Guérin, *La lutte des classes sous la Ire République*, cité plus haut ; et surtout A. Soboul, *Les sans-culottes parisiens en l'an II : mouvement populaire et gouvernement révolutionnaire*, 1958 (thèse de 1170 p.), et *La Révolution française*, 1966 (coll. « Idées »).

Sur les Thermidoriens et le Directoire, cf. D. Woronoff, *La République bourgeoise (de Thermidor à Brumaire, 1794-1799)*, 1972 (« Nouvelle Histoire de la France contemporaine »),le tome II de Furet et Richet cité ci-dessus ; G. Lefebvre, *Les Thermidoriens*, 1937 et *Le Directoire*, 1947 (Cours Sorbonne) ; A. Meynier, *Les coups d'Etat du Directoire*, 3 vol., 1928.

2 | LA GUERRE DES DEUX FRANCE

L'échec de la limitation de la monarchie millénaire, l'échec de la tentative de construire une république nouvelle, les bouleversements et les violences de dix années laissent la France coupée en deux. Au début du XIXᵉ siècle, cette coupure était si profonde que les historiens l'expliquaient par un combat entre deux races, perpétué depuis les grandes invasions : les descendants des Gallo-Romains vaincus continuant à travers le tiers état la lutte contre les Germains victorieux, ancêtres de l'aristocratie.

Certes, tout le XIXᵉ siècle européen est traversé de luttes sociales et politiques. Déclenchée à Paris, la Révolution de 1848 se répand dans la plupart des pays voisins. A la lutte des bourgeoisies libérales contre les aristocraties monarchiques succède la lutte des prolétaires contre les deux classes précédentes plus ou moins unies. Mais aucun pays ne connaît des combats si violents et des antagonismes si radicaux que les nôtres. On peut parler d'une guerre des deux France.

▶ *Les spectres de la Terreur*

Les recours à la violence sont plus graves et plus fréquents chez nous qu'ailleurs, ce qui n'était pas le cas avant 1789. Pendant un siècle, la France va connaître les révolutions et les répressions les plus sanglantes de toute l'Europe occidentale.

1. *L'alternance des Terreurs.* — Le terme de « Terreur » a été lancé le 30 avril 1793 au Club des Jacobins où l'un des orateurs réclama « qu'on place la Terreur à l'ordre du jour ». On l'y plaça, mais les hommes de 93-94 ne furent pas les seuls à l'employer. Au lieu d'une alternance des partis, on connut l'alternance des Terreurs de 1792 à 1871.

• *Les Terreurs rouges.* — La Terreur rouge a commencé en 1792, avec les massacres de septembre, où des égorgeurs tuèrent environ la moitié des 2 637 détenus dans les prisons de Paris. La Terreur officielle, destinée à réprimer les ennemis de l'intérieur et à faire régner la « vertu » ne fut établie que plus tard, en 1793-1794, avec la loi des suspects, le tribunal révolutionnaire et les exécutions capitales quotidiennes, qui continuent après Thermidor. Elle fit environ 3 500 victimes à Paris. Dans les provinces, la Terreur fut inégale. On tient aujourd'hui pour vraisemblable le chiffre de 50 000 victimes dans l'ensemble du pays.

Le souvenir de « la Terreur » fut largement utilisé pendant tout le XIXe siècle, surtout pendant sa première moitié, pour détourner les Français de la République : tout républicain étant assimilé à un Jacobin, et tout Jacobin à un terroriste. Cependant, la Terreur rouge cesse en 1794 et ne reprend pas ensuite. Si l'on met à part l'exécution de 82 otages par la Commune, il faut aller jusqu'en 1944 et à la Libération pour trouver des règlements de comptes sanglants où les exécuteurs sont à gauche et les victimes à droite. Encore s'agit-il alors de punir la trahison et la collaboration avec l'ennemi, plutôt que le conservatisme politique : mais la répression des « collaborateurs » se confond parfois avec celle des « réactionnaires ».

● Les Terreurs blanches. — L'extrême-droite commence plus tard et plus modérément à massacrer ses adversaires de gauche. Mais elle le fera ensuite plus régulièrement et sur une plus grande échelle. On appelle « Terreur blanche » les représailles royalistes contre les libéraux après les Cent-Jours, lors de la seconde Restauration. Elle sévit surtout dans le Midi : on massacra des bonapartistes et des soldats dans les rues de Marseille et dans celles de Nîmes ; on assassina le maréchal Brune à Avignon ; en Languedoc et dans le Gard on tua des protestants. De Toulouse, des ultra-royalistes entourant le duc d'Angoulême multiplièrent les assassinats et les massacres dans plusieurs départements. Le gouvernement fit fusiller le général La Bédoyère, les frères Faucher, le maréchal Ney. Mais à Paris et dans le nord de la France, la situation fut plus calme.

Une seconde Terreur blanche suivit les Journées de Juin 1848. Les insurgés eurent entre 1 500 et 4 000 morts sur les barricades. Il y eut au moins 12 000 arrestations : certains disent 25 000. Plus de 5 000 personnes furent déportées en Algérie. Mais la répression la plus terrible fut celle de la Commune de 1871. Une fois le dernier coup de feu tiré, il y eut 330 000 dénonciations (un tiers des Parisiens dénonça les deux autres tiers), 38 000 arrestations officielles, 7 500 déportations en Nouvelle-Calédonie et 26 exécutions capitales avouées. Les exécutions sommaires de « communards » — ou supposés tels — dépassent certainement 17 000 (chiffre retenu par le rapport du général Appert) : certains les évaluent à 30, voire 40 000. C'est le plus grand massacre de l'histoire européenne du XIXᵉ siècle, où la Grande-Bretagne n'a connu que *cinq* morts en tout dans des troubles intérieurs.

2. *Les conséquences des Terreurs.* — L'alternance des Terreurs a deux conséquences. Elle engendre d'abord la peur de l'autre, qui rend impossible un véritable pluralisme. Elle radicalise les conflits, chaque camp refusant de trahir le souvenir de ses victimes.

● La peur de l'autre et l'impossibilité du pluralisme. — Tout régime pluraliste suppose que chacun des adversaires conserve un minimum de confiance en l'autre : c'est-à-dire qu'il croit au moins que celui-ci n'abusera pas de ses pouvoirs, s'il arrive au gouvernement. Cela seul permet l'alternance démocratique. Si la gauche craint d'être massacrée par l'arrivée au pouvoir d'un gouvernement de droite, si la droite craint d'être massacrée par l'arrivée au pouvoir d'un gouvernement de gauche, le pluralisme devient impossible : telle est à peu près la situation de la France après le choc de 1789-1799. Les royalistes ont la hantise de la Terreur rouge ; les républicains, la hantise des Terreurs blanches.

Certes, cette hantise n'est pas permanente. Dans les périodes calmes, elle s'atténue. Mais elle reparaît dans les moments de crise. Même dans les périodes calmes, elle ne disparaît vraiment que si les extrémistes des deux bords sont éloignés du pouvoir. Mais comment recueillir alors une majorité gouvernementale ? Le problème du Directoire (cf. p. 51) est en réalité le problème permanent de tous les gouvernements dans la situation qui suit le grand choc de 1789-1799.

● La fidélité aux victimes et la radicalisation des conflits. — Dans toutes les religions, dans tous les partis, dans toutes les nations, la fidélité au souvenir des martyrs est l'un des ciments de la communauté, qui la dresse contre les autres. Cela va rendre beaucoup plus difficile l'élaboration des compromis nécessaires à une époque où toute l'Europe connaît une aggravation des luttes de classes, où la lutte des aristocrates conservateurs et des bourgeois libéraux oblige les uns et les autres à surmonter des divergences graves pour coexister dans un régime démocratique, où le même problème se posera ensuite aux socialistes (cf. p. 109).

En France, les descendants des victimes de septembre 1792 ou des guillotinés de 1793-1794 auraient l'impression de trahir s'ils pactisaient avec les auteurs de ces meurtres. Les descendants des massacrés de 1848 ou de 1871 éprouveraient le même sentiment dans une situation symétrique. Les révolutions ont transposé les affrontements politiques sur un mode héroïque dont les traces persistent longtemps après que la paix civile a été rétablie. A partir de la IIIe République, les conflits se règlent par les urnes et non par les armes. Une analyse de notre extrême-gauche à la fin du XIXe siècle et au début du XXe montrerait qu'une grande partie de ses animateurs ont des liens avec les victimes de la répression des communards.

▶ *Le consensus brisé*

La vigueur des luttes politiques et sociales du XIXe entraîne partout un certain affaiblissement du consensus social, c'est-à-dire de l'accord sur quelques principes constituant un système de valeurs communes qui fonde la légitimité des gouvernements. Nulle part ce système n'est plus brisé qu'en France. La violence des affrontements a contribué à rendre les antagonismes irréductibles, et leur caractère irréductible a contribué à maintenir la violence.

1. *La légitimité, fondement essentiel des systèmes politiques.* —
Aucun gouvernement n'est seulement fondé sur la force matérielle
et sur la terreur qu'elle inspire. Tous ont besoin de reposer sur la
croyance des citoyens dans leur légitimité, ce « génie invisible de
la Cité » disait Ferrero. Sans la légitimité, un pouvoir ne peut plus
reposer que sur la violence. Seule, la légitimité permet de réduire
les contraintes et de développer les libertés.

● Le concept de légitimité. — La légitimité dépend du système
de valeurs de la société considérée. Elle n'est pas une réalité objective, comme le blanc et le noir, le chaud et le froid. Elle est une
croyance. Un système politique, un gouvernement est légitime
parce que la plupart des citoyens le tiennent pour légitime. Ils le
tiennent pour légitime parce qu'il correspond à l'idée de la légitimité définie par le système de valeurs de la société considérée.
Ce système de valeurs est un élément de la culture de cette société,
transmis par la famille, l'éducation, l'école, les médias, etc. Cet
élément est perçu comme allant de soi dans les sociétés à forte
légitimité. Elles pensent que leur concept de légitimité est le seul
valable, qu'il exprime une vérité supérieure et incontestable, et
que tous les régimes politiques, tous les gouvernements qui ne
sont pas fondés sur lui sont illégitimes. Pour le politiste qui tente
d'observer les sociétés de l'extérieur, objectivement, la légitimité
est une notion subjective et contingente.

Le problème de la légitimité ne se pose que pour le ou les
organes suprêmes de l'Etat, qui ne dépendent d'aucun autre et
dont les autres dépendent : on les appelle organes souverains.
L'Etat étant une organisation hiérarchisée, le pouvoir des institutions et agents subalternes leur est attribué par les organes supérieurs. Le pouvoir de l'agent de police et du percepteur est légitime, dans la mesure où l'agent de police et le percepteur ont été
régulièrement nommés et agissent dans le cadre de leurs attributions. Leur légitimité dépend de celle du ou des organes suprêmes,

qui ne sont pas nommés par un autre organe et qui ne reçoivent
d'ordres de personne. Ainsi, le problème de la légitimité se con-
fond-il plus ou moins avec celui de la souveraineté : il s'agit de
savoir d'où l'organe souverain tient son pouvoir de gouverner, et
d'en attribuer des parties aux organes subordonnés.

• Les deux catégories de légitimité. — A travers l'histoire,
deux grandes catégories de légitimité se dégagent. Pour certaines
sociétés, le pouvoir des gouvernants suprêmes, le pouvoir du souverain est fondé sur un ordre du monde qui dépasse les hommes
et auquel ils doivent se soumettre. Cet ordre peut être conçu comme
un ordre divin, dans lequel le gouvernant suprême est lui-même
un dieu ou un homme désigné personnellement par la divinité, ou
un homme appartenant à une famille d'origine ou de désignation
divine. Telles sont les doctrines de la souveraineté de droit divin.
A l'époque moderne, où la croyance en Dieu est remplacée par une
soumission à la nature, la souveraineté de droit divin est remplacée
par la souveraineté des plus aptes, qui justifie le pouvoir suprême
des plus forts, des plus lucides, des plus compétents, ou supposés
tels, qu'il s'agisse de race ou d'individus estimés supérieurs.

En face de ces légitimités autocratiques, on a vu se développer
depuis le Moyen Age occidental une doctrine qui s'est peu à peu
imposée à la plupart des nations d'aujourd'hui, officiellement sinon
en pratique. Tous les hommes étant considérés comme égaux,
malgré les différences naturelles, le pouvoir de les commander ne
peut appartenir qu'à ceux désignés par l'ensemble de la communauté. Telle est la doctrine de la souveraineté du peuple. Au-delà
des divergences entre ses interprétations, elle attribue le pouvoir
suprême à celui ou à ceux qui sont désignés par élection, leur légitimité étant d'autant plus forte que cette désignation est plus
directe.

2. *L'antagonisme des légitimités.* — La définition même de la
légitimité implique que celle-ci fait l'objet d'un consensus relatif

par les citoyens. Tel n'est pas le cas dans la France de l'après 89. Il n'y a plus de consensus sur la légitimité.

● **L'impossibilité d'un accord sur les règles du jeu.** — Au XIXe siècle, la rupture du consensus n'est pas un phénomène particulier à la France. La croyance dans la souveraineté de droit divin s'affaiblit partout. La croyance dans la souveraineté populaire se développe parallèlement. Mais dans d'autres pays que le nôtre, l'antagonisme des deux légitimités reste plus modéré. D'autant que la bourgeoisie libérale a finalement très peur des conséquences de la légitimité qu'elle défend. Un pouvoir émanant réellement du peuple serait très dangereux pour elle : plus encore que le pouvoir royal, au fur et à mesure que celui-ci s'affaiblit. Aussi, derrière la bataille des idéologies, s'établit un compromis sur les règles du jeu. Les conservateurs et les libéraux britanniques, par exemple, sont aussi opposés que les nôtres sur les principes. Mais ils sont d'accord sur des pratiques pour lesquelles chaque parti met du sien.

Les conservateurs acceptent les élections, le Parlement, l'autorité du cabinet, sa responsabilité devant les Communes, le glissement de l'autorité royale vers le Premier ministre. Les libéraux acceptent le maintien du roi, les prérogatives de la Chambre des Lords, le respect de l'aristocratie. En France, la bataille sur les principes a été trop violente et trop poussée pour que de telles pratiques soient possibles. Du moins, elles sont beaucoup plus difficiles. Les compromis qui les fondent sont beaucoup plus fragiles. Dans chaque parti, les extrémistes tendent à l'emporter sur les modérés, alors que les proportions sont inverses en Grande-Bretagne.

● **La demi-légitimité des gouvernements.** — Le problème de la coexistence des deux légitimités antagonistes n'est pas insoluble en lui-même, si l'on est d'accord sur quelques règles du jeu. La Grande-Bretagne l'a résolu par la séparation des pouvoirs entre le roi et un Parlement longtemps peu démocratique, le système évoluant vers un glissement de l'autorité royale du côté d'un cabinet émanant de la majorité des députés, pendant que la démocratisation de leur élection se développait. Ainsi les gouvernements britanniques étaient légitimes aux yeux de la plupart des Anglais. L'absence de consensus sur les règles du jeu a empêché de transposer ce système en France. Ainsi Louis XVIII et Charles X n'étaient-ils légitimes qu'aux yeux de la moitié des Français, et la République ne l'était qu'aux yeux de l'autre moitié, au moins jusqu'à la fin du XIXᵉ siècle. Cette demi-légitimité rendait le gouvernement très difficile.

Cela conduira à des systèmes originaux, où le même chef de l'Etat essaiera d'unir dans sa personne les deux légitimités : Napoléon Iᵉʳ, empereur « par la grâce de Dieu et par la volonté du peuple français »; Louis-Philippe, prince de sang royal appelé au trône par la Chambre des députés. Mais alors les monarchistes ont tendance à penser qu'il ne s'agit pas de vrais rois, et les républicains qu'il ne s'agit pas de vrais représentants du peuple.

3. *Le centrisme nécessaire et difficile.* — La vie politique française a été dominée par des alliances du centre de 1795 à 1962. Cette orientation centriste a été imposée par l'absence de consensus, qui l'a en même temps rendue très difficile.

• La nécessité du centrisme. — Le centrisme a été rendu nécessaire par la puissance et la dureté des extrémistes. Les modérés de gauche n'acceptaient pas l'alliance avec l'extrême-gauche, parce qu'ils avaient peur d'être entraînés par elle vers des violences. Les modérés de droite n'acceptaient pas l'alliance avec l'extrême-droite, pour les mêmes raisons. Disons que chaque catégorie de modérés avait peur des deux catégories d'extrémistes à la fois : celle appartenant à la même tendance qu'elle, et celle appartenant à la tendance opposée. Dans une telle situation, seule l'alliance des modérés des deux bords permettait de créer un gouvernement viable. Il n'existait pas d'autre solution, sinon la domination d'un bloc sur l'autre par la violence.

● Les difficultés du centrisme. — Si le centrisme était nécessaire, il était aussi très difficile. La difficulté majeure consistait à réunir une majorité. Dans un pays où les extrémistes de gauche et les extrémistes de droite sont nombreux, les modérés des deux bords ne forment le plus souvent qu'une minorité. Dès le Directoire, on a vu surgir cet obstacle majeur. On a essayé de le tourner de différentes façons. Les manipulations électorales ont été souvent employées, depuis le « décret des deux tiers » de la Convention, le suffrage restreint de la Restauration et de la Monarchie de Juillet, les suffrages « dirigés » des deux Empires, les artifices des lois électorales de la IIIe et de la IVe République. D'autres fois, le recours à la dictature a seul permis de maintenir le centre au pouvoir : c'est la signification du Premier et du Second Empire. Souvent, la difficulté de réunir une majorité entraînera l'instabilité ministérielle : par exemple sous la IIIe et la IVe République.

Pour une analyse plus approfondie de la rupture du consensus national après la crise de 1789-1799, et de ses conséquences politiques (nécessité d'une double légitimité, développement du centrisme), on se reportera à M. Duverger, *La démocratie sans le peuple*, 1967, notamment à la deuxième partie, et *La République des citoyens*, 1982, chap. I, « La guerre des deux France ».

Sur la Terreur de 1793-1794, cf. la bibliographie citée plus haut, p. 53 et M. Ternaux, *Histoire de la Terreur*, 7 vol., 1862-1869 ; P. Caron, *Les massacres de septembre*, 1935 ; R. Roblot, *La justice en France sous la Terreur*, 1938. — Sur la Terreur blanche en 1815, cf. E. Daudet, *La Terreur blanche*, 1876, et G. Bertier de Sauvigny, *La Restauration*, 2e éd., 1963. — Sur la répression en juin 1848, C. Schmidt, *Les journées de juin 1848*, 1926. — Sur la répression de la Commune, cf. P. O. Lissagaray, *Histoire de la Commune de 1871*, 1re éd., Londres, 1876 ; 3e éd., 1965 ; J. Bruhat, J. Dautry et E. Tersen, *La Commune de 1871*, 1960 ; J. Rougerie, *Procès des communards*, 1964 ; *Paris libre*, 1971 ; J. Azema et M. Winock, *Les communards*, Paris, 1964. — Sur l'épuration en 1944-1945, cf. Robert Aron, *Histoire de la Libération de la France*, 1959 et *Histoire de l'épuration*, 7 vol., 1967-1975.

Pour la Commune, les chiffres cités semblent englober les tués sur les barricades et les victimes de la répression qui a suivi. *Le Grand Larousse encyclopédique* de 1873 donne 20 000 fédérés tués ou fusillés. Selon les archives du ministère de la Guerre, l'armée des Versaillais aurait eu 880 tués (794 soldats et 86 officiers, d'après J.-C. Chesnais, *Les morts violentes en France depuis 1826*, Cahier de l'INED, n° 75, 1976, p. 168, note 25). Jacques Rougerie, spécialiste de la Commune, évalue ses victimes à 30 000. Le chiffre de 5 morts anglais par troubles civils au XIXᵉ siècle est donné par P. E. H. Hair dans « Deaths from Violence in Britain : a tentative for secular survey », *Population Studies*, mars 1971, p. 5-24.

Chapitre II

LA VALSE DES CONSTITUTIONS
(1799-1870)

Entre 1799 et 1870 aucun régime politique ne dure vingt ans. Le plus long est le Second Empire (moins de dix-neuf ans). Ensuite viennent la Monarchie de Juillet (moins de dix-huit ans), la Restauration (seize ans), le Premier Empire (moins de quinze ans). La Seconde République dure moins de quatre ans, les Cent Jours à peine plus de trois mois. Cependant, l'instabilité réelle est moins grande que cette instabilité apparente. Les six régimes qui fonctionnent dans ces soixante-quinze ans — auxquels on pourrait ajouter le régime de l'Assemblée constituante de 1848, distingué de la République établie par la Constitution — sont souvent très proches les uns des autres. Ils se rattachent en fait à un très petit nombre de systèmes politiques : la monarchie parlementaire, la monarchie républicaine des Bonaparte, la république présidentielle. Les deux premiers fonctionnent pendant 68 ans sur 71, c'est-à-dire presque tout le temps.

Pour bien comprendre la nature de ces compromis, il ne faut pas les étudier dans leur déroulement historique, mais les rapprocher ainsi par catégories. Cela rompt parfois la continuité, en obligeant par exemple à analyser à la suite le Premier et le Second Empire, qui sont séparés par trente-sept années, ou à décrire la Restauration et la Monarchie de Juillet après le Second Empire.

Ces inconvénients sont réels : mais ils sont moindres que l'avantage résultant du rapprochement des régimes semblables, à condition que ce rapprochement ne fasse pas oublier l'évolution du contexte social et idéologique à travers cette longue période. Il sera rappelé chaque fois que nécessaire.

1 / Les bonapartismes

De 1800 à 1814 (et trois mois en 1815) et de 1852 à 1870, la France va connaître un système politique original, difficile à interpréter, qu'on appellera par le nom des hommes qui l'ont incarné : le système bonapartiste, inventé par Napoléon Ier, rétabli ensuite par Napoléon III, après une interruption de trente-cinq ans. On pourrait aussi l'appeler « monarchie républicaine ». Il s'agit d'une monarchie puisque le gouvernement appartient à un monarque héréditaire. Mais celui-ci n'est pas de sang royal. C'est un parvenu, porté au trône par la Révolution et le suffrage populaire, et qui se présente en défenseur des principes de 89. Il gouverne en dictateur, mais il s'appuie en même temps sur le suffrage universel. Régime complexe, souvent mal compris.

Les deux formes de cette monarchie républicaine, celle du Premier Empire et celle du Second, doivent être confrontées pour qu'on puisse comprendre le système. Cela oblige à rompre la continuité historique. Le procédé reste moins artificiel qu'il ne paraît. Le Premier Empire reposait — en théorie au moins — sur le suffrage universel, ce qui le rapproche de la situation postérieure à 1848. On soulignera cependant la différence des contextes sociaux et idéologiques : notamment, le Premier Empire ignore le problème ouvrier et le socialisme, importants dans le Second.

1 | LE CONSULAT
ET LE PREMIER EMPIRE (1799-1814)

La monarchie républicaine a été inventée en 1799 où elle correspondait exactement aux besoins de la bourgeoisie qui avait fait la Révolution. Cette bourgeoisie voulait conserver l'égalité juridique, la fin des privilèges, la liberté du commerce et de l'industrie, la souveraineté nationale, c'est-à-dire l'essentiel des principes de 1789. Mais elle voulait aussi que l'ordre public règne, que les masses populaires soient tenues en respect, qu'on ne revienne pas à la Terreur et qu'on sorte du désordre du Directoire : elle ne pensait pas que la république puisse le permettre, ce qui était probable dans les conditions de l'époque. Elle voulait en somme un roi républicain. Rome avait eu presque le même problème, juste avant notre ère : elle l'avait réglé par l'organisation de l'Empire. Napoléon Bonaparte suit l'exemple d'Auguste.

▶ *La Constitution de l'an VIII*

Après le coup d'Etat du 18 brumaire, Bonaparte charge Sieyès de préparer une Constitution. Il modifie beaucoup le projet primitif. La Constitution du 22 brumaire an VIII (15 décembre 1799) sera ensuite révisée en l'an X (1802) et en l'an XII (1804).

1. *Le système électoral : élections et nominations.* — Le suffrage universel est établi, mais il est presque annihilé par le système des listes de confiance.

• *Le suffrage universel.* — Aucun pays du monde ne le pratique à l'époque. Même aux Etats-Unis, des conditions de cens et d'alphabétisme limitent alors le droit de vote. Certes, le suffrage universel français n'a qu'une portée limitée dans le choix des députés, on va le voir. De même, le caractère personnel des plébiscites impériaux le déforme. Il n'en reste pas moins que tous les citoyens français peuvent voter, et que nulle part ailleurs on ne trouve la même situation. Ils ne votent pas seulement pour désigner leurs représentants. Ils participent aussi aux décisions, par voie de référendums appelés plébiscites, approuvant la Constitution et ses révisions.

● Les « listes de confiance ». — Cela dit, les effets du suffrage universel sont très limités par le système des « listes de confiance » inventé par Sieyès. Partant de l'idée que « la confiance vient d'en bas, mais le pouvoir vient d'en haut », il avait imaginé un triple scrutin superposé : à la base, par la voie du suffrage universel, les électeurs désignent un dixième d'entre eux pour former « les listes communales »; puis les membres de ces listes communales choisissent un dixième d'entre eux pour former « les listes provinciales »; enfin, les membres de ces listes provinciales élisent un dixième d'entre eux pour former la « liste nationale ». Les membres de cette liste nationale ne sont point des députés, mais seulement des candidats aux fonctions publiques. Enfin, une assemblée semi-cooptée, le Sénat, désigne, parmi les citoyens inscrits sur la liste nationale, les membres des assemblées législatives (Tribunat et Corps législatif). En l'an X, les « listes de confiance » sont supprimées et remplacées par des assemblées électorales moins nombreuses au deuxième et troisième degré, donc mieux surveillées par le pouvoir.

2. *Le multicaméralisme*. — On dit qu'un pouvoir législatif est bicaméral quand il comporte deux chambres, et monocaméral quand il n'en comporte qu'une seule. La Constitution de l'an VIII est originale par ce qu'on pourrait appeler le multicaméralisme.

● La multiplication des assemblées. — La Constitution de l'an VIII établit en effet trois assemblées politiques : le Tribunat (300 membres), le Corps législatif (100 membres) et le Sénat (80 membres). De plus, une assemblée administrative et juridictionnelle, le Conseil d'Etat (qui survivra jusqu'à nos jours) dispose aussi d'une certaine influence politique. Ses membres sont nommés par le chef de l'Etat. Les membres du Sénat, nommés à vie, se recrutent par cooptation : le Sénat lui-même choisissant le successeur du sénateur décédé parmi trois candidats, présentés l'un par le Tribunat, un autre par le Corps législatif, un autre par le chef de l'Etat. Les membres du Tribunat et du Corps législatif sont choisis par le Sénat parmi les élus de la « liste nationale ».

● *Les objectifs du multicaméralisme.* — Cette multiplication des assemblées répond à deux objectifs, semble-t-il. D'abord un objectif d'efficacité. En divisant le travail législatif, on le rend plus facile : le Conseil d'Etat prépare les lois, le Tribunat les discute sans les voter, le Corps législatif les vote sans les discuter (c'est l' « assemblée des muets ») après avoir entendu les représentants du Conseil d'Etat et du Tribunat. Ce système permettra d'élaborer les grands codes. Mais il a surtout pour but d'affaiblir le Parlement : ainsi divisé, celui-ci ne peut guère menacer le gouvernement. Cependant, le Tribunat manifestera une assez grande indépendance, ce qui lui vaudra d'être réduit à 50 membres et divisé en sections en 1804, puis supprimé en 1807.

3. *L'unité du pouvoir gouvernemental.* — En face d'un pouvoir législatif très divisé, le pouvoir gouvernemental est très concentré, d'abord dans les mains d'un « Premier consul », ensuite dans celles d'un empereur.

● *Le Premier consul.* — La Constitution de l'an VIII confie le pouvoir exécutif à trois consuls. On notera le recours au vocabulaire de la République romaine : tribuns, sénat, consuls, tous ces termes sont empruntés à une Antiquité que toutes les personnes cultivées connaissent alors parfaitement. Les consuls sont nommés par le Sénat pour dix ans, et ne peuvent être révoqués.

La trinité ne doit pas faire illusion. En tous domaines, la décision appartient au Premier consul — c'est-à-dire à Napoléon Bonaparte. Les deux autres n'ont qu'une voix consultative. Les humoristes de l'époque diront qu'ils ressemblent aux potiches des deux côtés de la cheminée, où seule la pendule fixe l'heure.

• L'empereur. — La monarchie républicaine ne s'établit que par étapes. Après le Consulat décennal de l'an VIII, la Constitution est modifiée par le sénatus-consulte de l'an X (1802) — c'est-à-dire par un acte du Sénat qui prépare ainsi la révision constitutionnelle, laquelle doit être approuvée par le peuple. On lui propose alors de nommer Bonaparte consul à vie, avec le droit de désigner son successeur : c'est le système de l'Empire romain. Le plébiscite est un triomphe (moins de 8 400 « non » contre 3 millions et demi de « oui »).

Deux ans plus tard, le sénatus-consulte de l'an XII (1804) propose de transformer le consulat à vie en empire héréditaire, ce qu'un nouveau plébiscite approuve massivement. Mais on maintient la terminologie républicaine : le « gouvernement de la République est confié à un empereur » dit le sénatus-consulte. Les papiers officiels et les pièces de monnaie portent en exergue « République française : Napoléon Ier Empereur ». Le nouvel Auguste suit fidèlement l'exemple de l'ancien.

Tout en assurant son pouvoir dans le temps, il le renforce. Le sénatus-consulte de l'an X accroît la dépendance du Sénat : la cooptation joue désormais entre trois candidats présentés par le Premier consul, alors qu'auparavant un seul était présenté par lui, un autre par le Tribunat et le troisième par le Corps législatif, et le premier consul peut directement nommer d'autres membres. Le Tribunat qui avait fait une certaine opposition est réduit à 50 membres. Lui et le Corps législatif peuvent être dissous par le Sénat. En l'an XII, le Tribunat ne peut plus se réunir qu'en sections et le Sénat peut annuler les élections qu'il juge irrégulières. Cependant, le Corps législatif retrouve un peu la parole.

▶ *Le fonctionnement du régime*

Le régime impérial est un compromis entre la république et la monarchie. Mais le compromis évolue de plus en plus dans le sens monarchique.

1. *Le compromis initial.* — Au début, le système répond aux besoins de la société française. Il permet à la bourgeoisie à la fois de conserver l'essentiel des conquêtes révolutionnaires et de bénéficier d'un ordre politique stable dont tout le monde pensait que la république était incapable. Il s'efforce en même temps de rétablir le consensus national, brisé par la Révolution. Napoléon a eu l'intuition des deux moyens possibles à cet égard : la double légitimité et le centrisme. Il les emploie l'un et l'autre.

• La double légitimité. — Les plébiscites lui donnent la légitimité démocratique. La Constitution de l'an VIII est ainsi ratifiée par le peuple, de même que les deux sénatus-consultes de l'an X et de l'an XII. Bonaparte est porté au trône et proclamé empereur par la nation. Il va réclamer au pape la légitimité monarchique, se souvenant que la cérémonie du sacre avait été inventée par un usurpateur (Pépin le Bref) pour légitimer son accession au trône. La fastueuse cérémonie de Notre-Dame fait de Napoléon Ier un « Empereur par la grâce de Dieu » en même temps que le plébiscite l'avait fait « Empereur par la volonté du peuple français ». Cela porte à l'époque, et la double légitimité est ressentie par une bonne partie de la population, à la différence de celle de Louis-Philippe plus tard. Ensuite, Marie-Louise ajoutera une sorte de légitimation par le mariage : mais elle est plutôt à usage externe, pour les autres souverains d'Europe.

• L'orientation centriste. — Politiquement, l'empereur s'appuie d'abord sur la conjonction des centres, la même que celle du Directoire : l'union des républicains modérés et des monarchistes modérés, contre les Jacobins et les Ultra-royalistes. Officiellement, on combat plutôt les premiers, pour rassurer la bourgeoisie. Mais l'opposition des seconds sera plus violente, comme le montre l'attentat de Cadoudal : l'exécution du duc d'Enghien y répondra. A travers tout l'Empire, Napoléon essaiera de maintenir cette conjonction. Mais les républicains se détacheront de plus en plus, à cause de l'évolution du régime : sauf ceux qui lui sont intégrés et qui forment la nouvelle noblesse.

2. *Le glissement vers la monarchie autoritaire.* — Il se manifeste à deux points de vue : par le développement de l'autoritarisme impérial et par la création d'une nouvelle aristocratie.

● L'autoritarisme impérial. — Il s'affirme très tôt. On a dit que les « listes de confiance » — pourtant peu dangereuses — sont remplacées dès 1802 par des assemblées électorales plus maniables. On a dit que le Tribunat, réduit et divisé en 1804, est supprimé en 1807. Un moment, il a semblé que le Parlement retrouverait un certain rôle, le Corps législatif ayant reçu en 1804 le droit de discuter les projets de loi. Les « muets » retrouvaient la parole. Mais l'évolution vers une dictature stricte continue. Le Conseil d'Etat est de moins en moins consulté; au lieu de s'adresser à lui, l'empereur se tourne parfois vers le Conseil privé, formé de hauts dignitaires, institution nouvelle à l'image du Conseil du roi de l'ancienne monarchie. Le Corps législatif sombre lentement dans le néant. « On ne saurait le rendre trop maniable », disait Napoléon à Thibaudeau. Il tint parole, ne tolérant aucune opposition, considérant comme factieux ceux qui votaient contre ses projets. Ils étaient peu nombreux d'ailleurs : une dizaine au maximum, sauf en de très rares circonstances, notamment en 1809 où le projet de Code pénal souleva jusqu'à une centaine de votes hostiles. Pour parer à de tels incidents, le Corps législatif fut de moins en moins convoqué; il ne siégea que deux mois en 1808, un mois et demi en 1809 et en 1810, à peine plus d'un mois en 1811 et pas du tout en 1812. Le Sénat s'enlisait dans l'inaction, se contentant de recevoir la manne des bienfaits impériaux sous forme de dotations personnelles attribuées aux plus dociles de ses membres, les « sénatoreries ».

• La noblesse impériale. — L'empereur domine donc des institutions de l'Etat, domestiquées et paralysées. Il se substitue à elles dans l'illégalité, légiférant sans cesse par voie de décret, même sur les matières où la Constitution le lui interdit formellement. Parallèlement, l'Empire évolue vers une monarchie classique. La création d'une noblesse impériale est directement contraire aux principes de la Révolution : elle tend à ériger une nouvelle aristocratie, à faire de nouveaux privilégiés. Certes, cela représente une ascension sociale. Si Talleyrand passe de l'ancienne à la nouvelle noblesse, Fouché, les maréchaux, bien d'autres sont des parvenus. La nouvelle aristocratie est démocratique par ses origines. Mais elle se hâte en général de les oublier.

Sur le Premier Empire, cf. J. Tulard, *Napoléon ou le mythe du sauveur*, 1977, et *Le Consulat et l'Empire*, 1970 (« Nouvelle Histoire de Paris ») ; L. Bergeron, *L'épisode napoléonien : aspects intérieurs (1799-1815)*, 1972, dans la « Nouvelle Histoire de la France contemporaine », 18 vol., 1972-1987.

Sur la Constitution de l'an VIII, l'ouvrage essentiel est celui de J. Bourdon, *La Constitution de l'an VIII*, thèse lettres, Paris, 1942. — Sur le Sénat, cf. J. Thiry, *Le Sénat de Napoléon*, 1942. — Sur le coup d'Etat de Brumaire : A. Vandal, *L'avènement de Bonaparte*, 2 vol., 1903-1907. — Sur l'élaboration de la Constitution : P. Bastid, *Sieyès et sa pensée*, éd. nouv., 1970, et surtout J.-D. Bredin, *Sieyès, la clef de la Révolution française*, 1988.

2 | LE SECOND EMPIRE (1852-1870)

Entre la chute définitive du Premier Empire (1815) et l'avènement du Second (1851-1852) plus de trente-cinq ans s'écoulent, dont on décrit ci-après l'évolution. Cette période ouvre un second cycle constitutionnel dont la Révolution de 1789 a ouvert le premier. Le Second Empire clôt ce second cycle, comme le Premier Empire avait terminé le premier. Il est nécessaire de donner une idée de ce second cycle pour situer les différences de contexte entre les règnes de Napoléon Ier et de Napoléon III dont le rapprochement était par ailleurs nécessaire pour comprendre la ressemblance profonde de leurs institutions.

▶ *La place dans le second cycle révolutionnaire*

De 1789 à 1815, trois types de régimes se sont succédé : la monarchie limitée de 1789 à 1792, la république de 1792 à 1799, le système bonapartiste de 1799 à 1814-1815. De 1814-1815 à 1870, on observe la même succession : la monarchie limitée règne de 1814-1815 à 1848, la république de 1848 à 1851, le système bonapartiste de 1851 à 1870.

1. *L'ère des restaurations.* — La période qui va de 1815 à 1870 est celle des restaurations. Le nom est généralement réservé à la monarchie de Louis XVIII et de Charles X, qui restaure celle de Louis XVI, tombée en 1792. Mais il caractérise aussi bien la Seconde République et le Second Empire. L'épithète même que les historiens donnent à ces régimes exprime leur caractère imitatif.

• *L'imitation du premier cycle.* — Un simple regard sur la période 1814-1870, même superficiel, suffit à en faire voir le trait saillant : l'imitation de la période précédente. Non pas une imitation fortuite, involontaire, mais au contraire une imitation consciente, délibérée. Louis XVIII s'efforce d'exhumer les mots et les formes de l'ancienne monarchie et Charles X d'en restaurer la substance; la Seconde République s'applique à reproduire les gestes des « grands ancêtres »; Napoléon III s'abrite derrière le fantôme de Napoléon Ier. Cette imitation n'aboutit généralement, d'ailleurs, qu'à une dégradation : faute de foi, le sacre de Charles X a des allures de mascarade, Lamartine est bien pâle en face de Danton et Victor Hugo n'a point tout à fait tort en appelant Napoléon le Petit le successeur du grand Napoléon.

Il ne faut pas exagérer ce caractère, cependant. La Restauration proprement dite a posé les bases du parlementarisme que Louis-Philippe développera. La Seconde République a établi le suffrage universel, que la France pratique seule alors et qui n'en disparaîtra plus. Le Second Empire a donné une impulsion considérable au développement industriel de la nation.

• Les différences structurelles. — Elles ne doivent pas être négligées. De 1814 à 1848, il ne s'agit plus d'une monarchie limitée mais d'une monarchie semi-parlementaire, qui transpose le modèle anglais. La Révolution de 1848 construit une république sur un modèle très différent de celles de 1792-1799, emprunté aux Etats-Unis. Il échoue à l'époque mais il aura des prolongements au xxᵉ siècle à partir de 1962. Le Second Empire évolue dans un sens diamétralement opposé au premier : à partir de 1860, il reprend l'évolution vers le régime parlementaire, interrompue par la chute de Louis-Philippe en 1848.

2. *L'évolution de la société.* — La période qui va de 1814 à 1870 connaît une évolution considérable de la société française caractérisée par la révolution industrielle et la naissance du socialisme.

• La révolution industrielle. — La seconde révolution industrielle se produit dans la première moitié du xixᵉ siècle. Elle entraîne des investissements massifs dans l'équipement qui provoquent des bouleversements sociaux considérables. L' « accumulation primaire du capital » entraîne une restriction de la consommation des classes les plus pauvres, un afflux dans les villes de travailleurs quittant les campagnes, une situation misérable de ces travailleurs sans défense en face d'une concurrence sans frein. Entre 1815 et 1848 se forme ainsi une classe ouvrière dont les schémas marxistes décrivent assez exactement l' « exploitation capitaliste ». Réduit à une condition misérable, comme le sont aujourd'hui les habitants des bidonvilles dans les pays du Tiers Monde, ce « prolétariat » fait peur aux classes dirigeantes. Il va provoquer des reclassements dans les luttes politiques.

• La naissance du socialisme. — Sous le Directoire, Gracchus Babeuf avait développé des théories socialistes et employé la conspiration pour tenter de prendre le pouvoir afin de les imposer. Elles n'étaient alors répandues que dans de petits cercles. La misère ouvrière va provoquer l'attention des intellectuels et susciter la volonté d'hommes de cœur, les uns et les autres cherchant à y porter remède. Ainsi vont se développer les premières idéologies socialistes. En France, elles connaissent une effervescence avec la Révolution de 1848, où les ouvriers des faubourgs ont combattu sur les barricades avec les étudiants du Quartier latin. Le conflit « socialistes-capitalistes » commence à interférer sur le conflit « aristocratie-bourgeoisie » qui dominait le premier cycle révolutionnaire (cf. p. 110).

▶ *Les institutions du Second Empire*

Au lendemain du coup d'Etat du 2 décembre 1851, un décret convoqua les électeurs pour qu'ils délèguent à Louis-Napoléon Bonaparte le pouvoir de faire une nouvelle constitution, sur les cinq « bases » indiquées dans sa proclamation du 2 décembre 1851 : Président de la République élu pour dix ans, ministres choisis par l'Exécutif seul, Conseil d'Etat préparant les lois, Corps législatif élu au suffrage universel, Sénat conservateur. Par 7 500 000 « oui », la nation accepta cette délégation : Napoléon Ier n'avait jamais obtenu une si écrasante majorité.

1. *La Constitution du 14 janvier 1852.* — Son caractère essentiel, mis en lumière par son préambule lui-même, est la volonté

de ses auteurs de copier dans toute la mesure du possible les institutions du Premier Empire. Quelques différences séparent cependant la Constitution de 1852 de son modèle, la Constitution de l'an VIII.

● Les traits essentiels. — La Constitution confie pour dix ans le pouvoir exécutif à Louis-Napoléon, qui conserve le titre de Président de la République. Approuvé par référendum, le sénatus-consulte du 7 décembre 1852 rétablit l'Empire héréditaire. Les ministres sont nommés par l'empereur; ils ne dépendent que de lui; ils ne forment pas de cabinet. Napoléon III n'a point seulement la totalité du pouvoir exécutif; il possède également de larges prérogatives législatives. Il a seul l'initiative des lois, qui sont préparées par le Conseil d'Etat; il en possède également la sanction, c'est-à-dire qu'il peut toujours refuser de promulguer une loi, même régulièrement votée. En face de lui, trois assemblées se partagent la fonction législative : le Conseil d'Etat, formé de fonctionnaires; le Corps législatif, élu pour six ans au suffrage universel direct; le Sénat, nommé à vie par le chef de l'Etat. Le Conseil d'Etat prépare les lois; le Corps législatif les discute et les vote; le Sénat vérifie leur constitutionnalité.

● Les différences avec la Constitution de l'an VIII. — Ces différences sont très faibles dans l'organisation des pouvoirs publics : domestication absolue du Sénat, entièrement nommé par le Président, tandis qu'il se recrute en l'an VIII par semi-cooptation; attribution à ce Sénat, en contrepartie de sa servitude, de prérogatives très étendues, que celui de l'an VIII ne recevra que bien plus tard (contrôle de la constitutionnalité de toutes les lois, qui lui sont déférées avant d'être promulguées; droit d'interpréter la Constitution et même de la modifier dans celles de ses dispositions qui ne touchent pas aux cinq « bases »; pouvoir d'établir la constitution de l'Algérie et des colonies); absence du Tribunat dès le début, qui ne fut supprimé qu'en 1807.

La différence essentielle réside dans le système électoral. En l'an VIII, le suffrage universel demeure théorique, puisqu'il sert à désigner suivant un scrutin à trois degrés, non pas des représentants, mais des candidats entre lesquels le pouvoir choisit, ce qui lui permet d'éliminer ceux qui lui déplaisent. En 1852, il s'agit d'un suffrage universel direct pour l'élection des députés au Corps législatif, comme dans les parlements démocratiques. Et ce scrutin a été pratiqué déjà trois fois en 1848-1849, pour l'élection de la Constituante, du Président et de la Législative, sans compter les élections locales. Cela donne au régime un caractère beaucoup plus démocratique au départ. Le Corps législatif risque ainsi d'avoir une grande autorité.

2. *L'évolution du régime.* — Le Second Empire évolue d'une façon tout à fait contraire au Premier. Au lieu de renforcer sa dictature, Napoléon III la détend progressivement.

• La phase dictatoriale (1852-1860). — Le gouvernement impérial s'efforce d'abord de paralyser le suffrage universel, en faisant ratifier par les électeurs ses propres candidats. Il développe le système de la « candidature officielle » : parmi les candidats, les préfets désignent aux électeurs ceux qui méritent leur confiance parce qu'ils ont celle du gouvernement. A ces « bons », des avantages substantiels sont réservés : affiches blanches imprimées aux frais de l'Etat, facilités de propagande, pressions administratives, etc. Aux « mauvais », au contraire, on s'efforce de créer les pires difficultés : leurs réunions sont interdites et leurs journaux suspendus; les membres de leurs comités électoraux sont inquiétés, sinon poursuivis; les imprimeurs hésitent à imprimer leurs bulletins et les colporteurs à les distribuer, car les uns et les autres n'exercent leur métier qu'en vertu d'une autorisation gouvernementale, etc. L'efficacité de la méthode est indéniable : en 1852, huit candidats non officiels seulement sont élus (dont deux à Paris); en 1857, deux en province et cinq à Paris. Tous les députés devaient d'ailleurs prêter serment de fidélité, ce qui obligeait les opposants au parjure ou à la démission : en 1857, Carnot et Goudchaux préfèrent la démission. En 1858, un sénatus-consulte exigea même le serment de fidélité de la part des simples candidats à la députation : on évitait ainsi le mauvais effet produit par les démissions.

• L'évolution démocratique (1860-1870). — A partir de 1860, le Second Empire évolue au contraire dans un sens démocratique. Cela se manifeste d'abord par des réformes accroissant les pouvoirs des assemblées. En 1860-1861, une première série de réformes augmente les pouvoirs du Corps législatif (discussion de l'adresse avec des commissaires du gouvernement, participation aux débats de ministres sans portefeuille, publicité des débats, accroissement de la spécialité budgétaire). En 1867-1869, deuxième série de réformes : droit d'interpellation, initiative et amendements des lois; le Sénat tend à devenir une deuxième Chambre législative. Enfin, le sénatus-consulte du 21 mai 1870, approuvé par plébiscite, codifie ces réformes et les complète, en établissant une sorte de régime parlementaire de type orléaniste, dans lequel l'empereur garde le droit de renvoyer les ministres et de recourir au plébiscite.

L'évolution vers le parlementarisme coïncide avec un effort pour satisfaire certaines revendications ouvrières. Le régime prend ainsi une allure sociale. Citons l'envoi par l'empereur d'une délégation ouvrière à l'exposition de Londres (1861), le vote d'une loi sur les grèves et les coalitions (1864), la création d'une Commission ouvrière à l'occasion de l'Exposition de 1867, la tolérance pour la formation de chambres syndicales ouvrières, etc. Les ouvriers semblent d'ailleurs avoir voté pour l'Empire en 1852, s'il faut en croire le reproche de J. Favre (républicain) : « C'est à vous, Messieurs les ouvriers qui seuls avez fait l'Empire, de le renverser seuls. » On doit souligner aussi une certaine politique laïque de l'Empire, avec Victor Duruy à l'Education nationale. Sur tous ces plans, le Second Empire est plus à gauche que l'orléanisme et que la république conservatrice qui le suivra.

Sur le développement de la légende napoléonienne, et son influence en 1848, cf. J. Lucas-Dubreton, *Le culte de Napoléon (1815-1848)*, 1960 ; A.-J. Tudesq, La légende napoléonienne en France en 1848, *Revue historique*, 1957, p. 64-85 et ci-après, p. 105.

Sur l'histoire du Second Empire, A. Dansette, *Du 2 décembre au 4 septembre*, 1972 ; P. de La Gorce, *Histoire du Second Empire*, 7 vol., 1894-1905 ; M. Blanchard, *Le Second Empire*, 4ᵉ éd., 1966 ; T. Zeldin, *The political system of Napoleon III*, Londres, 1958 ; J. T. Bury, *Napoléon III and the Second Empire*, Londres, 1964. — Cf. aussi les ouvrages de droit constitutionnel de l'époque, notamment F. Laferrière, *Cours de droit public et administratif*, 5ᵉ éd., 1860 ; Berriat-Saint-Prix, *Théorie du droit constitutionnel français : esprit des Constitutions de 1848 et 1852* ; Valette, *Mécanisme des grands pouvoirs de l'Etat*, 1853 ; de Janzé, *La Constitution de 1852*, 1867.

2 / Les monarchies semi-parlementaires (1814-1848)

On reprend ici la chronologie, interrompue par la nécessité de comparer les deux régimes bonapartistes : le Premier et le Second Empire. Le régime de Napoléon Iᵉʳ clôt le premier cycle révolutionnaire. Les monarchies semi-parlementaires ouvrent le second cycle. Pendant plus de la moitié de ce second cycle, la France réussit à implanter chez nous un régime imité de la Grande-Bretagne. Les différences sont très faibles entre la Charte de 1814 et celle de 1830. Les divergences dans l'application sont plus fortes, encore que Louis XVIII soit plus proche de Louis-Philippe que de Charles X à cet égard. Alors que la monarchie à l'anglaise du premier cycle n'avait duré que trois ans (1789-1792), y compris la période d'établissement de la Constitution de 1791, celle du second cycle dure près de trente-six ans.

Cette longue marche vers le parlementarisme contribue à le

faire entrer dans nos mœurs. Après l'interruption de la Seconde République et des débuts du Second Empire, la marche reprendra avec Napoléon III, et aboutira enfin au parlementarisme avec la IIIe et la IVe République. Sous les monarchies semi-parlementaires de 1814-1830, le système présentait un grave défaut : l'étroitesse de son assise politique. Il est basé sur le suffrage restreint, et sur un suffrage très restreint : 100 000 électeurs sous la Restauration, 200 000 environ sous la Monarchie de Juillet, dans un pays de 30 millions d'habitants. La « souveraineté nationale » a été interprétée sous forme d'une souveraineté parlementaire, confisquée par un petit nombre de notables bourgeois.

1 | LA RESTAURATION (1814-1830)

Elle pratique un régime intermédiaire entre la monarchie limitée et le régime parlementaire. L'évolution vers celui-ci connut beaucoup d'obstacles. Commencée par la Charte de 1814, elle se heurta à l'aventure des Cent Jours et l'Acte additionnel aux Constitutions de l'Empire. Reprise en 1815, elle se heurta à l'opposition des ultra-royalistes. Quand Charles X, qui fut leur chef, monta sur le trône, il y eut un retour en arrière.

▶ *La ressemblance des Constitutions de 1814-1815*

Entre le 6 avril 1814 et le 22 avril 1815, la France est dotée de trois constitutions : la Constitution d'avril 1814 votée par le Sénat impérial, la Charte du 4 juin 1814 octroyée par Louis XVIII, et l'Acte additionnel aux Constitutions de l'Empire du 22 avril 1815 préparé par Benjamin Constant. Seule la seconde est importante, la première n'ayant jamais été appliquée et la troisième ne l'ayant été que trois mois. Mais leur comparaison est fort intéressante, car toutes les trois établissaient le même régime : une monarchie limitée, proche du parlementarisme.

1. *La Charte constitutionnelle du 4 juin 1814.* — C'est un document archaïque par sa forme, qui semble rayer d'un trait de plume la Révolution et l'Empire : Louis XVIII s'y proclame roi « par la grâce de Dieu, en la dix-neuvième année » de son règne (depuis la mort au Temple du dauphin, ainsi considéré comme roi Louis XVII). Il est plus moderne par le fond, encore qu'il conserve un caractère ambigu.

● La Charte « octroyée ». — Le caractère le plus archaïque de la Charte, c'est qu'elle est « octroyée » par le roi à ses peuples, par un effet de sa bonne volonté, lui seul étant souverain. La Charte de 1814 est donc la seule de nos constitutions depuis 1789 qui ne réfère pas à la souveraineté nationale et qui repose officiellement sur la théorie du droit divin. Ainsi la nécessité de la « double légitimité » n'est pas comprise, ce qui affaiblit la popularité du régime. Certains juristes prétendront d'ailleurs que la Charte ne s'impose pas au roi. La plupart affirmeront qu'il doit s'y conformer : il reste qu'il peut toujours la modifier librement.

Cependant, le préambule de la Charte garantit l'égalité devant la loi, la liberté individuelle, la liberté de la presse, la liberté religieuse, les biens nationaux : c'est en fait une véritable Déclaration de Droits, sans le nom, qu'on ne veut pas prononcer. Il reste que cette Déclaration est précaire, étant donné le caractère octroyé de la Charte. Par ailleurs, quelques dispositions heurtent l'opinion publique, notamment en ce qui concerne la liberté religieuse : le catholicisme étant proclamé religion d'Etat, ce qui permettra de voter l'absurde « loi du sacrilège ».

● Le suffrage restreint. — Le suffrage est très restreint, ce qui constitue un formidable retour en arrière. Sous l'Empire, il était universel : certes, ses conséquences n'étaient pas très grandes, à cause des listes de confiance ou des assemblées électorales (cf. p. 67).

Malgré tout, l'ensemble des citoyens était appelé à voter. Sous le Directoire, la limitation par le cens était relativement faible : un quart seulement des citoyens en âge de voter étaient privés du droit de vote, ce qui donnait tout de même environ 5 millions d'électeurs. Même en 1789, pour les Etats généraux, le suffrage était très large, en ce qui concerne le tiers état (cf. plus haut, p. 39). Sous la Restauration, il fallait pour être électeur avoir 30 ans d'âge et payer au moins 300 F de contributions directes ; pour être éligible, il fallait avoir 40 ans et payer au moins 1 000 F de contributions directes. La loi électorale du 29 juin 1820 — la fameuse loi du double vote — restreindra encore le caractère démocratique de la Charte en permettant aux électeurs les plus imposés de voter deux fois : le quart des électeurs les plus imposés votent d'abord avec les autres pour 258 députés ; ils votent ensuite seuls une seconde fois pour 172 députés. On aboutit ainsi à 100 000 électeurs environ, et à 15 000 éligibles. Fait surprenant, le nombre des électeurs ne cessera de diminuer pendant toute la période : 110 000 en 1817, 105 000 en 1820, 99 000 en 1824, 89 000 en 1827, malgré l'accroissement du revenu national : c'est que le gouvernement faisait des dégrèvements fiscaux pour diminuer le nombre des électeurs. Le Bas-Rhin avec 535 467 habitants avait 580 électeurs ; le Finistère avec 502 851 habitants en avait 802. La Corse avait 39 électeurs.

• Le régime parlementaire. — La Charte établit un Parlement composé de deux assemblées : la Chambre des députés des départements, élue pour cinq ans, et la Chambre des pairs, dont les membres sont désignés par le roi, à vie ou héréditairement. Les rapports entre l'Exécutif et le Législatif sont proches du régime parlementaire, mais ne l'établissent pas tout à fait. Le roi participe à l'élaboration des lois par l'initiative que les parlementaires n'ont pas. La sanction lui permet de refuser l'application d'un texte voté par le Parlement, ce que les Anglais ne faisaient plus depuis 1707. Le roi choisit ses ministres dans les assemblées, où ceux-ci ont droit d'entrée et de parole; il peut enfin convoquer, proroger et dissoudre le Parlement. Cependant, la responsabilité politique des ministres devant les chambres — trait essentiel du parlementarisme — n'est pas expressément inscrite dans la Charte. L'article 13 déclare bien : « Les ministres sont responsables », mais sans préciser devant qui, et l'article 55 organise seulement une responsabilité pénale mise en jeu par l'accusation des ministres par la Chambre des députés, devant la Chambre des pairs. Le régime est intermédiaire entre la monarchie limitée et le parlementarisme.

2. *Les deux Constitutions d'origine bonapartiste.* — La première est élaborée par le Sénat impérial après l'abdication de l'empereur, la seconde est rédigée par l'empereur après son retour de l'île d'Elbe.

● La Constitution sénatoriale de 1814. — On peut discuter le pouvoir qu'avait le Sénat de faire une constitution après l'abdication de Napoléon Ier. On ne peut discuter le fait qu'il se soit déshonoré en agissant ainsi. Comblé d'honneurs et d'avantages par l'empereur, il voulait sauver les uns et les autres. Il s'empressa donc de voter la déchéance de Napoléon, d'appeler Louis XVIII au trône, et de l'encadrer par une constitution. Cela dit, cette constitution témoigne que la marche vers le régime parlementaire apparaissait la seule solution possible en 1814. Le Sénat s'y engage très prudemment, exactement comme Louis XVIII le fera dans la Charte moins de trois semaines plus tard. Les deux constitutions sont presque des sœurs jumelles.

● L'Acte additionnel aux Constitutions de l'Empire de 1815. — Pendant les Cent-Jours, Napoléon trouva le temps de faire une Constitution nouvelle et de la faire approuver par un référendum. Tel est l'Acte additionnel, qui ressemble lui aussi à la Charte de 1814, d'une façon saisissante. A cela près que le suffrage universel est maintenu à la base : mais les électeurs nomment à vie les membres du collège électoral d'arrondissement et de département. Une curieuse innovation mérite d'être signalée : l'esquisse d'une représentation professionnelle de l'industrie et du commerce.

▶ *Les pratiques politiques de la Restauration*

La désagrégation du régime de Louis XVIII lors des Cent-Jours montre que les Français ne voulaient plus des Bourbons. La coïncidence des trois constitutions de 1814-1815 suggère au contraire que la marche au régime parlementaire était la seule voie où la nation pouvait s'engager. Mais la Charte permettait d'avancer sur cette voie ou de reculer. Le jeu des partis et celui du roi vont aboutir à une démarche oscillante.

1. *Le freinage des partis politiques.* — Le système électoral assure le plus souvent à la Restauration des majorités de droite réactionnaires qui veulent revenir à la monarchie d'avant 1789.

• Le rêve d'un retour à l'Ancien Régime. — Il anime la majorité des royalistes, dans le parti que ses adversaires qualifient d'ultra. Sur les quatorze ans de la Restauration, une coalition de droite, unissant modérés et ultras, occupe le pouvoir pendant neuf ans : sous les ministères Richelieu (1815-1816 et 1820-1822) et sous le ministère Villèle (1822-1828). L'aile marchante de cette coalition veut réellement « restaurer » l'Ancien Régime, en effaçant les traces d'une révolution qu'elle déteste. Napoléon avait essayé la réconciliation des deux France. Il aurait pu réussir si les guerres n'avaient pas fini par détruire son régime. Avec la chute de ce « soldat de la Révolution », ami des Jacobins, les royalistes voient la fin de la période ouverte en 1789. Les émigrés reviennent après vingt ans d'exil. La plupart « n'ont rien appris ni rien oublié », et rêvent d'abolir tout ce qui a été fait. Ils ne veulent même pas revenir à 1788 : mais à une monarchie à la Henri IV, qu'ils imaginent d'ailleurs d'une façon mythique.

• La politique réactionnaire. — L'état d'esprit de la classe politique n'est pas à la réconciliation et au compromis, mais à la « réaction » politique et religieuse, à la revanche. La loi du sacrilège, le milliard des émigrés, la loi sur la presse, etc., tout cela vise à restaurer par la force un ordre ancien, non à rétablir le consensus rompu par la Révolution. L' « alliance du trône et de l'autel » donne à la religion un rôle de soutien de l'ordre social et du conservatisme politique qu'elle n'a jamais joué en France avec une telle intensité : cela provoquera d'ailleurs après 1830 une flambée d'anticléricalisme brutal, fanatique, à la mode espagnole, pas du tout conforme non plus aux traditions nationales. Le compromis parlementaire est imposé d'en haut, par une petite équipe de notables agissant à contre-courant.

2. *L'action du roi.* — L'action du roi joue dans des sens très différents, selon qu'il s'agit de Louis XVIII ou de Charles X.

• Louis XVIII. — Il avait vécu en Grande-Bretagne dont il admirait les institutions. Il voulait appliquer les règles du jeu parlementaire. Mais il se heurte d'abord à l'opposition des partis politiques, et notamment de la majorité ultra-royaliste qui forme la « Chambre introuvable ». Paradoxalement, ces partisans de l'absolutisme défendent les prérogatives de l'assemblée, alors que le roi, partisan de les développer, est obligé de les restreindre pour empêcher les excès d'une réaction politique. Après la dissolution de la Chambre introuvable, le roi pourra cependant appliquer sa politique. Il pèse dans le sens parlementaire. Il prend des ministres possédant la confiance des chambres. Sans doute, l'absence du droit d'interpellation ne permettait guère à celles-ci de manifester leurs sentiments vis-à-vis de la politique du Cabinet. Mais des moyens détournés remplacèrent l'interpellation : d'abord, le vote de l'adresse, par laquelle le Parlement répondait chaque année au discours du trône; l'élaboration des rapports sur les pétitions ensuite, dans lesquelles les particuliers dénonçaient les abus ou réclamaient des réformes; enfin, la discussion budgétaire à partir de 1817, où l'introduction de la règle de la spécialité des crédits permit de passer au crible toute l'administration.

• Charles X. — Chef des « ultras » pendant le règne de son frère, imbu des principes de l'absolutisme, Charles X veut orienter le régime dans un sens différent. Il est d'abord obligé de jouer le jeu parlementaire. Cela ne le gêne pas trop tant que la majorité reste à droite, avec Villèle. Ensuite, il se pliera malaisément à des expériences centristes. Avec le ministère Polignac, il se décide à donner un coup de barre violent, destiné à orienter le régime dans un sens opposé au parlementarisme. Le choix d'un gouvernement auquel les chambres étaient nettement hostiles ne constituait pas une violation du texte de la Charte. Mais il marquait dans son interprétation une orientation nettement différente de celle qui avait prévalu jusqu'alors. La Révolution de 1830 la brisa net, renouant au contraire la jeune tradition parlementaire inaugurée par Louis XVIII.

Sur les monarchies semi-parlementaires de 1814-1848, cf. P. Rosenvallon, *La monarchie impossible : les Chartes de 1814 et 1830*, 1995. — Sur la Restauration, cf. A. Jardin et A.-J. Tudesq, *La France des notables : l'évolution générale (1815-1848)*, 1973, dans la « Nouvelle Histoire de la France contemporaine », et *La démocratie en France depuis 1815*, 1971 ; D. Bagge, *Les idées politiques en France sous la Restauration*, 1952 ; G. de Bertier de Sauvigny, *La Restauration*, 1963 ; P. de La Gorce, *La Restauration*, 2 vol., 1928. — Sur la Charte, cf. P. Bastid, *Les institutions politiques de la monarchie parlementaire française (1814-1848)*, 1954. — Pour plus de détails sur les institutions de la Charte, consulter de Lanjuinais, *Essai de traité historique et politique sur la Charte*, 2 vol., 1819.

L'Acte additionnel aux Constitutions de l'Empire a inauguré une certaine représentation des intérêts économiques, cf. Vinson, Un essai de représentation professionnelle pendant les Cent-Jours (revue *La Révolution française*, 1914, p. 36 et 141) ; R. Warlomont, La représentation économique dans l'Acte additionnel (*Rev. inst. d'hist. polit. et const.*, 1954, p. 224).

2 | LA MONARCHIE DE JUILLET
(1830-1848)

La Révolution de 1830 est détournée vers le duc d'Orléans par la bourgeoisie libérale, qui a peur de la république. « Ce roi est la meilleure des républiques », dit le vieux La Fayette, qu'on a été chercher pour cautionner l'opération. Sur le plan des institutions, il s'agit d'un changement de dynastie plutôt que d'un changement de régime. Sur le plan de la vie politique, la novation est plus importante : le compromis parlementaire se précise, appuyé sur la double légitimité et le centrisme.

▶ *La Charte du 14 août 1830*

Elle est très proche de la Charte de 1814 dans les institutions. Mais elle repose sur un fondement différent.

1. *Les fondements du régime.* — Le régime repose sur un pacte constitutionnel, qui exprime une tentative de double légitimité très différente de celle du bonapartisme.

• Le pacte constitutionnel. — La Charte de 1814 était octroyée par la seule volonté d'un roi souverain. La Charte de 1830 est votée par la Chambre des députés et acceptée par le roi, qui lui jure fidélité : elle est un « pacte » conclu entre les représentants de la nation et le monarque. En pratique, cela signifie que le roi seul ne peut pas la modifier : le même pacte est nécessaire. En théorie, cela signifie que le roi et la nation sont placés sur le même pied, qu'ils incarnent tous les deux la souveraineté. Il s'agit d'ailleurs de la souveraineté nationale et non du droit divin. Le « roi citoyen » remplace le « roi par la grâce de Dieu ». Comme en 1791, il est de nouveau « roi des Français » et non « roi de France » comme en 1814 : c'est-à-dire le premier fonctionnaire de la nation, parlant en son nom.

• La double légitimité. — Bien qu'il soit appelé par la nation (en théorie), Louis-Philippe est de sang royal : le plus proche du trône par la descendance légitime, après Charles X et sa descendance. Il s'efforce ainsi de réunir sur sa tête les deux légitimités. Porté au trône par la révolution populaire et la Chambre des députés, il est roi par la souveraineté nationale. Prince de sang royal, si proche de la légitimité héréditaire, il est roi en vertu de la souveraineté monarchique. La double légitimité devrait ainsi lui valoir l'appui des libéraux et des conservateurs. En fait, elle est plutôt un inconvénient qu'un avantage. Aux yeux des monarchistes, Louis-Philippe est un faux roi; aux yeux des républicains, il est une fausse incarnation de la souveraineté nationale. Pendant les premières années, il n'est pris au sérieux par personne.

2. *Les changements dans les institutions.* — Le plus important concerne le système électoral. Les autres sont très secondaires.

• L'élargissement du droit de vote. — Le cens passe de 300 à 200 F pour être électeur, et de 1 000 à 500 F pour être éligible. De plus, les « capacités » — c'est-à-dire les illustrations du talent ou de la fonction publique : généraux, membres de l'Institut — voient pour eux le cens abaissé à 100 F. La loi du double vote est supprimée. La majorité électorale passe de 30 à 25 ans pour être électeur, de 40 à 30 ans pour être éligible. Cela donne 166 183 électeurs au début du règne. Comme le pays s'enrichit assez vite pendant la période, il y a un accroissement régulier du corps électoral, contrairement à ce qui se passait sous le régime précédent. En 1846, il y a 240 983 électeurs. C'est bien peu malgré tout, si l'on pense que la Grande-Bretagne a 800 000 électeurs après la réforme de 1832, pour une population comptant cinq millions d'habitants de moins.

• Les changements secondaires. — Les autres innovations sont secondaires. Les unes sont liées à l'idée de la souveraineté nationale et au fait qu'on s'écarte de la monarchie traditionnelle : suppression de la pairie héréditaire, les membres de la Chambre des pairs ne pouvant être nommés qu'à vie, et seulement dans certaines catégories sociales (députés, ambassadeurs, membres de l'Institut, hauts magistrats, industriels, banquiers, etc.); suppression de l'article 14 de la Charte qui permettait au roi de faire des ordonnances de police et de sûreté pour suppléer aux lois, et qui avait provoqué la Révolution de 1830; suppression de la disposition faisant du catholicisme une religion d'Etat. D'autres innovations vont dans le sens du régime parlementaire : par exemple, le fait que les membres du Parlement ont désormais l'initiative des lois, comme le roi.

▶ *Les pratiques politiques de la Monarchie de Juillet*

Le jeu des partis s'oriente vers le centrisme et celui des institutions vers le parlementarisme, mais un parlementarisme de type spécial, précisément appelé « orléaniste ».

1. *Le centrisme.* — La plupart des ministères s'appuient sur une majorité dite de « juste milieu », qui unit les monarchistes modérés et les libéraux modérés.

• La division des légitimistes et des orléanistes. — Sous la Restauration déjà, on distinguait deux branches dans le parti monarchiste : les « ultras » et les modérés. Mais les deux n'étaient pas absolument séparées, puisque tous les monarchistes reconnaissaient le même roi. Après 1830, la cassure est totale. Les fidèles de Charles X, anciens « ultras », s'appellent désormais « légitimistes », parce qu'ils veulent le retour du seul roi légitime dans le cadre des principes monarchistes. Les monarchistes les plus

modérés se rallient au nouveau régime, et deviennent « orléanistes ».
Entre les deux, les antipathies sont vives. Beaucoup de légitimistes
se retirent de la politique et se confinent dans une opposition
de salon.

● La division des libéraux et des républicains. — A gauche,
les divisions existaient aussi depuis longtemps, d'ailleurs plus nombreuses : les Jacobins extrémistes à un bout, les libéraux prêts à
participer au pouvoir à l'autre bout, beaucoup se situant entre les
deux. Après 1830, la coupure est plus nette : une masse importante
de libéraux se rallie au régime, dont La Fayette est le modèle; les
autres deviennent plus clairement républicains. L'orléanisme est
donc une conjonction des centres, qui unit des orléanistes d'origine
monarchique et des orléanistes d'origine libérale. La fidélité commune au même roi efface ces distinctions. Malgré tout, on retrouvera à travers tout le régime une certaine opposition entre deux
tendances de l'orléanisme, l'une de centre-droit, l'autre de centre-
gauche : au début du règne, on distingue ainsi la « résistance »
(aux réformes) et le « mouvement »; à la fin, le parti de Guizot et
le parti de Thiers.

2. *Le parlementarisme orléaniste.* — Louis-Philippe affermit
la pratique du parlementarisme, mais l'indépendance du Parlement est restreinte.

● Le parlementarisme à double confiance. — La responsabilité
politique des ministres n'est plus contestée. Le Cabinet renversé
par le Parlement est obligé de démissionner : cela se produira plusieurs fois. Le ministère devient plus homogène, l'autorité du président du Conseil s'affirme, l'interpellation se développe. Mais il
s'agit d'un parlementarisme « orléaniste », où le rôle personnel
du roi est important. Le ministère doit avoir la confiance du
monarque comme celle des Chambres. Le roi conserve une grande
influence politique. Derrière le long ministère de Guizot, c'est
Louis-Philippe qui gouverne.

• Les députés fonctionnaires. — La Monarchie de Juillet pratique une corruption des parlementaires à l'image du « système Walpole » qui fut célèbre en Grande-Bretagne : c'est-à-dire qu'elle développe le système des députés-fonctionnaires, qui permet au gouvernement d'exercer une forte pression sur les membres des assemblées. Il n'existe point alors d'incompatibilités entre le mandat parlementaire et la fonction publique. Le gouvernement en profite pour séduire de nombreux députés par l'appât de bonnes places, qui les met sous la dépendance des ministres. Guizot utilisa le procédé sur une large échelle : la Chambre compta plus de 150 députés-fonctionnaires, dont le gouvernement surveillait soigneusement les votes.

Sur la Monarchie de Juillet, cf., outre les ouvrages cités, p. 86, P. Vigier, *La monarchie de Juillet*, 1962 ; P. Rosenvallon, *Le moment Guizot*, 1985 ; P. Thureau-Dangin, *Histoire de la Monarchie de Juillet*, 7 vol., 1884-1892 ; A.-J. Tudesq, *Les grands notables en France, 1840-1849*, 1964 ; J. Lhomme, *La grande bourgeoisie au pouvoir*, 1830-1880, 1960 ; L.-R. Villermé, *Tableau de l'état physique et moral des ouvriers employés dans les manufactures de coton, de laine et de soie*, 2 vol., 1840 (enquête officielle pour l'Académie des Sciences morales et politiques : un document fondamental), réédité en 1971 (coll. « 10-18 »).

Sur la Charte de 1830, cf. P. Bastid, ouvrage cité, p. 86, et les ouvrages contemporains : Berriat Saint-Prix, *Commentaire sur la Charte constitutionnelle*, 1836 ; P. Rossi, *Cours de droit constitutionnel* (professé à la Faculté de Droit de Paris en 1835-1837) ; Mehul, *Tableau de la Constitution de la Monarchie française selon la Charte*, 1830. — Sur la Chambre des Pairs : L. Labès, *Les pairs de France sous la Monarchie de Juillet*, thèse, Paris, 1938 ; sur la Chambre des Députés, F. Julien-Lafferrière, *Les députés fonctionnaires sous la Monarchie de Juillet*, 1970.

3 / La République présidentielle

En 1789, les révolutionnaires voulaient établir une monarchie limitée : ils s'inspirèrent donc du système anglais, seul modèle dont ils pouvaient disposer, et qu'ils connaissaient d'après Montesquieu.

En 1848, les révolutionnaires devaient établir une république, toute autre solution étant inacceptable par leurs partisans : ils s'inspirèrent donc du système américain, seul modèle dont ils pouvaient disposer et qu'ils connaissaient à travers Tocqueville, dont *De la démocratie en Amérique* avait paru en 1835-1840 avec un grand succès.

1 | LE MODÈLE AMÉRICAIN

Le modèle américain n'a pas seulement inspiré la Seconde République de 1848, qui a fini par le coup d'Etat du 2 décembre 1851. Il a aussi inspiré partiellement la V⁰ République dans la réforme constitutionnelle de 1962, qui a établi l'élection du président au suffrage universel. Certains proposent parfois qu'il l'inspire plus complètement et que la France d'aujourd'hui remplace son régime semi-présidentiel par un régime présidentiel. Il est donc nécessaire de décrire ce modèle dans son ensemble, avant de préciser la physionomie qu'il présentait en 1848.

▶ *Le système présidentiel des Etats-Unis*

La Constitution des Etats-Unis est contemporaine de notre grande révolution. Elaborée en 1787, elle a été officiellement adoptée en 1789. Elle s'inspire du système britannique décrit par Montesquieu, c'est-à-dire de la séparation des pouvoirs. Mais elle attribue l'Exécutif à un président élu, ce qui bloque toute évolution vers le régime parlementaire.

1. *La séparation des pouvoirs.* — Le système américain applique intégralement la séparation des pouvoirs dessinée par Montesquieu entre le Législatif, l'Exécutif et le Judiciaire. Mais il le fait dans un cadre exclusivement démocratique.

● Le pouvoir législatif. — Il appartient à un parlement appelé Congrès, qui comprend deux chambres : le Sénat et la Chambre des Représentants. Ce dualisme n'a pas pour objet de donner une représentation séparée à l'aristocratie et aux « gens distingués » comme disait Montesquieu. Il est la conséquence de la structure fédérale qu'exprime le nom même des Etats-Unis. Le Sénat représente les Etats membres : 13 en 1787, 50 aujourd'hui. Il comprend deux sénateurs par Etat, quelle que soit leur population. La Chambre des Représentants représente le peuple des Etats-Unis : chaque Etat-membre y envoie un nombre de représentants proportionnels à la population.

● Le pouvoir exécutif. — Il appartient au Président des Etats-Unis, qui est élu par des « grands électeurs » désignés suivant le système décidé pour chaque Etat par sa propre Chambre des députés, appelé Législature. A l'origine, seuls trois Etats faisaient élire les grands électeurs au suffrage universel, les autres les faisant désigner par la Législature d'Etat elle-même. Il a fallu un demi-siècle pour que tous les Etats fassent élire les grands électeurs au suffrage universel, et pour que ceux-ci s'engagent à voter pour un des candidats à la présidence. Aujourd'hui, le relais des grands électeurs est un rouage inutile, et tout se passe comme si le président était élu au suffrage universel direct, comme les membres du Congrès.

● Le pouvoir judiciaire. — Il appartient à des tribunaux formés en général de juges élus par les citoyens. La Cour suprême des Etats-Unis est le tribunal supérieur devant lequel les affaires peuvent parvenir en dernier ressort. Depuis un arrêt de 1803, elle a proclamé son droit de juger la constitutionnalité des lois, ce qui lui confère un pouvoir très important. Ses membres sont nommés par le président, mais à vie, ce qui leur confère une grande indépendance.

2. *Les relations entre les pouvoirs.* — En principe, l'Exécutif et le Législatif (qu'on considère seuls ici) sont totalement séparés.

Le président ne peut pas dissoudre le Congrès. Le Congrès ne peut pas forcer le président à démissionner.

• La procédure de l' « impeachment ». — Il existe cependant une procédure d' « impeachment » sur le modèle britannique du XVIIᵉ siècle, qui permet de mettre en cause une responsabilité pénale du président. La Chambre des Représentants peut en effet mettre en accusation le président et les hauts fonctionnaires devant le Sénat pour crimes et délits importants. Transformé en tribunal, le Sénat juge à huis clos : l' « impeachment » ne pouvant être prononcé qu'à la majorité des deux tiers. Un seul « impeachment » de président a été engagé dans l'histoire des Etats-Unis : contre le président Johnson en 1868. Il a échoué à une voix près. Cependant, le président Nixon a démissionné en 1974 pour éviter qu'une procédure d' « impeachment » ne soit engagée contre lui.

• Les autres moyens d'action réciproque. — La procédure d' « impeachment » n'est pas la seule dérogation à la séparation des pouvoirs. Il y a quelques moyens d'actions réciproques beaucoup plus courants entre l'Exécutif et le Législatif. Le Sénat doit ratifier la nomination par le président des « secrétaires » (ministres), des membres de la Cour suprême, des ambassadeurs, et des fonctionnaires relativement importants. Il doit aussi ratifier les traités, à la majorité des deux tiers des membres présents en séance, ce qui est considérable. Enfin et surtout, le Congrès tient les cordons de la bourse et vote les lois : ce qui limite le président. Inversement, le président a l'initiative des lois, concurremment avec les membres du Congrès, et surtout il peut leur opposer son veto : le Congrès ne peut lever ce veto que par un vote de chaque chambre à la majorité des deux tiers, ce qui est difficile. Le veto est assez souvent employé, et rarement écarté par le Congrès. En douze ans, Roosevelt opposa 631 vetos, dont une dizaine seulement furent mis en échec.

▶ *Le modèle américain en 1848*

Au moment où les constituants français de 1848 le prennent pour modèle, le système américain est à peu près analogue à celui d'aujourd'hui, à quelques différences près. Mais les Français ne le transposent pas exactement.

1. *Les différences avec le système américain d'aujourd'hui.* — Elles portent essentiellement sur le mode d'élection du président.

• Le suffrage universel imparfait. — En 1848, tous les Etats américains faisaient élire les grands électeurs au suffrage universel, sauf la Caroline du Sud qui ne s'y ralliera qu'en 1860. Mais ces réformes étaient récentes. En 1828, il n'y avait encore que 18 Etats sur 24 arrivés à ce stade; en 1824, 12 sur 24; en 1816, 7 sur 19. Mais en 1848 les grands électeurs élus eux-mêmes au suffrage universel restaient libres de leurs votes, ce dont les félicite d'ailleurs Tocqueville en soulignant les risques du suffrage universel. Sur ce point, les constituants français de 1848 ne suivront pas son livre. Lui non plus d'ailleurs, puisqu'il défendit l'élection au suffrage universel, comme rapporteur de la commission de l'Assemblée constituante, mais en limitant le pouvoir présidentiel : le Conseil des ministres étant responsable devant l'assemblée parlementaire.

• La réélection indéfinie du Président. — La Constitution de 1787 ne posait aucune limite à la réélection du Président. En refusant plus de deux mandats, Washington avait posé une tradition, que Roosevelt transgressa, et qui ne fut inscrite dans la Constitution qu'en 1951. Tocqueville déplorait cette possibilité de réélection, même réduite à deux mandats en tout. Sur ce point il fut suivi par les constituants de 1848 : mais cela provoqua le coup d'Etat du 2 décembre.

2. *Les différences avec la transposition française de 1848.* —
Elles portent à la fois sur la structure de l'Exécutif et du Législatif
et sur leurs relations.

● La structure de l'Exécutif et du Législatif. — A la différence
du Président des Etats-Unis, le Président français de 1848 est élu
au suffrage universel direct, et il n'est rééligible que quatre ans
après sa sortie de charge. La première des dispositions était
contraire aux idées de Tocqueville mais la seconde leur était
conforme. Il avait bien souligné le danger de démagogie entraîné
par la réélection. Il n'avait pas vu que la non-réélection risquait
de conduire au coup d'Etat un président élu pour un mandat
aussi court que celui des Etats-Unis (4 ans) et non rééligible.

A la différence du Congrès des Etats-Unis, le Parlement français de 1848 était composé d'une seule chambre. Cela découlait
du caractère centralisé de la nation française. Aux Etats-Unis, la
dualité de chambres reflète la structure fédérale de l'Etat, et le
prestige du Sénat exprime l'importance des Etats et de leur autonomie. Dans une démocratie non fédérale, le bicamérisme n'a pas
de raison d'être à moins qu'il serve à affaiblir le caractère démocratique du Parlement, comme c'est le cas pour le Sénat français
depuis 1875.

● Les relations entre le Législatif et l'Exécutif. — La Constitution française de 1848 pousse la séparation des pouvoirs plus
loin que la Constitution américaine de 1787. D'une part, l'Assemblée nationale n'a aucune action sur la nomination par le président des ministres, des ambassadeurs et des hauts fonctionnaires.
D'autre part, le président ne dispose pas d'un veto véritable. Il
peut renvoyer les lois à l'Assemblée pour une seconde lecture.
Mais un nouveau vote à la majorité ordinaire suffit pour qu'elles
deviennent applicables. On est loin du vote à la majorité des
deux tiers.

Par ailleurs, la Constitution de 1848 contient des dispositions
qui rapprochent du régime parlementaire. Le Président nomme

et révoque les ministres qui ont leur entrée à l'Assemblée et doivent y être entendus comme ils le demandent. On verra que les députés ont essayé de faire glisser le système vers un régime semi-présidentiel.

Sur le système politique des Etats-Unis, cf. B. E. Brown, *L'Etat et la politique aux Etats-Unis*, 1994, coll. « Thémis », et M.-F. Toinet, *Le système politique aux Etats-Unis*, 2ᵉ éd. 1990. — Sur son influence sur la Constitution française de 1848, cf. B. Gilson, *La découverte du régime présidentiel*, 1968. — Avant tout, il faut évidemment lire A. de Tocqueville, *De la Démocratie en Amérique*, 2 vol., 1ʳᵉ éd. 1835-1840 : la meilleure édition est celle des « Œuvres complètes » sous la direction de J.-P. Meyer : 2 vol., 1951, avec introduction d'Harold J. Laski. On y trouvera reproduit le texte de l'introduction de la 12ᵉ édition, publiée juste après la Révolution de 1848 et avant les débats sur la Constitution. La conclusion de cette introduction montre les limites que Tocqueville pose à l'imitation par les Français de la Constitution des Etats-Unis : « Où pourrions-nous trouver ailleurs de plus grandes espérances et de plus grandes leçons ? Ne tournons pas nos regards vers l'Amérique pour copier servilement les institutions qu'elle s'est donnée, mais pour mieux comprendre celles qui nous conviennent, moins pour y puiser des exemples que des enseignements, pour lui emprunter des principes plutôt que le détail de ses lois. Les lois de la République française peuvent et doivent, en bien des cas, être différentes de celles qui régissent les Etats-Unis, mais les principes sur lesquels les constitutions américaines reposent, ces principes d'ordre, de pondération des pouvoirs, de liberté vraie, de respect sincère et profond du droit sont indispensables à toutes les Républiques, ils doivent être communs à toutes, et l'on peut dire à l'avance que là où ils ne se rencontreront pas, la République aura bientôt cessé d'exister. » — Sur la participation de Tocqueville à la Révolution de 1848, et notamment à la Commission de la Constitution, cf. ses *Souvenirs*, réédités avec une préface de F. Braudel, 1978 (coll. « Folio »).

2 | LA SECONDE RÉPUBLIQUE (1848-1851)

Les monarchies parlementaires et les régimes bonapartistes ont duré chacun trente-quatre ans. Au contraire, la république présidentielle établie en 1848 n'a duré que trois ans. De tous les compromis tentés depuis 1848, il est le plus bref. Cependant, la période de 1848-1851 est très importante. D'une part, la seconde grande révolution française aggrave le choc de 1789 et la rupture du consensus national. D'autre part, l'établissement du suffrage universel direct crée des conditions politiques nouvelles.

▶ *La Révolution de 1848*

La Révolution de 1848 éclate brutalement. La « campagne des banquets » visait à obtenir l'élargissement du corps électoral par la réduction du cens et la suppression des députés fonctionnaires. La plupart de ses animateurs ne souhaitaient pas la chute du régime. Les républicains n'imaginaient pas que la république fût possible. Nul ne se rendait compte surtout de la profondeur des transformations sociales entraînées par la révolution industrielle et de la force nouvelle constituée par le prolétariat urbain.

1. *Les deux révolutions de 1848.* — Il y a deux révolutions de 1848, en réalité : la révolution républicaine de février, la révolution sociale de juin. Les forces unies pour la première, qui est victorieuse, se séparent en face de la seconde, qui est écrasée.

● La révolution républicaine de février. — Peu de gens pensaient à la république avant la Révolution de février. Une fois Louis-Philippe parti, la république s'impose comme une évidence. Le 24 février, le gouvernement provisoire proclame la république « sauf ratification par le peuple qui sera immédiatement consulté ». Plus tard, on distinguera avec raillerie les « républicains de la veille » et les « républicains du lendemain ». Il semble cependant que février 1848 ait été un de ces moments historique où se produit un grand élan d'unanimité nationale, comme en août 1914 ou à la Libération. En tout cas, à partir de février 1848, la république trouve un grand appui populaire. Auparavant, les souvenirs de la

Terreur détournaient beaucoup de se proclamer républicains et même de l'être. Après 48, les choses ont changé : la république devient le régime légitime pour une grande partie des Français, et ne cessera plus de l'être.

Les révolutionnaires de février prennent immédiatement des mesures qui donnent à la république une réalité. La plus importante est le suffrage universel direct, au scrutin plurinominal à un tour, dans le cadre du département. On vote pour plusieurs candidats à la fois, mais en composant librement sa liste. Les candidats élus sont ceux qui arrivent en tête, à condition qu'ils aient obtenu au moins un huitième du chiffre des électeurs inscrits (sinon, il y a second tour). Le vote est secret, par bulletins, suivant la technique moderne : l'essentiel de notre droit électoral d'aujourd'hui est ainsi établi. Le suffrage universel est complété par la liberté de la presse, la liberté de réunion, la liberté d'association, qui sont quasi totales. Les journaux et les « clubs » politiques se multiplient. Les premières élections au suffrage universel, en avril, donnent une majorité modérée à l'Assemblée constituante.

• La révolution sociale de juin. — La Révolution de 1789 était essentiellement bourgeoise. La Révolution de 1848 est à la fois une révolution bourgeoise qui prolonge et achève celle de 1789 par l'établissement d'une république fondée sur le suffrage universel, et une révolution sociale qui tend à obtenir une transformation de la condition ouvrière. L'industrialisation a entraîné la formation d'un prolétariat qui vit dans des conditions misérables. « Sur 90 000 habitants de ce secteur (12ᵉ arrondissement de Paris), près de 70 000 sont dénués de tout, sans souliers, en loques, vivant et mourant surtout dans l'abjection et la famine », d'après le témoignage d'Ozanam, catholique social, témoin oculaire.

La Révolution de février a été faite par l'alliance des bourgeois républicains et des ouvriers socialistes (ou du moins « socialisants ») : le gouvernement provisoire est formé de ces deux éléments. A côté des réformes républicaines, il prépare des réformes sociales très nouvelles. La « Commission des Travailleurs » siégeant au Luxembourg, les projets de nationalisations (Banque de France, Ateliers sociaux réclamés par Louis Blanc), la réglementation des conditions de travail (dix heures maximum à Paris, onze dans les départements) constituent l'amorce d'une transformation en profondeur. Mais la bourgeoisie, même républicaine, est inquiète devant la force des ouvriers, dont elle prend brusquement conscience.

L'insurrection de juin va permettre d'écraser dans le sang les tentatives de révolution sociale. L'alliance de février est rompue. Les bourgeois républicains chargent un des leurs, le général Cavaignac, petit-fils d'un conventionnel, de réprimer le soulèvement des ouvriers de Paris. La répression est terrible (cf. p. 55). La liberté de la presse, la liberté d'association, la liberté de réunion sont supprimées : le régime devient dictatorial. Cette insurrection a-t-elle été préparée et provoquée par les modérés de l'Assemblée, pour avoir un prétexte de briser la poussée sociale ? Il est difficile de conclure nettement. Que l'émeute fût souhaitée par les modérés, qu'ils n'aient rien fait pour l'empêcher, qu'ils aient pris certaines mesures pour la provoquer, n'est en tout cas pas douteux.

2. *Le choc révolutionnaire.* — La Révolution de 1848 provoque un grand choc dans l'opinion française : elle aggrave le traumatisme de 1789 et la rupture du consensus national.

• La peur des « rouges ». — La peur des Jacobins commençait à être oubliée, après plus de cinquante ans. Elle va être relayée par la peur des « rouges », c'est-à-dire des socialistes et des ouvriers. La Révolution de 1848 révèle à la bourgeoisie l'existence et la puissance du prolétariat. Elle en est épouvantée. Alexis de Tocqueville, témoin oculaire et homme pondéré, qui mesure ses termes, parle de la « terreur profonde » de la bourgeoisie, en ajoutant : « On ne saurait la comparer qu'à celle que devaient éprouver les cités civilisées du monde romain quand elles se voyaient tout à coup au pouvoir des Vandales et des Goths. » La grande peur des rouges ne disparaîtra pas avec la répression de juin. Elle sera réveillée par la Commune, puis par la Révolution d'Octobre 1917. On en trouve encore des traces aujourd'hui.

De leur côté, les ouvriers n'oublieront pas la terrible répression de juin (cf. p. 55). Ils n'oublieront pas que la république bourgeoise a fait tirer sur le peuple, par ses soldats. Beaucoup en concluent que l'action politique réformiste, qu'ils avaient tentée après février dans la Commission du Luxembourg et les élections, n'aboutit à rien. Ils sont rejetés vers l'action révolutionnaire. La répression de juin 1848 a poussé le socialisme français à prendre au XIXᵉ siècle des formes plus brutales qu'ailleurs (avec le blanquisme par exemple), à s'exprimer partiellement à travers le communisme au XXᵉ siècle. La répression de la Commune renforcera cette tendance. Un nouvel extrémisme de gauche prend ainsi le relais du jacobisme.

• La fin de la monarchie. — La peur des rouges pousse de son côté vers un nouvel extrémisme de droite. Mais celui-ci prend des formes différentes de 1814, parce que la Révolution de 1848 marque la fin de la monarchie. Certes, il restera encore des monarchistes après elle. Mais leur soutien populaire a beaucoup diminué. Ils sont désormais très minoritaires dans le pays. Le choc de 1848 a ruiné le principe monarchique. Pour la plupart des Français, désormais, la légitimité repose sur l'élection au suffrage universel. La propagande religieuse s'efforcera, cependant, de réveiller l'idée monarchique. Le développement de l'enseignement dit « libre » — en fait de l'enseignement catholique — à partir de la loi Falloux (1850) ressuscite d'une certaine façon l'alliance du trône et de l'autel établie par la Restauration. L'action du clergé se développe plutôt contre l'idée républicaine dans la deuxième moitié du XIXᵉ siècle et la première moitié du XXᵉ. Par réaction, cela conduit les républicains à l'anticléricalisme.

▶ *Le régime républicain*

L'Assemblée constituante élue en avril 1848 a une majorité de républicains modérés : ils sont environ 500 sur 880 élus, contre moins de 300 monarchistes et une centaine de républicains avancés. Elle établit après juin la dictature du général Cavaignac. Elle vote une Constitution républicaine de type présidentiel, inspirée de l'exemple américain. Mais la personnalité du Président de la République et la majorité de l'Assemblée rendent difficile l'application de cette constitution.

1. *La Constitution du 4 novembre 1848.* — La Déclaration de Droits placée en tête de la Constitution proclame la souveraineté nationale, la liberté et l'égalité, à l'image de 1789. Mais elle y ajoute la « fraternité » et invoque Dieu. Elle proclame aussi des droits sociaux : droit au travail, à l'assistance et à l'instruction.

• Le Président et l'Assemblée. — Le pouvoir législatif est confié à une assemblée unique élue au suffrage universel direct pour trois ans, l'Assemblée législative. On notera la ressemblance de nom avec 1791. En fait, les hommes de 1848 imitent constamment les grands ancêtres de la Révolution précédente, dans le vocabulaire et la terminologie. Beaucoup de modérés dans la Constituante auraient souhaité deux chambres. Mais la tradition de 1789 s'y oppose : on estime alors que la république exige une seule assemblée.

Le pouvoir exécutif est confié à un Président de la République, également élu au suffrage universel direct, pour quatre ans, et non rééligible immédiatement. L'institution est imitée des Etats-Unis, mais elle n'est pas conforme à la tradition républicaine de 1789. Quelques républicains s'y opposeront d'ailleurs, comme Jules Grévy qui voulait supprimer complètement tout Président de la République. Il semble qu'elle ait été établie par la conjonction de deux facteurs. D'une part, certains républicains sincères, comme Lamartine, voulaient que le peuple puisse directement choisir le chef du gouvernement, sans être emprisonné par un réseau de notables et d'intermédiaires. D'autre part, les modérés voulaient un pouvoir fort, capable de maintenir l'ordre.

• **Régime présidentiel ou semi-présidentiel?** — Le régime de 1848 est-il véritablement présidentiel ou seulement semi-présidentiel? — L'absence de Premier ministre et le caractère rigoureux de la séparation des pouvoirs penchent vers la première interprétation. Le Président ne peut pas dissoudre l'Assemblée, l'Assemblée ne peut pas révoquer le Président ni, semble-t-il, obliger ses ministres à démissionner par un vote de défiance.

Cependant, le Président peut choisir ses ministres dans l'Assemblée où ils ont droit d'entrée et de parole. Cela pourrait aller vers le régime parlementaire, si l'on s'inspirait de la Monarchie de Juillet. La Constitution de 1848 déclare d'ailleurs que les ministres sont « responsables », sans préciser devant qui. Dans l'esprit de ses rédacteurs, ce texte vise sans doute une responsabilité purement morale. Mais on pourrait tirer de là une responsabilité politique. L'Assemblée législative essaya d'ailleurs de pousser le régime vers le parlementarisme. Le ministère Odilon Barrot prit l'habitude de délibérer en Conseil de cabinet, hors la présence du Président de la République, et son chef s'accorda le titre de président du Conseil. On pouvait pousser la Constitution vers un régime semi-présidentiel (sur la définition de celui-ci, cf. p. 188).

2. *L'application de la Constitution.* — L'application de la Constitution a été rendue difficile par les résultats des élections, qui portent à la présidence de la République le prétendant au trône impérial et des orléanistes à la majorité de l'Assemblée. La II⁰ République devient ainsi une « république sans républicains ».

• **Les élections.** — Les élections présidentielles ont lieu les premières, les 10-11 décembre 1848. Louis-Napoléon Bonaparte, neveu de l'empereur, obtient 5 534 520 suffrages, le général Cavaignac en obtient 1 448 302, Ledru-Rollin (républicain de gauche) 371 431, Raspail (socialiste) 36 964 et Lamartine 17 914. Louis-Napoléon était soutenu par le « parti de l'ordre », mais il ne recueille pas que des suffrages conservateurs. Une partie de la gauche a voté pour lui, déçue par une république qui a fait tirer sur les ouvriers en juin. Depuis la mort de Napoléon Ier à Sainte-Hélène (1821), le mythe bonapartiste n'a cessé de grandir : c'est plutôt un mythe de gauche, basé sur l'appel au peuple, le principe des nationalités et l'héritage de 89. Louis-Napoléon bénéficie ainsi de la conjonction d'éléments divers.

Les élections à l'Assemblée législative, les 13-14 mai 1849, donnent des résultats assez différents. Le centre est écrasé, ce qui correspond à la logique du scrutin majoritaire à un tour : sur 6 760 000 suffrages, les républicains modérés n'en obtiennent qu'à peu près 800 000 (12 %). La gauche unie — regroupant les républicains avancés, les « radicaux » et les socialistes, sous l'étiquette commune « démocrates-socialistes » — obtient plus de 2 300 000 voix, soit près de 35 % des suffrages exprimés. Mais la droite remporte une énorme victoire : plus de 53 % des suffrages exprimés. Le mode de scrutin lui donne les trois quarts des sièges. Les anciens orléanistes occupent ainsi une position dominante à l'Assemblée nationale.

• Le conflit Président-Assemblée. — Les orléanistes de l'Assemblée souhaitent la restauration de la Monarchie de Juillet. En attendant ils poussent la république vers le parlementarisme : on a dit les efforts d'Odilon Barrot à cet égard. Mais, le 31 octobre 1849, le Président de la République congédie les ministres — bien qu'ils aient la confiance de l'Assemblée — et les remplace par des gens pris hors du Parlement et qui lui sont dévoués. Ainsi l'application de la Constitution est orientée vers le régime présidentiel pur.

Le parlementarisme correspondait alors au conservatisme. Après avoir restreint les libertés de la presse, d'association et de réunion, après avoir voté la loi Falloux, l'Assemblée nationale adopte en 1850 une réforme électorale qui exige trois ans de résidence ininterrompue pour être électeur, ce qui élimine toute la population des travailleurs itinérants, alors très nombreux. Près de trois millions d'électeurs (exactement 2 809 000, sur 9 618 000 auparavant) sont ainsi privés du droit de vote. Le Président de la République prend position contre cette mesure, ce qui le situe à gauche par rapport à l'Assemblée législative. Son mandat devait prendre fin en mars 1852, il n'était pas immédiatement rééligible et l'Assemblée refusait de modifier sur ce point la Constitution. Elle souhaitait d'ailleurs être débarrassée du Président pour rétablir la monarchie. Trois mois avant la date prévue pour l'élection de son successeur, Louis-Napoléon Bonaparte prend l'Assemblée de vitesse, et fait le coup d'Etat du 2 décembre 1851.

Sur la Révolution de 1848 et la IIe République, cf. M. Agulhon, *1848 ou l'apprentissage de la république (1848-1852)*, 1973 ; P. Vigier, *La Seconde République*, 1967 (coll. « Que sais-je ? ») ; L. Girard, *La IIe République*, 1968 ; G. Duveau, *1848*, rééd. 1965 (coll. « Idées ») et les deux ouvrages de K. Marx, *La lutte des classes en France (1848-1950)* et *Le 18 Brumaire de Louis-Napoléon Bonaparte*.

Sur les idéologies et les institutions, l'ouvrage essentiel est celui de P. Bastid, *Doctrines et institutions politiques de la Seconde République*, 2 vol., 1945. — Sur la préparation de la Constitution, cf. J. Cohen, *La préparation de la Constitution de 1848*, thèse, Paris, 1935 ; Chaboseau, Les Constituants de 1848 (trois articles dans *La Révolution de 1848*, t. VIII et IX, 1910-1911) ; H. N. Curtis, *American constitutional doctrine and the French assembly of 1848*, New York, 1918. — Sur les élections : G. Genique, *L'élection de l'Assemblée législative en 1849*, 1921 ; H. Laferrière, *La loi électorale du 31 mai 1950*, thèse, Paris, 1910 ; J. Bouillon, Les démocrates-socialistes aux élections de 1849 dans *Rev. franç. de science polit.*, 1956, p. 70-95 ; A. Tudesq, *L'élection présidentielle de Louis-Napoléon Bonaparte*, 1965 ; R. Pimienta, *La propagande bonapartiste en 1848*, 1911, et la bibliographie sur le développement du mythe bonapartiste avant 1848, p. 79.

Chapitre III

LA VALSE DES GOUVERNEMENTS (1870-1958)

Comme le premier, le Second Empire est tombé pour des causes extérieures, non sous la pression d'une crise intérieure. Sa chute est la conséquence de la défaite de Sedan. Le 4 septembre 1870, la République est proclamée de nouveau. Elle changera de numéro deux fois, mais elle ne disparaîtra plus. Si le « régime de Vichy » qui fonctionne pendant l'occupation allemande (1940-1944) remplace la formule « République française » par « Etat français », il ne supprime pas officiellement la République. D'ailleurs un gouvernement provisoire républicain se constitue progressivement à l'étranger, autour du général de Gaulle.

Jusqu'en 1958, il s'agit d'une république parlementaire, ce qui est une nouveauté au moment où le régime s'établit. Avant 1875, le parlementarisme n'avait fonctionné que dans un cadre monarchique : il avait servi à transformer des monarchies en démocraties, tout en maintenant leur cadre. L'expérience française de 1875 sera ensuite imitée, et l'on verra se développer de nombreuses républiques parlementaires. En France, ce régime va établir des institutions stables après quatre-vingt-six ans d'instabilité. Alors qu'aucun régime ne dure plus de dix-neuf ans entre 1789 et 1875, la IIIe République dure soixante-cinq ans (1875-1940). La IVe République (1944-1958) ne fait d'ailleurs que la prolonger : il s'agit d'une restauration après l'intermède du maréchal Pétain, plutôt que d'un régime nouveau.

Mais cette stabilité des institutions ne s'accompagne pas d'une stabilité gouvernementale : les ministères durent seulement huit mois en moyenne sous la IIIe République, six sous la IVe. Après la valse des constitutions, voici la valse des gouvernements. Ils ne sont pas seulement instables, ils sont faibles également. Instabilité et faiblesse sont moins le fait des institutions, comme on le dit trop souvent, que le fait du système de partis, lui-même lié au système électoral. On va d'abord analyser ce système des partis, avant de décrire les républiques parlementaires.

1 / L'établissement
du système français de partis

La pratique des partis dans la IIIe et la IVe République sera décrite ci-après, en étudiant l'application de leurs constitutions. Mais il est nécessaire de dresser auparavant un tableau d'ensemble du système français de partis, qui s'établit précisément en même temps que les républiques parlementaires. Les partis qu'on a décrits jusqu'ici n'étaient que des tendances incarnées par des hommes politiques, des écrivains, des journalistes, sans autres liens que des clubs et des comités dispersés. Seuls, les Jacobins de 93 avaient incarné une organisation ressemblant à celle des partis modernes. Dans toute l'Europe, les partis véritables n'apparaissent qu'à la fin du XIXe siècle, le fameux « caucus » de Birmingham (comité électoral) ne surgissant qu'en 1867 en Grande-Bretagne, suivi la même année par l'organisation du parti conservateur, en 1874 par celle du parti libéral. La social-démocratie allemande, premier parti socialiste réellement organisé, ne naît qu'en 1875 et ne prend son essence qu'en 1890.

En France, l'avènement de la République en 1870 donne une impulsion décisive au développement des partis. en les rendant libres de propager leurs idées. Mais ils n'auront les moyens de se donner une organisation solide qu'avec la loi de 1901 sur les associations. Le système de partis français se crée entre 1870 et 1914. Entre les deux guerres, il s'adjoint des formations nouvelles : parti communiste en 1920, partis de droite musclés dans les années (Parti social français du colonel de La Rocque, Parti populaire français de Jacques Doriot), sans se modifier substantiellement. Sous la IV⁰ République, apparaissent deux grands partis nouveaux, le Mouvement républicain populaire, démocrate chrétien, et le Rassemblement du Peuple français du général de Gaulle : mais le système lui-même n'est pas bouleversé. Il le sera radicalement après 1958.

1 | LES BASES EUROPÉENNES DU SYSTÈME FRANÇAIS DE PARTIS

Bien que nos partis aient été jusqu'à la V⁰ République plus faibles et plus nombreux qu'ailleurs, ils reposaient malgré tout sur les mêmes bases que la plupart des partis européens. Comme ces derniers, ils étaient formés par l'interférence de deux grands conflits, celui des conservateurs et des libéraux, et celui des socialistes et des « capitalistes ». Le second a progressivement absorbé le premier, après une phase intermédiaire où les deux se sont plus ou moins combinés. Des conflits secondaires, variables suivant les pays, se sont greffés sur ces conflits fondamentaux.

Traditionnellement, on appelle « droite » la partie des citoyens qui penche vers le maintien de l'ordre établi, et « gauche » celle qui penche de l'autre côté. Dans le premier des deux conflits précédents, les libéraux incarnent la gauche. Ils glissent ensuite vers la droite, au fur et à mesure que leurs idées s'incarnent, et qu'une société libérale et démocratique se substitue à la société de l'Ancien Régime monarchique et aristocratique. Ils tendent ainsi à fusionner avec les conservateurs, qui formaient la droite du premier conflit. Celle du second est une coalition conservatrice-libérale, où les deux éléments se distinguent toujours plus ou moins.

► *Les deux conflits fondamentaux*

Ils correspondent à deux phases de l'évolution des sociétés occidentales : d'une part, celle menant des anciens régimes monarchiques à la démocratie; d'autre part, celle allant du libéralisme économique à la social-démocratie. Les deux phases correspondent au même mouvement d'ensemble qui a transformé des sociétés à dominante agraire en sociétés industrielles.

Les deux conflits sont à la fois des conflits de classes et des conflits idéologiques. Comme Marx l'a bien analysé, ils reposent d'abord sur des luttes de classes engendrées par l'évolution des techniques de production. Mais ces luttes sont mêlées de beaucoup d'autres éléments, et la bataille des idéologies n'est pas seulement une superstructure des luttes de classes. D'autre part, les classes ne sont pas homogènes, et certaines fractions ont hésité entre les deux camps ou se sont partagées entre eux. Enfin, des individus se sont parfois séparés de leur classe, en allant même jusqu'à combattre aux côtés de sa rivale : l'aristocratique La Fayette aux côtés des libéraux en 1789, des jeunes bourgeois aux côtés des socialistes, aux XIXe et XXe siècles.

1. *Le conflit des conservateurs et des libéraux*. — Il éclate dans la Révolution de 1789 et domine le XIXe siècle européen, au

moins dans sa première partie. Il chevauche dans sa deuxième partie avec le conflit des socialistes et des « capitalistes ».

● Le conflit de classes. — Le conflit des conservateurs et des libéraux n'oppose pas une classe dominante et une classe opprimée, suivant la terminologie marxiste. Il oppose deux classes dominantes : d'un côté, l'aristocratie, dominante dans le système de production agricole qui était alors prépondérant; de l'autre, la bourgeoisie, dominante dans le système de production manufacturière (on dirait aujourd'hui : industrielle), artisanale, commerçante, négociante, qui englobe aussi les activités de service (coiffeurs, apothicaires, médecins, avocats, avoués, gens de justice, instituteurs, professeurs, fonctionnaires). Chacune des deux catégories a eu longtemps pour alliée la classe dominée par elle, non sans conflits (jacqueries, grèves).

Au fur et à mesure que l'affermissement de la monarchie renforça le pouvoir central, le combat pour celui-ci opposa l'aristocratie et la bourgeoisie. En France, le roi s'appuya sur cette dernière, afin de développer son autorité sur les seigneurs. La Révolution de 1789 est faite avant tout par les bourgeois, qui veulent ajouter le pouvoir politique à leur puissance économique, contre les aristocrates. Ces derniers réussissent cette fois à mettre le roi de leur côté, ce qui entraîne la chute de la monarchie. La bourgeoisie forme la base du parti libéral. Les aristocraties forment la base du parti conservateur.

● Le conflit idéologique. — La lutte des classes s'accompagne d'un conflit idéologique, qui est engendré partiellement par elle, mais la dépasse largement. L'aristocratie défend le maintien d'une société inégalitaire, autoritaire et paternaliste, qui correspond à ses intérêts et à ses croyances. Elle veut maintenir ses privilèges et son pouvoir, fondés sur l'hérédité des privilèges de naissance, lesquels dessinent une hiérarchie pyramidale dont le roi figure le sommet. Les conservateurs affirment que cette structure est voulue par Dieu et conforme à l'ordre naturel. Ils obtiennent l'appui de l'Eglise catholique : c'est « l'alliance du trône et de l'autel ». La bourgeoisie réclame au contraire l'établissement d'une société où tous les hommes soient égaux en droit, où chaque citoyen soit libre de penser et d'agir, d'aller et venir, de parler et d'écrire, en même temps que de créer une entreprise, d'acheter et de vendre, de faire circuler les marchandises : liberté politique et liberté économique étant conçues comme les deux faces d'un même système.

2. *Le conflit des socialistes et des « capitalistes »*. — Comme le conflit des conservateurs et des libéraux, il est à la fois un conflit de classes et d'idéologie.

● Le conflit de classes. — On a montré que le conflit entre les conservateurs et les libéraux reposait sur l'affrontement de deux classes dominantes, chacune plus ou moins soutenue par la classe qu'elle dominait : les paysans soutenant longtemps l'aristocratie et les ouvriers la bourgeoisie. Au contraire, le conflit des socialistes et des « capitalistes » oppose la classe des dominés et celle qui l'opprime. Il prend sa source dans l'évolution industrielle des débuts du XIXᵉ siècle, qui engendre une nouvelle classe sociale : celle des ouvriers d'industrie, que le marxisme appelle « prolétaires ». Réduits à des salaires très faibles pour un travail très lourd, privés de toute sécurité sociale et condamnés à la misère en cas de chômage ou de maladie, les prolétaires se sentent frustrés par les réformes libérales.

A l'époque, elles engendraient une démocratie formelle qui masquait plus ou moins la domination des propriétaires des moyens de production, que Marx appelle « capitalistes ». Seuls instruits, monopolisant les journaux et les moyens d'information, contrôlant les élections par le suffrage restreint, les détenteurs de la puissance économique contrôlent le pouvoir politique. Les uns sont des aristocrates, les autres des bourgeois : les deux catégories se trouvent unies par la défense de leurs intérêts en face du développement du prolétariat. Depuis toujours en Grande-Bretagne, depuis le début du XIXᵉ siècle en France, les nobles se sont lancés dans les affaires, qui les embourgeoisent. Ainsi, un conflit entre capitalistes et socialistes remplace peu à peu le conflit entre conservateurs et libéraux, les deux dernières catégories s'unissant dans un front commun contre le socialisme.

• Le conflit idéologique. — En glissant de la politique à l'économie, le libéralisme va fournir un terrain d'entente idéologique entre bourgeois et aristocrates. Quand le développement des constitutions, des parlements, du suffrage universel apparaît comme irréversible, les nobles n'ont plus d'autres moyens de rester puissants que de gagner le maximum d'argent. Or, le prestige de leurs titres leur facilite la réussite en affaires. Ainsi unis, aristocrates et bourgeois défendent la libre entreprise, le « laissez-faire, laissez-passer », la liberté des salaires et des licenciements, et s'opposent à la réglementation de l'économie par l'Etat.

En face d'eux, les salariés trouvent l'appui de l'idéologie socialiste à laquelle Marx donnera une ampleur et une rigueur remarquables. Elle tend à remplacer la liberté économique par une organisation qui empêche les propriétaires des instruments de production d'accaparer l'essentiel de la plus-value engendrée par le travail humain, c'est-à-dire de ce qui reste une fois qu'on a défalqué le coût des matières premières, l'amortissement de l'éducation du travailleur, de ses loisirs, de sa retraite, etc. Pour les marxistes, on doit créer une économie totalement collectivisée, supprimant l'ensemble des entreprises privées. Pour les socialistes réformistes, l'objectif est de réglementer et de contrôler les entreprises privées, de prélever une partie de leurs profits et de le redistribuer par les aides publiques, la sécurité sociale, les retraites, etc.

▶ *Les conflits secondaires
et l'évolution des conflits fondamentaux*

L'évolution des partis européens aux XIXe et XXe siècles est dominée par la substitution progressive du conflit socialistes-capitalistes au conflit conservateurs-libéraux. Cependant, les deux se sont longtemps mêlés, et le dernier n'a pas complètement disparu. Par ailleurs, des conflits secondaires se sont greffés parfois sur les conflits fondamentaux.

1. *Les conflits secondaires.* — Trois méritent d'être signalés, qui ont engendré respectivement des partis agraires, des partis religieux, des partis autonomistes.

● Les partis agraires. — On a dit que les paysans ont généralement soutenu les aristocrates dans le conflit des conservateurs et des libéraux, qui a pris ainsi une certaine allure de conflit entre les villes et les campagnes. Ensuite, les conservateurs ont gardé une puissance plus forte dans les campagnes.

Cependant, de véritables partis agrariens se sont développés dans certains pays, où des petites et moyennes propriétés rurales ont engendré une classe d'agriculteurs indépendants, aux sentiments égalitaires, ainsi proches du libéralisme urbain. Tel a été le cas en Scandinavie et en Suisse notamment, où ces partis paysans se sont trouvés dans une position intermédiaire entre les partis conservateurs et les partis libéraux.

● Les partis religieux. — Dans les pays à religions multiples, on a vu se développer parfois des partis défendant plus particulièrement l'une ou l'autre. La droite catholique et la droite protestante se sont ainsi affrontées plus ou moins aux Pays-Bas, où l'on a même vu des partis se constituer sur des divisions entre protestants : par exemple, entre les « chrétiens-historiques » et les « antirévolutionnaires ».

Dans les pays catholiques, des partis se sont formés pour

désolidariser la religion du conservatisme dont elle était devenue en général le soutien principal au XIXᵉ siècle. Ainsi se développeront les mouvements démocrates-chrétiens, qui se voulaient au centre comme le proclamera le premier d'entre eux à créer une organisation puissante : le « Zentrum » allemand. Mais ils ne maintiendront pas cette position. En RFA, en Italie, en Belgique, ils serviront finalement de pavillon au regroupement des conservateurs contre les socialistes. Cependant, après le Concile de Vatican II, on verra des groupes chrétiens de gauche jouer un rôle idéologique assez important, notamment pour la prise de conscience des problèmes du Tiers Monde. Ils se fondront en général dans les partis socialistes, à moins qu'ils ne tombent dans le gauchisme.

● Les partis autonomistes. — Dans les pays possédant des minorités ethno-culturelles importantes, on a vu parfois se développer des partis autonomistes ou indépendantistes. Les revendications de ce genre ont été d'abord prises en charge par les partis libéraux : le droit des peuples à disposer d'eux-mêmes faisant partie de leur idéologie. Mais la scission était inévitable quand l'autonomisme tendait à une totale indépendance : ceux qui la réclamaient ne pouvaient pas rester à l'intérieur du parti libéral de la nation dont ils voulaient précisément se séparer, ce dernier ne pouvait pas cautionner les scissionnistes sans perdre une bonne partie de sa clientèle en dehors d'eux.

2. *L'évolution des conflits fondamentaux.* — La substitution du conflit socialistes-capitalistes au conflit conservateurs-libéraux n'a jamais été totale, et ce dernier reprend de l'importance.

● La résistance des libéraux à la fusion avec les conservateurs. — La logique de l'évolution qu'on a décrite tend à fusionner les conservateurs et les libéraux, au fur et à mesure que les anciens régimes ont été remplacés par des systèmes démocratiques et que la puissance des socialistes s'est développée. Cette logique a fini par s'imposer globalement. En Grande-Bretagne, le Parti conservateur a absorbé la plus grande partie des libéraux, qui lui ont laissé son nom mais lui ont donné leur idéologie. En RFA, en Italie, en Autriche, en Belgique, la fusion des conservateurs et des libéraux s'est faite sous l'égide de la démocratie chrétienne qui a elle-même glissé à droite.

Cependant, une fraction des libéraux a résisté à ce mouvement dans de nombreux pays. A la fin du XIXᵉ siècle, elle s'est manifestée sous le nom de « radicalisme », terme inventé en Grande-Bretagne. Les radicaux français des années 1880 se réclamaient des Jacobins de la Révolution française, et défendaient certaines revendications socialistes. Ils recueillaient de nombreux suffrages ouvriers. Entre les deux guerres, ils ont joué un jeu de bascule entre la gauche et la droite : alliés à la première aux élections et basculant du côté de la seconde dans la deuxième partie des législatures (1926, 1934, 1938). Depuis 1945, les libéraux allemands pratiquent un balancier plus lent : s'alliant à la droite pendant une longue période (1949-1966), à la gauche pendant une autre (1966-1982), puis revenant du premier côté (depuis 1982).

● Le réveil du conflit entre l'autoritarisme et le libéralisme. — La Révolution soviétique de 1917, puis la crise économique des années 30 ont réveillé le conflit entre le libéralisme et l'autoritarisme. Autrefois incarné par les conservateurs, qui défendaient les anciens régimes monarchiques et les aristocrates traditionnels, l'autoritarisme a pris la forme du fascisme quand un certain nombre de capitalistes ont pensé que les démocraties libérales étaient trop faibles pour résister au socialisme et au communisme. Ainsi surgissent le fascisme italien qui arrive au pouvoir en 1922 et le national-socialisme allemand qui y parvient en 1933. Le régime autoritaire de Vichy (1940-1944) est plus proche du conservatisme traditionnel, mais repose sur la même peur du socialisme et du communisme. La victoire des Alliés en 1945 et la révélation des crimes nazis ont réduit les fascismes européens à l'état de groupuscules. Mais la crise économique des années 80 risque de leur redonner une influence, comme le montre le développement du Front national en France, et des partis analogues dans l'Union européenne.

En même temps, l'évolution de l'Union soviétique vers une dictature rigide, que Staline a porté à un extrême degré d'oppression et que ses successeurs n'ont pu que modérément libéraliser avant 1989, a transposé à l'intérieur même du socialisme le conflit entre l'autoritarisme et le libéralisme. Marx avait prévu une « phase transitoire » de dictature du prolétariat, mais il n'avait pas pensé à une tyrannie aussi dure et aussi durable. Désormais, le communisme incarne un socialisme totalitaire en face d'un socialisme démocratique qui refuse de porter atteinte aux libertés politiques, même provisoirement.

2 | LES CARACTÈRES ORIGINAUX
DU SYSTÈME FRANÇAIS

On décrit ici le système traditionnel des partis français, tel qu'il s'est formé à partir de 1870 et tel qu'il a duré pendant un siècle. On verra plus loin qu'il a été radicalement bouleversé par la Vᵉ République (cf. p. 468 et suiv.). Ce système traditionnel présente deux traits originaux par rapport au système européen sur lequel il s'est construit : la multiplicité des partis et leur faiblesse.

▶ *La multiplicité des partis français*

Dans la plupart des autres pays européens, chacune des grandes tendances décrites ci-dessus a engendré une seule organisation politique. En France, elles se sont au contraire fractionnées en plusieurs partis. Cela tient à la violence des antagonismes, à travers nos révolutions successives, de 1789 à la Commune de 1871, en passant par les journées de juin 1848. Cette violence a rendu difficile la coexistence des extrémistes et des modérés dans chaque camp. Elle a par ailleurs superposé aux grands conflits européens des conflits sur la nature du régime.

1. *La multiplication des partis de droite.* — Les partis de droite se sont multipliés d'abord par suite de conflits sur le régime politique. Ensuite, la renaissance de l'autoritarisme a introduit de nouvelles divisions dans la droite ralliée à la république.

● Les trois droites monarchistes. — Au moment où s'établit la IIIe République, il y a trois droites monarchistes, respectivement formées par les légitimistes (autrefois appelés « ultras »), les orléanistes et les bonapartistes. Les premiers voulaient rétablir la monarchie traditionnelle, telle qu'elle régnait avant 1789, et telle que Charles X la souhaitait en 1830. Ils réclamaient le retour sur le trône de l'héritier de la branche aînée des Bourbons, seule « légitime » au regard de la succession héréditaire : d'où leur nom. Les seconds préconisaient une monarchie limitée évoluant vers un régime parlementaire, telle que l'avait pratiquée la Charte de 1830 sous l'autorité de Louis-Philippe. Les troisièmes espéraient le retour à la monarchie populaire et plébiscitaire établie par Napoléon Ier et restaurée par Napoléon III.

● Le ralliement des droites au régime républicain. — Une quatrième droite, républicaine, apparut sous la IIIe République, quand certains catholiques conservateurs acceptèrent le ralliement au régime républicain, demandé par le pape Léon XIII en 1892. Seule, une petite fraction des trois droites précédentes suivit aussitôt les consignes pontificales. La masse des légitimistes, orléanistes et bonapartistes n'entra dans ce mouvement que beaucoup plus tard, quand ils comprirent que le retour à une monarchie devenait inconcevable. Mais ils gardèrent certains traits de leurs comportements antérieurs.

Les anciens légitimistes se distinguèrent par leur autoritarisme, leur attachement rigide à la morale traditionnelle et leur cléricalisme. On retrouve ces traits jusque dans le vichysme de 1940.

Les deux derniers commençaient à s'estomper dans le nouvel autoritarisme des années 30 : présents dans le PSF, ils n'existaient plus dans le PPF. Ils seront dominés par le nationalisme dans les mouvements d'extrême-droite opposés à la décolonisation sous la IVᵉ République. Seul, l'autoritarisme est toujours resté. Mais il a pris un caractère populaire qui l'éloigne du légitimisme pour le situer dans la ligne d'un bonapartisme dur.

Cependant le bonapartisme s'est aussi rapproché de la tradition républicaine à travers le gaullisme. Il y retrouvait la tradition des orléanistes, qui devinrent vite des républicains sincères, fusionnant avec les libéraux modérés quand ceux-ci passèrent à droite, en face de la croissance du socialisme.

2. *La multiplication des partis de gauche*. — Elle n'est pas fondée sur le régime politique, car la gauche se définit par son attachement à la république, dès 1870 : d'où l'orientation du mot « républicain », qu'il a toujours gardée plus ou moins. La multiplication des partis de gauche tient à l'apparition du socialisme et à son évolution.

• La division entre gauche libérale et gauche socialiste. — Elle ne s'établit que lentement, parce que le socialisme est écrasé d'abord par la répression de la Commune (cf. p. 55). La gauche est d'abord divisée en républicains modérés et « radicaux », ces derniers recueillant les voix qui ne peuvent se porter sur des candidats socialistes. Les radicaux domineront la gauche pendant trente ans sous la IIIᵉ République, de 1905 au Front populaire de 1936. Sous la IVᵉ République, ils ne joueront plus qu'un rôle secondaire en face des socialistes et des communistes, qui réunissent ensemble la moitié, et parfois plus, des suffrages aux élections législatives.

Le parti radical ne s'est vraiment constitué qu'en 1902. Les socialistes ne parviennent à former un parti unifié qu'en 1905. Ils n'ont encore que 14 députés en 1902, et 20 en 1906, sur environ 600. Mais ils croîtront fortement après la guerre de 1914.

• La division entre socialistes révolutionnaires et socialistes modérés. — En 1905, quand le parti unifié prend le nom de SFIO (Section française de l'Internationale ouvrière), il réunit des révolutionnaires inspirés par le marxisme, tel Jules Guesde, et des socialistes modérés, tel Jean Jaurès. Mais les deux coexistent à l'intérieur d'une même organisation qui applique la discipline de vote. Quand le socialisme s'est développé en France au XIXᵉ siècle, c'est essentiellement de façon réformiste, avec Proudhon, Saint-Simon, Fourier. Seul Blanqui se place dans une tradition de violence : encore relève-t-elle de complots plutôt que d'une révolution proprement dite. Les massacres perpétrés par les Versaillais réprimant la Commune de Paris vont faire basculer l'idéologie socialiste française du côté de la révolution, et la rendre vulnérable à l'influence de Marx. Mais cette idéologie révolutionnaire coïncide avec une pratique parlementaire et modérée à l'intérieur de la SFIO.

Les choses vont changer avec la Révolution soviétique de 1917. Elle entraîne la rupture de la SFIO au Congrès de Tours, la majorité de ses membres formant un parti communiste qui accepte la domination de la IIIᵉ Internationale, dominée par Moscou. La IIIᵉ Internationale et son « Komintern » sont dissous pendant la seconde guerre mondiale, mais le parti communiste français maintiendra sa dépendance par rapport à l'URSS sous la IVᵉ République. Il sera d'ailleurs très stalinien (cf. p. 159). La division du socialisme en deux partis ne disparaîtrait plus jusqu'à nos jours.

▶ *La faiblesse des partis français*

Entre 1870 et 1958, les partis français sont beaucoup plus faibles que leurs congénères des autres démocraties occidentales, à deux points de vue : ils n'encadrent qu'un petit nombre d'adhérents; ils pratiquent peu la discipline de vote au Parlement.

1. *Le petit nombre d'adhérents.* — Avant l'apparition des organisations socialistes, les partis ne s'occupent guère des adhérents,

mais seulement des notables : telle est la structure des « partis de cadres ». Les organisations socialistes répandent un autre type de structure : celle des « partis de masse ». La première structure continue à dominer en France jusqu'en 1958. La seconde y reste étriquée.

• La prédominance des partis de cadres. — Les partis de cadres sont formés par des comités locaux réunissant des notables dont l'influence morale ou financière compte plus que le nombre. Ces comités se fédèrent de façon assez lâche autour d'une organisation centrale généralement dominée par les parlementaires. Un parti réunissant un grand nombre de députés peut ainsi ne grouper que quelques milliers — voire seulement quelques centaines — de membres des comités qui le forment. Le parti radical et les partis de droite et du centre ont été constitués chez nous sur ce modèle, dont l'action sur les citoyens demeure limitée.

• La faiblesse des partis de masses. — La technique des partis de masses a été inventée par les partis socialistes à la fin du XIXᵉ siècle. Cherchant à exprimer les masses populaires, ils ne pouvaient obtenir que par elles les moyens de financer les campagnes électorales. En réunissant des centaines de milliers d'adhérents dont chacun paie régulièrement des cotisations, ils avaient la possibilité de réunir des sommes importantes. En même temps, ils pouvaient donner à ces adhérents la formation politique qui leur manquait et créer avec eux une organisation démocratique : les dirigeants du parti et ses candidats étant choisis dans des congrès nationaux et locaux où chaque section dispose d'un nombre de suffrage proportionnel au nombre de ses membres.

Le parti socialiste français adopta la structure d'un parti de masses en 1905, lorsque les différentes tendances se réclamant du socialisme s'unifièrent pour former la SFIO (Section française de l'Internationale ouvrière). Mais il ne parvint jamais à réunir un nombre considérable d'adhérents. Son maximum sous la IIIᵉ République se situe après l'arrivée au pouvoir du Front populaire, mais reste bas par rapport à ses homologues étrangers : 286 000 adhérents en 1937. Sous la IVe, il atteignit 354 000 adhérents en 1946, mais déclina rapidement ensuite. Le parti communiste proclamait 340 000 adhérents en 1936 et un million en 1946, mais ces chiffres sont très contestés.

Dans les autres pays d'Occident, les partis de droite transposèrent la structure des partis de masses, à l'imitation des socialistes. Ils y réussirent avec le parti conservateur britannique et les démocraties chrétiennes allemande et italienne notamment. En France, le Parti social français d'avant 1940 et le Rassemblement du Peuple français créé par le général de Gaulle n'y réussirent que très modérément.

2. *La faible discipline de vote au Parlement.* — La présence ou l'absence d'une discipline de vote dans les scrutins parlementaires essentiels, et notamment dans les votes de confiance ou de censure, sert de base à la distinction des « partis souples » et des « partis rigides ». Dans les partis souples, chaque député est libre de son suffrage. On ne sait donc jamais à l'avance combien de membres du parti voteront pour, combien voteront contre, combien s'abstiendront. Seule, la discipline de vote assure des majorités solides en Grande-Bretagne, en République fédérale d'Allemagne, en Autriche, au Japon, etc. Les partis de masses pratiquent toujours la discipline de vote. Les partis de cadres ont tendance à être moins disciplinés. Cependant, la discipline de vote a été pratiquée à Londres bien avant que les partis anglais deviennent des organisations de masses.

• La faible discipline de vote sous la IIIe République. — Seuls, les partis socialiste et communiste ont pratiqué la discipline de vote sous la IIIe République. Aucun des partis de droite et du centre n'a imité l'exemple des conservateurs et des libéraux britanniques. Il en résulte que la proportion des députés soumis à une

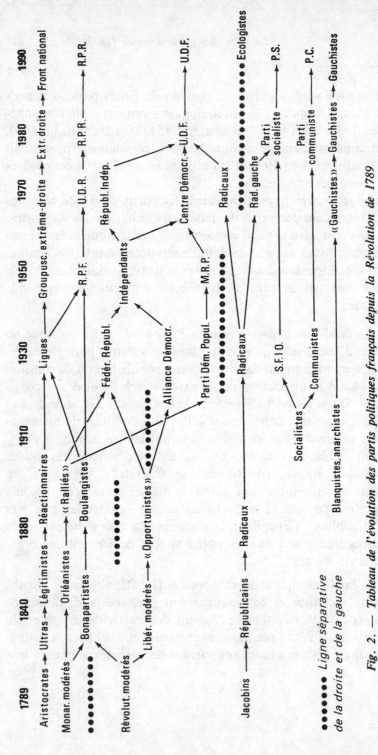

Fig. 2. — Tableau de l'évolution des partis politiques français depuis la Révolution de 1789

(N.B. — Ce tableau n'est qu'une esquisse indiquant les filiations approximatives entre les différentes tendances)

discipline de vote a été très faible. Elle était de 2 % dans la législature élue en 1902, de 9 % dans celle élue en 1906, de 12 % dans celle élue en 1910, de 17 % dans celle élue en 1914, de 11,5 % dans celle élue en 1919 : ces pourcentages correspondant à ceux des députés socialistes. Dans les quatre dernières législatures, les pourcentages englobent à la fois les socialistes et les communistes dont le total des suffrages s'élève fortement par rapport à l'avant-guerre. A la Chambre des députés, la proportion de vote des disciplinés monte à 22 % en 1924, à 21 % en 1928, à 25 % en 1932, pour atteindre 37 % en 1936, grâce à la victoire du Front populaire.

● Le développement de la discipline de vote sous la IVe République. — Après 1945, deux partis de droite d'un type nouveau s'efforcent d'imposer à leurs députés une discipline de vote : le Mouvement républicain populaire (démo-chrétien), puis le Rassemblement du Peuple français (gaulliste). L'un et l'autre se sont voulus des partis rigides. Sous cet angle, le système des partis français a commencé à se moderniser. La proportion de députés disciplinés atteint 66 % dans la législature de 1946, 60 % dans celles de 1951 et de 1956. Encore ce pourcentage de 60 % inclut-il en 1956 le groupe poujadiste, qui n'est guère solide (sans lui, le pourcentage tombe à 54 %). Les progrès n'en sont pas moins nets par rapport à la IIIe République. Mais ils demeurent en arrière de ceux accomplis dans la plupart des autres démocraties d'Europe occidentale, où la discipline de vote tend à se généraliser après 1945. La France s'alignera sur elles avec la Ve République.

Sur les partis politiques en général, cf. M. Duverger, *Les partis politiques*, 1re éd. 1951, 10e éd. 1981 ; P. Avril, *Essais sur les partis*, 1986 ; D.-L. Seiler, *De la comparaison des partis politiques*, 1986, et *Partis et familles politiques*, 1980 ; J. Charlot, *Les partis politiques*, 1972 ; G. Sartori, *Parties and Party systems : a Framework for Analysis*, Cambridge (Mass.), 1976 ; F. Jacobs (et autres), *Western European Political Parties*, Harlow, 1989 ; et les livres pionniers de R. Michels, *Les partis politiques*, rééd. par R. Rémond, 1971 ; et M. Ostrogorski, *La démocratie et les partis politiques* (extraits par R. Rosenvallon, 1979, et plus loin p. 141 et 149).

Sur le développement des partis en Europe et en France depuis le XIXᵉ siècle, cf. M. Duverger, *La démocratie sans le peuple*, 1967 ; R. Rémond, *Les droites en France*, 4ᵉ éd., 1982 (un ouvrage fondamental avec une très riche bibliographie) ; le numéro spécial de la revue *Temps modernes*, consacré à « La gauche », n° 112-113, mai 1955. — L'évolution des partis français de la Révolution de 1789 à nos jours est figurée dans le tableau de la fig. 2, p. 122.

2 / Les républiques parlementaires

On a dit que la IVᵉ République (1944-1958) n'est que la continuation de la IIIᵉ (1870-1940), à peu de différences près. Entre les deux, s'insère la parenthèse du « gouvernement de Vichy » (1940-1944) dans une France occupée aux deux tiers jusqu'au 11 novembre 1942, et en totalité ensuite. Il faut également rattacher aux républiques parlementaires la première phase de la Vᵉ République (1958-1962) qui forme transition avec le régime semi-présidentiel établi en 1962, objet des seconde et troisième parties de ce livre.

1 | LA IIIᵉ RÉPUBLIQUE (1870-1940)

Proclamée le 4 septembre 1870, la IIIᵉ République a été établie à une voix de majorité (amendement Wallon, 30 janvier 1875) par une assemblée qui aurait souhaité un régime tout différent et qui s'est résignée à celui-ci faute de pouvoir faire autrement. L'Assemblée nationale de 1871-1875 avait été élue sur la question de la guerre ou de la paix, en période d'armistice, non pour faire une constitution. Sur 600 membres, elle comptait 400 monarchistes environ, parce que les monarchistes voulaient la paix et que les paysans — fortement majoritaires — la voulaient aussi. Elle désirait rétablir la monarchie et elle a failli le faire en 1873. Elle en a été empêchée par la division entre « légitimistes » (partisans du descendant de Charles X) et « orléanistes » (partisans du descendant de Louis-Philippe) d'abord ; ensuite, par l'intransigeance du prétendant au trône lorsque l'accord fut fait entre ces deux tendances.

Les monarchistes de l'Assemblée nationale étaient en majorité « orléanistes ». Ils voulaient établir une monarchie parlementaire. Faute de pouvoir le faire, ils se résignèrent à une république parlementaire, dont le caractère parlementaire les consolait du caractère républicain. La substitution de la république à la monarchie n'est pas la seule différence entre le régime parlementaire de 1875 et ceux qu'avait antérieurement connus la France de 1814 à 1848 : l'existence du suffrage universel est un élément d'originalité encore plus important. Au parlementarisme monarchique et censitaire succède un parlementarisme républicain et démocratique.

▶ *Les institutions de la IIIᵉ République*

Les institutions de la IIIᵉ République sont définies par la Constitution de 1875. Celle-ci, très brève, permettait plusieurs interprétations. Elle a été infléchie par la pratique vers un certain type de parlementarisme.

1. *Les lois constitutionnelles de 1875.* — Il n'y a pas de « Constitution de 1875 » : la majorité monarchiste de l'Assemblée nationale n'a pas voulu consacrer la république dans un texte solennel. Elle s'est bornée à voter trois modestes « lois constitutionnelles » : la loi du 24 février, relative au Sénat ; la loi du 25 février, relative à l'organisation des pouvoirs publics ; la loi du 16 juillet, sur les rapports des pouvoirs publics.

• Le Parlement. — Deux chambres se partagent le pouvoir législatif : le Sénat et la Chambre des députés. Le bicamérisme a un sens nettement conservateur. Le Sénat a été exigé par les orléanistes pour prix de leur ralliement à une constitution républicaine. A l'origine, il avait un caractère aristocratique, assuré par la présence de 75 sénateurs inamovibles, se recrutant par cooptation. Ces sénateurs inamovibles seront supprimés en 1884. Mais le caractère conservateur du Sénat sera maintenu grâce à son recrutement rural. Ses membres élus sont en effet désignés au scrutin indirect par un collège électoral qui comprenait à l'origine les conseillers généraux, les conseillers d'arrondissement, et un délégué du conseil municipal de chaque commune, quelle que fût son importance : les communes rurales disposaient donc d'une écrasante majorité. A partir de 1884, on attribuera un peu plus d'électeurs sénatoriaux aux grandes communes, mais en maintenant toujours une forte majorité aux ruraux.

La Chambre des députés est élue au suffrage universel direct. Le mode de scrutin variera, mais il s'agira en général d'un scrutin majoritaire à deux tours, uninominal (entre 1919 et 1924, on essaiera un scrutin de liste, mi-proportionnel, mi-majoritaire). Les députés doivent être âgés de 25 ans au moins, les sénateurs de 40. Les députés sont élus pour quatre ans, les sénateurs sont élus pour neuf ans, le Sénat étant renouvelable par tiers tous les trois ans. Les deux Chambres ont en principe les mêmes pouvoirs : vote des lois et du budget, pouvoir de mettre en jeu la responsabilité des ministres. Mais le Sénat renversera beaucoup moins souvent les ministères que la Chambre des députés (dix fois moins). Par ailleurs, les lois de finances devaient être d'abord présentées à la Chambre des députés. Enfin, le Sénat possédait le privilège de se transformer en Haute cour de justice, pour juger les attentats contre la sûreté de l'Etat ou les actes imputables au Président de la République et ministres.

• L'Exécutif. — L'Exécutif se compose de deux éléments : le Président de la République et le gouvernement (ou « cabinet ministériel »). Le Président de la République est élu pour sept ans par les deux Chambres réunies en Congrès à Versailles au scrutin secret. La Constitution ne définit pas clairement son rôle. Elle lui attribue d'immenses pouvoirs et de grands honneurs, qui pourraient en faire un chef d'Etat parlementaire de type « orléaniste » (cf. p. 32). Mais son mode de recrutement ne lui donne pas un prestige suffisant. Par ailleurs, tous ses actes doivent être contresignés par un ministre : cela pousse plutôt vers un parlementarisme classique, où le Président préside mais ne gouverne pas.

Les ministres sont nommés par le Président de la République. Comme ils sont responsables devant le Parlement et qu'ils doivent ainsi avoir sa confiance, ils ne peuvent être pris que dans la majorité parlementaire. En fait, le Président de la République se borne à choisir le président du Conseil. Celui-ci choisit lui-même ses ministres, que le Président de la République nomme. Le cabinet ainsi constitué se présente devant les chambres pour obtenir un vote de confiance. La Constitution ne prévoit pas expressément la fonction du président du Conseil, ni ce schéma de formation du Cabinet. Mais la fonction du président du Conseil existait en fait dans les monarchies parlementaires et l'on s'y orientait vers cette procédure de formation du ministère. Une loi du 30 décembre 1934 reconnut officiellement l'existence d'un « ministre chargé de la présidence du Conseil » et lui attribua des services administratifs propres : jusque-là, il était obligé de prendre la charge d'un portefeuille ministériel spécialisé (Intérieur, Finances, etc.).

● Les rapports entre pouvoirs. — La Constitution de 1875 établit un parlementarisme équilibré. D'un côté, le gouvernement peut dissoudre la Chambre des députés après avis conforme du Sénat. De l'autre, les chambres peuvent questionner, interpeller et finalement renverser les ministres. En cas de conflit, si le Parlement refuse sa confiance au gouvernement, et si celui-ci dissout la Chambre des députés, le pays se prononce. S'il renvoie une majorité hostile au ministère, celui-ci change; sinon il reste en place. Ainsi les électeurs auraient pu assurer l'arbitrage entre les pouvoirs publics, grâce à la dissolution qui leur donne la décision.

En fait, le système ne fonctionnera pas, le droit de dissolution tombant en désuétude après l'expérience malheureuse de 1877. Cela se rattache à l'évolution de la IIIe République, qu'on va décrire. Mais cela tient surtout aux difficultés techniques de la dissolution telle que la Constitution l'avait réglementée. Donner au Sénat un pouvoir de décision en ce domaine — puisqu'on ne peut dissoudre que s'il émet un avis « conforme » — c'est le mettre dans une situation impossible si les partis contre qui la dissolution a été faite reviennent vainqueurs après les élections. On ne peut pas attribuer un pouvoir de renvoi devant le suffrage universel direct aux élus d'un suffrage indirect très inégalitaire. Le Sénat l'a rapidement compris. Il n'aurait pas facilement donné son avis conforme, s'il avait été sollicité de le faire. Les gouvernements et les Présidents de la République auraient probablement renoncé à le lui demander, même s'il n'y avait pas eu le souvenir fâcheux de 1877.

2. *L'évolution du régime.* — On doit souligner trois faits à cet égard : l'échec de l'interprétation orléaniste, la tendance à la prépondérance des chambres, le développement des pouvoirs du gouvernement dans les années 30.

● De l'orléanisme au parlementarisme classique. — La Constitution de 1875 avait été votée par la conjonction des monarchistes modérés (orléanistes) et des républicains modérés. Les uns et les autres ne l'interprétaient pas de la même façon. Les orléanistes souhaitaient que le Président de la République joue un rôle assez important et que sa présidence ne soit pas un fauteuil vide. Les républicains modérés récusaient ce parlementarisme orléaniste et voulaient un parlementarisme classique, où le chef de l'Etat n'a pas de pouvoirs.

La question sera résolue très vite par la célèbre crise du 16 mai 1877. Ce jour-là, le maréchal de Mac-Mahon, Président de la République (et monarchiste de cœur) révoqua un ministère qui avait la confiance de la Chambre des députés et en nomma un autre, minoritaire. Il prononça la dissolution de la Chambre, grâce à l'avis conforme du Sénat. La campagne fut très vive, le Président de la République employant de grands moyens de pression, notamment administratifs : ce fut l' « ordre moral ». Les élections ramenèrent la même majorité qu'auparavant. Le maréchal s'inclina, en formant un ministère conforme aux vœux des députés, et démissionna deux ans plus tard (1879). A partir de ce moment, les Présidents de la République renoncèrent à l'orléanisme et se conduisirent en chefs d'Etat parlementaire classique.

Ils jouaient malgré tout un rôle politique assez important. Ils étaient notamment beaucoup plus puissants que les rois d'Angleterre, à cause de la multiplicité des partis, de leur absence de discipline et de l'imprévision des majorités. A Londres, où n'existent que deux grands partis rigides ayant chacun un leader établi, le chef de l'Etat n'a aucun pouvoir de choix du Premier ministre : il doit désigner le leader du parti majoritaire. A Paris, où s'affrontaient de nombreux partis, chacun divisé en fractions et sous-fractions plus ou moins mouvantes, où les majorités étaient constituées par des alliances changeantes, le chef de l'Etat avait un très grand pouvoir de choix. Il pouvait favoriser telle combinaison, défavoriser telle autre ; pousser tel leader, paralyser tel autre. Contrairement à l'opinion courante, le Président de la IIIe République française avait plus de pouvoir que la plupart de ses homologues parlementaires.

● **La prépondérance des assemblées et l'instabilité gouvernementale.** — Si le Président de la République est plus puissant qu'ailleurs, le gouvernement est plus faible, et le second fait reste plus important parce que le gouvernement assume l'essentiel du pouvoir exécutif et gouvernemental en régime parlementaire. Cette faiblesse se traduit par l'instabilité ministérielle. Dans l'ensemble de la IIIe République, les cabinets durent huit mois en moyenne :

neuf avant la guerre de 1914, six après. Certes, derrière cette instabilité des gouvernements, il y a une stabilité des hommes. Les
ministères passent, mais les ministres restent. On a même pu montrer que la stabilité des ministres était inversement proportionnelle
à la stabilité des ministères. Cela permet une continuité dans l'administration, mais non dans le gouvernement. Les présidents du
Conseil, occupés sans cesse à maintenir leur majorité, ont peu de
possibilité d'action. Ils sont sans cesse à la merci d'un vote de
défiance.

Cette situation résulte de deux faits. D'abord de la désuétude
du droit de dissolution. Les députés peuvent librement renverser
le gouvernement sans que celui-ci puisse les menacer de faire appel
à l'arbitrage des électeurs. La dissolution ne peut pas créer des
majorités stables : mais elle peut contenir un peu l'instabilité. Les
parlementaires n'aiment guère affronter les aléas, les fatigues et les
frais d'une campagne électorale. Ils auraient regardé à deux fois
avant de renverser un ministère s'ils avaient su que la dissolution
suivrait. Cependant, le facteur essentiel de l'instabilité et de la
faiblesse des gouvernements était dans le système de partis. Nombreux, faibles, mal organisés, indisciplinés, les partis politiques
de la IIIᵉ République rendaient impossible la formation de majorités stables. La vie parlementaire française avait conservé ainsi
au xxᵉ siècle un caractère archaïque, un style xixᵉ siècle : elle opposait des notables, des personnalités, plutôt que des organisations.

● Le renforcement du gouvernement dans les années 30 : les
décrets-lois. — Après la guerre de 1914-1918, le parlementarisme
connaît une crise dans toute l'Europe. Elle s'aggrave dans les
années 30 avec la grande dépression économique. Les assemblées
sont incapables de prendre les mesures urgentes et énergiques
qui s'imposent. Elles vont donc déléguer au gouvernement le
droit de prendre à leur place des mesures ayant force de loi : c'est
le système des « décrets-lois » ». Une loi dite « de pleins pouvoirs »,
autorise le gouvernement, pendant un délai limité et dans des

domaines limités (mais définis de plus en plus largement), à prendre des décrets pouvant modifier les lois : ce qui atténue la hiérarchie des normes juridiques (cf. plus loin, p. 418). En théorie, ces décrets-lois doivent être ensuite ratifiés par le Parlement. En fait, celui-ci ne veut pas prendre de responsabilité à cet égard : sachant qu'il est impossible d'abroger les décrets-lois et n'acceptant pas de les cautionner. Les décrets-lois continuent donc à s'appliquer sans être ratifiés.

Le procédé des décrets-lois est contraire à la Constitution, car les compétences ne se délèguent pas en droit public : le Parlement n'a pas le droit de déléguer son pouvoir législatif au gouvernement. La nécessité pousse à modifier ainsi la Constitution par l'usage, par la coutume, et les décrets-lois finissent par être considérés comme normaux. Inventés pendant la guerre (en 1918 : loi de pleins pouvoirs sur le ravitaillement), ils sont décidés en temps de paix en 1924, sur l'initiative de Poincaré, après d'âpres débats parlementaires : mais le texte n'est pas appliqué, à cause du changement de majorité survenu en 1924. En 1926, Poincaré revenu au pouvoir fait voter des dispositions analogues à celles de 1924 et les applique. En 1934, Doumergue fut à son tour autorisé à légiférer par voie de décrets-lois, de même que Laval en 1935. Dès lors, le procédé devient d'un usage courant : refusés à Blum, les « pleins pouvoirs » sont accordés à Chautemps le 30 juin 1937; puis à Daladier à trois reprises : 13 août 1938, 5 octobre 1938, 15 mars 1939. Enfin, la loi du 8 décembre 1939 faisait des décrets-lois un procédé normal du gouvernement de guerre. De 1937 à septembre 1939, le gouvernement a pu user des décrets-lois pendant treize mois sur vingt-six. La plupart des grandes réformes effectuées de 1934 à 1940 l'ont été par voie de décrets-lois.

▶ *La pratique politique de la IIIe République*

Deux périodes se distinguent nettement à cet égard : avant la guerre de 1914-1918 ; après.

1. *La pratique politique avant la guerre de 1914.* — Avant la guerre de 1914, la pratique politique de la IIIe République est difficile à décrire. Les partis sont inorganisés jusqu'au début du XXe siècle. Il n'existe aucune discipline de vote, sauf au parti socialiste, lequel est faible. Les combats politiques sont essentiellement personnels. Malgré tout, on peut distinguer quelques traits essentiels. Le plus important est la dissociation relative des alliances électorales et des alliances parlementaires.

• *Les alliances électorales.* — Le scrutin majoritaire à deux tours implique des alliances électorales. De 1877 à 1914, elles se font suivant un schéma bipolaire : droite contre gauche, « ordre » contre « mouvement » (François Goguel), conservateurs ou « réactionnaires » contre « républicains » : on dira de plus en plus « cléricaux » contre républicains, parce que la religion est utilisée dans un but politique, comme ciment des forces de droite.

Cela reflète une division profonde de l'esprit public, qui correspond d'une certaine façon à la rupture du consensus qui a suivi la Révolution de 1789. Les républicains se réclament de la Révolution, la droite est opposée aux idées révolutionnaires et rêve de rétablir la monarchie. La crise du 16 mai a manifesté que la division entre les deux blocs était nette : aux élections de 1877 s'affrontent d'un côté tous les républicains, de l'autre tous ceux qui veulent détruire la république (légitimistes, orléanistes, bonapartistes). La même division réapparaît aux élections suivantes. La lutte des deux grands blocs électoraux n'est pas seulement une lutte à l'intérieur du régime : elle est aussi une lutte sur le régime. La IIIe République ne fait pas plus l'objet d'un consensus véritable que les régimes précédents, au moins jusqu'en 1918.

La netteté de cette opposition entre deux blocs électoraux est facilitée d'abord par l'absence des socialistes. Ils ont été écrasés par l'effroyable répression de la Commune (p. 56). Pendant les vingt ans qui suivent, les syndicats et les partis socialistes, décapités, demeurent très faibles. Il n'y a donc pas de danger révolutionnaire. Ainsi les républicains modérés peuvent faire alliance avec les extrémistes sans inquiétude : ces extrémistes sont des radicaux, attachés eux aussi au capitalisme — qu'ils veulent seulement améliorer — ou des socialistes peu nombreux, donc peu dangereux. A partir de 1890 environ, le socialisme et le syndicalisme renaissent et l'extrême-gauche se renforce. Mais un chef socialiste prestigieux, Jean Jaurès, réussit à imposer une stratégie réformiste : il aide à renforcer la république, qu'il juge nécessaire à l'établissement ultérieur du socialisme. L'accord des socialistes et des républicains bourgeois sur le combat anticlérical facilite le maintien de l'alliance électorale de gauche.

La bipolarisation des alliances électorales comporte assez peu d'exceptions. Aux élections de 1893, certains catholiques « ralliés » donnent leurs voix à des républicains modérés : leur nombre est assez faible, mais cela manifeste un esprit nouveau. En 1898, on verra aussi quelques alliances entre anciens boulangistes et radicaux, et les radicaux combattent parfois les républicains modérés. En 1910, certains candidats conservateurs se désisteront pour des socialistes, à cause de leur accord sur la nécessité d'une réforme électorale proportionnaliste. Tout cela reste secondaire. Les alliances électorales du centre ne concernent jamais qu'un nombre limité de cas; les alliances électorales entre extrémistes, du type 1910, sont tout à fait exceptionnelles.

• Les alliances parlementaires. — Les alliances parlementaires reflètent d'abord les alliances électorales, non sans quelques divergences. De 1879, date de l'installation des républicains au pouvoir, jusqu'en 1893 environ, les « républicains » gouvernent contre les réactionnaires ou cléricaux. C'est une majorité de « défense de la

République » contre ceux qui veulent l'abattre. Mais, à l'intérieur de la gauche républicaine, le pouvoir appartient aux éléments modérés, dits « opportunistes ». Ils sont suffisamment puissants en général pour réunir seuls la majorité, contre des radicaux encore assez faibles et des socialistes très faibles. Dès 1881, les radicaux sont cependant mécontents de la politique coloniale des opportunistes. Mais ils ne sont pas suffisamment forts pour la mettre en cause. De 1885 à 1889, on a besoin de leur appui pour gouverner, au contraire; un peu moins de 1889 à 1893. A partir de ce moment, l'instabilité ministérielle s'accroît et l'on commence à chercher des solutions de rechange. Le « ralliement » de certains catholiques à la république, demandé par le pape Léon XIII dans une encyclique de 1892, ouvre des possibilités nouvelles.

Jusque-là les républicains modérés étaient obligés de gouverner avec la gauche radicale s'ils n'avaient pas la majorité à eux seuls. Chercher appui au centre-droit, du côté des « cléricaux » était impossible, parce que les cléricaux étaient les ennemis déclarés du régime. Le ralliement a pour but de permettre une telle alliance du centre-droit avec le centre-gauche (républicains modérés). Sur le plan électoral, peu de catholiques suivent l'appel de Léon XIII : les alliances du centre sont rares aux élections de 1893 et à celles qui suivent. Sur le plan parlementaire, le ralliement fournit un alibi moral aux républicains modérés pour s'allier avec le centre-droit. Cela se fait d'abord difficilement : de 1893 à 1896, on aboutit ainsi à une grande instabilité ministérielle. Mais le ministère Méline (1896-1898) voit le triomphe de la « conjonction des centres ». Elle correspond à une politique de défense de classe, au moment où le socialisme commence à se développer.

L'Affaire Dreyfus (1898-1899) interrompt l'expérience, en montrant que la masse de la droite et des catholiques reste profondément opposée aux idéaux républicains. De 1899 à 1909, on revient donc à une politique d'alliance des gauches. Elle est rendue possible par l'attitude des socialistes, qui acceptent de pratiquer le « soutien sans participation » pour assurer la défense de la République. Elle assure une grande stabilité ministérielle (cinq ministères en dix ans). Elle se désagrège à partir de 1906, où le ministère Clemenceau prend souvent des positions opposées aux socialistes. On notera l'analogie entre cette période et la période 1879-1893. Dans les deux cas, il s'agit d'alliances parlementaires de gauche. Dans les deux cas, l'extrême-gauche (radicale en 1879-1893, socialiste en 1899-1909) est essentiellement réduite à une fonction de soutien.

De 1910 à 1914, s'ouvre une nouvelle période centriste, où les républicains modérés s'allient de plus en plus facilement avec le centre-droit, sous les couleurs de Briand et Poincaré. Mais cela ne change rien aux alliances électorales, qui continuent à être polarisées en deux blocs, l'un à droite, l'autre à gauche. C'est pourquoi, à la veille des élections de 1914, on abandonne la conjonction des centres pour former un ministère de gauche, présidé par Doumergue : les socialistes rentrant progressivement dans la majorité parlementaire, par l'abstention d'abord, le soutien ensuite.

2. *La pratique politique entre les deux guerres.* — La période 1919-1939 est beaucoup plus courte (20 ans) que la précédente (39 ans). Elle est aussi très différente. La guerre a entraîné un bouleversement des structures et des idées. La grande dépression des années 30 aggrave ce bouleversement. Avant 1914, la République française vivait dans une Europe où les progrès vers le parlementarisme étaient à peu près généraux et continus. De 1919 à 1939, elle vit dans une Europe où le communisme s'est installé en Russie depuis 1917, où le fascisme s'est installé en Italie depuis 1922 et en Allemagne depuis 1933.

● *L'évolution des forces politiques.* — Le premier fait essentiel, c'est le développement du socialisme. Le parti socialiste SFIO avait 33 élus en 1906, 78 en 1910, 103 en 1914. Après la guerre, socialistes et communistes réunissent ensemble 130 sièges en 1924, 115 en 1928, 141 en 1932 et 221 en 1936 ; en 1919, les socialistes n'ont que 67 sièges à cause du régime électoral, mais leurs voix ont progressé de plus de 20 %. Désormais, le parti socialiste pèse lourd dans une éventuelle majorité de gauche. Cependant, la scission des communistes l'affaiblit. Mais elle lui sert aussi d'aiguillon, d'une certaine façon. Par ailleurs, le socialisme n'est plus un mythe, puisqu'il s'est établi en URSS. Même si la SFIO conteste cette expérience, la perspective d'un régime socialiste devient plus proche. Les partis « bourgeois » sont donc plus inquiets.

En second lieu, une bonne partie de la droite est ralliée cette fois à la république. La guerre de 1914 a beaucoup fait pour rétablir le consensus national. Certes, il reste une extrême-droite irréductible, qui rêve de dictature. Avec les difficultés de l'après-guerre et surtout la crise économique, elle trouve une certaine audience. Mais son action s'exprime surtout en dehors du Parlement, par la violence des « Ligues » (cf. p. 142), qui aboutira notamment à l'émeute du 6 février 1934. Elle est très faible sur le plan électoral. Si le parti le plus à droite à la Chambre — la Fédération républicaine — comporte quelques éléments non républicains (par exemple en 1936, Philippe Henriot, Xavier Vallat, Tixier-Vignancour), ils y sont minoritaires. La collaboration du centre-gauche avec le centre-droit devient donc beaucoup plus facile, et peut s'étendre loin à droite, sous forme de l' « Union nationale », qui groupe tous les partis sauf l'extrême-gauche. D'ailleurs, le véritable centre-gauche est désormais le Parti radical, le véritable centre-droit étant l'Alliance démocratique (fraction de gauche des républicains modérés d'avant 1914, dont la fraction de droite est unie aux conservateurs ralliés dans la Fédération républicaine : cf. p. 160).

A partir de 1934, cependant, la crise économique, qui a provoqué l'avènement de Hitler en Allemagne et l'émeute fasciste du 6 février 1934 à Paris, fait naître en France un danger de dictature autoritaire, d'autant que la république parlementaire apparaît de moins en moins capable de faire face aux problèmes de l'heure. Cela provoque la formation du Front populaire, qui accomplit une grande œuvre sociale en 1936. En même temps, des essais de renouvellement des partis se manifestent : Parti social français du colonel de La Rocque, qui cherche à rénover la droite classique ; Parti populaire français de Jacques Doriot, ex-secrétaire du Parti communiste, qui a d'abord des allures de nouvelle gauche « titiste » avant la lettre, puis glisse vers le fascisme pur et simple ; néo-socialisme d'Adrien Marquet et Marcel Déat, et « frontisme » de Gaston Bergery, qui cherchent à rénover le socialisme. Ces mouvements ont peu d'influence électorale.

• **La dissociation des alliances électorales et des alliances parlementaires.** — Une tendance à la dissociation était apparue avant 1914. Mais elle était restée limitée. De 1879 à 1893 et de 1899 à 1909, les majorités parlementaires n'ont pas été très différentes des alliances électorales : simplement, la place et le rôle du centre-gauche étaient plus forts dans les premières que dans les secondes. La dissociation entre un jeu centriste au Parlement et un jeu bipolaire aux élections ne s'est réellement produite que de 1893 à 1899 et de 1910 à 1914 : soit le quart de la période seulement. Entre 1919 et 1939 au contraire, la dissociation devient quasi permanente et prend une allure choquante pour les citoyens. Elle va beaucoup contribuer à discréditer le régime.

Cette dissociation est essentiellement due à la situation du parti radical. Tant que la politique était dominée par l'anti-cléricalisme, celui-ci pouvait s'allier facilement avec les socialistes. Quand il devient nécessaire de faire des choix économiques et financiers essentiels — comme entre 1919 et 1939 — le parti radical est écartelé. Dans ces domaines, il est très proche du centre-droit. Mais sentimentalement — et électoralement — il ne peut pas se séparer des socialistes. Son rêve serait de faire une politique modérée avec la SFIO : comme en 1902, au temps du père Combes, avec Rouvier aux Finances. Mais les socialistes sont trop puissants désormais pour se prêter à ce jeu et trop aiguillonnés par les communistes. Un autre système électoral aurait peut-être permis aux radicaux d'échapper à cette contradiction : mais l'essai de semi-proportionnelle en 1919 les affaiblit et donne la victoire à la droite. Ils reviennent donc au scrutin majoritaire à deux tours.

Dans son cadre, ils continuent à pratiquer l'alliance de gauche, comme avant 1914. Aux élections de 1928 seulement, ils tenteront un certain nombre d'alliances centristes, qui ne sont pas avantageuses : ils perdent 42 sièges, soit le quart, avec à peu près le même pourcentage de suffrages. En 1924 et 1932, la discipline de gauche joue solidement entre eux, les socialistes, et les petits groupes voisins. En 1936, elle s'étend au parti communiste qui pratiquait jusque-là une opposition systématique à tous les partis. Le Front populaire est essentiellement constitué par cette alliance des trois grands partis de gauche : radicaux, socialistes et communistes. Elle comporte un programme élaboré en commun, assez précis, qui servira de charte à la future majorité. Ainsi donc l'alliance de gauche se précise et s'étend, à travers le Cartel des gauches de 1924-1932 et le Front populaire de 1936. En face, l'alliance de droite est à peu près aussi solide.

Mais ces alliances se dissolvent sur le plan parlementaire. De 1928 à 1932, les radicaux soutiennent des gouvernements modérés de type « concentration » et y participent. Dans les législatures de 1924, 1932, 1936, après la victoire électorale de l'alliance des gauches, les radicaux participent d'abord à une majorité parlementaire formée avec leurs alliés : mais ensuite, ils renversent complètement la vapeur et s'allient avec le centre-droit et la droite, contre leurs anciens alliés socialistes (et communistes après 1936) dans une alliance de type nouveau appelée « Union nationale » : il s'agit d'une alliance de tous les partis à l'exception de l'extrême-gauche (socialistes et communistes). En 1926, les radicaux quittent ainsi le Cartel des gauches pour former un ministère d'Union nationale avec Poincaré; en 1934, ils font la même chose avec Doumergue; en 1938, ils font la même chose avec Daladier, abandonnant le Front populaire.

On voit ainsi s'établir une sorte de périodicité régulière, après une victoire électorale de la gauche. Pendant deux ans, un ministère de gauche gouverne, appuyé sur la même majorité que l'alliance électorale, avec des difficultés croissantes. Au bout de deux ans, les radicaux quittent la majorité et s'unissent avec le centre et la droite dans une majorité d'Union nationale, qui fait une politique conservatrice. Parfois (comme en 1914 avec le ministère Doumergue), on met fin à l'Union nationale quelques mois avant les élections, pour sauver la face (ministère Sarraut de janvier 1936). Cette dissociation régulière des alliances électorales et des alliances parlementaires a beaucoup contribué à discréditer la IIIe République dans l'esprit des citoyens. Autant probablement que l'instabilité ministérielle (les ministères durent six mois en moyenne de 1919 à 1939, contre neuf mois de 1879 à 1914) et que l'impuissance à résoudre les problèmes et l'immobilisme.

Sur l'élaboration de la Constitution de 1875, cf. O. Rudelle, *La République absolue (1870-1889)*, 1982 ; J. Gouault, *Comment la France est devenue républicaine*, 1954 ; Daniel Halévy, *La République des Ducs*, 1937, et *La fin des notables*, 1930 ; G. Hanotaux, *Histoire de la fondation de la IIIe République*, 1925.

Sur les institutions, cf. les manuels de droit constitutionnel, édités avant 1939, et en particulier L. Duguit, *Traité de droit constitutionnel*, 5 vol., 2e éd., 1921-1925 ; 3e éd., 1927-1928, spécialement le t. IV ; A. Esmein et Nézard, *Eléments de droit constitutionnel français*, 2 vol., 8e éd., 1928. L'analyse politique est plus développée dans J. Barthélemy et P. Duez, *Traité de droit constitutionnel*, 1933, et dans J. Barthélemy, *Précis de droit constitutionnel*, 1938. L'analyse juridique la plus précieuse reste celle de J. Laferrière, dans son *Manuel de droit constitutionnel*, 2e éd., 1947. — Sur la présidence du Conseil, cf. R. Menesson, *La présidence du Conseil*, 1928 ; H. Haikal, *La présidence du Conseil et l'évolution du parlementarisme en France*, 1938. — Sur la présidence de la République, A. Dansette, *Histoire des présidents de la République*, 1953. — Sur la vie parlementaire, cf. l'ouvrage fondamental d'E. Pierre, *Traité de droit politique, électoral et parlementaire*, 2e éd., 1902, avec supplément, 5e éd., 1924. — Sur les Commissions, J. Barthélemy, *Essai sur le travail*

parlementaire et le système des Commissions, 1934. — Sur le Sénat, cf.
J.-P. Marichy, *La deuxième Chambre dans la vie politique française depuis
1875*, 1969 ; F. Goguel, *Le rôle financier du Sénat français*, thèse, Paris,
1937. On avait d'abord loué le rôle modérateur du Sénat ; cf. R. Bonnard,
Revue de droit public, 1911 ; J. Barthélemy, *ibid.*, 1913. On s'aperçoit ensuite
qu'il s'oppose à toute nouveauté, brisant toutes les expériences, aussi bien
celle de Doumergue (1934) que celle de Léon Blum (1936-1937), écartant
les projets de réforme électorale novateurs, qu'il s'agisse de la proportionnelle (1912-1913), du scrutin à un tour (1935) ou du vote des femmes.
Il aggrave la tendance à l'immobilisme qui se développait depuis Méline.

Le problème de la révision de la Constitution de 1875. — La Constitution de 1875 avait prévu un mode de révision fort simple : après un vœu
émis séparément, le Sénat et la Chambre des députés se réunissaient en Assemblée nationale, laquelle pouvait modifier la Constitution. Le système a fonctionné quatre fois : en 1879, pour le transfert à Paris du siège des pouvoirs
publics, primitivement fixé à Versailles : en 1884, pour la modification du recrutement du Sénat ; en 1926, pour la création de la Caisse autonome d'Amortissement ; en 1940, pour l'attribution au maréchal Pétain du pouvoir constituant.
Sauf la dernière, ces révisions n'ont qu'une faible portée.

Souvent, cependant, des campagnes révisionnistes furent entreprises,
soutenues par l'opinion publique. Avant 1914, la plus importante est celle
du boulangisme (1887-1889). A partir de 1918, la crise du régime s'aggrave,
et le problème de la réforme de l'Etat se pose nettement dans l'opinion publique.
On peut observer deux périodes de « fièvre » à cet égard. La première se
situe au lendemain de la guerre : elle aboutira à la tentative d'orléanisme
présidentiel d'Alexandre Millerand, Président de la République qui essaye
de gouverner personnellement (sur ce premier mouvement réformiste, lire :
M. Leroy, *Pour gouverner*, 1918 ; L. Blum, Lettres sur la réforme gouvernementale, dans la *Revue de Paris*, 1917 et 1918 ; H. Chardon, *Le nombre et
l'élite*, 1921).

La seconde tentative naît après l'émeute parisienne du 6 février 1934, à
caractère semi-fasciste : elle aboutit à l'échec des projets du président du
Conseil Gaston Doumergue. Mais le mouvement d'opinion ne disparaît
pas. A la veille de la guerre de 1939, le régime est assez profondément
discrédité. Cf. J. Gicquel et L. Sfez, *Problèmes de la réforme de l'Etat en
France depuis 1934*, 1965 ; La crise de l'Etat, numéro spécial des *Archives de
philos. du droit et de sociologie juridique*, 1934 ; La réforme de l'Etat, numéro
spécial des *Annales du droit et des sciences sociales*, 1934 ; J. Barthélemy,
Valeur de la liberté, adaptation de la République, 1934 ; R. Capitant, *La réforme*

du parlementarisme, 1934 ; A. Tardieu, *L'heure de la décision*, 1934, *La profession parlementaire*, 1936, et *Le souverain captif*, 1937 ; J. Bardoux, *La France de demain*, 1936; *La Réforme de l'Etat* (ouvrage collectif), 1936; L. Blum, *L'expérience du pouvoir*, 1937 ; et les Documents sur la réforme de l'Etat dans la *Revue politique* (août-septembre 1945).

Sur la vie politique sous la IIIe République, on se reportera d'abord à l'excellent ouvrage de J.-M. Mayeur, *La vie politique sous la Troisième République (1870-1940)*, 1984 (coll. « Points »), et à F. Goguel, *La politique des partis sous la Troisième République*, 2e éd., 1958. Les histoires générales de la IIIe République à consulter sont les tomes 10 à 14 de la « Nouvelle Histoire de la France contemporaine » : J.-M. Mayeur, *Les débuts de la IIIe République (1871-1898)*, 1973 ; M. Reberioux, *La République radicale ? (1898-1914)*, 1975 ; Ph. Bernard, *La fin d'un monde (1914-1929)*, 1975 ; H. Dubief, *Le déclin de la IIIe République (1929-1938)*, 1976 ; J.-P. Azema, *De Munich à la Libération (1938-1944)*, 1979; cf. aussi J. Chastenet, *Histoire de la IIIe République*, 7 vol., 1952-1963. — Une documentation abondante sur la vie parlementaire est fournie par A. Daniel, *L'Année politique*, un volume par an de 1874 à 1905, continué à partir de 1906 par E. Bonnefous, *Histoire politique de la IIIe République*, 7 vol., 1956-1967. — Sur l'instabilité ministérielle, cf. A. Soulier, *L'instabilité ministérielle sous la IIIe République*, 1938 ; J. Ollé-Laprune, *La stabilité des ministres sous la IIIe République*, 1962 (très importante analyse) et l'ouvrage très polémique et très partial, mais intéressant de A. Tardieu, *La Révolution à refaire*, 2 vol., 1936-1937 : on le rapprochera de R. de Jouvenel, *La République des camarades*, 1924.

Sur les partis politiques, outre les ouvrages généraux cités p. 123 et 169, cf. A. Siegfried, *Tableau des partis en France*, 1930, et *Tableau politique de la France de l'Ouest sous la IIIe République*, 1913 ; G. Bourgin, J. Carrère et A. Guérin, *Manuel des partis politiques en France*, 1928 ; L. Jacques, *Les partis politiques sous la IIIe République*, 1913 ; le numéro spécial d'*Esprit* de mai 1939 sur « Le régime des partis » ; E. Mead Earle (et autres), *Modern France*, Princeton, 1951. — Sur la droite, cf. R. Rémond, *Les droites en France*, 1982, essentiel. — Sur le parti radical, C. Nicolet, *L'idée républicaine en France : essai d'histoire critique*, 1982 ; S. Bernstein, *Histoire du parti radical*, 2 vol., 1980 et 1982 ; J.-Th. Nordmann, *Histoire des radicaux (1820-1973)*, 1974 ; Alain (Emile Chartier), *Eléments d'une doctrine radicale*, rééd. en 1933 (document important sur l'état d'esprit radical, tel qu'il s'est constitué au début du siècle). — Sur le parti socialiste, cf. D. Ligou, *Histoire du socialisme en France (1871-1961)*, 1962, et J. Lacouture, *Léon Blum*, 1977. — Sur le Parti communiste, cf. S. Courtois et M. Lazar, *Histoire du Parti communiste français (1920-1994)*, 1995 (coll. « Thémis »), ouvrage essentiel, fondé sur le dépouillement des archives de l'Internationale à Moscou et du Bureau politique du PCF à Paris. — Egalement, P. Robrieux, *Histoire intérieure du Parti communiste*, t. I : *1920-1945*, 1980.

Sur les élections, cf. A. Siegfried, *Tableau politique de la France de l'Ouest sous la IIIᵉ République*, Paris, 1913 (ouvrage fondamental, d'où est partie toute la sociologie électorale) ; F. Goguel, *Géographie des élections françaises (1870-1941)*, 1951 ; G. Dupeux, *Le Front populaire et les élections de 1936*, 1959.

LES LIGUES. — On a vu se développer sous la IIIᵉ République une catégorie intermédiaire entre les partis politiques et les groupes de pression : les « ligues » d'extrême-droite. Elles ne participent pas aux élections et à la vie parlementaire : en ce sens, elles ne sont pas des partis. Elles font pression sur le pouvoir par la propagande et par l'agitation dans la rue. Mais elles disent aussi qu'elles veulent conquérir le pouvoir par le noyautage de l'Etat et le coup de force : pour cela, elles cherchent le contact avec l'armée. Elles traduisent une persistance du conservatisme extrémiste, du type « ultras », de 1815.

Les ligues ont joué un certain rôle à trois moments principaux : dans l'Affaire Dreyfus, au lendemain de la première guerre mondiale, dans les années 1930 et la crise du 6 février 1934. Les principales ligues étaient des mouvements de jeunesse ou d'anciens combattants : Ligue de la Patrie française avant 1914 (cette dernière ayant duré jusqu'en 1939) ; Jeunesses patriotes et « Faisceau » en 1924-1926 ; Croix de Feu — qui a formé ensuite le noyau du Parti social français : cf. p. 137 — Francisme, Solidarité française entre 1933 et 1934. On peut rattacher aux ligues certains mouvements paysans, tel le « dorgérisme » des années 30 : mais ils ressemblaient plus à des partis fascistes.

Sur les ligues, cf. E. Weber, *L'Action française* (trad. franç.), 1964; D. Wolf, *Doriot* (trad. franç.), 1970 ; E. E. Tannenbaum, *The Action française*, New York, 1962; J. Plumyène et R. Lasierra, *Les fascismes français (1923-1963)*, 1963 ; S. M. Osgood, *French royalism under the Third and Fourth Republic*, La Haye, 1960.

2 | LA IVᵉ RÉPUBLIQUE (1944-1958)

La IIIᵉ République a été renversée par une défaite militaire, comme le Premier et le Second Empire. La IVᵉ ne s'est établie que quatre ans plus tard, après la libération du territoire national. La période intermédiaire 1940-1944 est importante pour la formation des institutions et de l'esprit public.

▶ *Les régimes provisoires de 1940-1945*

« En droit, la République n'a jamais cessé d'exister », proclamait l'ordonnance du 21 avril 1944, édictée à Alger, qui servit de charte provisoire depuis la Libération (août 1944) jusqu'au référendum du 21 octobre 1945. En fait, deux autorités provisoires ont coexisté de juin 1940 à la Libération : le gouvernement de Vichy et la « France libre » du général de Gaulle, peu à peu transformée en gouvernement provisoire de la République.

1. *Le gouvernement de Vichy (1940-1944)*. — A Bordeaux, où s'étaient réfugiés les pouvoirs publics fuyant l'invasion allemande, le ministère Paul Reynaud démissionna le 16 juin parce que son chef refusait de demander l'armistice. Le Président de la République chargea le maréchal Pétain de constituer un nouveau gouvernement, qui signa l'armistice le 22 juin. Paris étant situé dans la zone occupée par les troupes nazies, les pouvoirs publics s'installèrent à Vichy le 2 juillet.

● L'irrégularité du gouvernement de Vichy. — A l'origine, le ministère Pétain s'est établi conformément aux règles de la Constitution de 1875. S'il ne s'est pas présenté devant les chambres avant de demander l'armistice, elles lui ont accordé leur confiance quelques jours plus tard, sous une forme extraordinaire. Réunies en Assemblée nationale au Grand Casino de Vichy, elles votèrent le 10 juillet 1940 une loi constitutionnelle donnant « au gouvernement de la République sous l'autorité et la signature du maréchal Pétain le droit de promulguer en un ou plusieurs actes une nouvelle Constitution ». Ce texte fut voté par 569 suffrages contre 80. Certains ont contesté sa validité, en rappelant que le pouvoir constituant est une fonction que les parlementaires doivent exercer eux-mêmes, et non un droit dont ils peuvent disposer. C'était l'argument utilisé en 1924 contre les décrets-lois, considérés comme une délégation du pouvoir législatif. Mais la validation de ceux-ci par une coutume constante a précisément induit les députés et les sénateurs à employer le même procédé en matière constitutionnelle (cf. p. 131). Rien n'empêche au surplus d'analyser la loi constitutionnelle du 10 juillet 1940 comme une révision du mode de révision prévu par la Constitution de 1975, comme le fera expressément la loi constitutionnelle du 3 juin 1958 pour permettre l'élaboration de la Constitution actuelle (cf. p. 170).

Encore régulier le soir du 10 juillet 1940, le gouvernement de Vichy a cessé de l'être vingt-quatre heures plus tard, par la publication des « actes constitutionnels n°s 1 et 2 » qui organisaient un régime nouveau, autoritaire et monocratique, dont le maréchal Pétain s'instaurait le chef. La loi du 10 juillet 1940 précisait en effet que la Constitution promulguée en un ou plusieurs actes devait être « ratifiée par la nation et appliquée par les assemblées qu'elle aura créées ». En s'appuyant sur le « et », l'auteur du présent livre démontrait dès 1943 que les actes constitutionnels appliqués avant toute ratification populaire n'avaient pas de valeur juridique. La thèse a été généralement adoptée depuis lors. Elle fit un certain bruit à l'époque et entraîna quelques désagréments pour l'ouvrage qui l'exprimait (cf. ci-après p. 166). Par contre, le maréchal Pétain avait certainement le droit de préparer le projet de Constitution qu'il laissa dans ses cartons. Ce texte présente un certain intérêt par les pouvoirs qu'il attribue au chef de l'Etat. Ils font un peu penser à ceux que lui donnera plus tard la Constitution de 1958.

• L'évolution du gouvernement de Vichy. — Elle se divise nettement en deux phases. De 1940 à 1942, le régime est une monocratie où le maréchal dispose de tous les pouvoirs. Il change fréquemment de gouvernement suivant un rythme équivalent à celui de la IIIe République. Il se lance dans l'étrange aventure d'une « révolution nationale », comme si la guerre était terminée et si son issue ne commandait pas l'avenir de la nation et du monde entier. Bien que l'entreprise n'ait recueilli le soutien que d'une fraction restreinte de la population, située surtout dans la droite autoritaire et traditionaliste, elle participe d'une sorte d'autisme collectif dans lequel la nation s'est plus ou moins repliée après l'énorme traumatisme de juin 1940. Maurras exprimait un peu l'inconscient d'alors en parlant de *La France seule* (1941).

Cependant, la « révolution nationale » tient peu de place dans la pensée des Français de l'époque. Si la popularité du maréchal est grande, nos concitoyens attendent surtout de lui qu'il les protège contre l'emprise des Allemands. Ils imaginent Pétain comme un « bouclier » en face d'un de Gaulle perçu comme une « épée ». Désorientés par la « collaboration » annoncée par le maréchal après l'entrevue de Montoire, ils furent d'abord rassurés par la révocation de Pierre Laval, le 13 décembre 1940. Les attaques contre le gouvernement de Vichy, sans cesse proférées par la presse de la zone occupée, renforçaient l'idée qu'il jouait double jeu. Les archives ont permis d'établir que cette interprétation était fausse, et que Vichy avait pris dès le début l'initiative d'une politique de collaboration avec l'ennemi.

Laval s'y jette à corps perdu à partir du 29 avril 1942, où le maréchal le rappelle comme Premier ministre et lui délègue pratiquement tous ses pouvoirs, mais en se réservant la possibilité de les reprendre à son gré. Dyarchique en théorie, cette seconde phase de Vichy se caractérise en réalité par l'effacement quasi complet du chef de l'Etat, qui atteint quatre-vingt-six ans au début de la période. Les Allemands occupent d'ailleurs la totalité du territoire métropolitain à partir du 11 novembre 1942. Pratiquement, le vainqueur de Verdun ne sert plus qu'à masquer la domination des nazis.

2. *Les Français libres et le gouvernement provisoire de la République.* — Le 18 juin 1940, le général de Gaulle, sous-secrétaire d'Etat dans le gouvernement Paul Reynaud qui vient de démis-

sionner, refuse de reconnaître le gouvernement du maréchal Pétain et la validité de l'armistice demandé. Par la radio de Londres, il lance un appel aux Français pour qu'ils se joignent à lui afin de continuer à combattre.

• **La formation du gouvernement provisoire, hors du territoire métropolitain.** — En août 1940, le ralliement de l'Afrique équatoriale et du Cameroun place des territoires sous l'autorité du général de Gaulle. En 1941, il crée le « Comité national français ». Il dirige en même temps la résistance intérieure en France, organisée par les partis politiques et des mouvements clandestins nouveaux, qui sont unifiés en 1941 sous l'autorité du « Conseil national de la Résistance ». En 1943, le Comité national français accepte, sous la pression des Alliés, de fusionner avec l'autorité établie à Alger, après le débarquement de novembre 1942, par l'amiral Darlan et le général Giraud (ex-partisans du maréchal Pétain : Darlan était le n° 2 du régime de Vichy). Ainsi est créé le « Comité français de la Libération nationale » siégeant à Alger, dont de Gaulle et Giraud sont co-présidents sur un pied d'égalité. Mais le premier réussit très vite à éliminer le second. Le 3 juin 1944, le Comité devient « gouvernement provisoire de la République ». Il s'installe à Paris en août 1944, cependant que le maréchal Pétain et ses ministres sont emmenés en Allemagne par les troupes hitlériennes.

• **Le gouvernement provisoire, de la Libération au référendum d'octobre 1945.** — Le gouvernement provisoire détient tous les pouvoirs. Son président à la fois chef de l'Etat et chef du gouvernement. Il nomme et révoque les ministres, qui sont responsables devant lui. Cependant, le gouvernement prend ses décisions de façon collective, en Conseil. Il fait ainsi des lois qui portent le nom d'ordonnances et des décrets. En pratique, le général de Gaulle exerce une autorité prépondérante.

Dès 1943, à Alger, une « Assemblée consultative » a été formée pour établir un embryon de Parlement. Elle a été réorganisée en octobre 1944, à Paris. Elle unit une représentation issue des parlementaires de la IIIe République et une représentation issue de la Résistance. Elle comprend d'abord 248 membres : 60 pris dans le Sénat et la Chambre des députés de la IIIe République, proportionnellement à la représentation des partis (désignés par un comité de 20 membres, choisis parmi les parlementaires ayant voté contre la loi constitutionnelle du 10 juillet 1940); 148 pris parmi les partis, organisations professionnelles et groupes de résistance reliés au Conseil national de la Résistance (désignés par les comités directeurs des groupements); 28 pris parmi les résistants hors de la métropole (France libre de Londres et Corse); 12 représentants des territoires d'outre-mer. S'y ajoutent, en juin 1945, 48 membres pris parmi les prisonniers et déportés rapatriés (nommés par le reste de l'Assemblée). L'Assemblée n'a aucun pouvoir de décision. Elle est uniquement consultative.

▶ *L'élaboration de la Constitution de 1946*

Dans le gouvernement provisoire, certains voulaient le retour pur et simple à la Constitution de 1975. D'autres voulaient une constitution nouvelle. De Gaulle trancha la question par un référendum, qui établit une sorte de « préconstitution », rétablissant un gouvernement régulier.

1. *Le régime préconstitutionnel de 1945-1946.* — Après le 21 octobre 1945, le gouvernement provisoire repose sur une légitimité démocratique, fondée sur le suffrage universel s'exprimant à la fois par un référendum et par des élections générales.

● *Les élections et le référendum du 21 octobre 1945.* — Le 21 octobre 1945, les citoyens français furent appelés en même temps à élire des représentants et à définir leur pouvoir par un référendum. Ce jour-là, ils votaient en effet deux fois, et même trois : pour désigner des députés à une assemblée, et pour répondre à un référendum comportant deux questions distinctes. Une première question leur demandait : « Voulez-vous que l'assemblée élue ce jour soit constituante? » En cas de réponse négative, l'assemblée en question devait former la Chambre des députés prévue par la Constitution de 1875, et l'on devait faire élire un Sénat dans un délai de deux mois. La deuxième question était : « Si le corps électoral a répondu « oui » à la première question, approuvez-vous que les pouvoirs publics soient, jusqu'à la mise en vigueur de la nouvelle Constitution, organisés conformément au projet de loi ci-contre? » — Une réponse négative faisait de la Constituante une assemblée souveraine, tant par l'étendue de ses pouvoirs que par leur durée; une réponse positive venait au contraire limiter cette étendue et cette durée (sept mois) par les dispositions restrictives du projet inscrit sur les bulletins de vote, qui est devenu la loi du 2 novembre 1945.

Le régime électoral comportait plusieurs innovations essentielles : le vote des femmes, décidé par l'ordonnance l'Alger du 21 avril 1944; la représentation proportionnelle avec listes bloquées et répartition des restes à la plus forte moyenne dans le cadre départemental; l'extension du vote à tous les territoires d'outre-mer; l'extension du vote aux militaires. Les électeurs repoussèrent le retour à la IIIe République à une quasi-unanimité : 17 957 868 « oui » en métropole à la première question, contre 670 672 « non ». La limitation des pouvoirs de la constituante fut obtenue à une majorité des deux tiers : 12 317 882 « oui » contre 6 271 512 « non ».

• La loi supra-constitutionnelle du 2 novembre 1945. — Le projet adopté par référendum devint ainsi la loi du 2 novembre 1945 à caractère « supra-constitutionnel » puisqu'elle s'imposait aux Assemblées constituantes elles-mêmes, dont elle limitait les pouvoirs. Ainsi va fonctionner jusqu'en 1946 un régime parlementaire de type spécial, où les fonctions de chef de l'Etat et de chef du gouvernement sont confondues dans la personne d'un président élu directement par l'Assemblée constituante, au scrutin public, à la majorité absolue des membres la composant. Le président constitue son ministère, qui est ensuite approuvé par un vote de l'Assemblée. Celle-ci peut renverser le gouvernement par une « motion de censure » adoptée à la majorité absolue de ses membres, au scrutin public.

L'Assemblée constituante est à la fois le parlement de ce régime provisoire, réglementé par la loi du 2 novembre 1945, et une assemblée chargée de faire une nouvelle constitution de la République. Contrairement à toutes les constituantes de notre histoire, et à la plupart de celles des autres nations démocratiques, elle n'incarne pas la souveraineté nationale : elle est liée par le référendum qui définit ses pouvoirs. Ils étaient limités de deux façons : par leur contenu, en ce qui concerne le pouvoir législatif et le pouvoir de renverser le gouvernement; par la durée de l'assemblée et par la nécessité d'une ratification par un nouveau référendum, en ce qui concerne le pouvoir constituant.

2. *Les deux Constituantes successives.* — La première Constituante ne parvint pas à élaborer une Constitution approuvée par les citoyens. Le projet qu'elle présenta fut repoussé par les citoyens en mai 1946. Une nouvelle Constituante fut donc élue, qui parvint enfin à élaborer la Constitution du 27 octobre 1946, fondant la Ve République.

● La première Constituante et le projet de Constitution repoussé le 5 mai 1945. — La première Assemblée constituante de 1945 fut l'assemblée la plus à gauche que la France ait connue : socialistes et communistes groupaient plus de 51 % des suffrages exprimés. On notera une certaine disparité entre le résultat du référendum et celui des élections : les radicaux, qui préconisaient le « non » à la première question, ont obtenu 1 700 000 voix, alors que le « non » n'en a groupé que 670 000. On mesure ici l'influence personnelle du chef du gouvernement, le général de Gaulle, qui avait pris fermement position pour le double « oui ». La majorité gouvernementale fut essentiellement formée par l'alliance des trois grands partis : communiste, socialiste et MRP (démocrates-chrétiens : cf. p. 157) appelée « tripartisme ».

La première Constituante élabora un projet de Constitution parlementaire très proche du système provisoire de la loi du 2 novembre 1945. Le Parlement est formé d'une seule Assemblée nationale, flanquée de deux organes purement consultatifs, le Conseil de l'Union française et le Conseil économique et social. Le Président de la République, élu pour sept ans par l'Assemblée nationale, à la majorité des deux tiers (ou des trois cinquièmes à partir du quatrième tour de scrutin), n'a aucun rôle effectif : il ne désigne même pas le président du Conseil, qui est élu par l'Assemblée nationale, au scrutin public, à la majorité absolue des membres la composant. L'Assemblée nationale peut décider de se dissoudre elle-même à la majorité des deux tiers. Elle peut également être dissoute par décision du Conseil des ministres, si deux crises ministérielles surviennent au cours d'une même session annuelle, dans la seconde moitié de la législature. Ce projet de Constitution, voté par les seuls partis communiste et socialiste, fut repoussé au référendum du 5 mai 1946 par 10 272 586 suffrages contre 9 109 711 (en métropole).

• La seconde Constituante et la Constitution du 27 octobre 1946.
— Conformément à la loi du 2 novembre 1945, on a donc élu le 2 juin 1945 une nouvelle Assemblée constituante, pour sept mois. Les communistes et les socialistes ensemble recueillirent à peu près autant de suffrages que le « oui » au référendum précédent (en tout : 9 387 000) et leurs adversaires autant que le « non » (en tout 10 494 000). Mais le filtrage de ces résultats par la proportionnelle ôtait toute signification au vote du pays : le pourcentage des voix obtenues pour chaque parti était en effet à peu près analogue à celui du scrutin du 21 octobre. Pas plus qu'à cette

date, aucune majorité ne se dégageait du vote des électeurs. Aussi, l'alliance des trois grands partis — le « tripartisme » — disloquée par le référendum, se reconstitua sur le plan gouvernemental. Cependant, les élections d'outre-mer donnèrent le 2 juin 1946 des résultats assez différents de ceux du 21 octobre 1945, sans doute sous l'influence de l'administration. Par elles, l'équilibre des forces à l'intérieur de l'Assemblée se trouva modifié.

La seconde Assemblée constituante élabora un projet transactionnel entre celui repoussé par les électeurs le 5 mai et les vœux du MRP, troisième allié de la coalition « tripartite ». Ce projet diffère du précédent à trois points de vue : 1° il crée une seconde chambre, le « Conseil de la République » (remplaçant le Sénat de 1875), mais celle-ci a beaucoup moins de pouvoirs que l'Assemblée nationale : elle ne peut pas renverser le gouvernement, elle ne peut que retarder un peu le vote de la loi et du budget par la première chambre ; 2° il augmente les pouvoirs du Président de la République, qui participe de nouveau au choix du président du Conseil ; 3° il transforme les dispositions relatives au statut de l'Union française.

Le second projet de Constitution fut soumis au référendum le 13 octobre 1946. Le général de Gaulle, ancien chef du gouvernement, se prononça contre lui. Le MRP, gêné par cette prise de position, en fut réduit à recommander « d'accepter la Constitution afin de pouvoir la réviser ». Dans une telle confusion, beaucoup de citoyens décidèrent de s'abstenir, et c'est par 9 039 032 « oui » en métropole contre 7 830 369 « non » et 7 880 109 abstentions que fut adopté le second projet constitutionnel. Ses partisans représentaient seulement 35 % des suffrages exprimés ; ils étaient 70 000 de moins que ceux du projet repoussé le 5 mai. Mais, après un interrègne de plus de six années, la France était enfin dotée d'un régime constitutionnel régulier.

▶ *Les institutions de la IVe République*

Le texte ainsi adopté péniblement fut promulgué le 27 octobre 1946. Il fut ensuite modifié par la réforme constitutionnelle du 7 décembre 1954.

1. *La Constitution du 27 octobre 1946.* — Elle est très proche de la Constitution de 1875. La seule différence importante concerne la seconde chambre : le Conseil de la République, héritier nominal du Sénat, avait beaucoup moins de pouvoirs que lui. Les différences s'atténueront au fur et à mesure de l'évolution du régime, qui rapprochera la IVe République de la IIIe.

• Le préambule. — La Constitution de 1946 s'ouvre par un préambule qui constitue une véritable Déclaration de Droits. Il est important, car ses dispositions ont été maintenues en vigueur par la Constitution de 1958. Auparavant, la jurisprudence les appliquait à titre de « principes généraux du droit » (cf. p. 422). Ce préambule comprend deux éléments distincts : 1° la réaffirmation des principes contenus dans la Déclaration des Droits de l'Homme et du Citoyen de 1789, qui est ainsi remise en vigueur, et des « principes fondamentaux reconnus par les lois de la République », qui prennent une valeur constitutionnelle ; 2° la proclamation directe de principes nouveaux, qui sont surtout des « droits économiques et sociaux ».

• Le Parlement. — L'ancienne Chambre des députés devient « Assemblée nationale », l'ancien Sénat devient « Conseil de la République » (mais ses membres décideront dès 1948 de s'appeler « sénateurs »). Des différences importantes existent avec la IIIe République. Elles concernent d'abord les régimes électoraux. Pour l'Assemblée nationale, les deux innovations essentielles posées dès 1945 sont maintenues : vote de femmes et représentation proportionnelle avec répartition des restes à la plus forte moyenne. Mais la loi du 9 mai 1951 atténue ensuite la représentation proportionnelle par un correctif majoritaire, au moyen du système des

« apparentements » : si deux ou plusieurs listes déclarent leur volonté de « s'apparenter » huit jours au moins avant le scrutin, et si celui-ci donne au bloc formé par ces listes la majorité absolue des suffrages, elles reçoivent tous les sièges, répartis à la proportionnelle entre elles seules; dans le cas contraire, l'apparentement ne joue pas et la proportionnelle s'applique à toutes les listes en présence. Fait pour favoriser le centre (MRP, modérés et socialistes) et défavoriser les extrêmes (communistes et gaullistes), le système des apparentements fut assez impopulaire. Pour le Conseil de la République, on établit d'abord un système électoral complexe; mais qui avait le mérite de supprimer les inégalités de représentation de l'ancien Sénat, entre les villes et les campagnes : mais on reviendra à celles-ci en 1948 (cf. p. 164).

La seconde différence concerne les pouvoirs du Conseil de la République, qui sont beaucoup plus faibles que ceux du Sénat. En dehors de sa participation au choix du Président de la République, une fois tous les sept ans, et à la composition d'un certain nombre de grands corps de l'Etat (Comité constitutionnel, Assemblée de l'Union française, Conseil supérieur de la Magistrature, etc.), le Conseil de la République ne possède en effet qu'un pouvoir consultatif. Il examine les projets de lois adoptés par l'Assemblée nationale et formule son avis par un vote : mais l'Assemblée nationale n'est pas liée par ce vote, et sa seule obligation est d'examiner de nouveau le texte en seconde lecture : sa décision suffit alors à en faire une loi. Cependant, si le Conseil de la République a manifesté son opposition par un scrutin public, à la majorité absolue des membres qui le composent, l'Assemblée ne peut passer outre qu'à la suite d'un vote acquis dans les mêmes formes : ce « pouvoir de veto », qui aurait pu être important dans le cas d'une faible majorité à l'Assemblée nationale, n'a jamais joué en pratique.

• Le gouvernement. — Le Président de la République est élu pour sept ans par les deux Chambres réunies, comme en 1875.

Il perd certaines prérogatives juridiques que lui donnait la Constitution de 1875, mais qu'il n'exerçait pas en fait; par contre, il gagne des pouvoirs plus effectifs, par sa présidence du Conseil supérieur de la magistrature et de l'Union française. Il désigne le président du Conseil, qui se présente alors devant l'Assemblée nationale pour être « investi » à la majorité absolue des suffrages la composant. Une fois investi, le président du Conseil choisit ses ministres : ensuite, il se présente de nouveau devant l'Assemblée nationale, avec son gouvernement cette fois.

Le gouvernement est responsable devant l'Assemblée nationale seule, soit par une « question de confiance » posée par le président du Conseil, soit par une « motion de censure » déposée par un député : dans les deux cas, le vote a lieu après un délai de réflexion d'un jour franc, à la majorité absolue des membres composant l'Assemblée. Inversement, le gouvernement peut dissoudre l'Assemblée nationale, sans avis conforme de la seconde Chambre. Mais des conditions très strictes viennent limiter l'usage de la dissolution : 1° aucune dissolution n'est admise pendant les dix-huit premiers mois de la législature; 2° il faut qu'au cours d'une période de dix-huit mois consécutifs, deux crises ministérielles soient intervenues; 3° il faut que ces deux crises aient lieu à la suite d'une motion de censure ou d'une question de confiance votées dans les conditions précédentes : cela exclut les crises ministérielles par démission volontaire ou refus d'investiture du président du Conseil désigné. Ces conditions ne seront réunies qu'une fois : en 1955, où Edgar Faure décidera la dissolution.

2. *La réforme constitutionnelle du 7 décembre 1954.* — Elle est peu importante : on l'appelait alors la « réformette ». Mais elle est intéressante politiquement. En dehors de cette réforme constitutionnelle, on voit reparaître les décrets-lois, d'abord sous des formes détournées, ensuite directement à partir de 1953 (cf. p. 168).

● Le contenu de la réforme. — Si l'on néglige une modification du système des sessions, très secondaire, la réforme constitutionnelle de 1954 porte sur deux points : le mode d'investiture du gouvernement et les pouvoirs du Conseil de la République. Désormais, le président du Conseil choisit ses ministres avant le vote d'investiture, et l'exigence pour ce vote de la majorité absolue des membres composant l'Assemblée nationale est supprimée. On pensait ainsi diminuer la longueur des crises ministérielles, l'habitude s'étant établie d'accorder l'investiture à des gens qu'on ne voulait pas réellement installer au pouvoir et qui ne pouvaient pas ensuite former le gouvernement.

La réforme principale reste celle du Conseil de la République. Antérieurement, il pouvait s'opposer une seule fois à un texte voté par l'Assemblée nationale : si celle-ci adoptait de nouveau le texte en seconde lecture, il devenait loi. En 1954, on rétablit la « navette » entre les deux Chambres. Sous la IIIᵉ République, cette navette avait lieu jusqu'au moment où les deux Chambres tombaient d'accord sur un texte : les sénateurs pouvaient donc paralyser définitivement la volonté des députés. Désormais, la navette est limitée à cent jours à partir de l'adoption du texte en seconde lecture par l'Assemblée nationale : ensuite celle-ci décide souverainement. D'autre part, le Conseil de la République perd son droit de bloquer un texte par le « veto » de la majorité absolue (cf. p. 153).

● La signification politique de la réforme. — La réforme a pour but essentiel d'accentuer la ressemblance entre la IVᵉ et la IIIᵉ République. Elle est une étape vers la restauration de la Constitution de 1875. Cela correspond en partie au retour du personnel politique d'avant 1940, écarté à la Libération. Cela correspond surtout au glissement des forces politiques vers la droite et le centre-droit. Les deux phénomènes sont d'ailleurs liés : les « anciens de la IIIᵉ » reviennent au Parlement grâce aux progrès des partis de droite et du centre-droit.

En 1945-1946, ce sont les partis de gauche qui veulent un

régime très différent de la IIIe République : les partis de droite
et les radicaux (qui se situent alors assez à droite, sauf quelques
exceptions) voulaient le retour à la Constitution de 1875; ils ont
d'ailleurs voté contre la Constitution de 1946, à l'Assemblée constituante et au référendum. A partir de 1947, les communistes étant
mis à l'écart, la majorité glisse vers le centre : le recours aux pratiques et usages de la IIIe République se manifeste nettement. La
nécessité de collaborer avec la droite et les radicaux affaiblit d'ailleurs l'opposition des socialistes et du MRP, et ceux-ci voteront
finalement la révision du 7 décembre 1954, qui correspond aux vœux
formulés par les modérés et les radicaux en 1946.

▶ *La pratique politique de la IVe République*

Le personnel politique de la IVe République a essayé dans l'ensemble de revenir aux institutions et aux pratiques de la IIIe République. Mais celle-ci, qui avait bien fonctionné avant 1914, fonctionnait mal entre 1919 et 1939. La IVe République retrouve ainsi
la même impuissance, le même immobilisme et la même instabilité
que sa devancière pendant l'entre-deux-guerres. La durée moyenne
des gouvernements est la même : six mois. Mais la contradiction
entre le régime politique et les structures sociales et idéologiques
s'accroît. La France de 1944-1958 est en expansion démographique
et en profonde mutation économique (diminution de l'agriculture,
modernisation de l'industrie). Le décalage avec des partis politiques faibles et sclérosés devient de plus en plus grand. Le régime
est discrédité, et peu de gens sont disposés à le défendre lors de la
crise de mai 1958.

1. *Les nouvelles forces politiques.* — Les forces politiques ont
beaucoup changé depuis la IIIe République. Des partis nouveaux apparaissent, notamment le MRP. Les partis anciens sont
plus ou moins transformés.

• Le Mouvement républicain populaire. — A la Libération surgit un parti démocrate chrétien, le MRP, qui devient d'emblée le second parti français en 1945, avec 24,9 % de suffrages. Il est distancé par le parti communiste, mais il prend la première place en juin 1946 avec 28,1 %. Son déclin est presque aussi rapide que son ascension. En 1951, il tombe à 12,3 % des suffrages, et en 1956 à 10,7 %. Il a été à la fois le grand espoir et la grande déception de la IVᵉ République.

Le MRP a été fondé par une équipe de jeunes militants dynamiques, formés avant 1939 dans les associations catholiques de jeunesse et en 1940-1944 dans la Résistance. Ils voulaient une rénovation profonde de la nation, à la fois politique, économique et sociale. Ils souhaitaient s'allier au parti socialiste pour former un travaillisme français : des contacts seront noués en ce sens, en 1944-1945. Le MRP prend ainsi place dans cette sorte de Front populaire rénové qu'est le « tripartisme » de 1945-1946. Allié aux communistes et aux socialistes, il participe à l'élaboration de réformes économiques et sociales importantes (nationalisations, Sécurité sociale, etc.). Cependant, à l'intérieur du tripartisme, il était le frein plutôt que le moteur.

Mais la base électorale d'un mouvement chrétien du centre-gauche était faible en 1945. La démocratie chrétienne n'a jamais eu d'implantation solide en France, où la religion a été historiquement liée à la droite. Le « Parti démocrate populaire » fondé en 1924 n'avait eu qu'une très faible audience. Le MRP se rattachait comme lui à la tradition des catholiques « ralliés » à la République après l'Encyclique de 1892 : mais ces « ralliés » n'étaient pas nombreux. Par ailleurs, il voulait se situer plus à gauche qu'eux, tournant les radicaux et prenant contact avec les socialistes. Le MRP est alors soutenu par une masse d'électeurs de droite, qui ne l'aiment pas, qui le détestent souvent, mais qui refluent vers lui faute de pouvoir aller ailleurs. La droite traditionnelle était compromise dans l'aventure de Vichy. Elle ne pouvait pas voter pour ses représentants

naturels, emprisonnés ou inéligibles. Le MRP lui paraît le meilleur
— ou le moins mauvais — barrage contre le communisme, qui
l'épouvante : elle vote donc pour lui, faute de pouvoir faire
autrement.

Ses électeurs n'ont pas confiance dans le MRP. Ils ont beaucoup
plus confiance dans des partis qui n'ont pas eu à la Libération
une allure si avancée. Par ailleurs, de Gaulle et son RPF (cf. p. 160)
leur offrent un parti plus attirant, parce que moins attaché au
parlementarisme. Un grand nombre des électeurs du MRP en 1946
passent au RPF en 1951. Pour les retrouver, le MRP penche de plus en
plus vers la droite. On notera que tous les partis démocrates chrétiens
d'Europe ont suivi le même glissement vers la droite que le MRP
français. Mais ceux d'Allemagne et d'Italie ont réussi le regroupement de la droite que le MRP n'a pas pu faire. Ils sont restés puissants, alors que le MRP a disparu sous la Ve République, en 1967.

• La puissance du parti communiste. — Le parti communiste
avait recueilli moins de 11,5 % des suffrages en 1928 et moins
de 8,5 % en 1932 : combattant seul dans un scrutin à deux tours,
il n'obtenait que très peu de sièges au Parlement (respectivement 14
et 12). En 1936, il fait un premier bond avec le Front populaire,
atteignant à 15,5 % d'électeurs et 72 députés ; en même temps, ses
adhérents passent de 80 000 en 1935 à 363 000 en 1936. A la
Libération, il fait un second bond ; il obtient 26 % des suffrages
exprimés en 1945 et en juin 1946, et 28,6 % en novembre 1946,
ce qui fait de lui le plus grand parti de France : il le restera pendant toute la IVe République. La représentation proportionnelle
lui assure un nombre de sièges correspondant à l'Assemblée nationale. En même temps, ses adhérents s'élèvent à plus d'un million
en 1945. Il en perdra plus de la moitié ensuite. Mais il perdra à
peine 10 % de ses électeurs, conservant une remarquable stabilité :
25,6 % des suffrages en 1951, 25 % en 1956.

L'ascension du parti communiste a été provoquée d'abord par
sa participation très importante à la Résistance, à partir de 1941.

La carte des votes communistes ruraux à la Libération et la carte des maquis sous l'Occupation présentent de grandes ressemblances. Le PCF a gagné ainsi des titres de patriotisme que nul ne peut plus lui contester. Il bénéficie aussi de la tradition révolutionnaire du prolétariat français. La mentalité ouvrière s'est formée chez nous au milieu de révolutions violentes et d'atroces répressions (juin 1848, la Commune), qui l'ont profondément marquée. L'intégration psychologique des travailleurs dans la société actuelle est en retard sur leur intégration matérielle. Celle-ci même était très loin d'être achevée : c'est une autre raison du vote communiste. La « société d'abondance » telle qu'on la décrivait complaisamment n'avait encore que de lointains rapports avec la vie quotidienne d'un grand nombre de Français.

L'organisation du parti communiste est un des facteurs de sa stabilité et un des éléments de sa puissance. Les militants venus au parti lors du Front populaire et de la Résistance ont formé un noyau solide de gens expérimentés et admirablement dévoués, sans équivalent dans les autres partis. Le PCF a attiré ensuite des militants des jeunes générations. Le nombre des adhérents du parti, la solidité de sa structure, le sérieux de son encadrement et de sa formation idéologique lui donnent alors une efficacité sans commune mesure avec les autres organisations politiques, beaucoup moins nombreuses et beaucoup moins structurées. Les liens avec le plus grand syndicat ouvrier, la CGT (Confédération générale du Travail), renforcent également le PCF. On comprend ainsi que malgré sa rigidité doctrinale et son « stalinisme », il ait pu conserver sa puissance à travers toute la IVe République.

● Les variations de la droite. — Un autre trait de la IVe République, qui l'éloigne beaucoup de la IIIe, ce sont les variations de la droite. Traditionnellement, celle-ci n'a jamais été encadrée par des organisations politiques solides. Mais elle n'en avait pas moins conservé une assez remarquable cohérence avant la guerre de 1914 et dans l'entre-deux-guerres. Après 1945, la situation est différente.

La droite traditionnelle (ancienne Fédération républicaine et ancienne Alliance démocratique, regroupées peu à peu dans le « Centre national des Indépendants ») tombe de 42,5 % des suffrages en 1936 à 14,2 % en 1945 : elle se maintiendra à peu près à ce niveau, baissant à 13 % en 1946 et à 12,5 % en 1951, mais remontant à 14,7 % en 1956. La masse d'électeurs de droite ainsi perdue va osciller à la recherche d'un parti nouveau, sans le trouver. Trois organisations neuves vont recueillir successivement une grande part des suffrages conservateurs : le MRP en 1945-1946, le RPF en 1951, le poujadisme en 1956. Il y a eu en même temps des transferts avec les « indépendants » : on ne peut pas dire que les mêmes électeurs ont voté MRP en 1945-1946, RPF en 1951 et poujadiste en 1956. Par ailleurs, ces trois formations ont reçu aussi des suffrages venant du centre-gauche ou de la gauche : mais l'essentiel de leurs voix est venu de la droite.

Le RPF (Rassemblement du Peuple français) a été fondé en 1947 par le général de Gaulle pour faire campagne contre la Constitution de 1946 et contre la IVe République. Il réunissait, autour d'un noyau de fidèles issus de la Résistance, des éléments divers venant surtout de la droite, mais quelques-uns aussi du radicalisme. Il retrouvait une certaine tradition bonapartiste, que le boulangisme a fait revivre à la fin du XIXe siècle. Le RPF remporta un grand succès aux élections législatives de 1951, avec 18 % des suffrages exprimés et 116 sièges à l'Assemblée nationale. De Gaulle voulait que ses parlementaires pratiquent une politique d'obstruction au régime. Mais dès le début de 1952 certains d'entre eux ne résistèrent pas à l'attrait de la participation ministérielle, et firent scission pour soutenir le gouvernement Antoine Pinay : ils créèrent ainsi l'Action républicaine et sociale. Les élections municipales de 1953 montrèrent le recul du mouvement. Le général décida que ses parlementaires ne pouvaient plus engager le RPF : ils formèrent donc une organisation autonome, l'Union des Républicains d'Action sociale. Celle-ci s'effondra aux élections de 1956.

Ces élections virent le succès d'une organisation d'extrême-droite, l'Union de Défense des Commerçants et Artisans, généralement appelée « Mouvement Poujade » du nom de son pittoresque animateur. Il s'agit d'un groupe de pression protestant contre la fiscalité qui pesait sur les petites entreprises. Cette fiscalité n'était pas si lourde : mais les petites entreprises se trouvaient en difficulté à cause de la modernisation économique qui tendait à faire passer la France de l'archéo-capitalisme à un néo-capitalisme reposant sur de grandes firmes. Sans doctrines, sans plans, sans idées, le Mouvement Poujade s'opposait par la violence aux contrôles fiscaux et ne débouchait sur rien. Il pouvait pousser au fascisme, qui correspond en partie à cette situation de classes moyennes condamnées par l'évolution économique. Qu'il ait obtenu 12,4 % des suffrages exprimés et 52 sièges (ramenés à 42 par les invalidations) montre le mécontentement d'une partie des citoyens. La médiocrité de ses députés, le néant de son programme entraînèrent la dislocation assez rapide du mouvement.

● *La sclérose de la gauche non communiste*. — Sous la IVᵉ République, la gauche non communiste est essentiellement formée par le parti socialiste SFIO (Section française de l'Internationale ouvrière) né en 1905 par la fusion de plusieurs groupes créés à la fin du XIXᵉ siècle. A la Libération, il avait le vent en poupe : beaucoup de militants de la Résistance, notamment ceux du MLN (Mouvement de Libération nationale), souhaitaient entrer dans la SFIO, qu'ils pouvaient rajeunir. Elle était passée de 275 000 adhérents en 1938 à 335 000 en 1945, et de 20 % des suffrages exprimés en 1936, à près de 24 % en 1945. Seul, avec le parti communiste, le parti socialiste constituait un parti de masses fortement organisé, avec des sections sur l'ensemble du territoire, un assez grand nombre de militants, une discipline de vote au Parlement.

La SFIO va gaspiller ces chances. D'abord, l'appareil du parti freine le renouvellement des cadres, préférant souvent les vieux militants aux nouvelles générations : cela détourne du parti beaucoup d'anciens résistants en 1944, beaucoup de jeunes techniciens ensuite. Par ailleurs, le parti s'engage à partir de 1947 dans une politique d'alliance centriste qui en fait l'otage des partis modérés. Interrompue de 1951 à 1956, cette stratégie reprend de 1956 à 1958, où le parti fait en Algérie une politique de répression qui est celle de la droite. Enfin, le parti n'a plus un grand leader à sa tête, comme Jaurès avant 1914 et Léon Blum de 1919 à 1939, mais un secrétaire général qui est homme d'appareil, Guy Mollet. La SFIO tombe à 21 % des suffrages en juin 1946, à 18 % en novembre 1946, et à 14,5 % environ en 1951 et en 1956. Elle n'a plus que 80 000 adhérents à la fin de la IVe République, souvent d'âge élevé.

Le lent déclin et la sclérose du parti socialiste provoquent la recherche de « nouvelles gauches ». Quelques petits groupes se constituent à cet effet, sans audience électorale, qui prennent une certaine importance au moment de la guerre d'Algérie. La tentative la plus sérieuse de renouvellement de la gauche a été tentée en 1955-1956 par Pierre Mendès France, qui a espéré faire du vieux parti radical l'instrument de cette rénovation. Depuis la Libération, le parti radical avait plutôt penché vers la droite et le centre-droit, comme les autres partis libéraux européens. Mendès France, rendu populaire par son expérience gouvernementale de 1954-1955 (cf. ci-après p. 166), va essayer de le ramener vers la gauche. Il espère y faire entrer suffisamment d'adhérents nouveaux pour en prendre le contrôle et en faire un parti organisé et discipliné qui accueille les jeunes générations et puisse devenir le noyau d'une nouvelle gauche. L'opération réussit d'abord : 15 000 adhérents nouveaux entrent au parti, et celui-ci gagne un million de suffrages aux élections de 1956. Mais l'hostilité du parti socialiste (notamment de Guy Mollet), des députés radicaux eux-mêmes, du Président de la République, et en général de tous les cadres politiques, fait échouer l'entreprise. A la veille du

13 mai 1958, il n'y a plus de « nouvelle gauche », sinon dans les milieux intellectuels.

2. *Les majorités gouvernementales*. — La IVe République diffère de la IIIe à cet égard sur deux points essentiels. D'abord, le remplacement du suffrage majoritaire à deux tours par la représentation proportionnelle supprime les alliances électorales. Elles réapparaîtront en 1951 avec les « apparentements » : mais de façon plus voilée et moins importante. Il n'y a donc plus dissociation avec les alliances parlementaires. En second lieu, les communistes forment désormais un parti puissant au Parlement. Leur isolement à partir de 1947 modifie les données du problème politique : il dessine clairement deux phases dans le régime.

● L'alliance avec les communistes et les gouvernements de gauche (1945-1947). — Sous les Constituantes et au début de la première législature du régime, le parti communiste est allié avec le parti socialiste, le MRP et quelques éléments d'autres partis dans un Front populaire de type nouveau qu'on appelle le tripartisme, parce qu'il repose essentiellement sur les trois premiers partis, qui groupent à eux seuls les trois quarts des suffrages et des sièges parlementaires. D'importantes réformes économiques et sociales sont accomplies (nationalisations, sécurité sociale). Le parti communiste se montre bon administrateur et sait prendre des décisions politiques courageuses : il freine notamment les mouvements de grèves et aide ainsi la reconstruction du pays.

Cette période tranche sur toute la IVe et la IIIe République par la stabilité politique, la discipline de la majorité, et l'encadrement du Parlement et du gouvernement par de grands partis rigides. Les présidents du Conseil changent, mais la majorité ne bouge pas. Même le départ du général de Gaulle, en janvier 1946, paraît un événement politique mineur dans un cadre aussi solide. Les nombreuses élections générales (1945, juin 1946, octobre 1946) ne perturbent pas le système. A l'Assemblée nationale, la discipline de vote est rigoureuse. Le gouvernement est sûr de sa majorité. Mais il ne peut fonctionner que si les trois grands partis qui le composent sont d'accord. Les négociations se font au niveau de leurs comités directeurs, comme dans l'Autriche de la grande coalition, entre 1955 et 1966. Lors de la formation de son gouvernement en 1946, le président Félix Gouin a demandé aux partis de désigner eux-mêmes les titulaires des portefeuilles. Certains partis tiennent des réunions séparées de leurs ministres avant les réunions du gouvernement.

● L'isolement des communistes et le glissement à droite (1947-1958). — Le 4 mai 1947, les ministres communistes sont révoqués par le président du Conseil, M. Ramadier. Le parti communiste est mis en quarantaine dans toute l'Europe occidentale (il quitte aussi le gouvernement en Italie, en Belgique, etc.) : c'est la conséquence de la rupture entre les grands alliés et de la constitution de deux blocs rivaux, entre lesquels se développe une guerre froide. Désormais, jusqu'à la fin de la IVᵉ République, aucune alliance avec les communistes n'est possible. Cela ne correspond pas seulement à la volonté des états-majors politiques, mais au sentiment de l'opinion publique. Le coup de Prague en 1948, la répression stalinienne en Europe orientale, le rideau de fer, l'écrasement de la révolution hongroise en 1956, etc., développent une peur du communisme, attisée par la droite, mais réelle. Le consensus national est rompu de nouveau.

La première conséquence est d'établir une règle non écrite, strictement appliquée : « Les voix communistes ne comptent pas pour l'investiture, mais elles comptent pour la désinvestiture. » On ne compte pas les voix communistes pour les votes de confiance (sauf quelques rares exceptions en fin de période : par exemple en 1955, sous le gouvernement Edgar Faure), mais on les compte pour les votes de défiance. Cela accroît l'instabilité ministérielle. De 1956 à 1958, la conjonction des voix communistes et des voix gaullistes rend difficile de gouverner : on voit se réaliser ainsi la

« coalition négative » des extrêmes, qui a contribué à détruire la République de Weimar.

La seconde conséquence de l'isolement des communistes, c'est de rendre impossible toute majorité de gauche et de porter vers la droite le centre de gravité politique. Sous la IIIe République, l'extrême-gauche a peu participé à des gouvernements, qui étaient presque toujours centristes. Mais les radicaux à la fin du XIXe siècle, les socialistes de 1899 à 1936, ont souvent pratiqué le « soutien sans participation ». Ils pouvaient servir de majorité de rechange si la pression de la droite était trop forte dans la « conjonction des centres ». Ils se retrouvaient unis au centre-gauche au moment des élections. Rien de tel n'est possible sous la IVe République, à partir de 1947. On peut seulement constituer deux sortes de majorités. D'abord des majorités formées par la réunion de la droite et du centre (radicaux, MRP), comme ce fut le cas avec Antoine Pinay et plusieurs autres fois entre 1951 et 1956. Ensuite, des majorités centristes constituées par les radicaux, le MRP et les socialistes, plus quelques appoints de droite car les trois groupes précédents ne réunissent pas normalement la majorité : c'est la « troisième force », pratiquée de 1947 à 1951 et de 1956 à 1958.

L'une et l'autre de ces majorités sont faibles, hétérogènes, fragiles. L'affaiblissement du MRP et de la SFIO fait que les partis rigides et disciplinés ne représentent plus qu'une fraction de la majorité. L'autre fraction est formée de groupes souples et indisciplinés, dans le style de la IIIe République. On revient donc à l'instabilité ministérielle d'avant 1939. De 1947 à 1958, la durée moyenne des gouvernements est de six mois et les changements de ministères correspondent souvent à d'importants changements politiques. Une même législature, celle de 1951-1955, verra deux majorités et deux gouvernements aussi différents que ceux d'Antoine Pinay et ceux de Pierre Mendès France. La proportionnelle dispersant les votes des électeurs sans indiquer des regroupements, les citoyens ont l'impression de ne plus jouer qu'un rôle secondaire, le choix des alliances politiques étant laissé à la discrétion des états-majors des partis. Comme les partis sont faibles, sclérosés, peu populaires, l'opinion publique se sent aliénée.

Ces gouvernements éphémères et divisés sont incapables de prendre les décisions indispensables. Celui de Pierre Mendès France en 1954-1955 fait exception en concluant la paix en Indochine. Mais une nouvelle guerre de décolonisation éclate en Algérie, dans laquelle la nation s'enlise. Il devient évident que les institutions parlementaires traditionnelles rétablies en 1946 sont inadaptées à la société industrielle moderne. Des idées nouvelles (dissolution automatique en cas de renversement du gouvernement, régime présidentiel, élection du président du Conseil au suffrage universel) sont lancées à partir de 1956 et recueillent un certain écho. Même les milieux parlementaires s'émeuvent : ils envisageaient une importante réforme constitutionnelle (mais l'auraient-ils adoptée ?) lorsque les colonels d'Alger renversèrent la IVᵉ République, le 13 mai 1958.

Sur le gouvernement de Vichy, cf. J. Chapsal, *La vie politique en France de 1940 à 1958*, 1984 ; Robert Aron, *Histoire de Vichy, 1940-1944*, 1973 ; *Le gouvernement de Vichy (1940-1942)*, Colloque de la Fondat. nation. des Sc. pol., 1972 ; M. Sadoun, *Les socialistes sous l'Occupation*, 1982 ; Y. Durand, *Vichy 1940-1944*, 1972 ; R. O. Paxton, *La France de Vichy, 1940-1944*, 1973 (très discutable), et surtout : H. Amouroux, *La Grande histoire des Français sous l'Occupation*, 10 vol. parus, 1976-1993 ; J.-P. Azema, *De Munich à la Libération (1938-1944)*, 1979 (« Nouvelle Histoire de la France contemporaine »), et M. Cointet-Labrousse, *Vichy et le fascisme*, 1987.

Sur l'irrégularité du gouvernement de Vichy, cf. M. Duverger, article de la *Revue du Droit public*, 1943, p. 367, et *Les Constitutions de la France*, 1ʳᵉ éd., février 1944 « Que sais-je ? » saisi par la Milice de Vichy : des citations sont faites dans la 12ᵉ éd., 1991, p. 5-7.

Sur l'apparence de légalité, cf. M. Duverger, La perversion du droit, dans *Religion, société et politique* (Mélanges en l'honneur de Jacques Ellul), 1982, p. 715 et s. — Sur la France libre et la Résistance, cf. Ch. de Gaulle, *Mémoires de guerre*, 3 vol. 1954-1959, et *Discours et Messages*, I et II, 1970 ; H. Michel, *Histoire de la France libre*, 1963, et *Histoire de la Résistance*, 1965 ; *Jean Moulin et le Conseil national de la Résistance*, Colloque de 1983, CNRS, 1983.

Sur la IVᵉ République, cf. d'abord J. Chapsal, *La vie politique en France de 1940 à 1958*, 2ᵉ éd., 1984 ; M. Duverger, *The French political system*, Chicago, 1958; G. Elgey, *La République des illusions (1945-1951)*, 1965, et *La République des contradictions (1951-1954)*, 1968; P. Williams, *La vie politique sous la IVᵉ République*, trad. franç., 1971; J. Julliard, *La IVᵉ République*, 1968, et J.-P. Rioux, *La France de la Quatrième République*, 2 vol., 1980 et 1983 (« Nouv. Hist. de la France contemp.). Egalement A. Siegfried, *De la IVᵉ à la Vᵉ République*, 1958; R. Aron, *Immuable et changeante : de la IVᵉ à la Vᵉ République*, 1959; D. MacRae, *Parliament, parties and society in France, 1946-1958*, New York, 1967.

Sur la Constitution de 1946, cf. la 3ᵉ éd. de M. Duverger, *Droit constitutionnel et institutions politiques*, parue le 25 avril 1958, et M. Martin (et autres), *Les institutions politiques de la France*, 1959; cf. aussi les manuels de G. Vedel, *Manuel de droit constitutionnel*, 1948; M. Prélot, *Institutions politiques et droit constitutionnel*, 1957; G. Burdeau, *Institutions politiques et droit constitutionnel*, 1957.

Sur le Parlement, cf. D. W. S. Lidderdale, *Le Parlement français*, 1954 (traduit de l'anglais) ; F. Muselier, *Regards neufs sur le Parlement*, 1951 ; E. Blamont, *Les techniques parlementaires*, 1958.

Sur la dissolution du 2 décembre 1955, cf. J. Georgel, *La dissolution du 2 décembre 1955*, 1958, et les articles de Maurice Duverger et Georges Vedel, dans *Le Monde* des 3 décembre 1955 et 3 janvier 1956.

Sur le Président de la République, Vincent Auriol, *Journal du septennat*, 2 vol., 1952, 1953. — Sur le Président du Conseil, cf. S. Arné, *Le président du Conseil des Ministres sous la IVᵉ République*, 1962 ; S. Guillaume, *Antoine Pinay*, 1983 ; P. Rouanet, *Mendès France au pouvoir (1954-1955)*, 1965 ; J. Lacouture, *Pierre Mendès France*, 1981.

Sur la prépondérance rurale au Conseil de la République, cf. p. 228, et la controverse dans *Le Monde* à la suite de l'article de Maurice Duverger, *Conseil de la République ou Chambre d'Agriculture ?* (22 juillet 1953) avec les réponses des sénateurs André Hauriou (7 août), Marcelle Devaud (31 juillet) et Michel Debré (25 juillet) ; et la réplique, *Le mythe du contrepoids* (6 septembre). — Une étude très approfondie des inégalités de représentation qui en résultent a été faite par J.-M. Cotteret, C. Emeri et P. Lalumière, *Lois électorales et inégalités de représentation en France (1936-1960)*, 1960.

LA RENAISSANCE DES DÉCRETS-LOIS. — La Constitution voulait prohiber les décrets-lois, comme l'exprime nettement son article 13, qui interdit expressément la délégation du pouvoir législatif : « ART. 13 : L'Assemblée nationale vote seule la loi. Elle ne peut déléguer ce droit. » Or, on sait que la majorité des auteurs interprètent les décrets-lois comme une délégation de pouvoir législatif. Cependant, les décrets-lois vont renaître, d'abord sous la forme de procédés détournés (lois-cadres, extension du pouvoir réglementaire) ensuite directement.

1° *Les lois-cadres.* — Une « loi-cadre » est une loi qui pose seulement les principes généraux d'une réforme, en renvoyant à des décrets pour tous les détails d'application : si le Parlement ne s'oppose pas à ces décrets dans un certain délai, ceux-ci deviennent définitifs ; s'il s'y oppose, ils ne s'appliquent pas et il faut recourir à la procédure législative. Inventé par la loi du 17 août 1948, le procédé a pris une assez large extension : on a eu tendance à associer les commissions parlementaires à l'examen des décrets d'application (leur opposition décidant du recours éventuel à la procédure législative ordinaire).

2° *Les extensions du pouvoir réglementaire.* — Le procédé de l'extension du pouvoir réglementaire a été inventé, lui aussi, par la loi du 17 août 1948. Il repose sur l'idée — nouvelle en droit public français — d'une délimitation de matières entre la loi et le règlement : le Parlement ayant compétence pour opérer cette délimitation. Si le Parlement décide que telles matières rentrent dans le domaine du pouvoir réglementaire, cela veut dire que le gouvernement peut désormais intervenir dans ce domaine par des décrets, qui pourront modifier même les lois existant au moment de la décision du Parlement de transférer ces matières dans le domaine réglementaire : ces lois seront, en effet, réputées être « délégalisées » par la décision de transfert du Parlement, être réduites au simple rang de décrets, et comme telles modifiables par décrets. Par contre, si le Parlement fait ultérieurement une loi dans le domaine ainsi transféré au pouvoir réglementaire, celle-ci ne pourra pas être modifiée par simple décret : le Parlement conservant le droit d'évoquer devant lui, en quelque sorte, les matières qu'il a lui-même placées dans le domaine réglementaire.

Cette procédure, très ingénieuse, a été déclarée non contraire à l'article 13 de la Constitution par un avis du Conseil d'Etat du 6 février 1953, à condition que deux limites soient respectées : *a)* certaines matières sont réservées à la loi, par la tradition républicaine résultant notamment du préambule de la Constitution de 1946 et de la Déclaration des Droits de 1789 ; *b)* l'extension du pouvoir réglementaire doit être limitée et précise.

3° *Le retour aux décrets-lois proprement dits.* — Le même avis du Conseil d'Etat prohibait le retour pur et simple aux décrets-lois. Mais, à partir de 1953-1954, on les a réintroduits. On peut noter cependant quelques différences avec la procédure de la IIIᵉ République. La plus importante concerne le caractère personnel de l'habilitation donnée par le Parlement. C'est une innovation de la loi du 11 juillet 1953, qui attribuait le pouvoir de faire des décrets-lois au seul gouvernement Laniel : en cas de chute du cabinet, même avant la fin du délai où l'usage des décrets-lois était autorisé, son successeur n'aurait pas eu le droit d'y recourir. Une disposition semblable a été insérée dans la loi du 14 août 1954, en faveur du gouvernement Mendès France. En second lieu, les lois d'habilitation sont généralement plus développées et plus précises que sous la IIIe République : les matières où peuvent intervenir les décrets-lois sont délimitées avec une minutie de plus en plus grande.

Sur les pratiques politiques, cf. S. Hoffmann (et autres), *A la recherche de la France*, trad., 1963 ; M. Duverger, *The French political system*, Chicago, 1958 ; D. MacRae Jr., *Parliament, parties and society in France, 1946-1958*, Londres, 1967 ; Ph. Williams, *La vie politique sous la IVe République*, 1971 ; D. Thomson, *Democracy in France : the Third and Fourth Republic*, Oxford, 1952 ; D. Pickles, *France : the fourth Republic*, 1955 ; F. Goguel, *Le régime politique français*, 1958. — Sur les « règles du jeu », cf. le curieux ouvrage de N. Leites, *Du malaise politique en France*, 1958, et les jugements contradictoires portés sur lui dans la *Revue franç. de science politique*, 1958, p. 939 ; cf. également C. Melnick et N. Leites, *The House without windows*, Evanston, 1958, qui décrit avec minutie l'élection présidentielle de 1953. — Sur la vie du Parlement, cf. l'excellent petit livre de F. Muselier, *Regards neufs sur le Parlement*, 1956. — Sur l'instabilité ministérielle, cf. les articles de C.-A. Colliard (*Revue du droit public*, 1948, p. 231) ; C. Solal-Seligny (*ibid.*, 1952, p. 721) ; Merle (*ibid.*, 1951, p. 390).

Sur les partis politiques, cf. la bibliographie des p. 123 et 141 et M. Duverger (et autres), *Partis politiques et classes sociales*, 1955, et Public opinion and political parties in France (*American political science review*, 1952, p. 1069 et s.). — Sur le MRP, cf. E. F. Callot, *Le Mouvement républicain populaire*, 1978. — Sur le Mouvement Poujade, cf. S. Hoffmann, *Le Mouvement Poujade*, 1956, et la bibliographie et chronologie commentée de J. Touchard dans la *Rev. franç. de science polit.*, 1956, p. 18 ; on lira également le pittoresque « Mein Kampf » de P. Poujade, *J'ai choisi le combat*, Saint-Céré, 1955. — Sur le RPF, J. Charlot, *Le gaullisme d'opposition*, 1983 (fondamental), et les ouvrages cités p. 491. — Sur le parti radical, cf. G. Nicolet, *Le radicalisme*, 1957; D. Bardonnet, *L'évolution de la structure du Parti radical*, 1960 ; F. de Tarr, *The French radical party*, Londres, 1961. — Sur la SFIO, numéro spécial d'*Esprit* de mai 1956; R. Quilliot, *La SFIO et l'exercice du pouvoir (1944-1958)*, 1982, et l'article de M. Duverger dans *Les Temps modernes*, mai 1955, p. 383. — Sur le parti communiste, cf. les ouvrages cités plus haut, p. 141 ; J. Fauvet et A. Duhamel, *Histoire du Parti communiste français 1920-1976*, 1977 ; et l'article de J. Touchard dans *la Revue française de science polit.*, 1956, p. 389 avec bibliographie.

Sur les élections, cf. les articles de F. Goguel sur les élections générales de 1945, 1946 et 1951 dans la revue *Esprit* ; M. Duverger, F. Goguel et J. Touchard, *Les élections du 2 janvier 1956*, 1956, et F. Goguel (et autres), *Nouvelles études de sociologie électorale*, 1954.

3 | LA Vᵉ RÉPUBLIQUE DE 1958 A 1962

Les années 1958-1962 forment transition entre les républiques parlementaires de 1875-1958 et la république semi-présidentielle établie par la réforme constitutionnelle de 1962. En droit, la Vᵉ République reste un régime parlementaire jusqu'à la réforme en question : avec des innovations qui l'ont fait qualifier à la fois de parlementarisme orléaniste et de parlementarisme rationalisé. En pratique, le prestige personnel du général de Gaulle lui donne une puissance politique dépassant largement ses pouvoirs constitutionnels : ainsi dès 1958 fonctionne déjà en fait le régime semi-présidentiel qui ne sera institué en droit qu'en 1962.

▶ *La Constitution du 4 octobre 1958*

Le 13 mai 1958, une émeute locale survenue à Alger grâce à la complicité d'éléments militaires provoqua la désagrégation de la IVᵉ République. Le 1ᵉʳ juin, l'Assemblée nationale investit le général de Gaulle comme chef du gouvernement; le 3 juin, elle lui donna le pouvoir de préparer une Constitution nouvelle, qui devait être soumise à référendum populaire.

1. *La loi constitutionnelle du 3 juin 1958.* — En apparence la Constitution de 1958 a été élaborée par un mécanisme analogue à celui imaginé en 1940 pour remplacer la Constitution de 1975.

● *La procédure de la loi du 3 juin 1958.* — La révision constitutionnelle de 1958 a été élaborée par une procédure analogue à celle utilisée en 1940 : la révision du mode de révision établi par la Constitution en place. Le pouvoir de réviser la Constitution de 1946 appartenait à l'Assemblée nationale et au Conseil de la République qui l'exerçaient par des votes séparés. Les deux assemblées avaient ainsi engagé en 1955 une procédure de révision portant sur l'article 90 qui réglait précisément le mode de révision. Elles avaient en effet voté des résolutions identiques déclarant que celui-ci devait être modifié. Puis la procédure avait été abandonnée. Mais elle a permis en 1958 de passer immédiatement à la révision, possible seulement trois mois au minimum après le vote de telles résolutions.

La révision proprement dite a pu être faite sans référendum parce que la loi du 3 juin 1958 a été adoptée par les deux assemblées à une majorité des trois cinquièmes des votants (350 voix contre 160 et 70 abstentions à l'Assemblée nationale, où l'abstention de certains socialistes a permis d'obtenir ce résultat, et 260 voix contre 30 au Conseil de la République).

La loi constitutionnelle du 3 juin 1958 diffère de la loi du 10 juillet 1940 qui ressemblait à une délégation transposant au niveau du pouvoir constituant ce que les décrets-lois avaient fait au niveau du pouvoir législatif : l'Assemblée nationale (formée alors par la réunion de la Chambre des députés et du Sénat) « donnait tous pouvoirs » au gouvernement d'élaborer une nouvelle constitution. En 1958, on a modifié à titre transitoire l'article 90 de la Constitution organisant la procédure de révision : il s'agit expressément d'une révision du mode de révision. D'autre part, le pouvoir constituant a été attribué au « gouvernement investi le 1er juin 1958 » : on a évité le caractère personnel de la délégation du 10 juillet 1940 qui s'appliquait « sous l'autorité et la signature du maréchal Pétain ».

● Le contenu de la loi du 3 juin 1958. — La loi du 3 juin 1958 a modifié l'article 90 de la Constitution de 1946 en attribuant au gouvernement en fonction le droit d'établir une Constitution nouvelle en fixant le cadre de celle-ci et en imposant une procédure de consultation avant son adoption par référendum.

La nouvelle Constitution doit appliquer cinq principes : 1° le suffrage universel est la seule source du pouvoir ; le législatif et l'exécutif doivent dériver de lui ou des instances élues par lui ; 2° le pouvoir exécutif et le pouvoir législatif doivent être séparés « de façon que le gouvernement et le Parlement assurent, chacun pour sa part et sous sa responsabilité, la plénitude de leurs attributions » ; 3° le gouvernement doit être responsable devant le Parlement; 4° l'autorité judiciaire doit être indépendante « pour être à même d'assurer le respect des libertés essentielles telles qu'elles sont définies par le préambule de la Constitution de 1946 et par la Déclaration des Droits de l'Homme à laquelle elle se réfère »; 5° la Constitution doit permettre d'organiser les rapports de la République avec les peuples qui lui sont associés. Ces « cinq bases » — pour employer la formule de 1851 (cf. p. 75) — sont très importantes : elles précisent l'orientation de la nouvelle constitution.

Une procédure de consultation garantit ces principes. Le gouvernement doit obligatoirement prendre l'avis d'un Comité consultatif constitutionnel, dont les deux tiers des membres au moins doivent être pris parmi les parlementaires : ceux-ci étant désignés par les commissions compétentes de l'Assemblée nationale et du Conseil de la République dans la proportion d'un tiers au moins de leurs membres. Le projet de Constitution élaboré par le gouvernement après consultation de ce Comité est envoyé pour avis au Conseil d'Etat, puis arrêté en Conseil des Ministres, et enfin soumis au référendum populaire.

2. *L'élaboration de la Constitution de 1958.* — La Constitution de 1958 a été élaborée rapidement, puisque l'avant-projet du gouvernement fut publié le 29 juillet, et le projet définitif, après intervention du Comité consultatif constitutionnel, le 4 sep-

tembre : soit trois mois exactement après le vote par le Parlement de la loi du 3 juin 1958.

• La mise au point du projet de Constitution. — Dans une réunion du 31 mai à l'hôtel Lapérouse, le général avait exposé aux chefs de tous les groupes parlementaires (sauf les communistes, qui avaient décliné l'invitation) ses idées sur la réforme constitutionnelle : les points essentiels concernaient l'élection du Président de la République à un collège élargi, le maintien de la responsabilité du gouvernement devant le Parlement, l'incompatibilité entre le mandat parlementaire et les fonctions ministérielles, et le système des pleins pouvoirs provisoires. Dès son retour du premier voyage en Algérie, il donna ses directives au garde des Sceaux, Michel Debré, sur le rôle du Président de la République. Autour du futur Premier ministre se constitua un groupe de travail, formé essentiellement de quelques fonctionnaires du Conseil d'Etat et d'un délégué de chaque ministre d'Etat. Le groupe élabora un avant-projet publié le 29 juillet sous couverture rouge (d'où le nom de projet « rouge »).

Dans cet avant-projet, on peut distinguer trois apports distincts, trois couches successives, trois sédiments superposés. D'abord, la couche de Gaulle, noyau originaire qui comprend : 1° l'idée d'un Président de la République émanant d'un collège plus large que le Parlement mais non du suffrage universel, libre de nommer le chef du gouvernement et disposant de pouvoirs d'arbitrage exercés sans contreseing ministériel; 2° l'idée de pouvoirs exceptionnels du Président, d'une sorte de dictature temporaire en cas de crise grave, qui se relie aux souvenirs de juin 1940; 3° l'idée de l'incompatibilité entre les fonctions ministérielles et le mandat parlementaire. Autour, s'est ajoutée la couche Michel Debré, qui concerne essentiellement le « parlementarisme rationalisé », c'est-à-dire la réglementation stricte du travail parlementaire, avec de larges pouvoirs d'intervention du gouvernement (l'influence d'un véritable spécialiste de science politique s'est d'ailleurs fait sentir ici); aussi, l'incompatibilité des fonctions ministérielles et du mandat parlementaire, idée commune au général et au garde des Sceaux. La troisième couche est celle des ministres d'Etat : elle concerne la réglementation de la motion de censure et le système du vote de la loi en cas de question de confiance, legs de la réforme votée par l'Assemblée nationale en mars 1958; aussi, la suppression du système du débat annuel de politique proposé par M. Debré, qui aurait ressuscité le système de l' « adresse »; enfin, la suppression de quelques attributions honorifiques du Sénat.

Le Comité consultatif prévu par la loi constitutionnelle du 3 juin 1958 siégea au Palais-Royal, du 29 juillet au 14 août. Composé de 39 membres (26 parlementaires élus par les commissions des deux assemblées, 13 personnalités choisies par le gouvernement), il comprenait peu d'hommes de premier plan : au lieu de nommer des spécialistes, notamment, le gouvernement avait désigné des amis politiques. Les modifications de l'avant-projet proposées par le Comité consultatif constitutionnel sont de faible importance. Le CCC, comme on l'appelait, s'est montré fort respectueux du nouveau pouvoir et préoccupé surtout de détails d'intérêt parlementaire.

• L'adoption de la Constitution par référendum. — La Constitution ainsi préparée fut adoptée par le référendum du 28 septembre 1958, organisé à la fois dans la métropole et dans les territoires d'outre-mer, avec une signification différente dans les deux cas. En métropole, il s'agissait d'approuver ou de rejeter le régime politique proposé; dans les territoires d'outre-mer, d'accepter ou de refuser d'entrer dans la nouvelle « Communauté », le refus impliquant l'indépendance. Le droit à l'indépendance était ainsi formellement reconnu à ces territoires, pour la première fois, et l'adhésion à la Communauté était un acte volontaire. Mais cela ne concernait que les territoires d'outre-mer proprement dits, non les départements d'outre-mer, ni en particulier l'Algérie.

Le succès du référendum fut écrasant. Comme les électeurs de l'an VIII, qui voyaient uniquement Bonaparte dans le projet qu'on leur proposait, et qui votèrent pour l'homme et non pour le texte, ceux de 1958 ont considéré seulement la personne du général de Gaulle, et lui ont exprimé leur confiance par 17 668 790 « oui » dans la métropole, contre 4 624 511 « non » et 4 016 614 abstentions. Dans les départements et territoires d'outre-mer, la majorité des « oui » fut encore plus écrasante, sauf en Guinée, où les « non » l'emportèrent, ce qui entraîna la sécession de ce territoire.

3. *Le caractère parlementaire de la Constitution de 1958.* — La Constitution du 4 octobre 1958 mélange des éléments archaïques évoquant l'orléanisme et des éléments modernes correspondant à un « parlementarisme rationalisé ».

● Un parlementarisme rationalisé. — L'expression a été inventée pour caractériser les constitutions européennes de l'après-guerre 1919, qui s'étaient efforcées de codifier avec minutie les règles coutumières du régime parlementaire, et d'inventer des mécanismes précis et rigides pour maintenir l'équilibre respectif des assemblées et de l'exécutif. Le terme est employé dans un sens légèrement différent, à propos de la Ve République. Il désigne d'abord les règles concernant l'organisation du travail parlementaire et la procédure législative. Il s'applique aussi à la réglementation de la question de confiance et de la responsabilité gouvernementale, ce qui était l'essentiel du parlementarisme rationalisé de 1919. Il concerne également la délimitation rigoureuse du domaine de la loi et du règlement.

La minutieuse organisation de la procédure parlementaire aboutit à mettre dans la Constitution des dispositions qui auraient dû logiquement figurer dans le règlement des assemblées. On peut penser qu'elle va parfois trop loin, en ligotant le Parlement par des règles trop strictes. Mais les abus de celui-ci depuis un demi-siècle étaient devenus si grands qu'un tel remède devenait indispensable. La réglementation des votes de confiance et de censure est le joyau du parlementarisme rationalisé. Elle consiste à renverser la pratique antérieure, qui aboutissait à compter les absents et les abstentionnistes comme des adversaires du gouvernement. Désormais, le « qui ne dit mot refuse » est remplacé par le « qui ne dit mot consent » de la sagesse populaire.

La délimitation rigoureuse du domaine de la loi est une autre innovation très importante de la Constitution de 1958 qui relève également du « parlementarisme rationalisé » puisqu'elle tend à imposer par des règles constitutionnelles une pratique finalement assez proche de celles des régimes parlementaires de type anglais, où le gouvernement contrôle le Parlement à travers une majorité disciplinée dont il est le chef. Désormais, le pouvoir réglementaire du gouvernement peut intervenir dans tous les domaines, tandis que le Parlement ne peut voter des lois que dans un domaine étroitement limité par la Constitution : le Conseil constitutionnel veille au maintien de cette séparation des pouvoirs, en annulant les lois prises en dehors du « domaine législatif » assigné aux assemblées.

● Un parlementarisme orléaniste. — Dans le régime parlementaire moderne, le chef de l'Etat est réduit à un rôle symbolique, le pouvoir exécutif appartenant au Premier ministre et au gouvernement qu'il dirige. Le parlementarisme qu'on appelle « orléaniste » correspond à une phase dans l'évolution des régimes parlementaires, intermédiaire entre la monarchie limitée, où le roi exerce la totalité du pouvoir exécutif en face d'un Parlement qui vote les lois et le budget, et le parlementarisme moderne tel qu'on vient de le définir. Cette phase intermédiaire a été incarnée dans l'application en France de la Charte de 1830 telle que l'interprétait le roi Louis-Philippe, de la dynastie d'Orléans (d'où le nom).

Le régime établi par la Constitution de 1958 dans son texte

originel en est profondément différent. Il s'en rapproche cependant sur deux points qui justifient la référence au parlementarisme orléaniste. D'une part, les prérogatives que la Constitution attribue au Président de la République rappellent assez le rôle du chef de l'Etat que s'attribuait le Roi-citoyen. D'autre part, l'importance qu'elle donne aux notables fait — toute proportion gardée — penser à l'influence qu'ils avaient dans la Monarchie de Juillet, notamment par le poids du suffrage restreint : la Ve République restant bien plus démocratique en tout état de cause.

Le noyau de la Constitution de 1958 est formé, on l'a dit, par les idées exprimées par le général de Gaulle dès 1946 dans son discours de Bayeux, concernant le rôle du Président de la République. Le prestige de celui-ci étant renforcé, en théorie, par l'élargissement du corps électoral qui le choisit, ses pouvoirs sont accrus : il dispose notamment du droit de dissoudre l'Assemblée nationale librement, sans aucune condition restrictive. Il exerce les pouvoirs en question sans contreseing ministériel : il s'agit donc de prérogatives propres, et non de droits théoriques, exercés en fait par les ministres responsables. Mais il ne s'agit pas de pouvoirs de gouvernement proprement dits : le rôle du Président de la République de 1958 est essentiellement d' « arbitrage », comme le dit expressément la Constitution.

Cet aspect du retour à l'orléanisme est conforme aux vues traditionnelles de la droite modérée en matière de réforme de l'Etat. On retrouve la même tendance dans la lettre de démission de Casimir-Perier, dans la politique de Millerand, dans les tentatives de Doumergue, dans le projet constitutionnel du maréchal Pétain, etc. Elle repose sur une mauvaise compréhension des mécanismes parlementaires : si l'on veut renforcer l'exécutif en régime parlementaire (ce qui était indispensable dans la France de 1958), il faut augmenter le prestige et les pouvoirs du Premier ministre, non ceux du Président de la République. Sinon, on divise l'exécutif, on établit en son sein une rivalité permanente, et on l'affaiblit un peu plus, par conséquent. Mais l'orléanisme de 1958 doit être replacé dans son cadre historique. Il fallait une Constitution qui puisse s'appliquer à la fois au général de Gaulle, personnage exceptionnel, et à ses successeurs, qu'on pouvait supposer de dimensions plus modestes. L'orléanisme fournissait un cadre adaptable à deux situations si différentes. En fait, il a été déformé par le général dans un sens présidentialiste. Après lui, il aurait sans doute été déformé dans un sens parlementariste, s'il n'avait été supprimé par la réforme de 1962.

Un autre aspect tient au fait que le régime de 1958 est une république de notables, où l'on se méfie du peuple. Sur cinq organes importants établis par la Constitution — le Président de la République, le gouvernement, l'Assemblée nationale, le Sénat et le Conseil constitutionnel — un seul émane du peuple, par voie de suffrage universel direct : l'Assemblée nationale. Deux autres émanent d'un suffrage indirect très inégalitaire, qui est en réalité un suffrage restreint : le Président de la République et le Sénat. Le corps électoral est à peu près identique pour l'un et l'autre : la majorité absolue y appartient aux représentants des villages de moins de 1 500 habitants, qui groupent moins du tiers de la population. Président et sénateurs sont ainsi désignés par les notables ruraux. Le Conseil constitutionnel est nommé aux deux tiers par les organes émanant de ce suffrage restreint : au tiers seulement par l'Assemblée nationale, et encore par l'intermédiaire de son président. Le gouvernement est désigné par un organe émanant du suffrage restreint, en accord avec l'Assemblée nationale : ici, l'influence du suffrage universel se fait sentir à demi. Tout se passe comme si l'on avait eu peur du peuple et si l'on avait voulu encadrer solidement de toutes parts par des notables villageois, pour le mettre hors d'état de nuire, le seul organe qui émane véritablement de lui : l'Assemblée nationale.

L'accroissement du rôle du Sénat est symptomatique à cet égard : s'il est d'accord avec le gouvernement, il peut bloquer tous les projets votés par l'Assemblée nationale, comme sous la IIIe République; s'il est en désaccord avec lui, le Premier ministre peut mettre fin à l'opposition du Sénat, qui peut seulement retarder les projets de l'Assemblée nationale, comme sous la IVe République.

Sur un point cependant, la Constitution de 1958 s'éloigne nettement de l'orléanisme et se rapproche de la démocratie semi-directe que le jacobinisme et le bonapartisme avaient introduite auparavant. Le Président de la République peut soumettre directement à la décision populaire « tout projet de loi portant sur l'organisation des pouvoirs publics... ou tendant à autoriser la ratification d'un traité qui... aurait des incidences sur le fonctionnement des institutions » (art. 11). Mais le recours à cette procédure doit être proposé au chef de l'Etat soit par le gouvernement pendant la durée des sessions parlementaires, soit par l'accord des deux assemblées.

▶ *La réforme constitutionnelle du 6 novembre 1962*

La réforme constitutionnelle du 6 novembre 1962 a décidé que le Président de la République serait désormais élu au suffrage universel. Elle a profondément modifié la Constitution de 1958. Ainsi a pris fin la République parlementaire établie depuis 1875.

1. *L'élection du Président de la République au suffrage universel.* — L'élection du Président de la République au suffrage universel a été plaquée sur la Constitution établie en 1958. Elle transforme ainsi le régime parlementaire en un régime nouveau, à caractère mixte. Le système politique français tient désormais à la fois du régime parlementaire dont la Grande-Bretagne a construit la matrice, et du régime présidentiel américain.

● Du régime parlementaire au régime semi-présidentiel. — On a proposé d'appeler « semi-présidentiel » le nouveau régime français qui avait été déjà instauré par les Constitutions de l'Allemagne de Weimar (1919), de la Finlande (1919), de l'Autriche (1929), de l'Irlande (1937) et de l'Islande (1945), avant de l'être au Portugal par la Constitution de 1976. Ce terme a été critiqué en France parce qu'il semble suggérer que le chef de l'Etat a moins de puissance dans ce régime que dans le régime présidentiel américain. En réalité, il signifie seulement que le président, élu au suffrage universel et disposant de pouvoirs propres comme aux Etats-Unis, a en face de lui un Premier ministre et un gouvernement responsables devant les députés qui peuvent ainsi l'obliger à démissionner comme dans les régimes parlementaires.

En fait, la réforme n'a pas changé grand-chose à la pratique politique suivie depuis 1958. En effet, le général de Gaulle a exercé les fonctions d'un président issu du vote populaire avant que cette procédure ne soit établie. Lui-même avait été désigné au suffrage des notables instauré en 1958. Mais la gloire historique du premier résistant de France lui donnait une autorité équivalant à celle d'une élection au suffrage universel. L'impossibilité de mettre en minorité son gouvernement tant que durait la guerre d'Algérie lui assurait d'autre part une majorité parlementaire, bien que celle qu'il avait fait élire en 1958 se soit disloquée quand il s'engagea dans la voie de l'indépendance algérienne. La réforme de 1962 a institutionnalisé la pratique gaullienne.

• **L'opposition à la réforme et le référendum du 28 octobre 1962.**
— En France, l'élection du Président de la République au suffrage universel avait été longtemps considérée comme un sacrilège par les républicains, à cause de l'expérience malheureuse de la Seconde République. Léon Blum osa briser le tabou en envisageant que notre pays adopte un système de type américain pour restaurer la stabilité politique. Dans le même but, l'idée d'établir un régime de type semi-présidentiel a été lancée par nous en 1956. On ne sait pas si le général de Gaulle préférait un Président de la République élu par des notables, comme il en avait lancé l'idée dans son discours de Bayeux en 1946 avant de l'appliquer dans la Constitution de 1958, ou s'il n'osait pas dévoiler toute sa pensée

à cause des souvenirs du 2 Décembre. Après lui, un président élu au suffrage des notables aurait été confiné de toute façon dans un rôle effacé, comme le chef de l'Etat des IVe et Ve Républiques. On risquait ainsi de revenir au parlementarisme traditionnel et à son instabilité politique. De Gaulle fut assez facilement convaincu par les arguments en faveur de l'élection présidentielle au suffrage universel développés dans l'opposition. Après l'attentat du Petit-Clamart qui montrait l'urgence de préparer sa succession, il décida une réforme constitutionnelle en ce sens.

La réforme proposée souleva une très vive opposition dans la plupart des milieux politiques d'autant que le général voulait y procéder par un référendum direct sur la base de l'article 11 de la Constitution, qui semblait alors applicable aux lois ordinaires ou organiques, mais non aux lois constitutionnelles, révisables en vertu de l'article 89. Le gouvernement Pompidou fut renversé le 5 octobre par une motion de censure adoptée par 280 voix sur 480 députés, ce qui entraîna la dissolution. Le Sénat s'éleva très vivement contre la réforme et fit afficher sur toutes les communes le discours de son président, Gaston Monnerville. Juridiquement, la procédure était en effet irrégulière. Mais l'approbation du peuple français au référendum du 28 octobre 1962 par 12 809 363 suffrages contre 7 942 695 et 6 280 297 abstentions a couvert cette irrégularité initiale. Aujourd'hui l'élection du Président de la République au suffrage universel est acceptée par la quasi-unanimité des citoyens.

2. *L'extension des pouvoirs présidentiels.* — La réforme de 1962 a seulement modifié les articles 6 et 7 de la Constitution, relatifs à l'élection du Président de la République. Mais ce changement électoral bouleverse les rapports entre les pouvoirs publics et fait du Président de la République l'égal de l'Assemblée nationale.

● La légitimité démocratique. — En démocratie, le suffrage universel direct est l'équivalent du sacre de Reims dans l'ancienne monarchie française : il confère la légitimité suprême. Plus un organe de l'Etat est proche du suffrage universel direct, plus son influence est grande. La différence entre la Chambre des députés et le Sénat sous la Constitution de 1875, à cet égard, faisait que le second avait moins de poids que la première, notamment pour la mise en jeu de la responsabilité politique des gouvernements (dont les sénateurs ont usé dix fois moins que les députés), malgré l'égalité posée par les textes constitutionnels. L'article 3 de la Constitution de 1958 renforce cette interprétation, en déclarant : « La souveraineté nationale appartient au peuple français qui l'exerce par ses représentants ou par le référendum. » L'élection au suffrage universel a donné au Président de la République qualité de représentant du peuple : seule l'Assemblée nationale l'est comme lui.

Sa situation devient ainsi très différente de celle des chefs d'Etat parlementaires classiques. Ceux-ci sont plus éloignés que les gouvernements de la légitimité démocratique. C'est évident quand il s'agit d'un roi, dont l'investiture héréditaire est en contradiction même avec les principes de la démocratie. L'investiture des Présidents de la République est moins éloignée de la légitimité démocratique. Cependant, elle repose sur un suffrage indirect, et souvent inégalitaire par la participation des membres des chambres hautes. La situation du gouvernement, qui s'appuie constamment sur la confiance que lui accorde la chambre populaire issue du suffrage universel, est plus proche de la légitimité démocratique. Tel était le cas dans le texte originaire de la Constitution de 1958. La réforme de 1962 a bouleversé la situation. Le Président de la République, émanant immédiatement du suffrage de la nation entière, a une légitimité démocratique beaucoup plus forte que celle du Premier ministre et du gouvernement, qui ne s'appuient pas directement sur le suffrage populaire, mais indirectement, à travers la confiance que leur témoigne l'Assemblée nationale, elle-même élue par le peuple.

● L'interprétation des prérogatives reconnues au président par la Constitution. — En 1958, les pouvoirs nominalement attribués au président étaient en fait exercés par le gouvernement, à moins que la Constitution n'en décide autrement. Cela découlait du caractère parlementaire du régime. La réforme de 1962 renverse ce principe d'interprétation de la Constitution. Elle introduit en effet un élément de régime présidentiel dans le système parlementaire antérieur, et le transforme en régime mixte, mi-parlementaire, mi-présidentiel. Il n'y a donc plus de raison d'interpréter la Constitution conformément au principe parlementaire seulement. Il existe au contraire des raisons décisives d'interpréter les pouvoirs du président d'une tout autre façon. On ne mobilise pas le suffrage universel pour créer un organe d'apparat. Les pouvoirs attribués à cet élu national seront naturellement des pouvoirs réels, et non des pouvoirs nominaux, quand la Constitution ne précisera rien à cet égard. Il faut désormais qu'elle décide clairement que les pouvoirs présidentiels sont nominaux pour qu'on les considère ainsi (cf. plus loin, p. 268).

La bibliographie concernant les événements du 13 mai 1958 est très abondante, mais aussi très inégale. On en trouvera une analyse intéressante dans l'article de J. Touchard, La fin de la IVᵉ République (*Rev. franç. de science polit.*, 1958, p. 917), qui pose très bien les problèmes : aux ouvrages qu'il cite, parus fin 1958, on devra ajouter : M. et S. Bromberger, *Les 13 complots du 13 mai*, 1959 ; J.-R. Tournoux, *Secrets d'Etat*, 1960 ; A.-P. Lentin, *L'Algérie des colonels*, 1958 ; C. Favrod, *La révolution algérienne*, 1959 ; J. H. Meisel, *The fall of the Republic*, Ann Arbor, 1962. — Pour une analyse plus approfondie de la situation à la fin de la IVᵉ République, des causes profondes du 13 mai et des problèmes posés par l'avènement du nouveau régime, cf. M. Duverger, *Demain, la République*, 1958 ; L. Hamon, *De Gaulle dans la République*, 1958 ; R. Aron, *L'Algérie et la République*, 1958 ; Sirius (H. Beuve Mery), *Le suicide de la IVᵉ République*, 1958.

Sur la préparation de la Constitution du 4 octobre 1958, cf. *Travaux préparatoires des institutions de la Vᵉ République*, publiés par la Documentation française (3 vol. parus, 1987-1991) ; et J.-L. Debré, *Les idées constitutionnelles du général de Gaulle*, 1974.

LES ORIGINES DE LA RÉFORME CONSTITUTIONNELLE DE 1962. — Léon Blum a estimé dès 1946 que l'élection du président au suffrage universel était dans la logique des idées constitutionnelles du général de Gaulle. Il n'est pas certain cependant que celui-ci souhaitait une telle réforme, ni qu'il aurait pu l'accomplir si le souvenir du 2 décembre 1851 qui s'opposait à une telle institution n'avait été peu à peu oblitéré par une campagne menée par des intellectuels indépendants, plutôt orientés à gauche.

1° *L'opinion de Léon Blum en 1946.* — Il faut citer le texte remarquable de Léon Blum commentant le fameux discours de Bayeux (16 juin 1946) où le général de Gaulle définissait sa conception de la République, « Le discours de Bayeux se déduit tout entier du principe de la Séparation des pouvoirs, c'est-à-dire du *partage* de la Souveraineté entre un Exécutif et un Législatif également délégataires du peuple, bien qu'à des titres différents. Dans ce système, le Président de la République sera le chef effectif du gouvernement et de l'administration, le président du Conseil se trouvant, par contre, réduit au rôle d'un fondé de pouvoirs, d'un homme de confiance, d'un porte-parole vis-à-vis du Parlement. J'ajoute que, pour le chef de l'Exécutif ainsi conçu, l'élargissement du système électoral ne saurait suffire. Toute souveraineté émanant nécessairement du peuple, il faudrait descendre jusqu'à la *source* de la souveraineté, c'est-à-dire remettre l'élection du chef de l'Exécutif au suffrage universel. Là est la conclusion logique du système » (article dans *Le Populaire* du 21 juin 1946, reproduit dans L. Blum, *Œuvres*, t. VI, p. 218).

Plusieurs témoignages montrent cependant que de Gaulle fut d'abord méfiant à l'égard d'une élection du président au suffrage universel, craignant qu'elle ne tombe sous la coupe des partis comme aux Etats-Unis, souhaitant longtemps que la désignation du chef de l'Etat soit le fait « d'hommes responsables » : députés, sénateurs, maires, conseillers généraux et conseillers municipaux (cf. J.-L. Debré, *Les idées constitutionnelles du général de Gaulle*, p. 273, n. 15, et M. Duverger, *La République des citoyens*, p. 85-87). D'autre part, il mesurait l'obstacle élevé par les « préventions passionnées » que l'idée soulevait depuis Louis-Napoléon Bonaparte : mais ce dernier fut atténué par la campagne de 1956-1962. Cependant, le général répliquait dès 1952 à une proposition MRP d'élargir le collège électoral du Président : « Ce qu'il faut, c'est que le Président ne soit pas l'élu des partis mais des citoyens » (G. Elgey, *La Républiue des illusions*, 1968, p. 82).

2° *La campagne de 1956-1962.* — L'idée de l'élection présidentielle au suffrage universel a été lancée en 1956 par deux professeurs de droit, qui ne s'étaient pas concertés, sous des formes d'ailleurs assez différentes qui se rapprochèrent ensuite. L'un (Georges Vedel) voulait que la France adoptât purement et simplement le régime présidentiel américain. L'autre (Maurice Duverger) proposait un système « néo-parlementaire », différent du régime présidentiel sur deux points : 1° c'est le Premier ministre, et non le Président de la République qui serait élu au suffrage universel, en même temps que les députés, pour la durée de la législature (l'élection du Président de la République au suffrage universel était d'ailleurs impossible à l'époque, parce qu'il représentait toute l'Union française et qu'on ne pouvait pas faire des territoires d'outre-mer les arbitres du scrutin) ; 2° le Premier ministre garderait le droit de dissoudre l'Assemblée nationale, mais s'il le faisait, il retournerait lui-même devant les électeurs en même temps que les députés ; de même l'Assemblée garderait le droit de renverser le Premier ministre, mais elle reviendrait alors avec lui devant les électeurs : ainsi le peuple arbitrerait directement tous les conflits entre l'Exécutif et le Législatif. — Un assez large débat se fit autour de ces suggestions dans les dernières années de la IVᵉ République : cf. sur cette campagne : Maurice Duverger, *La République des citoyens*, 1982, et les articles dans *Le Monde*, 12 et 13 avril 1956, 6-7 mai, 18 mai, et 12 juin 1956 ; les articles de G. Vedel, dans l'hebdomadaire *Demain*, 5 janvier 1956, 19 avril 1956 et 21 juin 1956 ; de F. Goguel dans la *Rev. franç. de sc. politique*, 1956, p. 493.

Après le 13 mai 1958, la campagne fut reprise dans deux ouvrages de M. Duverger, *Demain la République*, 1958, et *La VIᵉ République et le régime présidentiel*, 1961 (cf. le débat sur ce livre entre F. Mitterrand et M. Duverger, dans *L'Express*, 1ᵉʳ juin 1961, p. 16-18, reproduit partiellement dans F. Mitterrand, *Politique*, I, p. 218-220), et dans de nombreux articles dans *Le Monde*, notamment des 12 et 13 mai 1962 et du 1ᵉʳ, 2-3 et 4 septembre 1962 ; cf. aussi Club Jean-Moulin, *L'Etat et le citoyen*, 1962 ; l'article de J.-L. Parodi dans *Rev. de science politique*, 1962, p. 845 et celui de F. Goguel (*ibid.*, 1962, p. 295). Le général de Gaulle se rallia progressivement au système quand il fut convaincu que seule l'élection au suffrage universel permettrait qu'on lui désigne un successeur capable d'avoir le rôle d'un chef suprême du gouvernement. L'attentat du Petit-Clamart (22 août 1962) le décida à brusquer les choses et à proposer la réforme. L'Assemblée nationale s'y opposa et renversa le gouvernement, la seule fois dans la Vᵉ République, sous de Gaulle. Elle fut aussitôt dissoute. — Sur le référendum, cf. Association française de Science politique, *Le référendum d'octobre et les élections de novembre 1962*, 1963.

GAMBETTA, ANCÊTRE DE LA Vᵉ RÉPUBLIQUE ? — Gambetta était-il un partisan de l'élection populaire du Président de la République, empêché de défendre cette idée par le souvenir du 2 décembre ? On dispose sur ce point d'un témoignage précis, émanant d'un de ses collaborateurs, Chaudordy. Dans son livre *La France en 1889* (1889), celui-ci affirme avoir souvent entendu Gambetta dire que « la Constitution qui convenait le mieux à la France était celle de la présidence du prince Louis-Napoléon comportant la responsabilité directe du chef de l'Etat » (cité par J. Chastenet, *Histoire de la Troisième République*, t. II, 1954, p. 354, n. 2, et Odile Rudelle, *La République absolue*, 1982, p. 99, n. 9). Gambetta avait d'ailleurs déclaré dans une interview publiée par le *New York Times*, le 2 janvier 1873 : « La responsabilité ministérielle... n'est adaptée ni à nos coutumes, ni à notre tempérament... Je pense qu'elle ne convient pas à la France » (cité par J. P. T. Bury, *Gambetta and the Making of the Third Republic*, Londres, 1973).

LA COMMUNAUTÉ ET LES ACCORDS D'ASSOCIATION. — Le titre XII (devenu titre XIII en 1993) de la Constitution du 4 octobre 1958 organisait de façon très libérale les territoires d'outre-mer, qu'elle appelait « Communauté », ce terme remplaçant celui d' « Union française » employé par la Constitution de 1946, lequel avait succédé à celui d' « Empire », utilisé par M. Daladier avant 1938 et consacré par le projet de Constitution du maréchal Pétain, ce terme ayant lui-même pris la place de l'appellation traditionnelle de la IIIᵉ République : « colonies ». Derrière les changements de mots, on perçoit l'évolution des choses : « colonies » indiquait un statut d'inégalité, « Empire » traduisait une volonté d'assimilation dans une atmosphère de nationalisme, « Union française » marquait un pas vers le fédéralisme, que « Communauté » dépasse nettement. La Constitution de 1946 était très peu libérale à cet égard et très « colonialiste ». A la fin de la IVᵉ République, la loi-cadre du 23 juin 1956 a été une première étape importante sur la voie de l'indépendance progressive. Les dispositions de la Constitution de 1958 en sont une autre. Elle donne aux Etats membres de la Communauté une pleine autonomie interne, mais non l'indépendance internationale.

Entre 1959 et 1960, la plupart des Etats africains membres de la Communauté deviennent indépendants. La réforme constitutionnelle du 4 juin 1960 consacre cette évolution en permettant à des Etats indépendants d'entrer dans la Communauté par accords qui déterminent leur situation dans celle-ci (art. 86). On se rapproche ainsi des « accords d'association » que la République peut conclure « avec des Etats qui désirent s'associer à elle pour développer leurs civilisations » (art. 88). Pratiquement tombés en désuétude, puis introduisant une confusion avec les « Communautés européennes » réglementées par les articles 88-1 à 88-4 ajoutés par la révision constitutionnelle du 25 juin 1992, les textes du titre XIII et leurs références ont été abrogés par la réforme constitutionnelle du 4 août 1995.

DEUXIÈME PARTIE

Les règles juridiques du système français

La Constitution du 4 octobre 1958 a été établie dans un contexte politique tout à fait différent de celui dans lequel elle est aujourd'hui appliquée. D'une part, elle ne faisait pas élire le Président de la République au suffrage universel, mais par des « grands électeurs » dont la majorité était issue des petites communes rurales qui ne groupaient même pas le tiers de la population (cf. p. 236). D'autre part, ses auteurs pensaient qu'elle fonctionnerait dans un pays à partis nombreux, faibles et indisciplinés, qui n'avaient jamais réussi à former des majorités stables pendant toute une législature, ce qui aboutissait à des gouvernements éphémères et peu puissants. La Constitution de 1958 a été conçue pour porter remède à ces défauts essentiels de nos IIIe et IVe Républiques.

On savait que le prestige historique du général de Gaulle et le fait qu'il protégeait la nation d'un nouveau putsch militaire (que les activistes de l' « Algérie française » ont cherché à déclencher à partir de 1960) lui conféraient une autorité le mettant en position dominante. Mais on pensait que cette situation prendrait fin après lui, et que le parlementarisme traditionnel se remettrait alors en place. La Constitution de 1958 avait été taillée comme un habit sur mesure pour le général qui devait ensuite devenir un prêt-à-porter pour ses successeurs. Mais de Gaulle a modifié l'habit en question, de façon que ses successeurs soient obligés de le porter à sa façon.

Après sa réforme de 1962, la Constitution a établi en droit un régime semi-présidentiel, c'est-à-dire un régime dans lequel le Président de la République : 1° est élu au suffrage universel ; 2° dispose de pouvoirs propres lui permettant d'agir indépendamment du gouvernement ; 3° mais conserve en face de lui un Premier ministre et des ministres formant un gouvernement responsable devant le Parlement, c'est-à-dire pouvant être acculé par les députés à démissionner. Ce régime mélange la logique du régime présidentiel américain par l'élection du chef de l'Etat par le peuple, et la logique du régime parlementaire européen par la responsabilité politique du gouvernement devant le Parlement.

On l'a appelé « semi-présidentiel », et non « semi-parlementaire », bien que l'un et l'autre termes lui pourraient convenir, parce qu'il est plus proche du régime présidentiel par le dualisme de l'expression de la souveraineté populaire à travers le suffrage universel : le Président de la République et le Parlement (au moins quant à l'Assemblée nationale) étant l'un et l'autre égaux en légitimité, puisque l'un et l'autre désignés par les citoyens. Au contraire, en régime parlementaire, l'expression de la souveraineté populaire est moniste : elle se fait seulement à travers le Parlement.

Le terme de régime semi-présidentiel est encore boudé par les constitutionnalistes français, qui s'y habituent peu à peu. Il est employé régulièrement par diverses publications, notamment *Atlaséco* (depuis 1979). Il est adopté par la plupart des juristes et politistes portugais, et il commence à l'être par les finlandais. Sur les régimes semi-présidentiels, cf. les développements des p. 500-508, et M. Duverger (et autres), *Les régimes semi-présidentiels* (Actes du Colloque des 20-21 janvier 1983), 1985, et M. Duverger, *Echec au roi*, 1978 ; « A new political system model : a semi-presidential government », *European Journal of Political Research*, 1980, p. 165-187 et les ouvrages cités p. 571-573. Egalement O. Duhamel, « Remarques sur la notion de régime semi-présidentiel », *Droit, institutions et systèmes politiques* (Mélanges en l'honneur de Maurice Duverger), 1987, p. 591-612.

Sur la Ve République, on se reportera à l'excellent numéro spécial de la

Revue française de science politique d'août-octobre 1984, sur « La Constitution de la Ve République », et à : J.-L. Quermonne, *Le gouvernement de la France sous la Ve République*, 2e éd., 1984 ; F. Luchaire, G. Conac et autres, *La Constitution de la Ve République*, 1980 ; D. Maus, *Textes et documents sur la pratique institutionnelle de la Ve République*, Documentation française, 2e éd., 1982 (instrument de travail irremplaçable) ; J. Chapsal, *La vie politique sous la Ve République*, 2e éd., 1984 ; M. Duverger, *La République des citoyens*, 1982 ; H. W. Ehrmann, *Politics in France*, 4e éd., Boston, 1983 ; R. Barillon (et autres), *Dictionnaire de la Constitution*, 4e éd., 1980 ; P. Viansson-Ponté, *Histoire de la République gaullienne*, 2 vol., 1970-1971 ; W. G. Andrews, S. Hoffmann (et autres), *The Fifth Republic at Twenty*, Albany (N.Y.), 1980 (Colloque tenu en 1978) ; P. Avril, *Le régime politique de la Ve République*, 4e éd., 1979 ; S. Hoffmann, *Essai sur la France*, 1977 ; N. Wahl et J.-L. Quermonne, *La France présidentielle*, 1995.

Sur les jugements portés sur la Constitution à ses débuts, cf. les numéros spéciaux de la *Revue française de Science politique* de mars 1959 et février 1964 en les confrontant à celui d'août-oct. 1984; et ceux d'*Esprit* (sept. 1958), des *Cahiers de la République* (sept.-oct. 1958), de *Christianisme social* (août-oct. 1958), de la *Revue de l'action populaire* (juillet-août 1958), etc. — Sur cette période, le meilleur livre est celui de J.-L. Debré, *La Constitution de la Ve République*, 1975; cf. également L. Noël, *L'avenir du gaullisme : le sort des institutions*, 1973.

Chapitre premier

LES CITOYENS

Le système politique français est une démocratie libérale qui repose sur la souveraineté des citoyens. Ils l'expriment par le référendum ou par l'élection de représentants dans des élections compétitives au suffrage universel direct : qu'il s'agisse des élections législatives pour désigner l'Assemblée nationale ou de l'élection du Président de la République. Seul le Sénat est recruté par un suffrage peu démocratique : mais ses pouvoirs sont faibles, et ce suffrage a pour but d'assurer la représentation des collectivités locales.

L'action des citoyens dans la vie politique ne s'exerce pas seulement à travers les élections et les référendums, mais aussi par le moyen des partis. Ceux-ci jouent d'ailleurs un rôle fondamental dans les élections, et le système de partis est partiellement la conséquence du système électoral. Le retour au scrutin majoritaire en 1958 et le fonctionnement de l'élection présidentielle à partir de 1965 ont une grande influence à cet égard. Ils ont contribué à donner à la Ve République un système de partis très différent des traditions de 1875-1958, qui sera étudié plus loin, p. 468 et suiv.

1 / Le suffrage universel

Le suffrage universel est la base du système politique français
actuel. Inauguré sous sa forme masculine pour l'élection de la
Convention en 1792 et le référendum sur la Constitution de 1793,
disparu sous le Directoire, revenu sous le Premier Empire mais
déformé par les « listes de confiance », remplacé par le suffrage
censitaire sous les monarchies limitées, il a été rétabli en 1848
sous la même forme pour ne plus disparaître, mais il n'a été
étendu aux femmes qu'en 1945. Il est l'expression même de la
souveraineté des citoyens, soit qu'ils approuvent ou refusent un
texte par le référendum, soit qu'ils élisent des représentants
chargés de décider en leur nom.

1 | LA SOUVERAINETÉ DES CITOYENS

Toutes les démocraties font du peuple le titulaire de la souveraineté. Lui seul peut détenir l'autorité suprême dont découlent les
autorités subordonnées, si l'on reconnaît l'égalité des hommes. Dès
le XVIIᵉ siècle, le théologien catholique Bellarmin constatait : « Il
n'y a pas de raison pour que dans une foule d'hommes égaux, l'un
domine plutôt que l'autre : donc le pouvoir appartient à la multitude. » Mais comment peut-elle l'exercer ? Sur ce point, deux thèses
se sont affrontées sous la Révolution française de 1789, puis progressivement rapprochées, jusqu'à se fondre plus ou moins aujour-
d'hui, non sans ambiguïté.

▶ *Les théories de la souveraineté des citoyens*

A la théorie de Jean-Jacques Rousseau, les auteurs de la Constitution de 1791 ont opposé une théorie restrictive, afin d'éviter que les votes de la bourgeoisie soient submergés par la masse des votes populaires.

1. *L'affrontement des deux théories.* — La théorie de la « souveraineté populaire », qui implique le suffrage universel, est écartée au profit de la théorie de la « souveraineté nationale », qui permet le suffrage restreint.

● La théorie de la souveraineté populaire. — Elle correspond à l'idée de Bellarmin. Elle a été développée par Jean-Jacques Rousseau. Elle s'appuie sur la conception de droits naturels appartenant à des hommes qui sont tous égaux. Si le pouvoir suprême appartient à la multitude, chacun de ses membres en détient une portion égale à celle des autres. Rousseau a écrit : « Supposons que l'Etat soit composé de dix mille citoyens : chaque membre de l'Etat n'a pour sa part que la dix-millième partie de l'autorité souveraine. » C'est pourquoi l'on parle aussi de « souveraineté fractionnée ».

Comme chaque citoyen ne peut pas exercer lui-même sa fraction de souveraineté, il devra élire des représentants qui agiront en son nom. Mais chaque citoyen aura naturellement le droit de participer à cette élection, ce qui implique le suffrage universel. Comme la souveraineté, le droit de vote est inaliénable pour chaque membre de la société. De plus, les citoyens seuls étant titulaires de cette souveraineté, ni les députés ni les gouvernants ne peuvent se l'approprier. D'où les mandats brefs, le mandat impératif imposé aux mandataires, et le droit du peuple de les révoquer s'ils outrepassent leur mandat.

● La théorie de la souveraineté nationale. — On a vu qu'elle a été élaborée pendant la première phase de la Révolution de 1789, lorsqu'on préparait la Constitution de 1791. Les révolutionnaires modérés se méfiaient du suffrage universel. Ils redoutaient les excès d'un peuple encore analphabète dans sa majorité. Par un tour de passe-passe, ils ont donc imaginé que la souveraineté appartienne à la « nation », c'est-à-dire à la collectivité prise dans sa permanence, au-delà des individus qui la composent à un moment donné : à la France, et non pas aux Français. En conséquence, les titulaires du droit de vote étaient des organes qui exprimaient la nation. Ils pouvaient donc être désignés suivant le type de scrutin que celle-ci estimait le plus propice à un bon gouvernement (cf. p. 39).

2. *Le rapprochement des deux théories.* — L'établissement du suffrage universel en 1848 a supprimé la frontière principale entre les deux théories. Désormais nul ne conteste plus le suffrage universel. Cependant, celui-ci reste conçu de deux façons différentes.

● De la souveraineté nationale à la souveraineté parlementaire. — Pour les républicains de la IIIe et de la IVe République, le suffrage universel sert seulement à désigner des représentants qui sont ensuite les véritables titulaires de la souveraineté. On passe ainsi de la souveraineté nationale à la souveraineté parlementaire, si bien exprimée par Paul Reynaud à l'Assemblée nationale en 1962 : « Les représentants du peuple, ensemble, sont la nation, et il n'y a pas d'expression plus haute de la volonté d'un peuple que le vote qu'ils émettent après une délibération publique. » Si les députés en corps « sont » la nation, on ne voit pas bien quelle place y tient le peuple.

● La souveraineté populaire et les limitations du pouvoir parlementaire. — La théorie de la souveraineté populaire survit de son côté, à travers le référendum, voire de l'initiative populaire; l'élection au suffrage universel d'un président exprimant la volonté des citoyens au même titre que les députés en corps; l'idée que plus le suffrage est direct, plus est grande l'autorité d'une assemblée, d'un président et d'un chef de gouvernement; enfin la révocation des élus par les électeurs, par des moyens tels que le « recall » américain.

Mais les deux théories naguère inconciliables n'expriment plus que des nuances différentes dans l'interprétation du suffrage universel. L'opinion de Paul Reynaud sur la souveraineté parlementaire n'est plus soutenue. Elle ne peut plus l'être d'ailleurs, depuis que le Président de la République est élu au suffrage universel, ce qui fait de lui aussi un représentant du peuple, investi de la souveraineté nationale en vertu de l'article 3 de la Constitution, et réalise ainsi une véritable séparation des pouvoirs.

▶ *Les conséquences de la souveraineté des citoyens*

Deux textes principaux de la Constitution de 1958 concernent la souveraineté des citoyens et son exercice. D'abord l'article 3, fondamental en la matière. Son alinéa 1er dispose : « La souveraineté nationale appartient au peuple qui l'exerce par ses représentants et par la voie du référendum. » La formule fait une sorte de synthèse entre la souveraineté nationale et la souveraineté populaire. Il faut la compléter par celle de l'alinéa suivant, précisant qu' « aucune section du peuple » ne peut s'attribuer l'exercice de la souveraineté. Cet alinéa lui-même doit être rapproché de l'article 2 de la Constitution, proclamant la « République indivisible ». Ces formules ne sont pas seulement rituelles.

1. *Souveraineté et respect de la Constitution.* — La souveraineté est la qualité du ou des organes suprêmes de l'Etat, c'est-à-dire de ceux qui sont placés au sommet de la hiérarchie, qui ne dépendent d'aucun autre et qui ont en conséquence le dernier mot. Cette définition pose le problème du respect de la Constitution, qui est le véritable souverain dans un Etat de droit (cf. p. 421). Les organes souverains ne sont pas placés au-dessus de la Constitution. Ils sont tenus de la respecter, comme tous les autres organes qu'elle instaure. Quand elle attribue à un organe la qualité de souverain, cela n'implique pas pour lui la possibilité d'échapper à ses limi-

tations. Cela ne concerne que ses rapports avec les autres organes. Cependant, ce principe ne peut être respecté que si un contrôle de la constitutionnalité est organisé, et dans la limite de ce contrôle (cf. p. 435).

Certains prétendent que la souveraineté n'est pas compatible avec une véritable séparation des pouvoirs : celle-ci supposant qu'aucun organe n'est placé au-dessus des autres et ne peut avoir le dernier mot. Cette thèse est inexacte. Aux Etats-Unis, le Président, le Congrès et la Cour suprême ont chacun le dernier mot dans leur sphère. En ce sens, chacun est souverain : mais seulement dans le domaine qui lui est attribué. Cela dit, ce domaine ne peut jamais être délimité de façon rigoureuse, et les organes souverains ne peuvent pas être séparés d'une façon absolue. Ils sont toujours obligés de collaborer dans certains domaines. Chaque fois qu'ils ont ainsi des rapports entre eux, aucun n'a prééminence sur l'autre dans l'interprétation des dispositions constitutionnelles. Elles doivent donc être appliquées de façon stricte.

• Les organes souverains dans la Constitution de 1958. — L'article 3 reconnaît la souveraineté au peuple lui-même agissant par voie de référendum, et à ses « représentants ». Deux questions se posent à cet égard. Tout d'abord, les représentants du peuple sont-ils l'égal du peuple lui-même quant à l'exercice de la souveraineté ? Le problème concerne les lois adoptées par référendum. Peuvent-elles être modifiées par des lois votées par le Parlement, ou seulement par des lois également adoptées par référendum ? Lors de l'élaboration de la Constitution, la première solution a été explicitement soutenue par le représentant du gouvernement devant le Comité consultatif constitutionnel. Cela paraît discutable en droit, et difficilement applicable en fait à moins d'un consensus tacite des citoyens.

Que signifie d'autre part le terme « représentants » ? Les alinéas 3 et 4 de l'article 3 posant le principe du suffrage universel, on peut estimer qu'il s'agit des élus du peuple. Pour le Président de la République et pour les députés, il n'y a aucune difficulté. Pour les sénateurs, il y a problème, parce que la Constitution les proclame expressément représentants des « collectivités territoriales de la République » (art. 24), ce qui est autre chose que le peuple. La question sera examinée ci-dessous.

2. *L'unité du peuple.* — Les thèses de la souveraineté nationale et de la souveraineté populaire ont toujours été d'accord sur un point, même au temps de leur opposition maximale. En France, la démocratie a toujours reposé sur l'unité du peuple ou de la nation. La Constitution de 1958 a repris ce principe, à la fois dans le début de son article 1er : « La France est une République indivisible », et dans l'alinéa 2 de l'article 3, proclamant à propos de la souveraineté nationale : « Aucune section du peuple, ni aucun individu ne peut s'en attribuer l'exercice. »

• L'indivisibilité de la République dans les relations internationales. — Deux questions se posent à cet égard, en ce qui concerne la souveraineté du peuple français. D'une part, le Conseil constitutionnel s'est appuyé sur l'indivisibilité de la République dans sa décision du 30 décembre 1976, limitant le droit des autorités françaises et européennes dans la réglementation des élections du Parlement européen en ce qui concerne les représentants de la France. Sans l'appliquer directement et sans s'y référer, le Conseil s'est visiblement appuyé sur la thèse avancée par l'auteur de ce manuel, suivant laquelle puisqu'il s'agit d'élire des « représentants des peuples des Etats » réunis dans la Communauté (art. 137 du traité de Rome), ceux de l'Etat français ne peuvent être élus que par le peuple français en corps, la nation formant une circonscription unique : ce que le Parlement français a décidé par la loi du 7 juillet 1977.

D'autre part, les référendums nationaux de janvier 1961 et d'avril 1962 ont été jugés nécessaires pour que les départements d'Algérie puissent accéder à l'indépendance — de même qu'un référendum organisé ensuite dans l'Algérie elle-même en juillet 1962 en application de l'article 53 (cf. p. 243). Il semble que la même procédure soit indispensable pour toute cession ou toute indépendance d'un département métropolitain ou d'outre-mer : l'indivisibilité de la République exigeant que l'ensemble du peuple français soit d'accord et pas seulement la « section » intéressée.

● L'indivisibilité de la République et les collectivités territoriales. — Le principe de l'indivisibilité de la République s'oppose à tout fédéralisme politique. L'article 72 de la Constitution décide bien que « toute autre collectivité territoriale est créée par la loi » : c'est-à-dire toute collectivité autre que les communes, les départements et les territoires d'outre-mer, définis par la Constitution. Mais le même article précise en son alinéa 2 que « ces collectivités s'administrent librement par des conseils élus et dans les conditions prévues par la loi ». Donc, la loi peut seulement préciser l'étendue des pouvoirs administratifs des collectivités locales : elle serait inconstitutionnelle, si elle leur attribuait des pouvoirs politiques. En conséquence, les conseillers municipaux, généraux et régionaux sont élus par les citoyens en tant qu'autorités administratives et non en tant que mandataires politiques.

En prescrivant que « le Sénat... assure la représentation des collectivités territoriales de la République » dans le Parlement, l'article 24 de la Constitution les associe cependant à l'élaboration des décisions politiques nationales. Mais on note la différence entre cette formule et celle de l'article 3 déclarant que « la souveraineté nationale appartient au peuple qui l'exerce par ses représentants ». Le « peuple » ainsi proclamé souverain et les « collectivités territoriales » à compétence expressément limitée sont deux entités différentes. Représentant ces dernières, le Sénat se trouverait ainsi dans une situation secondaire par rapport à l'Assemblée nationale qui représente le peuple directement. Cependant, l'article 3 de la Constitution précise que le « suffrage peut être direct ou indirect »

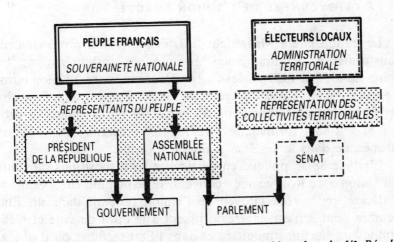

Fig. 3. — Les sources de légitimité des pouvoirs publics dans la Ve République

et la décision du Conseil constitutionnel du 9 avril 1992 considère « qu'en sa qualité d'assemblée parlementaire, le Sénat participe à l'exercice de la souveraineté nationale ».

2 | LA CITOYENNETÉ DE L'UNION EUROPÉENNE

Le traité signé à Maastricht le 7 février 1992 a profondément transformé les Communautés européennes instaurées par les traités de 1952 et 1957. Il les insère désormais dans l'Union européenne. Il a nécessité une réforme de la Constitution française par la loi constitutionnelle du 25 juin 1992 qui a ajouté les articles 81-1 à 88-4 formant le titre XV, et introduit ainsi l'Union européenne dans le système politique français.

L'article 88-3 applique en particulier les dispositions du traité de l'Union qui a institué une « citoyenneté de l'Union européenne », et décidé que « tout citoyen de l'Union résidant dans un Etat membre dont il n'est pas ressortissant a le droit de vote et d'éligibilité aux élections municipales dans l'Etat membre où il réside, dans les mêmes conditions que les ressortissants de cet Etat ». La citoyenneté de l'Union présente un caractère original. Elle n'est pas définie par les autorités de l'Union, mais résulte seulement des règles posées par chaque Etat pour la définition de sa citoyenneté nationale. Le traité décide en effet : « Est citoyen de l'Union toute personne ayant la nationalité d'un Etat membre. »

▶ *Le vote municipal des citoyens de l'Union*

Dans plusieurs pays européens, les étrangers résidant depuis un certain temps dans une ville sont électeurs et éligibles au conseil municipal. Le président François Mitterrand souhaitait qu'il en soit de même en France, tout en constatant que l'opinion publique n'était pas prête à une telle innovation.

• La révision constitutionnelle du 27 juillet 1993. — L'article 55 de la Constitution décidant que les traités ont une autorité supérieure à celle des lois, l'application des règles posées par le traité de Maastricht aurait pu être faite par le législateur. Consulté par le Président de la République, le Conseil constitutionnel estima néanmoins dans sa décision du 9 avril 1992, citée plus haut, qu'une révision constitutionnelle était nécessaire, notamment à cause des incidences sur l'élection des sénateurs. En conséquence, l'article 88-3 de la Constitution prescrit que « le droit de vote et d'éligibilité aux élections municipales peut être accordé aux seuls citoyens de l'Union résidant en France ». On notera que l'expression « peut être accordée » n'est pas conforme au traité de Maastricht qui oblige les pays membres à accorder un tel droit. Par ailleurs, le texte se limitant aux seuls citoyens européens, une nouvelle révision constitutionnelle serait nécessaire pour étendre le droit de vote et l'éligibilité aux autres étrangers résidant en France.

• La directive du Conseil de l'Union du 19 décembre 1994. — Le Conseil de l'Union européenne a précisé par une directive en 16 articles les dispositions du traité de Maastricht sur le vote aux élections municipales des ressortissants des Etats membres dans l'Etat de résidence dont ils n'ont pas la nationalité, afin d'assurer une application du principe d'égalité et de non-discrimination entre citoyens nationaux et non nationaux, considérée comme un corollaire du droit de libre circulation et de séjour. L'article 5 précise que les Etats membres peuvent disposer que les citoyens de l'Union ainsi élus n'ont pas le droit de participer à la désignation des électeurs d'une assemblée parlementaire ni à l'élection des membres de celle-ci. Cela règle le problème de l'élection du Sénat examiné ci-dessous, ce qui a permis à la France d'adopter la directive en question.

▶ *Le problème de l'élection du Sénat*

Le droit de vote et d'éligibilité des étrangers aux élections municipales pose en France un problème particulier, parce que les élus municipaux sont les principaux électeurs du Sénat, seconde chambre du Parlement. Participant à la souveraineté nationale, celui-ci ne peut être élu que par les citoyens nationaux. Ainsi s'expliquent deux dispositions de l'article 88-3 de la Constitution, pris en application du traité de Maastricht.

• D'une part, les citoyens de l'Union non citoyens français ne peuvent pas participer à l'élection des sénateurs ou à la désignation des électeurs sénatoriaux qui s'ajoutent dans les grandes communes aux conseillers municipaux. Par ailleurs, ces électeurs sénatoriaux complémentaires doivent être plus nombreux si certains conseillers municipaux sont privés du droit de vote en leur qualité d'étrangers citoyens de l'Union, afin que la proportion d'électeurs sénatoriaux de la commune soit respectée.

• D'autre part, l'application de l'article 88-3 devra être précisée par une loi organique « votée dans les mêmes termes par les deux assemblées » afin que le Sénat dispose en ce domaine d'une autorité égale à celle de l'Assemblée nationale, ce qui est exceptionnel. On notera également que cet article décide que les citoyens de l'Union ne pourront pas exercer les fonctions de maire ou d'adjoints, ce qui n'est pas conforme à l'esprit du traité de Maastricht.

3 | LE SUFFRAGE DES CITOYENS

Dans les référendums, le suffrage des citoyens ne comporte qu'une catégorie d'acteurs : les électeurs, qui répondent à la question posée et prennent ainsi la décision. Dans les élections proprement dites, une seconde catégorie d'acteurs intervient : les candidats, qui deviennent des représentants des citoyens s'ils sont élus.

▶ *Le droit de vote*

On examinera d'abord les conditions nécessaires pour être électeur, et ensuite celles qui permettent d'exercer effectivement le droit de vote.

1. *La qualité d'électeur.* — Dans le suffrage universel, le droit de vote est accordé à tous les membres de la société, sans distinction de sexe, de race, de fortune, de statut social. Il faut seulement remplir des conditions de nationalité et d'âge, et n'être pas frappé d'une incapacité juridique entraînant la privation du droit de vote.

• Les conditions de nationalité et d'âge. — Elles sont objectives, c'est-à-dire qu'elles ne dépendent pas de situations personnelles. Pour être électeur, il faut d'abord avoir la nationalité française, soit par la naissance, soit par la naturalisation, mis à part les citoyens européens. Jusqu'en 1973, les étrangers naturalisés n'étaient électeurs qu'au bout de cinq ans. Ce stage a été supprimé par la loi du 9 janvier 1973.

Pour être électeur, il faut remplir aussi une condition d'âge. Dans tous les pays, la tendance est à l'abaissement de l'âge électoral. Autrefois, il fallait en France avoir vingt et un ans accomplis pour être électeur, de même que pour la majorité civile. Depuis la loi du 5 juillet 1974, la majorité civile et la majorité électorale sont fixées à dix-huit ans.

• L'absence d'incapacité. — Pour être électeur, il faut de plus ne pas être frappé par une incapacité qui prive de la jouissance des droits civils ou politiques. On distingue à cet égard deux incapacités électorales très différentes. La première concerne les aliénés ayant fait l'objet d'une décision judiciaire les frappant d'interdiction d'exercice des droits civils. La seconde est fondé sur l'indignité liée soit à la faillite commerciale, soit à la condamnation pénale pour crime ou délit grave. L'indignité des faillis traduit l'importance des relations commerciales dans la société libérale du XIXe siècle, où cette règle fut établie. L'indignité pour condamnation pénale tient compte à la fois de la nature de l'infraction et de l'importance de la peine qui la sanctionne. Elle est permanente pour les condamnations pour crimes, et pour les condamnations pour délits à une peine d'emprisonnement : de plus d'un mois avec ou sans sursis pour les délits de vol, d'escroquerie, d'abus de confiance, de faux témoignage, notamment ; de plus de trois mois sans sursis ou de six mois avec sursis pour les autres délits. Les tribunaux peuvent parfois prononcer l'interdiction temporaire du droit de vote à titre accessoire d'une peine principale qui ne l'emporte pas habituellement, ou relever de cette privation des condamnés qui l'encourraient automatiquement sans cela.

2. *L'inscription sur une liste électorale.* — Il ne suffit pas d'être titulaire du droit de vote pour pouvoir l'exercer effectivement. Il faut aussi être inscrit sur une liste électorale. Cette condition d'exercice a pour but d'éviter les fraudes par votes multiples.

• L'établissement des listes électorales. — Il y a une liste électorale par commune, ou par bureau de vote dans les communes divisées en plusieurs bureaux. Pour être inscrit dans une commune, il faut d'abord être titulaire du droit de vote, et ensuite avoir un lien précis avec la commune consistant, soit à y être domicilié au sens du Code civil, soit à y avoir résidé réellement et continûment pendant les six mois précédant l'établissement de la liste, soit à y figurer depuis cinq ans au rôle d'un impôt communal. La liste est révisée chaque année, du 1er septembre au 1er décembre, par une commission communale. Elle procède à des inscriptions et radiations d'office, et elle statue sur les demandes d'inscriptions ou radiations dont elle est saisie. Le tableau récapitulatif est affiché à la mairie pendant dix jours au moins.

• Les recours contre le tableau préparant la liste électorale. — Des recours peuvent être formés par les électeurs inscrits sur le tableau ou les électeurs qui voudraient s'y faire inscrire. Les électeurs inscrits peuvent agir non seulement pour eux, mais aussi pour les tiers qu'ils veulent faire inscrire ou radier. Les recours sont portés devant le tribunal d'instance. La liste est close le dernier jour de février. En dehors de cette période de révision, le tribunal d'instance peut inscrire les fonctionnaires mutés ou mis à la retraite et les militaires démobilisés après la clôture de la liste, ou les personnes omises par suite d'une erreur matérielle ou radiées sans observation des formalités prescrites.

▶ *L'exercice du droit de vote*

Le vote est libre et il est effectif : tels sont les deux principes qui dominent son exercice. Le second soulève un problème capital : celui du suffrage indirect.

1. *La liberté du vote.* — L'organisation du scrutin est toute entière dominée par le principe de la liberté du vote, qui entraîne toute une série de mesures concrètes.

● L'absence de pression. — La liberté du vote suppose d'abord que l'électeur n'est soumis à aucune pression qui vient fausser le sens du scrutin. Les manœuvres d'intimidation, de fraude, de corruption sont sévèrement réprimées par la loi. Les opérations électorales sont placées sous le contrôle permanent et direct du public.

En France, le principe de la liberté du vote exclut le vote obligatoire. Il n'est pas interdit de s'abstenir, comme cela existe dans plusieurs pays occidentaux, tels la Belgique, le Luxembourg et la Grèce. En réalité, le vote obligatoire n'attente pas véritablement à la liberté du scrutin : on est obligé de voter, mais on reste libre de voter pour qui on veut, voire de mettre un bulletin blanc dans l'urne.

La réglementation des sondages d'opinion par la loi du 19 juillet 1977 découle de l'idée que la publication de ceux-ci entraîne une pression sur les électeurs qui risquerait d'altérer la liberté de vote si les citoyens ne pouvaient pas réfléchir sérieusement aux résultats des sondages faute de temps et d'éléments critiques. En conséquence, aucun sondage ne peut être publié pendant la semaine qui précède chaque tour de scrutin. Par ailleurs, tous les sondages, même en dehors des campagnes électorales, doivent préciser leurs conditions de réalisation. Une Commission des sondages a été constituée, composée de neuf membres, trois du Conseil d'Etat, trois de la Cour de cassation et trois de la Cour des comptes, dont au moins un président de section ou un conseiller de plein exercice pour chaque haute autorité.

• Le secret du vote. — Un vote public ne serait pas entièrement libre. Toute une série de mesures techniques précises assurent le secret du vote : obligation de passer par l'isoloir, de mettre le bulletin dans une enveloppe, de glisser soi-même l'enveloppe dans l'urne, etc. Pendant très longtemps, la vigueur des luttes politiques en France conduisait les citoyens à masquer leurs opinions et leurs votes. Le développement des grands partis modernes, la pratique des sondages d'opinion et le développement de la communication ont diminué cette pratique du secret. Néanmoins, il reste essentiel que chaque électeur puisse dissimuler son vote à tout le monde.

Le vote par procuration n'est qu'une atteinte apparente au secret du vote, puisque l'électeur choisit lui-même son mandataire. Peuvent voter par procuration les électeurs dont les obligations « dûment constatées » empêchent la présence dans la circonscription le jour de l'élection, ceux qui ont quitté leur résidence habituelle pour prendre des vacances, les malades ou invalides ne pouvant pas se déplacer, les détenus provisoires ou ceux purgeant une peine n'entraînant pas une incapacité électorale, et les gardiens de phares.

Les procurations sont faites au nom d'un électeur inscrit sur la même liste électorale que le mandant. En France, elles sont établies par acte dressé devant le juge du tribunal d'instance ou par un officier de police judiciaire désigné par lui. A l'étranger, elles le sont par les autorités consulaires. Un mandataire peut disposer de deux procurations au maximum.

2. *Le suffrage indirect*. — Quand on parle de suffrage universel sans précision, on désigne le suffrage direct, où chaque électeur vote lui-même. Dans le suffrage indirect, chaque électeur vote pour un électeur du second degré, l'ensemble des électeurs du second degré votant ensemble pour les parlementaires ou le Président de la République. On peut même imaginer que les électeurs du second degré (appelés en général « grands électeurs ») désignent des électeurs du 3e degré, puis ceux-ci des électeurs du 4e degré, etc. Le Consulat avait développé le système sous la forme des « listes de confiance » (cf. plus haut p. 67).

• Le suffrage universel indirect. — Le suffrage indirect revêt deux formes tout à fait différentes. Aux Etats-Unis, il est utilisé pour l'élection du Président. Les citoyens votent pour des « grands électeurs » qui se réunissent ensuite pour désigner le Président. Le même système a existé jusqu'en 1987 en Finlande, où il a suivi la même évolution qu'aux Etats-Unis. Dans les deux pays, il avait été établi pour modérer les effets du suffrage universel : les « grands électeurs » étant des notables moins portés à la passion que les électeurs de base. A l'origine, ces « grands électeurs » étaient libres de choisir le Président parmi n'importe quel candidat. Mais peu à peu, la campagne pour la désignation des grands électeurs s'est faite sur la personnalité du candidat présidentiel pour lequel chaque grand électeur s'engageait à voter. De sorte que les grands électeurs sont devenus un rouage inutile, et parfois dangereux : aux Etats-Unis, le fait qu'ils sont élus au scrutin de liste majoritaire à un tour fait que la majorité des grands électeurs peut être contraire à celle des suffrages obtenus par eux, ce qui porte à la présidence le candidat minoritaire dans la nation, comme il est arrivé en 1876 et en 1888. La Finlande a établi l'élection présidentielle au suffrage universel direct en 1987 : mais elle a maintenu les « grands électeurs » — élus en même temps — pour remplacer le 2e tour, au cas où aucun candidat n'obtient la majorité absolue au suffrage direct. De toute façon, la désignation de grands électeurs est un véritable suffrage universel, malgré le caractère indirect : chaque citoyen donnant au « grand électeur » pour lequel il vote un mandat de voter pour tel candidat à la présidence.

• Le suffrage indirect sans vote des citoyens. — En France, le système d'élection du Sénat est tout à fait différent. Les sénateurs sont élus par les députés, les conseillers régionaux, les conseillers généraux et des conseillers municipaux et délégués complémentaires élus par les conseils municipaux, en dehors de toute intervention des citoyens. Certes, ceux-ci ont voté pour les députés, les conseillers régionaux, les conseillers généraux et les conseillers municipaux : mais longtemps auparavant et en donnant simplement un mandat d'administrateur local aux deux dernières catégories, qui représentent 99,5 % du corps électoral sénatorial. Ce mandat n'a pas de rapport avec le choix de grands électeurs chargés de désigner les membres de la seconde chambre du Parlement. On retrouvera cette question ci-après, p. 231 et suiv.

▶ *La campagne électorale*

La « campagne électorale » se déroule dans les semaines précédant le scrutin, pendant lesquelles les candidats se font connaître des électeurs, à travers des affiches, des réunions publiques, des « professions de foi » envoyées par poste à chaque citoyen, et une propagande dans les médias (télévision, radio, presse écrite).

1. *La réglementation officielle de la campagne électorale.* — Cette « période de campagne électorale », définie par la loi, est réglementée de façon de plus en plus précise pour faire face au coût de la propagande et à l'emprise croissante que les moyens modernes de communication confèrent sur les citoyens.

● L'inégalité des candidats riches et des candidats pauvres. — Elle se trouve accrue par cette évolution sociale des moyens et des coûts de la campagne électorale. En Italie, l'hégémonie publicitaire et télévisuelle de Silvio Berlusconi lui a permis de réunir en 1994 la majorité des sièges du Parlement, bien qu'il fût inconnu en politique. Aux Etats-Unis, l'importance des suffrages réunis aux élections présidentielles de 1992 par la propagande télévisée payée par le milliardaire Ross Perot, totalement inconnu auparavant, est encore plus significative. L'inégalité des candidats riches et des candidats pauvres a toujours existé. Mais la richesse ne permettait pas une intervention aussi puissante sur les électeurs que celle développée par la radio et la télévision, qui sont écoutées et vues par la plupart des citoyens et donnent la possibilité d'une propagande obsédante payée par une publicité commerciale extrêmement coûteuse.

● Le développement de la corruption politique. — Les partis modernes permettaient auparavant de compenser l'inégalité entre les candidats riches et les candidats pauvres. D'abord, en mobilisant des milliers, voire des millions de membres payant des cotisations annuelles et faisant des dons au moment des élections. On pouvait dire à une certaine époque que les candidats de droite étaient financés par des personnalités peu nombreuses mais très riches, pendant que les candidats de gauche l'étaient par des gens peu fortunés mais très nombreux. Par ailleurs, le militantisme des membres des partis de masse assurait une propagande très efficace, à l'époque où la radio et la télévision avaient peu d'importance. Mais le militantisme s'est précisément affaibli au fur et à mesure du développement des médias audiovisuels. Et le coût de la propagande par ceux-ci a dépassé les possibilités financières de partis de masses en déclin.

Une telle situation a entraîné le développement d'une corruption de la politique par les grandes firmes privées : celles-ci versant irrégulièrement et secrètement des fonds aux autorités ministérielles ou locales (maires, conseillers municipaux, présidents et membres de conseils départementaux ou régionaux) afin d'obtenir des contrats de travaux publics ou de fournitures, des subventions, des autorisations, etc. Les scandales financiers, autrefois personnels et limités à des politiciens malhonnêtes, sont devenus collectifs et souvent honnêtes : les sommes reçues servant à la propagande du parti et sa campagne électorale, sans bénéfice personnel pour la personnalité corrompue. La « révolution des juges » en Italie a entraîné l'effondrement des deux grands partis gouvernementaux — démo-chrétien et socialiste — la corruption politique étant souvent mêlée de corruption personnelle, voire de liens avec les mafias criminelles. Dans les années 90, la France et plusieurs autres pays européens ont été profondément touchés par des scandales politiques, bien que leur classe politique soit restée honnête dans sa grande majorité.

2. *La limitation et le contrôle des dépenses électorales.* — Depuis fort longtemps, le droit d'affichage et de distribution de tracts est limité pendant les campagnes électorales. Les affiches ne peuvent être apposées que sur des emplacements officiels, égaux pour tous les candidats. Les circulaires sont envoyées par la poste, une fois pour chaque tour de scrutin, avec limitation égalitaire.

• La limitation des dépenses électorales. — Elle résulte d'abord des règles concernant l'accès aux médias et particulièrement aux médias audiovisuels (radio et télévision) qui sont à la fois les éléments les plus importants et les plus coûteux de la propagande électorale. La publicité politique dans les médias est interdite. Le CSA — autorité de contrôle en la matière — veille par ailleurs, pendant les campagnes, au respect de l'égalité entre les candidats par les radios et télés privées et publiques. Pour ces dernières, des émissions de propagande sont mises à disposition de tous les candidats. Elles sont partagées équitablement entre eux pour les élections présidentielles. Elles le sont entre la majorité et l'opposition pour les élections à l'Assemblée nationale. A l'intérieur de l'une et de l'autre, la répartition entre les partis se fait par accord des groupes parlementaires. Les partis non représentés à l'Assemblée ont droit à sept minutes pour le premier tour et à cinq pour le second, à condition qu'ils présentent soixante-quinze candidats au moins dans des circonscriptions différentes, aucun n'appartenant à un parti représenté par un groupe à l'Assemblée.

L'ensemble des frais de campagne est limité pour chaque candidat. Pour les élections présidentielles, chacun ne peut dépasser un plafond de dépense de 90 millions de francs pour le premier tour et de 120 millions pour les deux tours, ces chiffres remplaçant en 1995 ceux de 120 et 160 millions de 1988, aucun plafond n'existant auparavant. Pour les élections législatives, le plafond, autrefois fixé à 500 000 F, a été abaissé en 1993 à 250 000 plus 1 F par habitant de la circonscription. Pour les conseillers régionaux, généraux ou municipaux des communes ou cantons de plus de 15 000 habitants, le plafond est fixé par un tableau variant suivant la population de la circonscription (art. 52.11 du Code électoral), les taux ayant été abaissés en 1995.

Toutes les dépenses et tous les dons destinés à les couvrir ne peuvent être réalisés et comptabilisés que par l'intermédiaire d'une association de financement constituée par chaque candidat ou d'un mandataire financier désigné par lui. Les dons des personnes morales autres que les partis politiques sont désormais interdits, ce qui supprime la corruption par les entreprises. Les dons des personnes physiques ne peuvent, pour chacune d'elles, dépasser 30 000 F par candidat, mais chacune peut financer plusieurs candidats. Et un même candidat reçoit autant de dons de personnes physiques qu'il le peut,

● Le contrôle du compte de campagne. — Les candidats doivent ouvrir un « compte de campagne » pendant l'année précédant le premier jour de l'élection et jusqu'à la date du tour de scrutin où elle a été acquise. Dans les deux mois suivant l'élection, ce compte est transmis, pour les élections des députés et des conseillers régionaux, généraux et municipaux dans les conditions ci-dessus, à la Commission nationale des comptes de campagne et des financements politiques, formée de neuf personnalités issues des autorités juridiques suprêmes : trois membres ou membres honoraires du Conseil d'Etat, trois de la Cour de cassation et trois de la Cour des comptes. La Commission approuve, rejette ou réforme chaque compte, après une procédure contradictoire.

Si la Commission rejette le compte, constate son dépôt tardif ou le dépassement du plafond, elle saisit le juge de l'élection qui est la juridiction administrative pour les élections locales et le Conseil constitutionnel pour l'élection des députés. Si la Commission a relevé des irrégularités comportant des fraudes, elle saisit le juge répressif. En cas de décision définitive sur le dépassement du plafond, une somme égale à ce dépassement doit être versée par le candidat au Trésor public. Le juge de l'élection constate qu'est inéligible et donc démissionnaire d'office le candidat qui n'a pas déposé son compte dans les délais. Il peut déclarer inéligible pendant un an celui qui a dépassé le plafond autorisé. Le Conseil constitutionnel l'a fait en 1993 pour des députés. Pour les élections présidentielles, le Conseil cumule cette fonction juridictionnelle et celle du contrôle des comptes de campagne, qu'il effectue lui-même à la place de la Commission de contrôle ci-dessus. Les candidats le saisissent donc directement de leurs comptes, dans les deux mois après la proclamation par lui des résultats du scrutin.

3. *Le financement public des élections et des partis politiques.* — Le vote des citoyens est un élément fondamental du gouvernement démocratique, dont il est naturel que l'Etat assume les frais. De même pour l'activité des partis politiques, lesquels « concourent à l'expression du suffrage », dit l'article 4 de la Constitution. Toutefois les deux financements ne sont que partiels, afin d'empêcher qu'ils ne portent atteinte à la liberté de vote et d'association.

• Le financement public des élections. — L'envoi par poste des « professions de foi » des candidats et la mise à la disposition d'émissions radiodiffusées et télévisées sur les chaînes publiques constituaient déjà une participation indirecte des autorités publiques au financement des élections. Ne pas faire payer des activités aboutit au même résultat qu'accorder des crédits pour les payer. Le coût du papier, l'impression des bulletins de vote, circulaires et affiches, le coût de l'affichage sont intégralement remboursés aux candidats qui ont obtenu au moins 5 % des suffrages exprimés. Ceux-ci bénéficient également d'un remboursement par l'Etat de 50 % du total de leurs dépenses électorales, s'ils ont convenablement accompli leurs obligations de plafond et de contrôle. En aucun cas, ce remboursement ne peut entraîner un bénéfice pour le candidat, le surplus devant être reversé au Trésor public.

• Le financement public des partis politiques. — Depuis longtemps, de grands pays démocratiques ont organisé un financement public des partis, notamment l'Allemagne, bien que cela ne soit pas populaire comme le montrent les sondages en France et le référendum italien de 1994 qui l'interdit. La loi du 11 mars 1988 a organisé un tel financement, un peu sur le modèle de la RFA.

Les bureaux de l'Assemblée nationale et du Sénat peuvent chaque année faire des propositions au gouvernement sur le montant des crédits budgétaires affectés à ce financement. Une loi de 1990 a décidé que ce montant doit être divisé en deux parts égales : l'une destinée à tous les partis et groupements politiques sur la base de leurs résultats aux élections à l'Assemblée nationale ; l'autre destinée au financement des partis et groupements représentés au Parlement. La première fraction est répartie suivant les suffrages obtenus au premier tour des élections, mais en excluant les partis et groupements qui ont présenté des candidats dans moins de cinquante circonscriptions. La seconde fraction est répartie proportionnellement au nombre de membres du Parlement appartenant à chaque parti ou groupement.

Une loi organique du 19 janvier 1995 a étendu ce financement des partis et groupements politiques à ceux qui ne peuvent pas bénéficier des dispositions précédentes parce qu'ils n'ont pas présenté des candidats dans cinquante circonscriptions au moins et qu'ils n'ont pas de députés ou sénateurs. S'ils ont reçu au cours d'une année, par un ou plusieurs mandataires, des dons par chèques provenant d'au moins 10 000 personnes physiques, dont 500 élus répartis entre trente départements ou territoires et collectivités territoriales d'outre-mer, pour un montant total d'un million de francs, ils sont assimilés aux partis et groupements bénéficiant de la première partie des aides publiques. Une telle disposition peut favoriser le développement de nouveaux partis.

Sur la théorie classique de la représentation, on se reportera toujours à R. Carré de Malberg, *La loi expression de la volonté générale*, 1931, rééd. 1984, et à la bibliographie citée dans M. Duverger, *Les grands systèmes politiques*, 18ᵉ éd., 1990, p. 98. Pour un éclairage différent, cf. S. Huet et Ph. Langemieux-Villard, *La communication politique*, 1982. — Sur le suffrage universel en France, cf. P. Rosenvallon, *Histoire du suffrage universel en France*, 1992, et R. Huard, *Le suffrage universel en France (1848-1946)*, 1991.

LA CRITIQUE ACTUELLE DU SUFFRAGE UNIVERSEL ET DE LA REPRÉSENTATION. — Le suffrage universel et la représentation politique ont fait l'objet ces dernières années de vives critiques tendant à souligner leur caractère illusoire, factice, par des arguments tout à fait différents de ceux employés par Marx pour démontrer le caractère formel de la démocratie : on se reportera notamment à P. Favre, *La décision de majorité*, 1976, et à Ph. Braud, *Le suffrage universel contre la démocratie*, 1980. En plus philosophique et moins accessible, on pourra consulter Jean Beaudrillard, *A l'ombre des majorités silencieuses*, 1982, qui traite de la fin du représentable, et de l'oubli où les représentés laissent ceux qui croient à la représentation. Ces travaux traduisent une crise de la théorie démocratique, qui tient au décalage entre les idéologies politiques et la société contemporaine. Ils méconnaissent que les Etats à suffrage universel pluraliste sont les seuls où existe une liberté, sans doute imparfaite, et une représentation, certainement approximative, mais des millions de fois préférables aux goulags des Etats sans représentation. Pour une mise au point, cf. le numéro spécial de la revue *Pouvoirs*, 1978, n° 7 sur « Le régime représentatif est-il démocratique ? » — Cf. également S.-C. Kolm, *Les élections sont-elles la démocratie ?*, 1977.

LA TRANSPARENCE FINANCIÈRE DE LA VIE POLITIQUE. — Les deux lois organiques du 11 mars 1988 qui ont introduit les règles de financement des campagnes électorales s'intitulent chacune « loi relative à la transparence politique ». Cette formule convient aux dispositions analysées ci-dessus concernant le financement des dépenses de campagne et leur contrôle, notamment par la publication des comptes de dépenses des candidats après leur vérification.

Mais elle s'applique encore mieux aux dispositions qui obligent tous les mandataires nationaux des citoyens à déclarer leur patrimoine au moment de leur entrée en fonction. La déclaration patrimoniale du candidat à la Présidence de la République est jointe à la proclamation des résultats de son élection par le Conseil constitutionnel. Celle des députés est déposée à la Commission de la transparence financière dans les deux mois qui suivent leur entrée en fonction (cf. p. 346).

Sur le financement des campagnes électorales et des partis, et sur la transparence financière, cf. l'édition de 1995 du *Code électoral*, Dalloz, et le numéro spécial de la revue *Pouvoirs* sur « L'argent des élections », 1994, n° 70.

2 / Les votations

Il faut distinguer à cet égard, d'une part les élections parlementaires dans lesquelles les influences locales se combinent avec les problèmes nationaux, la bataille de déroulant entre des candidats différents pour chaque circonscription ; d'autre part les élections présidentielles et les référendums, où la bataille se déroule dans le cadre de la nation entière formant une seule circonscription, de sorte que les considérations locales jouent beaucoup moins.

1 | LES ÉLECTIONS PARLEMENTAIRES

Tous les cinq ans, les citoyens français sont appelés à élire des députés à l'Assemblée nationale : ils peuvent l'être plus fréquemment en cas de dissolution. Tous les trois ans, des élections sénatoriales se déroulent dans un tiers des départements, puisque le Sénat, élu pour neuf ans, est renouvelé par fractions : mais les citoyens n'interviennent pas directement dans ces élections ; ils sont intervenus avant, lorsqu'ils ont élus les députés, les conseillers généraux et les conseillers municipaux qui élisent les sénateurs ou les électeurs sénatoriaux.

▶ Les élections à l'Assemblée nationale

Les élections à l'Assemblée nationale (qu'on appelle d'ordinaire « élections législatives ») et l'élection du Président de la République sont les deux grands moyens par lesquels le peuple français élit ses représentants. Leur caractère universel et direct fait que l'Assemblée nationale et le Président de la République sont placés sur le même plan, au point de vue de la souveraineté nationale. Ils sont représentants du peuple au même degré, avec la même légitimité. Le Sénat, élu au suffrage indirect et inégalitaire, est plus éloigné de la souveraineté nationale et moins légitime : son poids politique est donc plus faible, et la Constitution lui accorde des prérogatives plus restreintes.

1. *Les candidatures.* — Chaque candidat doit réunir les conditions d'éligibilité définies ci-après. Il doit présenter en même temps que lui un suppléant destiné à le remplacer s'il doit occuper des fonctions incompatibles avec celles de député.

• Les conditions générales d'éligibilité. — Elles s'appliquent partout. Elles sont communes aux candidats à l'Assemblée nationale, aux conseils régionaux, généraux et municipaux, et aussi à la Présidence de la République. Pour être éligible, il faut d'abord être électeur. Il faut ensuite remplir des conditions particulières. L'âge de 23 ans révolus est exigé pour être éligible à l'Assemblée nationale. Autrefois les naturalisés n'étaient éligibles que dix ans après leur naturalisation : cette disposition a été supprimée en 1983. Par ailleurs, sont inéligibles les électeurs masculins n'ayant pas définitivement satisfait aux obligations concernant le service militaire, et les personnes pourvues d'un conseil judiciaire. Sont d'autre part inéligibles certains condamnés pénalement : 1° ceux dont la condamnation entraîne perte du droit de vote sont inéligibles pendant une période double de celle où ils ont perdu la qualité d'électeur ; 2° sans perdre leur droit de vote, peuvent être privés de leur droit d'éligibilité par décision judiciaire les condamnés pour faits de pression ou corruption électorales. Enfin, sont inéligibles, par décision du juge électoral qui les déclare démissionnaires d'office, les élus n'ayant pas respecté la réglementation des comptes de campagne.

• Les conditions particulières d'inéligibilité dans certaines circonscriptions. — Elles frappent certains fonctionnaires d'autorité qui ne peuvent pas se présenter dans la circonscription où ils sont en poste, ou y étaient tant qu'un certain délai ne s'est pas écoulé depuis qu'ils les ont quittées. Une inéligibilité pendant trois ans frappe les commissaires de la République, les inspecteurs généraux et inspecteurs de l'administration, les chefs de territoires d'outre-mer. Une inéligibilité pendant un an frappe les secrétaires généraux de préfecture, les sous-préfets (pour tous les arrondissements du département), les maires et adjoints de Paris (pour leur arrondissement). Une inéligibilité de six mois frappe les chefs de circonscription administrative des territoires d'outre-mer ; les inspecteurs généraux des diverses administrations ; les magistrats des cours d'appel et des tribunaux civils, les membres des tribunaux administratifs ; les officiers exerçant un commandement territorial ; les

Partis	1958 Suffrages (1) Nombre	% expr.	Sièges (2)	1962 Suffrages (1) Nombre	% expr.	Sièges (2)
Communistes	3 882 204	18,9	10	4 003 553	21,8	41
Extrême-gauche (dont P.S.U.)	347 798	1,4	2	427 467	2,3	2
Socialistes (3) } F.G.D.S. (5)	3 167 354	15,5	40	2 298 729	12,5	65
Radicaux (4) }	983 201	4,8	} 35	1 429 649	7,8	43
Centre gauche (4)	716 869	3,5				
U.N.R.-U.D.V*-U.D.R.-R.P.R.	3 603 958	17,6	189	5 855 744	31,9	229
Rép. Indép. (6) }						
C.D.P. (7)						
M.R.P. } Cent. dém. Réf. (8)	2 378 788	11,6	57	1 665 695	9,0	30
C.N.I. }	2 815 176	13,7	132	1 464 177	7,7	} 48
Divers droite	1 925 343	9,4		1 089 348	5,9	
Extrême-droite	669 518	3,3		159 429	0,9	1
Electeurs inscrits	27 236 491			27 526 358		
Suffrages exprimés	20 492 377			18 533 791		
TOTAL des sièges métropolitains			465			465
TOTAL des sièges de l'Assemblée nationale			552			48?

Partis	1978 Suffrages (1) (10) Nombre	% expr.	Sièges (2) (11)	1981 Suffrages (1) Nombre	% expr.	Sièges (2)
Communistes	5 793 139	20,6	86	4 003 025	16,12	4?
Extrême-gauche	919 126	3,3		330 344	1,33	
Socialistes et Rad. de gauche	7 016 751	25,0	112	9 376 853	37,77	28?
Majorité présidentielle (F. Mitterrand)						
Divers gauche	310 227	1.1		141 638	0,57	
Ecologistes	612 100	2,2		270 792	1,09	
Ecologistes { Verts / Génération écologie / Nouveaux écologistes					20,91	
R.P.R. (20)	6 329 918	22,5	144	5 192 894		8?
U.D.F. (20)	6 007 383	21,4	} 132	4 756 503	19,16	} 6?
Divers majorité	657 962	2,3				
Divers droite	340 402	1,1		660 990	2,66	
Extrême-droite	138 231	0,5		90 026	0,36	
Front national (17)						
Divers						
Electeurs inscrits	34 402 883			35 536 401		
Suffrages exprimés	28 105 239			24 823 065		
TOTAL des sièges métropolitains			474			47
TOTAL des sièges de l'Assemblée nationale			491			49

(1) Résultats de la métropole, premier tour d'après la statistique du ministère de l'Intérieur, sauf pour 1962 (statistique rectifiée publiée dans *Les élections législatives de 1962*, 1964, Document. franç.), pour 1968 (stat. rectifiée publiée dans *Le Monde* du 7 mars 1973), pour 1973 (*id.* du 8 mars 1973) et pour 1978 : cf. ci-après, note 10. Et pour 1986, calculs faits par *Le Monde* du 19 mars 1986.

(2) Sièges métropolitains, les deux tours cumulés.

(3) S.F.I.O. jusqu'en 1969, Nouveau parti socialiste de 1969 à 1971, Parti socialiste depuis 1971 (après le regroupement du Congrès d'Epinay).

(4) A partir de 1967, seuls les Radicaux de gauche sont décomptés sous cette rubrique : les autres figurent au « Centre-gauche ». En 1973, les Radicaux de droite s'unissent au M.R.P. et au C.N.I. sous le nom de « Réformateurs » (cf. ci-après, note 8).

(5) Socialistes et Radicaux de gauche s'unissent à partir de 1965 dans la « Fédération de la gauche démocrate et socialiste », devenue en 1973 l' « Union de la gauche socialiste et démocrate ».

(6) Les « Républicains indépendants » s'organisent en 1962 autour de M. Giscard d'Estaing. Leurs voix ne se sont pas décomptées à part, parce que la plupart sont présentés comme candidats uniques de l'alliance avec les gaullistes (U.N.R., U.D.V*, U.D.R., puis R.P.R.).

(7) Le « Centre Démocratie et Progrès » est fondé en 1969, après la victoire de M. Pompidou, soutenu aux élections présidentielles par M. Jacques Duhamel et quelques centristes du Centre Progrès et démocratie moderne (cf. ci-dessous). Le C.D.P. est lié en 1973 aux Rép. Indépendants et à l'U.D.R. Il passera avec eux dans le camp de M. Giscard d'Estaing aux présidentielles de 1974, et se trouvera inclus dans l'U.D.F. aux élections de 1978.

Fig. 4. — Les résultats des élections législatives de la Ve République

1967			1968			1973		
Suffrages (1)		Sièges (2)	Suffrages (1)		Sièges (2)	Suffrages (1)		Sièges (2)
Nombre	% expr.		Nombre	% expr.		Nombre	% expr.	
039 032	22,5	72	4 434 832	20,0	33	5 084 824	21,4	73
495 412	2,2	3	373 581	4,0	0	778 183	3,2	2
224 110	19,0	118	3 660 250	16,5	57	4 419 426	20,7	100
319 651	1,4	} 191	163 482	0,7	} 282	307 994	1,3	3 } 175
448 982	37,7	41	9 667 532	43,7	{ 64	8 224 447	34,6	{ 54 / 21
829 998	12,6	38	2 289 849	10,4	26	2 969 315	12,5	30
821 097	3,7	7	1 028 953	4,6	} 8	1 467 135	6,2	15
191 232	1,0	0	28 736	0,1				
300 936			28 181 848			29 883 748		
389 514		470	22 147 215		470	23 751 424		473
		487			487			490

1986 (12)			1988 (14)			1993 (19)		
Suffrages (1)		Sièges (2) (13)	Suffrages (16)		Sièges	Suffrages		Sièges (16) (1er-2e tour)
Nombre	% expr.		Nombre	% expr.		Nombre	% expr.	
663 734	9,69	32 (35)	2 765 761	11,32	25	2 268 931	9,14	23
413 345	1,50		89 065	0,36		421 715	1,69	
759 772	31,86	207 (212)	8 766 018 }		275	4 355 726	17,55	} 19,24 } 57
				37,52		418 231	1,69	
248 726	0,90	4	403 690 }			173 214	0,69	
340 980	1,24		86 312 }	0,35		1 019 885	4,11	
						916 457	3,69	} 10,92
						635 244	2,56	
553 945	42,03	{ 147 (155) / 128 (131) }	9 206 506 (15)	37,67	132 / 90	4 886 848	19,69	} 39,62 } 258
					40	4 675 301	18,84	214
745 803	2,71	2 (5)	697 272	2,85	{ 14	1 077 820	4,34	
						3 149 518	12,69	} 12,83
715 209	9,87	35	2 359 528	9,65	1	34 130	0,14	
44 253	0,16		50 943	0,20		320 347	1,29	23 (21)
605 381			37 945 582			37 795 633		
485 667	78,47 (18)		24 432 095	65,74 (18)		26 193 356	69,30 (18)	
		555				24 808 004		
		577			577			555 / 577

(8) Le M.R.P., le C.N.I. et quelques « centre-gauche » s'unissent en « Centre démocrate » en 1967, devenu « Centre progrès et démocratie moderne » en 1968, et inclus dans les « Réformateurs » en 1973.

(9) Union pour la démocratie française, constituée en 1978.

(10) En 1978, le ministère de l'Intérieur n'a pas distingué la métropole et les départements et territoires d'outre-mer. Les chiffres cités sont établis d'après A. LANCELOT (*Projet*, juin 1978) et F. GOGUEL (*Rev. franç. de Sc. pol.*, décembre 1978).

(11) Chiffres établis en défalquant les députés des D.O.M.-T.O.M. de la statistique globale du ministère de l'Intérieur : la correspondance avec les suffrages n'est qu'approximative pour le R.P.R. et l'U.D.F.

(12) Elections au scrutin de liste proportionnelle à la plus forte moyenne sans panachage ni vote préférentiel.

(13) Les chiffres entre parenthèses indiquent le total des sièges obtenus.

(14) Elections au scrutin uninominal majoritaire à deux tours.

(15) Sous l'étiquette Union du Rassemblement et du Centre.

(16) Métropole + D.O.M.-T.O.M., d'après Le Monde, 1er tour.

(17) Front national depuis 1986.

(18) % par rapport aux inscrits.

(19) Résultats du 1er tour dans la métropole, d'après Le Monde.

(20) Unis en 1993 dans l'Union pour la France.

(21) Groupe « République et Liberté » réunissant des personnalités très différentes, évitant ainsi d'être « Non-inscrits ».

recteurs, les inspecteurs régionaux et départementaux de l'enseignement; les trésoriers-payeurs généraux, les directeurs des contributions; les directeurs régionaux, directeurs départementaux et inspecteurs des diverses administrations; etc.

2. *Le système électoral.* — En 1958, le général de Gaulle a rétabli le vieux système électoral de la IIIe République : majoritaire, uninominal, à deux tours. La France est presque le seul pays au monde qui pratique ce système. Les électeurs le préfèrent : la proportionnelle était impopulaire sous la IVe République qui l'a pratiquée. Elle l'est redevenue en 1985, où elle a été rétablie par la loi du 10 juillet 1985, avant d'être de nouveau supprimée par la loi du 11 juillet 1986.

● Les règles du système majoritaire à deux tours. — Jusqu'en 1985, les règles de la Ve République sont très proches de celles de la IIIe. Le scrutin est uninominal, c'est-à-dire que les électeurs votent dans de petites circonscriptions, n'élisant chacune qu'un seul député. Cependant, ils votent pour deux noms, à cause du suppléant (cf. p. 316) dont le nom est inscrit sur les bulletins de vote en caractères nettement plus petits que celui du candidat. Les circonscriptions sont très inégales, bien que le « découpage » de 1958 ait diminué les écarts d'avant 1940. Malgré des corrections en 1966, 1972 et 1975, les mouvements de population ont fait que les écarts du simple au double sont très fréquents, et qu'on peut aller du simple au sextuple. En 1981, la circonscription de Marjevols avait 26 251 inscrits et celle de Longjumeau 186 986. Moins injuste est le découpage établi par les lois de 1986 qui ont rétabli le scrutin majoritaire après un intermède proportionnel.

La loi du 11 juillet 1986 a rétabli le système majoritaire de 1958, mais en maintenant le nombre des députés à 577, au lieu de 491 avant la proportionnelle. Pour être élu au premier tour, il faut avoir obtenu la majorité absolue des suffrages exprimés (c'est-à-dire la moitié plus un) et le quart au moins des électeurs inscrits. Si ces deux conditions ne sont réunies par aucun candidat, il y a lieu à un second tour, qui se déroule huit jours plus tard : est élu au second tour celui qui a obtenu la majorité relative, c'est-à-dire qui arrive en tête, quels que soient l'écart qui le sépare de ses concurrents et le nombre total des voix de ceux-ci.

Une différence très importante par rapport à la IIIe République est que nul ne peut se présenter au second tour s'il n'a déjà été candidat au premier et s'il n'a obtenu les suffrages d'au moins 12,5 % des électeurs inscrits (depuis 1976 ; il suffisait de 10 % aux élections de 1973, 1968 et 1967 ; et de 5 % aux élections de 1962 et 1958). Avant 1940, la liberté des candidatures était aussi absolue au second tour qu'au premier, ce qui permettait beaucoup de combinaisons douteuses. La règle des 12,5 % tend à éliminer les petits partis, ce qui favorise la formation des majorités parlementaires.

● Les inégalités de représentation. — Le défaut du scrutin majoritaire à deux tours est d'entraîner de notables inégalités de représentation (cf. la fig. 4, p. 218-219). Mais ces inégalités renforcent la formation de majorités stables. Les inégalités de représentation dépendent de plusieurs facteurs : l'ampleur de l'écart de suffrages entre la majorité et l'opposition, les rapports de forces entre alliés à l'intérieur de leur coalition, la discipline des alliances du second tour. Sur le premier point, les politistes britanniques ont formulé voici près d'un demi-siècle la célèbre « loi du cube », qui s'applique seulement dans le système majoritaire à un seul tour, lequel entraîne généralement un système de deux partis seulement, comme on le voit en Grande-Bretagne et aux Etats-Unis. Dans un tel cadre, le rapport entre les pourcentages de sièges parlementaires tend à être le cube du rapport entre les pourcentages de suffrages. Si *a* et *b* expriment le pourcentage de suffrages obtenu par chacun des deux partis, et *a'* et *b'* le pourcentage des sièges parlementaires qu'ils ont remporté à la même élection, la tendance est définie par la formule $\dfrac{a'}{b'} = \left(\dfrac{a}{b}\right)^3$.

Même dans le cadre d'un scrutin majoritaire à deux tours, on en retrouve des éléments quand deux coalitions de partis s'affrontent. Alors, l'alliance majoritaire en voix est généralement sur-représentée en sièges (son pourcentage de sièges étant supérieur à son pourcentage de suffrages) et l'alliance minoritaire sous-représentée. A l'intérieur de chaque alliance, le parti le plus fort bénéficie habituellement d'une sur-représentation par rapport au plus faible. En France, la droite en a bénéficié en 1968, où l'alliance des gaullistes et des giscardiens a obtenu 73 % des sièges avec 44 % des suffrages, contre une gauche réunissant 19 % des sièges avec 36,5 % des suffrages, et de nouveau en 1993, où elle a emporté 84 % des sièges avec 56,7 % des suffrages, en face d'une gauche réduite à 16 % des sièges avec 33,3 % des suffrages. La gauche en a bénéficié à son tour en 1981, emportant 67 % des sièges avec 56 % des suffrages, alors que la droite se trouvait réduite à 30 % des sièges avec 43 % des suffrages.

Le système majoritaire à deux tours est impitoyable quand les partis de tendances voisines refusent de s'allier au second tour, le moins favorisé se retirant en faveur du plus favorisé. Avec près de 19 % des suffrages exprimés au premier tour, le parti communiste avait à peine 2 % des sièges dans la législature élue en 1958, parce que la gauche était divisée. En s'alliant au second tour en 1962, le PCF et la SFIO ont gagné 65 sièges par rapport aux élections de 1958, avec le même pourcentage total de suffrages (34 %) ; soit cinq de plus que l'UNR qui avait fait un bond de 18 % à 32 % des suffrages. Le simple passage de l'isolement à l'alliance a fait gagner à la gauche plus de sièges que le gain de 14 points par les gaullistes !

Enfin, le système majoritaire à deux tours favorise l'allié le plus modéré dans une coalition et défavorise l'allié le plus extrême, lors du second tour : quand le drapeau de l'alliance est porté par le parti le plus extrême, il ne fait pas le plein des voix qu'elle a obtenues au premier tour, parce qu'une proportion notable des électeurs de l'allié modéré refuse de reporter ses voix sur l'allié extrême, et préfère l'abstention. Les candidats communistes du second tour subissent ainsi une perte importante des suffrages socialistes du premier tour, alors que le déchet est moindre dans les reports de voix communistes sur un candidat socialiste.

• La formation de majorités parlementaires. — Ces inégalités déforment évidemment la représentation. Mais en général, elles le font dans le bon sens, si l'on peut dire. Elles accentuent les mouvements d'opinion, de façon à instaurer à l'Assemblée nationale des majorités solides, qui n'existeraient pas sans une telle amplification de l'oscillation des électeurs. N'oublions pas qu'avec une proportionnelle intégrale aucune législature britannique n'aurait disposé d'une majorité ferme pendant le demi-siècle écoulé, alors que toutes, sauf une — et qui a duré seulement neuf mois — ont connu de telles majorités pendant cette période. Les systèmes majoritaires ont l'avantage de faire apparaître des majorités qui seraient imperceptibles sans eux. Ainsi, ils engendrent des démocraties solides, où les gouvernements ont les moyens et le temps de gouverner.

Il est très rare que ces inégalités aboutissent à fausser la représentation des citoyens, en donnant la majorité des sièges à un parti ou une alliance minoritaire dans les suffrages, et vice versa. Cette hypothèse a semblé se réaliser plusieurs fois sous la Ve République française. En 1967, les gaullistes et les giscardiens ont réuni 38 % des suffrages contre 43,5 % à la gauche, et emporté cependant plus de 50 % des sièges, alors qu'elle en obtenait 40 % seulement : mais le centre, qui faisait la balance, était plus près des gaullo-giscardiens que de la gauche, laquelle restait minoritaire dans le pays. En 1973, la coalition de droite a 56 % des sièges avec 41 % des suffrages exprimés, tandis que les partis du Programme commun n'ont que 39 % des sièges avec 47 % des suffrages : mais les derniers bataillons du centre se situent encore plus nettement du côté droit, et la majorité parlementaire semble correspondre à la majorité des suffrages. En 1978 seulement il y a inversion : la droite ayant 56 % des sièges avec 46,5 % des suffrages, tandis que la gauche n'atteint que 40 % des sièges avec 48,5 % des suffrages. Cela tient à l'inégalité des circonscriptions, qui favorise les moins peuplées, plus rurales et en même temps plus conservatrices. Cette déformation est d'autant plus grave qu'elle renforce celle du Sénat, considérable dans le même sens.

3. *L'entracte proportionnel de 1985.* — Depuis 1902, la France est périodiquement traversée par la querelle de la proportionnelle. Elle l'a été dans les dix ans précédant la guerre de 1914, dans les dix qui l'ont suivie, dans les quatorze suivant la Libération. Elle y a été plongée de nouveau en 1985, par le rétablissement de la proportionnelle de la IVe République, supprimée en 1986 par la nouvelle majorité.

• Les expériences de proportionnelle avant 1985. — Elles sont intéressantes à rappeler, pour éclairer le problème. La IIIe République n'a pratiqué la proportionnelle que de 1919 à 1924. Mais elle l'a fait sous la forme d'un scrutin mixte. Elle avait d'ailleurs tenté d'établir la proportionnelle dès 1911, également avec un correctif : plusieurs partis pouvant mettre leurs voix en commun pour la répartition des restes. Le Sénat empêcha la réforme. En 1919, le scrutin de liste départemental remplaça le scrutin d'arrondissement, mais les électeurs pouvaient « panacher » les listes, c'est-à-dire remplacer certains noms d'une liste par des noms pris dans d'autres listes. Etaient d'abord proclamés élus, les candidats ayant obtenu la majorité absolue des suffrages exprimés. Les sièges restant à pourvoir étaient ensuite attribués à la proportionnelle. D'abord au quotient : chaque liste obtenant autant de sièges que sa moyenne de voix contenait de fois le « quotient électoral », obtenu en divisant le nombre de suffrages exprimés par le nombre de sièges à pourvoir. S'il y avait des « restes », c'est-à-dire si tous les sièges n'étaient pas pourvus par le jeu du quotient, on attribuait tous ces sièges, en bloc, à la liste ayant la plus forte moyenne par le calcul précédent.

La IVᵉ République a pratiqué la proportionnelle dans le cadre départemental, avec listes bloquées, les sièges étant attribués d'abord par le jeu du quotient électoral. S'il y avait des restes, chaque siège était attribué à la liste ayant obtenu la plus forte moyenne quand on divisait son nombre de suffrages par le nombre de sièges qu'elle avait déjà obtenus, plus un. En 1951, cette proportionnelle fut corrigée dans un sens majoritaire, par le système des « apparentements ». Deux ou plusieurs listes pouvaient déclarer « s'apparenter » huit jours au moins avant le scrutin. En ce cas, tous les sièges leur étaient attribués si le total de leurs voix atteignait la majorité absolue des suffrages, la répartition de ces sièges entre elles étant faite à la proportionnelle. Si les listes apparentées n'obtenaient pas ensemble la majorité absolue des suffrages, la proportionnelle s'appliquait à toutes les listes en présence, comme auparavant. La plupart des Français ont détesté la proportionnelle de 1945-1958, surtout à cause du système des listes bloquées, qui empêchait les électeurs de choisir leur député : les élus étant déterminés par l'ordre de présentation sur la liste, décidée par les comités des partis.

• La proportionnelle de 1985. — La 47ᵉ des 100 propositions du candidat Mitterrand aux présidentielles de 1981 concernait l'introduction de la proportionnelle pour les élections aux conseils municipaux et à l'Assemblée nationale. Pour les premiers, une loi de 1983 a combiné la proportionnelle et le système majoritaire. Beaucoup pensaient qu'un système de même genre serait établi pour les élections législatives, inspiré du scrutin mixte de la République fédérale allemande. Dans ce pays, chaque citoyen vote à la fois pour un candidat dans un scrutin uninominal majoritaire et pour une liste dans le cadre régional : la moitié des députés étant élue par le premier scrutin, et l'autre moitié par le second. Ce système mixte maintient une bipolarisation de base entre deux grands partis : la social-démocratie et la démocratie chrétienne. Cependant, le petit parti libéral joue un jeu de bascule perturbateur, et la montée des « Verts » (écologistes) risque de désorganiser le système : les élus des deux venant de la proportionnelle. D'autre part, il ne faut jamais oublier que le scrutin uninominal majoritaire de la RFA est un scrutin à un seul tour de type britannique, qui force à la dualité. Avec les deux tours de type français, le risque de multiplication des partis serait plus grand.

Finalement, la proportionnelle fut intégralement rétablie en 1985, le Président ne voulant pas trouver devant lui par le système majoritaire une Assemblée nationale où les opposants risquaient de réunir 80 % et plus des sièges, par la surreprésentation d'une majorité alors évaluée dans les sondages à 60 % des intentions de vote : ce qui eût rendu la cohabitation quasi impossible et mis en péril les institutions. Les lois de 1985 ont repris le système de 1946 : représentation proportionnelle à la plus forte moyenne, dans le cadre départemental, avec listes bloquées, sans panachage et sans possibilité de modifier l'ordre de la liste. Chaque liste devait comporter deux noms de plus que le nombre des sièges à pourvoir, afin de permettre la désignation des « suppléants » des députés devenus ministres. Une liste ne pouvait participer à la répartition des sièges que si elle obtenait au moins 5 % des suffrages exprimés. Cette loi électorale s'est appliquée seulement aux législatives du 16 mars 1986. La nouvelle majorité est aussitôt revenue au scrutin majoritaire.

▶ *Les élections au Sénat*

Comme le Sénat de la III\ :sup:`e` République, comme le Conseil de la République de la IV\ :sup:`e`, le Sénat de la V\ :sup:`e` République est élu au suffrage indirect, les représentants des conseils municipaux constituant l'élément essentiel de son corps électoral (97 %) : il reste, suivant le mot de Gambetta, le « grand conseil des communes ».

Mais pas de toutes les communes, en pratique. Il est en réalité le « grand conseil des petites communes ».

1. *Le système électoral.* — Il est fixé par l'ordonnance du 15 novembre 1958, qui reprend à peu près les dispositions de la loi de 1948 concernant le Conseil de la République.

● Le corps électoral sénatorial. — Il se compose des mêmes éléments que sous la IIIe et la IVe République : 1° les députés ; 2° les conseillers régionaux et les membres de l'assemblée de Corse ; 3° les conseillers généraux ; 4° les délégués des conseils municipaux. A l'origine, un seul conseiller municipal par commune était électeur sénatorial : aujourd'hui cela ferait élire le Sénat par les représentants des 19 800 communes de moins de 400 habitants, qui réunissent 7 % de la population ! Les proportions étaient moins scandaleuses en 1876, mais assuraient malgré tout une écrasante prépondérance des toutes petites localités rurales. Peu à peu, on a augmenté la représentation des moyennes et grandes communes dans l'électorat sénatorial, mais sans établir une véritable proportionnalité. Depuis une loi de 1982, des conseillers municipaux (dont le maire) restent seuls électeurs sénatoriaux dans les communes de moins de 30 000 habitants, dans la proportion suivante : 1 dans les communes jusqu'à 499 habitants, 3 dans celles de 500 à 1 499, 5 dans celles de 1 500 à 2 499, 7 dans celles de 2 500 à 3 499, 15 dans celles de 3 500 à 8 999 habitants. Dans les communes de 9 000 habitants et plus ainsi que dans toutes les communes de la Seine, tous les conseillers municipaux sont délégués sénatoriaux. En outre, dans toutes les communes de plus de 30 000 habitants, les conseils municipaux élisent des délégués supplémentaires à raison d'un pour 1 000 habitants en sus de 30 000.

● L'élection des sénateurs. — Les 321 sénateurs sont élus pour neuf ans, parmi des candidats ayant au moins 35 ans révolus, le Sénat se renouvelant en effet par tiers tous les trois ans. Les sièges sont répartis en trois séries — A, B, C — renouvelées par alternance. En 1995 le renouvellement a porté sur la série C. Des suppléants sont élus en même temps que les sénateurs, comme pour les députés.

Dans tous les départements d'Ile-de-France et dans les départements élisant 5 sénateurs au moins, soit 14 départements en tout, l'élection a lieu à la proportionnelle, à la plus forte moyenne, sans panachage ni vote préférentiel. Dans les 85 autres départements, les sénateurs sont élus au scrutin majoritaire de liste à deux tours, avec panachage. Pour être élu au premier tour, il faut obtenir la majorité absolue des suffrages exprimés et un nombre de suffrages égal au quart des électeurs inscrits. Au second tour, la majorité relative suffit. Les sénateurs représentant les Français de l'étranger sont cooptés par le Sénat lui-même, sur présentation du Conseil supérieur des Français à l'étranger.

2. *Les inégalités de représentation*. — Comme le Sénat de la Constitution de 1875, comme le Conseil de la République de la Constitution de 1946, le Sénat de la Vᵉ République ne représente pas équitablement la population française : la prépondérance rurale est écrasante dans son corps électoral. Comme ses prédécesseurs, le Sénat de la Vᵉ mérite le surnom de « Chambre d'agriculture ».

• Le fait de la prépondérance rurale. — La prépondérance rurale résulte du fait que le nombre de délégués sénatoriaux est beaucoup plus élevé pour les petites communes que pour les grandes. La mesure de cette prépondérance n'est pas facile à établir, car les proportions comparées des électeurs sénatoriaux et de la population par catégories de commune n'ont jamais été publiées officiellement. Or elles ne sont pas faciles à évaluer.

Les calculs effectués en 1954 pour le Conseil de la République et en 1969 pour le Sénat de la Vᵉ République montraient que la majorité absolue des délégués sénatoriaux était issue des communes de moins de 1 500 habitants, c'est-à-dire des petits villages. Certes, cette majorité absolue était aussi tombée de 56 % à 53 % (cf. fig. 5,

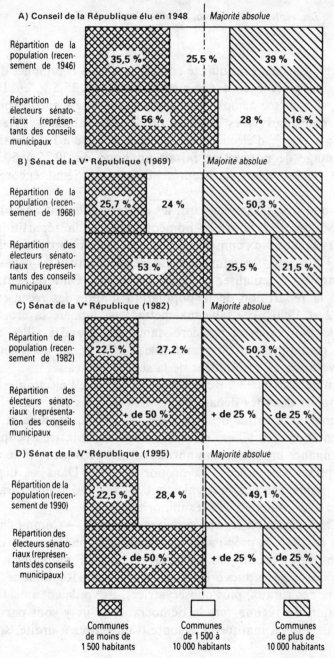

A) Conseil de la République élu en 1948 | *Majorité absolue*

Répartition de la population (recensement de 1946)
35,5 % | 25,5 % | 39 %

Répartition des électeurs sénatoriaux (représentants des conseils municipaux)
56 % | 28 % | 16 %

B) Sénat de la Ve République (1969) | *Majorité absolue*

Répartition de la population (recensement de 1968)
25,7 % | 24 % | 50,3 %

Répartition des électeurs sénatoriaux (représentants des conseils municipaux)
53 % | 25,5 % | 21,5 %

C) Sénat de la Ve République (1982) | *Majorité absolue*

Répartition de la population (recensement de 1982)
22,5 % | 27,2 % | 50,3 %

Répartition des électeurs sénatoriaux (représentation des conseils municipaux
+ de 50 % | + de 25 % | - de 25 %

D) Sénat de la Ve République (1995) | *Majorité absolue*

Répartition de la population (recensement de 1990)
22,5 % | 28,4 % | 49,1 %

Répartition des électeurs sénatoriaux (représentants des conseils municipaux)
+ de 50 % | + de 25 % | - de 25 %

Communes de moins de 1 500 habitants | Communes de 1 500 à 10 000 habitants | Communes de plus de 10 000 habitants

Fig. 5. — Répartition des électeurs sénatoriaux issus des conseils municipaux, comparée aux populations respectives

ci-avant) : mais dans ces quinze ans la part de ces communes dans la population globale était elle-même passée de 35,5 % en 1946 à 25,7 %. En même temps, l'inégalité s'accroissait encore plus de l'autre côté. Les villes de plus de 10 000 habitants s'élevaient de 16 % à 21,5 % d'électeurs sénatoriaux de 1948 à 1958, mais leur pourcentage de population faisait un bond de 39 % à 50,3 % : ce que rendait leur sous-représentation au Sénat encore plus grande.

Un quart de siècle plus tard, les choses ne se sont guère arrangées. Malgré des réformes homéopathiques, la répartition des électeurs sénatoriaux conserve à peu près les proportions mesurées en 1969 : le Sénat se refusant d'ailleurs à effectuer les calculs qui permettraient d'actualiser la figure 5 ci-dessus. On a pu seulement évaluer la répartition de la population d'après les recensements de 1982 et 1990 : ces tableaux mettant en lumière la croissance des villes moyennes et la décroissance des grandes villes et des petites communes. Il est regrettable que le Sénat ne reflète pas cette évolution en profondeur de la société française.

Comme sous la IV⁰ République, le fait que l'élection est proportionnelle dans les départements très peuplés (qui ont plus de cinq sénateurs), et majoritaire dans les autres, aggrave la sous-représentation des villes. Dans les départements très peuplés, à prédominance urbaine, les minorités rurales peuvent tout de même être représentées, grâce à la proportionnelle. Dans les départements moins peuplés, généralement à prépondérance rurale, le système majoritaire étouffe les minorités urbaines.

• La signification de la prépondérance rurale. —Comme en 1875, comme en 1946, la prépondérance rurale d'aujourd'hui est voulue pour des raisons politiques. Le Sénat de la III⁰ République a été le prix qu'ont exigé les ducs orléanistes pour voter la République : grâce aux voix des ruraux, plus conservatrices, ils voulaient ainsi freiner l'évolution du régime vers la démocratie, et ils y sont parvenus. La loi de 1948 a marqué la volonté d'un retour à droite, sous la

IVᵉ République. Les constituants de 1958 ont maintenu le système par un raisonnement analogue. Le Sénat est ainsi plus conservateur que l'Assemblée nationale : la gauche y est sous-représentée, la droite y est sur-représentée. Mais il est aussi composé de notables profondément enracinés dans des communes, des départements et des régions. Plus indépendants des électeurs que ne le sont les députés, les sénateurs peuvent parfois jouer effectivement le rôle de « sages » qu'ils s'attribuent.

3. *La réforme de l'élection du Sénat.* — Le respect des principes démocratiques et des prescriptions de la Constitution devrait néanmoins conduire à réformer le système électoral du Sénat, ce qui se fait trop lentement.

• L'inconstitutionnalité du système actuel. — Le système actuel n'est pas conforme à la Constitution. Il en viole d'abord l'article 3 prescrivant que, si « le suffrage peut être direct ou indirect », il « est toujours universel, égal et secret ». On peut douter que l'élection des sénateurs ait le caractère d'un suffrage universel. Le suffrage indirect peut être qualifié d'universel quand les citoyens désignent eux-mêmes les « grands électeurs », comme il le font pour l'élection du Président des Etats-Unis. Peut-on parler de suffrage universel quand ces grands électeurs sont cooptés par des conseillers municipaux qui ont été eux-mêmes élus seulement pour administrer une collectivité territoriale, suivant l'article 72 de la Constitution (cf. p. 208) ?

En tout cas, nul ne peut qualifier le suffrage sénatorial de suffrage « égal ». L'énorme inégalité de représentation qui entache l'élection du Sénat n'est pas très grave dans la mesure où il ne peut pas imposer son point de vue, soit en paralysant les décisions de l'Assemblée nationale, soit en renversant le gouvernement qui a la confiance des députés. A cet égard, la navette actuelle des projets et propositions de loi entre les deux chambres est à peu près satisfaisante, car elle a souvent pour effet d'améliorer la qualité des textes. Mais l'absence de représentativité du Sénat met en cause la démocratie elle-même quand il dispose d'un droit de veto absolu par rapport à l'un des deux pouvoirs publics incarnant la souveraineté du peuple dont ils émanent directement : c'est-à-dire l'Assemblée nationale et le Président de la République. Tel est le cas de l'article 89, qui lui permet de bloquer toute révision constitutionnelle. Mais sur ce point la décision du général de Gaulle d'utiliser le référendum de l'article 11 pour réviser la Constitution a permis de tourner l'opposition du Sénat, et le système est désormais entré dans les mœurs (cf. p. 288 et suiv.).

Par ailleurs, le suffrage sénatorial est contraire à l'article 24 de la Constitution, prescrivant que « le Sénat assure la représentation des collectivités territoriales de la République ». Comment prétendre qu'il assure la représentation des départements, quand les représentants de ces derniers réunissent 2,5 % des électeurs sénatoriaux ? Les régions ne sont pas mieux représentées. La différence est saisissante avec les communes, qui réunissent à elles seules plus de 95 % des électeurs sénatoriaux. Pour que le Sénat représente véritablement les diverses collectivités locales, il faudrait que les départements et les régions participent à son élection aussi effectivement que les communes, et non plus symboliquement, comme aujourd'hui.

● Le caractère législatif de la réforme. — La réforme de l'élection des sénateurs peut être décidée par une simple loi pour laquelle l'acquiescement des sénateurs n'est pas nécessaire (cf. p. 386). La Constitution impose seulement qu'ils soient élus au suffrage indirect (art. 24) et que leur nombre, leurs indemnités, les conditions de leur éligibilité et de leurs incompatibilités soient fixées par une loi organique. Le régime électoral lui-même relève d'une loi ordinaire. Pour être conforme à l'article 3, elle devrait décider que les « grands électeurs » soient élus au suffrage universel direct avant chaque renouvellement d'une partie du Sénat, comme ils le sont aux Etats-Unis avant l'élection du Président. Pour être conforme à l'article 24, ces grands électeurs devraient être répartis en trois catégories issues respectivement d'une élection dans le cadre communal, d'une élection dans le cadre départemental et d'une élection dans le cadre régional. Cela ne signifie pas qu'il faille écraser la représentation des petites communes sous le poids de celle des grandes : on ne répare pas une injustice en lui substituant une injustice contraire.

L'influence des systèmes électoraux sur la vie politique est analysée de façon plus approfondie p. 512 et suiv., à propos de la transformation du système français des partis. On trouvera une bibliographie détaillée p. 500. Pour une mise au point rapide, cf. M. Duverger, *La République des citoyens*, 1982, p. 243-273 ; J.-M. Cotteret et C. Emeri, *Les systèmes électoraux*, 4ᵉ éd., 1983 ; J.-P. Aubert, *Systèmes électoraux et représentation parlementaire*, 1969, et N. Wahl et J.-L. Quermonne (et autres), *La France présidentielle* (l'influence du suffrage universel sur la vie politique), 1995.

Sur la proportionnelle de 1986, cf. *Les élections législatives du 16 mars 1986*, Le Monde : dossiers et documents, 1986 ; et les articles de J. Charlot (*Rev. pol. et Parlement.*, nov.-déc. 1985) ; G. Le Gall (*ibid.*, mars-avril 1986) ; J. Jaffré (*Pouvoirs*, 1986, nᵒ 38) et A. Lancelot (*Projet*, 1986, nᵒ 199).

Sur les élections françaises, cf. A. Lancelot, *Les élections sous la Vᵉ République*, 1983 (« Que sais-je ? ») ; J.-L. Masclet, *Droit électoral*, 1989. — Les résultats des élections à l'Assemblée nationale sont détaillés sur la figure 4, p. 218-219. — Sur l'analyse des résultats de chaque élection, cf. les volumes publiés par la *Documentation française*, puis *Le Monde*, et les ouvrages édités par la Fondation nationale des Sciences politiques. Egalement : A. Lancelot, *L'abstentionnisme électoral en France*, 1968 ; C. Leleu, *Géographie des élections françaises depuis 1936*, 1971, et P. Braud, *Le comportement électoral en France*, 1973. — Sur les élections sénatoriales, cf. J.-M. Cotteret, C. Emeri et P. Lalumière, *Lois électorales et inégalités de représentation en France (1936-1960)*, 1960 ; et J.-P. Marichy, *La deuxième Chambre dans la vie politique française depuis 1875*, 1969, p. 223-316.

LE PROJET DE RÉFORME DU SÉNAT DE 1969. — Le général de Gaulle a présenté au référendum populaire, le 27 avril 1969, un projet de réforme du Sénat, en même temps que de création d'une nouvelle collectivité territoriale : la région.

Le recrutement du Sénat était totalement bouleversé, cette assemblée étant fusionnée avec le Conseil économique et social (cf. p. 332). Les sénateurs étaient désormais de deux catégories : 1° 173 sénateurs « territoriaux », élus dans des conditions analogues à celles des sénateurs traditionnels ; 2° 146 sénateurs « socio-professionnels » représentant les différentes activités économiques et sociales : 42 représentant les salariés, 30 les agriculteurs, 36 les entreprises industrielles et commerciales, 10 les familles, 8 les professions libérales, 8 l'enseignement supérieur et la recherche, 12 les activités sociales et culturelles. Ces sénateurs socio-professionnels étaient désignés par les organisations représentatives de leurs catégories. On mélangeait ainsi l'élection populaire et la représentation professionnelle, qui sont deux choses différentes.

Le nouveau Sénat n'avait qu'un rôle consultatif. Il perdait l'initiative des lois. Les propositions de loi émanant de députés ne lui étaient soumises qu'à la demande du gouvernement. Il examinait les textes avant l'Assemblée nationale. Celle-ci pouvait trancher ensuite librement, ou renvoyer le texte au Sénat pour nouvel avis ; le gouvernement pouvait aussi décider ce renvoi. L'Assemblée nationale tranchait en dernier ressort, de toute façon.

Sur le projet de réforme du Sénat de 1969, cf. J. P. Marichy, *loc. cit.*, p. 701-759 et les articles de M. Duverger dans *Le Monde* des 2-3 et 4 mars 1969, et du 16 avril 1969. — Le projet de réforme a été repoussé par le peuple français par 11 945 149 voix contre 10 512 469 et 5 562 396 abstentions (en métropole) : ce qui provoqua le départ du général de Gaulle le 28 avril. C'est la deuxième fois que la suppression ou l'affaiblissement de la seconde Chambre provoque l'échec d'un référendum : le projet de Constitution d'avril 1946 ayant été repoussé surtout à cause de l'absence de seconde Chambre. — La région, déjà amorcée par la création des préfets régionaux en 1941, devenus « préfets de régions » en 1964, devient une collectivité territoriale en 1985, avec l'élection au suffrage universel de « Conseils régionaux ».

2 | LES ÉLECTIONS PRÉSIDENTIELLES ET LES RÉFÉRENDUMS

Les objectifs et les modalités des élections présidentielles et des référendums sont très différents. Mais ces deux formes de consultation des citoyens se rapprochent par un caractère commun essentiel : elles se déroulent dans le cadre de la nation entière, sans division en circonscriptions locales. Par ailleurs, le référendum a été parfois utilisé par le général de Gaulle comme une sorte de question de confiance posée au pays, le Président de la République ayant annoncé qu'il quitterait le pouvoir en cas de réponse négative, ce qu'il a fait après l'échec du référendum du 27 avril 1969, qui est ainsi devenu une sorte de contre-élection présidentielle, ressemblant au « recall » américain qui permet aux électeurs de destituer les élus.

▶ *Les élections présidentielles*

Le Président de la République est élu pour sept ans. L'élection a lieu vingt jours au moins et trente-cinq jours au plus avant l'expiration des pouvoirs du Président en exercice. Une réforme capitale a été faite sur ce point le 6 novembre 1962. D'après le texte originaire de la Constitution de 1958, le Président de la République était élu par un scrutin de type sénatorial auquel participaient les parlementaires, les conseillers généraux et des représentants élus des conseils municipaux. L'élément essentiel de ce corps électoral était formé par environ 80 000 notables ruraux, dont 51 % provenaient des communes de moins de 1 500 habitants (cf. fig. 7). On avait pu qualifier d' « orléaniste » ce régime qui encadrait l'Assemblée nationale, seul organe alors issu du suffrage universel direct, par un Président de la République et un Sénat issus d'une classe restreinte de notables ruraux.

Le général de Gaulle a reconnu ensuite son erreur initiale. Il a essayé de détruire le système des notables ruraux en deux étapes : 1° par la réforme de 1962, établissant l'élection du Président de la République au suffrage universel direct ; 2° par la réforme de 1969, bouleversant le recrutement du Sénat et réduisant celui-ci à un rôle très effacé. La première réforme a réussi, bien que la procédure employée semblait discutable quant à sa régularité. La seconde a échoué, en entraînant le départ du général.

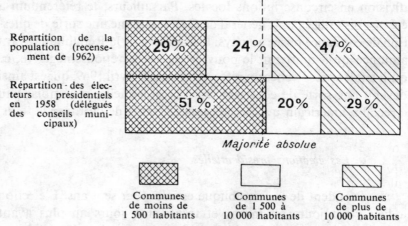

Répartition de la population (recensement de 1962)

Répartition · des électeurs présidentiels en 1958 (délégués des conseils municipaux)

29%   24%   47%

51 %   20%   29%

Majorité absolue

Communes de moins de 1 500 habitants

Communes de 1 500 à 10 000 habitants

Communes de plus de 10 000 habitants

Fig. 6. — Répartition des électeurs présidentiels suivant l'importance des communes (système de 1958)

N.B. — Les pourcentages d'électeurs présidentiels sont calculés sans tenir compte des parlementaires et conseillers généraux : sur ces 3 652 électeurs (en métropole), la proportion de représentants de la population rurale est encore plus forte.

1. *Les candidatures et la campagne électorale*. — Les candidatures à la présidence de la République et la campagne électorale sont réglementées plus sévèrement que celles concernant l'élection à l'Assemblée nationale.

● **La présentation des candidats. —** N'importe quel citoyen n'a pas le droit de poser sa candidature à la présidence de la République. Un système de présentation a été établi par la loi du 6 novembre 1962, modifiée par les lois du 18 juin 1976 et du 13 janvier 1988. Depuis cette dernière, chaque candidat doit être patronné par 500 personnes au moins, lesquelles doivent être membres du Parlement, des conseils régionaux et de l'assemblée de Corse, des conseils généraux, du Conseil de Paris, des assemblées territoriales des territoires d'outre-mer, maires ou membres élus du Conseil supérieur des Français à l'étranger. De plus, parmi les

500 signataires de la présentation, doivent figurer des élus représentant au moins 30 départements ou territoires d'outre-mer différents. Le nombre des signataires issus d'un même département ou TOM est limité à un dixième, cela pour faire en sorte que les candidatures aient une assise nationale. Les présentations sont adressées au Conseil constitutionnel, qui doit s'assurer du consentement des candidats présentés et du dépôt par eux d'une déclaration précisant leur situation patrimoniale. Chaque présentateur adresse au Conseil constitutionnel un formulaire avec signature authentifiée, dix-huit jours au moins avant le premier tour de scrutin. La publication de la liste des 500 premiers présentateurs est assurée par le *Journal officiel* huit jours au moins avant le premier tour. Les listes complètes sont affichées pendant une semaine dans les locaux du Conseil constitutionnel, qui les a ainsi rendues publiques en 1988 et 1995. Il établit aussi la liste des candidats, publiée par le gouvernement quinze jours au moins avant le premier tour.

Les conditions de présentation des candidatures que l'on vient d'exposer ont pour objet d'éviter les candidatures fantaisistes et de garantir que seules des personnalités ayant une certaine notoriété pourront affronter le scrutin. A cet égard, il était apparu que les dispositions de 1962 n'établissaient pas une barrière suffisamment difficile à franchir. Il n'était alors nécessaire que de réunir 100 signatures des élus énumérés plus haut, provenant seulement de 10 départements, et elles restaient secrètes. Rien de plus facile dans un pays où il y a 38 000 maires.

• La réglementation de la campagne électorale. — La réglementation des campagnes électorales présidentielles est analogue dans ses principes de base à celle des campagnes électorales législatives : elle repose sur l'égalité des candidats d'une part et sur la limitation et le contrôle des dépenses d'autre part. On renvoie sur ce point aux règles indiquées plus haut (p. 211 et suiv.). La différence principale tient au rôle du Conseil constitutionnel qui cumule ses fonctions de juge de l'élection exercées aussi par lui pour les législatives et de contrôleur des comptes des dépenses des candidats aux lieux et place de la Commission nationale des comptes de campagne et des financements politiques (cf. p. 212).

Les candidats adressent directement leurs comptes de campagne au Conseil constitutionnel dans les deux mois qui suivent la proclamation par celui-ci des résultats de l'élection. Le Conseil en assure le contrôle et les publie en même temps que sa décision concernant leur approbation, leur rejet ou leur réforme. Le remboursement forfaitaire était du vingtième du plafond des dépenses autorisées pour les candidats ayant obtenu moins de 5 % des suffrages exprimés au premier tour et du quart pour les autres en 1988. Pour les élections de 1995, ces proportions ont été portées respectivement à 8 % et 36 % dudit plafond. Mais l'avance de trois millions de francs accordée à chaque candidat lors de la publication des candidatures a été abaissée à un million : l'excédent de cette somme devant être remboursé si elle est supérieure aux dépenses de campagne. Le solde positif des comptes est dévolu à la Fondation de France.

2. *Le système électoral.* — Le Président de la République est élu au scrutin majoritaire à deux tours. Le second tour à lieu quinze jours après le premier. Il est soumis à une réglementation particulière.

● La limitation du second tour. — Au premier tour, un candidat n'est élu que s'il obtient la majorité absolue — c'est-à-dire la moitié des suffrages exprimés plus un — pour être élu, suivant la règle traditionnelle. Il y a peu de chances qu'une telle situation se réalise dans un pays comme la France, où la multiplicité des partis tend naturellement à une multiplicité de candidatures, entraînant une division des voix. Si l'on appliquait à l'élection présidentielle le même système qu'aux élections législatives, où tous les candidats du premier tour peuvent se représenter au second, on pourrait craindre ainsi que le Président ne soit élu à une majorité relative, ce qui affaiblirait son autorité dans le pays. Pour éviter cela, la loi du 6 novembre 1962 a adopté un système de second tour limité à deux candidats : ainsi, le Président de la République est nécessairement élu à la majorité absolue des suffrages exprimés.

Les dispositions établies à cet égard sont originales. L'idée de base est que peuvent seuls se présenter au second tour les deux candidats arrivés en tête au premier : disposition qui a existé dans certains systèmes majoritaires à deux tours. Mais son application est assouplie par le fait qu'on admet la possibilité de se retirer pour les candidats qui auraient ainsi le droit d'affronter le second tour. Finalement, le second tour voit ainsi s'affronter les deux candidats qui ont recueilli le plus grand nombre de suffrages au premier, après retrait éventuel de candidats plus favorisés. Si au premier tour Durand a obtenu 8 millions de voix, Dupont 7 millions, Duval 6 millions, Dupré 5 millions, etc., c'est normalement Durand et Dupont qui doivent affronter le second tour. Mais, si l'un d'eux se retire, l'autre est en compétition avec Duval ; si les deux se retirent, l'élection se déroule entre Duval et Dupré, etc.

Le système favorise les coalitions. En 1981, par exemple, Jacques Chirac a fait voter pour Valéry Giscard d'Estaing au second tour, pendant que Georges Marchais faisait voter pour François Mitterrand. Les deux le faisaient la mort dans l'âme, mais s'y trouvaient obligés. Ainsi l'élection prenait une physionomie bipolaire, comme au deuxième tour des législatives. Mais le système pourrait donner des résultats aberrants, si deux candidats de tendance voisine se trouvaient en tête pour le second tour : comme cela est arrivé en 1969 pour Georges Pompidou (gaulliste) et Alain Poher (centre droit). Alors, la gauche aurait pu arbitrer entre eux, ce que croyait M. Poher espérant rallier les voix des opposants au régime de la Ve République, qui étaient pour la plupart favorables à un retour au parlementarisme. Mais l'opération a échoué, par l'abstention des communistes et l'insuffisance d'Alain Poher comme candidat.

• Le report éventuel de l'élection. — La loi constitutionnelle du 18 juin 1976 a réglé le problème des difficultés en cas de décès ou d'empêchement d'un candidat pendant la campagne électorale ou entre les deux tours. Si le décès ou l'empêchement se produit dans les sept jours qui précèdent la date limite de dépôt des candidatures (fixée à 18 jours avant le premier tour) et s'il concerne une des personnes ayant publiquement annoncé leur intention d'être candidat moins de trente jours avant cette date, le Conseil constitutionnel peut reporter l'élection, mais n'est pas obligé de le faire. Si le décès ou l'empêchement survient entre les deux tours, le Conseil doit reporter l'élection. Si le décès ou l'empêchement survient entre les deux tours et porte sur l'un des deux candidats les plus favorisés au premier tour ou sur l'un des deux restés en présence, le Conseil doit reporter l'ensemble des opérations électorales, y compris les présentations et les dépôts de candidature. Dans les trois cas, il faut que le Conseil soit saisi par le Président de la République ou le Premier ministre ou le président du Sénat ou le président de l'Assemblée nationale, ou 60 députés ou sénateurs, ou par les parrains habilités à présenter des candidats.

▶ *Les référendums*

Le référendum a été utilisé plusieurs fois dans notre histoire en matière constitutionnelle, depuis la Convention. Les Constitutions de 1793, de l'an III et de l'an VIII, les sénatus-consultes de 1852 et de 1870, la Constitution de 1946 et celle de 1958 ont été approuvés par référendum. Sous la IVᵉ République, le référendum existait pour les révisions de la Constitution. En dehors du domaine constitutionnel, le référendum a été développé surtout dans la Constitution jacobine de 1793 et dans les Constitutions bonapartistes de l'an VIII et de 1851. On ne parlera ici du référendum qu'en tant qu'opération électorale, et de façon sommaire. Le droit de recourir au référendum, qui appartient au Président de la République, sera étudié en même temps que les pouvoirs de celui-ci (cf. p. 284 et 295).

1. *Les différentes catégories de référendums.* — La Constitution ne prévoit explicitement que deux catégories de référendums : celui de l'article 11 et celui de l'article 89. Mais d'autres catégories sont concevables, dont l'une est implicitement envisagée par la Constitution.

• Le référendum de l'article 11. — Dans sa rédaction du 4 août 1995, l'article 11 de la Constitution dispose que le Président de la République peut soumettre au référendum tout projet de loi portant sur l'organisation des pouvoirs publics, sur des réformes relatives à la politique sociale de la nation et aux services publics qui y concourent, ou tendant à autoriser la ratification d'un traité ayant des incidences sur le fonctionnement des institutions.

Cependant, le chef de l'Etat ne peut décider un référendum que si ce dernier lui a été proposé par le gouvernement pendant la durée de la session, ou sur proposition conjointe des deux assemblées. Quand le référendum est organisé sur proposition du gouvernement, la réforme constitutionnelle du 4 août 1995 a décidé que celui-ci doit faire une déclaration devant chaque assemblée, suivie d'un débat, mais non d'un vote. Ainsi les représentants de la nation doivent toujours être consultés désormais avant que les citoyens soient appelés à se prononcer : l'innovation est importante par rapport au texte originel de la Constitution.

On notera que l'article 11 a été utilisé en 1962 et en 1969 pour faire ou tenter des réformes de la Constitution, sans passer par l'adoption préalable du texte par les deux chambres. Juridiquement, cette pratique a d'abord soulevé certaines objections. Politiquement, elle s'est imposée pour empêcher que le Sénat ne puisse plus bloquer tout le mécanisme de révision constitutionnelle. Il n'a pas semblé conforme aux principes de la souveraineté nationale de maintenir une telle prérogative à une assemblée recrutée dans les conditions du Sénat (cf. p. 286-288).

● Le référendum de l'article 89. — L'article 89 de la Constitution prévoit un recours éventuel du référendum pour la révision de la Constitution. La révision est discutée et votée par le Parlement à partir d'un projet du Président de la République ou d'une proposition d'un parlementaire. Les deux assemblées doivent tomber d'accord sur un texte, à partir de ce projet ou de cette proposition. Le Sénat possède à cet égard les mêmes pouvoirs que l'Assemblée nationale, ce qui est tout à fait anormal, étant donné son mode de recrutement. Une fois le texte de la révision adopté par les deux assemblées, il est soumis normalement à référendum. Toutefois, le Président de la République peut préférer soumettre le texte au « Congrès du Parlement », formé par la réunion de l'Assemblée nationale et du Sénat siégeant ensemble : le texte doit alors réunir les trois cinquièmes des suffrages exprimés. Mais cette option ne s'applique qu'aux révisions partant d'un projet présidentiel. Celles partant d'une proposition parlementaire ne peuvent être soumises qu'au référendum.

Le projet de révision soumis aux chambres par le président Pompidou en 1973 soulève à cet égard un problème important. Les deux assemblées acceptèrent successivement, les 16 et 18 octobre, le projet de réduction à cinq ans du mandat présidentiel. Mais le total des suffrages n'atteignait pas les trois cinquièmes du Congrès s'il avait été réuni, et le recours au référendum semblait risqué. Le Président de la République avait-il le droit de ne soumettre le projet ainsi voté ni au référendum, ni au Congrès ? — La question a été résolue l'année suivante, où le président Giscard d'Estaing a eu le même comportement (cf. p. 295).

● Les autres référendums. — L'article 53 de la Constitution dispose que « nulle cession, nul échange, nulle adjonction de territoire n'est valable sans le consentement des populations interessées ». Le Conseil constitutionnel estime que ce texte est également applicable « dans l'hypothèse où un territoire cesserait d'appartenir à la République pour constituer un Etat indépendant ou y être rattaché » (décision du 30 décembre 1975). Cela s'est fait en juillet 1962 pour l'Algérie, en 1966 et en 1977 à Djibouti, en 1974 aux Comores. Le principe d'indivisibilité de la République implique aussi l'organisation d'un référendum national si le territoire est un département, comme pour l'Algérie en avril 1962 (cf. p. 198).

Le référendum organisé en Grande-Bretagne en 1975 sur l'adhésion au Marché commun pose le problème de ce qu'on pourrait appeler le référendum consultatif : le Parlement décidant de prendre l'avis de la nation, pour qu'elle donne son opinion sur une question qui le divise. Juridiquement, les électeurs ne tranchent pas eux-mêmes. Mais le Parlement est naturellement porté à suivre leur choix. Le procédé avait été plusieurs fois proposé à Londres : en 1894 pour l'octroi de l'autonomie à l'Irlande, en 1911 pour la réforme de la Chambre des Lords, en 1930 pour l'institution d'une zone de libre-échange dans l'Empire britannique, en 1945 pour la prorogation de la Chambre des Communes. Le succès du référendum de 1975 conduisit à renouveler la consultation populaire pour les projets de dévolution des pouvoirs à l'Eire et au pays de Galles.

2. *L'organisation des référendums.* — Deux points doivent être signalés à cet égard ; la réglementation de la propagande électorale et l'usage plébiscitaire des référendums.

● L'organisation de la propagande électorale. — En l'absence de réglementation générale, l'usage s'est établi d'attribuer aux partis politiques les mêmes facilités que pour les élections, notamment pour l'accès à la télévision et à la radiodiffusion, l'usage des panneaux électoraux, le remboursement des frais d'affichage. Une évolution intéressante s'est produite à cet égard. Au référendum de 1958, l'accès à la radio et à la télévision fut accordé de façon très libérale en apparence, puisque 23 organisations en bénéficièrent : mais la majorité d'entre elles se prononçait pour le « oui » et certaines paraissaient constituées pour la circonstance. Aux référendums de 1961 et de 1962, seuls ont pu accéder à la télévision et à la radio les partis politiques représentés à l'Assemblée nationale : 6 en 1961, 7 en avril 1962, 6 en octobre 1962. Chacun avait droit à un panneau électoral auprès de chaque bureau de vote, au remboursement de deux affiches par panneau et à dix minutes d'antenne à la radiotélévision.

En 1969, une innovation très importante est intervenue. Au lieu d'accorder le même temps d'antenne à tous les partis ayant accès à la propagande officielle, ce temps a été partagé en deux moitiés égales, l'une pour la majorité, l'autre pour l'opposition. Le système était la conséquence de l'évolution des partis et de la polarisation majoritaire. En même temps, l'accès des partis à la propagande a été accordé aux formations politiques constituant un groupe parlementaire à l'Assemblée nationale et au Sénat. Cela peut être critiqué, l'isolement d'un parti au scrutin majoritaire pouvant aboutir à le priver d'une représentation parlementaire suffisante, alors qu'il possède une forte implantation dans le pays : ainsi, de 1958 à 1962, le parti communiste n'a eu que 2 % des sièges à l'Assemblée nationale, où il ne formait pas un groupe, alors qu'il réunissait près de 19 % des suffrages exprimés.

● L'usage plébiscitaire du référendum. — Dans le langage politique français, le référendum est le vote sur un texte que les électeurs approuvent ou rejettent, le plébiscite est le vote de confiance accordé à un homme qui quitte le pouvoir s'il n'obtient pas la majorité des suffrages populaires. Sous le général de Gaulle, le référendum a réuni généralement ce double caractère. Il comportait d'une part l'approbation d'un texte d'ordinaire assez compliqué, sauf celui de 1962 sur l'élection du Président au suffrage universel. Il impliquait d'autre part un vote personnel de confiance. Cependant, l'annonce de la démission en cas d'échec n'a été faite en clair que deux fois. En octobre 1962, où le général déclare aux Français : « Si votre réponse est non, si la majorité des oui est faible, médiocre et aléatoire, ma tâche sera terminée aussitôt et sans retour. » En 1969, où il déclare : « Ma tâche actuelle de chef de l'Etat deviendra évidemment impossible et je cesserai aussitôt d'exercer mes fonctions », en cas de victoire du non. En 1961, il dit seulement : « Quel coup serait porté, m'empêchant de poursuivre ma tâche! » En avril 1962, il est plus vague encore : « Les Français prouveront que j'ai leur confiance pour aujourd'hui et pour demain » : mais il s'agit alors d'un référendum de consensus, portant sur les accords d'Evian. Le départ du général après l'échec du 27 avril 1969 donne à ce référendum un caractère démocratique très éloigné du sens péjoratif qu'on donne au terme « plébiscite ».

LES DIFFÉRENTES ÉLECTIONS PRÉSIDENTIELLES. — Six élections présidentielles ont eu lieu depuis la réforme de 1962 : en 1965, 1969, 1974, 1981, 1988 et 1995. Elles ont été très différentes. — Sur leur influence générale, cf. p. 233.

1° *L'élection des 5-19 décembre 1965.* — La première application de la réforme constitutionnelle de 1962 s'est déroulée dans un cadre bipolaire. Les partis de gauche se sont unis pour présenter un candidat unique dès le premier tour, le parti communiste acceptant de soutenir la candidature de François Mitterrand, qui était également soutenu par le parti socialiste SFIO, le PSU et les radicaux (sauf quelques exceptions). L'alliance ouverte entre communistes et gauche non communiste, qui ont mené une campagne commune et tenu des conférences de presse communes, était un fait nouveau très important. Depuis 1947, les communistes étaient isolés. Aux élections législatives de 1962, des accords tactiques en vue du second tour avaient été conclus entre les socialistes et eux, mais de façon assez discrète. L'alliance de 1965 annonce le programme commun de 1972.

En face du bloc de gauche qui a réuni 32,2 % des suffrages exprimés au premier tour, le général de Gaulle a regroupé l'essentiel du bloc conservateur-libéral, en mordant aussi sur les électeurs de gauche : il a réuni ainsi 43,7 % des suffrages exprimés au premier tour. Entre ces deux blocs, les candidats centristes ont été laminés, sauf Jean Lecanuet (MRP) qui a réuni 15,8 % des suffrages exprimés.

2° *L'élection des 1er-15 juin 1969.* — Dans la seconde élection présidentielle, la gauche non communiste a brutalement changé de stratégie : elle soutient en fait une tentative d'alliance centriste derrière la personne du président du Sénat, Alain Poher, qui remplit alors les fonctions de Président de la République par intérim. Pour masquer l'opération, le parti socialiste présente un candidat au premier tour, Gaston Defferre, qui devait se retirer au second tour en faveur de M. Poher. Les états-majors politiques traditionnels espèrent ainsi revenir au régime parlementaire de 1875-1958 en faisant élire un Président de la République effacé, anodin, sans personnalité, et situé à la charnière des grandes tendances de l'opinion. L'opération échoue totalement. Au premier tour, Gaston Defferre s'effondre malgré le soutien de Pierre Mendès France. Il réunit seulement 5,02 % des suffrages. Au second tour, les deux candidats de la droite restent face à face : Georges Pompidou (qui a eu 44 % des suffrages exprimés) et Alain Poher (23,4 %). Les communistes refusent de choisir entre « bonnet blanc et blanc bonnet » et font une

	1er tour			2e tour		
1965						
Inscrits	28 233 167			28 223 198		
Votants	24 001 961			23 862 653		
% abstentions	14,99 %			15,45 %		
Exprimés	23 557 669			23 197 512		
		% inscrits	% exprimés		% inscrits	% exprimés
DE GAULLE	10 386 734	36,78 %	43,71 %	12 643 527	44,79 %	54,51 %
MITTERRAND	7 658 792	27,12 –	32,23 –	10 553 985	37,39 –	45,49 –
LECANUET	3 767 404	13,34 –	15,85 –			
TIXIER - VIGNANCOUR	1 253 958	4,44 –	5,27 –			
MARCILHACY	413 129	1,46 –	1,73 –			
BARBU	277 652	0,98 –	1,16 –			
1969						
Inscrits	28 774 041			28 761 494		
Votants	22 492 059			19 854 087		
% abstentions	21,83 %			30,96 %		
Exprimés	22 204 687			18 558 871		
		% inscrits	% exprimés		% inscrits	% exprimés
POMPIDOU	9 761 297	33,92 %	43,96 %	10 688 183	37,16 %	57,59 %
POHER	5 201 133	18,07 –	23,42 –	7 870 688	27,36 –	42,41 –
DUCLOS	4 779 539	16,61 –	21,52 –			
DEFFERRE	1 127 733	3,91 –	5,07 –			
ROCARD	814 051	2,82 –	3,66 –			
DUCATEL	284 697	0,98 –	1,28 –			
KRIVINE	236 237	0,82 –	1,06 –			

Fig. 7. — Résultats des élections présidentielles

	1er tour			2e tour		

1974

Inscrits	29 778 550			29 774 211		
Abstentions	4 492 715 (15,08 %)			3 605 969 (12,11 %)		
Votants...........	25 285 835 (84,91 –)			26 168 242 (87,88 –)		
Blancs ou nuls	228 264 (0,76 –)			348 629 (1,17 –)		
Suffrages exprimés ..	25 057 571 (84,14 –)			25 819 613 (86,71 –)		

		% inscrits	% exprimés		% inscrits	% exprimés
GISCARD D'ESTAING .	8 253 856	27,71	32,93	13 082 006	43,93	50,66
MITTERRAND	10 863 402	36,48	43,35	12 737 607	42,78	49,33
CHABAN-DELMAS	3 646 209	12,24	14,55			
ROYER	808 825	2,71	3,22			
LAGUILLER	591 339	1,98	2,35			
DUMONT	336 016	1,12	1,34			
LE PEN	189 304	0,63	0,75			
MULLER	175 142	0,58	0,69			
KRIVINE	92 701	0,31	0,36			
RENOUVIN	42 719	0,14	0,17			
SEBAG	39 658	0,13	0,15			
HÉRAUD	18 340	0,06	0,07			

1981

Inscrits	35 517 816			35 462 661		
Abstentions	6 519 319 (18,35 %)			4 813 679 (13,57 %)		
Votants...........	28 998 497 (81,64 –)			30 648 982 (86,43 –)		
Blancs ou nuls	480 837 (1,35 –)			876 258 (2,47 –)		
Suffrages exprimés ..	28 517 660 (80,29 –)			29 772 724 (83,96 –)		

		% inscrits	% exprimés		% inscrits	% exprimés
MITTERRAND	7 439 577	20,94	26,08	15 548 270	43,84	52,22
GISCARD D'ESTAING .	7 933 963	22,33	27,82	14 224 454	40,11	47,77
CHIRAC	5 141 063	14,47	18,02			
MARCHAIS	4 415 028	12,43	15,48			
LALONDE	1 118 885	3,15	3,92			
LAGUILLER	661 523	1,86	2,31			
CRÉPEAU	639 238	1,79	2,24			
DEBRÉ	469 249	1,32	1,64			
GARAUD	380 815	1,07	1,33			
BOUCHARDEAU.......	318 319	0,89	1,11			

Fig. 7. — Résultats des élections présidentielles (suite)

	1er tour	2e tour

1988

Inscrits	38 128 507			38 168 869		
Abstentions	7 100 535 (18,62 %)			6 083 798 (15,93 %)		
Votants	31 027 972 (81,37 −)			32 085 071 (84,06 −)		
Blancs ou nuls	621 934 (1,63 −)			1 161 822 (3,04 −)		
Suffrages exprimés ..	30 406 038			30 923 249		

		% Inscrits	% Exprimés		% Inscrits	% Exprimés
MITTERRAND	10 367 220	27,19	34,09	16 704 279	43,76	54,02
CHIRAC	6 063 514	15,90	19,94	14 218 970	37,25	45,98
BARRE.............	5 031 849	13,19	16,54			
LE PEN	4 375 894	11,47	14,39			
LAJOINIE	2 055 995	5,39	6,76			
WAECHTER	1 149 642	3,01	3,78			
JUQUIN	639 084	1,67	2,10			
LAGUILLER	606 017	1,58	1,99			
BOUSSEL	116 823	0,30	0,38			

1995

Inscrits	39 992 912			39 976 944		
Abstentions	8 647 118 (21,62 %)			8 131 125 (20,35 %)		
Votants	31 345 794 (78,37 −)			31 845 819 (79,66 −)		
Blancs et nuls	883 161 (2,20 −)			1 902 148 (4,75 −)		
Suffrages exprimés ..	30 462 633 (76,17 −)			29 943 671 (74,90 −)		

		% Inscrits	% Exprimés		% Inscrits	% Exprimés
CHIRAC	6 348 375	15,87	20,83	15 763 027	39,43	52,64
JOSPIN	7 097 786	17,74	23,29	14 180 644	35,47	47,36
BALLADUR	5 658 796	14,14	18,57			
LE PEN	4 570 838	11,42	15,00			
HUE	2 632 460	6,58	8,64			
LAGUILLER	1 615 552	4,03	5,30			
DE VILLIERS	1 443 186	3,60	4,73			
VOYNET	1 010 681	2,52	3,31			
CHEMINADE	84 959	0,21	0,27			

Fig. 7. — Résultats des élections présidentielles (fin)

vigoureuse campagne pour l'abstention. Georges Pompidou est élu avec 57,6 % des suffrages contre 42,4 à Alain Poher.

3° *L'élection des 5-19 mai 1974*. — Elle a été provoquée par la mort du président Georges Pompidou le 2 avril 1974. La campagne électorale n'est plus axée, comme en 1969, sur le problème des institutions. L'élection du Président de la République au suffrage universel apparaît désormais comme une donnée incontestée.

La gauche est unie dès le premier tour derrière François Mitterrand. La droite est divisée entre Jacques Chaban-Delmas, gaulliste, et Valéry Giscard d'Estaing qui rallie à lui la droite traditionnelle, les centristes, et une partie des gaullistes entraînés par Jacques Chirac. M. Chaban-Delmas est largement distancé, avec 15,10 % des suffrages exprimés, tandis que M. Giscard d'Estaing obtient 32,60 % des voix. M. Mitterrand est largement en tête avec 43,24 % des suffrages. La division du pays en deux camps a rarement été aussi nette. La tendance à la bipolarisation constatée depuis plusieurs années trouve son achèvement avec le ralliement officiel des centristes à la majorité de droite.

4° *L'élection des 26 avril-10 mai 1981*. — Elle ouvre la grande alternance qui porte la gauche au pouvoir, en éliminant la majorité qui gouvernait depuis 1958. La bipolarisation est aussi tranchée qu'en 1974, mais chacun des deux camps est cette fois déchiré par un conflit intérieur. Depuis 1976, les anciens gaullistes regroupés derrière Jacques Chirac mènent la vie dure au président Giscard d'Estaing et à ses partisans, sans rompre l'alliance de droite. Depuis 1977, Georges Marchais et les communistes mènent la vie dure à François Mitterrand et aux socialistes, sans rompre l'alliance électorale de la gauche au second tour. Au fond, Chirac souhaite la défaite de Giscard et Marchais celle de Mitterrand : mais ni l'un ni l'autre ne peuvent le dire.

La grande surprise du 1er tour est la chute du parti communiste qui n'obtient que 15,5 % des suffrages, soit 6 points de moins qu'aux présidentielles de 1969 et 5 points de moins qu'aux législatives de 1978. Désormais le PC ne fait plus peur dans une alliance avec des socialistes, dont le candidat François Mitterrand dépasse Marchais de plus de 10 points, avec 26 % des suffrages.

5° *L'élection des 24 avril-8 mai 1988*. — Elle est dominée par la maîtrise d'un François Mitterrand qui apparaît comme le père d'une « France unie » et les déchirements d'une droite où Jacques Chirac s'efforce avant tout d'enlever des électeurs au Front national pour se trouver au premier tour devant un Raymond Barre qui serait en meilleure posture que lui pour affronter au second tour le président sortant. Chirac parvient à devancer Barre, mais de 3 points seulement, et il n'empêche pas Le Pen de réunir près de 15 % des suffrages exprimés. François Mitterrand gagne facilement la finale, en devançant son challenger par plus de 8 points : premier Président de la République à obtenir deux fois de suite l'investiture populaire. Les communistes sont tombés à 6,76 % des suffrages.

6° *L'élection des 23 avril - 7 mai 1995.* — Elle est tout à fait exceptionnelle par la situation des deux grands partis politiques qui dominent le bipartisme. Le RPR voit s'affronter au 1ᵉʳ tour deux candidats qui lui appartiennent : son président Jacques Chirac et le Premier ministre que celui-ci a chargé de gouverner à sa place après la victoire de la droite aux élections législatives de 1993 : Edouard Balladur, qui devançait nettement son concurrent dans les sondages, jusqu'au mois de mars. Le Parti socialiste est en pleine crise de leadership, après l'éviction successive de Laurent Fabius et de Michel Rocard, qui laisse la place à un premier secrétaire de transition. Dans les derniers mois de 1994, il espérait que Jacques Chirac — depuis dix ans président de la Commission de l'Union européenne — serait son candidat à l'Elysée qui avait toutes les chances de gagner l'élection. Après le refus de Jacques Chirac en décembre, son premier secrétaire de 1981, Lionel Jospin, retiré des affaires publiques depuis plusieurs mois, fut désigné comme candidat par le vote de tous les militants, où il réunit les deux tiers des suffrages contre le premier secrétaire. Après une excellente campagne électorale, il arriva en tête au premier tour avec 23,2 % des suffrages, Jacques Chirac le suivant avec 20,5 % contre 18,5 % à Edouard Balladur, Le Pen obtenant 15,3 % des suffrages exprimés, le communiste Robert Hue 8,7 % et le réactionnaire Philippe de Villiers 4,8 %. Malgré le total écrasant des suffrages de la droite (près de 60 %), Lionel Jospin réunit 47,3 % des suffrages au second tour où Jacques Chirac fut élu avec 52,7 %. — Cf. Jean Charlot, *Pourquoi Jacques Chirac ?*, 1995.

L'USAGE DU RÉFÉRENDUM. — Sous la Vᵉ République, un seul référendum de l'article 89 a eu lieu : celui du 28 septembre 1958, sur la nouvelle Constitution (cf. p. 174). Ses révisions ultérieures par l'article 89 ont été faites suivant la procédure du Congrès (cf. plus loin, p. 380). Six référendums de l'article 11 ont eu lieu : quatre sous le général de Gaulle, un sous Georges Pompidou et un sous François Mitterrand (cf. fig. 8, p. 252).

1. *Le référendum du 8 janvier 1961.* — Il portait sur le droit à l'autodétermination de l'Algérie. Il marque la rupture entre le général de Gaulle et l'extrême droite qui soutient l'Algérie française. Les abstentions s'élèvent à 23,5 %, les « oui » représentent 75,25 % des suffrages exprimés et les « non » 24,75 %.

2. *Le référendum du 8 avril 1962.* — Il portait sur l'approbation des accords d'Evian accordant l'indépendance à l'Algérie si les populations choisissaient cette solution lors du référendum local d'autodétermination. Les abstentions atteignirent 24,4 %, les « oui » réunirent 90,7 % des suffrages exprimés, les

« non » 9,3 % seulement. C'est le type même d'un « référendum de consensus »,
permettant de mobiliser l'ensemble des citoyens sur un problème d'intérêt
national que les parlementaires n'ont pas le courage de résoudre.

3. *Le référendum du 28 octobre 1962.* — Il portait sur l'élection du Président au suffrage universel, en écartant la procédure de l'article 89 par l'usage
de l'article 11. Les abstentions descendent à 22,75 %, les « oui » réunissent
61,75 % des suffrages exprimés et les « non » 38,25 %.

4. *Le référendum du 27 avril 1969.* — Il portait sur la réforme des régions
et du Sénat (cf. p. 234). Son échec provoque le départ du général de Gaulle.
Les abstentions sont faibles (19,4 %), les « oui » ne réunissent que 46,8 %
tandis que les « non » s'élèvent à 53,2 %. C'est le second référendum de notre
histoire qui échoue, après celui du 5 mai 1946 sur le premier projet de Constitution présenté après la Libération (cf. p. 150).

5. *Le référendum du 23 avril 1972.* — Il portait sur le traité d'adhésion aux
Communautés européennes de la Grande-Bretagne, du Danemark, de la
Norvège et de l'Islande. Le Président Pompidou espérait ainsi réunir une forte
majorité, les socialistes étant très partisans de cette adhésion. Mais ils décidèrent de s'abstenir pour ne pas apporter leur soutien au Président. Les abstentions s'élevèrent ainsi à 39,3 %, record historique depuis un siècle et demi.
Les « oui » réunirent 67,7 % des suffrages exprimés : mais cela ne représentait
que 32,3 % des inscrits.

6. *Le référendum du 6 novembre 1988.* — Sur l'initiative réelle du Premier
ministre Michel Rocard (innovation dans l'histoire de la Ve République), ce
référendum soumit au peuple français un projet de loi organisant la coopération
des Européens et des Canaques en Nouvelle-Calédonie entérinant l'accord
des deux communautés obtenu par Michel Rocard après le terrible affrontement
qui avait fait dix-neuf morts en avril. Les 80 % de « oui » sont affaiblis par 63 %
d'abstentions, les métropolitains ne s'intéressant guère à ce lointain territoire
d'outre-mer.

7. *Le référendum du 20 septembre 1992.* — La loi constitutionnelle du
25 juin 1992 ayant modifié la Constitution pour permettre la ratification du
traité européen de Maastricht, comme le Conseil constitutionnel l'avait jugé
nécessaire dans sa décision du 9 avril, il n'était pas indispensable de consulter
les Français sur ce point, par voie de référendum. Le président Mitterrand
décida de le faire en pensant qu'il obtiendrait ainsi une large majorité, les
citoyens semblant alors très favorables à l'Union européenne. La campagne
fut très mal menée par le gouvernement et très bien conduite par l'opposition,
grâce aux talents conjugués de Philippe Seguin et Charles Pasqua. Le « oui »
l'emporta de très peu : 51,04 % des suffrages exprimés, contre 48,95 % de non,
et 30,3 % d'abstentions.

Date de la consultation	Questions ou sujet	Electeurs inscrits	Votants	% abstentions	Exprimés	Oui	Non	% par rapport inscrits Oui	Non	% par rapport exprimés Oui	Non
4 août 1793	Sur la Constitution du 24 juin 1793.	7 000 000	1 868 924	73,3 %	1 866 613	1 853 847	12 766	26,48 %	0,18 %	99,32 %	0,68
Sept. 1795.......	Sur la Constitution du 5 fructidor an III.	7 000 000		86,3 – (1)	956 745	914 853	41 892	13,06 –	0,59 –	95,62 –	4,38
22 et 30 août 1795	Sur le Décret des 2 tiers.	7 000 000		96,2 – (1)	263 131	167 758	95 373	2,39 –	1,36 –	63,75 –	36,25
7 févr. 1800	Sur la Constitution du 22 frimaire an VIII : Consulat.	7 000 000		56,9 – (1)	3 012 569	3 011 007	1 562	43,01 –	0,02 –	99,99 –	0,01
	Sur le Senatus-consulte du 16 thermidor an X : Consulat à vie.	7 000 000		48,8 – (1)	3 577 259	3 568 185	9 074	50,97 –	0,12 –	99,74 –	0,26
	Sur le Senatus-consulte du 22 fl. an XII : Empire.	7 000 000		56,7 – (1)	3 072 479	3 069 911	2 568	43,79 –	0,03 –	99,88 –	0,12
30 mai 1815	Sur l'acte additionnel aux Constitutions de l'Empire du 22 avril 1815.	7 000 000		81,2 – (1)	1 309 512	1 305 206	4 206	18,64 –	0,06 –	99,65 –	0,35
20-21 déc. 1851 ..	Sur la présid. décennale.		8 116 773		8 079 953	7 439 216	640 737			92,06 –	7,94
21 et 22 nov. 1852	Sénatus-consulte du 7 novembre 1852 : Empire.		8 140 660		8 077 334	7 824 189	253 145			96,87 –	3,13
8 mai 1870....	Sur le S.-c. du 21 mai 1870.	10 939 384	9 044 703	16,5 –	8 930 725	7 358 786	1 571 939	67,27 –	14,36 –	82,4 –	17,6
3 nov. 1870....	Plébiscite à Paris.				620 634	557 996	62 638			90 –	10
21 oct. 1945....	1re question (2).	25 622 862	19 654 284	20,1 –	18 628 540	17 957 868	670 672	72,9 –	2,7 –	96,4 –	3,6
5 mai 1946....	2e question (3).	24 622 862	19 654 284	20,1 –	18 598 394	12 317 882	6 271 512	50 –	25,4 –	66,27 –	33,73
5 mai 1946....	Projet de Const.	24 657 128	19 895 411	19,3 –	19 382 357	9 109 771	10 272 586	36,9 –	41,6 –	47 –	53
13 oct. 1946....	Const. du 27 oct. 1946.	25 072 910	17 192 791	31,4 –	16 869 401	9 039 032	7 830 369	36 –	31,2 –	53,57 –	46,43
28 sept. 1958....	Const. du 4 oct. 1958.	26 603 464	22 596 850	15,06 –	22 293 301	17 668 790	4 624 511	66,41 –	17,38 –	79,25 –	20,75
8 janv. 1961....	Autodéterm. en Algérie.	27 184 408	20 791 246	23,51 –	20 196 547	15 200 073	4 996 474	55,91 –	18,37 –	75,26 –	24,74
8 avr. 1962....	Accords d'Evian et délégation de pouvoirs pour application.	26 991 743	20 401 906	24,41 –	19 303 668	17 508 607	1 795 061	64,86 –	6,65 –	90,71 –	9,29
28 oct. 1962....	Election Pr. Rép. au suffrage universel.	27 582 113	21 301 816	22,76 –	20 742 058	12 809 363	7 942 695	46,44 –	28,76 –	61,75 –	38,25
27 avr. 1969....	Région. et réforme Sénat.	28 656 494	23 091 019	19,42 –	22 458 888	10 515 655	11 943 233	36,69 –	41,67 –	46,82 –	53,18
23 avr. 1972....	Europe (4).	29 071 070	17 641 840	39,51 –	15 511 225	10 502 756	5 008 469	36,12 –	17,22 –	67,71 –	32,28
6 nov. 1988	Nouvelle-Calédonie (5).	38 039 735	14 043 134 (6)	63,09 –	12 371 041	9 896 298	2 474 743	26,01 –	6,50 –	79,99 –	20
20 sept. 1992 (7)	Traité sur l'Union européenne (Maastricht).	38 305 534	26 695 951	30,30 –	25 786 574	13 162 992	12 623 582	34,36 –	32,95 –	51,04 –	48,95

SOURCES. — Pour 1793 et 1795, G. PARISET, *La Révolution (1792-1799)*, tome II de E. LAVISSE, *Histoire de France contemporaine*, 1928. — Pour 1800, G. PARISET, *Le Consulat et l'Empire*, ibid., tome III. — Ensuite : documents officiels. — Pour la IVe et la Ve République, chiffres de la métropole seulement.

(1) Le nombre précis d'électeurs étant inconnu avant 1852, on l'a calculé approximativement entre 1793 et 1815 sur la base du quart de la population environ. Le pourcentage d'abstentions indiqué est donc lui-même approximatif.

(2) « Voulez-vous que l'Assemblée élue ce jour soit constituante ? »

(3) « Approuvez-vous que les Pouvoirs publics soient, jusqu'à la mise en vigueur de la nouvelle Constitution, organisés conformément aux dispositions du projet de loi dont le texte figure au verso de ce bulletin ? »

(4) Ratification du traité relatif à l'adhésion à la Communauté européenne et à la Communauté européenne de l'Energie atomique, du royaume du Danemark, de l'Islande, du royaume de Norvège et du Royaume-Uni de Grande-Bretagne et d'Irlande du Nord, signé à Bruxelles le 22-1-1972.

(5) « Approuvez-vous le projet de loi soumis au peuple français par le Président de la République et portant dispositions statutaires et préparatoires à l'autodétermination de la Nouvelle-Calédonie en 1998. « Outre-mer, 216 218 votants sur 965 110 inscrits (22,40 %) et 199 085 suffrages exprimés (oui : 159 675 (80,20 %), non : 39 410 (19,79 %), blancs ou nuls 17 033 (1,76 %)).

(6) 1 672 093 votants ont déposé un bulletin blanc ou nul, soit une proportion de 4,39 % d'électeurs inscrits.

(7) 909 377 votants ont déposé un bulletin blanc ou nul, soit une proportion de 2,37 % d'électeurs inscrits.

Fig. 8. — Plébiscites et référendums

3 | LES ÉLECTIONS EUROPÉENNES

Depuis 1979, l'Assemblée des Communautés européennes est élue au suffrage universel direct. Elle porte le nom de Parlement européen depuis l'Acte unique de 1986. L'élection de ses députés relève du droit constitutionnel français dans la mesure où elle est réglée par une loi du 7 juillet 1977, modifiée par la loi organique du 19 janvier 1995.

▶ *Les règles européennes*

Les règles de l'élection des députés français au Parlement européen sont établies dans le cadre de celles posées par l'Union européenne, conformément aux principes des articles 88-1 et suivants de la Constitution française. Elles concernent à la fois le droit de vote, le statut des élus et la procédure électorale.

1. *Le droit de vote et le statut des élus.* — Jusqu'au traité de Maastricht signé en 1992, le droit de vote était réglé par chaque Etat membre suivant ses dispositions nationales relatives au suffrage universel. Depuis ce traité une règle européenne fondamentale s'impose à eux : tout citoyen de l'Union peut voter aux élections européennes dans son pays de résidence, même s'il n'en a pas la nationalité. La situation ressemble à celle des élections locales (cf. plus haut, p. 200), mais il est moins facile aux étrangers de l'Union de voter dans celle-ci que de voter aux élections européennes.

● *Le droit de vote des citoyens européens.* — Il a existé dans un Etat avant le traité de Maastricht, par suite d'une loi nationale. La Belgique avait manifesté une évolution dans ce sens, mais n'a pu la mener à terme. Au contraire, l'Italie a voté en mars 1989 une loi permettant à tout citoyen d'un Etat membre d'être candidat dans ses élections au Parlement européen. La Cour constitutionnelle de Rome a validé cette loi, sur recours d'un citoyen italien contre la candidature de l'auteur du présent manuel, qui est devenu député français d'Italie au Parlement européen de 1989 à 1994. Cette loi italienne était plus large que le traité de Maastricht, puisqu'elle n'imposait aucune condition de résidence, à la différence de celui-ci. Il est vrai que les règles appliquées en matière de résidence restent très vagues : elles exigent seulement que le citoyen européen précise son adresse dans le pays étranger où il désire voter.

Aucun député étranger à l'Etat où il était candidat n'a été élu en 1994. Il est probable que cette situation durera longtemps, les partis politiques nationaux n'étaient pas favorables à céder un siège à un étranger, alors qu'ils sont les maîtres de l'élection dans les pays proportionnalistes. En Grande-Bretagne, où le scrutin est uninominal et majoritaire, ce sont les électeurs eux-mêmes qui n'accepteront pas facilement d'être représentés par un étranger. Le député français d'Italie dans la législature 1989-1994 a bénéficié de la situation exceptionnelle d'un parti exceptionnel : le Parti communiste italien que Berlinguer avait engagé depuis des années dans la voie de la social-démocratie. La caution d'un intellectuel libéral lui était utile pour attester et aider sa volonté de se transformer en Parti démocratique de la gauche (PDS, la gauche se disant « sinistra ») et adhérer à l'Internationale socialiste, ce qu'il fit en 1990. On peut craindre que cet exemple reste unique pendant longtemps.

• Le statut des élus fixé par l'Union. — Ses règles sont très limitées. L'éligibilité et la compatibilité du mandat sont fixées par chaque Etat. L'Union précise qu'un député européen peut être aussi député national, mais la plupart des Etats ont décidé le contraire. Si le Parlement européen est maître de la décision en ce qui concerne les immunités, il a décidé d'appliquer la législation nationale aux élus concernés. Notons cependant que les députés européens bénéficient de tous les privilèges et immunités de l'Union européenne, sur l'ensemble des Etats membres.

2. *La procédure électorale de l'Union.* — L'article 137 du traité de Rome de 1957 déclare que le Parlement européen « est composé de représentants des peuples des Etats réunis dans la Communauté », mais il ne réglemente leur procédure d'élection que sur quelques points secondaires, l'essentiel étant renvoyé à plus tard.

• La future procédure électorale uniforme. — L'article 138, modifié en 1976 par une décision du Conseil de la Communauté, se borne à préciser que le Parlement européen est élu au suffrage universel direct et à fixer le nombre des députés de chaque Etat membre. Son troisième paragraphe décide que « le Parlement européen élaborera des projets en vue de permettre l'élection au suffrage universel direct selon une procédure uniforme dans tous les Etats membres » et que « le Conseil statuant à l'unanimité arrêtera les dispositions dont il recommandera l'adoption par les Etats membres, conformément à leurs règles constitutionnelles respectives ». Il faut donc réunir un vote du Parlement européen et une décision unanime du Conseil formé par les gouvernements des Etats membres.

La seconde condition sera très difficile à remplir parce que les Etats sont en désaccord sur le système électoral. Certains sont attachés à leur scrutin majoritaire traditionnel, telle la Grande-Bretagne. D'autres ont décidé une proportionnelle nationale, telles la France et l'Espagne, parce qu'elles ne veulent pas favoriser les poussées indépendantistes de certaines régions, comme la Corse, le Pays basque, la Catalogne. D'autres encore tiennent au contraire à une proportionnelle régionale, comme l'Allemagne sous la pression de ses Länder. Toutes ces divisions se retrouvent naturellement dans les votes du Parlement européen, où s'ajoute une nouvelle difficulté : l'idéologie proportionnaliste et régionaliste étant fortement implantée parmi les députés, ce qui n'a pas permis jusqu'ici l'adoption d'un projet sérieux de procédure uniforme.

• Les quelques règles déjà uniformes. — Elles concernent essentiellement la date des élections et la proclamation de leurs résultats. Les élections ont lieu tous les cinq ans. Leur date est fixée par chaque Etat membre, à condition qu'elle se situe pour tous dans une période commençant le jeudi matin et s'achevant le lundi suivant, afin de satisfaire à la fois les Etats où l'on vote le dimanche et les autres. Dans les Etats où l'élection se fait par un scrutin à deux tours, le premier seul doit se dérouler dans la période ainsi définie. Le dépouillement des bulletins ne peut commencer qu'après la clôture du scrutin dans l'Etat membre où les électeurs votent les derniers, afin d'éviter l'influence de certains résultats sur les votes non encore acquis.

▶ *Les règles françaises*

Juridiquement, les élections européennes se déroulent suivant les principes généraux des élections nationales, mais avec un système électoral très particulier. Politiquement, la campagne est dominée par les problèmes politiques nationaux, les questions européennes n'y tenant qu'une place secondaire.

1. *Les règles juridiques*. — Dans le détail, elles sont analogues aux règles des élections nationales. Mais le système électoral est radicalement différent.

• Une proportionnelle nationale. — Bien que le président de la République Valéry Giscard d'Estaing ait joué un grand rôle dans l'adoption par le Conseil européen de l'élection des députés au suffrage universel, il a été très difficile de faire ratifier cette décision par les parlementaires français au moyen d'une loi réglementant cette élection dans leur pays. Ils regrettaient en effet qu'une partie d'entre eux cessent ainsi d'être en même temps députés européens.

L'accord n'a pu se faire que par l'adoption d'un scrutin proportionnel dans le cadre national, ce qui donne aux partis politiques la maîtrise de l'élection. Chacun d'eux doit présenter une liste de 87 candidats parmi lesquels les élus sont désignés suivant l'ordre de la liste, les listes ayant obtenu moins de 5 % des suffrages exprimés ne recevant aucun siège. Ce système n'établit aucun lien entre les élus et les électeurs. Les députés européens sont ainsi inconnus par leurs mandants, d'autant plus que ces derniers n'ont pas grand-chose à leur demander, les votes au Parlement européen ayant peu d'impact direct sur la vie quotidienne des citoyens de l'Union.

    ● *Les modalités pratiques.* — Les élections européennes sont régies par les dispositions du Code électoral, déclare l'article 1ᵉʳ de la loi française du 7 juillet 1977, à une seule exception : les électeurs français résidant dans un autre Etat de l'Union ne peuvent pas voter en France s'ils ont été admis à exercer leur droit de vote pour les élections européennes dans l'Etat de leur résidence. Cette dernière disposition est d'ailleurs difficile à vérifier, et les doubles votes seraient faciles.

    La participation de l'Etat à la propagande est à peu près analogue à celle des élections françaises. Les chaînes publiques de radio et télévision sont mises à la disposition des listes de candidats, gratuitement mais pas également. Celles des partis et groupements représentés par des groupes à l'Assemblée nationale et au Sénat se partagent une durée d'émission de deux heures, celles des autres partis et groupements se partageront une durée d'une demi-heure et chacun ne peut pas disposer de plus de cinq minutes. La loi du 15 janvier 1990 avait plafonné les dépenses électorales à 80 millions de francs par liste, chiffre rabaissé à 56 millions par la loi du 19 janvier 1995.

    2. *La signification politique.* — En théorie, les élections européennes servent à désigner les députés qui participent à l'exercice

du pouvoir législatif de l'Union à travers le Parlement européen. En pratique, elles sont un élément important de la vie politique française, qui révèle des aspects des partis politiques français un peu différents de ceux manifestés dans les élections nationales.

• Une campagne électorale nationale. — Les problèmes européens n'occupent qu'une place très secondaire dans la campagne pour les élections européennes. Cela n'est pas propre à la France. La situation est analogue dans les autres pays européens, même les plus partisans de l'Union européenne. Peut-être le caractère national est-il plus accentué dans notre pays, où des leaders nationaux de premier plan ont été tête de listes dans les élections européennes, tels l'ancien président Valéry Giscard d'Estaing et les anciens Premiers ministres Jacques Chirac, Laurent Fabius et Michel Rocard. Les candidats choisis par les partis dans des positions éligibles sur leurs listes le sont pour des motifs nationaux plutôt qu'européens. Les électeurs et les médias parlent moins des problèmes européens que des problèmes français, pendant la campagne.

• Un sondage d'opinion par référendum. — Politiquement, les élections européennes représentent une sorte de sondage d'opinion par référendum. Considérant que le Parlement européen n'a guère d'importance dans la vie nationale, les électeurs votent suivant leurs préférences idéologiques, c'est-à-dire pour les partis qui sont le plus près de leurs opinions sans tenir compte des conséquences pratiques de leurs votes, lesquelles sont faibles. Ainsi le Front national a-t-il obtenu 11 % des suffrages en 1984, où le talent de son leader a été révélé par sa campagne télévisée, premier succès confirmé ensuite par ses campagnes présidentielles ultérieures. De même, les écologistes ont manifesté leur croissance en 1989 avec 10,5 %, pendant que les dynamismes différents de Bernard Tapie et de Philippe de Villiers valaient à chacun 12 % en 1994.

Sur les élections européennes, cf. la directive du Conseil de l'Union du 19 décembre 1994, *Journal officiel des Communautés*, L 36831, 31 décembre 1994, et le *Code électoral*, Dalloz, 1995, Annexe III.

Chapitre II

LES GOUVERNANTS

Par « gouvernants » on entend ici ce que le droit constitutionnel libéral appelle l' « Exécutif » : c'est-à-dire les organes politiques autres que le Parlement, les juridictions ou les organismes consultatifs. Le terme « Exécutif » est mal choisi, parce que ces organes politiques ne se bornent pas à exécuter les lois et le budget, loin de là. Ils assurent la direction et l'impulsion générale de l'Etat ; ils le gouvernent au sens précis du terme, tandis que le Parlement assure plutôt une fonction de contrôle et de délimitation.

En ce sens, il y a dans la Vᵉ République deux catégories de gouvernants : le Président de la République et le gouvernement. Ce dualisme est beaucoup plus poussé que dans un régime parlementaire, où le Président n'a qu'un rôle d'apparat, où le gouvernement concentre en réalité dans ses mains l'essentiel du pouvoir gouvernemental. Le régime semi-présidentiel établi en 1962 aboutit à une véritable dyarchie, où la répartition de l'autorité n'est pas facile à préciser. Le Président de la République et le gouvernement ne sont pas deux organes absolument séparés, puisque le gouvernement ne peut exercer son pouvoir de décision que de façon collective, au sein du Conseil des ministres qui est présidé par le Président de la République. Le Président fait donc partie du Conseil, c'est-à-dire du gouvernement. Cependant, Président de la République et gouvernement forment deux organes distincts par leur désignation, la durée de leurs fonctions, leur statut et leurs pouvoirs.

1 / Le Président de la République

Le Président de la République a été le chef réel du gouvernement et de la majorité parlementaire dans le système politique français de 1958 à 1986 et de 1988 à 1993. Il l'est de nouveau depuis 1988. Cela lui permet de dépasser les fonctions que lui attribue la Constitution. Elle n'est pas violée par cette pratique, qui repose sur un rapport de forces poussant le Premier ministre, le gouvernement et la majorité à se plier aux directives présidentielles. Mais elle a été mieux respectée lors de la cohabitation du Président avec une majorité opposée de 1986 à 1988 et de 1993 à 1995 (cf. p. 546 et s.). On va décrire ici le statut et les prérogatives juridiques du chef de l'Etat. La pratique effective de ses pouvoirs sera décrite dans la troisième partie de l'ouvrage (p. 518-585).

1 | LE STATUT DU PRÉSIDENT DE LA RÉPUBLIQUE

Chef de l'Etat, le Président de la République est revêtu d'un prestige symbolique. Il représente la nation dans ses relations extérieures, il incarne l'autorité de l'Etat à l'intérieur. Comme tel, sa photographie est dans les mairies et les bâtiments publics. Il est entouré d'honneurs exceptionnels, plus ou moins solennels selon le titulaire de la fonction. Il est protégé contre les attaques personnelles par des dispositions spéciales : l'injure au chef de l'Etat est un délit particulier. Dans le régime semi-présidentiel, il cumule ce prestige symbolique avec un pouvoir réel.

▶ *Le mandat présidentiel*

Le Président de la République exerce un mandat à durée limitée, comme les députés, les sénateurs et les membres des conseils des collectivités locales. Telle n'est pas la situation du Premier ministre ni des ministres, qui exercent des fonctions à durée illimitée, c'est-à-dire pouvant être interrompues à tout moment par un vote de défiance, ou prolongées indéfiniment.

1. *La durée du mandat présidentiel.* — Elle est traditionnellement de sept ans en France, chiffre fixé en 1873 pour permettre au maréchal de Mac-Mahon d'attendre la restauration monarchique souhaitée par la majorité de l'Assemblée nationale, et finalement rendue impossible par le prétendant lui-même, le comte de Chambord (cf. p. 125).

• La querelle du quinquennat. — Seules dans les démocraties européennes de l'Ouest, l'Italie et l'Irlande ont un mandat présidentiel aussi long que le nôtre : mais le chef de l'Etat n'y a qu'un rôle effacé. En France, sur 21 septennats commencés entre 1873 et 1981, dix seulement sont arrivés au terme normal, cinq ont été interrompus par une démission, quatre par un décès (dont deux assassinats : Sadi Carnot en 1894 et Paul Doumer en 1932), et deux par un changement de régime. Quatre seulement ont été renouvelés, mais pour deux le second mandat n'a pas été achevé. Depuis le début de la Ve République, il a été plusieurs fois question de réduire à cinq ans la durée du mandat présidentiel. Le président Pompidou fit voter la réforme les 16 et 19 octobre 1973 par 270 députés contre 211 et 9 abstentions, et par 162 sénateurs contre 112 et 9 abstentions. Cela ne faisait qu'un total de 432 voix alors qu'il en aurait fallu 453 pour atteindre la majorité des trois cinquièmes du Congrès réunissant les deux assemblées, nécessaire pour une révision sans référendum (cf. p. 380). Georges Pompidou ne voulut pas risquer cette consultation populaire.

Le seul argument sérieux des partisans du quinquennat consiste à souligner que la même durée de mandat que les députés éviterait les « cohabitations » de 1986-1988 et 1993-1995. C'est oublier qu'il suffirait d'une dissolution pour que les deux mandats n'aient plus le même point de départ, et ne coïncident plus. Les partisans du maintien du septennat soulignent qu'une durée plus longue du mandat présidentiel permet au Chef de l'Etat de prendre du champ par rapport à la majorité parlementaire.

• La réélection du Président. — Non seulement le mandat présidentiel est long, mais encore il est renouvelable indéfiniment. Par comparaison, le mandat du Président des Etats-Unis est de quatre ans et n'est renouvelable qu'une fois. Dans la 45ᵉ de ses 110 propositions, lors de sa campagne électorale de 1981, François Mitterrand offrait le choix entre deux solutions : soit un mandat de cinq ans renouvelable une seule fois, soit un mandat de sept ans non renouvelable. Après son entrée en charge, il constata que le Sénat n'accepterait aucune révision de la Constitution. Il démontra en 1988 que le septennat n'empêchait pas d'obtenir un second mandat dont les dernières années furent affaiblies par la maladie plutôt que par l'usure du pouvoir suprême.

2. *L'intérim des fonctions présidentielles.* — Le Président peut être suppléé dans l'exercice de certaines fonctions, selon sa volonté : par exemple pour la présidence du Conseil des ministres. La Constitution organise un intérim général en cas de vacance ou d'empêchement.

• La vacance de la présidence ou l'empêchement du Président. — La vacance de la présidence ne concerne pas le Président qui termine son mandat, car l'élection de son successeur doit avoir lieu vingt jours au moins et trente-cinq jours au plus avant l'expiration des pouvoirs du Président en exercice. La vacance de la présidence se produit « pour quelque cause que ce soit » dit l'article 7 de la Constitution, les causes normales étant la démission (exemple du général de Gaulle démissionnant le 28 avril 1969 à 0 h 11, après l'échec du référendum du 27) ou le décès (exemple de Georges Pompidou décédant le 2 avril 1974 à 21 h 15). La vacance ouvre un intérim jusqu'à l'élection du successeur.

L'empêchement résulte du fait que le Président ne peut plus exercer son mandat. L'article 7 de la Constitution confie au Conseil constitutionnel, saisi par le gouvernement, le soin de déclarer l'empêchement (cf. p. 455). L'empêchement ouvre également l'intérim : mais celui-ci n'est pas organisé de la même façon selon qu'il s'agit d'un empêchement provisoire ou d'un empêchement définitif.

• L'organisation de l'intérim. — La constatation de la vacance, ou la déclaration du caractère définitif de l'empêchement ouvrent le délai prévu pour une nouvelle élection, soit entre vingt et trente-cinq jours. En attendant, l'intérim est organisé de façon précise. Sous la Seconde République, il était confié à un vice-président. Sous la IIIe République, il était confié au président du Conseil des ministres (qui correspond à notre Premier ministre), et sous la IVe, au président de l'Assemblée nationale : mais ceux-ci n'avaient pas l'occasion de l'exercer, l'élection du Président par les parlementaires suivant immédiatement sa démission ou son décès. Sous la Ve République, l'intérim est confié au président du Sénat.

Pendant l'intérim où l'on attend l'élection d'un nouveau président, la responsabilité politique du gouvernement ne peut pas être engagée, les députés ne peuvent pas voter la censure, et l'on ne peut pas procéder à une révision de la Constitution sur la base de l'article 89, ces dispositions ayant été ajoutées lors de la réforme de 1976. Le président par intérim est d'autre part privé de deux des pouvoirs les plus importants du Président de la République :

il ne peut ni procéder à un référendum, ni dissoudre l'Assemblée nationale, ces dispositions étant établies dès 1958. Mais il peut recourir à l'article 16. Il peut aussi ratifier des traités, comme Alain Poher l'a fait pendant son intérim pour la Convention européenne des Droits de l'Homme : cet européen actif rompant ainsi avec le gaullisme de la majorité parlementaire et du Président sortant. M. Poher a également profité de son premier intérim, qui le mettait en valeur, pour se porter candidat à la succession présidentielle, sans succès.

Quand l'intérim survient après la déclaration d'un empêchement qui n'est pas encore proclamé définitif, et qui n'ouvre donc pas la perspective d'élections présidentielles, le président par intérim est le même et dispose des mêmes pouvoirs. Par contre, n'existent pas l'interdiction d'engager la responsabilité du gouvernement, de déposer une motion de censure ou d'engager une révision constitutionnelle sur la base de l'article 89.

▶ *L'irresponsabilité théorique du Président de la République*

Officiellement, le Président de la République est irresponsable, sauf dans le cas de haute trahison. Le principe a été posé par l'article 6 de la loi constitutionnelle du 25 février 1875. Il transposait le vieux principe monarchique : « le roi ne peut mal faire », en l'atténuant par une exception mal définie. Appliquée par tous les régimes parlementaires, la règle de l'irresponsabilité a été maintenue dans ses formes traditionnelles par la Constitution de 1958, en son article 68. Elle ne correspond pas à la pratique, même avant la réforme de 1962, même sous les IIIe et IVe Républiques.

1. *La responsabilité devant la Haute Cour de justice.* — Si le principe de cette responsabilité a toujours été maintenu depuis 1875, l'organisation de la Haute Cour chargée de sa mise en œuvre a été plusieurs fois bouleversée.

• L'évolution de la Haute Cour de justice. — Dans la Constitution de 1875, la Haute Cour de justice était constituée par le Sénat lui-même qui se transformait ainsi en Haute Cour s'il était saisi par la Chambre des députés décidant l'accusation. Le système était imité de la Constitution américaine, où la Chambre des Représentants peut engager la procédure de l' « impeachment », notamment contre le Président qui est alors jugé par le Sénat, la condamnation ne pouvant être décidée qu'à la majorité des deux tiers. Un seul Président des Etats-Unis a été soumis à cette procédure : Andrew Johnson, qui fut acquitté le 16 mai 1868, la majorité des deux tiers ayant été manquée d'une voix. Cependant, Richard Nixon a démissionné le 8 août 1974 pour éviter qu'une procédure d' « impeachment » soit engagée contre lui. La procédure française n'a jamais été appliquée à un Président de la IIIᵉ République.

Sous la IVᵉ République, les sénateurs ont été complètement éliminés de la procédure de haute trahison par la Constitution de 1946. La Haute Cour était composée de membres élus par l'Assemblée nationale : pour les deux tiers parmi les députés, pour le dernier tiers en dehors d'eux. Cette Haute Cour n'a jamais siégé.

La Constitution de 1958 a adopté une solution intermédiaire. Les juges de la Haute Cour sont élus moitié par l'Assemblée nationale, moitié par le Sénat (cf. p. 433). La mise en accusation du Président de la République ne peut se faire que par des résolutions votées par l'Assemblée nationale et par le Sénat en des termes identiques au scrutin public et à la majorité absolue des membres les composant. Depuis la réforme constitutionnelle du 27 juillet 1993, seul le Président de la République relève de la Haute Cour de Justice. Il ne peut être déféré devant elle que pour « haute trahison ».

• La définition de la haute trahison. — La Haute Cour se présente comme une juridiction d'exception, ce qui conduit à considérer qu'elle sanctionne une responsabilité pénale. Mais l'infraction qu'elle doit juger n'est définie nulle part, ni la peine qu'elle peut prononcer. Cela est contraire au principe « nullum crimen, nulla poena sine lege ». La Constitution pourrait y déroger, et certains pensent qu'elle l'a fait en créant la haute trahison. D'autres auteurs estiment que la haute trahison serait une sorte de délit politique consistant à violer la Constitution ou à en détourner les procédures, qui ne pourrait être sanctionné que par la destitution du chef de l'Etat. On retrouverait ainsi la procédure américaine de l' « impeachment » qui peut n'entraîner que la destitution et l'incapacité de remplir « aucun emploi impliquant profit, honneur ou confiance ». Mais elle est engagée pour « trahison, concussion ou autres crimes et délits graves », qui peuvent ensuite être sanctionnés par les tribunaux ordinaires. Rien de tel n'existe en France pour le Président de la République.

2. *La responsabilité politique du Président de la République.* — En droit, le Président de la République n'est responsable des actes accomplis dans l'exercice de ses fonctions qu'en cas de haute trahison, comme l'affirme l'article 68 de la Constitution. En pratique, les choses sont plus nuancées.

• L'irresponsabilité devant le Parlement. — Contrairement à l'opinion de certains, cette irresponsabilité est absolue. Les exemples de la IIIe République ne peuvent pas être invoqués à cet égard. Il est vrai que les députés ont forcé Mac-Mahon à se démettre le 30 janvier 1879. Il est vrai qu'ils ont contraint Alexandre Millerand à démissionner le 11 juin 1924, devant une « grève des ministres ». Il est vrai qu'entre-temps ils avaient obtenu la démission de Jules Grévy en 1887 et de Jean Casimir-Perier en 1895. Mais tous ces Présidents étaient désignés par les parlementaires et non par le suffrage universel, et ils étaient dépourvus des moyens de résistance que la Constitution de 1958 met à la disposition du Président de la Ve République. Certes, l'article 16 ne pourrait pas être employé contre une majorité opposée au chef de l'Etat si elle acceptait de gouverner avec lui comme elle en aurait le devoir. Mais il pourrait certainement l'être dans le cas d'une « grève des ministres » sur le modèle de 1924. Dans cette hypothèse, en effet « le fonctionnement régulier des pouvoirs publics » serait « interrompu » et nul ne pourrait alors contester que les conditions d'application de l'article 16 se trouveraient réunies. Le Président pourrait l'utiliser jusqu'à ce que l'Assemblée nationale ait accepté de soutenir un gouvernement correspondant à l'orientation politique de la nouvelle majorité.

En 1984, l'irresponsabilité du Président devant le Parlement a été affirmée clairement par l'accord des présidents Giscard d'Estaing et Mitterrand. Convoqué par une commission parlementaire d'enquête de l'Assemblée nationale pour témoigner sur des faits de son septennat, M. Giscard d'Estaing a demandé à son successeur d'user de l'article 5 pour faire respecter la Constitution. M. François Mitterrand lui a répondu que l'irresponsabilité devant le Parlement « s'applique au Président de la République non seulement pendant toute la durée de ses fonctions, mais également au-delà pour les faits qui se sont produits pendant qu'il les exerçait » (lettre du 29 août 1984, rendue publique par l'Elysée le 16 septembre).

● La responsabilité devant le peuple. — La responsabilité du Président devant le peuple a été mise en jeu par le général de Gaulle lors des référendums de l'article 11, particulièrement dans ceux de 1962 et de 1969. On a dit les critiques injustifiées d'une pratique qualifiée de plébiscitaire (cf. p. 244). De toute façon, elle ne peut être employée que rarement : seulement sur un projet de loi conforme au texte de l'article 11 de la Constitution, et sur la demande du Parlement ou du gouvernement. On est loin de l'article 5 de la Constitution de 1852 proclamant : « Le Président de la République est responsable devant le peuple français, auquel il a toujours le droit de faire appel. »

2 | LES POUVOIRS DU PRÉSIDENT DE LA RÉPUBLIQUE

La réforme constitutionnelle de 1962 n'a pas seulement modifié l'article 6 de la Constitution en substituant l'élection au suffrage universel à l'élection par les notables établie par le texte de 1958. En faisant du Président un représentant du peuple investi de la souveraineté, en le plaçant sur le même plan de légitimité que l'Assemblée nationale, la réforme a changé la logique de la Constitution.

Dans la logique parlementaire de 1958, les attributions confiées au chef de l'Etat étaient en principe symboliques. Il était obligé de les utiliser quand le gouvernement l'exigeait : il ne pouvait pas refuser sa signature, qu'il devait donner même quand il n'était pas d'accord avec la décision qu'il signait. Pour que ses attributions soient effectives et qu'il ait la liberté de les exercer ou non, il fallait que la Constitution le dise de façon claire, par exemple en supprimant l'exigence d'un contreseing. Dans la logique semi-présidentielle de 1962, le principe d'interprétation est renversé : dans le silence ou le flou de la Constitution, les attributions du Président de la République sont effectives, et il en possède le plein exercice. Pour qu'elles soient symboliques et obligatoirement exercées, il faut que la Constitution le dise ou l'implique clairement (cf. p. 182).

▶ *Les pouvoirs propres*

Une première série d'attributions appartiennent en propre au Président de la République. Il les exerce seul, sans avoir besoin de l'accord ou de l'initiative d'un autre organe. S'il est parfois obligé de procéder à des consultations préalables, elles le laissent entièrement libre de sa décision. Contrairement à une opinion très répandue, la notion d'attributions propres ne coïncide pas avec celles d'attributions non soumises à contreseing ministériel. On trouve au moins deux exceptions : le référendum, décidé sans contreseing mais avec accord nécessaire du gouvernement ou du

Parlement ; le droit de grâce, soumis à contreseing et exercé à titre tout à fait personnel. Le contreseing est donné par le Premier ministre et, le cas échéant, les ministres responsables, dit l'article 19 de la Constitution. Le Conseil d'Etat a décidé que « les ministres responsables sont ceux auxquels incombent, à titre principal, la préparation et l'application des décrets dont s'agit » (arrêt du 9 novembre 1962).

Les attributions propres du Président de la République sont des deux catégories. La plupart sont des prérogatives particulières définies avec une assez grande précision : elles seront examinées ci-dessous, les unes après les autres. Mais il convient d'examiner auparavant le pouvoir général du Président, tel qu'il est exprimé par l'article 5 de la Constitution, dont l'interprétation a suscité beaucoup de débats.

1. *Les pouvoirs généraux de l'article 5 de la Constitution.* — « Le Président de la République veille au respect de la Constitution. Il assure, par son arbitrage, le fonctionnement régulier des pouvoirs publics ainsi que la continuité de l'Etat. — Il est le garant de l'indépendance nationale, de l'intégrité du territoire et du respect des traités », dit l'article 5 de la Constitution. La garantie de l'indépendance nationale et de l'intégrité du territoire éclaire certains aspects du pouvoir militaire du Président défini par l'article 15 et du pouvoir diplomatique défini par l'article 52. Elle renforce notamment l'attribution au Président du pouvoir d'engager la force nucléaire stratégique. Deux points seulement font problème : la notion d'arbitrage et l'interprétation de la Constitution.

• *Les débats sur l'arbitrage.* — Le terme d'arbitrage est ambigu, l'arbitre pouvant être soit le juge qui surveille l'application des règles par le joueur sans prendre part au jeu, soit le « maître absolu » comme dit Littré pour définir le second sens du terme. Le général de Gaulle penchait pour la seconde interprétation en parlant d'exercer le « pouvoir suprême » après son élection à la présidence de la République, en décembre 1958. L'opposition penchait au contraire pour la seconde interprétation. Certains gaullistes ont essayé aussi de limiter l'interprétation de leur chef par la fameuse théorie du « domaine réservé » défendue par Jacques Chaban-Delmas aux assises de l'UNR à Bordeaux en 1959 : englobant l'Algérie, la Communauté, les Affaires étrangères et la Défense, ce secteur appartiendrait totalement au Président, alors que le Parlement et les partis politiques auraient plus de liberté dans « tout le reste ». Ni de Gaulle, ni ses successeurs n'ont jamais admis cette thèse, qui avait été formulée pour rassurer l'UNR, et qui a été vite abandonnée : les présidents intervenant dans tous les domaines qui les intéressaient.

L'élection du Président de la République au suffrage universel a mis en sommeil les débats sur l'arbitrage. On ne pouvait pas considérer comme hors du jeu un Président directement issu du suffrage universel et investi comme tel de la souveraineté nationale. Par ailleurs, le fait que tous les Présidents aient été en même temps, de 1962 à 1986, de 1988 à 1993 et depuis 1995, chefs de la majorité a conduit à mélanger dans l'interprétation de l'article 5 ce qui vient du texte lui-même et ce qui vient d'un tel rapport de forces. Depuis que les cohabitations de 1986-1988 et de 1993-1995 ont montré que la Constitution pouvait s'appliquer dans un autre rapport de forces, on peut préciser le sens exact de l'article 5. Il exprime avant tout l'idée générale de la fonction présidentielle que l'on retrouve dans les différentes attributions particulières examinées ci-après. Il pourrait combler leurs lacunes. Il comporte enfin le pouvoir d'interpréter la Constitution.

• *Le pouvoir d'interprétation de la Constitution.* — Il est indiqué en des termes plus précis que celui de l'arbitrage. Dire que le Président « veille au respect de la Constitution », cela indique à la fois qu'il doit lui-même en respecter les termes, et qu'il a la charge de les interpréter, du moins dans les domaines où elle n'a pas confié cette interprétation à une autre autorité. Le Président ne pourrait en aucun cas substituer son interprétation à celle du Conseil constitutionnel dans les domaines où celui-ci est compétent. Mais il peut et il doit interpréter la Constitution quand il y a un désaccord à cet égard entre les pouvoirs publics. Alors, il devient l'arbitre qui précise les règles du jeu. A une différence près : comme lui-même est l'un des pouvoirs publics, son interprétation l'emporte en cas de doute sur la répartition des compétences entre lui et n'importe lequel des autres pouvoirs publics. Aucune autre solution n'est possible logiquement. Le président François Mitterrand a usé de son pouvoir d'interprétation en 1988, dans un domaine fondamental — celui de la procédure de révision de la Constitution — quand il s'est rallié à la thèse du général de Gaulle estimant qu'il pouvait recourir à l'article 11 (cf. p. 288 et 381).

2. *La nomination du Premier ministre.* — Le Président de la République nomme librement le Premier ministre. En droit, il s'agit d'un pouvoir propre, exercé sans contreseing. En pratique, ce pouvoir est limité par des contraintes politiques, variables suivant la consistance et l'orientation de la majorité parlementaire.

• Le caractère de pouvoir propre. — L'absence de contreseing ne change pas grand-chose en la matière, car le contreseing n'est qu'une formalité, qu'il soit donné par le Premier ministre démissionnaire ou par le nouveau Premier ministre. Le choix du Premier ministre est l'une des rares prérogatives que les présidents parlementaires exercent effectivement. C'est d'elle que découle leur influence sur les assemblées. L'exemple de Jules Grévy, refusant longtemps de nommer Gambetta et parvenant ainsi à infléchir l'orientation de la Chambre des députés, est classique à cet égard. La décision de René Coty préférant Guy Mollet à Pierre Mendès France en 1956 fut aussi importante. L'absence de contreseing (expressément posée par l'article 19) et l'élection au suffrage universel ont changé en droit le pouvoir de choix du Président. En fait, ce pouvoir ne serait pas plus grand que sous les républiques précédentes si les majorités parlementaires étaient aussi faibles, ou si elles étaient opposées au chef de l'Etat.

● La limitation par la majorité parlementaire. — Plus que du contreseing, l'exercice du pouvoir présidentiel dépend en effet de la consistance et de l'orientation de la majorité. Dans un bipartisme de type britannique, où un seul parti dispose de la majorité absolue et pratique une discipline rigoureuse, la liberté de choix du chef de l'Etat devient quasi nulle en régime parlementaire. Sauf quand le leader du parti majoritaire est contesté, ou quand le remplacement du leader démissionnaire n'est pas encore fermement assuré. Dans un parlement à partis nombreux et peu disciplinés, comme le nôtre avant 1962, la liberté du Président restait grande, même en régime parlementaire. La promotion d'hommes nouveaux, tel Pinay en 1952, illustre bien cette marge de choix.

Dans la bipolarisation actuelle de la Ve République, le Président est maître du jeu quand la majorité le reconnaît pour chef. Mais il garde une grande marge d'action en face d'une majorité opposée à lui. Quand la droite est devenue majoritaire en 1986, et en 1995, François Mitterrand a déjà exercé une influence non négligeable en choisissant le Premier ministre bien qu'il ait appliqué la tradition parlementaire en désignant le chef de la majorité ou la personnalité désignée par lui. Les craintes d'une réédition d'une « grève des ministres » à la manière de 1924, manifestées lors de la première cohabitation, ont été balayées par un « trop-plein » de candidats à Matignon, comme l'avait prédit de Gaulle.

3. *Le droit de dissolution de l'Assemblée nationale.* — C'est le plus important des pouvoirs propres du Président de la République, en temps normal.

● La suppression des conditions préalables. — Sous la IIIe République, la dissolution n'était possible qu'avec l'avis conforme du Sénat, qui ne l'a donné qu'une fois, en 1877. Sous la IVe République, elle exigeait deux renversements de ministères à la majorité constitutionnelle dans les dix-huit mois précédents : ces conditions n'ont été réunies qu'une fois, permettant ainsi la dissolution de 1955.

Désormais, aucune condition n'est exigée, à cela près qu'un délai d'un an doit s'écouler entre deux dissolutions successives. Mais on peut dissoudre sans délai une assemblée élue au terme normal du mandat de l'assemblée précédente. Avant toute dissolution, le chef de l'Etat doit prendre l'avis du Premier ministre, du président de l'Assemblée nationale et du président du Sénat : mais le contenu de ces avis ne l'engage nullement.

● La dissolution, prérogative personnelle du Président. — La grande innovation de la Constitution de 1958, c'est que la dissolution est désormais une prérogative personnelle du Président de la République. Le droit de dissoudre la chambre populaire du Parlement existe dans les régimes parlementaires, à l'imitation de la Grande-Bretagne. Mais le rôle du chef de l'Etat y est purement formel : la dissolution est en pratique décidée par le gouvernement, qui contresigne une décision que le Président ne peut pas refuser. Cependant, le chef de l'Etat pourrait imposer une dissolution qu'un gouvernement n'aurait pas voulu prononcer avant de démissionner, dans la mesure où il pourrait nommer un Premier ministre commençant à exercer ses fonctions sans avoir été investi par les députés : celui-ci contresignant le décret de dissolution.

En France, la suppression du contreseing pour la dissolution donne au Président de la République une liberté totale. En cas de désaccord avec la majorité de l'Assemblée, il tient toujours cette épée de Damoclès au-dessus de la tête des députés. Mais on ne peut pas dissoudre tous les ans et la dissolution perd son efficacité quand les partis sont nombreux et divisés (cf. p. 585). Quatre dissolutions ont eu lieu sous la Ve République : en 1962, à la suite du renversement du gouvernement Pompidou par une motion de censure contre le projet de référendum pour l'élection du Président au suffrage universel ; en 1968, pour donner la parole au pays après la révolte étudiante de Mai qui avait paralysé la nation par une grève générale; en 1981 et 1988 après les victoires de François Mitterrand aux élections présidentielles, pour qu'il dispose à l'Assemblée nationale d'une majorité lui permettant d'appliquer la politique définie dans sa campagne électorale. Dans tous les cas, les électeurs ont soutenu le Président qui avait décidé la dissolution.

4. *Le recours à l'article 16 de la Constitution.* — L'article 16 de la Constitution de 1958 donne au Président de la République des pouvoirs exceptionnels en cas de circonstances extraordinaires. Il développe dans notre droit constitutionnel l'idée d' « état de nécessité » que le Conseil d'Etat avait introduit de façon très limitée en droit administratif. Il le fait d'une façon très étendue. Cette rigueur a été voulue par le général de Gaulle, qui voulait une disposition permettant au Président d'incarner la volonté nationale dans des circonstances graves, comme lui-même en avait connues en juin 1940.

• Le champ d'application de l'article 16. — Le Président de la République ne peut user des prérogatives de l'article 16 que si deux conditions définies par celui-ci se trouvent réunies. La première est exprimée de façon imprécise. Le chef de l'Etat peut recourir à l'article 16 « lorsque les institutions de la République, l'indépendance de la nation, l'intégrité de son territoire ou l'exécution de ses engagements internationaux sont menacées d'une manière grave et immédiate ». Il suffit d'une simple « menace », à condition qu'elle soit « grave et immédiate ». Ces formules sont très vagues et ouvrent la porte à l'arbitraire, d'autant plus que le Président de la République apprécie souverainement, on va le voir, si les conditions d'exercice de l'article 16 sont réunies, donc s'il s'agit d'une véritable « menace » et si elle est « grave et immédiate ».

Mais une seconde condition doit être réunie à la première, qui a été ajoutée après l'intervention du Comité consultatif constitutionnel, lors de la rédaction de la Constitution : il faut que les circonstances précédemment définies aboutissent au fait que « le fonctionnement régulier des pouvoirs publics constitutionnels est interrompu ». Cela laisse beaucoup moins de place à une interprétation arbitraire. A cet égard, le champ d'application de l'article 16 est donc beaucoup plus restreint que celui de l'article 48 de la Constitution de Weimar, qui jouait « si la sûreté et l'ordre publics sont gravement troublés ou compromis dans le Reich ».

• La procédure de recours à l'article 16. — Le recours à l'article 16 ne comprend que deux formalités. Le Président doit d'abord consulter officiellement le Premier ministre, les présidents des assemblées et le Conseil constitutionnel. Cela peut retarder sa décision, mais non l'empêcher : car il s'agit d'une simple consultation, dont il est libre de suivre ou de ne pas suivre les directives.

Une autre formalité doit être remplie pour que le Président de la République puisse recourir à l'article 16 : il doit informer la nation par un message. L'obstacle n'est guère difficile à franchir : il ne s'agit même pas d'un obstacle à vrai dire, mais plutôt d'une aide apportée au chef de l'Etat, qui bénéficie de cette façon d'un moyen légal de justifier aux yeux de l'opinion l'action qu'il a entreprise. On notera que le message n'est pas préalable aux mesures prises par le président en vertu de l'article 16 : au contraire, puisqu'il a pour but d'informer la nation de ces mesures. En définitive, le chef de l'Etat est donc seul juge de l'usage de l'article 16. Il décide seul dans ce domaine en toute liberté.

• L'étendue des pouvoirs présidentiels. — Le Président de la République peut prendre, en vertu de l'article 16, « les mesures exigées par ces circonstances ». La formule est vague et immense. Aucune matière n'est soustraite au pouvoir présidentiel. La technique est différente de celle de l'article 48 de la Constitution de Weimar cité plus haut, lequel précisait les moyens de rétablir la sûreté et l'ordre public compromis et délimitait leur domaine : autorisant à recourir éventuellement à la force armée et à suspendre momentanément l'exercice de tout ou partie des droits fondamentaux garantis par les articles 114, 115, 117, 118, 123, 124 et 153, lesquels concernaient certaines libertés publiques. Mais le Président ne pouvait pas suspendre les autres droits fondamentaux : ses pouvoirs étaient donc limités par leur objet. Rien de tel dans l'article 16 de la Constitution française de 1958 : le Président peut intervenir dans tous les domaines, supprimer tous les droits et garanties des citoyens, etc.

Cependant, certaines restrictions indirectes à ses prérogatives sont établies. Les mesures prises en vertu de l'article 16 « doivent être inspirées par la volonté d'assurer aux pouvoirs publics constitutionnels, dans les moindres délais, les moyens d'accomplir leur mission ». Il en résulte que les mesures qui n'auraient pas pour but de rétablir le fonctionnement régulier des institutions constitueraient un détournement des pouvoirs de l'article 16. Cependant, celui-ci exige seulement que les mesures en question soient « inspirées par la volonté » de réaliser le retour à l'ordre public constitutionnel normal, ce qui désigne des intentions subjectives plutôt qu'un contenu objectif.

Il reste que l'article 16 parle des pouvoirs publics « constitutionnels » : c'est la seule limitation claire qu'il pose à l'exercice des prérogatives présidentielles, en dehors de l'interdiction de dissoudre l'Assemblée nationale, qui sera examinée plus loin. Les pouvoirs publics doivent demeurer dans le cadre de la Constitution : à ce cadre même, il ne peut être touché. Le Président de la République peut presque tout faire en vertu de l'article 16, sauf modifier la Constitution ou ne pas appliquer ses dispositions concernant les pouvoirs publics : celles concernant les libertés pouvant être suspendues, au contraire.

• Le contrôle de l'action présidentielle dans le cadre de l'article 16. — Deux contrôles sont prévus, qui restreignent la liberté d'action présidentielle. Le premier consiste dans l'obligation de consulter le Conseil constitutionnel sur toutes les mesures prises en vertu de l'article 16. Précisons qu'il s'agit seulement d'une simple consultation, le chef de l'Etat restant absolument libre de sa décision.

Le second contrôle est beaucoup plus efficace : il consiste dans le fait que « le Parlement se réunit de plein droit » en cas d'exercice de l'article 16 par le Président de la République. Cette formule indique nettement que la session extraordinaire qui s'ouvre ainsi dure pendant toute la période d'exercice des pouvoirs exceptionnels. Cela est confirmé d'ailleurs par l'article 30, qui donne au chef de l'Etat le droit de clore par décret les sessions extraordinaires « hors les cas dans lesquels le Parlement se réunit de plein droit ». D'autre part, le Président de la République ne peut pas se débarrasser de ce contrôle parlementaire en dissolvant l'Assemblée nationale, car l'article 16 déclare expressément : « L'Assemblée nationale ne peut être dissoute pendant l'exercice des pouvoirs exceptionnels. »

Ces dispositions ont créé quelques difficultés en 1961 (cf. p. 298). Cependant, le Parlement pourrait décider le renvoi en Haute Cour du Président de la République, s'il abusait de ses pouvoirs exceptionnels. D'autre part, l'article 16 décidant que le Parlement se réunit de plein droit, le chef de l'Etat doit d'abord user de ses pouvoirs exceptionnels pour permettre cette réunion, au cas où des obstacles matériels s'y opposeraient : il y a là une sorte de priorité implicite, qui précise un peu les formules vagues qu'on a précédemment analysées.

5. *Le pouvoir d'engager la force nucléaire stratégique.* — Ce pouvoir ne découle pas de la Constitution, mais d'un simple décret du 14 janvier 1964. Le décret en question a suscité beaucoup de discussions lors de sa publication, mais il fait aujourd'hui l'objet d'un quasi-consensus.

• La contestation de 1964 sur le pouvoir d'engager la force nucléaire stratégique. — Le pouvoir d'engager cette force est une prérogative considérable dans la théorie de la dissuasion nucléaire dite « du faible au fort », qui fonde la défense nationale de la France. Notre force nucléaire stratégique représente 4 000 Hiroshimas. Même si les interceptions de l'adversaire, les ratés du matériel et les erreurs de tir en rendaient inefficaces les neuf dixièmes, le dixième restant représenterait encore 400 Hiroshimas, soit la destruction de toutes les villes soviétiques de plus de 100 000 habitants à l'Ouest de l'Oural. Une telle menace rendrait évidemment catastrophique toute guerre d'agression, même victorieuse. Mais à condition que la menace soit plausible : c'est-à-dire que soit crédible le « décideur » ayant le pouvoir de déclencher l'arme atomique.

Dans un débat à l'Assemblée nationale du 24 avril 1964, l'opposition de gauche exprimée par François Mitterrand et celle des centristes ont affirmé que le pouvoir d'engager la force nucléaire devrait être confié au Premier ministre et non au Président de la République. Juridiquement, l'affirmation est très contestable, l'article 5 de la Constitution faisant du Président le garant de l'indépendance nationale et de l'intégrité du territoire, ce qui est exactement la situation de décideur en matière de dissuasion nucléaire. Le décret du 14 janvier 1964 n'invoque pas ce texte, mais se réfère explicitement à l'article 15 de la Constitution qui fait du Président le « chef des armées ». Formule très différente de celle employée par l'article 33 de la Constitution de 1946, qui disait « le Président de la République... prend le titre de chef des armées ». Purement honorifique, la seconde formule correspond au pouvoir symbolique d'un président parlementaire. Réaliste, la première confère un pouvoir effectif, surtout depuis que le Président est élu au suffrage universel.

Il est vrai que les décisions prises en vertu des articles 5 et 15 ne sont pas dispensées de contreseing ministériel, ce qui conduirait à les considérer comme un pouvoir partagé et non comme un pouvoir propre. Mais le contreseing n'est requis que pour les actes juridiques. L'engagement des forces nucléaires est un acte matériel, qui pourrait devoir être décidé dans un délai très bref, excluant toute procédure impliquant un retard. Dans la grave crise internationale conduisant à cette extrémité, des délibérations auraient lieu dans des comités et conseils de la Défense nationale auxquels participe le Premier ministre (cf. p. 329). Mais la décision finale doit appartenir au Président de la République seul.

Stratégiquement, le Président de la République est le seul décideur crédible. A la fois parce qu'il est l'élu direct de la nation, qu'il exerce des fonctions stables, et qu'il apparaît moins engagé dans le jeu des partis. A chaque déplacement, public et privé, en France ou à l'étranger, à l'Elysée, à son domicile, partout et toujours, il est suivi par un officier d'ordonnance détenant l'appareil qui peut mettre en contact direct avec le déclenchement du feu nucléaire.

• Le consensus actuel sur le pouvoir d'engager la force nucléaire stratégique. — L'évolution est très nette sur ce point, depuis 1964. Elle est parallèle à l'évolution sur la dissuasion nucléaire elle-même. Les partis qui critiquaient l'attribution au Président du pouvoir d'engager l'arme atomique étaient aussi ceux qui s'opposaient à la dissuasion nationale : communistes, socialistes, centristes. Les centristes se sont résignés à la dissuasion avec Valéry Giscard d'Estaing, quand celui-ci est devenu Président de la République. Le PC s'y étant rallié en 1977. François Mitterrand constata en 1979 que « personne ne demande la renonciation à la force de frappe ».

On s'est aussi demandé si le décret du 14 janvier 1964 ne pourrait pas être modifié ou abrogé par le seul Premier ministre, en vertu du pouvoir réglementaire qu'il tient de l'article 21 de la Constitution : ce qui permettrait d'ôter au Président de la République le pouvoir d'engager la force nucléaire stratégique si une majorité opposée à lui s'installait au Palais-Bourbon. Mais un tel décret devrait être délibéré en Conseil des ministres, seul organe de décision du gouvernement qui « dispose de la force armée » en vertu de l'article 20 de la Constitution. Or la signature du Président de la République est nécessaire pour les décrets de ce genre, et il peut la refuser. Ainsi le décret du 14 janvier 1964 ne paraît pas modifiable sans son accord.

• L'évolution de la force nucléaire de la France. — Le consensus sur la force nucléaire a diminué en France avec l'effondrement de l'URSS contre laquelle était orientée la dissuasion du faible au fort. Dès 1987, les communistes ont renié leur ralliement de 1977. Les gauchistes ont été soutenus par les écologistes dans leur refus constant du nucléaire, autant civil que militaire. Les centristes, toujours favorables à l'OTAN et à la protection américaine, s'éloignent aussi du nucléaire, de même que certains socialistes. Cependant la Russie demeure la seconde puissance nucléaire du monde et nul ne peut garantir qu'elle ne tombera pas dans une dictature nationaliste. La force nucléaire française doit être repensée dans le sens d'une protection européenne : le franchissement par l'ex-URSS de la frontière qui la sépare des ex-démocraties populaires (que l'Union européenne englobera peu à peu) pourrait être considéré comme susceptible de mettre en branle la dissuasion du faible au fort. La stratégie raisonne sur le long terme, et non sur l'actualité médiatique. Le pouvoir nucléaire de la France lui confère dans l'Union européenne une position analogue à celle que la puissance du mark confère à l'Allemagne. Les deux sont complémentaires.

6. *Les prérogatives à l'égard du Conseil constitutionnel.* — Le Président de la République possède deux prérogatives à l'égard du Conseil constitutionnel (sur ce Conseil, cf. p. 438).

• Le pouvoir de nomination. — Le Président de la République nomme trois des neuf membres du Conseil constitutionnel. Tous les membres sont nommés pour neuf ans, mais le Conseil se renouvelle par tiers tous les trois ans, où sont alors nommés un membre par le chef de l'Etat, un autre par le président du Sénat, un autre par le président de l'Assemblée nationale. Chaque Président de la République est donc assuré pendant son septennat de nommer au moins deux membres du Conseil constitutionnel sur neuf. Mais il peut en nommer plus si les membres nommés par son prédécesseur décèdent avant l'expiration de leur mandat.

Le chef de l'Etat nomme aussi le président du Conseil constitutionnel, parmi les membres de celui-ci. Mais le président étant généralement nommé au moment du renouvellement du poste du président sortant, et ses fonctions durant aussi longtemps qu'il siège au Conseil, un Président de la République peut n'avoir pas à nommer pendant son septennat un président du Conseil constitutionnel. Ce fut le cas de M. Giscard d'Estaing, le président Roger Frey ayant été nommé par Georges Pompidou en février 1974 et le président Daniel Mayer par François Mitterrand en février 1983, celui-ci ayant nommé un second président dans son premier septennat où Robert Badinter succéda à son prédécesseur en 1986, et un troisième à la fin du second septennat : Roland Dumas nommé en 1995.

● Le droit de saisir le Conseil constitutionnel. — Sans contreseing ministériel, le Président de la République peut saisir le Conseil constitutionnel d'une loi ou d'un engagement international qu'il estime contraire à la Constitution.

Dans le cas d'une loi, le Conseil peut être saisi également par le Premier ministre, le président de l'Assemblée nationale, le président du Sénat, ou (depuis 1974) par 60 députés ou 60 sénateurs. Le Président n'a jamais saisi d'une loi le Conseil. Il a laissé ce soin à son Premier ministre, afin de ne pas s'exposer à l'affront d'un échec. Quand il se trouve en face d'une majorité opposée à lui, il a intérêt pour la même raison à faire saisir le Conseil constitutionnel par des parlementaires de l'opposition, alors proches de lui.

Dans le cas d'un engagement international, le Conseil peut être saisi également par le Premier ministre, le président de l'Assemblée nationale ou le président du Sénat. Il ne pouvait l'être que par eux jusqu'en 1992, la réforme Giscard de 1974 ouvrant la saisine à 60 députés ou 60 sénateurs ne concernant que les lois. Elle a été étendue aux engagements internationaux par la réforme constitutionnelle du 25 juin 1992 permettant la ratification du traité de Maastricht (cf. p. 449).

7. *Le droit de message*. — Le droit de message a été complètement transformé par la suppression du contreseing. Mais il reste une prérogative mineure en dehors d'une demande de seconde lecture d'une loi votée.

• La suppression du contreseing. — Le droit de message n'est pas neuf : on le trouvait aussi dans les Constitutions de 1875 et de 1946. Mais sa réglementation et sa portée actuelle sont très différentes. Le droit du Président de la République d'adresser des messages au Parlement était limité par l'obligation du contreseing ministériel dans les Constitutions de 1875 et de 1946. Dans un tel régime, le message n'était pas un acte du Président, mais un acte gouvernemental, engageant la responsabilité du ministère. On l'avait bien vu lorsque Millerand dut former l'éphémère cabinet François-Marsal pour pouvoir adresser un message au Parlement (1924). Au contraire, le message est maintenant un acte personnel du chef de l'Etat, qui n'est pas soumis à contreseing et qu'il peut exercer sans l'accord du Gouvernement.

• L'importance relative des messages présidentiels. — Les messages présidentiels sont relativement rares. Le plus important a précédé l'application de l'article 16 (1961). D'autres ont annoncé des référendums de l'article 11 (mars 1962, octobre 1962, 1972, 1988, 1992). Les plus nombreux ouvrent une nouvelle législature ou un nouveau septennat. Aucun n'a eu une grande importance politique, sauf celui sur l'article 16 et celui de 1986 précisant à la nouvelle Assemblée nationale les règles de la première cohabitation. Cependant, un message pourrait peut-être permettre de demander la seconde lecture d'une loi votée sans être bloqué par un refus de contreseing (cf. p. 294). Le Président de la République fait connaître ses intentions lors des conférences de presse ou d'interviews à la télévision ou dans de grands journaux, beaucoup plus que dans les messages au Parlement.

8. *Le droit de grâce*. — Bien qu'il soit soumis à contreseing ministériel, le droit de grâce est une prérogative propre au Président de la République.

• La nature du droit de grâce. — Les chefs d'Etat républicains ont hérité de la prérogative des rois qui pouvaient accorder le pardon aux condamnés par les juges. Le Président de la République peut gracier les condamnés par les tribunaux répressifs, c'est-à-dire soit les dispenser totalement ou partiellement de la peine qui leur a été infligée, soit commuer cette peine en une peine plus douce : par exemple, avant que la peine de mort soit supprimée, elle pouvait être remplacée par la détention perpétuelle. Toute peine peut ainsi faire l'objet d'une atténuation ou d'une suppression. A la différence de l'amnistie, la grâce n'efface pas la condamnation, qui subsiste au casier judiciaire, mais seulement l'obligation d'en subir les conséquences. La grâce est décidée par le Président de la République, après avis du Conseil supérieur de la magistrature. Mais le Président est libre de suivre ou de ne pas suivre cet avis.

• L'obligation du contreseing. — Le droit de grâce n'est pas dispensé du contreseing ministériel. Logiquement, il devrait l'être, étant une survivance de la monarchie, un reste des prérogatives régaliennes, à caractère essentiellement personnel. Cependant, le Conseil d'Etat, dans un avis du 27 mars 1947, a estimé que les décrets de grâce doivent être contresignés par le président du Conseil et le garde des Sceaux. La Constitution de 1958 n'a pas supprimé cette anomalie. Mais dans ce domaine, la tradition est que le contreseing est de pure forme et qu'il est toujours donné. En fait, donc, la grâce est une prérogative personnelle du Président de la République. On n'admet d'ailleurs pas, malgré le contreseing, que le gouvernement soit mis en cause devant le Parlement pour l'exercice du droit de grâce.

▶ *Les pouvoirs partagés*

Dans ses attributions partagées, le Président de la République ne peut décider seul. Il doit être en accord avec un autre des pouvoirs publics : Premier ministre, Conseil des ministres, Parlement. Mais il peut lui-même refuser son accord, ce qui rend alors la décision impossible et lui donne un pouvoir de veto.

1. *Le recours au référendum de l'article 11.* — L'article 11 de la Constitution donne au Président de la République le droit de soumettre à référendum « tout projet de loi » portant sur l'un des objets déterminés par le texte en question. Bien que ce pouvoir du Président ne soit pas soumis à contreseing ministériel, il ne peut être utilisé que sur la proposition du gouvernement ou des deux assemblées parlementaires. Il s'agit donc d'une attribution partagée.

● La proposition de référendum. — Le Président de la République ne peut pas décider lui-même, spontanément, de recourir au référendum. Il faut qu'il soit saisi d'une proposition à ce sujet. Il n'est pas obligé de suivre cette proposition : mais, sans elle, il ne peut pas procéder à un référendum. Le pouvoir de proposer un référendum appartient soit au gouvernement, soit aux deux assemblées, celles-ci agissant par voie de propositions conjointes. Jusqu'en 1984, seul le gouvernement a utilisé son pouvoir de proposition : les assemblées ne l'ont point fait. Pratiquement, d'ailleurs, l'initiative réelle des référendums venait du Président de la République : les « propositions » gouvernementales ne faisaient qu'entériner ses volontés. Le Président décidait lui-même de faire un référendum, et il obtenait du gouvernement que celui-ci formule une proposition à cet égard. En droit, cela suffit pour que la Constitution soit respectée. Mais si le gouvernement refusait de formuler une « proposition », le référendum n'aurait pas lieu.

En juillet 1984, le Sénat a fait une proposition de référendum portant sur le projet de loi relatif aux rapports de l'Etat avec les établissements d'enseignement privé. L'Assemblée nationale a repoussé cette proposition, en la considérant comme inconstitutionnelle. Le gouvernement ne l'a pas reprise à son compte pour la même raison. Le Président de la République a engagé alors une procédure de révision sur la base de l'article 89. Elle a échoué, par le refus du Sénat.

Les propositions de recours au référendum ne peuvent être faites que pendant la session parlementaire. Cela est expressément précisé par l'article 11 de la Constitution, concernant les propositions d'origine gouvernementale. Cela résulte de la nature des choses pour les propositions d'origine parlementaire, les chambres ne pouvant agir quand elles ne sont pas en session. On a ainsi voulu que le référendum ne permette pas de légiférer en dehors du Parlement, alors que celui-ci n'est pas réuni : aussi, que le Parlement puisse mettre en cause la responsabilité du gouvernement qui propose un référendum. Notons cependant qu'il est toujours possible au gouvernement de convoquer le Parlement en session extraordinaire, pour s'ouvrir le droit de proposer un référendum.

La réforme constitutionnelle du 4 août 1995 a renforcé la présence du Parlement dans la procédure du référendum, en contraignant le gouvernement qui a fait une proposition de recourir à l'article 11, à faire devant chaque assemblée une déclaration suivie d'un débat, mais non d'un vote.

• L'objet du référendum. — Dans sa formule initiale, l'article 11 de la Constitution déclare que le Président de la République peut soumettre à référendum « tout projet de loi portant sur l'organisation des pouvoirs publics, comportant approbation d'un accord de Communauté, ou tendant à autoriser la ratification d'un traité qui, sans être contraire à la Constitution, aurait des incidences sur le fonctionnement des institutions ». La réforme constitutionnelle du 4 août 1995 a supprimé la référence à la Communauté (depuis longtemps caduque) et complété ainsi la formule initiale : « portant sur l'organisation des pouvoirs publics, sur des réformes relatives à la politique économique et sociale de la nation et aux services publics qui y concourent... ».

Ces différents objets ne sont pas clairement définis. La formule concernant les traités internationaux se référait clairement aux débats politiques sur la Communauté européenne de Défense, encore très présents en 1958. En 1961-1962, les référendums sur l'autodétermination de l'Algérie et les accords d'Evian lui accordant l'indépendance ont interprété le terme « organisation » comme ne désignant pas seulement la structure des pouvoirs publics, mais aussi leur compétence territoriale. Dans les débats parlementaires sur la loi constitutionnelle du 4 août 1995, le gouvernement a précisé que l'enseignement était inclus dans « la politique économique et sociale de la nation » et les « services qui y concourent ». Le terme « social » est donc pris dans son sens le plus large.

● L'application de l'article 11 aux lois constitutionnelles. — L'interprétation de la formule « tout projet de loi » soulève un problème plus important et plus complexe. Le mot « loi » a deux sens dans le langage juridique. Au sens large, il désigne à la fois trois catégories au moins de textes législatifs : les lois constitutionnelles, les lois organiques et les lois ordinaires (cf. p. 374). Au sens étroit, il désigne seulement la troisième catégorie : celle des lois ordinaires, appelées en général « lois » sans épithète dans le langage courant. A première lecture, l'article 11 semble bien prendre le terme au sens large, puisqu'il parle de « tout projet de loi ». Le terme « tout » pousse visiblement à l'interprétation la plus extensive qui soit. On peut s'étonner que cet argument de texte n'ait guère été utilisé. Un autre est encore plus solide, tiré de la formule de promulgation de la Constitution, qui forme l'alinéa final de son article 92 : « La présente loi sera exécutée comme Constitution de la République et de la Communauté. » La formule de promulgation des lois constitutionnelles de révision est plus claire encore : « La présente loi sera exécutée comme loi de l'Etat. »

L'article 89 posant des règles particulières pour les référendums constitutionnels, peut-on également employer dans ce domaine l'article 11 ? La plupart des juristes pensaient d'abord le contraire. Cependant, nul n'a jamais contesté que cet article 11 puisse être utilisé pour les lois organiques, qui sont aussi définies par les règles particulières de l'article 46. Les lois ordinaires sont d'ailleurs astreintes également à des règles particulières, notamment dans les articles 34 et suivants. On pourrait donc soutenir qu'à côté de ces règles particulières concernant la procédure normale pour chaque catégorie de loi, l'article 11 établisse une procédure exceptionnelle de vote direct par le peuple, en la limitant à certains domaines, mais en l'appliquant à toutes les catégories de loi : ordinaires, organiques et constitutionnelles. Le fait que l'article 89 se trouve placé sous le titre spécial « De la révision » n'infirme pas ce raisonnement, les titres et sous-titres des textes législatifs n'ayant pas de valeur juridique.

Quand il devint clair que les parlementaires reprendraient les habitudes de la IIIe et de la IVe République, une fois le général disparu, le problème du recours à l'article 11 se posa d'une façon nouvelle. Le Sénat pouvant bloquer toute révision constitutionnelle par l'article 89, il était impossible de faire la réforme essentielle de la Constitution qui aurait seule permis de prolonger la pratique gaullienne après de Gaulle : donner à celui-ci comme successeur un Président de la République élu au suffrage universel direct. L'attentat du Petit-Clamart ayant décidé le général à utiliser l'article 11 pour cette révision fondamentale de la Constitution que je réclamais depuis 1956, je soulignai que le principe de la souveraineté populaire rendait inadmissible qu'une assemblée issue d'un suffrage indirect, inégalitaire et restreint puisse empêcher les citoyens de décider d'une question les intéressant aussi directement.

En 1969, quand de Gaulle utilisa une seconde fois l'article 11 pour modifier la Constitution, cette fois pour réformer le Sénat, très peu de juristes protestèrent. Georges Vedel estima que le référendum de 1962 avait engendré une coutume constitutionnelle. La question a été tranchée par le président Mitterrand dans un entretien accordé au directeur d'une revue de science politique en mars 1988. A la question directe : « Admettez-vous que l'article 11, tel qu'il existe, soit utilisé pour une révision constitutionnelle, comme le fit le général de Gaulle, avec succès en 1962, sans succès en 1969 ? », il a répondu sans ambages : « L'usage établi et approuvé par le peuple peut désormais être considéré comme l'une des voies de la révision concurremment avec l'article 89. Mais l'article 11 doit être utilisé avec précaution, à propos de textes peu nombreux et simples dans leur rédaction. Sinon, il serait préférable que la consultation des Français fût éclairée par un large débat parlementaire. »[1] Remarquablement précis, ce texte n'exprime pas une opinion personnelle, mais une interprétation de la Constitution par le Président de la République en vertu des pouvoirs qu'il tient de l'article 5. Elle a été rendue publique bien avant la candidature pour un second septennat afin de n'être pas confondue avec des engagements électoraux.

2. *La conduite de la politique extérieure.* — Le Président de la République partage la conduite de la politique extérieure avec le Premier ministre et le gouvernement. Mais ce partage est inégal, et l'influence présidentielle est dominante.

• Les relations diplomatiques. — L'article 52 de la Constitution de 1958 a repris mot pour mot le texte de l'article 8 de la loi constitutionnelle du 16 juillet 1975 : « Le Président de la Répu-

1. *Pouvoirs*, avril 1988, p. 138.

blique négocie et ratifie les traités. » Mais la substitution du Président élu au suffrage universel au président symbolique du régime parlementaire a renversé l'interprétation de ce texte. Sous la III⁰ République, le Président était obligé d'apposer sa signature sur les traités qu'on lui présentait à ratifier. Le Président de la Vᵉ République exerce effectivement les pouvoirs que la Constitution lui attribue. Ceux de l'article 52 sont soumis à contreseing : mais cela signifie seulement que la ratification est un pouvoir partagé avec le Premier ministre. La négociation des traités ne comporte pas de contreseing. Elle implique évidemment la collaboration du ministre des Affaires étrangères : mais le jeu est mené par le chef de l'Etat, en vertu de l'article 52. S'il est seulement « informé des négociations » tendant à la conclusion d'un accord non soumis à ratification, c'est parce qu'il s'agit de questions secondaires.

• La défense nationale. — La Constitution la partage d'une façon obscure et complexe. Le Président de la République est « garant de l'indépendance nationale » (art. 5), « chef des armées » et président des « conseils et comités supérieurs de la défense nationale » (art. 15). Le Premier ministre « est responsable de la défense nationale » (art. 21) et le gouvernement « dispose de la force armée » (art. 20). Les textes d'application ne sont pas plus clairs. L'ordonnance organique du 7 janvier 1959 attribue au Premier ministre « la direction générale et la direction militaire de la défense », mais les décisions en ces matières sont prises en Conseil de défense et Comité de défense restreint, présidés par le Président de la République. Le décret du 14 janvier 1964 décide que tout « ordre d'engagement » des forces aériennes stratégiques est donné par le Président de la République : formule ésotérique pour signifier que ce dernier, et lui seul, peut déclencher l'arme nucléaire stratégique, ce qui est un pouvoir propre (cf. plus haut p. 277).

3. *La nomination des fonctionnaires*. — Le Président de la République possède un pouvoir considérable dans ce domaine, quoique complexe : la Constitution n'était pas très claire à cet égard. L'article 13 prescrit que le Président de la République « nomme aux emplois civils et militaires de l'Etat ». Mais l'article 20 dit aussi que « sous réserve de l'article 13 », le Premier ministre « nomme aux emplois civils et militaires ». Il faut distinguer trois catégories de situations.

● Les hauts fonctionnaires nommés par décrets délibérés en Conseil des ministres. — L'alinéa premier de l'article 13 dispose que le Président « signe les décrets délibérés en Conseil des ministres », sans imposer de délai pour cette signature : cela signifie qu'elle peut être refusée par le chef de l'Etat. La chose est certaine depuis qu'il est élu au suffrage universel, mais elle était déjà tenue pour vraisemblable avant 1958. Le Président de la République possède ainsi un pouvoir de veto sur la nomination et la révocation de tous les hauts fonctionnaires pour lesquels est exigé un décret délibéré en Conseil des ministres. Les uns sont énumérés par l'article 13 de la Constitution, et leur liste est donc invariable : tels sont les conseillers d'Etat, les préfets, les représentants du gouvernement dans les territoires d'outre-mer, les directeurs des administrations centrales, les recteurs, les généraux, les ambassadeurs, les membres du Conseil supérieur et du Comité de défense nationale.

L'ordonnance organique du 28 novembre 1958 ajoute à cette liste les emplois de direction dans les établissements publics, les entreprises publiques et les sociétés nationales les plus importantes, ainsi que les procureurs généraux près la Cour de cassation, la Cour des comptes et la Cour d'appel de Paris, etc. Cela représentait en tout environ 50 emplois. En 1967, un accroissement a porté ce nombre à 70 emplois. Le décret du 6 août 1985 l'a élevé à 170 emplois, en partie à cause des nouvelles nationalisations.

Le rétrécissement du secteur nationalisé en 1986-1988 et depuis 1993 a ensuite réduit ce nombre.

• Les fonctionnaires nommés par décret présidentiel. — Par ailleurs un décret présidentiel non délibéré en Conseil des ministres comme ceux de l'article 13 est nécessaire pour la nomination d'autres fonctionnaires importants : membres du Conseil d'Etat et de la Cour de cassation, magistrats, professeurs de l'enseignement supérieur, officiers des armées. Les jeunes fonctionnaires entrant dans un corps dont le recrutement normal est assuré par l'ENA, les membres du corps préfectoral, les jeunes ingénieurs entrant dans un corps technique dont le recrutement est partiellement assuré par le classement de sortie de l'Ecole polytechnique sont aussi dans ce cas, mais seulement pour l'entrée dans le corps. Environ 70 000 fonctionnaires (dont la moitié d'officiers) sont dans ce cas.

• Les autres fonctionnaires. — La combinaison des articles 13 et 20 fait que les autres fonctionnaires sont nommés par le Président de la République, mais que ce pouvoir de nomination « peut être par lui délégué pour être exercé en son nom » (art. 13). Normalement, le Premier ministre serait le bénéficiaire d'une telle délégation, puisque le Premier ministre est lui aussi investi d'un pouvoir général de nomination « sous réserve des dispositions de l'article 13 » (art. 20).

Aucune délégation n'a jusqu'ici été consentie au Premier ministre. Aucune ne pourrait l'être sans l'accord du délégataire, c'est-à-dire du Président de la République. Mais l'ordonnance du 28 novembre 1958 a maintenu en vigueur les législations et réglementations antérieures permettant aux ministres et aux autorités subordonnées de procéder aux nominations courantes « par mesure de simplification ou de déconcentration administrative ». La plupart des nominations de fonctionnaires subalternes sont faites par cette voie. Une autre ordonnance pourrait élargir ces dispositions générales : mais seulement par accord avec le Président de la République, en vertu de l'article 13.

4. *Le veto sur les décrets réglementaires et sur les ordonnances.* —
Normalement, les décrets réglementaires sont de la compétence
du seul premier ministre en vertu de l'article 21 de la Constitution,
qui lui attribue le pouvoir réglementaire autonome (cf. p. 307) et
le pouvoir exécutif. Cependant, certains décrets réglementaires et
toutes les ordonnances sont soumises au veto du Président de la
République.

• Les décrets réglementaires délibérés en Conseil des ministres.
— L'article 13 de la Constitution permet au Président de la République de refuser sa signature pour les décrets délibérés en Conseil
des ministres. La plupart des décrets en question sont les décrets
individuels de nomination des hauts fonctionnaires que l'on vient
d'étudier. Mais il y a aussi quelques décrets réglementaires, peu
nombreux mais importants : les décrets relatifs par exemple à
l'organisation de la défense nationale (art. 15 et 20 combinés), à la
proclamation de l'état de siège (art. 36), à la modification des
départements ministériels, et les décrets d'application des lois
dont elles décident qu'ils sont soumis à cette procédure (tel est
notamment le cas pour le décret relevant le SMIC). Certains décrets
sont délibérés en Conseil des ministres en l'absence d'un texte
exigeant cette procédure. Le Conseil d'Etat estime alors que le
Président de la République est seul compétent pour les signer,
les modifier ou les abroger (CE, arrêt Meyet, 10 septembre 1993).
• Les décrets présidentiels simples. — Comme pour la nomination de certains fonctionnaires, d'autres décrets réglementaires
prennent la forme de décrets présidentiels contresignés par le
Premier ministre mais non délibérés en Conseil. Ainsi les décrets
relatifs à l'organisation judiciaire (art. 64), à la publication de
conventions internationales (art. 52), aux délégations ministérielles,
aux attributions des secrétaires d'Etat, etc. Quand un décret de
cette catégorie n'est pas exigé par un texte, le Conseil d'Etat estime
qu'il peut être modifié ou abrogé.

● Les ordonnances. — Enfin l'article 13 permet au Président de refuser sa signature pour les ordonnances que le gouvernement prend en vertu d'une loi de pleins pouvoirs l'autorisant à modifier les lois dans un domaine et un délai déterminé (cf. p. 323 et 378). Cette procédure est utile pour des réformes difficiles dont les députés mesurent la nécessité mais dont ils ne veulent pas prendre la responsabilité en les votant eux-mêmes. La possibilité pour le Président de refuser sa signature des ordonnances a gêné le gouvernement lors de la cohabitation de 1986-1988 et soulevé une grande controverse car elle a été contestée par le Premier ministre (cf. p. 564).

5. *Les pouvoirs sur l'activité du Parlement.* — En dehors du pouvoir de dissolution de l'Assemblée nationale examiné plus haut (cf. p. 272), qui interrompt l'activité du Parlement, le Président ne possède que des moyens d'action limités sur celle-ci. Il préside les Conseils des ministres, lesquels prennent des décisions importantes dans la procédure parlementaire, mais il n'est en droit qu'une voix parmi d'autres dans les délibérations de cet organe collectif, ce qui correspond à la réalité en cas de cohabitation avec une majorité parlementaire opposée à lui : la situation lui permettant au contraire de dominer le Conseil quand il est reconnu pour chef par la majorité parlementaire. Cependant, l'accord du Président est toujours nécessaire pour plusieurs formes d'action parlementaire : il a un pouvoir sur la promulgation des lois et sur la demande d'une seconde lecture, sur le dépôt des projets de loi tendant à la ratification d'un traité, sur les révisions constitutionnelles de l'article 89 et sur les sessions extraordinaires.

● L'obligation de promulgation des lois et le pouvoir de demander une seconde lecture des lois votées. — Le Président de la République promulgue les lois votées par le Parlement : c'est-à-dire qu'il les signe et les fait publier au *Journal officiel*, cet acte rendant la loi exécutoire. La promulgation est exercée avec contre-seing ministériel : mais, dans ce domaine, la signature du Premier ministre et des ministres intéressés est de pure forme. Celle du Président l'est aussi, d'ailleurs, puisqu'il est obligé de promulguer la loi dans le délai de quinze jours après la transmission au gouvernement du texte définitivement adopté par le Parlement.

Dans le délai fixé pour la promulgation, le Président peut renvoyer en seconde lecture devant le Parlement la loi votée, le renvoi portant soit sur la totalité, soit sur certains articles seulement. Cette décision n'est pas dispensée du contreseing du Premier ministre : il s'agit donc d'un pouvoir partagé. Mais la demande pourrait être faite par un message adressé au Parlement, ce qui empêcherait un Premier ministre solidaire de sa majorité de paralyser l'initiative du Président. Le Parlement pourrait répliquer en ne procédant pas à une seconde lecture, en arguant qu'on se trouverait hors de l'article 10. Mais il obtiendrait difficilement la promulgation du texte (cf. p. 282).

• Le pouvoir sur le dépôt d'un projet de loi tendant à la ratification d'un traité. — Normalement, les projets de loi sont préparés par le gouvernement, qui les soumet au Conseil des ministres, lequel en décide la transmission au Parlement. En droit, le Président de la République ne peut pas empêcher une telle transmission si la majorité du Conseil l'exige, ce qui le paralyse en fait quand elle lui est opposée.

Cependant, le Président pourrait s'opposer à l'envoi au Parlement d'un projet tendant à la ratification d'un traité que lui-même n'approuve pas : l'article 52 de la Constitution donnant au Président le pouvoir de ratifier les traités. Pour ceux dont la ratification n'a pas à être autorisée par une loi, cette ratification se fait par un décret présidentiel, comme on vient de le dire (p. 292). Pour ceux dont une loi doit autoriser la ratification, celle-ci a lieu par la promulgation de la loi ainsi votée. Le Président de la République étant libre de refuser la ratification, mais étant tenu de promulguer les lois votées, son refus de ratifier ne peut se manifester que par le refus de transmettre au Parlement le projet de loi tendant à la ratification. Le Conseil des ministres ne pourrait d'ailleurs délibérer sur un tel projet que s'il était saisi par le Président de la République.

● Les pouvoirs sur les révisions constitutionnelles de l'article 89.

— L'initiative d'une révision constitutionnelle dans le cadre de l'article 89 appartient soit aux députés ou sénateurs, soit au Président de la République sur proposition du Premier ministre. Le projet de révision du Président n'est pas soumis au Conseil des ministres, mais préparé par le Président une fois que le Premier ministre a engagé la procédure par sa proposition initiale. Le partage du pouvoir entre eux est à peu près le même que pour le référendum de l'article 11. La différence est que, dans le référendum de l'article 11, le président peut soumettre directement son projet au peuple, sans passer par le Parlement.

Sur les projets de révision d'origine présidentielle et gouvernementale, le Président de la République dispose d'un pouvoir de choisir la procédure finale, soit en soumettant le projet accepté par les chambres au référendum, soit en le soumettant au Congrès du Parlement, c'est-à-dire aux deux chambres siégeant ensemble et statuant alors à la majorité des trois cinquièmes des suffrages exprimés. Il semble bien qu'il soit tenu de choisir entre les deux options, tous les éléments d'une procédure engagée devant être successivement appliqués. Cependant, cela n'a été fait ni en 1973 par Georges Pompidou, ni en 1974 par Valéry Giscard d'Estaing. La plupart des juristes ont approuvé ce comportement, en soulignant qu'aucun délai n'est imposé pour cette phase finale, à la différence de ce qui existe pour la promulgation des lois.

Le raisonnement ne semble pas transposable pour les propositions de révision d'origine parlementaire. Pour elles, il n'y a pas de choix entre le référendum et le Congrès : seul, le référendum est possible. Aucun délai n'étant imposé pour y recourir, pas plus que pour choisir entre lui et le Congrès dans l'hypothèse précédente, le Président de la République pourrait-il bloquer toute proposition de révision en ne la présentant pas au référendum ? Cela serait inadmissible, en paralysant le recours au peuple souverain. On pourrait alors parler de haute trahison.

• Le pouvoir sur les sessions extraordinaires du Parlement. — Les sessions extraordinaires du Parlement sont ouvertes et closes par un décret du Président de la République, en vertu de l'article 30 de la Constitution, sauf dans le cas où le Parlement se réunit de plein droit, c'est-à-dire pendant l'application de l'article 16 (cf. p. 277). Les décrets en question sont soumis au contreseing du Premier ministre. L'article 29 dispose d'autre part que les sessions extraordinaires sont réunies sur la demande du Premier ministre ou de la majorité des membres composant l'Assemblée nationale, sur un ordre du jour déterminé. Quand la réunion a lieu sur la demande des députés, le décret présidentiel de clôture intervient dès que le Parlement a épuisé l'ordre du jour pour lequel il a été convoqué, et au plus tard douze jours à compter de sa réunion.

Tout cela montre clairement que les prérogatives du Président sont partagées avec le Premier ministre, et éventuellement avec la majorité de l'Assemblée nationale. Mais l'étendue de ces prérogatives n'est pas claire, quant à la liberté du Président vis-à-vis de la demande du Premier ministre ou des députés. Le grand débat sur son droit de la refuser ou de s'y plier, soulevé d'abord en mars 1960, est dépassé depuis que l'élection du Président au suffrage universel a rendu effectifs les pouvoirs que la Constitution lui attribue. En conséquence, il possède depuis 1962 le droit de refuser la convocation des sessions extraordinaires qui lui sont demandées, puisque la Constitution ne dit pas clairement le contraire (cf. p. 268).

Sur le Président de la République en général, cf. N. Wahl et J.-L. Quermonne, *La France présidentielle*, 1995 ; J. Massot, *Chef d'Etat et chef de gouvernement : dyarchie et hiérarchie*, 1993 ; *La Présidence de la République en France*, 2ᵉ éd., 1976 (Documentation française) ; *L'arbitre et le capitaine*, 1987 ; F. de Baecque, *Qui gouverne la France ?*, 1977 ; B. Lacroix et J. Lagroye, *Le Président de la République*, 1992.

Sur la controverse juridique à propos du référendum de l'article 11 en matière constitutionnelle, cf. les articles de P. Lampué et G. Berlia, dans la *Revue du droit public*, 1962, p. 931 et 936 ; de M. Duverger dans *Le Monde* du 17 octobre 1962, et la controverse entre M. Duverger et G. Vedel dans *Le Monde* des 22-23 déc. 1968 et 26 déc. 1968 ; les articles de J. Chevallier sur la coutume en droit constitutionnel (*Rev. du droit public*, 1970, p. 1375) et de J.-C. Maestre, A propos des coutumes et des pratiques constitutionnelles (*ibid.*, 1973, p. 1275). — Sur le droit de dissolution, cf. P. Albertini, *Le droit de dissolution et les systèmes constitutionnels français*, 1977.

Sur la présidence du général de Gaulle, cf. J. Lacouture, *De Gaulle*, 3 vol., t. II, 1985 ; t. III, 1986. — Sur la présidence de Georges Pompidou, F. Decaumont, *La présidence de Georges Pompidou*, 1979. — Sur la présidence de Valéry Giscard d'Estaing, M. Duverger, *Echec au roi*, 1977 ; C. Debbasch, *L'Elysée dévoilé*, 1982. — Sur la présidence de François Mitterrand, cf. J. Attali, *Verbatim*, I, 1993 ; II et III, 1995.

LES CONSEILLERS DU PRÉSIDENT DE LA RÉPUBLIQUE. — Le Président de la République dispose d'un ensemble important de conseillers : le secrétaire général de l'Elysée, le directeur de cabinet, leurs adjoints, les conseillers techniques représentaient 34 personnes au début du septennat de François Mitterrand (sans compter l'état-major militaire particulier du chef de l'Etat). Le nombre de ces collaborateurs était sensiblement le même sous les présidents précédents.

L'entourage du Premier ministre est beaucoup plus nombreux. C'est Matignon qui tient en mains la machine gouvernementale et non l'Elysée. Le secrétariat général du gouvernement (cf. p. 325) et l'ensemble des services du Premier ministre ont seuls les moyens de faire appliquer les décisions prises au sommet de l'Etat, et de coordonner à cet effet l'action des ministres. L'appareil gouvernemental reflète le schéma des pouvoirs publics dessiné par la Constitution dans ses articles 20 et 21, plutôt que la pratique engendrée par l'autorité effective du Président comme chef de la majorité.

Certes, cet appareil permet d'appliquer la distinction entre les orientations fondamentales de la politique nationale, arrêtées par le Président de la République, et la mise en œuvre des mesures nécessaires à l'application de la politique ainsi déterminée, qui revient au Premier ministre et au gouvernement. Mais l'entourage du Président n'a pas les moyens de provoquer cette mise en œuvre, de l'activer et de la contrôler. Par contre, il peut jouer un rôle dans la détermination des orientations elles-mêmes. Encore que le Premier ministre et les ministres puissent amener le Président à renoncer plus ou moins à ses préférences, dans des affaires qui ne sont pas primordiales (cf. l'exemple de la sélection à l'entrée des universités, proposée à de Gaulle par un de ses conseillers, soutenue par le général qui en décida la mise en œuvre, et qui ne put la faire admettre finalement).

Sur l'entourage du Président de la République cf. S. Cohen, *Les conseillers du Président*, 1980, étude de science politique ; les tomes de *Verbatim* de J. Attali, ci-dessus.

LE RECOURS À L'ARTICLE 16 EN 1961. — A la suite du putsch militaire d'Alger du 21 avril 1961, le général de Gaulle a décidé le 23 avril de recourir à l'article 16. Cette décision a soulevé divers problèmes pratiques.

1° *La validité du recours à l'article 16.* — Certains l'ont discutée, en affirmant que le fonctionnement régulier des pouvoirs publics n'était pas alors interrompu. Cette interprétation ne paraît pas valable. Outre qu'un ministre était prisonnier des généraux rebelles, les pouvoirs publics ne fonctionnent pas régulièrement quand le Premier ministre appelle les citoyens à l'aider contre un éventuel débarquement de parachutistes (discours de Michel Debré du 23 avril) et quand l'Etat est abandonné par la force militaire, qui est l'un de ses moyens d'action essentiels.

2° *Le maintien prolongé de l'article 16.* — Au lieu de renoncer aux pouvoirs de l'article 16, une fois le putsch militaire maîtrisé, le général de Gaulle a continué à y recourir jusqu'au 30 septembre. Ce maintien prolongé de l'article 16 paraît contraire à la Constitution. En effet, à partir du 25 avril, date de l'effondrement du putsch d'Alger, le « fonctionnement régulier des pouvoirs publics » n'était plus interrompu.

3° *Le rôle du Parlement pendant l'application de l'article 16.* — Le Président de la République a formulé à cet égard une interprétation restrictive le 31 août 1961 : il a estimé que, si le Parlement pouvait se réunir en dehors des sessions normales (ordinaires et, éventuellement, extraordinaires) pendant l'application de l'article 16, il ne pouvait pas alors légiférer, « à moins d'un motif tenant à des circonstances immédiatement dangereuses pour la patrie et pour la République ». Le président de l'Assemblée nationale a décidé, le 12 septembre, qu'une motion de censure ne pouvait pas non plus être déposée contre le gouvernement, en dehors des sessions normales, pendant cette réunion de plein droit. Le Premier ministre a refusé de rendre compte aux parlementaires, par voie de réponse à une question écrite, des modalités d'application de l'article 16 (réponse à M. Fraissinet, *JO*, 5 juillet 1961). Toutes ces interprétations sont très contestables : l'article 16, en se bornant à dire que « le Parlement se réunit de plein droit », ne pose aucune limite à l'exercice de ses pouvoirs : le Parlement peut donc agir comme au cours des sessions ordinaires.

Sur les problèmes posés par le recours à l'article 16 en 1961, cf. les articles de G. Berlia (*Rev. du Droit public*, 1961, p. 1029, et 1962, p. 288), de J. Barale (*ibid.*, 1961, p. 1248), de M. Duverger (*Le Monde*, 5 mai 1961) ; et J.-L. Parodi, *Les rapports entre le Législatif et l'Exécutif sous la Vᵉ République*, 2ᵉ éd., 1972. — Sur le problème de l'article 16 en général, cf. la thèse de M. Voisset, *L'article 16 de la Constitution du 4 octobre 1958*, 1969, et le numéro spécial de la revue *Pouvoirs* sur « Les pouvoirs de crise », n° 10, 1979.

LA DEMANDE DE SECONDE LECTURE PAR UN MESSAGE PRÉSIDENTIEL. — La question soulevée pages 282 et 294 ne s'est jamais posée. Elle a le mérite d'éclairer les limites de la Constitution. Le Président a certainement le droit d'adresser un message demandant une seconde lecture. Le Parlement a un droit presque équivalent à refuser celle-ci, en arguant que les formes de l'article 10, qui l'exigent, n'ont pas été respectées. Le Président peut répliquer en invoquant son droit d'interprétation de la Constitution, défini p. 270. Le Parlement ne pourrait l'écarter qu'en considérant celui-ci, en l'occurrence, comme une haute trahison, bien qu'elle ne soit pas aussi évidente que pour le refus d'un référendum envisagé p. 295. Auquel cas, le Président aurait un moyen de résoudre élégamment la crise à son profit, en demandant un référendum de l'article 11 : juridiquement, le gouvernement pourrait le refuser, mais il perdrait alors la face politiquement.

2 / Le gouvernement

Le gouvernement est formé du Premier ministre, et des ministres et secrétaires d'Etat. Chacun de ses membres a des attributions particulières. Mais les pouvoirs principaux du gouvernement s'exercent en corps au sein du Conseil des ministres, organe collectif qui prend les décisions sous la présidence du Président de la République. Par ailleurs le gouvernement est entouré d'organismes consultatifs qui l'éclairent dans la préparation de ses décisions. La plupart concernent des domaines administratifs particuliers, mais deux au moins ont un rôle politique et relèvent du droit constitutionnel : le Conseil d'Etat et le Conseil économique et social.

1 | LE PREMIER MINISTRE

Seul chef effectif de l'Exécutif dans les régimes parlementaires, le Premier ministre se voit attribuer des pouvoirs très importants par la Constitution de la Ve République. Elle établit ainsi au sommet de l'Etat une sorte de dyarchie qui est le trait fondamental des régimes semi-présidentiels, où un chef du gouvernement responsable devant le Parlement se trouve en face d'un Chef de l'Etat élu au suffrage universel qui dispose de pouvoirs propres. Mais la dyarchie juridique n'est pas toujours accompagnée d'une dyarchie effective. La pratique correspond (ou a correspondu) à la Constitution en France de 1986 à 1988 et de 1993 à 1995, en Finlande, au Portugal, en Allemagne de 1919 à 1933. Au contraire, en Autriche, en Irlande et en Islande, le Premier ministre est le seul chef réel de l'Exécutif, dans une pratique semblable à celle des régimes parlementaires. En France, à l'inverse, la pratique suivie de 1958 à 1986 et reprise depuis 1995 fait du Président de la République le seul chef réel de l'Exécutif, ce qu'on a exprimé parfois en parlant de « présidentialisation » du régime.

Emprunté à la tradition britannique, le terme de « Premier ministre » est nouveau en France. Sous la IIIe République depuis 1934 et sous la IVe, le titulaire de la fonction s'appelait « président du Conseil », terme inexact puisque le Conseil des ministres était présidé par le Président de la République. En République fédérale d'Allemagne et en Autriche, le titulaire de la fonction s'appelle « chancelier ». Sur ce plan du vocabulaire, signalons aussi la querelle sur l'appellation de « chef du gouvernement » pour désigner le Premier ministre. Le général de Gaulle ne l'avait jamais admise, estimant que seul le Président de la République était le chef du gouvernement, et que le Premier ministre était « le second du navire ». Georges Pompidou suivit cette pratique, en déclarant impropre un communiqué parlant d'une rencontre internationale entre « chefs de gouvernement » où la France était représentée par son Premier ministre. Les choses ont changé sous Valéry Giscard d'Estaing, où le Président de la République a parlé du « gouvernement de M. Barre » en 1977, et où ce dernier s'est plusieurs fois qualifié lui-même de chef du gouvernement.

▶ *Le statut du Premier ministre*

On n'examinera ici que les parties de ce statut propres au Premier ministre. Celles qui lui sont communes avec les autres ministres — notamment les incompatibilités — seront étudiées en même temps que le statut de ces derniers (cf. p. 315).

1. *La nomination et l'acceptation de la démission du Premier ministre*. — On a déjà signalé les grandes lignes du problème, à propos des pouvoirs du Président de la République (cf. p. 271).

• La nomination. — Rappelons que le choix du Premier ministre est un pouvoir propre du chef de l'Etat, qui signe seul le décret de nomination, sans contreseing, ce qui supprime les absurdités des régimes précédents où le contreseing de la nomination du successeur était donné par son prédécesseur, qui était évidemment l'homme le plus opposé à l'acte qu'on l'obligeait à endosser. Le maximum d'absurdité était atteint quand le Premier ministre se succédait à lui-même : il contresignait alors le décret de sa propre nomination, comme le fit Briand en 1926 !

Dès que le décret de nomination le concernant est signé, le Premier ministre peut exercer ses fonctions. Ce point est important, car il permet au nouveau Premier ministre d'utiliser son pouvoir de proposition ou de contreseing concernant les actes du Président de la République avant que l'Assemblée nationale ait pu voter la censure contre lui. Le Premier ministre entre ainsi en fonctions avant que son ministère ne soit constitué. La Constitution impose ce processus, puisqu'elle dispose que les ministres sont nommés par le Président de la République « sur la proposition du Premier ministre », qui doit lui-même être nommé pour pouvoir proposer.

• L'acceptation de la démission. — L'article 8 de la Constitution dit que le Président « nomme le Premier ministre » et « met fin à ses fonctions sur la présentation par celui-ci de la démission du gouvernement ». Le texte n'est pas clair quant à l'obligation pour le Président d'accepter ou de refuser la démission qui lui est ainsi présentée. Si le Premier ministre présente spontanément la démission de son gouvernement, la règle des régimes parlementaires est que le Président peut la refuser. Il ne serait pas concevable qu'on donne moins de liberté au Chef de l'Etat dans un régime semi-présidentiel, puisque la Constitution n'en dispose pas autrement. Si le Premier ministre est obligé de présenter sa démission après un vote de censure, aux termes de l'article 50, on ne peut guère imaginer que le Président puisse la refuser : car cela serait contraire au principe de la responsabilité du gouvernement devant l'Assemblée nationale, que la Constitution organise de façon minutieuse. Toutefois, le Président peut retarder l'acceptation de la démission, s'il dissout l'Assemblée après le vote de censure en question, car la continuité de l'Etat doit être assurée.

La Constitution n'oblige pas le Premier ministre à démissionner après l'élection d'un Président nouveau ou réélu, ou d'une nouvelle législature de l'Assemblée nationale. Toutefois, une coutume s'est établie dès la IIIᵉ République et maintenue sous la IVᵉ, imposant la démission du Premier ministre après une élection présidentielle. Il eût été anormal qu'elle ne fût pas suivie sous la Vᵉ République, où l'élection présidentielle est infiniment plus importante. En fait, elle a toujours été respectée. Par contre, aucune tradition semblable n'a existé sous la IIIᵉ République en ce qui concerne la démission du Premier ministre après des élections législatives. Ni Briand après les élections de 1910, ni Clemenceau après celles de 1919, ni Poincaré après celles de 1928 n'ont démissionné.

Sous la IVe République, l'article 45 de la Constitution imposait la désignation d'un nouveau chef de gouvernement « au début de chaque législature ». La Constitution de 1958 n'ayant pas repris cette disposition, les premiers ministres ne sont pas obligés de démissionner après le renouvellement de l'Assemblée nationale. Ils l'ont cependant toujours fait, bien que les élections aient souvent donné une majorité analogue à celle du gouvernement en fonctions. Sauf M. Mauroy, démissionnant le lendemain du second tour en 1981, ils ont attendu cependant de dix à vingt jours pour le faire. De toute façon, le Président pourrait en l'occurrence refuser la démission ou en retarder l'acceptation, tant qu'un vote de censure n'a pas eu lieu.

● Les démissions provoquées. — La Constitution ne permet pas au Président de la République de révoquer le Premier ministre sans que celui-ci ait présenté la démission de son gouvernement. L'article 8 est clair à ce sujet, et les travaux préparatoires le renforcent. Devant le Comité consultatif constitutionnel, le général de Gaulle a explicitement répondu « non » en 1958 à la question : « Le Premier ministre pourrait-il être révoqué par le Président de la République ? » La pratique suivie depuis 1962 est contraire, mais elle découle seulement d'un rapport de forces qui permet au Président d'avoir autorité sur la majorité parlementaire, et à travers elle de contraindre le Premier ministre à démissionner. Quand ce rapport de forces change en période de cohabitation, le Premier ministre a les moyens de résister au Président, qui renonce alors à lui demander sa démission.

Les départs de Premier ministre sur injonction présidentielle ont d'ailleurs pris la forme de « démission provoquée », le démissionnaire acceptant de se plier au désir de l'Elysée. Tel fut le cas en 1962 (Debré), en 1968 (Pompidou), en 1972 (Chaban-Delmas), en 1984 (Mauroy), en 1991 (Rocard), en 1992 (Cresson). Les lettres de démission de Georges Pompidou et de Jacques Chaban-Delmas soulignaient que les intéressés avaient accepté de donner leur démission sur la demande du Président. La démission de Jacques Chirac en 1976 paraît avoir été volontaire, bien que le président Giscard d'Estaing ait laissé entendre ensuite que lui-même en avait pris l'initiative. Tous les Premiers ministres jusqu'en 1986 ont indiqué qu'ils ne pourraient pas rester à leur poste contre la volonté du Président : mais cela était lié à l'autorité de celui-ci sur la majorité, phénomène conjoncturel qui a disparu pendant les cohabitations.

2. *La présentation du Premier ministre devant l'Assemblée nationale.* — La gauche et les centristes (partisans de renforcer les pouvoirs du parlement) ont longtemps prétendu que le Premier ministre devait engager sa responsabilité sur son programme devant l'Assemblée nationale avant de commencer à gouverner. Ils fondaient leur raisonnement sur la pratique des régimes parlementaires et sur l'interprétation de l'article 49, alinéa 1er, de la Constitution. Aucun des deux arguments n'est décisif, ce qui explique la pratique fluctuante depuis 1962.

• La diversité des régimes parlementaires. — La Ve République étant un régime semi-présidentiel, on pourrait de toute façon contester l'application à celui-ci d'un principe du régime parlementaire. Mais une telle contestation est inutile, car aucun principe n'existe dans ce domaine. En Grande-Bretagne, mère des Parlements ; au Canada, en Australie, en Nouvelle-Zélande, pays du Commonwealth qui ont directement transposé le système britannique ; mais aussi au Danemark, en Norvège, en Finlande, au Luxembourg, en Islande, le Premier ministre et son équipe peuvent gouverner sans se présenter devant les députés : à ces derniers de prendre l'initiative d'une motion de censure si le nouveau gouvernement ne leur plaît pas, afin de mettre fin à ce qu'on appelle la « confiance négative ». L'obligation d'obtenir formellement la confiance avant de gouverner, grâce à un débat et un vote parlementaire, existe en République fédérale d'Allemagne, en Italie, en

Suède, en Irlande, en Israël, au Japon, en Grèce, au Portugal, en Espagne et dans la France de la IVᵉ République : mais en vertu d'une disposition expresse de la Constitution, qui n'existe plus chez nous. Seule la Belgique suit la même pratique en raison d'une coutume qui fait l'objet d'un agrément général, comme c'était le cas dans la France de la IIIᵉ République.

• Le texte de l'article 49, alinéa 1ᵉʳ. — Il est ainsi rédigé : « Le Premier ministre, après délibération du Conseil des ministres, engage devant l'Assemblée nationale la responsabilité du gouvernement sur son programme ou éventuellement sur une déclaration de politique générale. » L'avant-projet de la Constitution portait « peut engager ». Le Conseil d'État a demandé « engage ». Guy Mollet réclamait qu'on y substitue « doit engager ». De Gaulle répliqua qu'en langage juridique, « l'indicatif a valeur d'impératif ».

Mais le général a emberlificoté son interlocuteur en permettant de choisir entre la présentation du programme de gouvernement et la simple déclaration de politique générale, en ne rendant l'engagement de responsabilité qu'éventuel dans le cas d'une simple déclaration et surtout en ne limitant pas la liberté du Premier ministre d'ajourner indéfiniment l'engagement de confiance. Dans les pays qui la restreignent, il se voit imposer un délai pour présenter son programme et obtenir la confiance (dix jours en Italie et en Grèce, quinze au Portugal) à moins que le ministère précédent ne demeure en fonction jusqu'à cette investiture parlementaire. Le texte de l'article 49, alinéa 1ᵉʳ, ne pose donc aucune obligation précise.

• La variété des pratiques. — Michel Debré resta fidèle à la pratique parlementaire de la IIIᵉ et de la IVᵉ République. Il engagea la confiance sur son programme de gouvernement en janvier 1959, en reconnaissant que le texte de la Constitution ne l'obligeait pas à le faire, mais en invoquant son « esprit ». Après avoir suivi deux fois l'exemple de son prédécesseur, en avril et en décembre 1962, Georges Pompidou changea de pratique en 1966, se bornant alors à une déclaration avec un débat sans engagement de confiance, et invitant l'opposition à déposer éventuellement une motion de censure.

La différence est importante, parce que la motion de censure oblige l'opposition à réunir la majorité absolue des membres composant l'Assemblée nationale, les votes favorables à la motion étant seuls décomptés ce qui permet au gouvernement de confondre les abstentionnistes et les votes qui le soutiennent. Au contraire, dans l'engagement de confiance par lui, seuls les votes en sa faveur le soutiennent réellement. Les Premiers ministres à majorité faible ou incertaine ont intérêt à ne pas engager la confiance dès leur investiture. La « confiance négative » joue d'ailleurs un rôle important dans certaines démocraties d'Europe, notamment en Scandinavie. Elle pourrait être utile en France en cas d'absence de majorité stable. Elle l'a été pour Michel Rocard en 1988.

▶ *Les pouvoirs du Premier ministre*

On n'examinera ici que les pouvoirs personnels du Premier ministre, et non ceux qu'il exerce collectivement à l'intérieur du gouvernement en même temps que les autres ministres. Parmi ces pouvoirs personnels, les uns sont des pouvoirs normatifs, les autres des moyens d'action sur d'autres institutions de l'Etat.

1. *Les pouvoirs normatifs du Premier ministre.* — Le Premier ministre possède deux pouvoirs normatifs très importants : a) le pouvoir réglementaire, qu'il soit autonome ou en exécution des lois ; b) le pouvoir de direction générale du gouvernement.

● Le pouvoir réglementaire et le pouvoir d'exécution des lois. — Au sens large, le pouvoir réglementaire est le pouvoir de prendre des décrets à portée générale, appelés « règlements » ou « décrets réglementaires » qui sont subordonnés aux lois, en vertu de la hiérarchie des normes qui sera étudiée plus loin, p. 417. Avant la

Vᵉ République, la plupart des décrets réglementaires étaient pris pour l'exécution des lois, qui renvoyaient à eux pour préciser leurs dispositions. Le gouvernement, sous la signature formelle du Président de la République, ne pouvait faire des règlements « autonomes » (c'est-à-dire en dehors d'une loi qui renvoie à eux) que dans deux domaines : l'organisation des services publics et la « police » au sens juridique du terme, c'est-à-dire les moyens nécessaires pour assurer la sécurité, la tranquillité et la salubrité publiques. La Constitution de 1958 a bouleversé la notion de pouvoir réglementaire par ses articles 34 et 37, qui opèrent une délimitation entre le domaine réservé à la loi et le domaine réservé au pouvoir réglementaire (cf. p. 375). Le pouvoir réglementaire est ainsi devenu le principe et le pouvoir législatif, l'exception : hors des cas prévus par l'article 34, le Parlement ne peut pas légiférer et les règles de droit sont posées par le gouvernement.

Le pouvoir réglementaire proprement dit (c'est-à-dire le pouvoir réglementaire autonome) est exercé désormais par le Premier ministre, en vertu de l'article 21 de la Constitution. Le Premier ministre fixe ainsi par décret les règles de droit hors du domaine réservé au législateur par l'article 34. C'est un pouvoir considérable, qui fait du Premier ministre une sorte de législateur en second. Le Premier ministre peut également désormais modifier lui-même les lois intervenues avant la Constitution de 1958, dans les matières que celle-ci a fait devenir réglementaires : mais il faut pour cela un décret pris après avis du Conseil d'Etat. Si le Parlement actuel légiférait dans une matière réglementaire (ce qui est possible, au cas où le gouvernement ne s'y serait pas opposé : cf. p. 453), le Premier ministre pourrait toujours modifier par décret une telle loi : mais seulement après avoir demandé au Conseil constitutionnel de déclarer qu'elle est intervenue dans un domaine réglementaire.

De ce pouvoir réglementaire proprement dit, il faut distinguer le pouvoir d'exécution des lois au moyen des décrets dont la loi elle-même prévoit expressément l'intervention. Le Parlement, en votant une loi dans son domaine législatif, peut renvoyer à des règlements complémentaires le soin d'en préciser les dispositions. Ces règlements sont aussi pris par le Premier ministre, en vertu de l'article 21 de la Constitution. Le législateur qui décide d'y recourir peut les soumettre à des formalités particulières : par exemple celle des décrets délibérés en Conseil des ministres (cf. p. 290 et 292) ou celles des décrets en Conseil d'Etat (cf. la classification des décrets, p. 437). Quand l'article 34 ne permet au Parlement que de déterminer les principes fondamentaux d'une matière, les règlements d'application peuvent être pris par le Premier ministre sans que le Parlement ait renvoyé à eux, et le Parlement ne peut les modifier par une loi (cf. p. 377).

Qu'il s'agisse du pouvoir réglementaire proprement dit ou du pouvoir d'exécution des lois, il faut distinguer le cas où il s'exerce par décrets simples, signés par le Premier ministre seul et sans délibération du Conseil des ministres, et le cas où il s'exerce par décrets délibérés en Conseil des ministres, auxquels il faut aussi la signature du Président de la République. Dans le premier cas seulement, il s'agit d'un pouvoir propre du Premier ministre. Dans le second, il s'agit d'un pouvoir exercé en commun par le gouvernement et le Président de la République (cf. p. 292). L'article 21 signifie que le décret simple est la règle générale, le décret délibéré en Conseil des ministres intervenant exceptionnellement, quand un texte le prévoit expressément ou implicitement.

• La direction générale du gouvernement. — L'article 21 de la Constitution déclare : « Le Premier ministre dirige l'action du gouvernement. » Cette formule doit être combinée avec celle de l'article 9 : « Le Président de la République préside le Conseil des ministres. » Le Président de la République est ainsi investi d'une autorité sur la seule formation collective du gouvernement ayant pouvoir de décision. Il est donc lui aussi, d'une certaine façon, chef du gouvernement, la délimitation respective de son autorité et de celle du Premier ministre posant des problèmes délicats. De toute façon, le Premier ministre est subordonné aux décisions collectives prises en Conseil des ministres : il « dirige l'action du gouvernement » dans le cadre des décisions prises par le Conseil des ministres sous la présidence du Président de la République.

Le Premier ministre dispose de plusieurs moyens pour diriger l'action du gouvernement. Le pouvoir réglementaire ci-dessus défini lui donne de grandes prérogatives : en refusant de signer les décrets concernant tel ou tel département ministériel, il peut plier ses ministres à ses directives. A l'inverse, le ministre peut refuser son contreseing au décret concernant son département, qui est nécessaire. En pratique, de tels conflits sont rares : en mai-juin 1969, cependant, beaucoup de projets de décrets du ministre de l'Education nationale ont été bloqués par le premier ministre Georges Pompidou, qui n'appréciait guère le libéralisme d'Edgar Faure.

Un autre moyen de la direction générale du gouvernement réside dans les directives adressées par le Premier ministre soit à l'ensemble des membres du gouvernement, soit à certains ministres. Quelques directives (rares) sont publiées par le *Journal officiel*. Plus fréquemment, les directives restent des documents internes à l'administration. Certaines sont même tout à fait confidentielles. Les Comités interministériels sont un autre moyen de la direction du gouvernement par le Premier ministre : on les retrouvera parmi les organes collectifs examinés plus loin (p. 329).

2. *Les pouvoirs d'action sur les autres institutions de l'Etat.* — On se bornera à regrouper ici les principaux en renvoyant, pour certains d'entre eux, à la description de l'institution sur laquelle ils s'exercent.

• Pouvoirs d'action sur le Président de la République. — On les a examinés en détail parmi les attributions partagées du Président (cf. ci-dessus, p. 284). On se borne ici à les récapituler. Le Premier ministre possède d'abord un pouvoir d'initiative quand le

Président ne peut agir que sur sa proposition. Tel est le cas pour la nomination des ministres, pour le recours au référendum de l'article 11, pour le dépôt d'un projet de révision constitutionnelle sur la base de l'article 89, pour la demande de session extraordinaire du Parlement (concurremment avec la majorité absolue des membres de l'Assemblée nationale). Le pouvoir de proposition du Premier ministre n'existe que s'il est prévu expressément par la Constitution.

Au contraire, le Premier ministre dispose du pouvoir de contresigner les actes du Président de la République en vertu d'un principe général posé par l'article 19 de la Constitution, qui ne prévoit que huit exceptions : la nomination du Premier ministre, la décision de recourir au référendum de l'article 11, la décision de recourir à l'article 16, le droit de dissolution de l'Assemblée nationale, les messages présidentiels au Parlement, la nomination de trois membres et du président du Conseil constitutionnel, sa saisine pour les lois, sa saisine pour les traités. Toutes les autres décisions présidentielles sont soumises au contreseing du Premier ministre, qui peut le refuser, sauf pour la promulgation des lois (en vertu de la Constitution qui oblige le Président à promulguer dans les quinze jours) et pour le droit de grâce (en vertu de la coutume). Le droit de contreseing est un pouvoir considérable du Premier ministre. Il perd toute efficacité dans la pratique suivie depuis les origines de la Vᵉ République tant que le Président domine la majorité du Parlement et le Premier ministre à travers elle. Mais tout change dans les périodes de cohabitation du Président avec une Assemblée nationale disposant d'une majorité opposée dont le Premier ministre est le chef (1986-1988 et 1993-1995).

● *Pouvoirs d'action sur le Parlement*. — Une grande partie des pouvoirs d'action du Premier ministre sur le Parlement s'exercent à travers le gouvernement. Parmi eux, certains requièrent l'intervention du Conseil des ministres (par exemple l'engagement de confiance). Mais beaucoup appartiennent seulement au « gouvernement » sans plus de précisions de la Constitution. Ils sont alors exercés soit par le secrétaire général du gouvernement (par exemple, l'inscription à l'ordre du jour prioritaire des assemblées : cf. p. 362) placé sous l'autorité du Premier ministre, soit par le ministre qui représente le gouvernement dans le débat parlementaire (cf. p. 321), ce dernier agissant dans le cadre des directives du Premier ministre. Dans les débats parlementaires, les ministres n'interviennent au nom du gouvernement que pour les affaires de leur département. Le Premier ministre intervient pour les questions générales, ou délègue un ministre pour représenter le gouvernement. Il peut aussi intervenir dans les affaires particulières, s'il les juge importantes.

Le Premier ministre possède enfin des pouvoirs propres sans lien avec le gouvernement dans son ensemble ni avec un ministre particulier. Il peut demander la réunion du Parlement en session extraordinaire. Il décide la convocation d'une commission mixte en cas de désaccord entre l'Assemblée nationale et le Sénat, ce qui est très important dans la procédure législative (cf. p. 386). Enfin, le Premier ministre décide seul de demander au Sénat l'approbation d'une déclaration de politique générale : pour demander une telle approbation à l'Assemblée nationale, il faut au contraire l'accord du Conseil des ministres, parce qu'on engage alors la responsabilité du gouvernement.

• Pouvoir de saisine du Conseil constitutionnel. — Le Premier ministre dispose du droit de saisir le Conseil constitutionnel d'une loi ou d'un engagement international qu'il estime contraire à la Constitution, afin d'en faire reconnaître l'inconstitutionnalité. Il s'agit aussi d'un pouvoir personnel : le Président de la République a le même, ainsi que les présidents des assemblées : mais chacun l'exerce indépendamment des autres, selon sa volonté propre.

2 | LES MINISTRES ET SECRÉTAIRES D'ÉTAT

En dehors du Premier ministre, le gouvernement inaugurant la présidence de Gaulle comprenait 20 ministres et secrétaires d'Etat (1958), ce qui était une réduction notable par rapport à la IVᵉ République dont le dernier gouvernement réunissait 34 ministres et secrétaires d'Etat. L'inflation ministérielle reprit avec le premier gouvernement de la présidence Pompidou, qui comprenait 38 ministres et secrétaires d'Etat (1969). Le premier gouvernement du président Mitterrand l'aggravait avec 42 ministres et secrétaires d'Etat (1981), le maximum étant atteint avec les 48 ministres du gouvernement Rocard de 1988. Cinq ans plus tard on descendait fortement avec les 29 membres du gouvernement Balladur. Après l'erreur de son premier ministère de 42 membres en 1995, Alain Juppé le réduisit moins de six mois plus tard à 32 membres, essentiellement par l'éviction de 8 femmes sur les 12 nommées à l'origine.

▶ *La hiérarchie ministérielle*

La Vᵉ République a repris la distinction des ministres et des secrétaires d'Etat que la IVᵉ avait fait succéder à la distinction des ministres et sous-secrétaires d'Etat établie sous la IIIᵉ. En 1983, le président François Mitterrand a introduit un degré hiérarchique intermédiaire : celui des ministres délégués.

1. *Les ministres.* — Seuls, les ministres de plein exercice ont le droit de siéger à tous les Conseils des ministres : les autres membres ne siégeant que si l'on traite des affaires de leur département ministériel.

● Le double aspect des ministres. — Les ministres sont d'abord des membres à part entière du gouvernement qui participent à tous les Conseils des ministres. A ce titre, ils interviennent dans les décisions politiques essentielles. Mais chacun d'eux est aussi le chef d'un secteur d'activité publique formant un « ministère » ou « département ministériel ». En droit, tous les départements ministériels sont égaux. En pratique, leur importance est très variable. Leur découpage varie d'ailleurs suivant les gouvernements. Si certains ministères sont à peu près invariables (la Justice, les Affaires étrangères, les Armées), d'autres sont fluctuants. Certains n'ont qu'une existence éphémère (par exemple le ministère du Temps libre dans le gouvernement Mauroy de 1981). D'autres sont parfois scindés, parfois réunifiés : l'Education nationale a été découpée entre les Universités et l'Education dans les années 70 ; généralement réunies à l'Economie nationale, les Finances en sont parfois séparées ; elles ont même été divisées en Finances et Budget dans certains gouvernements.

● *Les ministres d'Etat.* — Les ministres d'Etat sont placés en tête de la liste des ministres. Ils peuvent être de deux catégories. Pour les uns, le titre de « ministre d'Etat » vient simplement couronner par une dénomination à valeur symbolique une fonction de ministre dont il ne modifie pas la substance. Ainsi André Malraux a été ministre d'Etat et ministre des Affaires culturelles dans le premier gouvernement de la présidence de Gaulle.

D'autres ministres d'Etat n'ont pas de département ministériel : c'est-à-dire qu'ils ne dirigent pas un secteur d'administration. Ils représentent en général des partis politiques, dont ils manifestent la présence au gouvernement. Ils participent, comme les autres ministres, à tous les Conseils des ministres.

2. *Les ministres délégués.* — Le terme est apparu sous la IVᵉ République, sous la forme d'un ministre délégué auprès du président du Conseil. Conservée d'abord dans le même état sous la Vᵉ, l'institution subit une transformation importante en 1983, et fut plus ou moins disloquée à partir de 1993. Les tentatives de 1995 annoncent peut-être une autre transformation.

● La réforme de François Mitterrand en 1983. — Le président Mitterrand estimait que les participants au Conseil des ministres étaient beaucoup trop nombreux. Il voulait les réduire à une quinzaine, un peu sur le modèle du cabinet britannique, organe essentiel du gouvernement qui réunit seulement les ministres importants. Mais les autres ne pouvaient pas tous être rattachés à l'un de ceux-ci : certains départements devant conserver leur autonomie. Cela impliquait que les ministres délégués n'assistent pas au Conseil des ministres, mais que certains ne dépendent pas d'un ministre proprement dit. La réforme élargit de la quinzaine à la vingtaine le nombre des ministres de plein exercice à partir de 1988, corrélativement.

● L'orientation de 1995. — Dès le début de la réforme Mitterrand, un de ses aspects se trouve fortement minoré : le nombre de ministres délégués sans délégation effective est très faible. Ils disparaissent en 1995, dans les deux gouvernements Juppé. Dans les deux aussi, tous les ministres délégués assistent à l'ensemble des Conseils des ministres. Malgré la réduction de 42 à 32 membres, les deux réunissent à peu près le même nombre de ministres au Conseil : 26 et 27. Mais le second ne comprend que 16 ministres de plein exercice contre 26 dans le premier. La différence essentielle tient au fait que les 11 ministres délégués et les 5 secrétaires d'Etat du second ministère sont tous rattachés aux 16 ministres de base. On évolue ainsi vers un gouvernement hiérarchisé, ce qui se dessinait peu à peu depuis longtemps.

3. *Les secrétaires d'Etat.* — A la différence des ministres délégués, les secrétaires d'Etat n'assistent au Conseil des ministres que si l'on y traite des affaires relevant de leur département. Sauf s'il s'agit d'un porte-parole du gouvernement qui n'est pas ministre ou ministre délégué, ce qui est rare. Dans un tel cas, le porte-parole assiste au Conseil, mais en écoutant seulement, sans intervenir dans les débats.

Ce dernier mis à part, tous les secrétaires d'Etat sont aujourd'hui rattachés à un ministre comme les ministres délégués. En dehors du titre plus majestueux de ces derniers, il y a une différence dans l'ampleur des domaines de compétence, les secrétaires d'Etat étant limités à des tâches plus spécialisées et moins importantes. Suivant les gouvernements, les ministres délégués sont plus ou moins nombreux qu'eux. Il arrive même qu'un gouvernement n'ait pas de secrétaires d'Etat (comme celui de Balladur en 1993-1994).

▶ *Le statut des ministres*

Le statut des ministres s'applique à tous les membres du gouvernement : Premier ministre, ministres, ministres délégués et secrétaires d'Etat. Il comprend deux éléments : d'une part, une responsabilité pénale devant la Cour de justice de la République, qui sera étudiée à propos de celle-ci ; d'autre part, des incompatibilités, c'est-à-dire des interdictions de cumuler les fonctions ministérielles avec diverses autres activités. Ces incompatibilités sont seules décrites ci-dessous.

1. *Interdiction de cumuler des fonctions ministérielles et un mandat parlementaire.* — Les fonctions ministérielles peuvent être cumulées avec des mandats électifs locaux (maire, conseiller municipal, conseiller général, conseiller régional) mais pas avec un mandat de député, de sénateur ou de parlementaire européen. Cette incompatibilité n'existait pas avant la Ve République.

• Les motifs de l'incompatibilité. — Elle a été établie sous l'influence personnelle du général de Gaulle. Elle ne correspond pas au régime parlementaire, où les ministres peuvent être pris dans les assemblées et en rester membres. Elle correspond plutôt au régime présidentiel, où existe une telle incompatibilité. La mesure s'explique par la volonté de transformer les mœurs parlementaires. De 1875 à 1958, toute la vie des assemblées était dominée par l'ambition de leurs membres d'accéder aux fonctions ministérielles. L'instabilité gouvernementale était aggravée par ce facteur : par elle, on aboutissait à une rotation rapide des postes de ministres, analogue au système rotatif établi par certaines démocraties antiques. Décider qu'un parlementaire devenu ministre perdrait son siège, c'était modifier de fond en comble l'optique du Parlement. La réforme est bonne en son principe, mais on peut douter de son efficacité. Le parlementaire qui rêve de devenir ministre a l'espoir de le rester : l'idée que ses fonctions ministérielles pourraient être brèves ne suffit pas à le détourner de les briguer, tant l'attrait en est fort. Un titre d'ancien ministre l'aidera plus tard à retrouver son mandat. La stabilité gouvernementale de la Ve République ne vient pas de l'incompatibilité des fonctions ministérielles et du mandat parlementaire, mais du système électoral et de la transformation des partis qu'il a entraîné (cf. p. 495 et suiv.).

● Le mécanisme de l'incompatibilité. — L'incompatibilité est limitée de deux façons. D'abord, le député ou le sénateur nommé ministre a un mois pour choisir entre son mandat et ses fonctions ministérielles : les simples tentatives de constituer un gouvernement ne suffisent donc pas à faire perdre la qualité de parlementaire. D'autre part, en même temps que les députés et sénateurs, sont élus des « remplaçants » (titre officiel) ou « suppléants » (titre coutumier), qui prennent leur place s'ils deviennent ministres. Dans les élections à scrutin majoritaire (députés, et la plupart des sénateurs), les suppléants sont choisis par les candidats, au moment de l'élection : leur nom figure sur le bulletin de vote, à la suite de celui du candidat, en caractères plus petits. Dans les élections à la représentation proportionnelle (une partie des sénateurs), le remplacement est assuré par les candidats venant sur la liste immédiatement après les candidats élus. Sauf dans cette dernière hypothèse, les remplaçants qui ont pris la place d'un député ou d'un sénateur devenu ministre ne peuvent pas faire acte de candidature contre lui aux élections suivantes. Cependant, le remplacement est définitif pour toute la durée de la législature, même si le ministère est renversé.

Mais l'habitude a été prise qu'en cas d'éviction du gouvernement le remplaçant qui avait pris la place du ministre évincé démissionne afin de permettre à celui-ci de la retrouver après une élection partielle. La conséquence des démissions est que tout changement de ministre important ouvre une élection partielle qui peut être gênante pour le nouveau gouvernement, notamment si le ministre évincé est plébiscité par ses électeurs, ce qui est naturel. Si l'élection partielle aboutit à un échec, cela n'est pas meilleur pour la majorité.

2. *Interdiction d'activités professionnelles ou sociales et transparence financière.* — Les ministres sont soumis à une interdiction d'activités professionnelles et sociales et à une obligation de transparence financière.

• *Limitation des activités non ministérielles.* — Elles concernent d'une part une incompatibilité avec tout emploi public et avec toute profession privée. L'interdiction d'emploi public signifie que le fonctionnaire devenu ministre est mis en position hors cadres, c'est-à-dire qu'il n'a plus d'activité et ne reçoit plus de traitement, mais qu'il retrouvera son emploi après avoir quitté le gouvernement.

L'interdiction d'activités privées concerne d'abord l'incompatibilité avec des fonctions de représentation professionnelle au niveau national. Cela désigne évidemment les postes de direction nationale des syndicats (patronaux et ouvriers) et de tous les organismes professionnels ou interprofessionnels, publics, semi-publics ou privés. En second lieu, toute activité professionnelle privée est interdite aux ministres : par exemple, la profession d'avocat, de médecin, etc. Cela n'empêche pas que le ministre confie provisoirement la gestion de son cabinet à un confrère.

Mais cela n'implique pas l'interdiction de toute activité rémunératrice à condition qu'elle ne soit pas professionnelle.

Par ailleurs, les anciens ministres ne peuvent exercer certaines fonctions pendant les six mois qui suivent leur sortie du gouvernement. Il s'agit des postes de direction nationale des syndicats et autres organismes représentatifs des professions. Cela concerne aussi les fonctions de direction des entreprises nationalisées ou des établissements publics nationaux, des entreprises qui reçoivent un concours financier de l'Etat, des entreprises dont l'objet principal est les travaux publics ou les fournitures à l'Etat, des entreprises faisant appel à l'épargne publique et des entreprises d'achat ou vente de terrains pour la construction ou la promotion immobilière ou de constructions d'immeubles pour la vente. L'incompatibilité ne s'applique pas si l'ancien ministre exerçait déjà de telles fonctions avant d'entrer dans le ministère. Par ailleurs, pour compenser le dommage causé par les incompatibilités précédentes, l'ancien ministre privé d'un mandat parlementaire, d'une fonction de représentation professionnelle ou d'un emploi public, à cause de sa participation au gouvernement, reçoit pendant six mois après sa sortie du ministère une indemnité égale à celle de son traitement de membre du gouvernement, à moins qu'il n'ait repris une activité rémunérée pendant ce temps.

• La transparence financière des ministres. — La loi du 11 mars 1988 sur la transparence financière oblige tous les membres du gouvernement, dans les quinze jours de leur nomination, à déposer une déclaration de situation patrimoniale auprès du président de la Commission de la transparence financière dont les pouvoirs ont été étendus en 1995 aux parlementaires (cf. p. 346). Composée des plus hautes autorités du pouvoir juridictionnel, cette Commission informe les autorités du non-respect éventuel de l'obligation des ministres. Elle peut recevoir ou provoquer des observations des intéressés sur l'évolution de leur patrimoine. Elle assure le caractère confidentiel de ces déclarations et observations, qui ne peuvent être communiquées que sur la demande expresse des déclarants ou de leurs ayants droit, ou sur requête des autorités judiciaires si la communication est nécessaire à la solution du litige ou à la découverte de la vérité.

La Commission apprécie la variation des situations patrimoniales des intéressés, telle qu'elle résulte des déclarations et observations qu'ils ont pu formuler. Elle établit, tous les trois ans au moins, et chaque fois qu'elle le juge utile, un rapport publié au *Journal officiel*, qui peut comporter le cas échéant les observations des intéressés, à leur demande, ou à l'initiative de la Commission.

▶ *Les pouvoirs des ministres*

On n'examinera que les pouvoirs propres des ministres, leur rôle dans le Conseil des ministres étant défini ci-après (cf. p. 322). Ces pouvoirs propres sont de deux catégories : la gestion du département ministériel et la participation aux travaux parlementaires.

1. *La gestion du département ministériel.* — On a dit que chaque ministre (sauf certains ministres d'Etat) est à la tête d'un département ministériel : Finances, Intérieur, Education nationale, Affaires étrangères, etc. Les secrétaires d'Etat et les ministres délégués rattachés à un ministre n'ont pas un département ministériel propre, mais un secteur à l'intérieur du département ministériel de rattachement. A l'intérieur de ce secteur, ils agissent par délégation du ministre de rattachement : leur autorité variant suivant la volonté du ministre en question, sauf si la délégation est décidée par décret.

● Les moyens d'action du ministre sur son département. — Chaque ministre dispose de trois pouvoirs propres essentiels, pour la gestion de son département. En premier lieu, il possède un pouvoir réglementaire par voie d'arrêtés ministériels : c'est-à-dire qu'il établit les règles d'organisation de son département, dans le cadre des lois et des décrets. Quand des domaines sont communs à plusieurs départements, ils peuvent être réglementés par des arrêtés interministériels pris en commun par les ministres en cause. En second lieu, chaque ministre dispose d'un budget qui lui donne des moyens financiers dans le cadre de la spécialité des crédits. Ceux-ci ne sont pas attribués en bloc, mais par catégories. Malgré tout, le ministre a une certaine liberté de choix, qui lui permet de définir des priorités et d'agir en conséquence.

En troisième lieu, chaque ministre a un pouvoir de nomination sur les fonctionnaires de son département, autres que ceux nommés par décrets délibérés en Conseil des ministres ou par décrets présidentiels simples (cf. plus haut p. 290). L'ordonnance du 28 novembre 1958 maintient en effet, à cet égard, les règles antérieures à la Vᵉ République, sauf les exceptions imposées par la Constitution. Ce pouvoir de nomination s'étend à la plupart des fonctionnaires, sauf ceux du sommet de la hiérarchie. Mais il est limité par des règles administratives, notamment par l'obligation de recrutement par concours, qui est quasi générale.

• Les limites de l'autonomie de gestion du ministre. — L'autonomie de gestion du ministre est limitée de deux façons. D'abord, par les prérogatives du Président de la République et par celles du Premier ministre. Le pouvoir de direction de ce dernier sur l'ensemble du gouvernement lui permet de donner des directives à chaque ministre. Mais celles-ci ne peuvent pas être très détaillées. Quand une décision est prise par le Président ou le Premier ministre, le ministre concerné pourrait aussi refuser son contreseing, en théorie : en pratique, cela lui donne une certaine marge de discussion.

Chaque ministre est par ailleurs soumis à l'autorité du ministre des Finances. Celui-ci joue un rôle capital dans l'établissement des projets de budget de ses collègues, et notamment dans les propositions définitives de crédits inscrites dans le projet de budget général. Il joue aussi un grand rôle dans l'administration de tous

les ministères, en contrôlant l'emploi des crédits : un de ses représentants, le contrôleur financier, siège dans chaque ministère et doit
contresigner toutes les décisions engageant des dépenses. En théorie,
celui-ci ne peut vérifier que la régularité de la dépense. En pratique,
il peut gêner l'exécution de certaines décisions ministérielles, en les
retardant.

2. *La participation aux travaux parlementaires*. — Dans ce
domaine, chaque ministre a droit d'entrée et de parole dans les
débats, où il intervient par les affaires relevant de son département.
A cet égard, son rôle est double.

● La défense des projets relevant du département ministériel. —
Les projets de loi sont présentés et soutenus par le ministre du
département qui les a préparés, ou par celui dont ils relèvent à
titre principal dans les projets concernant plusieurs départements,
les autres intervenant à titre secondaire mais pouvant aussi relayer
le ministre principal dans les longs débats. A ce titre, le ministre
a la compétence technique pour éclairer les parlementaires et
soutenir la discussion.

● La représentation du gouvernement entier. — Le ministre
qui mène le débat est aussi le représentant du gouvernement tout
entier. A ce titre, il est amené à prendre des décisions au nom de
celui-ci, le plus souvent sans pouvoir lui en référer auparavant.
Tous les moyens d'intervention dans les débats que la Constitution
attribue au « gouvernement », sans autre précision, sont ainsi
utilisés en son nom par le ministre qui conduit le débat : acceptation
ou refus d'un amendement, demande de renvoi en commission,
invocation de l'irrecevabilité en vertu de l'article 34 ou de l'article 41, exigence d'un vote bloqué, etc.

Toutefois, si le débat concerne une question d'une grande
importance, le Premier ministre lui-même y représentera le gouvernement, au moins dans les moments essentiels. Inversement, un

ministre peut être chargé de représenter le gouvernement dans les débats, même si la question ne relève pas de son département : par exemple, dans un débat de politique générale au Sénat.

3 | LES ORGANES COLLECTIFS DU GOUVERNEMENT

Le Conseil des ministres est le seul organe collectif où sont prises les décisions du gouvernement. Mais il existe aussi des organes ministériels de préparation des décisions.

▶ *Le Conseil des ministres*

Le Conseil des ministres est la réunion du Premier ministre et des ministres sous la présidence du Président de la République. Il se tient tous les mercredis matin, à l'Elysée. Les secrétaires d'Etat n'y assistent que si l'on traite des affaires concernant leur département. On est revenu depuis Georges Pompidou à la tradition des IIIe et IVe Républiques, après une interruption pendant la présidence du général de Gaulle au début de la Ve, où tous les membres du gouvernement assistaient à toutes les séances. Depuis 1983, le président Mitterrand a réduit le nombre des ministres et développé celui des ministres délégués afin que les délibérations du Conseil puissent être plus poussées.

1. *L'activité du Conseil des ministres.* — Il est le seul organe de décision collective du gouvernement. Les Comités et Conseils de la Défense nationale ont également un pouvoir de décision, mais ils relèvent à la fois de la présidence de la République et du gouvernement : signalés p. 289, on les retrouvera p. 329.

● Les attributions obligatoires. — Un certain nombre de décisions du gouvernement doivent obligatoirement être prises en Conseil des ministres. Les unes sont d'ordre proprement gouvernemental. Tels sont d'abord les décrets délibérés en Conseil des ministres, dont les uns sont des décrets particuliers (nominations de hauts fonctionnaires ou dissolutions de conseils municipaux) et les autres des décrets réglementaires établissant des normes juridiques. Telles sont ensuite les ordonnances, prises en vertu d'une loi de pleins pouvoirs par laquelle le Parlement autorise le gouvernement à modifier les lois par voie réglementaire : ces ordonnances chevauchent à la fois le pouvoir législatif et le pouvoir gouvernemental (p. 378). Une autre série de décisions obligatoirement délibérées en Conseil des ministres est relative aux rapports du gouvernement et du Parlement. Tels sont les projets de lois présentés par le gouvernement, et l'autorisation donnée au Premier ministre d'engager la responsabilité du gouvernement.

● Le déroulement du Conseil des ministres. — En pratique, le Conseil des ministres examine d'abord les textes législatifs et réglementaires, puis les mesures individuelles, en prenant les décisions les concernant. Ensuite, il écoute les communications du Président de la République ou des ministres intéressés. Ces communications sont, autant que les projets de textes et de décrets, un moyen d'examiner la politique du gouvernement, de la préciser ou de l'infléchir.

Dans la pratique suivie de 1962 à 1986, de 1988 à 1993 et depuis 1995, le Conseil est dominé par le Président de la République. Il n'est pas exactement une chambre d'enregistrement comme l'ont décrite des anciens ministres devenus opposants. La consultation y joue un rôle important. Elle prend exceptionnellement la forme d'un « tour de table » où chaque ministre est invité à donner son avis. Néanmoins, le dernier mot appartient au Président. Mais tout a été changé dans les cohabitations de 1986 à 1988, et de 1993 à 1995, où le Conseil des ministres a été plutôt dominé par le Premier ministre, sous le regard d'un Président modérateur.

N'oublions pas que l'article 20 de la Constitution édicte : « Le gouvernement détermine et conduit la politique de la nation. » Cela désigne un pouvoir collectif qui ne peut être exercé qu'en Conseil des ministres. Bien entendu, le même article 20 disposant d'autre part que le gouvernement « est responsable devant le Parlement », il s'ensuit que la détermination et la conduite de la politique nationale doivent être conformes aux volontés de la majorité, s'il en existe une. La consistance de la majorité détermine le degré d'autonomie des ministres au Conseil, leur dépendance jouant envers le Président ou le Premier ministre suivant l'orientation de la majorité par rapport à l'orientation du chef de l'Etat.

● Le rôle du Président de la République. — « Le Président de la République préside le Conseil des ministres », dit l'article 9 de la Constitution, dont l'article 13 précise que le Président signe les décrets délibérés en Conseil et les ordonnances. On a examiné déjà ce dernier pouvoir présidentiel (cf. p. 292). On va préciser ici les règles juridiques définissant le rôle d'ensemble du Président vis-à-vis du Conseil des ministres. Elles sont finalement très simples, si on a le soin de les distinguer des habitudes prises sous l'empire d'un rapport de forces politiques susceptible de changer. « Instrument de la présidentialisation du régime »[1] de 1962 à 1986, de 1988 à 1993 et depuis 1995, le Conseil est devenu l'instrument de la prééminence du Premier ministre quand la majorité a été opposée au Président. Mais en aucun cas ce dernier ne peut être réduit au rôle effacé du Président de la IIIᵉ ou de la IVᵉ République. Son élection au suffrage universel et les pouvoirs que la Constitution lui attribue lui donnent un poids incomparable. Sa présidence du Conseil n'est jamais symbolique, mais toujours effective.

En face de ministres opposés à ses vues, il doit néanmoins se

1. Jean Massot, *Le chef du gouvernement en France*, 1979, p. 106.

plier à la décision majoritaire du Conseil dans tous les domaines où la Constitution ne lui attribue pas un droit de veto. Ils sont très vastes. Sur les décrets délibérés en Conseil et sur les ordonnances, le refus de signature permet au Président de bloquer le Conseil des ministres et la majorité parlementaire. La nomination des hauts fonctionnaires est un élément essentiel à cet égard, parce qu'elle met le Président en état de discuter sur d'autres points, où la Constitution ne lui donne pas les moyens de résister. Sauf en matière de relations extérieures et de traités, les projets de loi sont préparés et déposés hors de son agrément, de même que toutes les interventions dans la procédure parlementaire. Et il doit promulguer les lois votées, même s'il les désapprouve.

Le président Giscard d'Estaing avait prévenu les Français qu'il ne pourrait pas empêcher l'application du Programme commun de la gauche, si elle gagnait les élections de 1978. Le président Mitterrand n'a pas pu empêcher l'application de celui de la droite après les élections de 1986 et de 1993. Quand le Président et la majorité sont d'accord, et qu'elle reconnaît l'autorité présidentielle, il y a un consensus au sein du Conseil des ministres. Quand le Président et la majorité sont opposés, le consensus disparaît : mais il doit nécessairement aboutir à un compromis, parce que la Constitution impose au Président et au gouvernement une coexistence que l'un et l'autre doivent respecter.

2. *Le secrétariat général du gouvernement.* — Les réunions du Conseil des ministres sont organisées par le secrétaire général du gouvernement qui occupe une position fondamentale dans les rapports entre le Président de la République, le Premier ministre et les ministres.

• La permanence du secrétariat général du gouvernement. — Institué en 1946, le secrétariat général du gouvernement s'est maintenu à travers tous les changements politiques des quarante années suivantes. Et il a conservé les mêmes fonctions à travers des régimes qui diffèrent quant à l'institution dont il assume la gestion. Créé par la IVᵉ République, où le Président de la République n'avait qu'un rôle effacé et où le pouvoir gouvernemental appartenait au Premier ministre, le secrétariat général du gouvernement a été installé à l'hôtel Matignon, aux côtés de ce dernier. Il y est demeuré sous la Vᵉ République, bien que le Président de la République y soit devenu prépondérant sauf en cas de cohabitation.

Même quand il est un instrument de la présidentialisation du régime, le Conseil des ministres est préparé, suivi, archivé, et ses décisions sont mises en application jusqu'au vote final des projets de loi et à la publication des textes par un service administratif dépendant du Premier ministre! S'il collabore étroitement avec le secrétaire général de l'Elysée, le secrétaire général du gouvernement garde le rôle principal dans le déroulement du processus gouvernemental. Ce personnage clé connaît une permanence sans exemple dans l'histoire de nos Républiques. Ni le départ du général de Gaulle en 1946, ni son retour en 1958 et le changement de régime qui a suivi, ni son abdication en 1969 n'ont entraîné le changement du titulaire de la fonction et l'exercice de celle-ci. La même chose s'est produite lors de la grande alternance de 1981 : M. Marceau Long ayant continué à exercer ses fonctions et à les accomplir de la même façon.

• Les fonctions du secrétariat général du gouvernement. — Organisateur des réunions du Conseil des ministres, le secrétaire général du gouvernement assiste à toutes les séances de celui-ci. Il élabore le communiqué final de chacune et le relevé des décisions prises, il suit la procédure législative et la transmission des textes entre les assemblées, il prépare les décisions du Premier ministre dans la procédure parlementaire, il transmet aux membres du gouvernement les directives du Président de la République et du Premier ministre, etc. Tout au cours d'un tel processus, le secrétaire général du gouvernement est en même temps le collaborateur du Premier ministre et celui du Président de la République, et même le conseiller discret de tous les ministres.

La procédure de préparation de l'ordre du jour du Conseil des ministres éclaire bien le rôle du secrétaire général du gouvernement. Celui-ci adresse le vendredi soir (pour le Conseil du mercredi suivant) un avant-projet au Président de la République, au Premier ministre et aux ministres. Le lundi après-midi, il vient s'entretenir à l'Elysée de cet avant-projet avec le secrétaire général de la présidence de la République et son adjoint, et ceux-ci le remettent au Président de la République, qui arrête le projet définitif. Il est alors adressé aux ministres, le mardi au plus tard.

▶ *Les autres Conseils gouvernementaux*

Sauf les Comités et Conseils de Défense, les autres Conseils gouvernementaux sont des organes de préparation des décisions du Conseil des ministres, ou des instruments de coordination interministérielle.

1. *Le Conseil de cabinet.* — Le Conseil de cabinet est la réunion de tous les membres du gouvernement en l'absence du Président de la République, et sous la présidence du Premier ministre. Très fréquemment réuni sous la IIIᵉ et la IVᵉ République, il y était une formation très importante du gouvernement, où les décisions essentielles étaient généralement arrêtées, à titre officieux : le Conseil des ministres intervenant ensuite pour les prendre officiellement. Au début de la Vᵉ République, Michel Debré a tenu douze Conseils de cabinet entre janvier 1959 et septembre 1961 : six en 1959, trois en 1960 et en 1961. Ils reflètent l'attachement du Premier ministre aux traditions parlementaires et l'isolement du général par une politique algérienne qui doit absorber toute son attention (cf. p. 578). Dès 1962, les Conseils de cabinet deviennent exceptionnels.

• Les Conseils de cabinet pendant les présidences intérimaires.
— Après la démission du général de Gaulle le 28 avril 1969 et le décès de Georges Pompidou le 2 avril 1974, les fonctions de Président de la République par intérim furent tenues par le président du Sénat, Alain Poher, conformément à la Constitution. M. Poher était un adversaire du gaullisme. Les premiers ministres Couve de Murville en 1969 et Messmer en 1974 tinrent donc des Conseils de cabinet afin de pouvoir discuter la politique gouvernementale en dehors d'un Président de la République qui leur était opposé. Quatre Conseils de cabinet furent ainsi tenus entre le 28 avril et le 15 juin 1959, et un seul en avril 1974, où le président Poher n'était plus candidat à l'Elysée et pouvait mieux exercer sa fonction d'arbitre.

• Les Conseils de cabinet de la cohabitation. — Dans les quatre premiers mois de la cohabitation, 1986-1988, Jacques Chirac réunit trois Conseils de cabinet : l'un bref et formel en mars, cité ci-dessus; un autre plus étoffé en avril; le troisième en juin, sur le budget. Dans les cinq mois suivants, plus rien. De décembre 1986 à juin 1987, huit Conseils de cabinet sont au contraire réunis, sur un rythme accéléré. Le ton des séances y était libre, et les discussions n'y recoupaient pas les frontières des partis composant le Gouvernement : RPR, CDS et PR. Il s'y formait des sortes de « majorités d'idées » au sens d'Edgar Faure, d'où sortaient des ajustements collectifs. Ces débats éclairaient le Premier ministre et renforçaient l'unité de son équipe, même s'ils n'empêchaient pas les divergences de s'exprimer en dehors. L'aggravation de celles-ci a endormi l'institution en juin, les arbitrages financiers l'ont réveillée en septembre, sans lendemain.

Dans la cohabitation de 1993-1995, où le Premier ministre Edouard Balladur avait composé un gouvernement restreint de 29 ministres, sans secrétaires d'Etat, les relations plus détendues avec le Président de la République rendaient moins utile de tenir sans lui des Conseils de cabinet. Dans les dernières semaines, la division entre les ministres « balladuriens » (très majoritaires) et les rares ministres « chiraquiens » ôtait toute signification à une telle réunion.

2. *Les Conseils restreints et les Comités interministériels.* — Les Conseils restreints et les Comités interministériels ont en commun d'être des réunions limitées à certains ministres et portant sur des objets particuliers.

• Les Conseils restreints. — Les Conseils restreints réunissent autour du Président de la République et du Premier ministre un certain nombre de ministres auxquels sont adjoints parfois des hauts fonctionnaires. L'un d'entre eux a un caractère régulier, et découle directement de la Constitution : c'est le Conseil de défense. Les ministres des Affaires étrangères, de la Défense, de l'Intérieur, de l'Economie nationale et des Finances y siègent, en même temps que le chef d'état-major des Armées et les chefs d'état-major des trois armes, le secrétaire général de la présidence de la République et le secrétaire général des Armées. Il arrête les décisions en matière de direction militaire de la Défense.

Les autres Conseils restreints ont un caractère irrégulier. Ils sont réunis sur des problèmes particuliers, au gré du Président de la République. Leur fréquence a beaucoup varié suivant les présidents. Le général de Gaulle en réunissait peu. Georges Pompidou en a réuni moins d'un par mois, Valéry Giscard d'Estaing plus de trois par mois. Le maximum de Conseils restreints a été atteint sous la présidence Giscard d'Estaing : quatre par mois en moyenne, soit un par semaine, c'est-à-dire autant que de Conseils des ministres (cf. fig. 9 ci-après). Le Président publiait alors un programme des conseils tenus dans les six mois à venir, ce qui encadrait strictement son Premier ministre. L'institution disparut presque complètement avec le président François Mitterrand.

• Les Comités interministériels. — Ce sont des réunions à Matignon de quelques membres du gouvernement (ministres, voire ministres délégués ou secrétaires d'Etat) autour du Premier ministre, afin de discuter d'un problème déterminé. Le développement de ces Comités se substitue à la tenue des Conseils de cabinet sous les Républiques précédentes : ces derniers n'ayant désormais d'intérêt qu'en période de cohabitation, où ils permettent de réunir le gouvernement hors de la présence du Président de la République (cf. p. 328), mis à part la reprise en main de tous les ministres et secrétaires d'Etat pour assurer leur coordination et exposer des projets gouvernementaux.

Gouvernement	Conseils restreints		Comités interministériels		Conseils en pourcentage du total
	Total	Moyenne mensuelle	Total	Moyenne mensuelle	
Chaban-Delmas (36 mois)	45	1,3	334	9,3	12
Messmer (24 mois)	13	0,5	95	4	12
Chirac (25 mois)	105	4	172	7	38
Barre I et II (19 mois)	35	2	97	5	26,5

Fig. 9. — Conseils restreints et Comités interministériels
(D'après J. Massot, *Le chef du gouvernement en France*, 1979, p. 164)

▶ *Les organismes consultatifs auprès du gouvernement*

Un très grand nombre d'organismes consultatifs spécialisés gravitent autour du gouvernement. Deux d'entre eux ont une importance particulière et méritent qu'on en dise quelques mots ; le Conseil d'Etat et le Conseil économique et social.

1. *Le Conseil d'Etat.* — Le plus important des organismes consultatifs est une assemblée de hauts fonctionnaires qui remplit deux fonctions très différentes. Elle est à la fois un conseil du gouvernement et un tribunal administratif suprême : mais les deux fonctions sont nettement séparées à l'intérieur même du Conseil.

● L'indépendance du Conseil d'Etat. — Bien que les membres du Conseil d'Etat soient des fonctionnaires, ils ont une assez grande indépendance vis-à-vis du gouvernement. Ils sont en effet, pour la plus grande partie, recrutés par le concours de l'Ecole nationale d'Administration (ENA) qui est très objectif. Ils forment un corps prestigieux, où l'avancement a peu de degrés. Cependant, beaucoup d'entre eux sont détachés hors du Conseil pendant de longues périodes, où ils peuvent occuper des postes dans les cabinets ministériels ou à des niveaux élevés de l'administration, ou dans des entreprises nationales. Le gouvernement a donc un certain pouvoir sur leur carrière : mais l'esprit du corps reste important, comme la tradition d'indépendance.

Il y a trois degrés hiérarchiques seulement dans le Conseil. A la base, tous les « auditeurs » sont recrutés par le concours de l'ENA. Au second niveau, les « maîtres des requêtes » sont pris pour les trois quarts parmi les auditeurs, et pour le quart restant au « tour extérieur », pourvu à la nomination du gouvernement parmi les personnes ayant dix ans au moins de service public. Au troisième niveau, les « conseillers d'Etat » sont recrutés pour les deux tiers parmi les maîtres des requêtes, et pour le tiers restant à la discrétion du gouvernement, sauf l'exigence d'être âgé de 45 ans au moins.

● Les fonctions consultatives du Conseil d'Etat. — Le Conseil d'Etat est saisi des projets de loi. Le gouvernement peut aussi lui soumettre les projets de décrets réglementaires. Il est obligé de le faire pour les décrets auxquels renvoie une loi en précisant qu'ils doivent être pris « en Conseil d'Etat ». Le Conseil d'Etat examine ces textes sous l'angle juridique et formule des avis. L'avis du Conseil d'Etat n'est toujours que consultatif. Cependant, pour les décrets pris en Conseil d'Etat, le gouvernement ne peut adopter que le texte initialement soumis par lui au Conseil, ou le texte modifié conformément à l'avis du Conseil. Le gouvernement peut aussi demander au Conseil d'Etat des avis sur des questions de droit, en dehors des textes de lois et de décrets. Il est obligé de le saisir dans certains domaines.

Les fonctions consultatives du Conseil d'Etat s'exercent au sein des formations administratives, suivant le principe de « séparation de l'administration active et de l'administration contentieuse ». Les formations contentieuses exercent la fonction du Conseil d'Etat en tant que tribunal administratif supérieur, qui sera examiné plus loin (p. 429). Les formations administratives comprennent quatre sections : la section des Finances, la section de l'Intérieur (qui examine les affaires dépendant des services du Premier ministre, de la Justice, de l'Education nationale, de la Culture, de la Communication, de l'Environnement, de la Jeunesse et des Sports), la section des Travaux publics, la section Sociale.

2. *Le Conseil économique et social*. — Le Conseil économique et social de la Constitution de 1958 prolonge le Conseil économique de la Constitution de 1946. Il s'agit d'une assemblée consultative assurant une représentation des catégories professionnelles et notamment des syndicats, pour éclairer le gouvernement et le Parlement dans les questions économiques. Toutefois, l'indépendance du Conseil vis-à-vis du gouvernement est moins grande sous la Vᵉ République que sous la IVᵉ. La réforme constitutionnelle proposée au référendum du 27 avril 1969, qui a été repoussée par les électeurs, tendait à fondre le Sénat et le Conseil économique et social dans une assemblée consultative, mi-politique, mi-corporative.

• La composition du Conseil économique et social. — Le Conseil économique et social est composé de 231 membres permanents dont 71 % sont désignés par des organisations économiques, professionnelles et sociales, et 29 % sont nommés par le gouvernement. Dans le Conseil économique de 1946, seulement 8 % des membres étaient nommés par le gouvernement.

Désignés pour cinq ans, les membres du Conseil se répartissent en 69 représentants des salariés (ouvriers, employés, fonctionnaires, techniciens, cadres); 72 représentants des entreprises industrielles, commerciales, artisanales et agricoles (10 pour les entreprises nationalisées, 27 pour les entreprises privées non agricoles, 10 pour les artisans, 25 pour les exploitants agricoles); 3 représentants des professions libérales; 2 représentants des Français de l'étranger; 10 représentants de la mutualité et coopération agricole; 40 « personnalités qualifiées »; 17 représentants des « activités sociales » (associations familiales et autres, logement, épargne); 9 représentants des coopératives et mutuelles non agricoles; 9 représentants des activités économiques et sociales des départements et territoires d'outre-mer.

• L'organisation et les pouvoirs du Conseil économique et social. — Le Conseil économique et social peut se réunir soit en assemblée plénière, soit en sections spécialisées. L'Assemblée plénière se réunit les deuxième et quatrième mardis de chaque mois, et sur convocation de son bureau ou à la demande du gouvernement. Il y a neuf sections spécialisées, dans lesquelles le gouvernement peut appeler des personnalités extérieures à siéger pour deux ans. Elles sont les véritables organes de travail du Conseil.

Le Conseil économique et social donne des avis sur les questions qui lui sont soumises par le gouvernement. Celui-ci est libre de le faire sur toutes questions entrant dans le domaine d'activité du Conseil, et obligé de le faire pour certains textes : les projets de lois de programmes ou de plans économiques et sociaux, à l'exception des lois de finances. Le Conseil peut désigner l'un de ses membres pour exposer son avis devant les assemblées parlementaires.

Le Conseil peut, de sa propre initiative, appeler l'attention du gouvernement sur des réformes tendant à la collaboration entre elles des différentes catégories professionnelles, à l'association de celles-ci à la politique économique et sociale du gouvernement, ou à l'adaptation aux techniques nouvelles.

Sur le Premier ministre, cf. J. Massot, *Le chef du gouvernement en France*, Documentation française, 1979, ouvrage fondamental ; du même auteur, *L'arbitre et le capitaine*, 1967, et *Chef de l'Etat et chef du gouvernement : dyarchie et hiérarchie*, Documentation française, 1993 ; A. Claisse, *Le Premier ministre de la Ve République*, 1972 ; F. Baecque, *Qui gouverne la France ?*, 1976 ; M. Long, *Les services du Premier ministre*, 1981. — Sur le Conseil des ministres, l'article de C. Emeri dans les *Mélanges Laborde-Lacoste*, Bordeaux, 1963.

Sur l'incompatibilité entre les fonctions ministérielles et le mandat parlementaire, cf. F. Ancel, *Les incompatibilités parlementaires sous la Ve République*, 1975, et la note de C. Emeri et J.-M. Cotteret, dans la *Rev. du droit public*, 1972, p. 393. — Sur les immunités, cf. G. Soulier, *L'inviolabilité parlementaire en droit français*, 1966, et les articles de M. Bonneau (*Rev. de droit public*, 1948) ; R. Drago (*ibid.*, 1950) ; C. Bidegaray (*ibid.*, 1975). — Sur les suppléants, cf. les articles de la *Revue franç. de science politique* de J.-P. Charnay (1965), P. Ligneau (1970), G. Morin (1977) et E. Jalbardon, *La suppléance parlementaire dans la Ve République* (s.d.).

LES CABINETS MINISTÉRIELS. — L'expression « cabinet ministériel » a deux sens. Elle désigne d'une part l'ensemble du gouvernement : on dit le cabinet Chirac, comme le ministère Chirac ou le gouvernement Chirac. Elle désigne d'autre part l'ensemble des collaborateurs personnels d'un ministre, qui arrivent avec lui au ministère et partent avec lui. Le cabinet comprend un nombre plus ou moins grand de personnes, entre lesquelles existe une hiérarchie : directeur de cabinet, chef de cabinet, conseillers techniques, chargés de mission, attachés de cabinet.

1. *Le cabinet du Premier ministre.* — La tendance des Premiers ministres de la Ve République est d'avoir un cabinet étoffé, qui leur permet de mieux contrôler l'ensemble des ministres et d'assurer ainsi la coordination du gouvernement. Dans les derniers ministères de la IVe République, les cabinets d'Antoine Pinay et de Joseph Laniel comptaient chacun 14 membres, celui

de Pierre Mendès France 18, et celui de Guy Mollet 16. Sous la V⁰ République, les cabinets du Premier ministre ont oscillé avant 1981 entre 22 et 27 membres, sauf celui de Jacques Chaban-Delmas qui a compté 31 membres au début et 34 à la fin. Pierre Mauroy a battu tous les records, avec 54 membres du cabinet. Laurent Fabius est revenu à l'étiage Chaban-Delmas avec 33 membres. Le cabinet de Michel Rocard compte 39 membres et présente deux originalités : il n'a aucun officieux et beaucoup d'universitaires.

2. *Les cabinets des ministres*. — Leur étude est intéressante à un double titre. D'abord, quant aux fonctions du cabinet. Elles s'exercent dans deux directions : rapports avec l'extérieur (réception et tri du courrier et des visiteurs, relations avec le Parlement, « public relations », etc.), rapports avec les services du ministère. A ce dernier point de vue, on peut noter une tendance du cabinet à attirer vers lui le pouvoir de décision des chefs de services.

La composition des cabinets est également très intéressante. Autrefois formés d'amis politiques, les cabinets sont de plus en plus peuplés de hauts fonctionnaires, dont la formation technique est indispensable. Le passage par les cabinets ministériels est souvent une étape dans une grande carrière administrative : elle est aussi le moyen pour les hauts fonctionnaires d'exercer une emprise politique croissante, étudiée ci-dessous.

Sur les cabinets ministériels, cf. R. Rémond, A. Coutrot, I. Boussard, *Quarante ans de cabinets ministériels*, 1975 ; les Actes du Colloque sur *Origines et histoire des cabinets ministériels en France*, 1975 (avec bibliographie) ; M. Dagnaud et D. Mehl, *L'élite rose*, 1982.

LA HAUTE FONCTION PUBLIQUE. — Le Premier ministre coordonne l'ensemble de l'administration, les ministres étant les chefs de ses différentes branches. Dans cette administration, un rôle très important est joué par ce qu'on a appelé la haute fonction publique, c'est-à-dire par les grands corps de l'Etat et les administrateurs civils recrutés par l'ENA (Ecole nationale d'Administration), et d'autres corps à forte compétence technique dont l'influence est également très grande (Ponts et Chaussées, Mines, Eaux et Forêts, etc.).

La haute fonction publique a joué un rôle essentiel dans la vie politique de la III⁰ et surtout de la IV⁰ République, en assurant la continuité de l'Etat derrière les changements incessants de gouvernement. Des réformes essentielles ont été conçues et imposées par elle, à travers la succession des ministres et malgré la diversité politique de ces derniers : par exemple, la TVA (taxe à la valeur ajoutée), impôt moderne en passe de devenir un impôt européen, imaginé et mis en œuvre par Maurice Lauré et François Bloch-Lainé.

Sous la V⁰ République, la haute fonction publique a vu son rôle diminuer à cet égard, étant donné la stabilité et l'autorité des gouvernements. Mais elle a pénétré plus profondément dans l'appareil politique de l'Etat, notamment dans les cabinets ministériels. Le pourcentage de non-fonctionnaires dans les cabinets ministériels était sous la IVe République de 38 % dans les gouvernements Pinay et Laniel, et de 34 % dans le gouvernement Mendès France. Il est tombé à 19 % sous le gouvernement Pompidou de 1966, et au-dessous de 15 % sous les gouvernements suivants, jusqu'à l'arrivée de la gauche au pouvoir. Ainsi la haute fonction publique a entouré les hommes du gouvernement, d'autant plus fortement que les liens corporatifs lui assuraient une influence sur les collègues demeurés dans l'administration. On a pu parler à ce sujet d'une « république des fonctionnaires » (P. Birnbaum, 1976), non sans exagération.

Sous le gouvernement Mauroy, formé en 1981, la proportion de non-fonctionnaires est remontée à plus de 31 % par méfiance envers une haute administration qu'on estimait noyautée par la droite au pouvoir depuis un quart de siècle. Le changement d'un certain nombre de titulaires de hautes fonctions sous l'influence du parti socialiste a fait parler d'un « système de dépouilles » à l'américaine : aux Etats-Unis, les nouveaux gouvernants changent les titulaires des hauts postes. En fait, le nombre des mutations a été assez restreint, et tout à fait hors de proportion avec ceux habituels aux Etats-Unis. Il s'explique surtout par le fait que les choix antérieurs avaient été unilatéraux, étant donné la stabilité de la droite depuis 1958. La stabilité de la gauche de 1981 à 1993, cohabitation exceptée, explique les changements postérieurs à 1995.

Sur la haute fonction publique, cf. J.-L. Bodiguel et J.-L. Quermonne, *La haute fonction publique sous la Ve République*, 1983 ; F. de Baecque et J.-L. Quermonne (et autres), *Administration et politique sous la Ve République*, 2e éd., 1982 ; P. Birnbaum, *Les sommets de l'Etat*, 1976, et *La classe dirigeante française*, 1980 ; C. Kessler, *La politique de la haute fonction publique*, 1978 ; J.-L. Bodiguel, *Les anciens élèves de l'Ecole nationale d'Administration*, 1978 ; F. Bloch-Laîné, *Profession : fonctionnaire*, 1976 ; E. N. Suleiman, *Les hauts fonctionnaires et la politique*, 1979, et *Les élites en France : grands corps et grandes écoles*, 1979; et l'ouvrage collectif de l'Institut français des Sciences administratives, *Les superstructures des administrations centrales*, 1973.

Sur le Conseil économique et social, cf. Jean Frayssinet, *Le Conseil économique et social* (Notes et Etudes documentaires, n° 4807, Docum. franç.), 1986.

Le Parlement français a incarné seul la souveraineté nationale de 1789 à 1962, sauf le bref intermède de 1848-1851 où le Président issu du suffrage universel l'incarnait aussi. A part cet entracte, le Parlement a été la seule représentation de la nation en face d'un chef d'Etat héréditaire ou plébiscitaire, ou de gouvernements dépendant uniquement des députés. Pendant cette période, accroître les pouvoirs des assemblées, c'était développer la démocratie. La souveraineté nationale a pris ainsi l'allure d'une souveraineté parlementaire. Une forte tradition s'est créée, qui demeure toujours présente dans les esprits, surtout à gauche. Pour les mêmes raisons, la droite se méfie instinctivement du Parlement. Même dans son texte primitif, la Constitution de 1958 a choqué les « républicains » et ravi les conservateurs en réduisant les attributions du Parlement, notamment dans le domaine législatif.

L'abaissement s'est trouvé beaucoup plus grand depuis la réforme constitutionnelle de 1962, qui fait du Président l'incarnation de la souveraineté du peuple au même titre que l'Assemblée nationale, puisqu'ils reposent l'un et l'autre sur le suffrage universel direct. Cependant, l'Assemblée nationale est l'égale en légitimité du chef de l'Etat. Et les prérogatives du Parlement demeurent très grandes. Par le pouvoir législatif et le vote du budget, il trace le cadre juridique et financier à l'intérieur duquel les gouvernants se trouvent confinés.

L'abaissement du Parlement sous la Ve République dépend moins du droit constitutionnel que des pratiques engendrées par un rapport des forces politiques. Les députés sont contraints à la docilité par l'autorité de l'Exécutif sur la majorité parlementaire qui permet au premier de contrôler la seconde. Cette évolution est commune à toutes les assemblées des autres grands régimes parlementaires d'Occident : le britannique, l'allemand, le japonais notamment. Elle conduit à examiner séparément l'organisation du Parlement, et ses pouvoirs.

1 / L'organisation du Parlement

Sous ce titre, pris au sens large, on examinera successivement le statut et le fonctionnement du Parlement.

1 | LE STATUT DES ASSEMBLÉES ET DES PARLEMENTAIRES

Le Parlement français comprend toujours deux chambres, bien que la seconde soit contestée depuis 1791 : ce point-là doit être examiné d'abord. Les attributions des deux chambres sont très inégales, le Sénat ne pouvant pas renverser le gouvernement, ni s'opposer aux lois votées par l'Assemblée nationale, mais seulement retarder leur adoption définitive. Au contraire, le statut de leurs membres et l'organisation intérieure des deux assemblées sont à peu près semblables.

▶ *Le bicamérisme*

Le Parlement de la Vᵉ République comporte deux chambres : l'Assemblée nationale, formée de 577 députés, dont 555 pour la métropole, 15 pour les départements d'outre-mer et 7 pour les territoires d'outre-mer y compris Mayotte et Saint-Pierre-et-Miquelon ; le Sénat, formé de 321 sénateurs, dont 296 pour la métropole, 9 pour les départements d'outre-mer, 5 pour les territoires d'outre-mer y compris Mayotte et Saint-Pierre-et-Miquelon, et 12 au titre des Français établis à l'étranger (au lieu de 10 auparavant). L'Assemblée nationale siège au Palais-Bourbon, le Sénat au Palais du Luxembourg.

1. *Les origines du Sénat*. — Le Sénat est le prix que les républicains ont dû payer en 1875 aux monarchistes modérés pour qu'ils acceptent l'établissement de la République. Depuis lors, il a longtemps été contesté par la gauche, mais il a résisté à tous ses assauts. On critique moins aujourd'hui son existence que son régime électoral.

• Un frein à la démocratie. — En 1875 plus encore qu'aujourd'hui, les campagnes étaient orientées beaucoup plus à droite que les villes. D'où l'idée d'une seconde chambre qui donne la prépondérance aux premières, en écrasant la représentation des secondes. Le duc de Broglie, l'un des chefs des monarchistes modérés et l'homme de l'Ordre moral, écrivait alors que le Sénat était « le plus rude échec qui ait été fait jusqu'ici à l'omnipotence du nombre et à l'action démocratique des villes ». Ce caractère oligarchique et conservateur du Sénat s'est un peu atténué depuis lors. Mais il demeure très net, comme on l'a vu en analysant le système électoral appliqué aux sénateurs (p. 228). Il a été remarquablement dissimulé derrière l'apparence d'une représentation des collectivités locales. En fait, les sénateurs représentent essentiellement les conseils municipaux, et avant tout ceux des petites communes.

Le Sénat n'est « même pas l'élu du blé et de la betterave, mais du seigle et de la châtaigne », suivant l'expression de Georges Vedel en 1958.

• **La contestation du Sénat.** — Très forte au début de la IIIe République, elle a décliné ensuite, par la conquête progressive des campagnes par les républicains modérés puis par les radicaux. Jamais disparue chez les socialistes, elle y fut renforcée sous le Front populaire où le Sénat renversa les deux gouvernements Blum, le premier en juin 1937, le second en avril 1938. Les protestations de la gauche furent très vives.

Après la Libération, le Sénat a failli être supprimé deux fois. La première Assemblée constituante vota en 1945 un projet de Constitution supprimant totalement le Sénat. Le projet fut repoussé par référendum, en partie à cause de cette suppression, ce qui conduisit à rétablir un Sénat diminué, sous le nom de Conseil de la République, dans la Constitution du 27 octobre 1946. Sous la Ve République, le Sénat retrouva d'abord une partie des pouvoirs qu'il avait ainsi perdus. Ensuite, son opposition au référendum sur l'élection du Président au suffrage universel convainquit de Gaulle que la seconde chambre devait être dépouillée de ses pouvoirs de décision. D'où l'idée de fusionner le Sénat avec le Conseil économique et social dans une assemblée à composition mixte mais pouvoir purement consultatif. Mais ce projet fut repoussé par les électeurs au référendum de 1969, dont l'échec provoqua le départ du général (cf. p. 233).

2. *Le problème actuel du Sénat.* — Très peu de gens proposent aujourd'hui de supprimer le Sénat, dont l'utilité est à peu près admise. Mais sa composition fait toujours l'objet de vives critiques.

• **L'utilité du Sénat.** — La participation du Sénat aux travaux législatifs est souvent utile. La stabilité de la seconde assemblée lui permet de corriger les excès des nouvelles majorités issues du suffrage universel, sans qu'elle puisse les empêcher de décider comme en 1937-1938. La discussion au Sénat des textes déjà votés par l'Assemblée nationale permet habituellement de leur apporter des corrections qui les améliorent. Sous cet angle, le freinage sénatorial est souvent utile. Il est regrettable cependant que la composition du Sénat l'empêche de jouer toujours le rôle de contrepoids qui devrait être le sien. Elle ne lui permet de le jouer qu'en face d'une Assemblée nationale dominée par une majorité de gauche ou par une majorité de droite novatrice. Quand l'Assemblée nationale est au contraire dominée par une majorité de droite traditionnelle, le Sénat bascule du côté de la majorité des députés : son contrepoids se change en surpoids.

• **La fin du blocage sénatorial des référendums constituants.** — Les défauts du Sénat sont moins graves que sous la IIIe République parce qu'il ne peut plus renverser le gouvernement et empêcher le vote des lois. La procédure de la commission mixte (cf. p. 386) a montré ses vertus. Le pouvoir de blocage absolu par le Sénat a révélé au contraire son caractère insupportable dans le seul domaine où la Constitution de 1958 l'a conservé : celui de la révision constitutionnelle.

Si le général de Gaulle n'avait pas utilisé l'article 11 pour instaurer l'élection du Président de la République au suffrage universel, celle-ci n'aurait pas pu être établie, à cause du veto sénatorial. Ainsi aurait été empêchée la réforme constitutionnelle la plus populaire depuis un siècle, la plus conforme à la volonté des Français et à l'intérêt de la nation. On comprend ainsi que le président François Mitterrand ait mis fin au blocage sénatorial des référendums en décidant que la Constitution pouvait être désormais révisée par la procédure de l'article 11 (cf. p. 286 et p. 381).

▶ *Le statut personnel des parlementaires*

Le statut personnel est identique pour les députés et les sénateurs, sauf sur un point important : la durée du mandat et sa stabilité. Les sénateurs bénéficient d'un mandat de neuf ans avec garantie de l'emploi pendant ce délai. Les députés n'ont qu'un mandat de cinq ans, avec risque de dissolution : il y en a eu trois depuis 1958, ce qui ramène la durée moyenne du mandat de député à trois ans et huit mois.

1. *Les incompatibilités*. — L'inéligibilité empêche d'être candidat aux élections : la candidature ne peut être admise (cf. p. 216). L'incompatibilité permet de se présenter et d'être élu : mais l'élu doit choisir entre son mandat parlementaire et la fonction incompatible. Tout parlementaire doit déclarer au bureau de l'assemblée, dans les quinze jours qui suivent son élection, les fonctions professionnelles qu'il entend conserver. De même, il doit déclarer en cours de mandat les fonctions qu'il se propose d'exercer. Le bureau examine leur compatibilité avec le mandat. S'il y a doute ou contestation, le Conseil constitutionnel est saisi par le bureau, le parlementaire ou le ministre de la Justice. Le Conseil statue souverainement, aucun délai ne lui étant imposé. Le parlementaire doit alors régulariser sa situation dans les quinze jours : sinon le Conseil constitutionnel le déclare démissionnaire d'office de son mandat.

• Incompatibilités avec l'appartenance à un autre pouvoir public. — On appelle « pouvoirs publics » les institutions établies par la Constitution : présidence, gouvernement, assemblées parlementaires, etc. On a étudié plus haut l'incompatibilité entre le mandat parlementaire et les fonctions ministérielles, et le système des « suppléants » inventé par le législateur pour pallier quelques-uns de ses inconvénients : on renvoie sur ce point aux développements antérieurs (cf. p. 316). Le mandat parlementaire est également incompatible avec l'appartenance aux autres organes établis par la Constitution, sauf la Haute cour de justice et la Cour de justice de la République. La qualité de membre d'une assemblée est incompatible avec celle de membre d'une autre assemblée. Le mandat parlementaire est incompatible avec la qualité de remplaçant d'un membre d'une assemblée, et un parlementaire ne peut être élu comme remplaçant. Le mandat parlementaire est incompatible avec la qualité de membre du Conseil constitutionnel ou de membre du Conseil économique et social et avec l'exercice des fonctions de magistrat.

Depuis la loi organique du 30 décembre 1985, le mandat parlementaire est également incompatible avec plus d'un autre mandat électif territorial, quand ce dernier est celui de député européen, de conseiller régional, de conseiller général, de conseiller de Paris, de maire d'une commune de 20 000 habitants et plus et d'adjoint au maire d'une commune de plus de 100 000 habitants autre que Paris.

● Incompatibilités avec les fonctions publiques. — L'exercice d'une fonction publique non élective est incompatible avec le mandat parlementaire. On assimile à la fonction publique celle de président, membre du conseil d'administration, directeur, et conseil à titre permanent dans les entreprises nationales ou dans les établissements publics nationaux (à moins que le parlementaire ne siège dans les conseils d'administration de ces entreprises, précisément à titre de parlementaire). Trois exceptions sont prévues, qui sont traditionnelles, à quelques détails près : 1° les professeurs de l'enseignement supérieur ; 2° les personnes chargées par le gouvernement d'une mission temporaire : mais la formule employée empêche désormais que le cumul puisse durer plus de six mois, même en cas de renouvellement de la mission ; 3° les ministres des cultes et les délégués du gouvernement dans l'administration des cultes en Haut-Rhin, Bas-Rhin et Moselle, où ils sont fonctionnaires parce que le Concordat de 1801 s'applique toujours.

Depuis 1946, l'incompatibilité avec les fonctions publiques signifie seulement que le parlementaire est mis en détachement pendant la durée de son mandat, et qu'il est donc assuré de retrouver ensuite son poste. C'est un grand avantage qui explique l'accroissement du nombre des fonctionnaires au Parlement. La proportion de ceux-ci parmi les députés était de 19,5 % dans la législature élue en 1958, de 23 % en 1962, de 29 % en 1967, de 26 % en 1968, de 38,8 % en 1978, de 53,5 % en 1988, de 38,7 % en 1993.

• **Incompatibilités avec les professions privées.** — La plupart sont traditionnelles. Elles concernent les fonctions de direction (directe ou par personne interposée) dans les sociétés financières ou les sociétés civiles faisant publiquement appel à l'épargne; dans les entreprises recevant de l'Etat ou de collectivités publiques des subventions, garanties d'intérêt ou avantages analogues; dans celles dont l'activité principale consiste dans l'exécution des travaux publics ou la prestation de fournitures aux collectivités publiques; dans celles dont l'objet est l'achat ou la vente de terrains destinés à la construction ou la promotion immobilière ou la construction immobilière en vue de la vente, et dans les sociétés dont plus de la moitié du capital est constituée par des participations d'entreprises entrant dans les catégories précédentes. Il y a cependant quelques exceptions pour des fonctions non rémunérées dans des sociétés d'économie mixte d'équipement régional ou local et des sociétés à objet exclusivement social, ou dans des organismes d'intérêt régional et local ne distribuant pas des bénéfices, si le parlementaire y est délégué par un conseil municipal ou un conseil général auquel il appartient.

A ces incompatibilités traditionnelles, on en a ajouté une en 1958 : tout parlementaire exerçant la profession d'avocat ne peut faire aucun acte de cette profession ni par lui-même, ni par l'intermédiaire d'un associé, d'un collaborateur ou d'un secrétaire, à l'occasion de poursuites intentées devant des juridictions répressives (sauf devant la Haute cour de justice) pour crimes ou

délits contre la chose publique, ou en matière de presse, ou
d'atteinte au crédit ou à l'épargne; il ne peut, dans les mêmes
conditions, ni plaider ni consulter pour le compte des sociétés ou
entreprises dont la participation à la direction est incompatible
avec son mandat (c'est-à-dire celles qu'on vient d'énumérer), sauf
s'il en était habituellement le conseil avant son élection; il ne peut
ni plaider ni consulter contre l'Etat, les collectivités ou établissements publics et les sociétés nationales.

2. *Les immunités parlementaires.* — La double immunité de
juridiction dont bénéficient traditionnellement les parlementaires
afin d'être libres dans l'exercice de leur mandat a été révisée
en 1988 et 1995, dans le but de rendre les parlementaires plus
responsables.

• L'irresponsabilité. — Elle protège le parlementaire contre
toute action judiciaire mettant en cause les actes accomplis dans
l'exercice de ses fonctions. La formule employée à cet égard par
l'article 26 de la Constitution précise les principes traditionnels :
« Aucun membre du Parlement ne peut être poursuivi, recherché,
arrêté, détenu ou jugé à l'occasion des opinions ou votes émis par
lui dans l'exercice de ses fonctions. » Si un député, par exemple,
diffame une personne dans un discours au Parlement, il ne peut
pas être poursuivi judiciairement par cette personne. L'irresponsabilité vise aussi bien les poursuites pénales que les poursuites
civiles en dommages-intérêts. Mais elle ne s'applique qu'aux actes
accomplis dans l'exercice des fonctions du député : les discours
des députés dans les réunions publiques, leurs articles dans les
journaux, etc., ne sont pas couverts par l'irresponsabilité; de même,
les voies de fait sur un collègue ou un journaliste dans l'enceinte
de l'assemblée, etc.

Si l'irresponsabilité n'a pas été directement modifiée, elle se
trouve mieux délimitée par le principe de la transparence financière
qui oblige les députés à déposer dans les deux mois après leur entrée

en fonction une déclaration de leur patrimoine. Dans la loi du 11 mars 1988 qui a établi ce principe, la déclaration devait être faite au bureau de l'Assemblée nationale. Une loi organique du 19 janvier 1995 a décidé que la déclaration serait faite à la Commission de transparence financière créée en 1988 pour les ministres, ce qui explique qu'elle soit composée du vice-président du Conseil d'Etat, du premier président à la Cour de cassation et du président de la Cour des comptes. Chaque député peut ensuite faire connaître les modifications substantielles de son patrimoine. Un nouvel état du patrimoine est communiqué deux mois au plus tôt et un mois au plus tard avant l'expiration du mandat. Les sénateurs ont été astreints aux mêmes obligations à compter des renouvellements triennaux successifs.

• L'inviolabilité. — Elle protège le parlementaire contre les poursuites judiciaires intentées contre lui pour les actes accomplis en dehors de l'exercice de ses fonctions : délits et crimes de droit commun par exemple. Ce privilège a pour but d'empêcher que le gouvernement, en faisant poursuivre des parlementaires, puisse faire pression sur eux ou les empêcher de siéger. Les règles posées par l'article 26 de la Constitution ont été modifiées dans ce domaine par la loi constitutionnelle du 4 août 1995. L'inviolabilité ne s'applique toujours qu'en matière de crimes ou délits, et non de contraventions.

Auparavant, toute poursuite judiciaire d'un député dans ces domaines exigeait une autorisation de l'Assemblée. Désormais, cette autorisation n'est nécessaire que pour les arrestations ou « toute autre mesure privative ou restrictive de liberté », sauf en cas de délit flagrant ou de condamnation définitive. Mais l'Assemblée peut requérir la suspension de la poursuite, ainsi que des mesures précédentes, pendant la durée de la session. L'autorisation d'arrestation ou de mesure privative de liberté est donnée désormais par le bureau de l'Assemblée et non par cette dernière. Cependant, la requête de suspension est prononcée par l'Assemblée elle-même, qui peut tenir une séance supplémentaire s'il est nécessaire.

3. *L'indemnité parlementaire.* — La démagogie autour de l'indemnité parlementaire est facile. On ne saurait trop répéter qu'en démocratie l'indemnité parlementaire doit être élevée : à la fois, pour permettre un exercice convenable de leur mandat aux députés qui n'ont pas de fortune et pour les mettre à l'abri des tentations.

● Le calcul de l'indemnité. — L'indemnité parlementaire est calculée par référence au traitement des fonctionnaires occupant les emplois de l'Etat classés dans la catégorie dite « hors échelle » : elle est égale à la moyenne du traitement le plus bas et du traitement le plus élevé de cette catégorie. Cette indemnité parlementaire est réduite en cas de sanctions disciplinaires (cf. p. 365). Elle est désormais soumise à l'impôt direct, comme les autres traitements. Mais les parlementaires reçoivent en plus une indemnité de secrétariat et une indemnité pour rémunération de plusieurs assistants.

● Les charges prélevées sur l'indemnité. — Chaque parlementaire verse, sur ces indemnités, une cotisation destinée à sa retraite de parlementaire, aménagée d'ailleurs de façon avantageuse. Il doit également une cotisation à son groupe, variable suivant celui auquel il est inscrit. Les parlementaires communistes ont longtemps versé la totalité de leur indemnité au parti qui leur restituait une somme équivalente au salaire d'un ouvrier qualifié et leur remboursait les frais nécessaires à l'exercice de leur mandat.

4. *L'aménagement du service militaire.* — Dans ce domaine aussi, la démagogie est fréquente : une opinion publique très sensible à l'égalité de tous les citoyens devant le service militaire y trouve souvent un moyen d'exprimer son antiparlementarisme latent. En temps de paix, la règle est que les parlementaires ne peuvent accomplir aucun service militaire, à moins qu'ils n'y

consentent. Les parlementaires effectuant un service militaire peuvent voter par délégation, dans les cas limités où celle-ci est possible. En temps de mobilisation, d'agression manifeste, de « tension extérieure », ou « dans les cas prévus par la Charte des Nations Unies », les parlementaires appartenant à la disponibilité ou à la première réserve sont astreints à suivre intégralement les obligations de leur classe d'âge. Les autres parlementaires sont dégagés d'obligation militaire : mais ils peuvent contracter un engagement sans donner leur démission de membre de l'assemblée.

On notera que les « faits de guerre » ou les « actions d'éclat assimilables à des faits de guerre » permettent aux parlementaires d'être promus dans la Légion d'honneur ou recevoir la médaille militaire ou toute autre décoration.

2 | LE FONCTIONNEMENT DES ASSEMBLÉES

Sous ce titre, on va étudier d'abord la structure interne assez complexe qui permet le travail en commun de presque 600 personnes au Palais-Bourbon, de plus de 300 au Luxembourg. Le fonctionnement des assemblées a été profondément réorganisé par la Constitution de 1958, dans le sens d'une limitation de la liberté des parlementaires.

▶ *La structure interne des assemblées*

La Constitution de 1958 réglemente minutieusement la procédure parlementaire. Elle imite sur ce point la pratique des constitutions européennes de l'après-guerre de 1914, pratique qu'on avait appelée alors le « parlementarisme rationalisé ». Beaucoup de ces dispositions ont seulement un objectif technique : assurer une meilleure efficacité du travail des assemblées. D'autres ont un caractère politique : il s'agit de diminuer les prérogatives des chambres et d'augmenter les moyens d'action du gouvernement sur elles, afin d'empêcher l'instabilité et la faiblesse des gouvernements de la III⁰ et de la IV⁰ République.

1. *Le règlement.* — Sous les III⁰ et IV⁰ Républiques, les assemblées étaient maîtresses de leur règlement. Sous la V⁰, leur liberté se trouve réduite quant au contenu du règlement et quant à sa procédure d'établissement.

● Le contenu du règlement. — La Constitution et les lois organiques contiennent un grand nombre de dispositions autrefois incluses dans les règlements des assemblées. La Constitution précise ainsi le nombre des commissions (limité à six), l'établissement de l'ordre du jour, la procédure d'amendement, le déroulement des débats, le droit des députés de déléguer leur vote, la durée du mandat des présidents de chaque assemblée, etc. Les lois organiques réglementent le droit des présidents de requérir force armée, la création et les pouvoirs des commissions d'enquête et des commissions de contrôle, le régime financier des assemblées, la responsabilité civile pour les dommages causés par leurs fonctionnaires, etc.

● L'établissement du règlement. — La Constitution organise à cet égard un contrôle de la constitutionnalité pour empêcher que les chambres ne tournent les règles restrictives imposées par elle, comme l'avait fait le Conseil de la République sous le régime précédent en s'attribuant un véritable droit d'interpellation contraire à la Constitution, par la « question orale avec débat ». Les « résolutions » par lesquelles chaque assemblée établit son règlement initial ou le modifie ultérieurement doivent être obligatoirement soumises au Conseil constitutionnel, et ne peuvent être appliquées que s'il les estime conformes à la Constitution. Sinon, elles doivent être modifiées. Au début de 1994, l'Assemblée nationale a profondément modernisé son règlement, sous l'impulsion de son président Philippe Seguin, qui a été aussi l'initiateur de la réforme du régime des sessions, des séances et de l'inviolabilité, réalisée par la loi constitutionnelle du 4 août 1995.

2. *Le bureau*. — Le bureau est l'organisme qui assure la direction des débats d'une assemblée et son administration générale : c'est un organe très important. Au début d'une législature, lors de la première réunion d'une assemblée, les débats sont dirigés par un « bureau d'âge » : le président est le parlementaire le plus âgé, les secrétaires sont les parlementaires les plus jeunes. Ce bureau d'âge assure seulement l'élection des membres du bureau proprement dit, auquel il cède la place ensuite.

• Le président de l'Assemblée. — Autrefois élu chaque année, le président de l'Assemblée nationale est désormais élu pour toute la durée de la législature; le président du Sénat est réélu après chaque renouvellement partiel (donc tous les trois ans). L'élection se fait au scrutin secret, à trois tours : la majorité absolue étant exigée pour les deux premiers. Le rôle essentiel du président est de diriger les débats; il est aussi le chef de l'administration de l'Assemblée. De plus, les présidents des deux chambres ont des pouvoirs propres dans l'Etat. L'un ou l'autre peuvent saisir le Conseil constitutionnel d'une loi ou d'un traité international qu'ils estiment contraires à la Constitution. L'un ou l'autre peuvent s'opposer à la prétention du gouvernement déclarant qu'une proposition de loi ou un amendement sont irrecevables, comme contraires à une délégation de pouvoirs ou à la délimitation du domaine de la loi : auquel cas, le Conseil constitutionnel est également saisi. La consultation des présidents des deux assemblées est obligatoire avant le recours à la dissolution ou à l'exercice des pouvoirs exceptionnels de l'article 16.

Le président du Sénat a préséance sur celui de l'Assemblée nationale, ce qui est anormal étant donné que celle-ci est plus proche de la souveraineté populaire : mais les députés ont préséance sur les sénateurs. Le président du Sénat assure l'intérim en cas d'empêchement définitif, de démission ou de décès du Président de la République. Il ne peut alors ni dissoudre l'Assemblée nationale, ni organiser un référendum. Nulle révision constitutionnelle ne peut avoir lieu, et les députés ne peuvent voter ni la censure, ni la confiance explicite prévues aux articles 49 et 50 de la Constitution.

• Les autres membres du bureau. — Les autres membres du bureau sont les vice-présidents, les secrétaires et les questeurs. Ils sont élus chaque année, au début de la session parlementaire d'avril. Les vice-présidents relayent le président dans la direction des débats. Les secrétaires surveillent la rédaction des procès-verbaux (qui est assurée par des sténographes très entraînés), constatent les résultats des scrutins et contrôlent les délégations de votes. Les questeurs sont chargés de l'administration des locaux, du matériel et du très nombreux personnel de l'Assemblée (huissiers, secrétaires, dactylos, bibliothécaires, etc.). Les membres du bureau autres que le président sont désignés également au scrutin secret : en général, les différents groupes politiques sont représentés au bureau en proportion de leurs effectifs. Mais il n'y a pas d'obligation à cet égard : de 1958 à 1967, les communistes étaient exclus du bureau, le reste de l'opposition y étant toutefois représentée. Après les élections de 1967, on a repris la tradition de proportionnalité.

3. *Les groupes parlementaires.* — Le groupe parlementaire réunit les députés appartenant à un même parti ou à une même tendance politique. Les groupes parlementaires sont les organes des partis dans les assemblées. Qu'ils aient dans celles-ci une réglementation officielle montre qu'on est passé d'un parlementarisme de notables, du type XIXe siècle, à un parlementarisme de partis, du type XXe siècle.

• La fonction des groupes. — Les groupes jouent un rôle important dans le Parlement de la Ve République, notamment dans la désignation des membres des commissions, dans la fixation de l'ordre du jour, dans l'organisation des débats, et aussi dans les votes, où les présidents de groupes utilisent souvent les bulletins ou la clé du vote électrique des membres, bien que cela soit interdit (cf. p. 372).

Une partie notable de l'action des groupes s'exerce à travers la « Conférence des présidents ». Cet organisme réunit autour du président et des vice-présidents de l'Assemblée, les présidents des groupes politiques et les présidents des commissions. La conférence des présidents se réunit chaque semaine. Dans les votes émis dans son sein, les présidents des groupes politiques ont un nombre de voix égal au nombre de membres de leur groupe, après défalcation de ceux d'entre eux qui font partie de la conférence. Les propositions de la conférence des présidents sont votées par l'Assemblée sans amendement, après un débat bref où peuvent seulement intervenir le gouvernement, les présidents des commissions et un orateur par groupe. La conférence des présidents joue un rôle important dans la fixation de l'ordre du jour et l'organisation des débats.

● L'organisation des groupes. — Sous les républiques antérieures, l'organisation des groupes était très variée suivant les partis politiques. Les groupes communistes et socialistes étaient fortement structurés et astreints à une discipline de vote stricte. Les autres étaient beaucoup plus souples (cf. p. 121). Sous la Ve République, la discipline de vote est devenue générale pour les scrutins importants : confiance, défiance, censure, adoption des lois et du budget, etc. (cf. p. 497). Cela donne aux groupes une importance considérable : ils encadrent rigidement les députés.

● La dimension des groupes. — Une réforme très importante a été accomplie dans ce domaine par la Ve République. Jusqu'en 1958, il suffisait de 14 députés pour former un groupe, et ce nombre pouvait inclure les « apparentés », c'est-à-dire les députés qui, sans adhérer au programme d'un groupe, se rattachent administrativement à lui. Désormais, les « apparentés » comptent seulement pour la désignation des membres des commissions, mais non pour atteindre le chiffre minimum de députés exigé pour former un groupe. En 1958, ce chiffre était de 30 députés. Il a été abaissé à 20 membres.

4. *Les commissions législatives.* — Des commissions législatives étudiées ici, il faut distinguer les commissions d'enquête et de contrôle, qui relèvent des rapports entre les assemblées et le gouvernement (cf. plus loin, p. 395). Il existe deux grands systèmes de commissions pour examiner les projets et propositions de lois soumis aux assemblées parlementaires, et préparer les débats publics : le système britannique et le système français traditionnel, qui est aussi le système américain. Dans le premier, il n'y a pas de commissions permanentes spécialisées : il y a des commissions *ad hoc* constituées pour chaque projet. Dans le second, il y a des commissions permanentes spécialisées : de la Justice, de l'Intérieur, des Finances, des Affaires étrangères, etc. La Constitution de 1958 n'a pas choisi entre les deux systèmes : elle a bâti un bizarre compromis entre eux, que le règlement de l'Assemblée nationale a rendu plus bizarre encore. Mais elle a réalisé une réforme très importante. Désormais, le débat parlementaire s'ouvre sur le texte initial du projet de loi gouvernemental, non sur le texte modifié par la commission, ce qui supprime de graves abus antérieurs : les projets étant défigurés par la commission, le débat à l'Assemblée partait sur de mauvaises bases.

• Les commissions permanentes. — Créées en 1902, elles étaient au nombre de 19 à l'Assemblée nationale, de 44 membres chacune, à la fin de la IVe République. La répartition de leurs compétences correspondait à peu près à la division des départements ministériels : de cette façon, chaque commission tendait à contrôler plus ou moins étroitement le ministère correspondant, ce qui avait soulevé beaucoup de critiques. Cependant, leur importance n'avait cessé de croître : on tendait à leur accorder un véritable pouvoir de

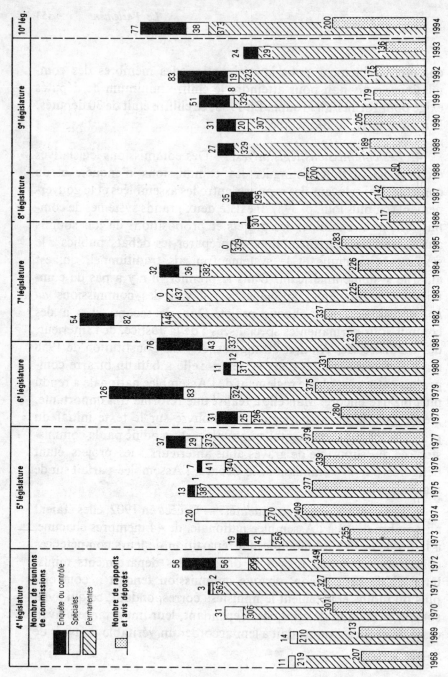

Fig. 10. — *Travaux des commissions de l'Assemblée nationale*

décision, notamment en matière de décrets de répartition budgétaire

La Constitution de 1958 a limité à six le nombre des commissions permanentes pour chaque assemblée, pour éviter la coïncidence de leurs attributions et de celles des divers ministères. Le règlement de l'Assemblée nationale a décidé que quatre d'entre elles auraient un nombre de membres égal au huitième des membres composant l'Assemblée, ce nombre étant arrondi au chiffre supérieur, ce qui donne 73 actuellement (Commission des affaires étrangères; Commission des finances, de l'économie générale et du plan; Commission de la défense nationale et des forces armées; Commission des lois constitutionnelles, de la législation et de l'administration générale de la République). Les deux autres ont un nombre égal à deux huitièmes, le total étant pareillement arrondi, ce qui donne 143 (Commission des affaires culturelles, familiales et sociales ; Commission de la production et des échanges). Cela permet à tous les députés de siéger dans une commission. Mais les deux dernières sont de véritables monstres, où l'on s'est efforcé de regrouper les diverses attributions de cinq ou six commissions antérieures.

Les membres des commissions permanentes sont élus par l'Assemblée à la proportionnelle des groupes. En pratique, on recourt rarement au vote; les bureaux des groupes établissent de concert leurs propositions, qui sont publiées à l'Officiel et affichées à l'Assemblée; les candidats sont réputés élus si, dans le délai d'une heure après l'avis de l'affichage donné par le président à la séance prévue pour la nomination, 30 membres de l'Assemblée n'ont pas fait opposition. Aucun député ne peut faire partie de plus d'une commission permanente. Les commissions permanentes disposent d'un personnel et d'un local.

Depuis 1959, une matinée par semaine est réservée aux séances des commissions permanentes, afin d'assurer plus de souplesse dans la fixation des séances de l'Assemblée nationale, et aussi de permettre de siéger plus facilement aux commissions spéciales.

La présence de la majorité des commissaires est nécessaire à la validité des votes, si le tiers des membres présents le demandent. L'absence non justifiée à plus du tiers des séances d'une même session ordinaire entraîne l'exclusion et la privation du tiers de l' « indemnité de fonctions » : mais ces dispositions ne sont pas appliquées. Les commissions peuvent être réunies en dehors des sessions du Parlement, sur convocation de leur bureau ou du président de l'Assemblée.

Les commissions publient un compte rendu de leurs travaux et de leurs votes après chaque séance. Elles peuvent procéder à des auditions de personnalités, et cette pratique tend à se développer depuis quelques années, ce qui introduit chez nous le système des « hearings » américains. Sous réserve de l'accord des personnalités entendues, le bureau de la Commission peut décider la publication de tout ou partie des auditions auxquelles elle a procédé.

● Les commissions spéciales. — L'article 43 de la Constitution de 1958 décide : « Les projets et propositions de loi sont, à la demande du gouvernement ou de l'assemblée qui en est saisie, envoyés pour examen à des commissions spécialement désignées à cet effet. — Les projets et propositions pour lesquels une telle demande n'a pas été faite sont envoyés à l'une des commissions permanentes dont le nombre est limité à six dans chaque assemblée. » Il résulte clairement de ce texte que la Constitution souhaitait diminuer le rôle des commissions permanentes et mettre à la disposition du gouvernement et des assemblées un procédé plus souple et plus rapide pour faire étudier un projet que celui du recours aux lourdes machines traditionnelles.

A l'Assemblée nationale, les commissions spéciales sont composées de 31 membres, dont pas plus de 15 ne peuvent faire partie de la même commission permanente. Elles sont élues par l'Assemblée à la proportionnelle des groupes, comme les commissions permanentes. Les demandes de commissions spéciales émanant de parlementaires doivent être faites par une commission permanente, par un groupe, ou par 30 députés, dans le délai de deux jours francs après le dépôt du projet ou de la proposition qu'elles concernent. La commission spéciale constituée reste compétente jusqu'au vote définitif par le Parlement du projet de loi, ou à son retrait ou rejet définitif. La pratique des commissions spéciales est peu développée (cf. fig. 10, p. 354).

▶ *Les réunions des assemblées*

On constate ici les mêmes tendances qu'on a relevées dans l'analyse de la structure interne du Parlement : la Constitution de 1958 a posé des règles restrictives, tendant à la fois à limiter l'activité des assemblées, à la rendre plus efficace, et à accentuer les moyens d'action du gouvernement sur elle.

1. *Les sessions.* — La Constitution de 1958 a réglementé de façon très stricte le régime des sessions. La réforme constitutionnelle du 4 août 1995 a introduit une innovation fondamentale dans ce domaine.

• Les sessions ordinaires. — On appelle sessions « ordinaires » les sessions fixées par la Constitution, qu'il n'appartient pas au gouvernement de restreindre : pendant ce temps, on ne peut empêcher le Parlement de se réunir (étant bien entendu qu'il reste libre de déterminer l'horaire et le rythme de ses réunions). Le gouvernement ne peut alors échapper au contrôle parlementaire.

Dans la Constitution de 1958, il y avait deux sessions ordinaires par an : la première commençant le 2 octobre et durant quatre-vingts jours ; la seconde s'ouvrant le 2 avril et ne pouvant pas durer plus de quatre-vingt-dix jours. Ainsi, le Parlement siégeait moins de six mois par an. La réforme de 1995 a institué une session ordinaire unique commençant le premier jour ouvrable d'octobre et prenant fin le dernier jour ouvrable de juin, ce qui fait neuf mois.

La durée du contrôle normal du Parlement sur le gouvernement
a donc augmenté de 50 %. Cependant, le nombre de journées de
séance n'a pas augmenté en proportion (cf. p. 360).

• Les sessions extraordinaires. — Hors la session ordinaire,
le Parlement peut être convoqué en session extraordinaire, si des
circonstances exceptionnelles l'exigent. Les sessions extraordinaires
sont convoquées soit sur la demande du Premier ministre, soit
sur celle de la majorité des membres de l'Assemblée nationale.

La demande ainsi formulée est adressée au Président de la
République, l'article 30 de la Constitution décidant que « les
sessions extraordinaires sont ouvertes et closes par décret du
Président de la République ». Une grave crise constitutionnelle a
éclaté à cet égard en mars 1960, le général de Gaulle ayant refusé
de convoquer une session extraordinaire demandée par 287 députés.
A l'époque, ce refus était certainement contraire à l'esprit de la
Constitution et à ses travaux préparatoires (cf. p. 268). On était
dans un cadre parlementaire où le Président n'a qu'un pouvoir
symbolique sauf si la Constitution en décide autrement de façon
claire, ce qu'elle ne fait pas.

Mais l'élection du Président au suffrage universel a changé
cette interprétation, comme on l'a déjà souligné. Désormais,
toutes les attributions du Président sont effectives, à moins que la
Constitution ne décide clairement le contraire, ce qu'elle ne fait
pas en l'occurrence. En mars 1979, le président Giscard d'Estaing
a hésité à accorder la session extraordinaire réclamée par 315 députés : il l'a finalement convoquée, mais avec beaucoup de réticences,
en marquant clairement son pouvoir d'appréciation, et en se
référant explicitement aux motifs invoqués par le général de Gaulle
en 1960. Il semble donc que le Président de la République puisse
refuser la convocation des sessions extraordinaires qui lui sont
demandées (cf. p. 296).

Toute session extraordinaire ne peut être convoquée que sur
un ordre du jour limité. Quand elle est convoquée sur demande

de la majorité des députés, le décret de clôture intervient dès que cet ordre du jour a été épuisé, et la session ne peut pas durer plus de douze jours : ces règles ne s'appliquent pas dans le cas de convocation sur demande du Premier ministre.

• Les réunions exceptionnelles de plein droit. — Il existe dans la Constitution de 1958 deux cas normaux et un cas exceptionnel où le Parlement se réunit de plein droit. Le plus important des cas normaux est celui de la dissolution : l'Assemblée nationale nouvellement élue se réunissant de plein droit pour une session de quinze jours, si elle ne se trouve pas dans la période de la session ordinaire annuelle. La loi constitutionnelle du 4 août 1995 a ajouté un second cas normal : celui d'une réunion d'une assemblée pour requérir la suspension d'une poursuite, d'une détention, ou d'une privation ou restriction de liberté d'un de ses membres pendant la session ordinaire qui suivra.

La réunion exceptionnelle de plein droit se produit quand le Président de la République utilise l'article 16 de la Constitution. Dans ce cas extraordinaire, le Parlement se réunit de plein droit, sans convocation d'aucune sorte. Cette réunion de plein droit est obligatoire : ni le Président ni le Parlement lui-même ne peuvent y mettre fin ou l'interrompre, cette interprétation découlant de la Constitution. Mais elle ne fut pas celle appliquée en fait, après le recours à l'article 16 le 23 avril 1961. L'Assemblée nationale a pris ses vacances normales en juillet, à la fin de sa session ordinaire, comme si l'article 16 n'était pas en application. On a simplement décidé que les députés pourraient se réunir sur convocation de leur président, si besoin était : mais l'article 16 ne donne aucune prérogative de ce genre au président de l'Assemblée nationale. De plus, le Président de la République a tenté de limiter les pouvoirs du Parlement pendant sa réunion de plein droit, lors de l'application de l'article 16 (cf. p. 298) : cela est tout à fait contraire à la Constitution.

2. *Les séances.* — Les séances du Parlement sont publiques :
toutefois, cette publicité résulte surtout de la publication du compte
rendu intégral au « Journal officiel » car le public n'est admis qu'au
compte-gouttes dans les tribunes qui lui sont réservées, sur cartes
délivrées par des parlementaires ou le secrétariat de l'Assemblée,
sauf quelques places vraiment publiques, ouvertes aux personnes
qui se présentent. L'Assemblée siège en comité secret à la demande
du Premier ministre, ou si elle le décide spontanément elle-même.

• La fixation des séances. — Sous réserve du cas de réunion
de plein droit dans le cadre de l'article 16 de la Constitution,
chaque assemblée était libre de fixer ses séances comme elle l'entendait pendant la durée des sessions ordinaires réglementées en 1958.
La loi constitutionnelle du 4 août 1995 a fortement limité cette
liberté des parlementaires en leur imposant un nombre limite de
journées de séances pendant la session ordinaire unique établie
par elle. Mais elle l'a fait sur la demande des parlementaires, qui ne
voulaient un nombre de jours de travail supérieur à celui qu'ils
déterminaient eux-mêmes auparavant. Dans les dix dernières
années, ils se sont réunis entre 110 (1993) et 129 (1986) jours par an
(cf. fig. 11, p. 361). Le texte initial du projet de réforme de 1995
voyait un maximum de 130 jours pour la session ordinaire unique.
Les parlementaires auraient voulu 110 jours. Le Président de la
République transigea à 120 jours, adoptés finalement, mais en
décidant que le Premier ministre après consultation du président
de l'Assemblée concernée, ou la majorité des membres de chaque
assemblée, pouvait décider la tenue de jours supplémentaires.

Le règlement de l'Assemblée nationale appliquant la réforme
constitutionnelle de 1995 a décidé qu'en principe l'Assemblée
se réunit chaque semaine dans l'après-midi du mardi et dans la
matinée et l'après-midi du mercredi et du jeudi. Les séances du
matin commencent à 9 heures et ne peuvent se prolonger
au-delà de 13 heures, celles de l'après-midi commencent à

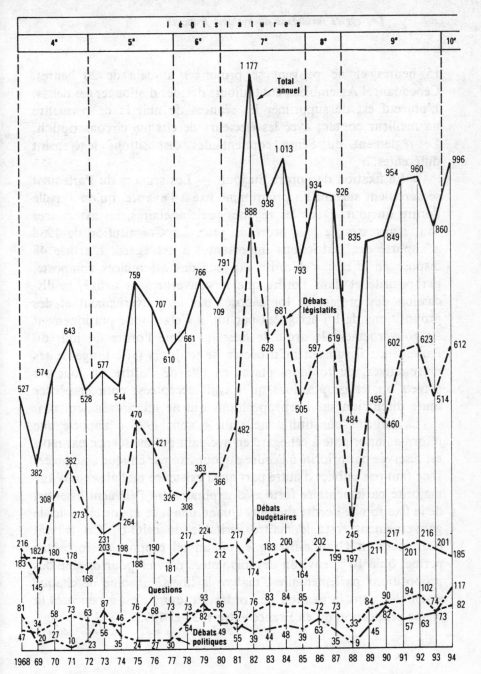

Fig. 11. — *Les débats à l'Assemblée nationale* (en heures de séance)

15 heures et ne peuvent se prolonger au-delà de 20 heures.
Cependant, l'Assemblée peut toujours décider d'allonger ces délais.
L'objectif est de supprimer les séances de nuit et de permettre
un meilleur contact avec les électeurs de chaque circonscription.
Le règlement du Sénat contient des dispositions légèrement
différentes.

• La fixation de l'ordre du jour. — Les séances du Parlement
se déroulent suivant un programme fixé à l'avance, qu'on appelle
l'ordre du jour. Dans les régimes parlementaires, les assemblées
sont maîtresses de leur ordre du jour. La Constitution de 1958
a apporté des restrictions importantes à cet égard. L'article 48
dispose en effet : « L'ordre du jour des assemblées comporte,
par priorité et dans l'ordre que le gouvernement a fixé, la discussion des projets de loi déposés par le gouvernement et des
propositions de loi acceptées par lui. » Cela donne pratiquement
au gouvernement le droit de fixer lui-même l'ordre du jour du
Parlement : il suffisait qu'il décide de toujours faire usage de ses
prérogatives, de toujours placer en tête de l'ordre du jour ses
projets ou les propositions qu'il avait acceptées, pour empêcher
toute discussion sur les propositions qui ne lui convenaient pas.

La réforme constitutionnelle du 4 août 1995 a apporté une
réforme importante à cet égard en décidant qu'une séance par mois
est réservée par priorité à l'ordre du jour fixé par chaque assemblée.
Il ne faut pas oublier d'autre part que l'existence ou l'absence d'une
majorité parlementaire forte et disciplinée sont l'élément essentiel
de la fixation de l'ordre du jour. Quand une telle majorité existe, le
gouvernement reste le maître véritable de celui-ci. On le voit
clairement en Grande-Bretagne, où un tel rapport de forces ne
permet qu'à 10 % environ des lois votées d'avoir pour origine des
propositions parlementaires, malgré la liberté absolue de chaque
assemblée dans la fixation de l'ordre du jour : c'est à peu près la
même proportion qu'en France entre 1958 et 1995.

3. *Les débats.* — La Constitution de 1958 a introduit à cet égard des dispositions limitant la liberté d'action du Parlement et accroissant les pouvoirs du gouvernement. Le règlement de l'Assemblée nationale, de son côté, a établi une discipline plus stricte des débats, en augmentant notamment les pouvoirs du président de l'Assemblée.

● Le déroulement des débats. — La plupart des débats des assemblées sont consacrés aux discussions des projets ou propositions de lois : les « projets » émanant du gouvernement, les « propositions » émanant des parlementaires. Il peut y avoir aussi des débats consacrés aux questions (cf. p. 394), à une motion de censure (cf. p. 403), à une réforme du règlement, à une proposition ou un avis donné au gouvernement ou à une autre autorité publique, à une « résolution » exprimant l'opinion de l'assemblée sur un problème ou un événement, etc.

Tous les débats s'ouvrent par l'adoption du procès-verbal de la séance précédente et les communications éventuelles du président. Les débats législatifs commencent ensuite par l'audition éventuelle du gouvernement, puis par celle des rapporteurs des commissions (commission saisie au fond d'abord, commissions saisies pour avis ensuite). Puis, un parlementaire peut soulever une « exception d'irrecevabilité » tendant à faire reconnaître que le texte proposé est contraire à la Constitution, ou une « question préalable », tendant à faire décider qu'il n'y a pas lieu de délibérer. L'adoption de l'une ou de l'autre entraîne le rejet du texte à l'encontre duquel elle a été soulevée. Dans la discussion de chacune, seuls interviennent son auteur, le gouvernement et le président ou le rapporteur de la commission saisie au fond.

Si l'exception ou la question est rejetée, le débat s'engage. Les auteurs d'amendements développent ceux-ci dans les conditions décrites ci-dessous. Les parlementaires qui désirent intervenir s'inscrivent auprès du président, qui apprécie l'ordre des interven-

tions. Nul ne peut parler sans être ainsi inscrit, sauf pour interrompre cinq minutes au maximum un orateur (avec son autorisation et celle du président) ou pour une explication de vote autorisée par le président, qui ne doit pas non plus dépasser cinq
minutes à raison d'un orateur par groupe. Les ministres et les
présidents de commissions saisies au fond peuvent cependant
toujours obtenir la parole. D'autre part, on peut demander la
parole à tout moment pour un rappel au règlement. Si l'orateur
lit son discours, le président peut lui retirer la parole (disposition
nouvelle, qui aurait permis d'écarter Mirabeau, Robespierre,
Berryer et Poincaré de la tribune parlementaire). Si le président
juge que « l'Assemblée est suffisamment informée », il peut inviter
l'orateur à conclure : cette disposition aussi est nouvelle. Mais,
symétriquement, l'orateur peut être aussi invité à poursuivre au-delà
de son temps de parole dans l'intérêt du débat. Lorsque au moins
deux orateurs d'avis contraire sont intervenus dans la discussion
générale, la clôture de celle-ci peut être décidée, soit par
l'Assemblée sur proposition d'un de ses membres, soit par le
président.

La Conférence des présidents (cf. p. 352) peut décider d'organiser les débats de façon restrictive. Dans les débats organisés pour
la discussion des textes, la durée de celle-ci est fixée de façon globale, le temps étant réparti entre les groupes de façon à assurer à
ceux-ci un minimum garanti à tous, chacun d'eux disposant d'un
temps proportionnel à son importance numérique (les députés non
inscrits étant globalement considérés comme un groupe). Les
présidents de groupes indiquent au président de l'Assemblée
l'ordre des interventions, chacune ne pouvant être inférieure à
cinq minutes. Le président de l'Assemblée détermine ainsi l'ordre
des interventions.

L'organisation est encore plus restrictive pour les déclarations
que le gouvernement demande à faire à l'Assemblée, en vertu
de l'article 149 de la Constitution. Quand la déclaration est faite

avec débats, le temps global et sa répartition sont fixés comme ci-dessus. De plus, chaque groupe dispose d'un temps de parole de trente minutes pour l'orateur qu'il désigne, le temps éventuellement restant devant être réparti entre deux orateurs seulement pour au moins trente minutes chacun. Dix minutes seulement sont accordées pour les non-inscrits, au profit de celui d'entre eux qui s'est fait inscrire le premier. Cette procédure accélérée peut être appliquée aux discussions de textes, si la Conférence des présidents le décide.

• Les mesures disciplinaires. — Les parlementaires qui troublent l'ordre des débats encourent des mesures disciplinaires. Les règlements des assemblées en définissent une gamme hiérarchisée, allant du rappel à l'ordre prononcé par le Président, sanction purement morale jusqu'à la censure avec exclusion temporaire prononcée en séance plénière sur proposition du Bureau. « Est rappelé à l'ordre tout orateur qui trouble cet ordre », dit l'article 71 du règlement de l'Assemblée nationale. Le député non autorisé à parler qui s'est ainsi fait rappeler à l'ordre ne pourra se justifier qu'à la fin de la séance, sauf autorisation du Président. Le rappel à l'ordre avec inscription au procès-verbal est prononcé contre le député s'étant déjà fait rappeler à l'ordre dans la même séance. Il entraîne la privation pendant un mois du quart de l'indemnité parlementaire.

La censure est prononcée contre tout député qui n'a pas déféré aux injonctions du Président après un rappel à l'ordre avec inscription au procès-verbal ou qui a « provoqué dans l'Assemblée une scène tumultueuse ». La censure avec exclusion temporaire du Palais de l'Assemblée est prononcée contre un député qui a résisté à la censure simple ou qui l'a subie deux fois, ou qui s'est rendu coupable d'outrages envers l'Assemblée ou son Président, ou qui s'est rendu coupable d'injures, provocations ou menaces contre le Président de la République, le Premier ministre, les membres du Gouvernement et les assemblées prévues par la Constitution. Les

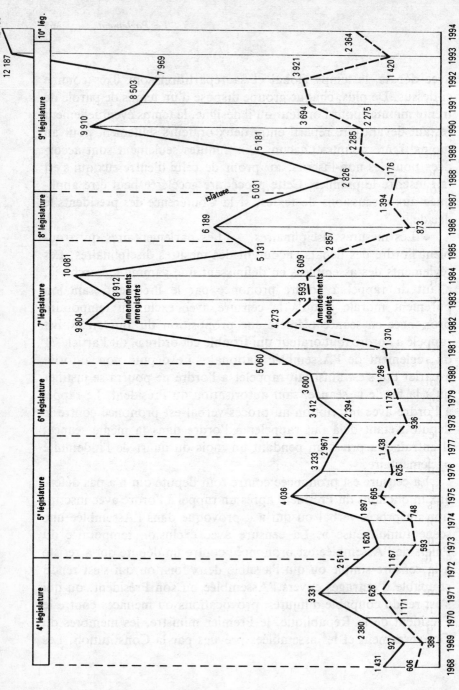

Fig. 12. — Les amendements à l'Assemblée nationale

deux censures sont prononcées par l'Assemblée votant sans débat par assis et levés, sur la proposition du Président, le député pouvant se faire entendre lui-même ou par un de ses collègues. La censure simple prive le député de la moitié de son indemnité pendant un mois. La censure avec exclusion temporaire l'en prive pendant deux mois, et lui interdit l'accès au Palais de l'Assemblée jusqu'à l'expiration du quinzième jour de séance. En fait, les sanctions sévères ne sont presque jamais prononcées. Mais les débats sont sérieux, en général.

4. *Les amendements*. — Le gouvernement et les parlementaires ont le droit de proposer des amendements aux textes en discussion : c'est-à-dire des modifications au projet ou à la proposition de loi.

• L'usage des amendements. — Ils sont un moyen d'action essentiel des parlementaires dans l'élaboration des lois, puisque la plupart de celles-ci émanent de projets du gouvernement ou de propositions de parlementaires de la majorité agissant en accord avec le gouvernement. Il y a eu une très forte multiplication des amendements après l'alternance qui a donné le pouvoir à la gauche : l'opposition les utilisant pour prolonger les débats interminablement. En 1983, le projet de loi sur l'enseignement supérieur a donné lieu à 2 204 amendements à l'Assemblée nationale, occupant 43 séances, soit 132 heures réparties en dix-sept jours. En 1984, le projet de loi sur la presse a battu ce record, avec 2 598 amendements, représentant 166 heures de séances. En 1995, le projet de loi autorisant à agir par voie d'ordonnances pour réformer la sécurité sociale a provoqué 5 488 amendements, dont 77 seulement avaient été discutés en 39 heures de séances quand le gouvernement a provoqué un vote bloqué sur l'ensemble du texte en question.

Les amendements ne servent pas seulement à prolonger les

Auteurs	Légende	Nombre d'amendements	
		enregistrés	votés
Communistes		741	19
Socialistes		5 287	68
UDF		2 085	279
RPR		1 811	313
République et liberté		288	15
Non-inscrits		28	1
Commissions		1 684	1 195
Gouvernement		575	474
Total		12 499	2 364

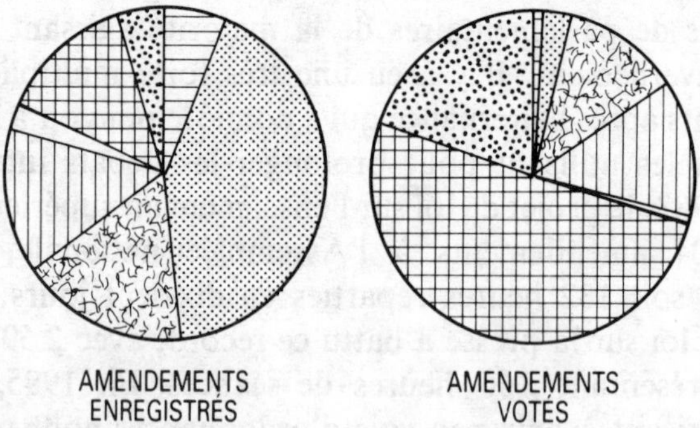

AMENDEMENTS
ENREGISTRÉS

AMENDEMENTS
VOTÉS

Fig 13. — La répartition des amendements votés
(Exemple de l'année 1994)

débats, mais à améliorer leurs résultats. Ils permettent en théorie aux députés et aux sénateurs de participer activement à la rédaction du texte. Cependant, l'opposition ne joue qu'un faible rôle à cet égard. A titre indicatif, on a précisé dans la figure 13, page 366, la répartition des amendements en prenant comme exemple l'année 1994. Moins du cinquième des amendements déposés sont votés. Parmi ceux-ci, un cinquième provient d'amendements du gouvernement, mais ce dernier les utilise souvent pour définir un compromis avec les députés. Dans les amendements parlementaires, 63 % sont issus de la commission, donc d'une délibération commune à tous les partis. Sur les 695 amendements votés qui émanent d'un député ou d'un parti, 87 seulement proviennent de l'opposition, mais elle n'est pas enfermée dans un rôle purement négatif.

● L'irrecevabilité de certains amendements. — A cet égard, le gouvernement dispose de pouvoirs importants. D'une part, il peut refuser les amendements présentés hors délai, et notamment en séance. D'autre part, il peut opposer aux autres deux irrecevabilités : celle de l'article 40 interdisant toute proposition de loi ou tout amendement qui aurait pour conséquence de diminuer les ressources publiques ou de créer ou aggraver une charge publique (texte rendu encore plus contraignant par l'ordonnance du 2 janvier 1959 n'autorisant que les amendements tendant à supprimer ou à réduire effectivement une dépense, à créer ou accroître une recette, ou à assurer le contrôle des dépenses publiques) ; celle de l'article 41 concernant les propositions ou amendements qui dépasseraient le domaine de la loi défini par l'article 34 de la Constitution ou qui serait contraire à une délégation de pouvoir accordée conformément à l'article 38 relatif aux lois de pleins pouvoirs permettant au gouvernement de légiférer par voie d'ordonnance. L'irrecevabilité de l'article 40 est appréciée par la Commission des Finances de l'assemblée concernée : si le gouvernement n'est pas d'accord, il pourra saisir le Conseil constitutionnel une fois votée la loi comportant le texte en question. L'irrecevabilité de l'article 41 est appréciée par le président de l'assemblée concernée mais le gouvernement peut saisir aussitôt le Conseil constitutionnel, qui statue dans les huit jours. On donnera plus loin des indications sur l'utilisation par le gouvernement des irrecevabilités des articles 40 et 41 (cf. p. 409).

Les amendements font l'objet d'une discussion et d'un vote lorsque l'assemblée examine l'article du texte sur lequel ils ont été déposés. Mais le gouvernement peut écarter en bloc tous les amendements non encore discutés en recourant au « vote bloqué » prévu par l'article 44 alinéa 3, qui lui permet d'obliger l'assemblée concernée à se prononcer par un seul vote sur tout ou partie du texte en discussion, en ne retenant que les amendements proposés ou acceptés par le gouvernement. On examinera plus loin la mise en jeu de cet article (p. 410). Malgré tout, les amendements demeurent le moyen essentiel qui permet au Parlement de participer effectivement à la rédaction des lois.

5. *Les votes.* — Le vote, qui clôt le débat en exprimant la décision de l'Assemblée, n'est soumis à des règles de quorum que si un président de groupe le demande : auquel cas, il faut que la majorité absolue des membres de l'Assemblée (calculée sur les sièges effectivement pourvus) soit présente dans l'enceinte du palais de l'Assemblée. On la vérifie rarement.

• Les formes de scrutin. — Il existe toujours cinq sortes de votes : le vote par mains levées, le vote par assis et levés, le scrutin public ordinaire, le scrutin public à la tribune, le vote à bulletins secrets. Le troisième et le quatrième sont normalement assurés aujourd'hui par un système électronique. Les deux derniers se faisaient autrefois par bulletins imprimés au nom du député : blancs (pour), bleus (contre), rouges (abstentions). Depuis 1959, la Ve République applique le vote électronique, décidé par la

IVe finissante. Si l'appareillage électronique ne fonctionne pas, on revient aux bulletins.

La règle générale est le vote à mains levées, un scrutin par assis et levés intervenant en cas de résultats douteux. Le vote au scrutin public ordinaire intervient dans trois cas : 1° si les épreuves par mains levées ou assis et levés sont douteuses; 2° sur la décision du président de l'Assemblée ou la demande du gouvernement ou de la commission; 3° sur la demande d'un président de groupe politique ou d'un délégué dont il a communiqué le nom au président de l'Assemblée. Le vote au scrutin public à la tribune, par appel nominal, intervient lorsque la responsabilité du gouvernement est engagée, ou lorsque la Constitution exige une majorité qualifiée (c'est-à-dire la majorité absolue des membres de l'Assemblée, laquelle est toujours décomptée sur les sièges effectivement pourvus) Le vote par bulletins secrets s'applique à certaines désignations ou élections : président de l'Assemblée, membres de la Haute cour, etc.

• La limitation du vote par délégation. — Dans le vote par mains levées ou par assis et levés, et dans le scrutin public à la tribune, les présents seuls peuvent voter. Mais dans les scrutins publics ordinaires, les députés pouvaient avant 1958 voter pour leurs collègues absents, sans limitation : il suffisait que ceux-ci laissent leurs « boîtiers » à la disposition d'un autre parlementaire, sans aucune formalité en fait. C'est en général le président de groupe qui votait pour les absents de son groupe. Il en résultait un absentéisme considérable. Aucun Parlement du monde n'a adopté des règles semblables.

La Ve République a limité étroitement le droit de voter par délégation. Désormais, la délégation n'est possible que dans six cas : 1° maladie, accident ou « événement familial grave »; 2° mission temporaire confiée par le gouvernement; 3° service militaire; 4° participation aux travaux d'une assemblée internationale comme délégué du Parlement; 5° absence de la métropole en cas de session extraordinaire; 6° cas de force majeure, apprécié par les bureaux des assemblées (ce sixième cas a été ajouté aux autres par une loi du 6 janvier 1962). D'autre part, nul ne peut recevoir plus d'une délégation de vote; la délégation doit être personnelle; elle doit être notifiée au président de l'Assemblée avant l'ouverture de la séance; elle est enfin limitée à huit jours, lorsque sa durée n'est pas précisée.

En pratique, ces règles sont complètement tournées. Pour le vote électronique, le parlementaire laisse la clé dans le « boîtier » de son pupitre, où se trouvent aussi les bulletins à son nom. En conséquence, l'absentéisme est très fort, mais les scrutins font état d'un grand nombre de votants dans des assemblées désertiques. C'est le plus grave défaut du Parlement français. Pour le corriger, il faudrait que le mandat parlementaire soit exclusif de tout autre, et notamment des mandats locaux, ainsi que de toute profession publique ou privée.

Sur l'organisation du Parlement, cf. M. Bonnard, *Les assemblées parlementaires sous la Ve République*, 1981, Documentation française ; R. Cayrol, J.-L. Parodi et P. Ysmal, *Le député français*, 1973 ; A. Kimmel, *L'Assemblée nationale sous la Ve République*, 1991 ; D. Mauss, *Le Parlement sous la Ve République*, 1985 (« Que sais-je ? ») ; J. Bourdon, *Les assemblées parlementaires sous la Ve République*, 2e éd., 1981 (Document. franç.) ; le numéro spécial de la *Rev. franç. de Science polit.* sur *Le Parlement français sous trois présidents (1958-1980)*, févr. 1981 ; J.-C. Masclet, *Un député, pour quoi faire ?*, 1982 ; P. Avril, *Les Français et leur Parlement*, 1972 ; E. Blamont, *Le Parlement dans la Constitution de 1958*, 1960 ; E. Guichard-Ayoub, L. Roig et J. Grangé, *Etudes sur le Parlement de la Ve République*, 1965. — Il est inutile de replacer le Parlement français par comparaison avec les Parlements étrangers : cf. sur ce point la bibliographie citée p. 415. Sur le bicamérisme, cf. J. Mastias et J. Grangé, *Les secondes chambres en Europe occidentale*, 1987, et L. Trivelli, *Le bicamérisme*, 1975 (Lausanne), et la bibliographie sur le Sénat, p. 390.

Sur les commissions, cf. P. Locquet, *Les commissions parlementaires permanentes sous la Ve République*, 1982, et l'article de S. Arné (*Rev. du droit public*, 1971). — Sur les commissions d'enquête et de contrôle, cf. l'article de C. Bidegaray et C. Emeri (*Rev. du droit public*, 1973), et les n°s 4262 à 4264 des « Notes et Etudes documentaires » (1976) par J. Desandre. — Sur les groupes parlementaires, cf. P. Ferrari et H. Maisl, *Les groupes communistes*

aux assemblées parlementaires italiennes (1958-1963) et françaises (1962-1967),
1969. — Sur le règlement de l'Assemblée nationale, les articles de D. Ruzié
(*Rev. du dr. public*, 1959) ; C. Emeri et J.-L. Seurin (*ibid.*, 1970). — Sur l'ordre
du jour, J.-M. Cotteret (*Rev. du dr. public*, 1961), p. 813. — Sur les amendements, cf. A. Brouillet, *Le droit d'amendement dans la Constitution de la
Vᵉ République*, 1973. — Sur la présidence, cf. Y. Daudet, *La présidence des
Assemblées parlementaires françaises*, 1965.

L'ÉVOLUTION GÉNÉRALE DES PARLEMENTS. — La situation actuelle du Parlement français n'est pas exceptionnelle. Mais elle est nouvelle, parce qu'il
est passé d'un des types actuels de Parlements à un autre type.

De 1871 à 1958, la France a vécu sous un régime de parlement omnipotent
en apparence et impuissant en réalité : il ne pouvait ni soutenir des gouvernements, ni prendre des décisions, comme aujourd'hui les Parlements de Rome,
de Bruxelles, de Copenhague, de La Haye, etc.

Depuis 1962, la France connaît un parlementarisme majoritaire, où les
députés sont soumis à la discipline imposée par l'Exécutif, comme à Londres,
à Bonn, à Vienne, à Tokyo, etc., ce qui structure un débat permanent entre la
majorité et l'opposition.

2 / Les pouvoirs du Parlement

Le Parlement a deux grandes catégories de pouvoirs : le pouvoir
législatif et le pouvoir de contrôle du gouvernement. Il exerce
le premier dans toutes les variétés de régimes démocratiques, avec
des variantes dans chacun d'entre eux. Il n'exerce vraiment le
second que dans les régimes parlementaires et les régimes semi-
présidentiels : son contrôle du gouvernement étant très faible dans
les régimes sur le gouvernement : celui-ci ne pouvant rester en
place sans avoir la confiance des députés. En dehors de ces deux
pouvoirs, le Parlement participe aussi à la fonction juridictionnelle
par l'intermédiaire de la Haute Cour de justice qui sera étudiée dans

le chapitre suivant, et à l'administration en désignant des représentants dans certains organismes.

1 | LE POUVOIR LÉGISLATIF

Le Parlement dispose du pouvoir législatif, mais il n'en a pas l'exclusivité, le gouvernement intervenant par les projets de loi et le Président par la promulgation des lois, leurs interventions étant plus développées dans l'élaboration des lois constitutionnelles, où le peuple peut intervenir lui-même par le référendum. D'autre part, les deux chambres n'ont pas les mêmes pouvoirs, le Sénat étant moins puissant que l'Assemblée nationale, comme dans tous les pays où la seconde chambre n'est pas issue du suffrage universel direct.

▶ *Les catégories du pouvoir législatif*

Comme le terme de « loi », celui de « pouvoir législatif » — qui est le pouvoir de faire les lois — est susceptible de deux sens. Au sens large, les lois sont toutes les règles (ou normes) à portée générale dans l'élaboration desquelles les représentants du peuple formant le Parlement, ou le peuple lui-même par le référendum, jouent le rôle essentiel. Elles s'opposent aux règlements, ou décrets réglementaires, qui émanent des autorités gouvernementales ou administratives : Président de la République, Conseil des ministres, Premier ministre, ministres, directeurs de ministères, préfets, conseils régionaux ou généraux, conseils municipaux et maires, etc. Au sens propre les lois ne sont qu'une catégorie dans les diverses que recouvre le sens général qu'on vient de définir. On parlera d'abord de ces lois ordinaires, avant d'examiner les catégories particulières qui en diffèrent par certains aspects.

1. *Les lois ordinaires.* — On considère ici le pouvoir législatif défini par l'article 34 de la Constitution, qui ne s'applique pas aux

lois constitutionnelles, lesquelles peuvent le modifier, ni aux lois de finances, aux lois organiques, aux lois de ratification des traités, qui doivent le respecter mais relèvent essentiellement d'autres articles constitutionnels. Le nombre de lois votées est considérable (cf. fig. 14, p. 376).

● **Le caractère limité du pouvoir législatif.** — Dans la France d'avant 1958, comme dans la plupart des autres démocraties occidentales, le Parlement pouvait voter des lois dans tous les domaines, à l'exception de ceux que la Constitution enlevait expressément au pouvoir législatif. Au contraire, le pouvoir réglementaire du gouvernement ne pouvait intervenir que si une loi prévoyait des règlements d'application, à moins qu'on se trouve dans le cas exceptionnel où la Constitution permettait des règlements autonomes : par exemple, en matière de police ou d'organisation des services publics sous nos IIIe et IVe Républiques.

L'article 34 de la Constitution de 1958 a inversé les règles précédentes. Désormais, les lois ordinaires ne peuvent intervenir que dans les domaines qu'il indique avec précision, par une énumération de matières bien définies. Au contraire, le gouvernement peut agir par la voie réglementaire dans toutes les autres matières. En somme, désormais le pouvoir réglementaire devient la règle et le pouvoir législatif l'exception. L'existence d'un Conseil constitutionnel assure l'application de l'article 34 de la façon suivante : 1° la Constitution a opéré une délimitation de la loi et du règlement dont le Conseil constitutionnel doit garantir le respect par le Parlement ; 2° cependant, le Conseil a ouvert en 1982 une interprétation extensive du domaine de la loi, en se fondant sur le fait que le gouvernement a une simple faculté, et non l'obligation, d'opposer l'irrecevabilité de l'article 49 aux textes parlementaires dépassant le cadre de l'article 34. Ainsi les assemblées peuvent légiférer dans le domaine législatif, avec l'accord du gouvernement. Néanmoins, les règlements autonomes

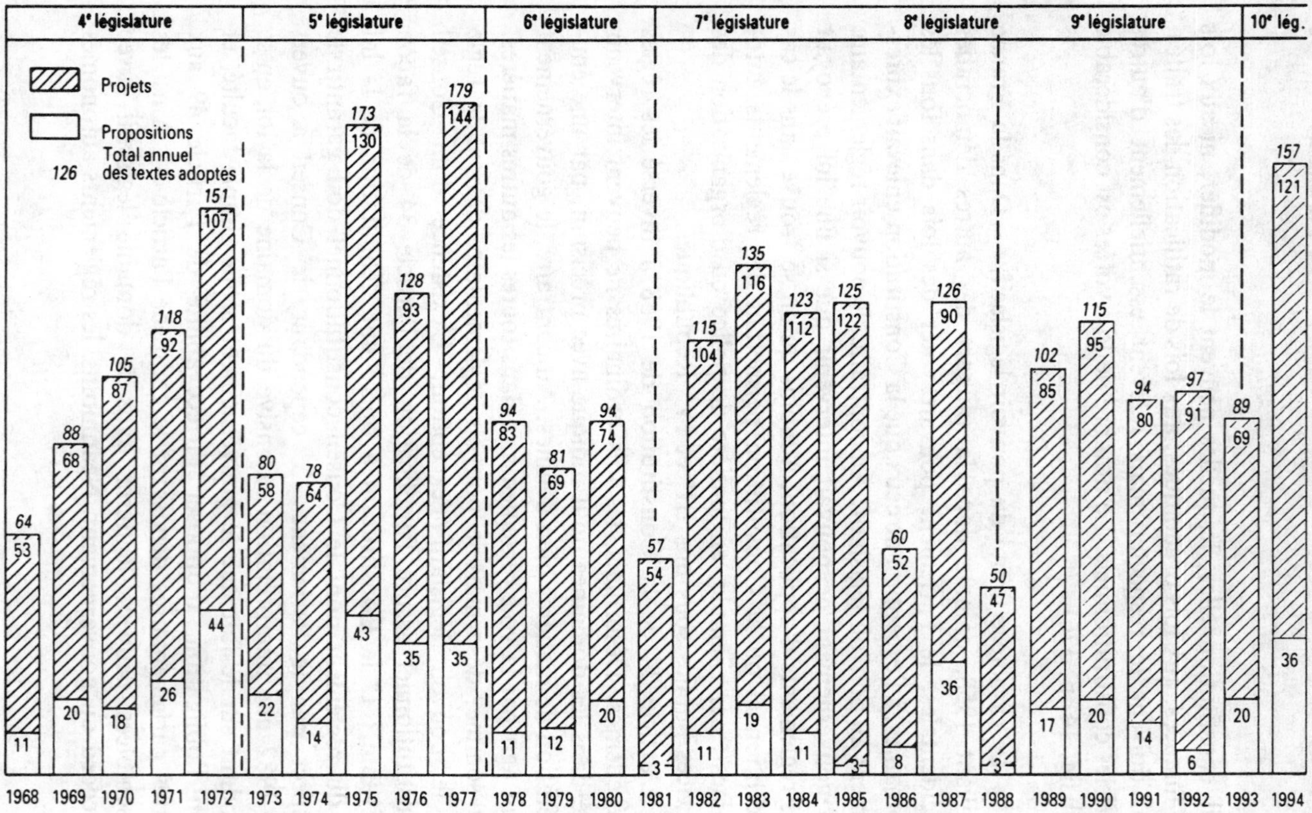

Fig. 14. — *Nombre de textes adoptés définitivement à l'Assemblée nationale*

demeurent le moyen normal de poser les règles qui s'imposent aux citoyens.

● Le domaine du pouvoir législatif. — L'article 34 de la Constitution établit une distinction intéressante entre les deux catégories de domaines qu'il assigne au pouvoir législatif : dans l'une « la loi fixe les règles », dans l'autre « la loi détermine les principes fondamentaux ». De cette distinction, le Conseil constitutionnel fait découler une conséquence très importante. Quand la loi peut seulement déterminer les principes fondamentaux d'une matière, l'application de ceux-ci relève du seul pouvoir réglementaire : le Parlement ne peut donc employer son pouvoir législatif pour modifier les décrets d'application, même s'ils ont été pris sous l'empire d'une loi antérieure à 1958 (décision du 27 décembre 1959). Au contraire, ces décrets ne peuvent être modifiés que par le Parlement seul, dans les domaines où la loi fixe les règles.

La loi fixe les règle concernant : les droits civiques et les garanties fondamentales accordées aux citoyens pour l'exercice des libertés publiques; les sujétions imposées par la défense nationale aux citoyens en leur personne et en leurs biens; la nationalité, l'état et la capacité des personnes, les régimes matrimoniaux, les successions et les libéralités; la détermination des crimes et délits ainsi que les peines qui leur sont applicables, la procédure pénale, l'amnistie; la création de nouveaux ordres de juridiction et le statut des magistrats; l'assiette, le taux et les modalités de recouvrement des impositions de toutes natures; le régime d'émission de la monnaie; le régime électoral des assemblées parlementaires et des assemblées locales; la création de catégories d'établissements publics; les garanties fondamentales accordées aux fonctionnaires civils et militaires de l'Etat; les nationalisations d'entreprises et les transferts de propriété d'entreprises du secteur public au secteur privé.

La loi détermine les principes fondamentaux de l'organisation générale de la défense nationale; de la libre administration des collectivités locales, de leurs compétences et de leurs ressources; de l'enseignement; du régime de la propriété, des droits réels et des obligations civiles et commerciales; du droit du travail, du droit syndical et de la sécurité sociale. De plus, les « lois de programme déterminent les objectifs de l'action économique et sociale de l'Etat », et les « lois de finances déterminent les ressources et les charges de l'Etat, dans les conditions et sous les réserves prévues par une loi organique » : on examinera ces dernières ci-après, à propos du pouvoir financier.

● La procédure exceptionnelle des ordonnances. — Les lois ordinaires peuvent être exceptionnellement décidées par le gouvernement, s'il a été autorisé par le Parlement à prendre des « ordonnances », nom donné aux décrets-lois par l'article 38 de la Constitution. Accordée par une « loi de pleins pouvoirs », cette autorisation doit avoir pour objet l'exécution du programme gouvernemental et comporter un délai précis. Les ordonnances sont délibérées en Conseil des ministres après avis (seulement consultatif) du Conseil d'Etat. Elles peuvent intervenir sur n'importe lequel des domaines définis par l'article 34. Elles sont applicables dès leur publication, qui requiert l'autorisation du Président de la République (cf. p. 293). Mais elles deviennent caduques si un projet de loi de ratification n'est pas déposé devant le Parlement avant la date de l'expiration du délai fixé par la loi d'habilitation. Cela dit, il suffit que le projet de loi de ratification soit déposé : les ordonnances continueront à s'appliquer avec force de loi, même si la loi de ratification n'est jamais adoptée. Cela permet aux députés de ne pas directement engager leur responsabilité devant les électeurs quand les dispositions des ordonnances sont impopulaires mais nécessaires. On notera par ailleurs que le Conseil constitutionnel estime que le Parlement ne peut pas employer son pouvoir législatif dans les matières relevant des pleins pouvoirs, pendant toute la durée de ceux-ci.

Dans les trente-sept premières années de la Ve République

(1958-1995 inclus), les gouvernements ont recouru vingt-cinq fois aux ordonnances de l'article 38 de la Constitution : sous les premiers ministres Michel Debré (trois fois, dont l'une exigeait que les ordonnances soient signées par de Gaulle : cf. p. 579), Georges Pompidou (cinq fois), Jacques Chaban-Delmas (une fois), Jacques Chirac (deux fois en 1976 et deux fois en 1986), Raymond Barre (trois fois), Pierre Mauroy (quatre fois), Laurent Fabius (une fois), Michel Rocard (une fois) et Edith Cresson (deux fois), avant Alain Juppé. Au total 187 ordonnances ont été prises, sur la base de 22 lois d'habilitation (dont quatre n'ont été suivies d'aucune ordonnance, paradoxalement) : ce qui est peu par rapport aux 4 000 lois adoptées en même temps. Le Conseil constitutionnel se montre très rigoureux depuis 1986 sur les précisions que les lois d'habilitation doivent contenir pour limiter le domaine des ordonnances qu'elles autorisent.

2. *Les lois constitutionnelles*. — On appelle lois constitutionnelles les textes législatifs qui révisent la Constitution. Comme celle-ci, elles s'imposent au législateur quand il vote des lois ordinaires, qu'elles soient ordinaires ou spéciales. Les lois constitutionnelles sont votées suivant une procédure particulière. Sous la Ve République, il y a même deux procédures pour la révision de la Constitution : la procédure normale de l'article 89 et la procédure exceptionnelle de l'article 11.

• La procédure normale de l'article 89. — La procédure normale comprend trois phases : l'initiative, le vote par les assemblées, le référendum ou le « Congrès du Parlement ». L'initiative appartient à la fois aux membres du Parlement, et au Président de la République sur proposition du Premier ministre. Les propositions d'origine parlementaire peuvent émaner aussi bien d'un sénateur que d'un député : elles ne sont soumises à aucune formalité spéciale. Le projet émanant du Président de la République suppose que celui-ci soit saisi par le Premier ministre, mais sans obligation d'accepter la demande en question. L'accord du Président est nécessaire pour un projet de révision d'origine gouvernementale.

Le vote du projet ou de la proposition par les deux assemblées a lieu dans des conditions d'égalité absolue entre elles. Le projet ou la proposition peuvent être votés en première lecture par l'une ou l'autre. Il n'y a aucun moyen de faire pression sur le Sénat. La révision doit être votée dans les mêmes termes par chacune des deux chambres du Parlement. Le Sénat peut donc bloquer définitivement tout projet de révision, soit en votant contre, soit simplement en « l'enterrant » sans l'examiner, soit même en l'écartant sans discussion, par la question préalable.

Une fois voté par les deux assemblées dans des termes identiques, le texte portant révision doit être approuvé par référendum. Toutefois, le projet de révision n'est pas présenté au référendum lorsque le Président de la République décide de le soumettre au Parlement convoqué en Congrès, c'est-à-dire en réunion commune des deux chambres. Au Congrès, le projet de révision n'est approuvé que s'il réunit la majorité des trois cinquièmes des suffrages exprimés. Le Président de la République peut ainsi, à son gré, soumettre le texte de révision adopté par les deux chambres, soit au référendum, soit au Congrès : mais seulement si ce texte provient d'un projet d'origine gouvernementale. Il ne le peut pas si la révision provient d'une proposition parlementaire.

La procédure du Congrès ne devrait être utilisée que pour des révisions mineures, risquant de provoquer une forte abstention des citoyens. Lors des travaux préparatoires de la Constitution, il a été précisé que le recours au référendum était la voie normale. Cependant, aucune révision n'a encore été décidée par cette voie, le Sénat étant opposé au référendum parce qu'il craint que le suffrage direct des citoyens soit un jour tourné contre lui. On notera que dans deux procédures de révision qui ont abouti au vote d'un texte commun aux deux chambres, le Président de la République n'a soumis celui-ci ni au référendum, ni au Congrès : le projet Pompidou de 1973, réduisant à cinq ans la durée du mandat présidentiel, et le projet Giscard d'Estaing en 1974, tendant à permettre aux parlementaires devenus ministres de retrouver leur siège à la sortie du gouvernement. Bien que l'article 89 de la Constitution semble indiquer que le projet doive nécessairement être soumis au référendum si le Congrès n'est pas convoqué, le Président reste libre puisque aucun délai ne lui est imposé, à la différence de la promulgation des lois (cf. p. 295).

• La procédure exceptionnelle de l'article 11. — On a dit comment, pour tourner l'opposition probable du Sénat, le général de Gaulle n'a pas employé la procédure normale de l'article 89 pour réviser la Constitution quant à l'élection du Président de la République au suffrage universel, mais comment il a utilisé celle de l'article 11, lui donnant le droit de soumettre directement au référendum populaire, sans vote préalable par les assemblées, tout « projet de loi portant sur l'organisation des pouvoirs publics » (cf. p. 287 et suiv.). Dans cette procédure, le Parlement n'a plus aucun pouvoir sur la révision, au moins quand il est en session. Cependant, une initiative du gouvernement reste alors nécessaire, ce qui limite la liberté du Président. On a dit aussi que l'emploi de l'article 11 en matière constitutionnelle a d'abord été jugé irrégulier par la plupart des juristes, mais que leur opinion a ensuite évolué en constatant que l'opposition du Sénat empêchait toute révision constitutionnelle soumise à la nation par voie de référendum. La conclusion a été formulée par le président François Mitterrand. Après s'être énergiquement élevé, en 1962, comme leader de l'opposition contre le référendum sur l'élection du chef de l'Etat au suffrage universel, il déclara en 1988, à la veille de solliciter un second mandat à l'Elysée, que l'article 11 « peut être désormais considéré comme l'une des voies de la révision concurremment avec l'article 89... à propos de textes peu nombreux et simples dans leur rédaction ». Cela correspond à son pouvoir d'interprétation de la Constitution (cf. p. 270).

3. *Les lois organiques*. — Il s'agit d'une catégorie intermédiaire entre les lois ordinaires et les lois constitutionnelles, créée par la Constitution de 1958.

● La nouvelle conception des lois organiques. — Le terme de lois organiques existait sous la IVe République, où il désignait en pratique les lois relatives à l'application de la Constitution quant à l'organisation des pouvoirs publics. Mais la procédure d'établissement ou de modification de ces lois organiques était alors la même que celle des lois ordinaires. La Constitution de 1958 a prévu au contraire des règles spéciales pour les lois qu'elle définit comme organiques, ainsi placées entre les lois ordinaires et la Constitution elle-même. Il en résulte que les lois ordinaires doivent se conformer aux règles posées par les lois organiques qui ne peuvent être modifiées que suivant la procédure de celles-ci : sinon, elles peuvent être déclarées inconstitutionnelles par le Conseil constitutionnel, comme contraires aux dispositions de la Constitution fixant cette procédure.

● La procédure des lois organiques. — Il existe quatre différences entre la procédure des lois organiques et celle des lois ordinaires. En premier lieu, quinze jours doivent s'écouler entre le moment où le projet ou la proposition de loi organique est soumis à une assemblée, et le moment où elle en délibère : c'est une sorte de délai de réflexion. En second lieu, les lois organiques relatives au Sénat doivent toujours être votées dans les mêmes termes par les deux assemblées. En troisième lieu, si le gouvernement a employé la procédure de la commission mixte pour une loi organique, le texte ne peut être adopté finalement à l'Assemblée nationale que par une majorité spéciale : la majorité absolue des membres qui la composent (présents ou absents, votants ou non). Enfin, l'examen de la constitutionnalité des lois organiques par le Conseil constitutionnel est obligatoire et automatique, avant leur promulgation.

4. *Les lois de finances*. — Sous ce titre, on analyse la partie du pouvoir législatif qui concerne les lois de finances au sens large, englobant : la loi de finances de l'année (ou budget), les lois de finances rectificatives, la loi de règlement, et les autorisations de programme correspondant aux plans économiques. La révision constitutionnelle de février 1996 y fait rattacher les lois de financement de la Sécurité sociale, bien qu'elles ne soient pas des lois de finances au sens propre du terme puisqu'elles concernent seulement l'équilibre financier de la Sécurité sociale et « ses objectifs de dépenses », ces dernières n'étant pas votées par le Parlement.

• La restriction de la spécialité budgétaire. — Le principe de spécialité signifie que le budget n'est pas voté en bloc par le Parlement, mais d'une façon détaillée. Pendant longtemps, les crédits ont été votés par petits chapitres, avec interdiction de les virer d'un chapitre à un autre. Sous les IIIe et IVe Républiques, les chapitres étaient nombreux : 300 à la fin du XIXe siècle, 1 500 en 1914, 3 500 en 1950. Le vote par chapitres devenait impossible.

Le décret-loi du 19 juin 1956 avait organisé une procédure originale, à la fois efficace et respectueuse des droits du Parlement. Le budget était voté par ministères et par titres ; la répartition par chapitres était faite ensuite par le gouvernement, par décrets, mais les commissions des Finances des assemblées pouvant s'opposer à ces décrets de répartition, auquel cas le Parlement tranchait lui-même. L'ordonnance du 2 janvier 1959 a maintenu le système du vote par titres et le mode de présentation de la loi de finances de l'année (c'est-à-dire du budget) établi par le décret de 1956 : mais elle a supprimé l'intervention des commissions des Finances dans les décrets de répartition. Désormais, le budget est voté par ministères et par titres, la répartition par chapitres étant faite ensuite par le gouvernement, par décrets sans que ces derniers puissent être modifiés. Le Parlement n'a donc plus d'intervention possible sur les chapitres : en ce qui le concerne, la spécialité budgétaire ne dépasse pas les titres.

 • La suppression de l'initiative parlementaire en matière de dépenses. — En Grande-Bretagne, une résolution de la Chambre des Communes de 1713 enlève aux députés le droit de proposer des dépenses nouvelles ou de restreindre les recettes : cette règle sage protège les parlementaires contre les tentations de démagogie. La Constitution de 1958, achevant une évolution commencée en 1946, a également supprimé de façon absolue le droit d'initiative en matière de dépenses. Son article 40 est très clair : « Les propositions et amendements formulés par les membres du Parlement ne sont pas recevables lorsque leur adoption aurait pour conséquence soit une diminution de ressources publiques, soit la création ou l'aggravation d'une charge publique. »

 • Les délais imposés pour le vote de la loi annuelle de finances. — L'Assemblée nationale doit se prononcer en première lecture dans les quarante jours sur le projet de loi de finances à partir de son dépôt par le gouvernement. Si elle n'a pas émis un vote dans ce délai, le gouvernement saisit de son texte le Sénat, qui doit se prononcer dans les quinze jours. S'il ne l'a pas fait, le gouvernement saisit à nouveau l'Assemblée du texte soumis au Sénat, éventuellement modifié par les amendements votés par celui-ci et acceptés par le gouvernement. Le projet est alors voté selon la procédure d'urgence, qui permet de constituer éventuellement une commission mixte après une seule lecture d'un projet ou d'une proposition de loi par chaque assemblée, au lieu de deux dans la procédure normale. Le Parlement doit se prononcer dans un délai total de soixante-dix jours après le dépôt initial du projet.

Les projets de loi de financement de la Sécurité sociale sont votés dans des conditions analogues, mais avec des délais plus brefs — et donc plus contraignants — pour le Parlement. L'Assemblée nationale doit se prononcer dans les vingt jours après avoir été saisie et la mise en vigueur par ordonnance est possible cinquante jours après le dépôt du projet par le gouvernement.

● L'ordre des votes et des deux parties de la loi de finances. — La loi de finances de l'année comporte obligatoirement deux parties. La première évalue d'une part les ressources publiques en autorisant les moyens de leur réalisation (perception des impôts, opérations d'emprunts et de trésorerie), et détermine d'autre part les plafonds des grandes catégories de dépenses en arrêtant les données générales de l'équilibre financier. La seconde partie fixe les dépenses des différents services, suivant le schéma décrit plus haut à propos de la spécialité budgétaire. L'article 40 de l'ordonnance du 2 janvier 1959 décide que « la seconde partie de la loi de finances de l'année ne peut être mise en discussion devant une assemblée avant le vote de la première partie ». Cet ordre n'ayant pas été respecté en 1979, une décision du Conseil constitutionnel a obligé le gouvernement à faire voter une nouvelle loi de finances dans une session extraordinaire de janvier 1980.

5. *Les lois de ratification des traités*. — Tous les traités n'exigent pas une loi de ratification qui donne au Parlement un pouvoir sur la politique étrangère en plus des domaines de l'article 34 de la Constitution.

● Les traités à ratification législative. — Le Parlement ne dispose d'un droit de ratifier que pour les traités les plus importants : traités de paix, traités de commerce, traités ou accords relatifs à une organisation internationale, ceux qui engagent les finances de l'Etat, ceux qui modifient des dispositions de nature législative, ceux qui sont relatifs à l'état des personnes, ceux qui comportent cession, échange ou adjonction de territoire. Les autres traités sont ratifiés par le Président de la République seul. N'oublions pas, d'autre part, que le Président de la République n'est jamais obligé de ratifier. Il peut refuser de le faire, mais s'il le fait, il doit obtenir le contreseing du Premier ministre. En conséquence, un projet de loi autorisant la ratification ne peut être soumis au Parlement qu'avec l'accord du Président de la République.

• Les limitations du droit de ratification du Parlement. — Le pouvoir de ratification du Parlement est d'abord limité par le contrôle du Conseil constitutionnel. Le Président de la République, le Premier ministre, le président de l'une ou de l'autre chambre et, depuis 1992, l'opposition parlementaire peuvent déférer à celui-ci un projet de traité. S'il le déclare contraire à la Constitution, la ratification ne peut intervenir qu'après une révision constitutionnelle. Par ailleurs, certains traités doivent être soumis à l'approbation des populations. Toute cession, tout échange, toute adjonction de territoire n'est valable qu'avec le « consentement des populations intéressées » (art. 53). D'autre part, le Président de la République peut soumettre au référendum « la ratification d'un traité, qui, sans être contraire à la Constitution, aurait des incidences sur le fonctionnement des institutions » (cf. p. 285 et suiv.).

▶ *L'inégalité législative des deux chambres*

La plupart des secondes chambres qui ne reposent pas sur une élection au suffrage universel aussi directe que la première ont des pouvoirs plus faibles que celle-ci. Si cette inégalité n'existait pas à l'origine, elle s'est établie progressivement par l'évolution vers la démocratie. A cet égard l'évolution du Sénat français de la IIIe République a suivi l'exemple de la Chambre des Lords britannique, mais en deux étapes : le Conseil de la République de la IVe formant une transition avec le Sénat de la Ve. Toutefois, celui-ci a maintenu l'égalité dans le domaine constituant, ce qui a exclu le Parlement dans son ensemble des révisions par le référendum de l'article 11.

1. *L'inégalité par la commission mixte.* — Pour les lois ordinaires, le gouvernement a la possibilité de bloquer l'opposition éventuelle du Sénat à une loi votée par l'Assemblée nationale, en obligeant le Parlement à constituer une « commission mixte ». Mais si le gouvernement n'impose pas cette procédure, le Sénat retrouve le pouvoir de blocage du Conseil de la République.

● Le mécanisme de la commission mixte. — L'intervention gouvernementale peut se produire quand un texte a été voté deux fois par chaque assemblée, sans qu'un accord ait pu être réalisé. Elle peut même intervenir après une seule lecture par chaque assemblée si le gouvernement a déclaré l'urgence. A première vue, il semble que le Sénat puisse ainsi empêcher l'action gouvernementale : en se refusant tout simplement à examiner un projet voté par l'autre chambre. Mais le gouvernement peut mettre en échec cette manœuvre, puisque l'ordre du jour de chaque assemblée comporte, par priorité et dans l'ordre que le gouvernement a fixé, l'examen de ses projets de loi et des propositions qu'il a acceptées : le gouvernement peut ainsi obliger chaque assemblée à examiner les textes qu'il veut, au moment qu'il veut ou presque.

Si les conditions précédentes sont réunies, le Premier ministre peut provoquer la réunion d'une « commission mixte paritaire », formée de sept députés et de sept sénateurs désignés par leurs assemblées respectives : cette procédure est inspirée du système américain.

La commission mixte n'examine que les dispositions du texte restant en discussion : elle ne peut revenir sur celles déjà adoptées dans les mêmes formes par les deux chambres. Si elle parvient à élaborer un texte de compromis sur les dispositions en discussion, et si le gouvernement est d'accord sur lui, il peut le soumettre alors aux deux assemblées : dans le débat parlementaire qui s'ouvre, aucun amendement n'est recevable, sauf si le gouvernement l'a accepté.

Si la commission mixte ne peut parvenir à un compromis, ou si le compromis que le gouvernement a soumis aux assemblées n'est pas adopté par celles-ci, le gouvernement peut, après une nouvelle lecture par chacune des deux chambres, demander à l'Assemblée nationale de statuer définitivement : en ce cas, le Sénat n'intervient plus; il perd tout pouvoir de décision. L'Assemblée nationale n'est pas absolument libre de sa décision dans cette dernière lecture. Elle ne peut que reprendre, soit le texte de la commission mixte, soit le dernier texte voté par elle, en le modifiant, si elle veut, par des amendements acceptés par le Sénat. Elle peut aussi, évidemment, rejeter définitivement le projet. Cette procédure montre bien le rôle assigné au Sénat dans la Constitution de 1958 : il est chargé de restreindre la liberté d'action de l'Assemblée nationale, dans la mesure où celle-ci est en désaccord avec le gouvernement. Dès que le gouvernement approuve les décisions de l'Assemblée nationale, le Sénat ne peut plus s'y opposer.

• Le Sénat, auxiliaire du gouvernement. — En l'absence de commission mixte, une loi n'est adoptée que si les deux chambres l'ont votée dans un texte identique. Une « navette » indéfinie peut ainsi s'établir entre les assemblées ; à tout moment, l'une d'entre elles peut « enterrer » les textes votés par l'autre en refusant de les examiner, sauf s'il s'agit d'un projet de loi de finances, soumis aux délais indiqués. Le gouvernement garde toujours le moyen de réduire le Sénat à l'impuissance par le jeu de la commission mixte. S'il ne le fait pas, c'est qu'il trouve intérêt au blocage par les sénateurs d'un texte voté par les députés. La commission mixte n'est pas convoquée quand le texte voté par l'Assemblée ne plaît guère au gouvernement, qui l'a laissé voter par les députés pour ne pas recourir à des moyens de pression plus directs. Par exemple, quand le gouvernement est d'accord pour le vote d'un texte populaire auprès des électeurs de la majorité, mais dont l'application serait dommageable pour la nation ; ou quand le gouvernement veut manifester un esprit de compromis avec le Sénat pour obtenir son appui dans d'autres circonstances, etc.

2. *Les autres formes de l'inégalité entre les deux chambres.* — Certaines sont ambivalentes : ainsi le fait que le Sénat ne peut pas mettre en cause la responsabilité du gouvernement. Cela l'empêche de faire pression sur ce dernier par le mécanisme d'une motion de censure. Mais cela empêche aussi le Premier ministre de faire pression sur les sénateurs par un engagement de responsabilité qui les oblige à choisir entre une crise ministérielle et le soutien aux projets gouvernementaux. D'autres formes d'inégalité sont secondaires, comme la priorité de l'Assemblée nationale pour l'examen des lois de finances ou des lois de financement de la Sécurité sociale.

● L'obligation d'une majorité spéciale pour l'Assemblée nationale. — Pour toutes les lois organiques, le Sénat voit son inégalité restreinte, car il détient alors un certain pouvoir de blocage. L'Assemblée nationale peut avoir le dernier mot dans toutes les hypothèses : que la commission mixte n'ait pas abouti, que les députés aient refusé son compromis, qu'ils reprennent leur dernier texte sans modification ou qu'ils y intègrent des amendements votés par les sénateurs. Mais l'Assemblée ne peut alors voter les lois organiques qu'à la majorité absolue des membres qui la composent : c'est-à-dire par 289 voix si aucun député n'est décédé. On notera que le Sénat est ainsi plus fort que le Conseil de la République de 1946 : l'opposition de celui-ci ne bloquait les lois en exigeant une majorité absolue à l'Assemblée nationale que si le Conseil lui-même s'était opposé au texte à la même majorité.

● L'égalité des droits entre l'Assemblée nationale et le Sénat. — Cette égalité s'applique d'une part aux lois organiques relatives au Sénat, d'autre part aux lois constitutionnelles quel que soit leur contenu. Les unes et les autres doivent être votées par deux assemblées dans les mêmes termes. Le Sénat retrouve ici l'intégralité du pouvoir législatif qu'il avait entre 1875 et 1940. Pour les lois organiques ne le concernant pas, il a seulement l'avantage décrit ci-dessus en cas de recours à la commission mixte. Au contraire, son égalité est absolue pour les lois constitutionnelles votées conformément à l'article 89, ce qui justifie le recours à l'article 11 pour permettre aux citoyens d'avoir la maîtrise des réformes de la Constitution (cf. p. 381).

Pour les lois organiques concernant d'autres pouvoirs publics en même temps que lui — par exemple les lois organiques sur les lois de finances ou les lois de financement de la Sécurité sociale, seules les dispositions concernant le Sénat doivent être votées par lui et l'Assemblée nationale dans les mêmes termes. Les autres dispositions tombent sous le régime général des lois organiques qui permet le recours à la commission mixte et donne le dernier mot aux députés à condition que leur vote ultime soit à la majorité absolue des membres composant l'Assemblée nationale.

Sur la législation parlementaire, cf. P. Avril et J. Gicquel, *Droit parlementaire*, 1988 ; J. Laporte et M.-J. Tulard, *Le droit parlementaire*, 1986 ; J.-P. Camby, *Le travail parlementaire sous la V*ᵉ *République*. — Sur la nouvelle conception de la loi dans l'article 34 de la Constitution, cf. J.-M. Cotteret, *Le pouvoir législatif en France*, 1962, et la bibliographie de la p. 437 sur la distinction de la loi et du règlement. — Sur la procédure budgétaire, cf. la bibliographie de la p. 415. — Sur les ordonnances, cf. C. Boyer, *Les ordonnances de l'article 38 de la Constitution*, 1996, qui fait le point sur la question. — Sur les lois de ratification, cf. L. Saïdj, *Le Parlement et les traités*, 1979.

Sur le Sénat, cf. J.-P. Marichy, *La deuxième Chambre dans la vie politique française depuis 1875*, 1969 ; J. Mastias, *Le Sénat de la V*ᵉ *République : réforme et renouveau*, 1980 ; J. Georgel, *Le Sénat dans l'adversité*, 1967. Sur la commission mixte paritaire, cf. M. Pierre, *L'article 45 de la Constitution du 4 octobre 1958*, 1981.

LA DISTINCTION DES « LOIS RÉFÉRENDAIRES » ET DES « LOIS PARLEMENTAIRES ».
— Lors des discussions à propos du référendum d'octobre 1962, nous avons proposé une distinction entre les « lois référendaires », votées directement par le peuple, et les « lois parlementaires », votées par le Parlement. La distinction porte à la fois sur le contrôle du Conseil constitutionnel et sur la possibilité de modification des textes.

1° *Le contrôle du Conseil constitutionnel*. — Le contrôle du Conseil constitutionnel sur la constitutionnalité des lois ne porte que sur les lois parlementaires, non sur les lois référendaires. Sur ce point, le Conseil a adopté notre thèse — défendue d'ailleurs par la plupart des juristes — dans son arrêt du 6 novembre 1962 (cf. p. 448). La distinction des « lois référendaires » et des « lois parlementaires » est donc bien établie sur ce point.

2° *La possibilité de modification ultérieure*. — Une loi adoptée par référendum peut-elle être modifiée librement par le Parlement comme une loi ordinaire ? Une réponse positive a été donnée à cette question par le représentant du gouvernement lors de la discussion du projet de Constitution devant le Comité consultatif constitutionnel.

Cette théorie paraît contestable. L'article 3 de la Constitution dit que le peuple exerce sa souveraineté par référendum ou par « ses représentants ». Un texte voté par référendum peut donc être modifié par les « représentants » du peuple, aussi bien que par un nouveau référendum. Mais ces représentants sont constitués par l'ensemble des organes élus par le peuple, au suffrage universel : ce qui englobe à la fois le Parlement et le Président de la République. Il semble bien que l'accord du Parlement et du Président de la République soit nécessaire pour modifier une « loi référendaire » : le chef de l'Etat pourrait donc refuser dans ce cas de promulguer la loi, contrairement à la règle posée pour les « lois parlementaires ».

3° *Lois ordinaires, lois organiques et lois constitutionnelles*. — Par ailleurs, la destination des lois ordinaires, lois organiques et lois constitutionnelles s'applique aux lois référendaires comme aux lois parlementaires. La révision constitutionnelle de 1962, faite par une loi référendaire n'est pas modifiable par une loi ordinaire, mais seulement par l'article 11, ou par l'article 89 avec recours au référendum.

Sur le droit référendaire, cf. l'article de J.-F. Prevost (*Rev. du droit publ.*, 1977, p. 5).

2 | LE POUVOIR DE CONTRÔLER LE GOUVERNEMENT

Contrôler le gouvernement est l'autre pouvoir essentiel du Parlement, qui constitue l'une des deux faces du système politique établi par la Constitution de 1958. Car un système semi-présidentiel est aussi un système semi-parlementaire. A côté d'une moitié prise au système présidentiel (l'élection au suffrage universel d'un président doté de pouvoirs propres), il possède une moitié prise au système parlementaire : la responsabilité politique du gouvernement devant le Parlement ou du moins devant l'une de ses chambres, celle élue au suffrage universel direct.

Le Parlement de la Vᵉ République dispose ainsi de l'ensemble des moyens de contrôle du gouvernement qu'on trouve dans tous les régimes parlementaires. Comme dans ceux-ci, les moyens en question comportent une contrepartie : soumis par eux à l'influence du Parlement, le gouvernement dispose de son côté de moyens pour influencer ce dernier. Dans la Constitution de 1958, ces deux catégories de moyens symétriques sont réglementés avec minutie, suivant la technique du « parlementarisme rationalisé ». Les seconds sont particulièrement développés.

▶ *Les moyens d'action du Parlement sur le gouvernement*

Ils sont nombreux : questions orales et questions écrites, commissions de contrôle, commissions d'enquêtes, contrôles financiers, réponses aux pétitions et saisine du médiateur, motion de censure, votes de confiance ou de défiance, etc. Les moyens de contrôle du Parlement peuvent être classés en deux catégories. Les uns ne comportent pas de sanctions directes, autres que la publicité des actes parlementaires. Les autres mettent en jeu la responsabilité politique du gouvernement et peuvent aboutir à sa démission forcée. Les premiers sont exercés par les deux chambres, les seconds sont réservés à l'Assemblée nationale.

1. *Les questions.* — Les parlementaires peuvent questionner les ministres, qui sont obligés de répondre. Mais leurs réponses ne sont pas sanctionnées par un vote de l'assemblée concernée. Cela distingue les questions des « interpellations » au gouvernement, qui se terminent par un vote : sous la V⁰ République, les interpellations ne peuvent se faire que sous la forme du dépôt d'une motion de censure.

• Les questions écrites. — Les questions écrites sont un moyen secondaire du contrôle parlementaire. Elles émanent d'un seul parlementaire, qui les adresse à un ministre. Elles sont publiées au *Journal officiel*. La réponse du ministre doit être faite dans le délai d'un mois, ou de deux mois si la question l'exige. Apparues en 1909 au Palais-Bourbon et en 1911 au Sénat, dans le règlement des assemblées, elles ont connu un développement considérable sous la V⁰ République, passant à l'Assemblée nationale de 3 506 en 1959 à 9 070 en 1976, 15 921 en 1980 et 17 454 en 1982! Leur nombre est inférieur au tiers de ces chiffres au Sénat : 799 en 1959, 3 058 en 1976. Non prévues par la Constitution, elles ne posent aux ministres aucune obligation juridique d'y répondre. En fait, le taux de réponse aux questions des députés dépasse 82 %, mais le délai de deux mois n'est respecté que dans 22 % de ces réponses. La plupart des questions portent sur des problèmes particuliers, généralement soumis par des électeurs à leurs députés, qui trouvent ainsi un moyen de se valoriser. Les réponses traduisent quelquefois l'exaspération des gouvernants devant une procédure souvent contestable. Un Premier ministre a répondu un jour à un député qu'il « se permet de lui suggérer de compléter son information ». A un autre, qui posait une question sur une fusion d'Air France et d'Air Inter, le ministre des Transports déclara qu'il avait « mieux à faire que perdre du temps à ce genre d'exercice », ce que l'avenir a démenti !

● Les questions orales. — Elles sont prévues par l'article 48 de la Constitution. Dans sa rédaction initiale, il prescrivait de réserver une séance par semaine dans chaque assemblée pour les questions et les réponses du gouvernement. La réforme constitutionnelle du 4 août 1995 a décidé qu'une séance par semaine « au moins » devait être réservée aux questions, ce qui donne aux assemblées une grande liberté d'étendre les séances prioritaires.

Le règlement de l'Assemblée nationale a longtemps réglé de façon minutieuse la procédure des questions. Il distinguait les « questions orales sans débat » et les « questions orales avec débat ». Dans les questions orales sans débat, l'auteur disposait à l'Assemblée nationale de deux minutes pour les poser : le ministre répond, l'auteur peut répliquer et le ministre peut reprendre la parole, aucun tiers ne peut intervenir. Dans les questions orales avec débat, l'auteur disposait de dix à vingt minutes pour poser sa question : le ministre répond ou annonce une communication du gouvernement dans les deux jours ; un débat s'instaure soit aussitôt après la réponse, soit après la communication du gouvernement, débat dans lequel l'auteur de la question a priorité pour dix minutes au plus, les orateurs inscrits à l'avance intervenant ensuite.

La séance hebdomadaire des questions a subi bien des vicissitudes, pour éviter qu'elle ne tourne au formalisme ou à l'ennui. Après avoir essayé les « questions d'actualité » (Peretti, 1970), les « questions au gouvernement » (Valéry Giscard d'Estaing), les « questions-cribles » (Laurent Fabius) dont le succès ne dura guère, l'atmosphère fut tout à fait changée par la décision de faire diffuser par la télévision la séance de questions, pratique étendue à d'autres séances par le président Seguin. Lors d'une profonde révision du règlement de l'Assemblée nationale en 1994, ce dernier fit supprimer toute la réglementation antérieure : abrogeant quatre des six articles consacrés aux questions orales, et réduisant les deux autres à une phrase chacun : « Les conditions dans lesquelles sont déposées, notifiées et publiées les questions orales sont fixées par le Bureau » ; « Les séances de questions orales sont organisées par la Conférence des Présidents ». Une telle souplesse permet d'aménager progressivement les nouvelles règles constitutionnelles concernant le Parlement.

2. *Les commissions d'enquête et de contrôle.* — La Constitution n'en parle pas. Elles sont établies par l'ordonnance du 17 novembre 1958. Elles ont un caractère temporaire, et non permanent.

• La distinction des commissions d'enquête et des commissions de contrôle. — Les commissions d'enquête sont formées pour recueillir des éléments d'information sur des faits déterminés et soumettre des conclusions à l'assemblée concernée. Sous les IIIe et IVe Républiques, on en constituait généralement en cas de scandale politique ou financier, ou d'événements exceptionnellement graves (par exemple, les émeutes du 6 février 1934). On disait qu'elles avaient pour objectif d'enterrer les affaires sous couvert de les éclaircir : mais, en pratique, elles gênaient souvent les gouvernements. Elles empiétaient plus ou moins sur le pouvoir judiciaire, en citant des témoins, en les obligeant à comparaître, en publiant des rapports qui pouvaient porter atteinte à leur réputation sans que les parlementaires, couverts par leur immunité, en supportent les conséquences. Aux Etats-Unis, les commissions d'enquête du Congrès sont très développées et très énergiques par leurs auditions ou « hearings » : la commission Mac Carthy et sa chasse aux sorcières rouges dans les années 50 illustre les excès possibles de l'institution. La Ve République a voulu éviter ces excès par une réglementation stricte. Les commissions d'enquête ne peuvent être créées qu'en l'absence de poursuites judiciaires.

Les commissions de contrôle sont formées pour examiner la gestion administrative, financière ou technique des services publics ou des entreprises nationalisées. Sous les IIIe et IVe Républiques, il existait des sous-commissions permanentes de contrôle, notamment pour vérifier l'emploi des crédits de la Défense nationale; l'ordonnance du 17 novembre 1958 n'autorise plus que la formation de commissions temporaires.

● Les règles communes aux commissions d'enquête et de contrôle. — L'ordonnance du 17 novembre 1958 a enlevé aux assemblées le droit de réglementer elles-mêmes les commissions d'enquête et de contrôle, en limitant leurs pouvoirs et leur composition. En premier lieu, les membres des commissions sont désignés par l'assemblée au scrutin majoritaire, ce qui pourrait permettre d'en exclure l'opposition : mais on ne le fait pas parce que les travaux de la commission ne paraîtraient pas sérieux; l'effectif des commissions est limité à 30 membres à l'Assemblée nationale et à 15 au Sénat. En second lieu, les commissions ne peuvent être que temporaires, et il est interdit de constituer une commission sur les faits ayant été l'objet d'une commission précédente moins de douze mois après que celle-ci a terminé son enquête. En troisième lieu, les membres des commissions sont tenus au secret des délibérations, ainsi que toutes personnes assistant ou participant à leurs travaux. Les infractions à la règle du secret sont sanctionnées par les peines de l'article 378 du Code pénal.

La loi du 19 juillet 1977 a cependant renforcé les pouvoirs des commissions d'enquête et de contrôle. D'abord en portant leur durée maximale à six mois au lieu de quatre. Ensuite en leur accordant le droit d'exiger communication de tous documents des services publics sauf ceux à caractère secret, de prendre connaissance des constatations et observations de la Cour des comptes, de lui demander de procéder à des enquêtes, d'envoyer elles-mêmes leur rapporteur pour des examens sur place et sur pièces. Egalement, en leur donnant le droit de citer devant elles toute personne dont elles jugent l'audition utile, cette personne étant passible de sanctions pénales si elle refuse de déposer ou de prêter serment, le faux témoignage ou la subordination de témoins étant également punis. Enfin, la loi de 1977 renverse la règle concernant la publication des rapports des commissions : autrefois, cette publication n'était possible que si l'assemblée le décidait; désormais la publication est de droit, et ne peut être refusée que si l'assemblée le décide après s'être elle-même constituée en comité secret.

• La pratique des commissions d'enquête et de contrôle. — La statistique des commissions d'enquête et de contrôle montre qu'elles sont d'autant plus développées que l'assemblée qui les crée est en difficulté avec le gouvernement. Ainsi, l'Assemblée nationale n'en crée qu'une avant 1971, sa majorité étant alors fort soumise au Président de la République. Au contraire le Sénat en crée six pendant la même période, dont cinq après 1962, au temps de sa fronde contre le gaullisme. Par contre, il n'en crée que trois dans les sept années du septennat Giscard d'Estaing, avec qui sa majorité se trouve en plein accord. Dans ce même septennat, où la majorité de l'Assemblée nationale est très divisée, celle-ci crée au contraire treize commissions d'enquête, plus une commission de contrôle. Dans les trois ans qui suivent 1981, la majorité de gauche crée trois commissions d'enquête, mais deux d'entre elles concernent des faits relatifs au septennat précédent : l'affaire du Service d'Action civique, et celle dite des « avions renifleurs ». Pour la dernière, le président Mitterrand a rappelé à l'Assemblée qu'elle ne pouvait pas citer devant elle l'ancien Président Giscard d'Estaing pour des faits survenus pendant son mandat.

3. *Les contrôles financiers.* — Le Parlement exerce son contrôle financier de trois façons principales : lors de l'examen des lois de finances, à travers le rapport annuel de la Cour des comptes, et à travers des moyens permanents d'investigation.

• *L'examen des lois de finances.* — Le vote de la loi annuelle des finances — c'est-à-dire du budget — est le moyen principal qui permet aux parlementaires de passer au crible tous les services publics, à l'occasion des débats concernant les crédits qui leur sont accordés. Le vote des lois de finances rectificatives, qui modifient en cours d'année la loi budgétaire, assure également un contrôle financier efficace.

Le vote de la loi de règlement qui constate la régularité de l'exécution du budget une fois celle-ci terminée, est un autre moyen de contrôle. Sous la IIIe République, ce vote intervenait si tardivement qu'il n'avait plus aucun sens : le budget de 1905 a été réglé en 1912, celui de 1907 en 1921, ceux de 1926 à 1933 en 1939, en bloc. La IVe République a décidé en 1956 que le budget serait réglé au plus tard à la fin de l'année qui suit celle de son exécution. Elle a appliqué la règle dès 1958, réglant en bloc les budgets de 1951 à 1956. La Ve République a maintenu la règle, mais pris d'abord quelques retards. Depuis 1968, la règle des deux ans est appliquée, mais le vote de la loi de règlement ne donne guère lieu à des débats intéressants. En 1977, cependant, on a vu les parlementaires refuser à ce propos une solution du gouvernement pour une société de crédit en difficulté, et obtenu gain de cause.

• Les rapports de la Cour des comptes. — La Cour des comptes adresse au Président de la République et au Parlement un rapport annuel où sont exposées ses observations sur la gestion des deniers publics. Le rapport inclut les réponses des ministres aux observations de la Cour. La Cour assiste de même le Parlement et le gouvernement dans le contrôle de l'application des lois de financement de la sécurité sociale. La Cour adresse également au Président et présente au Parlement, tous les deux ans, un rapport sur la gestion et les résultats des entreprises publiques. Elle contrôle aussi les associations faisant appel au public pour des dons destinés aux recherches médicales. Depuis 1973, une « commission des suites » placée auprès du ministre de l'Economie et des Finances examine les suites à donner aux observations de la Cour.

• Les moyens permanents d'investigation. — Les parlementaires reçoivent régulièrement des documents adressés par le ministre des Finances : après la clôture de la gestion, une situation des dépenses engagées au 31 décembre précédent ; à la fin de chaque trimestre, un état par chapitre des dépenses engagées ou mandatées pendant le trimestre, et diverses autres données. Diverses lois obligent à l'envoi de documents généralement annuels. Les commissions peuvent demander également des documents aux chefs de service des ministres, notamment sur l'échelonnement des crédits dans le temps. La commission des Finances peut recevoir le président de la Cour des comptes, accompagné de deux magistrats, et lui poser des questions sur le contrôle de l'emploi des ressources. Enfin, les rapporteurs des commissions peuvent suivre sur place et sur pièces l'emploi des crédits inscrits au budget, et exiger tous renseignements d'ordre administratif et financier, sauf sur les sujets couverts par le secret de la défense nationale, de la sécurité de l'Etat ou des Affaires étrangères, et en tenant compte de la séparation du pouvoir judiciaire.

4. *Les pétitions et la saisine du médiateur*. — Les pétitions adressées aux parlementaires sont une très vieille procédure. L'existence d'un « médiateur » est au contraire une innovation récente, qui date de 1973. Les deux se trouvent en partie liées.

• Les pétitions. — Les « placets » adressés aux autorités ont existé de tout temps, sous tous les régimes. La Révolution française vit fleurir les pétitions adressées aux représentants du peuple, soit pour les inciter à agir dans telle ou telle direction, soit pour leur demander d'intervenir auprès des gouvernants. Les excès commis par les défilés de pétitionnaires à la barre des assemblées, et par les manifestations de masses qui les accompagnaient, ont conduit dès cette époque à une réglementation du droit de pétition. Aujourd'hui, seules les pétitions écrites sont autorisées. Elles sont adressées au président de l'assemblée concernée, ou déposées auprès de lui par un député ou sénateur. Aucune pétition ne peut être reçue, ni déposée si elle est apportée ou transmise par un rassemblement sur la voie publique. Chaque pétition doit être signée par le pétitionnaire et indiquer son domicile.

Les pétitions sont envoyées à la commission des lois constitutionnelles, de la législation et de l'administration générale, qui désigne un rapporteur. Celui-ci peut soit les juger irrecevables ou les classer sans suite (pour absence d'argument, autorité de la chose jugée, caractère politique, etc.), soit les renvoyer à un ministre ou au médiateur, soit les transmettre à une commission jugée compétente, soit les soumettre à l'Assemblée, ce qui peut être décidé aussi si le ministre saisi n'a pas répondu dans les trois mois. En fait, aucune pétition n'est soumise à l'Assemblée. Les pétitions sont peu nombreuses (quelques dizaines par an) et la procédure d'examen est lourde. En République fédérale d'Allemagne, le Bundestag reçoit au contraire plusieurs milliers de pétitions chaque année.

● La saisine du médiateur. — En 1973, une loi a établi en France un « médiateur », à l'image de l'ombusman inventé par les scandinaves et introduit ensuite dans plusieurs autres pays : République fédérale d'Allemagne, Grande-Bretagne, etc. Celui-ci est une personnalité indépendante, désignée par le Parlement, qui examine les abus de l'administration, soit sur plainte directe des particuliers, soit sur plainte des particuliers transmise par un parlementaire. Au lieu d'être élu par le Parlement comme l'ombusman, le médiateur français est nommé pour six ans par décret en Conseil des ministres. Il reçoit les réclamations des citoyens concernant les administrations de l'Etat, des collectivités publiques territoriales et de tout autre organisme chargé d'une mission de service public. Le médiateur peut interroger les agents publics et prescrire aux corps de contrôle toutes enquêtes et vérifications qu'il estime utiles.

Le médiateur ne peut être saisi directement. Les réclamations le concernant doivent être adressées à un député ou à un sénateur, qui les transmet au médiateur si elles lui paraissent entrer dans sa compétence et justifier son action. Par ailleurs, les membres du Parlement peuvent saisir directement le médiateur d'une question qui le concerne et qu'ils jugent mériter son intervention. Enfin, une commission permanente peut demander au président de l'assemblée concernée de transmettre au médiateur une pétition dont elle a été saisie : cela offre aux pétitions un débouché plus direct que la procédure traditionnelle. En fait, les relations entre le médiateur et le Parlement sont étroites. C'est d'ailleurs au Parlement qu'est adressé le rapport annuel du médiateur.

5. *La mise en jeu de la responsabilité politique du gouvernement.*
— La responsabilité politique du gouvernement signifie que les parlementaires peuvent obliger celui-ci à démissionner, soit par un vote de censure à leur initiative, soit par un refus de confiance pris à l'initiative du gouvernement. Mais le Sénat ne peut pas mettre en jeu la responsabilité du gouvernement.

• Le monopole de l'Assemblée nationale. — Seule, l'Assemblée nationale peut mettre en jeu la responsabilité du gouvernement. Depuis la IVe République, les sénateurs ont perdu dans ce domaine le terrain qu'ils avaient indûment occupé sous la IIIe (cf. plus haut, p. 340). Cependant, le Premier ministre peut demander au Sénat l'approbation d'une déclaration de politique générale qui fait l'objet d'un débat suivi d'un vote, d'après l'article 49. Mais ce vote n'a aucune conséquence sur l'existence du gouvernement. On remarquera toutefois que c'est par un mécanisme de ce genre que le Sénat de 1875 a réussi à s'emparer d'un pouvoir de renverser les gouvernements que la Constitution ne lui reconnaissait point. Ne pourrait-il aboutir au même résultat par les mêmes moyens ? Seul, le sénateur-professeur Marcel Prelot avait soutenu en 1959 qu'un vote défavorable du Sénat aurait dû entraîner la démission du gouvernement, sous prétexte que l'article 20 déclare celui-ci « responsable devant le Parlement ». Mais cette formule générale est éclairée par l'article 49 et par bien d'autres dispositions précises qui contredisent absolument une telle interprétation. Aucun autre juriste ne l'a jamais prise au sérieux.

Le Sénat de la Vᵉ République n'a pas les moyens de l'imposer, parce que le gouvernement ne risque pas de voir ses projets de loi et de budget paralysés par lui, comme sous la IIIᵉ République où il pouvait en bloquer l'adoption. Désormais, la procédure de la commission mixte réduit à zéro le pouvoir de veto sénatorial, mis à part les lois organiques relatives à la Haute Assemblée. Rien n'oblige donc le Premier ministre à demander un vote sur une déclaration de politique générale. Il le fait rarement d'ailleurs, puisque la première expérience n'a eu lieu qu'en 1975. Le Premier ministre Chirac l'a tentée parce qu'il était sûr du résultat : l'approbation des sénateurs n'était pas douteuse, en ces débuts du septennat Giscard d'Estaing qui ouvrait pour eux un âge d'or. Le nouveau Président n'avait-il pas dit quelque temps après son élection : « Le Sénat, conçu dès l'origine comme un contrepoids à l'Assemblée nationale, puis mis quelque peu à l'écart, va retrouver sa vraie place dans la vie politique » ?

● **La mise en jeu de la responsabilité politique par l'Assemblée nationale.** — Moyen suprême du contrôle parlementaire, cette mise en jeu était autrefois déclenchée par la procédure de l'interpellation d'un député demandant des explications à un ministre et ouvrant ainsi un débat terminé par un vote sur une motion impliquant la confiance ou la défiance vis-à-vis du gouvernement. Ce système permettait de mettre en cause à tout moment la politique du gouvernement en mélangeant une demande d'explication par une question orale avec débat, et la volonté de renverser le gouvernement. Celui-ci était perpétuellement menacé par une interpellation de ce genre. La Constitution de 1946 n'avait pas réussi à supprimer cette pratique désastreuse. Celle de 1958 a tout mis en œuvre pour la rendre impossible. On a dit que le règlement de l'Assemblée nationale a dû être modifié sur ce point en 1959 par décision du Conseil constitutionnel. L'interpellation implique désormais le dépôt d'une motion de censure.

Sous la Ve République, la motion de censure est en effet la clé de voûte de la mise en jeu de la responsabilité du gouvernement par l'Assemblée nationale. Quand la motion de censure est déposée à l'initiative spontanée des députés sur la base de l'article 49 alinéa 2 de la Constitution, elle n'est recevable que si elle est signée par un dixième au moins des membres de l'Assemblée nationale, et si aucun d'entre eux n'a signé plus de trois motions de censure au cours d'une même session ordinaire, et plus d'une au cours d'une même session extraordinaire.

Le vote sur la motion de censure est assujetti à des règles de délai et de majorité : 1° le vote ne peut avoir lieu que quarante-huit heures après le dépôt de la motion; 2° la motion ne peut être adoptée qu'à la majorité absolue des membres composant l'Assemblée. Cette dernière règle existait déjà sous la IVe République : mais elle était tournée, et les gouvernements mis en minorité par le vote d'une motion qui avait obtenu seulement la majorité relative démissionnaient toujours. Pour empêcher cette pratique, la Constitution de 1958 déclare que « seuls sont recensés les votes favorables à la motion de censure ». Les résultats du scrutin sont proclamés en indiquant simplement : *a)* le nombre de députés composant l'Assemblée le jour de la motion (soit 491, s'il n'y a pas de siège vacant); *b)* le nombre de suffrages nécessaires à l'adoption de la motion (246 si l'Assemblée est complète); *c)* le nombre de suffrages obtenus par la motion.

Ce mécanisme oblige les parlementaires qui veulent renverser un gouvernement à le dire expressément, au lieu de se dissimuler derrière l'abstention ou l'absence. Sous la IIIe République, nombre de ministères furent acculés à la démission malgré une confiance accordée en apparence. Les votes « pour » l'emportaient sur les

« contre », mais les abstentions faisaient pencher la balance de l'autre côté. Privé d'autorité et de moyens, le président du Conseil était obligé de se retirer en fait, bien qu'il n'y fût pas obligé en droit. Sous la IVe République, le procédé servit à faire échec aux articles 49 et 50 de la Constitution, qui exigeaient la majorité absolue des membres de l'Assemblée pour refuser la confiance ou voter la censure et ouvrir ainsi la dissolution, possible seulement si deux crises ministérielles intervenaient dans les conditions de ces articles pendant une période de dix-huit mois. Les députés s'arrangeaient pour ne jamais atteindre le niveau requis pour les votes hostiles, tout en mettant le cabinet en minorité et en l'obligeant ainsi à démissionner en fait sans avoir été renversé en droit. Les gouvernements tombaient alors tous les six mois en moyenne, mais la possibilité de dissoudre n'apparut qu'une seule fois, par suite d'une erreur de calcul en 1955.

La Constitution de 1958 renverse les conséquences de l'abstention ou de l'absence. Les absents et les abstentionnistes comptent désormais pour le gouvernement et non contre lui. On revient en somme à la sagesse du dicton : « Qui ne dit mot consent », pris à contrepied jusqu'alors. Le système est démocratique, car le renversement d'un gouvernement est une chose trop grave pour ne pas être décidée par la volonté expresse de ceux qui le veulent. Les députés sont parvenus une fois à se débarrasser d'un gouvernement par ce moyen : le 4 octobre 1962, par une motion de censure contre le gouvernement Pompidou qui proposait le référendum sur l'élection du Président au suffrage universel. Faut-il rappeler que dans la Grande-Bretagne, modèle des parlements, seuls deux gouvernements depuis 1895 ont été renversés à l'initiative des députés : en 1924 et en 1979 ? Cela montre que le système français de 1958 est moins contraignant qu'on le dit.

Toutes les législatures depuis celle de 1962 ayant eu une majorité disciplinée, aucune motion de censure n'a réussi depuis lors. Cependant, 32 motions de censure ont été déposées entre 1960 et 1989, parmi lesquelles 31 ont échoué. Celles-ci n'avaient pas pour objectif de réussir. La plupart ont été déposées pour obliger le gouvernement à ouvrir un grand débat politique : le dépôt d'une motion de censure étant le seul moyen pour l'opposition d'avoir la priorité dans l'ordre du jour de l'Assemblée nationale.

● La question de confiance posée par le gouvernement. — La question de confiance n'existe pas formellement dans la Constitution. Mais le général de Gaulle a déclaré de l'engagement de la responsabilité du gouvernement par le Premier ministre : « C'est, sans le dire expressément, poser la question de confiance » (8 août 1958). Elle peut l'être de deux façons, comportant des règles de majorité très différentes : sur la base de l'article 49 alinéa 1er, ou de l'article 49, alinéa 3. Ici la mise en jeu de responsabilité change de sens : elle est moins un moyen de contrôle du Parlement sur le gouvernement qu'un moyen de pression du gouvernement sur le Parlement.

Les choses sont encore ambiguës dans le cas de l'alinéa 1er disposant que le Premier ministre peut, après délibération du Conseil des ministres, engager devant l'Assemblée nationale la responsabilité du gouvernement « sur son programme ou éventuellement sur une déclaration de politique générale ». Dans ce cas, il n'y a pas de règles spéciales pour le calcul de la majorité, qui est simplement celle des suffrages exprimés. Alors les absents et les abstentions comptent moralement contre le gouvernement. On en revient aux règles traditionnelles de la IIIe République. La confiance est donc plus difficile à obtenir que la non-censure. Les discussions sur l'alinéa 1er de l'article 49 ont surtout porté sur la question de savoir si le gouvernement devait ou non poser la question de confiance au moment de sa formation, comme sous les républiques précédentes. Elle a été traitée plus haut, p. 304. Notons simplement que le texte ne dit rien de tel.

La seule obligation dans ce domaine paraît résulter de l'article 38, autorisant le gouvernement à prendre des ordonnances

« pour l'exécution de son programme ». Le programme en question semble bien devoir être approuvé auparavant par un vote de confiance, la formule précitée de l'alinéa 1er distinguant bien entre une déclaration de politique générale, sur laquelle le gouvernement engage « éventuellement » sa responsabilité et le programme, sur lequel il l'engage sans éventualité précisée. La distinction montre que l'indicatif a ici valeur d'indicatif. Aucun délai n'est prévu, ce qui laisse toute liberté au gouvernement, et ne l'oblige pas à définir un programme ainsi approuvé par le Parlement. Mais il y semble obligé s'il veut recourir aux ordonnances. Or cela n'a pas été fait en 1967 pour les ordonnances Pompidou, et pour la plupart des ordonnances suivantes.

L'alinéa 3 de l'article 49 dispose que le Premier ministre peut, après délibération du Conseil des ministres, engager devant l'Assemblée nationale sa responsabilité sur un texte. Cette mise en jeu de responsabilité devient très nettement un moyen de pression du gouvernement sur le Parlement. Nous y reviendrons ci-après, sous cet angle. Bornons-nous ici à indiquer l'originalité remarquable de la Constitution de 1958 dans ce domaine. Elle veut que le gouvernement l'emporte s'il n'a pas contre lui une majorité d'adversaires qui se sont déclarés. Elle veut que les abstentions et les absences penchent du côté des votes favorables. Le seul moyen est alors de renvoyer la balle dans le camp du Parlement, afin d'appliquer le remarquable mécanisme de la motion de censure, décrit p. 406. En conséquence, si le gouvernement a engagé sa responsabilité sur un texte, les adversaires de ce texte ont vingt-quatre heures pour déposer une motion de censure : celle-ci pouvant alors être signée par des députés qui en ont déjà signé une rejetée dans la même session. Si aucune motion de censure n'est déposée dans ce délai, ou si une motion déposée n'est pas adoptée, le texte est alors considéré comme adopté. On a dit que ce système aboutissait à une adoption de la loi par les députés sans qu'ils aient à voter sur elle. C'est oublier qu'ils ne votent pas sur elle parce qu'ils n'ont pas voulu le faire. Il appartient à eux de décider ou non le vote final. Ils le refusent quand ils savent qu'ils y seraient battus.

▶ *Les moyens d'action du gouvernement sur le Parlement*

La plupart ont été déjà décrits à propos des prérogatives du gouvernement étudiées dans le chapitre précédent, et à propos de l'organisation et des pouvoirs du Parlement décrits ci-dessus. On les regroupe ici pour une vue d'ensemble.

1. *Les différents moyens d'action du gouvernement.* — Le « parlementarisme rationalisé » de la Ve République concerne avant tout les moyens d'action du gouvernement sur le Parlement. La Constitution de 1958 a été élaborée après quatre-vingt-sept ans de régimes parlementaires où un Parlement sans majorité engendrait des gouvernements instables et faibles. Elle a établi une réglementation minutieuse et impérieuse destinée à renforcer le gouvernement.

• La limitation relative des sessions parlementaires. — En fixant à neuf mois la durée de la session ordinaire annuelle, la réforme constitutionnelle de 1995 semble accroître le temps de travail des parlementaires, puisque les sessions ordinaires duraient seulement six mois auparavant. Mais il s'agit seulement d'une meilleure répartition du temps de travail, lequel risque au contraire de s'amoindrir au lieu de s'étendre. Auparavant, nos députés siégeaient en moyenne 149 jours par an, d'après une enquête de l'Union interparlementaire de 1985 : juste avant les 140 jours de la Chambre des Communes, mère des Parlements. La Constitution fixe désormais à 120 jours le maximum de séances dans la session ordinaire annuelle. Mais des sessions extraordinaires pourraient combler l'écart.

La France se trouve à un rang honorable parmi les autres

régimes d'Occident d'après les données de cette enquête : juste après la Grèce (224 jours) et les Etats-Unis (152 jours pour le Sénat) avant le Canada (148 jours), la Suède (125), Israël (111), le Danemark (106), les Pays-Bas (100), la Belgique (70), l'Allemagne fédérale (66), la Suisse (57) et le Japon (43). La supériorité du Royaume-Uni est plus nette quant au temps accordé à l'opposition pour provoquer des discussions sur les sujets de son choix. A Londres, on l'évalue à un tiers environ des débats parlementaires, sans compter les heures réservées aux questions. Mais Paris fait des progrès depuis 1995, sur ce terrain.

Le tableau des débats de l'Assemblée nationale pendant les vingt dernières années montre une très forte poussée d'activité dans les deux alternances des années 80 : l'arrivée de la gauche au pouvoir en 1981 après un quart de siècle de majorité de droite et le retour de la droite en 1986 dans la cohabitation (cf. la fig. 14, p. 470). Cette inflation exprime moins le nombre de lois nouvelles que l'exagération des amendements destinées à en retarder le vote (cf. fig. 12, p. 366). Le travail parlementaire diminue en ampleur mais gagne en sérieux à partir de 1988.

• Le contrôle du règlement des assemblées par le Conseil constitutionnel. — On a dit que les assemblées ne sont plus maîtresses de leur règlement, celui-ci devant être contrôlé par le Conseil constitutionnel avant d'être mis en application, afin de vérifier qu'il est conforme à la Constitution. Ce contrôle joue en faveur du gouvernement, car les assemblées tendent naturellement à développer leur pouvoir d'action sur lui. On a montré comment le premier règlement de l'Assemblée nationale a tenté de rétablir les interpellations, qui auraient permis de mettre en jeu la responsabilité du gouvernement par un vote à la majorité ordinaire, en écartant le mécanisme de la motion de censure. Eugène Pierre, dont le *Traité de droit parlementaire* rédigé au début de ce siècle décrit admirablement les mécanismes de la IIIe République, a bien montré comment les assemblées tournaient la Constitution par la liberté d'établir

leur règlement : « Le règlement n'est en apparence que la loi intérieure des assemblées, un recueil de prescriptions destinées à faire
procéder avec méthode une réunion où se rencontrent et se heurtent
beaucoup d'aspirations contradictoires... En réalité, c'est un instrument redoutable aux mains des partis : il a souvent plus
d'influence que la Constitution elle-même. » Désormais il doit se
soumettre à elle et respecter les prérogatives qu'elle confère au
gouvernement.

● Les moyens d'action dans la procédure législative. — Le gouvernement est maître de l'ordre du jour des assemblées par le mécanisme qu'on a décrit plus haut. Il peut donc les contraindre à discuter les textes qui lui conviennent et à écarter les textes qui lui
déplaisent. Contre ces derniers, il peut d'ailleurs soulever l'irrecevabilité des articles 40 et 41 (cf. p. 370). S'il n'en a guère besoin
en l'occurrence, il les utilise largement contre les amendements.
L'irrecevabilité de l'article 40 (interdisant de créer ou augmenter
une dépense publique ou de supprimer ou diminuer une recette)
est très souvent soulevée contre des amendements : plus de 1 000 fois
au Palais-Bourbon dans la législature 1973-1978. Elle l'est peu
contre des propositions de loi depuis 1975, où une bipolarisation
totale a rendu la majorité plus rigide : moins de 3 fois par an en
moyenne, contre 60 pendant la seule année de la législature 1967-
1968 où la majorité était très faible, et 102 en 1959 où il n'y avait
pas de véritable majorité.

L'irrecevabilité de l'article 41 concerne les propositions ou
amendements excédant le domaine de la loi défini par l'article 34
ou contraire à une délégation de pouvoir décidée par l'article 38.
Au Sénat, elle a été soulevée 61 fois depuis 1959, acceptée par
le président 54 fois, confirmée par le Conseil constitutionnel
5 fois (dont 1 partiellement) et rejetée entièrement 2 fois. A l'Assemblée nationale, l'avènement d'une majorité a changé le rythme
des interventions : invoquée 45 fois en tout, admise 41 fois par le
président et 2 fois par le Conseil constitutionnel, l'irrecevabilité

n'a été mise en jeu par le gouvernement que 9 fois en treize ans de 1962 à 1974 inclus, contre 6 fois dans la seule année 1961. Mais elle l'a été beaucoup plus sous le septennat de M. Giscard d'Estaing : 28 fois, dont 19 dans les trois années finales, Raymond Barre battant en 1979 le record de Michel Debré par 10 à 6.

L'article 44, alinéa 2, permet d'autre part au gouvernement de s'opposer à l'examen de tout amendement qui n'aurait pas été soumis auparavant à la commission compétente. L'alinéa 3 du même article 44 donne au gouvernement une arme bien plus dissuasive, que les députés détestent : sur sa demande, « l'assemblée saisie se prononce par un seul vote sur tout ou partie du texte en discussion en ne retenant que les amendements proposés ou acceptés par le gouvernement ». Cette procédure de « vote bloqué » a été employée à l'Assemblée nationale suivant des rythmes variés : 6 à 8 fois par an sous le cabinet Debré, 17 en moyenne sous les ministères Pompidou de 1963 à 1968, de 0 à 6 fois dans les onze années qui suivent, 11 fois en 1980 pour passer outre à la fronde du RPR, pas du tout ou une fois par an de 1981 à 1985 où la majorité de gauche est forte et disciplinée. On voit que le vote bloqué n'est pas toujours dirigé contre les atermoiements de l'opposition. Il sert aussi à surmonter l'indiscipline éventuelle de la majorité, en empêchant ses propres députés de mener une guérilla contre le gouvernement.

L'engagement de la responsabilité sur un programme ou une déclaration de politique générale, aux termes de l'article 49, alinéa 1er, peut servir aussi à raffermir la solidarité gouvernementale. Utilisée par la moitié environ des gouvernements depuis 1959 lors de leur investiture, il a servi à montrer ainsi leur volonté de revenir à la tradition parlementaire. Il a ensuite été employé par le premier ministre Mauroy pour obliger tous les socialistes à manifester leur solidarité avec le programme énergétique du gouvernement contesté par certains d'entre eux (octobre 1981), puis à forcer les communistes à manifester à leur tour leur solidarité gouvernementale, d'abord malgré leur opposition au blocage des prix (1982), puis à propos des critiques contre le plan acier du gouvernement (1984). Lors de l'engagement de responsabilité pour la présentation du gouvernement Fabius en 1984, les communistes se sont abstenus en donnant à cette abstention valeur de soutien (!).

● L'engagement de la responsabilité sur un texte et le recours à la commission mixte. — La combinaison de l'engagement de la responsabilité sur un texte avec le recours à la commission mixte est le plus efficace de tous les moyens de pression que le gouvernement peut employer sur le Parlement. Ceux des articles 40-41 et 44 lui permettent d'écarter les modifications au texte qu'il voudrait faire adopter. Mais ils ne lui permettent pas de pousser les parlementaires à voter le texte en question. La question de confiance sur un programme ou une déclaration de politique générale oblige la majorité à se ressouder, mais ne l'oblige pas plus à voter un texte. L'opposition éventuelle du Sénat peut être annihilée par la procédure de la commission mixte, dont la mise en train appartient aussi au gouvernement. Mais cette procédure n'est efficace que si les députés consentent à voter le texte voulu par le gouvernement : loi ou budget. Il est capital pour le gouvernement d'y parvenir.

L'article 49, alinéa 3, est l'arme fondamentale à cet égard. Elle oblige les députés à prendre clairement position contre le gouvernement et à le renverser s'ils veulent empêcher l'adoption de sa loi. Elle le protège contre les indécis, les hésitants, les centristes, toujours prêts à pencher d'un côté ou de l'autre dans une majorité faible et fragile. Elle le protège aussi contre l'indiscipline à l'intérieur d'une majorité plus large et plus solide. Les récalcitrants de celle-ci ne peuvent plus le désavouer par l'abstention ou l'absence, en évitant de se prononcer directement contre lui. Ils sont contraints de le soutenir par leur silence, à moins de rompre l'alliance ou de quitter le parti qui les a fait élire. On a plusieurs fois mesuré l'intérêt de ces procédures, malgré le pouvoir majoritaire qui existe depuis 1962. En mai-juin 1967, le gouvernement Pompidou en a usé 3 fois pour faire voter son projet de loi sur les pouvoirs spéciaux par une Assemblée nationale où sa majorité était faible. Raymond Barre en a usé 6 fois du 17 novembre 1979 au 9 janvier 1980, pour tourner la résistance du RPR dans une majorité très divisée. Il l'avait déjà utilisé en 1976 et en 1977 pour la loi sur l'élection du Parlement européen au suffrage universel. Pierre Mauroy l'utilisa 5 fois en 1982 et 2 fois en 1984. Laurent Fabius en use une fois en 1984, une en 1985 et 2 en février 1986. Entre mars et novembre 1986, Jacques Chirac l'utilise 7 fois, et une fois en 1987. Michel Rocard y recourt 2 fois en décembre 1988 et 3 fois en avril-juin 1989.

2. *L'efficacité des moyens d'action du gouvernement.* — L'efficacité des moyens d'action du gouvernement ne dépend pas seulement de leur force propre, mais de deux autres éléments : la consistance de la majorité parlementaire et l'usage du droit de dissolution.

• La consistance de la majorité parlementaire. — Les moyens d'action du gouvernement sur le Parlement ont été établis pour pallier l'absence de majorités parlementaires solides et stables qui caractérisait les IIIe et IVe Républiques. On n'imaginait pas alors que la multiplicité et la faiblesse des partis, et leur impuissance à former des alliances solides, puissent être supprimées. Faute de pouvoir remplacer ce marais par un sol plus dur, on a transposé la technique des hautes échasses qui permettaient autrefois aux bergers de faire paître leurs troupeaux dans les marécages des Landes avant qu'y fût plantée la grande forêt de pins qui les recouvre aujourd'hui. Mais l'établissement de majorités solides depuis 1962 a changé les données du problème. Dans une telle situation, l'efficacité des moyens d'action du gouvernement sur le Parlement dépend moins de leur force propre que de l'existence d'une telle majorité. Certes, toute une série de moyens d'action sont indépendants de la majorité : la limitation des sessions parlementaires, le contrôle des règlements des assemblées, la maîtrise de l'ordre du jour, les irrecevabilités des articles 40 et 41, la mise en jeu de la commission mixte.

Mais les moyens de pression les plus efficaces dépendent étroitement de la consistance des majorités : le recours au vote bloqué de l'article 44, alinéa 3, et l'engagement de responsabilité sur un texte de l'article 49, alinéa 3. Raymond Barre a constaté en 1979 combien le recours à ces armes soulève la colère et la rancœur des parlementaires qui soutiennent le gouvernement. Pierre Mauroy l'a constaté à son tour en 1982-1983. Cela n'a guère d'importance quand les députés sont tenus dans le corset de fer d'une majorité solide. Cela deviendrait fondamental dans la situation des IIIe et IVe Républiques, où toute majorité restait éphémère, où d'autres pouvaient se former à sa place et se défaire aussi vite qu'elle, où des groupes charnières étaient toujours prêts à quitter le bateau pour en prendre un nouveau. A quoi sert de donner des coups d'épée dans des édredons, de lancer des blindés dans un marécage ? Sans majorité stable, les premiers ministres décidés à user de la panoplie constitutionnelle seraient vite éliminés, comme le furent Gambetta, Ferry, Clemenceau, Léon Blum, Pinay, Mendès France. Pour se débarrasser de tels gêneurs, on réunirait facilement la majorité absolue des membres composant l'Assemblée. Alors, on pourrait revenir aux Freycinet, aux Chautemps, aux Queuille, hommes souples et avisés qui sauraient respecter les jeux parlementaires et s'accommoder des maigres pouvoirs que les députés leur concéderaient. Sans majorité, la plupart des remarquables procédures du parlementarisme rationalisé pourraient être tournées.

• L'usage du droit de dissolution. — L'usage du droit de dissolution pourrait-il leur donner cependant quelque efficacité ? — On n'a pas parlé de ce droit parmi les moyens d'action du gouvernement, parce qu'il appartient au Président de la République seul. Cela n'a pas grande importance quand ce dernier est le chef d'une majorité solide, que le Premier ministre conduit sous sa direction. Les députés savent alors que tout renversement de gouvernement risquerait de les ramener devant les électeurs et de porter l'opposition au pouvoir. Cependant, les choses changeraient déjà si le Président se trouvait en face d'une majorité relativement solide, mais opposée à lui. Alors, le Premier ministre ne pourrait guère la contraindre par la menace de la dissolution, car elle ne dépendrait pas de lui, mais d'un président peu porté à l'utiliser au service d'une majorité dont il serait l'adversaire. Déjà, la menace de dissolution, aujourd'hui implicite dans le recours à l'article 49, alinéa 3, perdrait une grande part de son efficacité.

Dans un Parlement sans majorité, sur le modèle de ceux qui se sont succédé entre 1871 et 1958, la situation serait bien pire. Certes, le fait que la dissolution appartiendrait au Président et non au Premier ministre en rendrait l'usage plus facile. Les Freycinet, les Chautemps, les Queuille ne pourraient plus l'enterrer pour se concilier les bonnes grâces des parlementaires. La décision viendrait d'un Président indépendant des députés, qui n'aurait pas de raisons de les ménager. Mais la dissolution n'est véritablement efficace que dans des pays où le système de partis et le système électoral permettent habituellement de réunir une majorité. Quand la Grande-Bretagne y a recouru en 1974 et 1979 parce que la majorité se trouvait exceptionnellement affaiblie, les électeurs l'ont aussitôt renforcée. Quand la dissolution intervient en Italie, en Belgique, aux Pays-Bas, au Danemark, pays à représentation proportionnelle où il n'y a presque jamais des majorités solides, la nouvelle chambre n'en trouve pas plus que celle renvoyée devant les électeurs, et les gouvernements demeurent faibles et instables. Le transfert de la dissolution aux mains d'un Président issu du suffrage universel ne change rien à cette situation. On le voit bien en Finlande, régime semi-présidentiel où le Président dispose de pouvoirs plus importants que le nôtre : il dissout souvent, mais il n'obtient jamais des majorités stables et cohérentes. La durée moyenne des gouvernements est d'environ un an : la même que sous la République de Weimar, autre régime semi-présidentiel sans majorité, grâce à la proportionnelle. Les conséquences d'une telle situation seront développées dans la troisième partie de ce livre (p. 574 et suiv.).

Sur la conception traditionnelle de la loi en droit français et la souveraineté parlementaire, cf. le remarquable et toujours actuel ouvrage de C. Carré de Malberg, *Contribution à la théorie générale de l'Etat*, 2 vol. 1920 et 1922, et plus loin, p. 461-463. — Sur le pouvoir législatif du Parlement et la nouvelle conception de la loi dans l'article 34 de la Constitution, cf. p. 377.

Sur les pouvoirs financiers du Parlement, cf. M. Duverger, *Finances publiques*, 9ᵉ éd., 1983, p. 294 et s. ; P. Delvolvé et H. Lesguillons, *Le contrôle parlementaire sur la politique économique et budgétaire*, 1964 ; J.-L. Guièze, *Le partage des compétences entre la loi et le règlement en matière financière*, 1974 ; et le nº 2537 des « Notes documentaires et études » de *La Documentation française* (2 mai 1959). — On comparera avec la procédure budgétaire antérieure : pour la IIIᵉ République, cf. R. Buty, *Le vote du budget et l'amélioration des méthodes de travail parlementaire*, 1926 ; J. Barthélemy, Le procès de la Commission des Finances (*Mélanges Carré de Malberg*, 1934) ; pour la IVᵉ République, cf. M. Figère, *La pratique actuelle en matière de procédure budgétaire*, Uzès, 1951 ; R. Jacomet, P. Reuter, A. Michelson, *La réforme budgétaire*, 2 vol., 1954. — Sur le pouvoir diplomatique, cf. L. Saïdj, *Le Parlement et les traités*, 1979.

Sur les rapports entre le Parlement et le gouvernement, cf. J.-L. Parodi, *Les rapports entre le Législatif et l'Exécutif sous la Vᵉ République (1958-1962)*, 3ᵉ éd., 1972, et *La Vᵉ République et le système majoritaire*, 1972. Pour une comparaison, le livre de J.-C. Colliard, *Les régimes parlementaires contemporains*, 1978, et Union interparlementaire, *Les Parlements dans le monde*, 2 vol., 1986-1987. — Sur les questions, cf. M. Ameller, *Les questions, instrument du contrôle parlementaire*, 1964, et L'heure des questions dans les *Mélanges Burdeau*, 1977, p. 355 ; sur les questions écrites, l'article de B. Oppetit (*Droit social*, 1974, chr. jurid., p. 107). — Sur la mise en jeu de la responsabilité gouvernementale, cf. les articles de L. Hamon et J. Vaudiaux (*Rev. du droit publ.*, 1973, p. 777). — Sur le médiateur, cf. notamment les articles de A. Legrand et P. Verrier, *Revue du droit public*, 1973.

Chapitre IV

LE POUVOIR JURIDICTIONNEL

« Il n'y a point encore de liberté si la puissance de juger n'est pas séparée de la puissance législative et de l'exécutrice » a écrit Montesquieu dans *L'Esprit des lois.* Il a ajouté ainsi le pouvoir juridictionnel à ceux que Locke avait décrits cinquante-huit ans auparavant, mais il considère comme deux branches de la « puissance exécutive » ce que Locke appelait respectivement pouvoir exécutif et pouvoir fédératif, le premier concernant la politique intérieure, le second les relations extérieures. En 1787, la Constitution des Etats-Unis divise les pouvoirs publics fédéraux en trois départements ; le département législatif, le département exécutif et le département judiciaire. Depuis lors, tous les juristes des démocraties occidentales distinguent ces trois pouvoirs. On parle ici du pouvoir « juridictionnel », et non du pouvoir « judiciaire ». Plus courante, la seconde appellation a le défaut d'introduire en France une confusion : les tribunaux judiciaires n'étant qu'un ordre de juridiction, aux côtés des tribunaux administratifs et des tribunaux spécialisés.

1 / La notion de pouvoir juridictionnel

Au sens étymologique, la juridiction est l'action de dire le droit : « juris dictio ». Le pouvoir juridictionnel consiste à interpréter les règles juridiques et à tirer les conséquences de cette interprétation. Dans une démocratie, ces règles doivent d'abord avoir une structure et un contenu particulier qui définissent ce qu'on appelle « l'Etat de droit ». Ensuite, elles doivent être interprétées et appliquées par des organes juridictionnels indépendants.

1 | L'ÉTAT DE DROIT

L'Etat de droit se définit d'abord par une structure qui l'oppose à l'Etat « absolutiste », que certains appellent aussi « despotique ». Dans l'Etat absolutiste, l'organe souverain n'est enchaîné par aucune règle ni aucune procédure. Sa volonté est la règle suprême, à laquelle tout le monde doit se plier. Dans l'Etat de droit, l'organe souverain est soumis à des règles de droit établies antérieurement. Il ne peut les modifier qu'en respectant les procédures établies pour leur révision. Mais cette structure du droit n'est pas séparable d'un certain contenu de celui-ci : l'Etat de droit est nécessairement un Etat des droits de l'homme.

▶ *La hiérarchie des normes juridiques*

On a dit que le mot « norme » est exactement synonyme du mot « règle », le premier découlant d'un terme grec et le second d'un terme latin qui signifient la même chose. On peut parler indifféremment de la hiérarchie des normes juridiques ou de la hiérarchie des règles juridiques. Il est moins satisfaisant de parler

de la hiérarchie des textes juridiques, car on verra que certains de
ses degrés sont constitués par des principes généraux définis par la
jurisprudence qui ne sont directement édictés par aucun texte
particulier.

1. *Les échelons hiérarchiques.* — La hiérarchie des normes
juridiques repose sur le fait que les règles de droit sont édictées
dans une série de textes à portée générale ou de décisions jurispru-
dentielles dépendant les uns des autres, ceux des échelons supérieurs pouvant modifier ceux des échelons inférieurs tandis que
ceux des échelons inférieurs doivent se conformer aux dispositions
de ceux des échelons supérieurs. Du sommet à la base, les échelons
sont les suivants : Constitution et principes constitutionnels,
traités internationaux, lois organiques, lois, ordonnances, principes généraux du droit, décrets du Président de la République,
décrets du Premier ministre, arrêtés ministériels, arrêtés des chefs
de services centraux, arrêtés des chefs de services particuliers (présidents d'Université, par exemple), arrêtés des diverses autorités
territoriales.

• De la Constitution aux lois. — Certains degrés supérieurs
aux lois, et les lois elles-mêmes posent parfois des problèmes délicats. Les traités et accords internationaux régulièrement ratifiés
ou approuvés ont une autorité supérieure à celle des lois « sous
réserve, pour chaque accord ou traité, de son application par l'autre
partie », dit l'article 55 de la Constitution : les juridictions refusent
donc d'appliquer les lois contraires à un traité; mais le Conseil
constitutionnel n'empêche pas de les promulguer (cf. p. 463).

Les ordonnances (autrefois appelées « décrets-lois ») sont subordonnées à la loi de pleins pouvoirs qui permet d'y recourir : elles
doivent donc respecter les lois qui ne sont pas comprises dans le
domaine défini par cette loi d'habilitation. Inversement, pendant
la durée définie par la loi d'habilitation, celle-ci s'impose au Parlement, qui ne peut plus faire de lois dans le domaine qu'elle a

déterminé jusqu'à la fin de son délai d'application. Les ordonnances elles-mêmes ont valeur législative si le projet de ratification parlementaire les concernant a été déposé en temps utile. Les décisions législatives prises par le Président de la République agissant en vertu de l'article 16 ont valeur de lois.

Les principes généraux du droit sont un concept de la jurisprudence du Conseil d'Etat, qui désigne ainsi les principes inspirant la législation sans qu'elle s'y réfère expressément : ces principes ont la même valeur que les lois. Le Conseil constitutionnel a développé une notion analogue au niveau de la Constitution, dans ce qu'on a baptisé ici « principes constitutionnels » bien que le nom officiel soit « principes fondamentaux reconnus par les lois de la République ». Cette expression du Préambule de 1946 désigne des principes ayant valeur constitutionnelle et s'imposant au législateur lui-même (cf. p. 423 et 437).

● Les échelons réglementaires. — On appelle « réglementaires » les textes édictant des normes générales dans les degrés situés au-dessous des lois. Les décrets du Président de la République pris en vertu de ses pouvoirs propres ou de ses pouvoirs partagés avec le Premier ministre s'imposent à ce dernier dans l'exercice de son pouvoir réglementaire. Les décrets du Premier ministre dans le domaine de ce pouvoir réglementaire ne sont pas limités par les lois prises dans le même domaine avant la délimitation du pouvoir législatif par l'article 34 : mais seulement si le Premier ministre a fait constater par le Conseil constitutionnel que ces lois sont bien situées dans le domaine réglementaire (cf. p. 453). Enfin, la hiérarchie entre les arrêtés des autorités centrales ou spéciales (recteurs, présidents d'Universités, etc.) et les décrets des autorités territoriales pose des problèmes souvent complexes.

2. *Le respect de la hiérarchie des normes.* — On retrouve ici la même distinction entre les normes réglementaires, c'est-à-dire situées au-dessous de la loi, et les normes législatives et constitutionnelles.

● Le principe de légalité. — La conformité des normes contenues dans les textes réglementaires avec les normes supérieures — c'est-à-dire avec les principes généraux du droit, les lois, la Constitution et les principes constitutionnels — est assurée par le principe de légalité. Il peut servir de base à un recours direct en annulation devant les juridictions administratives, ou à une exception d'illégalité soulevée au cours d'un procès où le texte contesté devrait être appliqué. Dans le premier cas, le texte contraire à la hiérarchie des normes est annulé. Dans le second cas, il est simplement écarté dans le procès en cours, mais il sera appliqué dans d'autres affaires si l'exception n'est pas soulevée de nouveau : en fait, elle le sera le plus souvent parce que la première jurisprudence sera connue et se répandra.

● Le contrôle de la constitutionnalité. — La conformité de la loi aux traités, à la Constitution et aux principes constitutionnels n'est pas assurée avec la même rigueur. Jusqu'en 1946, elle ne l'était pas du tout en France, et les lois contraires à la Constitution s'appliquaient comme les autres. La souveraineté nationale, interprétée comme une souveraineté du Parlement, s'opposait à un contrôle des actes de ce dernier. Dans la Constitution de 1946, un Comité constitutionnel était chargé d'un contrôle de constitutionnalité très embryonnaire. Dans la Constitution de 1958, le Conseil constitutionnel peut empêcher la promulgation des lois votées par le Parlement avant qu'elles soient mises en application, s'il en est saisi, cette saisine ayant été facilitée en 1974. Mais les lois promulguées ne peuvent plus être mises en cause, et les lois « référendaires » (c'est-à-dire adoptées par le référendum de l'article 11 : cf. p. 381) ne sont pas soumises au contrôle du Conseil constitutionnel.

▶ *Le contenu de l'Etat de droit*

La hiérarchie des normes n'est finalement qu'un ensemble de règles de procédures. En les manipulant, on peut revenir à l'Etat despotique sous le masque d'un Etat de droit purement formel.

1. *L'aspect procédural de la hiérarchie des normes.* — La hiérarchie des normes signifie que les gouvernants ne sont pas libres d'imposer leur bon plaisir, mais qu'ils sont liés par des règles s'emboîtant les unes dans les autres comme les poupées russes, la Constitution étant la norme suprême qui conditionne toutes les autres.

• La norme fondamentale et le despotisme du peuple souverain. — La rupture dans la hiérarchie des normes en faveur de la loi tient à la nature du pouvoir législatif qui la fait. La supériorité de la loi vient du fait qu'elle est établie par les représentants de la nation qui détiennent le pouvoir législatif au nom du peuple souverain. La subordination des lois à la Constitution ne s'est établie que très tard, parce que notre théorie de la souveraineté nationale avait abouti à la souveraineté parlementaire. Finalement, la supériorité de la Constitution sur la loi tient au fait que celle-ci exige des représentants du peuple un accord plus large pour la modifier, voire un recours direct aux citoyens par voie de référendum. A ces limites, la souveraineté du peuple ou de ses représentants rejoint le bon plaisir du prince. Si le peuple est le maître absolu du contenu de la « norme fondamentale » — comme disait Kelsen de celle située au sommet de la hiérarchie —, on peut aboutir à une autre forme de despotisme.

• L'exemple de la loi constitutionnelle du 10 juillet 1940. — La discussion sur la validité de la loi du 10 juillet 1940, qui fondait le pouvoir du gouvernement de Vichy, a posé le problème dans toute son ampleur. Sur le plan procédural, cette validité n'est guère contestable. Certes, les parlementaires de l'Assemblée nationale n'auraient pas dû déléguer leur pouvoir constituant. Mais ni plus ni moins que la génération de parlementaires de la IIIᵉ République qui n'auraient pas dû déléguer leur pouvoir législatif, et qui l'avaient fait depuis vingt ans dans les multiples décrets-lois du régime. Pour la masse des Français, le scrutin du 10 juillet 1940 émanait de la souveraineté nationale et n'était pas contestable. Pas plus que n'était contestable l'investiture que le Reichstag avait accordée à Hitler et la Chambre des députés italiens à Mussolini. La plupart des régimes autoritaires contemporains utilisent les procédures de l'Etat de droit pour le remplacer par un faux Etat de droit.

2. *L'Etat des droits de l'homme.* — Le concept d'Etat de droit n'est pas dissociable de la démocratie qu'il a pour fonction d'établir. Les normes constitutionnelles suprêmes n'y sont pas valables seulement par leur procédure, mais par leur contenu.

● Ethique et technique du droit. — Le droit est une éthique avant d'être une technique, celle-ci servant à garantir celle-là. Le sens de cette liaison ne peut pas être renversé. La véritable « norme fondamentale » ne se définit pas seulement par une généralité abstraite et des procédures d'établissement qui la réduiraient à un récipient apte à recevoir n'importe quoi. Elle se définit par un contenu concret, qui est le système de valeurs de la société considérée. L'Etat de droit est le moyen de faire pénétrer dans les mécanismes juridiques le système des valeurs démocratiques. Il ne peut pas devenir l'Etat de n'importe quel droit. S'il cesse d'être l'Etat des droits de l'homme, il se transforme en Etat du non-droit, malgré la hiérarchie des normes et les procédures applicables à chacun de ses échelons, puisqu'il contredit le système de valeur qui le fonde.

● Les droits de l'homme. — Depuis 1789, la France a édicté plusieurs « Déclarations des droits ». Celle de 1789 fut un modèle imité dans le monde entier par les Etats qui voulaient devenir démocratiques. Elle a été toujours remise en application avec valeur constitutionnelle par le préambule de la Constitution de 1946, lui-même maintenu en vigueur par le préambule de la Constitution de 1958. Après la Déclaration de 1789, la France a proclamé les Déclarations de 1793 et de 1795 (ou de l'an III), et le préambule de la Constitution de 1848. Par ailleurs, diverses dispositions concernant les droits de l'homme se trouvent dans le corps même de nos Constitutions, soit dans des articles isolés (par exemple l'article 120 de la Constitution de 1793 sur le droit d'asile), soit dans des parties entières : le titre III de la Constitution de l'an VIII et le titre VI de l'Acte additionnel aux Constitutions de l'Empire de 1815, les 12 premiers articles de la charte de 1814 et les 11 premiers de la charte de 1830, groupés sous le titre « Droit public des Français ».

On notera que les dispositions de nos anciennes Constitutions non reprises par la Constitution de 1958 sont en général considérées comme subsistant avec valeur de lois ordinaires, si elles n'ont pas été abrogées par des lois postérieures. Elles sont une des sources des principes généraux du droit appliqués par la jurisprudence, qui base sur eux l'annulation des décisions réglementaires qui leur sont contraires. Les « principes fondamentaux reconnus par les lois de la République », auxquels le Conseil constitutionnel donne valeur constitutionnelle pourraient éventuellement s'inspirer des dispositions des déclarations, préambules ou articles des anciennes Constitutions républicaines. Mais ils se définissent plutôt par les principes sous-jacents aux lois votées depuis 1871 : par exemple, ceux consacrant la liberté de l'enseignement.

La Déclaration universelle des Droits de l'Homme adoptée par l'Assemblée générale des Nations Unies le 10 décembre 1948 est présentée « comme l'idéal commun à atteindre par tous les peuples et toutes les nations ». Elle n'a pas de valeur juridique, mais a une valeur morale certaine, bien que la majorité des Etats qui l'ont votée aient des régimes politiques directement contraires aux principes ainsi proclamés. Au contraire, la Convention européenne des Droits de l'Homme et des Libertés fondamentales, adoptée le 4 novembre 1950 par les Etats membres du Conseil de l'Europe, et ses protocoles additionnels de 1952 et 1963 ont une valeur contraignante pour les Etats qui l'ont signée et ratifiée. Elle a donc dans notre droit une valeur supérieure aux lois, mais inférieure à la Constitution de 1958, en vertu de l'article 55 de celle-ci. Tout Etat adhérent peut saisir la Commission européenne des Droits de l'Homme des violations de la Convention par un autre Etat adhérent. La Commission peut elle-même saisir la Cour européenne des Droits de l'Homme des violations en question, si elle n'a pu en obtenir la suppression à l'amiable, mais à condition que l'Etat concerné accepte le recours pour cette affaire, à moins qu'il n'ait expressément accepté de façon générale la compétence obligatoire de la Cour; la France l'a fait en 1974. Dans les mêmes conditions, la Commission peut être saisie directement par n'importe quel citoyen d'un Etat, si celui-ci a accepté ce recours direct : la France l'a fait en octobre 1981, après la victoire de la gauche.

2 | LES ORGANES JURIDICTIONNELS

On donnera d'abord un aperçu général de leurs statuts et de leurs pouvoirs, avant d'examiner particulièrement ceux qui sont organisés par la Constitution et ont ainsi la qualité de pouvoirs publics.

▶ *Tableau général des organes juridictionnels*

On se bornera à quelques indications générales, permettant de comprendre l'importance du pouvoir juridictionnel et son organisation en France.

1. *Les fonctions des organes juridictionnels*. — On peut les résumer en trois points : 1) les organes juridictionnels assurent le respect de la hiérarchie des normes; 2) ils ont le pouvoir d'interpréter le droit; 3) ils ont le pouvoir d'appliquer le droit et de sanctionner ses violations.

● Le pouvoir d'assurer le respect de la hiérarchie des normes. — Ce pouvoir est bien assuré quant au respect du principe de légalité, soit par la voie du recours pour excès de pouvoir, soit par la voie de l'exception d'illégalité. Il est moins bien assuré pour le respect de la constitutionnalité des lois. A cet égard, il présente deux lacunes graves, malgré la création du Conseil constitutionnel en 1958 et l'élargissement de sa saisine en 1974.

D'une part, seuls les pouvoirs publics peuvent saisir le Conseil constitutionnel : Président de la République, Premier ministre, président de l'une ou l'autre assemblée parlementaire, ou 60 députés ou 60 sénateurs. Les particuliers ne peuvent pas le saisir. S'il ne l'a pas été avant la promulgation de la loi, il ne peut plus l'être ensuite. Et il ne peut pas l'être pour les lois promulguées avant 1958, dont certaines mériteraient cependant de lui être soumises. Plusieurs juridictions constitutionnelles étrangères admettent au contraire le recours direct des citoyens (en République fédérale d'Allemagne) ou le recours indirect par les juridictions saisies d'une affaire (en Italie, par exemple).

D'autre part, nos tribunaux ordinaires — judiciaires et administratifs — refusent d'examiner l'exception d'inconstitutionnalité soulevée devant eux. Cette position était justifiable avant 1958, où la souveraineté nationale s'était tournée en souveraineté parlementaire. Elle ne l'est plus depuis 1958, où l'existence du Conseil constitutionnel a supprimé la souveraineté parlementaire, et encore plus depuis 1962, où le Président élu au suffrage universel est un représentant du peuple au même titre que l'Assemblée nationale. Comment les tribunaux qui acceptent de juger par voie d'exception l'inconstitutionnalité d'un décret présidentiel ou d'un décret en Conseil des ministres que le Président a rendu valable en le signant n'acceptent-ils pas de juger de la même façon l'inconstitutionnalité d'une loi ? Cela est profondément illogique. Faut-il ajouter qu'ils ont déjà accepté d'examiner la validité d'une loi par rapport à un traité international sur la base de l'article 55 ?

• Le pouvoir d'interpréter le droit. — Tout texte est susceptible de plusieurs interprétations. Les organes juridictionnels ont pour fonction de trancher entre les diverses interprétations possibles et de « dire le droit », comme leur nom l'indique. Cette interprétation peut être contestée quand il y a plusieurs degrés de juridiction : par la voie de l'appel, où le tribunal saisi en seconde instance substitue son interprétation à celle du tribunal de première instance ou confirme cette dernière; ou par la voie de la cassation, si le tribunal saisi du jugement d'un tribunal inférieur peut seulement « casser » la décision de celui-ci, et renvoyer la même affaire à un tribunal équivalent au premier, mais siégeant dans un autre ressort territorial.

Une fois toutes les voies de recours épuisées, le jugement rendu en dernière instance a « autorité de la chose jugée » : c'est-à-dire qu'il a force de vérité légale, et s'impose à tous, particuliers, autorités administratives et pouvoirs publics. Cela dit, l'autorité de la chose jugée ne vaut que pour le jugement concerné. Elle n'oblige pas les autres tribunaux, voire le même tribunal, à juger de la même façon dans d'autres affaires. En général, il y a des jugements analogues dans les affaires semblables : mais la jurisprudence peut toujours changer. Ajoutons que les tribunaux ne se contentent pas d'interpréter les textes. Ils sont obligés de combler leurs lacunes, puisqu'ils ne peuvent pas invoquer le silence de la loi pour refuser de juger. Quand ils invoquent les principes généraux du droit, ou les principes fondamentaux reconnus par les lois de la République, ils ne se contentent pas d'interpréter les règles. Ils les complètent en créant des règles nouvelles. Leur pouvoir est considérable dans ce domaine.

• Le pouvoir d'appliquer le droit. — Les organes juridictionnels tirent les conséquences de leur interprétation du droit. Dans les procès civils, commerciaux ou administratifs, ils peuvent ainsi annuler ou ne pas appliquer une norme juridique illégale ou inconstitutionnelle. Leur interprétation du droit va jusqu'à celle des contrats et des conventions, qui servent de lois entre ceux qui les ont conclus, ou à celle des institutions civiles tels le mariage, la parenté, la filiation. En validant ou annulant un contrat, une vente, une location ; en prononçant un divorce et en fixant les torts et la garde des enfants, en reconnaissant ou refusant une filiation, en admettant ou non telle indemnisation de dommages, les juridictions ont sur les citoyens un pouvoir considérable. De même, en sanctionnant les violations du droit par des sanctions civiles (dommages-intérêts) ou par des sanctions pénales (amendes, prison). Dans ce dernier cas, les parquets et les juges d'instruction ont le redoutable pouvoir de décider l'inculpation, voire l'arrestation et la détention préventive des citoyens. L' « habeas corpus » — c'est-à-dire la protection contre les arrestations arbitraires — et les garanties de la procédure pénale figurent parmi les droits de l'homme les plus essentiels.

2. *Les deux ordres de juridictions.* — En France, il n'y a pas un ordre unique de juridictions, formant un pouvoir judiciaire unique. Les excès des juridictions de l'Ancien Régime ont conduit à adopter dès la Révolution de 1789 le principe de la séparation des autorités administratives et des autorités judiciaires, qui a entraîné la création de deux ordres de juridictions. Mais l'indépendance des tribunaux administratifs n'est pas moindre que celle des tribunaux judiciaires, laquelle reste relativement limitée.

• Les juridictions judiciaires. — Elles comprennent des tribunaux de droit commun et des juridictions spéciales, tels les « tribunaux de commerce » qui jugent les affaires industrielles et commerciales et les « conseils des prud'hommes » qui jugent les conflits entre salariés et patrons.

Les tribunaux de droit commun sont de plusieurs catégories. Au premier degré de juridiction, les « tribunaux d'instance » jugent au pénal, comme tribunaux de simple police, les auteurs d'infractions minimes qualifiées de contraventions et les litiges civils d'un montant inférieur à 20 000 F. Les « tribunaux de grande instance » sont juges de droit commun pour les affaires civiles supérieures à 20 000 F, et tribunaux correctionnels jugeant au pénal les auteurs d'infractions moyennes qualifiées de délits. Enfin, les « cours d'assises » jugent les auteurs de crimes en associant à trois juges professionnels les membres d'un jury tiré au sort parmi les citoyens.

Au second degré de juridictions, les « cours d'appel » jugent les appels contre les jugements civils des tribunaux d'instance et de grande instance, et les appels contre leurs jugements en matière de contraventions et de délits. Mais il n'y a pas de second degré de juridictions pour les jugements rendus par les cours d'assises. Au sommet de la pyramide se trouve la Cour de cassation, qui apprécie la légalité des jugements rendus en dernier ressort, et assure ainsi l'unité de jurisprudence. En matière de crime, elle n'hésite pas à « casser » en se basant sur des illégalités tout à fait mineures, quand le jugement au fond lui paraît contestable, ce qui conduit à un renvoi devant une autre cour d'assises.

Les magistrats de l'ordre judiciaire sont indépendants en ce sens qu'ils sont choisis par un difficile concours d'entrée à l'Ecole nationale de la Magistrature dont le jury est à peu près objectif. Ils sont inamovibles, c'est-à-dire qu'ils ne peuvent pas être déplacés et révoqués sans l'accord du Conseil supérieur de la Magistrature (cf. p. 430). Mais leur avancement comporte de nombreux degrés hiérarchiques et dépend largement du gouvernement. Cela vient limiter leur indépendance.

• Les juridictions administratives. — La séparation des autorités judiciaires et des autorités administratives a été décidée par les Etats généraux de 1789, en réplique aux abus des Parlements, tribunaux judiciaires suprêmes sous l'Ancien Régime. Les contestations entre les particuliers et les autorités administratives furent portées devant le Conseil d'Etat créé en l'an VIII, qui mélangeait l'activité de juge et celle de conseiller du gouvernement, et devant des Conseils de préfecture pour les petites affaires.

Réduits en nombre et nommés interdépartementaux en 1926, ces derniers ont été transformés en 1953 en 24 tribunaux administratifs devenus juridictions administratives de droit commun. Ils connaissent la plupart des affaires en premier ressort, sauf les recours dirigés contre les décrets du Président de la République et du Premier ministre, contre les décisions des organismes nationaux à caractère collectif, et contre celles relatives à la situation des fonctionnaires nommés par décret. En 1987, ont été créées cinq cours administratives d'appel : à Paris, Lyon, Bordeaux, Nancy et Nantes. Elles reçoivent les appels des jugements des tribunaux administratifs, à l'exception de ceux portant sur les recours en appréciation de légalité, ou sur les litiges relatifs aux élections municipales et cantonales, et les recours pour excès de pouvoir formés contre les actes réglementaires.

Le Conseil d'Etat reste juge d'appel pour ces derniers recours. Il est juge de cassation pour les jugements des cours administratives d'appel et pour ceux de juridictions administratives particulières, telle la Cour des comptes. Les membres des juridictions administratives ne sont pas des magistrats et ne bénéficient donc pas de l'inamovibilité. Pour la plus grande partie, ils sont recrutés par le concours de l'ENA, qui assure une sélection objective. Les reçus qui entrent directement au Conseil d'Etat n'ont plus guère de problèmes d'avancement, ce qui leur donne une grande indépendance. Ceux des tribunaux administratifs et des cours administratives d'appel sont dans une situation différente car ils peuvent espérer l'entrée au Conseil d'Etat, qui est étroite.

▶ *Les pouvoirs publics juridictionnels*

Quatre organes juridictionnels sont établis par la Constitution, et ont ainsi qualité de pouvoirs publics : le Conseil constitutionnel, le Conseil supérieur de la Magistrature, la Haute Cour de Justice et la Cour de Justice de la République. Le premier est un élément important du système politique, qui sera étudié avec quelques détails dans le paragraphe suivant. On se bornera ici à donner quelques éléments sur le Conseil supérieur de la Magistrature et sur la Haute Cour de Justice.

1. *Le Conseil supérieur de la Magistrature.* — Créé par la Constitution de 1946 pour assurer l'indépendance des magistrats, le Conseil supérieur de la Magistrature a été maintenu par la Constitution de 1958, mais a vu affaiblir son autonomie et ses prérogatives. Cela n'est pas conforme au principe posé par la loi constitutionnelle du 3 juin 1958, qui délimitait le pouvoir constituant attribué au général de Gaulle. Ce texte prescrivait que « l'autorité judiciaire doit demeurer indépendante ». Or, elle l'est moins depuis 1958 qu'elle l'était entre 1946 et 1958.

• L'indépendance de la magistrature dans le Conseil supérieur de 1946. — Institution nouvelle, le Conseil supérieur de la Magistrature établi en 1946 proposait au Président de la République les nominations des magistrats du « siège », c'est-à-dire des magistrats chargés d'instruire et juger, les nominations des magistrats du « parquet », chargés de requérir (procureurs, avocats généraux) restant à la discrétion du ministre de la Justice, traditionnellement appelé garde des Sceaux; ce pouvoir est essentiel en matière d'avancement, qui commande l'indépendance des magistrats. Le Président de la République (c'est-à-dire le gouvernement, à l'époque) pouvait refuser de nommer les magistrats proposés, mais il ne pouvait nommer que des magistrats proposés. Le Conseil supérieur pouvait développer cette indépendance, parce que la nomination de ses propres membres échappait au contrôle du gouvernement. Sur ses 14 membres, quatre seulement dépendaient de ce dernier : le Président de la République, qui présidait le Conseil; le garde des Sceaux, qui en était vice-président; et deux mémbres désignés pour six ans par le chef de l'Etat (c'est-à-dire, à l'époque, par le gouvernement). Les autres membres étaient élus pour six ans : quatre par l'ensemble des magistrats (dans des collèges différents : Cour de cassation, cours d'appel, tribunaux de première instance, juges de paix), les six derniers par l'Assemblée nationale, hors d'elle-même, à la majorité des deux tiers.

● La dépendance de la magistrature dans le Conseil supérieur de 1958. — L'article 65 de la Constitution de 1958 et la loi organique du 22 décembre 1958 avaient beaucoup affaibli les moyens par lesquels le Conseil supérieur de la Magistrature peut assurer l'indépendance des magistrats.

D'une part, le Conseil supérieur ne pouvait proposer que les nominations des premiers présidents de cour d'appel et des magistrats du siège de la Cour de cassation : c'est-à-dire uniquement un petit nombre de magistrats arrivés au sommet de la carrière. Pour les autres, qui sont la grande masse du corps au moment où l'avancement est décisif, il formulait seulement des avis sur les propositions du garde des Sceaux. D'autre part, les neuf membres du Conseil autres que le Président de la République et le garde des Sceaux étaient nommés par le Président de la République : deux librement, les sept autres sur une liste triple du nombre des sièges à pourvoir (trois parmi les membres de la Cour de cassation, dont un avocat général; trois parmi les magistrats du siège des cours et tribunaux, la liste triple étant établie pour ceux-ci par le bureau de la Cour de cassation; le dernier étant un conseiller d'Etat, la liste de trois noms étant établie par l'assemblée générale du Conseil d'Etat).

● Le retour à une certaine indépendance par la révision constitutionnelle du 27 août 1993. — Complétée par la loi organique du 5 février 1994, celle-ci a renforcé l'autorité du Conseil supérieur, désormais divisé en deux formations séparées, compétentes respectivement l'une pour les magistrats du siège, l'autre pour ceux du parquet.

La formation compétente à l'égard des magistrats du siège comprend, outre le Président de la République et le garde des Sceaux, cinq magistrats du siège et un magistrat du parquet, un conseiller d'Etat désigné par le Conseil d'Etat, et trois personnalités n'appartenant ni au Parlement ni à l'ordre judiciaire, désignées respectivement par le Président de la République, le président de l'Assemblée nationale et le président du Sénat. La formation compétente à l'égard des magistrats du parquet comprend, outre le Président de la République et le garde des Sceaux, cinq magistrats du parquet et un magistrat du siège, le conseiller d'Etat et les trois personnalités mentionnés à l'alinéa précédent.

La formation du Conseil supérieur de la Magistrature compétente à l'égard des magistrats du siège fait des propositions pour les nominations des magistrats du siège à la Cour de cassation, pour celles de premier président de cour d'appel et pour celles de président de tribunal de grande instance. Les autres magistrats du siège sont nommés sur son avis conforme. Elle statue comme conseil de discipline des magistrats du siège. Elle est alors présidée par le Premier président de la Cour de cassation.

La formation du Conseil supérieur de la magistrature compétente à l'égard des magistrats du parquet donne son avis pour les nominations concernant les magistrats du parquet, à l'exception des emplois auxquels il est pourvu en Conseil des ministres, et son avis sur les sanctions disciplinaires concernant les magistrats du parquet. Elle est alors présidée par le procureur général près la Cour de cassation.

Les magistrats, respectivement du siège ou du parquet appartenant à chacune des deux formations, sont désignés de la façon suivante : un de la Cour de cassation hors hiérarchie élu par l'assemblée de ses collègues hors hiérarchie de ladite Cour, un premier président ou un procureur général de cour d'appel élu par l'assemblée de ses collègues de ces cours ; un président ou un procureur de la République des tribunaux de grande instance élu par l'assemblée de ses collègues de ceux-ci, enfin deux membres des cours et tribunaux élus par tous les magistrats dans un scrutin à deux degrés. Les magistrats du siège élisent un collège de 160 membres et ceux du parquet un collège de 80 membres répartis en circonscriptions de cours d'appel, où se déroule un majoritaire uninominal à un tour. Chaque collège élit ensuite les magistrats de la formation correspondante du Conseil, toujours au scrutin à un tour, chaque électeur pouvant cette fois voter pour deux candidats. Les élections ont lieu tous les quatre ans.

2. *La Haute Cour de Justice.* — La révision constitutionnelle du 19 juillet 1993 n'a rien changé à la Haute Cour de Justice en ce qui concerne la mise en accusation du Président de la République (cf. p. 264). Elle a seulement supprimé la compétence de la Haute Cour à l'égard des membres du gouvernement, qui a été transférée à la Cour de Justice de la République, décrite ci-après.

• L'organisation de la Haute Cour. — La Haute Cour de justice comprend 24 juges titulaires et 12 juges suppléants, ces derniers siégeant en cas de récusation par les justiciables, pour parenté ou alliance, citation ou audition comme témoins dans l'instruction, ou motif d'inimitié capitale entre eux et l'accusé. L'Assemblée nationale et le Sénat élisent chacun, parmi leurs membres, la moitié de ces 24 titulaires et 12 suppléants. Les députés sont élus pour toute la durée de la législature ; les sénateurs le sont à chaque renouvellement partiel. Le vote est secret : la majorité absolue des membres composant l'assemblée est nécessaire.

La commission d'instruction est entièrement composée de magistrats : elle ne comprend plus aucun parlementaire, et ses membres sont désignés sans aucune intervention du Parlement. Elle est formée de cinq membres titulaires et de deux suppléants désignés chaque année parmi les magistrats du siège de la Cour de cassation, le bureau de celle-ci siégeant hors la présence des membres du parquet. Le ministère public de la Haute Cour est assuré par le procureur général de la Cour de cassation, assisté du premier avocat général de la Cour et deux avocats généraux désignés par lui.

• *La compétence de la Haute Cour.* — La Haute Cour n'est plus compétente qu'à l'égard du Président de la République s'il est accusé de haute trahison, crime qui n'est défini nulle part, et que la Haute Cour devrait définir en l'occurrence, bien que cela soit contraire au principe de la légalité des délits et des peines (cf. plus haut, p. 265). La compétence de la Haute Cour est exclusive : le Président de la République ne peut être poursuivi devant aucune autre juridiction et la Haute Cour n'existant que pour lui, désormais.

3. *La Cour de justice de la République.* — La Cour de justice de la République a été instituée en 1993 pour juger les crimes et délits commis par les membres du gouvernement dans l'exercice de leurs fonctions.

• *La compétence de la Cour de justice de la République.* — La Cour de justice de la République est compétente pour juger les actes des membres du gouvernement accomplis dans l'exercice de leurs fonctions et qualifiés de crimes et délits au moment où ils ont été commis. La Cour est liée par la définition légale de ces crimes et délits de même que par la détermination légale des sanctions qui peuvent leur être appliquées. Ainsi, les membres du gouvernement sont mis sur le même pied que les autres citoyens quant à la responsabilité des actes accomplis par leurs fonctions : seule la juridiction qui affirme cette responsabilité est différente des juridictions ordinaires. Mais pour les actes personnels accomplis par les membres du gouvernement pendant leur exercice du pouvoir, ceux-ci relèvent des tribunaux ordinaires, comme un simple citoyen.

La Cour de justice de la République peut être saisie de deux façons. Toute personne physique qui se prétend lésée par un crime ou délit commis par un membre du gouvernement dans l'exercice de ses fonctions peut saisir la Cour en portant plainte devant elle. L'expression « personne physique » écarte les partis et autres associations politiques. Par ailleurs, le procureur général près la Cour de cassation peut saisir d'office la Cour de justice de la République. Cette innovation est importante, parce qu'elle donne au pouvoir judiciaire la possibilité d'intervenir sur l'exercice du pouvoir exécutif.

L'originalité de la réforme constitutionnelle du 19 juillet 1993 est d'avoir supprimé le droit des parlementaires de déclencher des poursuites contre les membres du gouvernement, alors que les parlementaires seuls pouvaient poursuivre les membres du gouvernement devant la Haute Cour. Depuis 1993, ce droit de saisine est intégralement transféré aux citoyens et au procureur général près la Cour de cassation. Les parlementaires ne se sont pas laissé dépouiller sans résistance. Ils décidèrent d'abord la double saisine, en ajoutant la leur à celles indiquées ci-dessus. Devant le refus du gouvernement, les sénateurs tentèrent de maintenir la saisine parlementaire pour les atteintes « à la nation, au fonctionnement de l'Etat ou à la paix », ce qui n'était guère sérieux. L'arbitrage imposé par le premier ministre les fit céder.

• L'organisation de la Cour de Justice de la République. — La Cour de Justice de la République mélange des parlementaires et des magistrats, comme le faisait la Haute Cour de la IVe République. Elle est composée de 15 juges. Douze sont des parlementaires : 6 élus par l'Assemblée nationale et 6 par le Sénat après chaque renouvellement général de la première et chaque renouvellement partiel du second. Trois sont des magistrats du siège de la

Cour de cassation dont l'un préside la Cour de justice de la République.

Le ministère public près la Cour de justice de la République est exercé par le procureur général de la Cour de cassation, assisté du premier avocat général et de deux avocats généraux désignés par le procureur général.

La plainte d'un citoyen ou la poursuite d'office du procureur général par la Cour de cassation est transmise à une « Commission des requêtes » composée de sept magistrats élus ou désignés pour cinq ans respectivement par les magistrats du siège de la Cour de cassation (3), par l'Assemblée générale du Conseil d'Etat (2) et par la chambre du conseil de la Cour des comptes (2). La Commission peut empêcher la saisine. Elle décide de transmettre la plainte au procureur général de la Cour de cassation aux fins de saisine, dans le cas d'une plainte. Son avis conforme est nécessaire dans le cas d'une saisine d'office par le procureur.

L'instruction est assurée par une Commission d'instruction, composée de trois magistrats du siège de la Cour de cassation désignés par l'ensemble de leurs pairs pour une durée de trois ans. Cette Commission peut décider qu'il n'y a pas lieu à poursuivre ou déférer au contraire les membres du gouvernement à la Cour de justice de la République.

Les arrêts de la Cour de justice de la République peuvent faire l'objet de pourvois en cassation, qui sont portés devant l'assemblée plénière de la Cour de cassation, celle-ci devant statuer dans un délai de trois mois. Si la Cour de cassation annule un arrêt rendu par la Cour de justice de la République, elle renvoie l'affaire devant celle-ci, composée de juges autres que ceux qui ont rendu l'arrêt annulé.

Sur l'Etat de droit, cf. M. Duverger, La perversion du droit, dans *Religion, société et politique* (Mélanges en hommage à J. Ellul), p. 715 et s. ; J.-L. Quermonne, *L'évolution de la hiérarchie des actes juridiques en droit public français*, thèse, 1952 ; L. Favoreu (et autres), *La protection des droits fondamentaux par les juridictions constitutionnelles en Europe*, 1982 ; et l'article de J.-M. Auby (*Mélanges Pelloux*, 1980, p. 21). — Sur les principes généraux du droit, cf. B. Jeanneau, *Les principes généraux du droit dans la jurisprudence administrative*, 1954, et la bibliographie de la p. 461.

Sur la hiérarchie de la loi et des règlements, cf. J.-M. Duffau, *Pouvoir réglementaire autonome et pouvoir réglementaire dérivé*, thèse, 1975 ; J.-M. Guieze, *Le partage de compétence entre la loi et le règlement en matière financière*, 1974 ; les Actes du Colloque d'Aix-en-Provence, *Le domaine de la loi et du règlement*, 1978 : les nᵒˢ 2908 et 2959, des « Notes documentaires et Etudes » de la *Documentation française* (28 juillet 1962 et 31 janvier 1963), et la bibliographie des pages 390 et 415.

LES DIFFÉRENTES CATÉGORIES DE DÉCRETS. — Une loi du 7 juillet 1980, une loi organique du 21 juillet et un décret du 31 juillet de la même année ont simplifié la classification des décrets réglementaires, en les réduisant à trois catégories :

1) *Les décrets délibérés en Conseil des ministres* doivent être signés à la fois par le chef de l'Etat, et contresignés par le Premier ministre et les ministres responsables. Le chef de l'Etat peut refuser sa signature.

2) *Les décrets en Conseil d'Etat*, qui sont tous les décrets soumis soit par la volonté du gouvernement, soit par obligation posée par la loi, à l'avis du Conseil d'Etat. Pour ceux-ci, le gouvernement peut seulement adopter soit le texte initial qu'il a soumis au Conseil, soit le texte conforme à l'avis du Conseil.

3) *Les décrets simples*, pris par le Premier ministre en vertu de l'article 21 de la Constitution, qui lui donne une compétence réglementaire de droit commun.

On notera que ces textes ne reconnaissent pas la catégorie des « décrets présidentiels simples » (cf. plus haut, p. 281). Pour le Conseil d'Etat, la signature du Président ne rend pas nul le décret, mais elle n'en change pas la nature : en conséquence, le texte en question peut être modifié par le Premier ministre seul. Sauf dans les domaines où la compétence du Président est évidente, cités p. 281.

Sur le Conseil supérieur de la Magistrature, cf. l'article de C. Bréchon-Moulènes (*Rev. du droit publ.*, 1973, p. 599). — Sur la Haute Cour de justice, cf. P. Desmotte, *De la responsabilité pénale des ministres en régime parlementaire français*, thèse, 1968. — Sur la décision du Sénat définissant arbitrairement la haute trahison en 1918, cf. A. Esmein, *Eléments de droit constitutionnel*, II, 1928, note 195, p. 287.

2 / Le Conseil constitutionnel

Le Conseil constitutionnel est une sorte de juridiction politique suprême, chargée de contrôler la constitutionnalité des lois, la régularité des élections présidentielles et parlementaires, et certains rapports entre pouvoirs publics. Le terme « juridiction politique », qu'on vient d'employer, exprime le caractère ambigu de l'institution. Elle a les fonctions d'un juge, mais elle intervient dans des matières politiques et plus encore dans des buts politiques; ses membres doivent avoir l'indépendance de magistrats, mais leur recrutement est politique.

1 | L'ORGANISATION DU CONSEIL CONSTITUTIONNEL

Transposant sur le modèle européen le contrôle de la constitutionnalité des lois inauguré par la Cour suprême des Etats-Unis, le Conseil constitutionnel diffère profondément de celle-ci par l'organisation et les pouvoirs.

▶ *La composition du Conseil constitutionnel*

Le Conseil constitutionnel comprend deux catégories de membres : les membres nommés et les membres de droit. Le président du Conseil constitutionnel est nommé par le Président de la République, parmi les membres du Conseil. Jusqu'ici, il a toujours été choisi parmi les membres nommés par le Président lui-même.

1. *Les membres nommés.* — Les membres nommés sont désignés pour neuf ans, par tiers tous les trois ans. Trois d'entre eux

sont nommés par le Président de la République, trois par le président de l'Assemblée nationale, trois par le président du Sénat.

● **L'indépendance des membres nommés.** — L'indépendance des membres nommés tient au fait qu'ils sont choisis pour neuf ans, inamovibles et non renouvelables, ce qui les empêche de favoriser l'autorité de nomination afin d'obtenir le renouvellement de leur mandat. Les membres nommés après le décès de leur prédécesseur achèvent seulement le mandat de celui-ci et peuvent être renouvelés si la durée du mandat encore à courir est inférieure à trois ans. De toute façon, l'espoir d'une situation intéressante au sortir de charge peut ne pas être absent de la pensée des membres nommés. Le seul moyen de leur assurer une réelle indépendance serait de nommer à vie les membres du Conseil constitutionnel, comme le sont les membres de la Cour suprême des Etats-Unis, lesquels peuvent cependant démissionner à partir de 70 ans, sans y être obligés. Mais ce dernier système augmenterait encore l'âge moyen du Conseil, déjà élevé. A Washington, on dit que « les membres de la Cour suprême meurent rarement et ne démissionnent jamais ».

● **La politisation des nominations.** — Dès la première nomination des membres du Conseil en 1959, la politisation des choix a été évidente. Sur les 9 nommés, 5 appartenaient à l'UNR ou à l'ancien RPF. Les nominations faites depuis lors ont suivi cet exemple. Jusqu'en 1981, toutes ont penché du même côté politique, où se situaient à la fois le Président de la République, la majorité de l'Assemblée nationale et celle du Sénat. Depuis lors, l'Elysée et le Palais-Bourbon ayant basculé de l'autre côté, une partie des nominations au Conseil constitutionnel a suivi la même pente. Mais les membres de la nouvelle orientation ne seront que quatre à la veille des législatives de 1986 ; deux nommés par le Président de la République et deux nommés par le président de l'Assemblée nationale, répartis entre 1983 et 1986. La majorité des membres nommés penchera encore de l'autre côté, mais non le président, renouvelé en 1983.

2. *Les membres de droit.* — Les anciens Présidents de la République sont membres de droit du Conseil constitutionnel, à vie. Mais leur participation au Conseil a posé divers problèmes.

• Le droit de siéger ou de ne pas siéger. — Le président Coty a régulièrement siégé au Conseil, de 1959 à sa mort, survenue en 1962. Le président Auriol s'est abstenu d'y paraître après le refus du général de Gaulle de convoquer le Parlement en 1960 : mais il y revint le 6 novembre 1962, pour soutenir le recours du président du Sénat contre la loi référendaire établissant l'élection du Président de la République au suffrage universel. Le général de Gaulle s'abstint d'y paraître, de sa démission en 1969 à son décès en 1970, sans toucher son indemnité de membre. Le président Giscard d'Estaing s'abstint de siéger, en se réservant de venir au Conseil « le jour où les institutions de la République seraient mises en cause », sans trouver cette occasion, mais en percevant néanmoins son indemnité. Il paraît évident qu'un membre de droit peut décider à son gré de siéger ou de ne pas siéger, mais non de siéger à éclipses, selon des circonstances qu'il choisit. Il semble non moins évident que s'il refuse de siéger, il ne devrait pas percevoir l'indemnité de membre du Conseil.

• Le droit de se présenter aux élections. — Les membres de droit du Conseil constitutionnel peuvent se présenter de nouveau à la présidence de la République ou affronter des élections parlementaires, comme les membres nommés. Le raisonnement contraire repose sur une confusion entre l'incompatibilité et l'inéligibilité. Les fonctions de Président de la République, de député, de sénateur, de membre du gouvernement sont incompatibles avec celles de membre du Conseil constitutionnel. Cela signifie qu'une fois élu, le membre du Conseil doit choisir entre sa fonction élective nouvelle et celle de membre du Conseil. Mais il peut affronter l'élection : il n'est pas inéligible. S'il s'agit d'un membre de droit, il cesse de percevoir son indemnité de membre du Conseil, comme l'a fait le président Giscard d'Estaing quand il a été député européen en 1984-1993.

▶ *Le statut des membres du Conseil constitutionnel*

Les membres du Conseil constitutionnel ont certains droits et certaines obligations. Des moyens disciplinaires assurent l'exercice de ces dernières.

1. *Les droits et obligations des membres du Conseil.* — On se bornera à en dresser un tableau sommaire.

• Les droits et avantages des membres du Conseil. — Les membres du Conseil constitutionnel perçoivent une indemnité égale au traitement d'un président de section au Conseil d'Etat. Cette indemnité est réduite de moitié pour les membres du Conseil exerçant une activité compatible avec leurs fonctions. N'étant pas un traitement, elle n'entraîne aucune retraite après la cessation des fonctions. Le président du Conseil constitutionnel perçoit une indemnité plus élevée, égale au traitement le plus élevé de l'Etat.

Les membres du Conseil disposent d'un bureau au siège du Conseil. Le président dispose en plus d'un secrétariat personnel et d'une voiture de fonction, et il bénéficie de la franchise postale pour son courrier de service.

• Les obligations des membres du Conseil. — Une seule est permanente, c'est-à-dire imposée pendant toute la vie des membres du Conseil, même lorsqu'ils ont cessé leurs fonctions : celle de garder le secret des délibérations et des votes. Les autres ne s'appliquent que pendant la durée des fonctions.

Les membres du Conseil sont d'abord tenus de ne pas exercer des fonctions incompatibles avec leur appartenance au Conseil. Les incompatibilités concernent d'abord les personnes n'ayant pas la jouissance des droits civils et politiques, ou se trouvant frappées d'une incapacité physique permanente empêchant d'exercer définitivement les fonctions de membres du Conseil. La loi organique du 19 janvier 1995 a aggravé les autres incompatibilités. Elles excluent désormais l'exercice des fonctions de membres du gouvernement ou du Conseil économique et social ainsi que de tout mandat électoral (cependant les membres du Conseil titulaires d'un ou plusieurs mandats électoraux à la date de la publication de la loi pourront les conserver jusqu'au terme de ceux-ci). Par ailleurs, les incompatibilités professionnelles applicables aux parlementaires (cf. p. 344) sont étendues aux membres du Conseil constitutionnel. Les membres du gouvernement ou du Conseil économique et social et les titulaires d'un mandat électoral nommés au Conseil constitutionnel sont réputés avoir opté pour lui huit jours après la publication de leur nomination.

Les membres du Conseil sont tenus d'autre part à une obligation de réserve. Ils doivent s'abstenir de tout ce qui pourrait compromettre leur indépendance. Il leur est interdit pendant leurs fonctions : 1) de prendre aucune position publique sur les questions ayant fait ou étant susceptibles de faire l'objet de décisions du Conseil; 2) d'occuper, au sein d'un parti ou d'un groupement politique un « poste de responsabilité ou de direction et de façon plus générale, d'y exercer une activité incompatible » avec l'indépendance et la dignité de fonctions de membre du Conseil; 3) d'être candidat à une élection sans mise en congé du Conseil pendant toute la durée de la campagne; 4) de mentionner leur qualité de membre du Conseil sur tout document susceptible d'être publié, ou relatif à une action publique et privée; 5) de se livrer à toute activité pouvant avoir une influence sur une élection dont le Conseil est juge : notamment se prononcer en faveur d'un candidat, recommander de voter, participer à un bureau de vote, etc.

L'obligation de réserve s'impose à tous les membres du conseil, y compris les membres de droit : le décret du 13 novembre 1959 est formel sur ce point. En conséquence, un ancien Président de la République doit s'abstenir de tous les actes que l'on vient d'énumérer ou doit être « mis en congé » du Conseil, c'est-à-dire ne pas y siéger. Une seule obligation des membres du Conseil ne concerne que les membres nommés et non les membres de droit : celle de prêter serment devant le Président de la République. L'obligation du secret des votes et délibérations étant incluse dans la formule du serment, on peut considérer que les membres de droit en sont dispensés. Cela demeure contestable, étant donné que l'obligation au secret est inhérente à la nature des fonctions. Cependant, certains membres de droit ont estimé qu'elle ne s'appliquait pas à eux.

2. *La discipline des membres du Conseil.* — Le Conseil constitutionnel exerce un pouvoir disciplinaire sur ses membres, s'ils manquent à leurs obligations.

● La constatation du manquement aux obligations. — Si un membre du Conseil manque à ses « obligations, générales et particulières », le Conseil le constate en réunion générale, par un vote au scrutin secret « à la majorité simple des membres le composant ». Cette formule implique que le président n'a pas voix prépondérante en la matière, comme il l'a pour les autres décisions du Conseil en cas de partage égal des voix. Si le Conseil ne comporte pas de membres de droit, la majorité des membres le composant est de 5 voix. Le président Giscard d'Estaing étant membre de droit, cette majorité est actuellement de 6 voix. Si un membre du Conseil est mis en congé, il ne peut participer aux votes, mais la majorité demeure inchangée.

La constatation du manquement aux obligations s'applique à tous les membres du Conseil, y compris ses membres de droit. Les termes du décret du 13 novembre 1959 sont indiscutables à cet égard. Notons toutefois qu'elle ne peut intervenir que pour les obligations définies aux articles 1 et 2 du décret en question, ce qui exclut l'obligation au secret, qui découle de l'article 3 de l'ordonnance du 7 novembre 1958.

● La sanction du manquement aux obligations. — Les textes ne prévoient qu'une seule sanction aux manquements des membres du Conseil à leurs obligations : la démission d'office. Elle s'applique à la fois : 1) aux manquements constatés suivant la procédure ci-dessus définie; 2) à ceux constitués par l'exercice d'une activité ou l'acceptation d'une fonction ou d'un mandat électif incompatibles avec la qualité de membre du Conseil; 3) à ceux constitués par la perte de jouissance des droits civils et politiques; 4) à ceux constitués par la survenance d'une incapacité physique permanente empêchant définitivement d'exercer les fonctions de membre du conseil. La démission d'office est prononcée par le Conseil, qui la « constate ».

Cette sanction n'est applicable qu'aux seuls membres nommés, les anciens Présidents de la République étant membres de droit « à vie ». Cependant, il serait évidemment impossible qu'un membre du Conseil ne puisse pas être sanctionné pour manquement à ses obligations dûment constaté, ou qu'il puisse continuer à siéger au Conseil alors qu'il exerce une activité, une fonction ou un mandat incompatibles avec la qualité de membre ou qu'il a été frappé d'une peine de privations des droits civils et politiques. Dans une telle situation, la seule solution serait sans doute que le Conseil étende à ces situations la procédure de mise en congé, prévue pour le membre du Conseil, nommé ou à vie, qui sollicite un mandat électoral.

2 | LES POUVOIRS DU CONSEIL CONSTITUTIONNEL

Le contrôle de la constitutionnalité des lois est devenu la fonction essentielle du Conseil constitutionnel, depuis la réforme constitutionnelle du 29 octobre 1974 qui a permis à l'opposition parlementaire de saisir le Conseil des lois votées. Cependant, le

Conseil remplit aussi deux autres fonctions, qui présentent une grande importance : l'intervention dans les rapports entre les pouvoirs publics et le contrôle national de l'exercice du suffrage universel.

▶ *Le contrôle de la constitutionnalité des lois et des traités*

Certains demeurent opposés au développement dans notre pays du contrôle de la constitutionnalité des lois, qu'ils considèrent comme une atteinte aux droits du Parlement. Cependant le développement de ce contrôle est l'un des aspects de l'évolution des démocraties modernes.

1. *Le développement du contrôle de la constitutionnalité dans les démocraties modernes.* — Le développement du contrôle de la constitutionnalité s'est fait sous deux formes : par la voie de l'exception devant les tribunaux ordinaires, d'abord; par la voie du recours devant des juridictions ou pseudo-juridictions constitutionnelles, ensuite.

● Le contrôle par voie d'exception devant les tribunaux ordinaires. — On a dit que ce système permet à un citoyen de mettre en cause la constitutionnalité d'une loi à propos de l'application qu'on veut lui en faire dans un procès. Pour sa défense, le justiciable invoque l'exception d'inconstitutionnalité : pendant plus d'un siècle le système a existé seulement aux Etats-Unis, par suite de l'interprétation large de la Constitution par la Cour suprême dans le célèbre arrêt « Marbury contre Madison » de 1803 : la Cour suprême étant le tribunal supérieur sur le plan fédéral, chargé par la Constitution du contrôle de la régularité des actes des autorités fédérées par rapport à la Constitution fédérale, par l'appel des jugements rendus par les tribunaux ordinaires. Dans l'arrêt précité, la Cour a décidé qu'elle pouvait aussi contrôler la régularité des lois fédérales par rapport à la Constitution fédérale. Le système a été ensuite imité par l'Irlande en 1920, la Roumanie en 1923, la Grèce en 1927 et en 1975.

• Le contrôle par recours devant une juridiction spéciale. — Le système a été inauguré par la Tchécoslovaquie et l'Autriche en 1920, un tribunal constitutionnel spécial étant organisé, qui ne pouvait être saisi que par des autorités publiques. En 1931, ce système a été adopté par l'Espagne républicaine qui a en même temps autorisé les recours en annulation des particuliers devant le tribunal constitutionnel. Depuis la seconde guerre mondiale, l'Italie républicaine en 1946, la République fédérale d'Allemagne en 1949, le Portugal en 1976 et l'Espagne en 1978 se sont ralliés au même système. Le recours direct des particuliers devant la Cour constitutionnelle est possible en RFA, où il aboutit à l'encombrement de la juridiction. En Italie et en Espagne, les tribunaux ordinaires peuvent saisir le tribunal constitutionnel à l'occasion d'un procès qui se déroule devant eux. Au Portugal, le justiciable peut saisir la Cour quand le tribunal qui jugeait son affaire a refusé de le faire. La France va beaucoup moins loin, puisque seules les autorités publiques ou l'opposition parlementaire peuvent saisir le Conseil constitutionnel avant la promulgation de la loi contestée.

Cependant, la Constitution de 1958 a représenté un grand progrès avec la création du Conseil constitutionnel, et surtout avec son évolution ultérieure. A l'origine, il faisait partie des moyens imaginés pour protéger le gouvernement contre les excès du Parlement. La réforme de 1974 a considérablement développé la voie d'un contrôle de la constitutionnalité des lois, par le biais des recours faits par les parlementaires de l'opposition : dans les 16 années précédentes, 9 lois seulement avaient été soumises au Conseil.

2. *Les règles du contrôle de la constitutionnalité par le Conseil constitutionnel.* — Elles varient suivant la nature des textes contrôlés. Le Conseil n'annule pas le texte qu'il estime contraire à la Constitution. Il estime que ce texte ne peut pas être mis en application

tant qu'il n'a pas été rendu conforme à la Constitution (pour les lois : cependant, si l'inséparabilité des dispositions rejetées par le Conseil n'a pas été déclarée par lui, le reste du texte peut être publié à l'exception de celles-ci, qui sont ainsi annulées *ex post*, ou tant que la Constitution n'a pas été modifiée (pour les traités), ou pour les lois que le gouvernement et le Parlement veulent appliquer malgré la décision du Conseil : ainsi a-t-il été fait en 1993 pour le droit d'asile).

● Le contrôle des règlements des assemblées parlementaires. — On a vu que les règlements des assemblées parlementaires devaient être obligatoirement soumis au Conseil constitutionnel avant d'entrer en application. Le président de l'assemblée concernée saisit le Conseil. Seules sont inapplicables les parties des règlements que le Conseil juge contraires à la Constitution. Toutes les modifications ultérieures du règlement sont examinées par le Conseil et ensuite appliquées dans les mêmes conditions (cf. p. 349).

● Le contrôle des lois. — Les lois sont soumises au Conseil constitutionnel une fois votées en dernière lecture par les assemblées et prêtes à être promulguées. Le Conseil doit être saisi de toutes les lois organiques, qui lui sont obligatoirement transmises avant promulgation. Au contraire, les lois ordinaires ne sont examinées par le Conseil constitutionnel que si l'une des autorités qui ont pouvoir de le saisir décide de le faire dans les quinze jours du délai de promulgation. A l'origine, la saisine du Conseil constitutionnel pour les lois ordinaires ne pouvait être exercée que par le Président de la République (sans contreseing), par le Premier ministre, ou par le président de l'Assemblée nationale ou celui du Sénat. Depuis la réforme du 29 octobre 1974 modifiant l'article 61 de la Constitution, les lois votées peuvent être également déférées au Conseil par 60 députés ou 60 sénateurs. Ainsi une minorité de l'Assemblée nationale ou du Sénat a dorénavant la possibilité d'une voie de recours contre la loi votée par la majorité.

Pour les lois organiques et les lois ordinaires, le Conseil constitutionnel doit statuer dans le délai d'un mois : mais le gouvernement peut réduire ce délai à huit jours, en déclarant l'urgence. La déclaration d'inconstitutionnalité peut revêtir deux formes : ou bien le Conseil estime que la disposition inconstitutionnelle est inséparable du reste du texte, auquel cas la loi tout entière ne peut être promulguée et appliquée; ou bien il estime que les dispositions inconstitutionnelles peuvent être séparées du texte, auquel cas le Président de la République peut, soit promulguer le texte incomplet, soit demander une seconde lecture aux chambres.

• L'exclusion des lois référendaires. — Le contrôle de la constitutionnalité exercé par le Conseil ne porte que sur les lois votées par le Parlement, non sur celles adoptées par référendum. Le Conseil constitutionnel a adopté cette solution dans sa décision du 6 novembre 1962, rendue sur recours du président du Sénat, contre le texte adopté par le référendum du 28 octobre, recours basé sur le fait que l'article 11 de la Constitution ne permet pas d'user du référendum en matière de révision constitutionnelle.

Deux arguments donnent à cette décision une valeur incontestable. Le premier, c'est que les lois adoptées par référendum sont « l'expression directe de la souveraineté nationale », comme le déclare le Conseil. Autrement dit, échappent à tout contrôle juridictionnel les actes qui sont accomplis par le peuple lui-même, car c'est à lui qu'appartient la souveraineté; pour qu'ils puissent relever du Conseil constitutionnel, il faudrait que la Constitution le dise expressément, ce qu'elle ne fait pas. Le second argument, c'est que l'article 17 de la loi organique du 7 novembre 1958, relative au Conseil constitutionnel, ne fait état que des lois « adoptées par le Parlement », et non de celles adoptées par référendum.

• Le contrôle des traités. — L'article 54 de la Constitution établit un contrôle de la constitutionnalité des engagements internationaux, terme large qui désigne à la fois les traités soumis à ratification par le Président de la République, avec ou sans autorisation du Parlement, et les accords non soumis à ratification. Tous ces engagements peuvent être soumis au Conseil constitutionnel par le Président de la République, le Premier ministre, ou le président de l'une ou l'autre assemblée. Dans ce domaine, la réforme du 29 octobre 1974 n'avait rien modifié : la saisine des parlementaires n'avait pas été étendue aux engagements internationaux. Cependant, quand il s'agissait d'un traité dont la ratification nécessite une autorisation législative, 60 députés ou 60 sénateurs pouvaient déférer au Conseil la loi autorisant la ratification, sur la base de l'article 61 : en ce cas le Conseil avait décidé, dans des décisions du 30 décembre 1976 et du 17 juillet 1980, que son contrôle s'étendait au traité lui-même. La question a été réglée par la réforme constitutionnelle du 25 juin 1992 déclenchée par le traité de Maastricht : elle a complété la réforme de 1974, en décidant que 60 députés ou 60 sénateurs peuvent saisir le Conseil constitutionnel d'un engagement international dont ils estiment qu'une clause est contraire à la Constitution. Si le Conseil leur donne raison, l'engagement ne peut intervenir qu'après révision de la Constitution.

3. *La pratique du contrôle de la constitutionnalité par le Conseil constitutionnel.* — Le contrôle de la constitutionnalité des traités sur la base de l'article 54 n'est intervenu que cinq fois : en 1970, à propos de la création de ressources propres aux Communautés européennes ; en 1976, à propos de l'élection au suffrage universel de l'Assemblée des Communautés ; en 1985, et deux fois en 1992. La seconde décision est très importante, car elle définit les limites de compatibilité entre la souveraineté nationale et les pouvoirs des institutions communautaires. Le contrôle de la constitutionnalité des lois sur la base de l'article 61 s'est considérablement développé depuis la réforme de 1974.

● Le développement du contrôle de la constitutionnalité des lois depuis 1974. — De 1959 à décembre 1974, on trouve seulement neuf décisions d'inconstitutionnalité du Conseil constitutionnel, soit une tous les dix-neuf mois. De décembre 1974 à janvier 1984, on en trouve 79, soit plus d'une tous les mois et demi. Dans la première période, toutes proviennent de recours des autorités publiques : six du Premier ministre, et trois du président du Sénat. Dans la seconde période, on trouve seulement quatre décisions sur 79 provenant de tels recours : deux provenant du Premier ministre et deux du président de l'Assemblée nationale.

Les recours des parlementaires émanent surtout de l'opposition : entre 1974 et 1981, 3 décisions seulement sont provoquées par la majorité, émanant toutes de l'UDR-RPR, contre 41 provoquées par la gauche (22 par les socialistes seuls, 5 par les communistes seuls et 14 par les deux partis). Depuis juin 1981, toutes les décisions sont provoquées par l'opposition, soit unie dans ses deux composantes, soit réduite au RPR. Cependant, le parti socialiste est intervenu en 1982 pour joindre un mémoire aux requêtes du RPR et de l'UDF contre la loi des nationalisations, ce qui permettait de faire entendre au Conseil la voix de la défense. En 1979, le président de l'Assemblée nationale avait fait un recours en même temps que les socialistes, afin de justifier la procédure suivie par la loi de finances qui fut annulée. Un exemple plus récent est fourni par les recours contre la loi sur la bioéthique.

L'opposition et la majorité ne sont pas toujours séparées dans les requêtes au Conseil constitutionnel : notamment quand celles-ci concernent les rapports entre des organes de l'Etat. Il arrive que députés ou sénateurs ne mettent pas seulement en cause les dispositions d'un texte, mais la procédure de son adoption, pour faire respecter les prérogatives des assemblées. Les entreprises de ce type peuvent associer des adversaires politiques. Les socialistes et le RPR ont ainsi attaqué ensemble le projet de loi des finances pour 1977. Le Premier ministre est lui-même entré dans l'affaire pour défendre ses droits. Il arrive aussi qu'une fraction de la majorité fasse un recours contre une loi votée par la coalition de l'autre fraction et d'une partie de l'opposition : ce fut le cas pour l'interruption de grossesse établie grâce au soutien de la gauche (1975).

• La protection des libertés par le Conseil constitutionnel. — Depuis 1974, le Conseil constitutionnel est devenu le moyen essentiel du pouvoir d'opposition faisant contrepoids à la majorité : En effet, l'opposition a engagé plus de 90 % des recours. Jusqu'en 1981, le Conseil lui a donné raison trois fois sur dix environ, en bloquant tout ou partie des textes qu'elle contestait. Il a ainsi protégé la liberté des citoyens. Il a empêché qu'un président de tribunal de grande instance puisse librement décider si le tribunal correctionnel serait composé de trois membres ou d'un seul, ce qui portait atteinte à l'égalité devant la justice (1975). Il a interdit la visite par la police des véhicules stationnant sur la voie publique, prolongeant ainsi la protection du domicile (1977). Il a repoussé l'octroi de voix supplémentaires aux employeurs en fonction du nombre de leurs salariés, pour les élections aux conseils des prud'-hommes (1979). Il a écarté certaines restrictions du droit de grève dans le service public de la radiodiffusion et de la télévision (1979). Il a prohibé la détention d'étrangers pendant sept jours sans être présentés à un juge (1980). Il a refusé qu'un président de tribunal puisse expulser de l'audience un défenseur qui troublerait « la sérénité des débats » (1981).

• La multiplication des annulations depuis 1981. — Jusqu'à la victoire de la gauche en mai-juin 1981, le Conseil a statué sous un gouvernement qui correspondait à l'orientation de la majorité de ses membres. Ses décisions d'annulation manifestaient donc une indépendance incontestable. Après l'arrivée au pouvoir de la gauche, le Conseil s'est trouvé opposé dans sa majorité à celle de l'Assemblée nationale, ce qui conduisit certains membres de la nouvelle majorité à mettre en doute l'impartialité des neuf « sages ». On a fait remarquer que la proportion des lois déclarées contraires à la Constitution s'est élevée après l'avènement de la gauche. Avant juin 1981, elle était inférieure à 30 %. Pour les seize premières décisions rendues ensuite, elle a dépassé 45 %. Mais cela peut s'expliquer par le caractère plus audacieux des réformes décidées. Par ailleurs, un pourcentage calculé sur un chiffre aussi faible n'a guère de sens. Toute comparaison mathématique reste superficielle d'ailleurs, étant donné la diversité des textes contestés et l'inégalité de leurs parties rejetées. Six fois sur sept, elles ne concernaient que des points particuliers n'empêchant pas de publier le reste de la loi.

● **L'application des décisions du Conseil constitutionnel par les tribunaux.** — L'article 62 de la Constitution dit que les décisions en question « s'imposent aux pouvoirs publics et à toutes les autorités administratives et juridictionnelles ». Tout en leur reconnaissant autorité de chose jugée, la Cour de cassation et le Conseil d'Etat la limitent en rappelant qu'elle vaut seulement pour les mêmes personnes et les mêmes faits. Cependant, ces hautes juridictions reconnaissent qu'elles doivent se conformer à l'interprétation de la loi définie par le Conseil constitutionnel dans ses motivations. Chacune d'elle l'a confirmé en 1985 dans un arrêt important.

▶ *Le contrôle de l'activité des pouvoirs publics*

Le Conseil constitutionnel contrôle de façon régulière l'activité législative du Parlement et l'activité réglementaire du gouvernement. Il contrôle de façon exceptionnelle l'activité du Président de la République.

1. *Le contrôle de l'activité législative et réglementaire.* — Il existe dans deux cas très différents. Dans le contrôle des propositions de loi et des amendements, il intervient en cours d'élaboration, pour autoriser ou interdire la poursuite de celle-ci jusqu'à son achèvement. Dans l'exercice du pouvoir réglementaire du gouvernement, le Conseil doit au contraire statuer sur un texte définitif.

● **Les propositions de loi et les amendements.** — Le premier cas concerne les propositions de loi et les amendements dont le gouvernement estime, soit qu'ils interviennent hors du domaine réservé à la loi par l'article 34 de la Constitution et les lois organiques prises pour son application, soit qu'ils sont contraires à une délégation de pouvoirs accordant au gouvernement le droit de légiférer par voie d'ordonnances (on a vu que le Parlement ne peut plus faire de lois dans le domaine ainsi délégué, pendant toute la durée de la délégation : cf. p. 378). Si de telles propositions ou de tels amendements surgissent au cours de la procédure législative, le gouvernement peut leur opposer l'irrecevabilité de l'article 41. Si le président de l'assemblée intéressée est d'accord, la proposition ou l'amendement n'est pas discuté; s'il est en désaccord avec le gouvernement, le Conseil constitutionnel est saisi. Il doit alors statuer dans un délai de huit jours.

● L'exercice du pouvoir réglementaire du gouvernement. — La seconde intervention du Conseil constitutionnel concerne l'exercice du pouvoir réglementaire par le gouvernement, quand ce pouvoir aboutirait à modifier des lois existant dans son domaine. Cela peut se produire dans deux hypothèses différentes. Ou bien les lois en question ont été prises avant la délimitation des domaines législatif et réglementaire opérée par l'article 34 de la Constitution : un très grand nombre de lois antérieures à 1959 sont dans ce cas. Ou bien des lois votées après cette délimitation n'ont pas été déférées au Conseil constitutionnel avant leur promulgation. Dans la première hypothèse, le gouvernement peut modifier librement les lois existantes par le jeu de son pouvoir réglementaire : il doit simplement le faire par décrets pris après avis du Conseil d'Etat, cet avis n'étant que consultatif

Au contraire, dans le second cas, le gouvernement ne peut modifier les lois votées dans ces conditions que si le Conseil constitutionnel a déclaré leur caractère réglementaire, par application combinée de l'article 34 et de l'article 37-2 C. Si un gouvernement, par négligence ou par volonté politique délibérée, ne défère pas au Conseil constitutionnel, avant promulgation, une loi intervenant hors du domaine réservé au pouvoir législatif, ses successeurs ne seront pas enchaînés par sa décision, puisqu'ils pourront ainsi la remettre en cause devant le Conseil constitutionnel et modifier ensuite la loi par décret simple. On voit que les barrières destinées à contenir le Parlement sont solides.

2. *Le contrôle de l'activité du Président de la République.* — Il s'agit d'un contrôle très exceptionnel, qui intervient dans deux cas seulement : en cas de recours à l'article 16, et en cas d'empêchement du Président d'exercer ses fonctions.

• Le rôle du Conseil constitutionnel en cas de recours à l'article 16. — On sait que l'article 16 donne au Président de la République des pouvoirs considérables en cas de crise intérieure grave ou d'invasion du territoire (cf. p. 274). Le Conseil constitutionnel intervient à deux égards si le Président recourt à cette procédure. En premier lieu, il doit obligatoirement être consulté par le Président avant que celui-ci puisse prendre des mesures exceptionnelles en vertu de l'article 16 : la même consultation préalable doit avoir lieu auprès du Premier ministre et des présidents des assemblées. Le Conseil constitutionnel émet un avis « sur la réunion des conditions exigées » pour l'exercice de l'article 16, dit l'ordonnance du 7 novembre 1958 : celle-ci limite ainsi la portée de la consultation du Conseil, très générale d'après la Constitution. Mais il est évidemment normal que le Conseil se prononce seulement sur la régularité du recours à l'article 16 : l'esprit de la Constitution est en ce sens. L'avis du Conseil doit être motivé. Il est publié. Mais ce n'est qu'un avis, que le Président est libre de suivre ou de ne pas suivre.

En second lieu, le Conseil constitutionnel doit être consulté sur toutes les mesures prises par le Président de la République en vertu de l'article 16, pendant toute la période où celui-ci est appliqué. Cette consultation est plus large que la précédente : l'ordonnance du 7 novembre 1958 ne précisant pas que l'avis est limité à la régularité des mesures. Mais les avis du Conseil constitutionnel en cours d'exercice de l'article 16 ne sont pas publiés, contrairement à l'avis initial.

• La constatation de l'empêchement d'exercice de ses fonctions par le Président de la République. — Si le gouvernement estime que le Président de la République est empêché d'exercer ses fonctions, il saisit le Conseil constitutionnel, qui statue souverainement, à la majorité absolue de ses membres. On notera que la Constitution n'a pas défini la notion d'empêchement ; elle n'a pas précisé notamment qu'il s'agit d'un empêchement physique, provenant de maladie, d'un accident, d'un enlèvement, d'une condamnation pour haute trahison, etc. Mais cela paraît évident. On ne peut imaginer que le Conseil constitutionnel soit appelé à se prononcer sur un empêchement politique : car il deviendrait alors une sorte de super-gouvernement.

La constatation de l'empêchement ouvre l'intérim de la présidence dans les conditions décrites ci-dessus, p. 262). L'organisation de l'intérim n'est pas identique quand l'empêchement n'est pas déclaré définitif, et quand cette déclaration a eu lieu. Dans le second cas, l'intérim s'exerce alors comme en cas de vacance à la suite d'un décès, d'une démission ou d'autre cause : toutes ces hypothèses ouvrant l'obligation de procéder à une nouvelle élection présidentielle dans un délai compris entre vingt et trente-cinq jours, et conduisant à réduire l'activité des pouvoirs publics pendant la campagne. Dans le cas d'empêchement temporaire, cette activité se poursuit normalement sauf en ce qui concerne les pouvoirs de l'intérimaire.

▶ *Le contrôle du suffrage universel dans le cadre national*

Le Conseil constitutionnel est le tribunal électoral de l'exercice du suffrage universel dans le cadre national, régional et européen : les tribunaux administratifs locaux restant compétents pour les élections municipales et cantonales, avec appel devant le Conseil d'Etat. La signification politique du rôle du Conseil constitutionnel est assez différente à l'égard des élections parlementaires, d'une part, des élections présidentielles et des référendums, d'autre part. Pour l'exercice de sa compétence électorale, le Conseil peut être saisi de réclamations directes des citoyens : la différence est fondamentale avec son contrôle de la constitutionnalité.

1. *Le contrôle des élections parlementaires.* — Le Conseil constitutionnel a le contentieux des élections parlementaires, c'est-à-dire qu'il juge les recours formés contre elles, pour irrégularité. D'autre part, il exerce un contrôle sur les incompatibilités.

• Les raisons des pouvoirs contentieux du Conseil constitutionnel. — En Grande-Bretagne, la régularité des élections parlementaires est contrôlée par les juges ordinaires, lesquels sont très indépendants. En France avant 1938, et encore aujourd'hui dans d'autres pays démocratiques où la magistrature a moins d'autonomie vis-à-vis du gouvernement qu'en Angleterre, chaque assemblée vérifie elle-même la régularité de l'élection de ses propres membres. Ce système traditionnel met les parlementaires à l'abri d'annulations d'élections décidées sous la pression du gouvernement. Mais il présente aussi des inconvénients graves, car la majorité peut en profiter pour éliminer une partie des élus de la minorité. On a vu de tels abus sous le Directoire. Plus près de nous, les invalidations des « poujadistes » en 1956, bien qu'elles fussent juridiquement fondées, ont donné l'impression de la partialité. Quand les « invalidés » peuvent se présenter de nouveau devant le corps électoral, comme sous la IIIe République, le risque n'est pas grand; mais quand les élus invalidés sont remplacés par des battus comme sous la IVe République, la procédure est choquante et dangereuse.

En ôtant aux assemblées parlementaires le contentieux de leurs élections, la Constitution de 1958 a voulu porter remède à des abus indiscutables. D'autre part, le contentieux étant une matière juridictionnelle par nature, l'idée de séparation des pouvoirs justifie en théorie qu'on le confie à un organe juridictionnel. La mesure se situe aussi dans le cadre général des dispositions restreignant les prérogatives du Parlement.

● L'organisation du contentieux des élections parlementaires. — Dans l'exercice du contentieux des élections parlementaires, le Conseil constitutionnel est organisé de façon particulière. Il se divise en trois sections, par voie de tirages au sort, les tirages se faisant séparément parmi les membres nommés par le Président de la République, ceux nommés par le président de l'Assemblée nationale et ceux nommés par le président du Sénat. Les sections instruisent les affaires et les rapportent devant le Conseil assemblé, qui décide. Dix rapporteurs adjoints sont choisis par le Conseil parmi les maîtres des requêtes au Conseil d'Etat ou les conseillers référendaires à la Cour des comptes. L'élection peut être contestée dans un délai de dix jours par tout électeur de la circonscription. Le Conseil et les sections peuvent ordonner des enquêtes; le candidat dont l'élection est contestée fournit ses observations. S'il constate une irrégularité, le Conseil peut, soit annuler l'élection (auquel cas, il y a élection partielle), soit réformer les résultats proclamés et déclarer qu'un autre candidat est régulièrement élu.

Un ancien membre du Conseil constitutionnel a critiqué le laxisme des décisions en matière d'annulation des élections parlementaires « illustré par le décalage entre la fréquence des irrégularités constatées et le petit nombre d'annulations prononcées : 30 en 22 ans, sur près de 4 000 recours. Ainsi des pans entiers du Code électoral deviennent lettre morte, faute de sanctions » (François Luchaire). Cela paralyse les dispositions légales restreignant l'usage des moyens de propagande, qui avaient pour but de maintenir une certaine égalité entre les candidats afin de limiter le privilège de l'argent. La décision du Conseil du 11 mai 1989 marque un revirement à cet égard en considérant expressément que « le fait pour un candidat de ne pas se conformer au plafonnement de ses dépenses de propagande est susceptible d'entraîner l'annulation de son élection dès lors qu'il apparaît que cette irrégularité a affecté la liberté de choix des électeurs de la sincérité du scrutin ». Elle n'a pas été décidée en l'occurrence parce que l'adversaire avait commis la même irrégularité. Mais plusieurs annulations ont été décidées aux législatives de 1993 (cf. p. 212).

• Le contrôle des incompatibilités parlementaires. — Une loi organique du 29 décembre 1961 a conféré au Conseil constitutionnel des pouvoirs nouveaux en matière d'élections parlementaires, pour l'application des règles concernant les incompatibilités entre le mandat de député ou de sénateur et certaines professions. S'il y a doute ou contestation sur l'existence d'une incompatibilité, le Conseil constitutionnel est saisi, soit par le garde des Sceaux, soit par le bureau de l'assemblée intéressée, soit par le parlementaire lui-même. La décision du Conseil est souveraine, et le parlementaire doit s'y conformer, en démissionnant dans un délai de quinze jours si l'incompatibilité est constatée par le Conseil : s'il ne le fait pas, le Conseil constitutionnel le déclare démissionnaire d'office de son mandat. Le Conseil est saisi dans les mêmes conditions si le parlementaire accepte en cours de mandat une fonction qui pourrait constituer un cas d'incompatibilité (cf. p. 342).

2. *Le contrôle des élections présidentielles.* — Ici, il n'y a pas de choix entre cette solution et le système du contentieux parlementaire, comme dans le cas précédent. On ne peut donc pas faire d'objections politiques, justifiées ou non, aux solutions de la Constitution.

• L'établissement de la liste des candidats. — Le Conseil constitutionnel a d'abord le pouvoir d'établir la liste des candidats à l'élection présidentielle. Cette liste est publiée par le gouvernement, quinze jours au moins avant la date du premier tour du scrutin. Le rôle du Conseil constitutionnel est de recevoir les présentations des candidatures, de s'assurer du nombre et de l'identité des patronages en question et de publier la liste des personnes ayant présenté des candidats dans les conditions définies plus haut, p. 237.

La réforme constitutionnelle de 1976 a donné au Conseil constitutionnel un pouvoir très important en cas de décès ou d'empêchement d'un candidat pendant la période précédant le scrutin. Si le décès ou l'empêchement intervient dans les sept jours précédant la date limite de dépôt des candidatures, le Conseil apprécie s'il convient ou non de reporter l'élection, et décide en conséquence. Si le décès ou l'empêchement interviennent entre cette date de dépôt et le premier tour, le Conseil prononce le report de l'élection. Si l'un des deux candidats les plus favorisés au premier tour avant les retraits éventuels pour le second tour, ou l'un des deux candidats restés en présence, décède ou se trouve empêché avant le second tour, il doit être procédé à nouveau à l'ensemble des opérations électorales.

• Le contrôle des opérations électorales. — Le Conseil constitutionnel veille à la régularité des opérations électorales. Il peut désigner des délégués, choisis parmi les magistrats de l'ordre judiciaire ou de l'ordre administratif (avec l'accord des ministres compétents), chargés de suivre sur place le déroulement des opérations électorales. Il est consulté par le gouvernement sur l'organisation de ces opérations électorales, et avisé sans délai de toutes mesures prises à ce sujet. La création par un décret du 14 mars 1964 d'une Commission nationale de contrôle chargée de veiller au respect de l'égalité d'accès de tous les candidats aux moyens de propagande officiels, ne fait pas obstacle à la compétence du Conseil constitutionnel. Cette commission a une nature purement administrative, et les citoyens n'ont pas de recours devant elle. Le contrôle des opérations électorales, dont le Conseil constitutionnel est chargé par la loi, s'étend nécessairement à tout ce qui peut affecter la régularité de ces opérations : la violation de l'égalité d'accès des candidats aux moyens de propagande officiels aurait des conséquences particulièrement graves, à cet égard.

● Le contentieux électoral. — Le Conseil constitutionnel examine toutes les réclamations formulées à propos des élections présidentielles. Avant que celles-ci n'aient lieu au suffrage universel, seuls les préfets et les chefs de territoires d'outre-mer pouvaient former un recours contre des irrégularités éventuelles. La loi constitutionnelle du 6 novembre 1962 a décidé désormais que les réclamations seraient réglementées de la même façon pour les élections présidentielles et pour les référendums. Tout électeur peut formuler une réclamation, en la faisant porter au procès-verbal des opérations de vote. Le préfet ou le représentant du gouvernement doit de son côté déférer au Conseil toutes les opérations irrégulières dans un délai de 48 heures. Suivant l'importance des irrégularités constatées, le Conseil constitutionnel peut, soit maintenir les opérations telles quelles, soit en prononcer l'annulation totale ou partielle.

● La proclamation des résultats. — Le Conseil constitutionnel arrête définitivement les résultats de l'élection présidentielle, et les proclame officiellement dans les dix jours qui suivent le scrutin définitif. S'il y a besoin d'un second tour, les résultats officiels du premier sont proclamés le mardi, au plus tard.

3. *Le contrôle des référendums.* — On fera ici les mêmes observations générales qu'à propos du contrôle des élections présidentielles : d'abord, il n'y a pas d'autre possibilité que d'en confier le contentieux à une haute juridiction; ensuite, il ne s'agit pas seulement d'un contentieux proprement dit, mais d'un contrôle plus général.

● L'analogie avec le contrôle des élections présidentielles. — D'une façon générale, les pouvoirs du Conseil constitutionnel en matière de référendum sont analogues à ceux qu'il possède à l'égard des élections présidentielles, sauf évidemment le pouvoir d'arrêter la liste des candidats. Aussi, le Conseil veille à la régularité des opérations du référendum, reçoit les réclamations dans les conditions précédemment définies, les juge définitivement, prononce le cas échéant leur annulation totale ou partielle, arrête et proclame leurs résultats.

• Le pouvoir sur la propagande électorale. — Le pouvoir général du Conseil de contrôler la régularité des opérations électorales lui donne le droit d'intervenir, au cas où le gouvernement commet des abus dans l'usage des moyens officiels de propagande. En matière d'élections présidentielles, il peut intervenir à la fois en formulant des observations au gouvernement pendant la campagne, et en annulant éventuellement les opérations sur réclamation, sur la base du principe d'égalité des candidats, qu'on a précédemment analysé (cf. p. 209). En matière de référendum, ce principe d'égalité n'existe pas. Cependant l'article 47 de la loi organique du 7 novembre 1958 donne au Conseil constitutionnel le droit de présenter des observations au gouvernement sur la liste des organisations habilitées à user des moyens officiels de propagande. Le Conseil a estimé qu'il n'avait pas le droit de statuer, avant le scrutin sur les réclamations portées devant lui par des organisations écartées de la radiotélévision nationale (décision du 23 décembre 1960, à propos du « Regroupement national » et du « Centre républicain », déclarant irrecevables les réclamations de ces organisations).

Sur le Conseil constitutionnel, cf. P. Avril et J. Gicquel, *Le Conseil constitutionnel*, 2ᵉ éd., 1993 ; D. Rousseau, *Droit du contentieux constitutionnel*, 3ᵉ éd., 1993 ; B. Genevois, *La jurisprudence du Conseil constitutionnel*, 1988 ; F. Luchaire, *Le Conseil constitutionnel*, 1980 ; le nᵒ 13 de la revue *Pouvoirs*, 2ᵉ éd., 1986 ; L. Favoreu, *La politique saisie par le droit*, 1988 ; J.-C. Balat, *La nature juridique du contrôle de constitutionnalité des lois dans le cadre de l'article 61 de la Constitution de 1958*, 1983 ; C. Franck, *Les fonctions juridictionnelles du Conseil constitutionnel et du Conseil d'Etat dans l'ordre constitutionnel*, 1974 ; et la bibliographie de la p. 436. — Sur la réforme de 1974, cf. C. Franck (*Semaine jurid.*, 1974, p. 2678) et L. Philip (*Act. jurid. dr. administr.*, 1975, p. 15).

L'EXCEPTION D'INCONSTITUTIONNALITÉ DEVANT LES TRIBUNAUX ORDINAIRES. — On a dit qu'il y a deux moyens d'assurer le contrôle de la constitutionnalité des lois : l'annulation des textes inconstitutionnels par une haute juridiction spéciale, telle une Cour constitutionnelle; la non-application de ces textes par les tribunaux ordinaires, si l'une des parties invoque l'exception d'inconstitutionnalité. La Constitution de 1958 et la loi constitutionnelle du 3 juin 1958 posent le problème dans un contexte tout à fait nouveau, qui devrait conduire à abandonner les solutions traditionnelles du droit français à cet égard.

1° *Les solutions traditionnelles du droit français*. — Sous la IIIe et la IVe République, les tribunaux ont toujours refusé d'examiner les exceptions d'inconstitutionnalité, en se basant sur deux arguments principaux : 1° la souveraineté du Parlement, impliquant que les lois émanant de lui s'imposent aux juges ; 2° l'absence de dispositions concernant les droits individuels dans la Constitution de 1875. Sous la IVe République, l'existence du préambule de la Constitution de 1946 supprimait le second argument ; mais le premier subsistait : d'où le maintien par les tribunaux de la solution traditionnelle. — Sur le problème du contrôle juridictionnel de la constitutionnalité des lois, cf. A. Blondel, *Le contrôle juridictionnel de la constitutionnalité des lois*, thèse, Aix, 1938 et les articles de P. Duez, *Mélanges Hauriou*, 1929; J. Barthélemy (*Rev. polit. et parlem.*, 1925 et 1927) ; R. Carré de Malberg (*ibid.*, 1925). — Sur le problème sous la IVe République, cf. les articles de F. Geny (*Semaine juridique*, 1947, p. 1), et F. Mignon (*Dalloz*, Chroniques, 1952, p. 45).

2° *La position nouvelle du problème par la Constitution de 1958*. — Sous la Ve République, les arguments traditionnels contre l'examen de l'exception d'inconstitutionnalité par les tribunaux judiciaires n'existent plus. Le préambule définit par référence des principes clairs concernant les droits individuels ; et le fait que le contrôle du Conseil constitutionnel s'étende maintenant au préambule, ainsi totalement intégré dans la Constitution, ne permet plus de maintenir la position du Conseil d'Etat sous la IVe République (déjà discutable à l'époque), qui semblait voir dans le préambule de 1946 l'expression de « principes fondamentaux qui doivent inspirer tant l'action législative que celle du gouvernement et de l'administration ; le juge se doit d'en imposer le respect, en conservant dans le contrôle de leur application une plus grande liberté à l'égard des textes législatifs ou constitutionnels ordinaires » (formule du commissaire du gouvernement dans ses conclusions dans l'affaire Dehaene,

CE, 7 juillet 1950 ; cf. *Rev. de droit public*, 1950, p. 691, et la note de M. Waline).
Le préambule de 1958 est un texte constitutionnel ordinaire.

D'autre part, la souveraineté du Parlement n'existe plus, ni le caractère
absolu de la loi qui en découle. Le domaine législatif est strictement délimité
et contrôlé. La séparation des pouvoirs est réglementée par la Constitution,
qui proclame l'indépendance de la magistrature : les tribunaux sont donc
placés sur le même pied que les autres Pouvoirs publics, gouvernement et
Parlement — la Constitution seule étant au-dessus de tous : assurer le respect
de la Constitution, même par le législateur, rentre dans leur compétence
normale. Le Président de la République, élu au suffrage universel depuis 1962,
incarne la souveraineté populaire au même titre que l'Assemblée nationale.
De même que les juges contrôlent la légalité de ses décrets, ils peuvent désormais contrôler la constitutionnalité des lois, qui ne découlent pas plus directement de la souveraineté populaire.

Un autre argument vient renforcer ces raisonnements, tiré de la loi constitutionnelle du 3 juin 1958. En elle, a pris sa source le pouvoir du gouvernement de Gaulle de préparer une constitution et de la soumettre au référendum.
Celles des dispositions de cette loi qui n'ont pas été abrogées par la Constitution doivent donc être considérées comme toujours en vigueur : elles font
partie de l'ordre public constitutionnel de la Ve République. Or, une disposition de la loi constitutionnelle du 3 juin 1958 attribue clairement compétence aux tribunaux pour contrôler la constitutionnalité des lois, au moins
par rapport aux principes du préambule : « L'autorité judiciaire doit demeurer
indépendante pour être à même d'assurer le respect des libertés essentielles
telles qu'elles sont définies par le préambule de la Constitution de 1946 et
par la Déclaration des Droits de l'Homme à laquelle elle se réfère. » Le fait
que la Constitution de 1958 ait, d'une part, réaffirmé ces libertés essentielles,
en leur donnant désormais valeur constitutionnelle ; d'autre part, proclamé
l'indépendance de la magistrature, implique nettement qu'elle a voulu rester
fidèle à ce texte. Juridiquement, les tribunaux ordinaires peuvent donc, désormais, examiner les exceptions d'inconstitutionnalité ; il leur reste à avoir le
courage politique de le faire. Les tribunaux français n'ont pas encore adopté
la thèse ci-dessus définie : ils refusent toujours de contrôler la constitutionnalité des lois.

LA SUPÉRIORITÉ DES TRAITÉS INTERNATIONAUX SUR LES LOIS. — Le Conseil
constitutionnel devrait-il s'opposer à la promulgation d'une loi contraire
à un traité international ? La réponse semblait positive en vertu de l'article 55
de la Constitution, disposant : « Les traités ou accords régulièrement ratifiés
ou approuvés ont, dès leur publication, une autorité supérieure à celle des lois,

sous réserve, pour chaque accord ou traité, de son application par l'autre partie. » En effet, une loi contraire à un traité serait contraire à l'article 55 de la Constitution, et les tribunaux ne l'appliqueraient pas (cf. p. 418).

C'est pourtant une réponse négative qui a été apportée par le Conseil constitutionnel à la question posée. Il a été saisi pour la première fois le 20 décembre 1974 d'une loi jugée contraire au droit international. Dans une décision du 15 janvier 1975, déclarant que la loi relative à l'interruption volontaire de la grossesse n'est pas contraire à la Constitution, le Conseil s'est déclaré incompétent pour juger de la conformité d'une loi à une convention internationale. Souhaitant éviter de s'engager dans la voie d'un « gouvernement des juges », il s'est fondé sur une interprétation restrictive de l'article 61 de la Constitution, qui prévoit un contrôle de la conformité des lois à la Constitution, mais non un examen de la compatibilité des lois internes avec le droit international (sur cette décision, cf. l'article de J. Robert dans *Le Monde* du 18 janvier 1975, et la note de J. Rivero dans l'*Actualité juridique, droit adm.*, 1975, p. 134).

TROISIÈME PARTIE

Les pratiques politiques du système français

Dans toutes les nations démocratiques modernes, les règles constitutionnelles s'appliquent de façons très variées suivant l'évolution des mentalités et les changements dans la répartition et la combinaison des différentes forces sociales. Ainsi le même régime juridique peut encadrer plusieurs modalités de système politique (cf. p. 18-19), parfois assez éloignées. Dans le régime parlementaire, par exemple, on distingue clairement le système britannique fondé sur une majorité de députés stable et disciplinée qui assure un gouvernement durable et puissant, et le système de la Iʳᵉ République italienne fondé sur des coalitions centristes hétérogènes et instables qui entraînent des gouvernements éphémères et paralysés. Dans un même pays, la même Constitution n'empêche pas la succession de systèmes politiques très différents. Ainsi la Grande-Bretagne a connu plusieurs gouvernements faibles, divisés, peu solides entre 1922 et 1931 où le bipartisme a été bouleversé par le développement du parti travailliste. Au contraire, l'Italie a bénéficié d'un gouvernement fort et uni entre 1948 et 1953, où la démocratie chrétienne avait réuni la majorité absolue des députés à elle seule.

Il n'est donc pas étonnant que les régimes semi-présidentiels manifestent une diversité de même nature dans leurs pratiques politiques. Parmi les sept fonctionnant ou ayant fonctionné en Europe, un seul connaît des Présidents plus ou moins hégémoniques : le nôtre, entre 1962 et 1986, de 1988 à 1993 et depuis 1995. Dans trois autres, il y a une relative dyarchie entre le Président et le Premier ministre : ceux de la République de Weimar, de la Finlande et du Portugal, auxquels le nôtre s'est ajouté de 1958 à 1962, de 1986 à 1988 et de 1993 à 1995. Dans ces derniers, le chef de l'Etat n'exerce guère en pratique ses prérogatives juridiques, bien qu'elles soient importantes dans deux d'entre eux : l'Autriche et l'Islande. En Irlande, elles sont très faibles, et le régime semi-présidentiel fonctionne presque comme un régime parlementaire. On va essayer de déterminer les facteurs qui expliquent cette diversité des pratiques dans le cadre juridique d'un régime semi-présidentiel, avant de décrire les diverses modalités du système politique français.

Chapitre premier

LES FACTEURS
DES PRATIQUES POLITIQUES

Les pratiques politiques dépendent de multiples facteurs, en plus du cadre juridique qu'on vient d'analyser : de l'histoire, des traditions, des cultures, des croyances, des mentalités, du développement technique, des modes de production, du niveau de vie, des relations sociales, de l'environnement international, des communications, des médias, du statut familial, des associations et groupes de pression, etc. La multiplicité de ces facteurs et leur complexité rendent impossible d'édifier une véritable science politique, susceptible d'expliquer et de prévoir. Cependant, deux facteurs essentiels peuvent faire l'objet d'une analyse relativement précise, et aider à l'explication, voire à la prévision. Le système de partis d'une part, dont dépend l'existence ou l'absence des majorités durables et cohérentes qui donnent au gouvernement le temps et les moyens d'agir. Le régime constitutionnel, d'autre part, qui ouvre au Parlement des possibilités plus ou moins grandes d'influencer le gouvernement : à cet égard, les mécanismes du régime semi-présidentiel établi en 1962 ont modifié les pratiques de la IIIe et de la IVe Républiques, qui s'appliquaient dans le cadre d'un régime parlementaire.

1 / Le système de partis

En 1958, au moment où s'effondre la IVe République, sa dernière Assemblée nationale comptait dix groupes parlementaires réunissant chacun dix députés au moins, et deux groupes seulement pratiquant la discipline de vote. Vingt ans plus tard, en 1978, le Palais-Bourbon ne comprenait plus que quatre groupes parlementaires, et chacun pratiquait une rigoureuse discipline de vote. Cette évolution est au moins aussi importante que les transformations juridiques apportées par la Constitution de 1958 et sa réforme de 1962, mais elle dépend en partie de ces transformations.

Au rythme habituel de l'histoire, cette mutation s'est faite dans un délai bref. Seule, l'Allemagne en a réalisé une aussi importante dans un laps de temps équivalent : mais au prix d'une dictature, d'une guerre, d'une défaite et d'un partage de territoire qui ont complètement bouleversé la sociologie du pays. En France, la mutation a été accomplie dans une période relativement calme, malgré l'intermède de Mai 1968.

L'élection présidentielle de 1995 a provoqué dans les partis français deux autres innovations importantes bien que leur ampleur soit moins grande que celle développée de 1958 à 1979 qui a remplacé un système de partis impuissants à former des majorités parlementaires solides par une bipolarisation disciplinée engendrant des majorités stables et homogènes. Les deux innovations de 1995 sont plus rapides et plus originales. Elles introduisent dans les grands partis de masse français des structures tout à fait exceptionnelles : dans le RPR, la présentation de deux candidats rivaux pour l'élection présidentielle ; dans le Parti socialiste, la désignation par un vote de tous les adhérents du candidat présidentiel puis du dirigeant national et de dirigeants locaux.

1 | LA STRUCTURE DU SYSTÈME

La structure du système actuel des partis français est très simple dans les élections nationales. On l'a illustrée dans les années 80 par une image suggestive, celle du « quadrille bipolaire ». Quatre grands partis s'unissent en effet en deux alliances. D'autres font parfois des scores importants dans les élections locales ou les élections européennes, où ils obtiennent ainsi des élus. Mais ils ne parviennent pas à en obtenir à l'Assemblée nationale, sauf dans la législature de 1986-1988, où le Front national est parvenu à former un groupe parlementaire grâce à la représentation proportionnelle (cf. plus loin, p. 581). La bipolarisation reste forte, mais elle connaît quelques perturbations dans les années 90 (cf. fig. 15, p. 470).

▶ *Les partis du pôle droit*

Le pôle droit s'est constitué le premier, par la domination du gaullisme de 1962 à 1978. Il comprend deux grands partis, le Rassemblement pour la République (RPR) et l'Union pour la Démocratie française (UDF). On notera que ni l'un ni l'autre ne se déclarent des « partis », terme péjoratif dans ce secteur d'opinion, et que les deux ont une dénomination à la fois vague et générale, qui n'indique ni leur idéologie ni leurs objectifs. Ensemble, ils représentent la famille conservatrice-libérale, qu'on retrouve dans toute l'Europe. Leurs structures sont profondément différentes : le RPR tend vers un vrai parti de masses, fortement organisé; l'UDF est une confédération très lâche unissant des partis de cadres à faible organisation.

1. *Le Rassemblement pour la République (RPR).* — Fondé le 1ᵉʳ décembre 1976 par Jacques Chirac, le RPR est la transformation

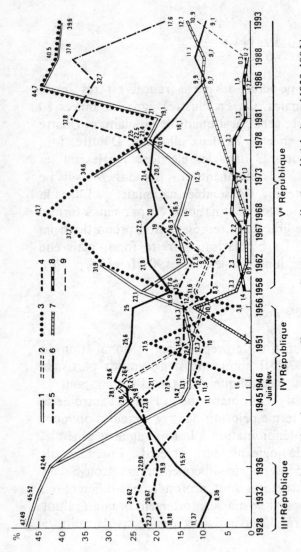

Fig. 15. — *L'évolution des suffrages en France aux élections législatives (1928-1993)*

1. DROITE MODÉRÉE ET CENTRISTES (Féd. rép. + All. démoc. sous la III° Rép. ; PRL et Indép. sous la IV° Rép. ; Centre nat. des Indép., Indép., Centre démoc., UDF sous la V° Rép., les Rép. ind. faisant candid. unique avec les gaullistes de 1962 à 1973 inclus). — 2. MOUVEMENT RÉP. POPULAIRE de 1945 à 1962 inclus, s'unissant ensuite avec le CNI pour former le Centre démoc., qui entre ensuite dans l'UDF, où il retrouve les Républ. indép. devenus « Parti républicain », et les restes de la droite des radicaux. — 3. GAULLISTES : Union gaulliste en 1946, RPF en 1951, Républ. sociaux en 1956, UNR de 1958 à 1967, UDR de 1968 à 1976, RPR depuis 1976. (De 1962 à 1973 inclus, les Républ. indép. ont fait candid. unique avec les gaullistes et leurs voix ont été comptées ensemble). — 4. RADICAUX (à partir de 1967, les radicaux de gauche sont décomptés avec les socialistes : les deux partis appliquant la candidature unique ; les radicaux de droite s'effondrent, avant de rentrer dans l'UDF en 1978). — 5. SOCIALISTES (SFIO jusqu'en 1968 inclus, Parti socialiste depuis 1979). — 6. COMMUNISTES. — 7. EXTRÊME DROITE (dont poujadistes en 1956, Front national depuis 1986). — 8. EXTRÊME GAUCHE (dont PSU de 1958 à 1978). — 9. ÉCOLOGISTES. — Les pourcentages sous la V° République sont calculés sur la métropole.

de l'UDR (Union des Démocrates pour la République), dernier nom du mouvement gaulliste qui avait changé plusieurs fois de forme et de sigle dans les trente années précédentes.

• Du RPF au RPR. — Le premier grand parti gaulliste fut le RPF (Rassemblement du Peuple Français), créé en 1947 par le général lui-même, sous son autorité directe. En 1951, le RPF remporta 21 % des suffrages aux législatives et 107 sièges de députés. Deux ans plus tard, de Gaulle mit fin à l'activité de son parti dont les parlementaires encore fidèles s'appelèrent « Républicains sociaux ». Ils furent écrasés en 1956, avec 4,4 % des suffrages.

Après le coup d'Etat du 13 mai 1958, le noyau de l'ancien RPF s'unit à des partisans de l'Algérie française menés par Jacques Soustelle pour former l'UNR (Union pour la Nouvelle République) que le général refusa toujours de patronner officiellement, mais dont il suivit attentivement l'évolution. Il refusa aussi d'organiser un grand parti de masses pour éviter la domination des partisans de l'Algérie française. L'UNR le devint après l'indépendance de l'Algérie en avril 1962, la bataille du référendum pour l'élection populaire du président en octobre 1962, et le grand succès aux législatives de novembre suivant où elle s'était unie aux gaullistes de gauche de l' « Union démocratique du Travail ».

Après les élections plus difficiles de 1967, ces deux composantes se fondirent en une seule, sous le nom d'Union des Démocrates pour la République (UDR), laquelle remporta une écrasante victoire aux élections de 1968. En 1969, le départ du général de Gaulle rendit l'UDR orpheline et l'avènement de Georges Pompidou y suscita des tensions internes que le décès de celui-ci n'apaisa pas.

Aux présidentielles de 1974, Jacques Chirac entraîna 42 députés UDR à soutenir Valéry Giscard d'Estaing dès le premier tour contre le candidat du parti, Jacques Chaban-Delmas. Devenu Premier ministre après la victoire de V. Giscard d'Estaing, J. Chirac prit littéralement d'assaut l'UDR, et en devient secrétaire général. Ayant quitté le gouvernement en août 1976, il transforma l'UDR en RPR (Rassemblement pour la République) quelques mois plus tard.

● La structure du RPR. — Elle correspond au schéma général des partis de masses, avec un renforcement de l'autorité personnelle du leader. Les « assises nationales » se réunissent tous les deux ans. Elles élisent le président du parti et les membres du Comité central, où siègent aussi tous les députés et tous les sénateurs (ce dernier trait rappelant les partis de cadres).

Les élections présidentielles de 1995 provoquèrent une division extraordinaire dans ce parti, jusqu'alors le plus centralisé et le plus unifié de tous les partis français, excepté le Parti communiste. Il dut supporter la candidature de deux de ses leaders, devenus rivaux. A Jacques Chirac s'opposa l'homme de confiance que celui-ci avait désigné pour être à sa place Premier ministre dans une « cohabitation » avec le président François Mitterrand après les élections législatives de 1993 : Edouard Balladur. Dès le soir du premier tour, ce dernier se retira en faveur de Jacques Chirac qui s'employa à rétablir ensuite l'unité du parti, où les « balladuriens » conservèrent leur place.

● L'idéologie du RPR. — A l'origine, le gaullisme présentait une nette originalité par rapport à la famille conservatrice-libérale, même s'il appartenait comme elle au pôle droit. Son nom même, fabriqué à partir d'un homme — de Gaulle — le situe dans la lignée du bonapartisme, du boulangisme, du gambettisme, du clémencisme. Les deux Napoléon, le général Boulanger, le tribun Gambetta, le président Clemenceau sont très différents les uns des autres, et aussi de l'homme du 18 juin 1940. Mais tous ont en commun quelques éléments essentiels. D'abord la méfiance à l'égard des élites sociales en place, et la volonté de chercher l'appui populaire : ce qu'on pourrait appeler le « populisme ». Napoléon Ier fut jacobin, Napoléon III fut carbonaro et envoya des militants ouvriers à Londres pour la fondation de la Ire Internationale, Gambetta fut un des premiers radicaux alors à l'extrême gauche, dont Clemenceau reprit le flambeau après avoir soutenu Boulanger. De Gaulle attacha toujours une grande importance à la « participation » ouvrière dans les entreprises.

Ce populisme se manifeste aussi par « l'appel au peuple », à travers le référendum ou l'élection du Président au suffrage universel. Il conduit à écarter la souveraineté du Parlement, inventée par les libéraux pour empêcher que les citoyens n'aient le dernier mot, et à confier le pouvoir à une personnalité hors série qui s'appuie sur les électeurs contre les notables. Dans la tradition jacobine, les valeurs nationales sont placées très haut et la République n'est pas conçue comme un régime faible, mais comme un régime efficace, où le gouvernement dispose de l'autorité et de la durée. Sur le plan économique, cette attitude implique une intervention de l'Etat dans l'économie, qui prolonge la pratique française du colbertisme. Il ne s'agit pas de remplacer l'économie privée par une économie collective : mais d'encadrer, d'orienter, de dynamiser les firmes capitalistes, afin que leur efficacité soit plus grande et qu'elles servent mieux les intérêts du pays. Cela n'exclut pas des nationalisations, dans des cas exceptionnels (1944-1945, par exemple).

Une partie de l'héritage du gaullisme est tombée dans le patrimoine commun des Français : notamment dans le domaine des institutions, des relations extérieures et de la défense nationale. L'autre a été maintenue par Georges Pompidou après la disparition du général, puis par Jacques Chirac sous le septennat Giscard d'Estaing. Pendant les deux septennats de François Mitterrand en 1981-1995, le RPR a été au contraire entraîné vers une idéologie proche de celle de l'UDF, basée sur le conservatisme libéral qui caractérisait alors la droite européenne. Impressionné par les succès du président américain Reagan, le premier ministre Jacques Chirac est alors allé jusqu'à la dénationalisation d'entreprises que de Gaulle avait mises dans le secteur public. Ce rapprochement des idées du RPR et de l'UDF correspondait aussi au fait que leurs clientèles se ressemblaient de plus en plus.

Cependant, le leader du RPR depuis vingt ans est revenu partiellement à l'orthodoxie gaullienne dans sa campagne électorale présidentielle de 1995. Sa dénonciation vigoureuse et justifiée de « l'exclusion » dans laquelle sont enfermés beaucoup de nos concitoyens, par le chômage, la misère, l'absence de domicile, l'insécurité, retrouvait le ton de l'Union démocratique du Travail des années 60. Son attachement à la dissuasion nucléaire, son volontarisme communautaire et sa proposition d'un président de l'Union européenne, son interventionnisme social se situent dans la même perspective, bien qu'il ait maintenu une vision de libéralisme économique prolongeant les dénationalisations. Un néo-gaullisme commence à se dessiner.

2. *L'Union pour la Démocratie française (UDF).* — Elle a vu le jour le 1er février 1978, à la veille des élections législatives, sous l'impulsion du président Giscard d'Estaing qui voulait équilibrer le RPR par une autre formation de la majorité, équivalente sinon supérieure. L'UDF correspond mieux que le RPR au schéma de la droite européenne, qui regroupe les conservateurs et les libéraux, adversaires au XIXe siècle.

● La structure de l'UDF. — L'UDF est formée par la confédération de plusieurs groupes qui conservent chacun une large autonomie : le Parti républicain (PR), l'ex-Centre des Démocrates sociaux devenu « Force Démocrate » en 1995, liée au parti radical dit « valoisien ». Cependant, les députés de l'UDF pratiquent la discipline de vote dans les scrutins parlementaires essentiels, ce qui en fait l'un des chevaux du quadrille qui devient un peu boiteux.

Le Parti républicain a son origine dans le Centre national des indépendants de la IVe République. Après 1958, Valéry Giscard d'Estaing entraîna quelques-uns de ses députés dans une scission, celle de « Républicains indépendants », qui se rallièrent au nouveau régime instauré par le général de Gaulle. En 1977, ils prirent le nom de Parti républicain, qui s'éloigna de son fondateur en 1995. Comme les autres éléments de l'UDF, il s'agit d'un parti de cadres classiques, regroupant essentiellement des parlementaires et des notables locaux. A partir de 1986, il a été rénové au sommet par une équipe de jeunes groupés autour de François Léotard, animée notamment par Gérard Longuet et Alain Madelin. Très indépendant, ce dernier a développé ensuite un ultra-libéralisme économique.

La « Force démocrate », ex-CDS, prolonge la tendance démocrate-chrétienne dont le MRP (Mouvement républicain populaire) de la IVe République a été l'apogée. Elle a réuni en 1976 les deux éléments de l'ex-MRP qui avait fait scission sous la Ve République : une partie ayant rallié à la majorité gaullienne aux présidentielles de 1969, l'autre ne l'ayant fait qu'aux législatives de 1973. Son nouveau nom souligne son alliance avec les valoisiens en 1995, assez importante sur le plan idéologique. On a pu écrire à ce propos qu'elle réalisait l'alliance des églises et des loges (maçonniques). Elle met fin à la coupure entre « cléricaux » et « laïques » que formaient la droite et la gauche de la IIIe République. Les deux partis alliés conservent néanmoins une référence essentielle aux valeurs éthiques, qui donnent un fondement au centrisme.

Les « valoisiens » tiraient leur nom de la rue de Valois à Paris, siège du vieux Parti radical assez lié à la franc-maçonnerie. Formé à la fin du XIXe siècle par les libéraux les plus avancés, celui-ci se situait nettement à gauche avant la guerre de 1914. Il a oscillé entre la gauche et la droite entre les deux guerres, pour rejoindre enfin les conservateurs modérés après 1944, mis à part une fraction qui engendra les radicaux de gauche dont Pierre Mendès France fut l'initiateur sous la IVe République et que Bernard Tapie s'efforça de ressusciter en 1994.

● L'union par un leader. — Engendrée par les élections présidentielles de 1974, l'UDF a été affaiblie par les élections présidentielles de 1995. Pour Valéry Giscard d'Estaing, arrivant à l'Elysée avec une majorité de droite dominée par l'UDR gaulliste, il était essentiel d'unir structurellement la droite et le centre traditionnels, éclatés dans les formations qu'on vient de décrire. D'où la création de l'UDF à la veille des élections législatives dont le Président de la République attendait que ses partisans obtiennent la majorité de la majorité. Ils n'y réussirent pas. Mais la faveur présidentielle était assez puissante pour que les divers éléments du nouveau parti surmontent leurs différences : les démo-chrétiens passant sur le libéralisme économique des républicains indépendants et sur le laïcisme des radicaux valoisiens. L'espoir de voir Giscard d'Estaing revenir à l'Elysée après François Mitterrand a maintenu cette union, avec les difficultés citées plus haut.

Les présidentielles de 1995 ont vu la fin du leadership giscardien, par l'impossibilité de son titulaire à se faire désigner comme candidat, suivie de son échec pour conquérir la mairie de Clermont-Ferrand. Beaucoup plus grave a été l'incapacité du second parti de France par le nombre des députés à désigner un candidat présidentiel. En réalité, la plupart des membres de l'UDF tenaient Edouard Balladur pour leur candidat. Le fait que le RPR n'ait pas exclu ce dernier quand ses instances ont désigné Jacques Chirac pour conquérir l'Elysée — ce que font normalement tous les partis disciplinés — n'a pas été finalement source de faiblesse, mais de force. Il a privé l'UDF d'un leader issu de ses rangs. La création d'une « Force démocrate » tend à en établir un : François Bayrou. Mais le Parti républicain rêve d'un autre : François Léotard.

3. *La formation et l'évolution du pôle droit.* — Le pôle droit s'est formé autour du parti gaulliste, qui a d'abord dominé ses voisins de 1958 à 1978. Ils ont ensuite tenté de fusionner et de pratiquer une discipline de vote, pour l'équilibrer.

● Le ralliement de la droite autour du gaullisme. — Le premier tour de 1958 fait comprendre à beaucoup de modérés de la droite classique la nécessité d'un tel ralliement : l'UNR s'y plie volontiers entre les deux tours, où la droite commence donc à s'unir sur le plan électoral. Mais elle se désunit à l'Assemblée nationale, à propos de la paix en Algérie d'abord, du référendum sur l'élection du président au suffrage universel ensuite. Le raz de marée des élections de novembre 1962 emporte tout. Montant de 17 à 32 % des suffrages exprimés, l'UNR dispose d'une majorité stable à l'Assemblée nationale, grâce au groupe des « Républicains indépendants » formé par Valéry Giscard d'Estaing par dissidence de la droite traditionnelle.

A partir des élections de 1967, les RI doivent se plier à la candidature unique, imposée par leur puissant voisin qui les tient ainsi à sa merci. Mais ils continuent à former un groupe séparé à l'Assemblée nationale. En 1968, le bloc UDR-RI atteint 43,65 % des suffrages, le parti gaulliste obtenant la majorité des sièges à lui seul. Après le départ du général de Gaulle en 1969 et son remplacement par Georges Pompidou, Valéry Giscard d'Estaing s'efforce de se rendre autonome et de rallier à lui les éléments du centre.

Le ralliement des centristes se fait en trois étapes. En 1969, Jacques Duhamel, entraînant son groupe « Progrès et démocratie moderne », prend position pour Georges Pompidou lors de l'élection présidentielle, et entre dans la majorité où il forme un groupe séparé, comme les RI. En 1973, Jean Lecanuet et le « Centre démocrate », dernier carré de l'ancien MRP, se rallient à leur tour au moment des législatives. J.-J. Servan-Schreiber et ses radicaux valoisiens se rallieront lors des présidentielles de 1974. La famille est complète. La victoire de Valéry Giscard d'Estaing la renforce en portant les indécis à soutenir le nouveau président. Tous ces éléments seront réunis par lui sous le drapeau de l'UDF en 1978.

• L'établissement de la discipline de vote. — La discipline de vote à l'Assemblée nationale est un facteur essentiel de la bipolarisation. A rien ne servirait d'avoir face à face deux partis (ou deux alliances) dont l'un (ou l'autre) a la majorité des sièges, si ce parti (ou cette alliance) ne contrôle pas tous les votes de ses députés, désordre à la manière des partis américains. En France, la discipline de vote a d'abord été pratiquée par les partis de gauche. Les gaullistes s'y rallient dès le début de la Vᵉ République. L'UDF s'y ralliera à son tour après 1978, mettant fin au jeu de bascule des derniers éléments du centrisme avant la formation du pôle droit.

A partir de 1978, la discipline de vote atteint pratiquement 100 % dans les scrutins essentiels. Cela correspond à une évolution quasi générale en Europe occidentale, qui modifie profondément le fonctionnement des parlements dans les démocraties contemporaines. Cette évolution assure mieux la liaison entre les élus et les électeurs que ne le faisait autrefois la liberté personnelle de chaque député. Elle fait aussi des majorités plus solides et des gouvernements plus efficaces.

• Les rapports entre conjoints du pôle droit. — Leur entente est favorisée par un accord idéologique profond, qui se raffermit encore depuis quelques années. Le problème de l'Algérie a d'abord profondément divisé, mais l'affaire a été réglée en 1962. La question des institutions a ensuite entraîné de graves divergences, notamment quant à l'affaiblissement des pouvoirs du Parlement, à l'élection du Président de la République au suffrage universel et au recours à l'article 11 de la Constitution pour l'établir : mais le nouveau système est entré dans les mœurs en 1965. La dissuasion nucléaire et l'autonomie à l'intérieur de l'alliance occidentale ont provoqué plus longtemps des difficultés entre gaullistes et giscardiens : elles n'ont pas disparu, mais les points de vue se sont rapprochés. La planification, l'intervention de l'Etat dans l'économie, le « colbertisme » de la tradition gaulliste sont devenus des questions de nuance dans chaque camp, plutôt que des oppositions radicales.

Mais le combat des chefs n'a jamais cessé. Il a commencé sous le général de Gaulle, où Valéry Giscard d'Estaing ne manquait aucune occasion de souligner leurs divergences, avant de contribuer à l'échec du référendum de 1969 qui provoqua le départ du fondateur de la Vᵉ République. La rivalité Pompidou-Giscard était notoire depuis longtemps quand le premier accéda à l'Elysée. Elle n'avait pas diminué malgré l'accord apparent des deux hommes lors de la campagne présidentielle.

La lune de miel Giscard-Chirac au lendemain des présidentielles de 1974 ne dura pas longtemps. Dès que Jacques Chirac eut donné sa démission de Premier ministre en août 1976, s'engagea une impitoyable lutte de gladiateurs qui n'a pas été sans influence sur l'échec de Valéry Giscard d'Estaing en 1981. Il est d'ailleurs notoire que Jacques Chirac a tout fait pour favoriser cet échec. Pendant les deux septennats de François Mitterrand, la bataille Giscard-Chirac a continué sourdement dans la coulisse, mais elle a perdu son importance. Elle a été remplacée par une bataille Chirac-Barre lors des présidentielles de 1988.

Le combat des chefs a pris une dimension nouvelle aux présidentielles de 1995 où Edouard Balladur et Jacques Chirac se sont aussi durement affrontés que les gladiateurs des deux grands partis de droite. Mais il s'est déroulé à l'intérieur d'un même parti, ce qui en changeait la nature et les perspectives. Il a finalement renforcé le RPR, en montrant que celui-ci pouvait rester uni après une campagne électorale où deux de ses leaders s'étaient combattus au premier tour. Plus uni finalement que le Parti socialiste pendant le second septennat de François Mitterrand. Mais il a beaucoup affaibli l'UDF, incapable de désigner un candidat présidentiel sorti de ses rangs et ralliée pratiquement à l'un des deux candidats RPR.

▶ *Les partis du pôle gauche*

Comme dans toute l'Europe occidentale d'aujourd'hui, la gauche correspond en France au socialisme. Mais celui-ci s'incarne en un seul parti dans la plupart des autres pays. En Grande-

Bretagne, en République fédérale d'Allemagne, en Autriche, en Suède, au Danemark, en Norvège, en Belgique, aux Pays-Bas, il existe bien un parti communiste, mais très faible et ne jouant qu'un rôle effacé dans la vie politique. En France, le parti communiste a tenu une place importante pendant plus d'un demi-siècle, mais après une érosion lente de 1946 à 1978, un déclin rapide a fait de lui un petit parti.

1. *Le Parti socialiste (PS)*. — Le Parti socialiste actuel a été fondé au Congrès d'Epinay en 1971, par la fusion entre le vieux parti socialiste sfio des petits clubs rénovateurs de tendance socialiste dont le plus important était la « Convention des Institutions républicaines » dirigée par François Mitterrand, qui devint le premier secrétaire du parti rénové.

• *Renaissance et déclin du parti socialiste de 1971 à 1995*. — En 1971, le parti socialiste est au plus bas. Il avait atteint 24 % des suffrages en 1945, pour décliner ensuite : descendant à 18 % en 1946, tombant à 15 % en 1951, remontant à 17 % en 1956, retombant à 15 % en 1958, et s'abaissant à 12,5 % en 1962. Il était ensuite remonté un peu grâce à son alliance avec les radicaux de gauche dans la Fédération de la Gauche démocrate et socialiste : atteignant 19 % en 1967, mais descendant à 16,5 en 1968, pour s'effondrer enfin à 5 % aux présidentielles de 1969 (candidature Defferre). Pendant ce temps, ses adhérents avaient fondu : dépassant 350 000 en 1946, ils tombent au-dessous de 50 000 en 1965.

Le redressement opéré sous la direction de François Mitterrand est spectaculaire. Le nombre d'adhérents s'élève à 150 000 en 1977 et atteint 250 000 à la veille des élections 1981 : ce chiffre reste faible par rapport aux masses d'adhérents des autres grands partis socialistes européens, mais on sait que les Français répugnent en général à l'adhésion aux partis. Les suffrages obtenus par le ps passent de 16,5 % en 1968 à 20,7 % en 1973, 25 % en 1978, 37,8 %

en 1981, 32 % en 1986 et 37,5 % en 1988 (radicaux de gauche inclus).

Devenu parti majoritaire à l'Assemblée nationale en 1981, après la dissolution décidée par le président Mitterrand une fois entré à l'Elysée, le PS résiste bien à l'épreuve de l'exercice du pouvoir, malgré le tournant politique qui lui est imposé en 1983 où le gouvernement remplace l'idéologie du Programme commun par le réalisme politique. Son premier secrétaire Lionel Jospin maintient son unité, malgré la division en « courants » engendrés par la représentation proportionnelle qui élit les membres du Comité directeur. Le déclin commencera par le déplorable Congrès de Rennes de 1990, où Laurent Fabius essaie de s'emparer du poste de premier secrétaire au terme d'un remarquable noyautage de l'appareil. Les « courants » s'affrontent alors avec une extrême violence que Pierre Mauroy s'efforce de calmer au poste de premier secrétaire. Elle s'aggrave quand il est remplacé en 1992 par Laurent Fabius, lequel est remplacé à son tour par Michel Rocard après les catastrophiques élections législatives de 1993, où le PS est tombé de 37,5 % de 1988 à 17,6 % des suffrages exprimés. Roccard est lui-même évincé après les élections européennes encore plus catastrophiques de 1994 où le PS dégringole à 14,5 %.

● *L'évolution idéologique et la rénovation du parti.* — La lutte des courants a été attisée par les rivalités de personnes. Mais celles-ci correspondent aussi au flou idéologique du parti. Au moment de sa victoire électorale de 1981, la déclaration de principe en tête des statuts du PS proclame qu'il « ne peut exister de démocratie réelle dans la société capitaliste » et que « la socialisation progressive des moyens d'investissements, de production et d'échanges... constitue la base indispensable de la réalisation du bien commun ». Le « Projet » du parti rédigé en 1978 développe ces thèmes, à travers des raisonnements d'inspiration plus ou moins marxiste.

Même au niveau des militants, ces idées et ce langage étaient dépassés. Les électeurs du parti ont toujours été plus modérés, en général. L'exercice du pouvoir depuis 1981 a par ailleurs appris aux nouvelles générations du PS le poids des contraintes économiques et l'impossibilité pour la France d'échapper aux lois du marché international. Depuis 1983, les socialistes français sont entrés dans une évolution fondamentale, qui les rapproche des autres socialismes démocratiques d'Europe occidentale. Comme eux, ils doivent désormais élaborer un nouveau projet global, le collectivisme ayant été ruiné par l'effondrement du marxisme-léninisme, et la société mixte de la social-démocratie ayant atteint ses limites, notamment dans la sécurité sociale, quand elle n'est pas remise en cause par des privatisations du secteur public.

En proposant que le candidat aux élections présidentielles soit désigné par un scrutin de tous les adhérents du parti votant le même jour dans toutes ses sections locales, et en posant lui-même sa candidature contre l'appareil du parti, Lionel Jospin parvient à soulever au printemps 1995 une vague de fond qui a balayé les divisions des courants. Choisi par plus des deux tiers des votants, il a réussi une excellente campagne présidentielle qui a fait de lui le vainqueur du premier tour, avec 23,2 % des suffrages exprimés, contre 20,4 à Jacques Chirac et 18,5 % à Edouard Balladur. Quatre mois plus tard les dirigeants du PS acceptaient que le premier secrétaire, les autres autorités nationales et les dirigeants locaux soient élus au suffrage universel. Les militants ont ainsi répondu à 18 questions d'un référendum qui pose les bases d'une méthode de rénovation de la structure, des alliances et des orientations du parti.

2. *Le Parti communiste français (PCF).* — Jusqu'à ces derniers temps, le Parti communiste français a été l'un des grands partis communistes d'Occident, derrière le Parti communiste ita-

lien, toujours resté plus puissant et plus ouvert. Depuis 1986, le PCF tend à se marginaliser.

• La dépendance à l'égard de l'URSS stalinienne. — Le PCF a une forte tradition de rigidité interne et de soumission aux directives de Moscou. Avant et après la seconde guerre mondiale, il a été un soutien inconditionnel du stalinisme, même sous ses pires formes. Il n'a accepté que difficilement l'ouverture tentée par Khrouchtchev, dont il a tenté d'abord de dissimuler le fameux rapport. Dans les années 60, il a exprimé sa réprobation de l'invasion soviétique de la Tchécoslovaquie qui a mis fin au « printemps de Prague », et il a semblé se rapprocher des idées d' « eurocommunisme ». Il a parfois protesté contre les camps de travail soviétiques et contre les internements dans les hôpitaux psychiatriques. Mais cela n'a jamais été très loin. Il a longtemps considéré comme « globalement positif » le bilan du communisme soviétique, et l'un des membres de son Comité central déclarait en 1977 que « l'URSS n'est pas une dictature ». En décembre 1990 encore, son leader Georges Marchais reste muet sur l'évolution de Moscou et soutient les adversaires de Gorbatchev. En 1994, il prend comme successeur Robert Hue, militant peu connu, mais personnalité joviale et sympathique, qui s'écarte du langage de bois et pratique une ouverture prudente dans la tactique du parti.

• La rigidité du PCF. — L'idéologie et la structure du PCF lui rendent difficile d'évoluer vers une démocratisation. Considérant le marxisme comme une science exprimant une vérité définitive alors qu'il est seulement une théorie hypothétique, il a longtemps imposé à ses membres une vision dogmatique de la société qui ne s'efface pas facilement, d'autant qu'elle est soutenue par le monolithisme de la structure. La jonction de ces deux éléments fait du parti communiste un appareil de dictature au sein d'un système démocratique. Aujourd'hui réunis en sections locales comme ceux de la plupart des partis, ses membres furent longtemps fractionnés en petits groupes de base constitués en « cellules » dans le cadre des usines, ateliers, magasins, entreprises, écoles, etc. Cellules ou sections étaient prises dans la toile d'araignée de liaisons verticales rigides, où l'information remonte en principe de la base au sommet, mais où la décision prise par celui-ci doit être rigoureusement appliquée par tous les éléments subordonnés : tel est le « centralisme démocratique » qu'on commence à peine à abandonner. Officiellement, les dirigeants à tous les échelons sont élus par ceux qu'ils devront encadrer. Pratiquement, ces élections furent presque toujours des ratifications de candidats uniques, plébiscités à l'unanimité.

● La crise du PCF. — Incarnant jusqu'à ces derniers temps le socialisme dogmatique et monolithique des communismes de l'Est, le PCF a été pendant trois quarts de siècle plus ou moins assimilé par nos concitoyens à son frère de l'Union soviétique. Il se défait difficilement de cette image, qui le plonge dans une crise grave. Avant la guerre, il était lentement monté jusqu'à 15 % de suffrages lors du Front populaire de 1936. En même temps, ses 86 000 adhérents de 1935 passaient à 328 000 en 1937. Déshonoré en 1940 par son approbation du pacte germano-soviétique, il s'est ensuite refait une réputation dans la Résistance, à partir de l'entrée en guerre de l'Union soviétique. Grâce au courage de ses militants sous l'Occupation, il a atteint l'apogée de sa puissance à la Libération, avec 814 000 adhérents en 1946. Il est tombé à 330 000 en 1987 et probablement à 250 000 en 1990.

Il parvient à 26,2 % des suffrages aux élections législatives de 1945, et 28,5 % à celles de 1946. Il se stabilise autour de 26 % sous la IVe République, et baisse à 20 % sous la Ve. En 1981, les élections présidentielles le réduisent à 15 % et les législatives qui suivent ne le ramènent qu'à 16 %. En 1984, les élections européennes l'ont fait descendre à 11 %. Il est tombé à 9,7 % aux législatives de 1986 et à 6,7 % aux présidentielles de 1988, remonté à 11 % aux législatives de 1988, retombé à 6,9 % aux européennes de 1989, à 9,1 % aux législatives de 1993 et à 6,9 % aux européennes de 1995.

3. *La formation et l'évolution du pôle gauche.* — Le mouvement gaulliste a été le pôle d'attraction du regroupement des partis de droite, lequel a favorisé celui de la gauche en la poussant à s'unir pour vaincre la puissante alliance ainsi constituée contre elle. Le Parti socialiste rénové par François Mitterrand a été l'élément de cette polarisation de la gauche.

• L'action de François Mitterrand et du Parti socialiste. — Dans le regroupement de la gauche, le rôle essentiel a été joué par un homme, François Mitterrand, issu d'un petit groupe centriste de la IVe République, l'Union démocratique et socialiste de la résistance (UDSR). En se lançant en 1965 dans une candidature présidentielle que certains jugeaient suicidaire, en obtenant dès le premier tour le soutien des socialistes, des communistes et de la majorité des radicaux, en réunissant au second tour 45 % des suffrages contre de Gaulle, il a pris figure d'un leader de l'opposition. Le déclin de la SFIO fut consommé par les 5 % recueillis à l'élection présidentielle de 1969 par Gaston Defferre, son candidat dans une perspective centriste. Cet effondrement ouvrit la voie au Congrès d'Epinay de 1971, qui vit la fusion de l'ex-SFIO avec les petits groupes socialistes jusqu'ici hors du parti, et l'avènement de François Mitterrand au poste de premier secrétaire.

Sous l'impulsion de son nouveau chef, le Parti socialiste (PS) rénové devient le moteur de la polarisation de la gauche. La signature du Programme commun avec les communistes en 1972 est le point de départ d'un bouleversement du rapport de force dans l'alliance. En 1968, les socialistes unis aux radicaux de gauche avaient obtenu 16,5 % des suffrages contre 20 % aux communistes. En 1973, les premiers en obtiennent 20,7 % et les seconds 21,4 % : l'écart est devenu très faible. Il s'inverse en 1978, où le PS monte à 25 % tandis que le PCF descend à 20,6 %. En 1981, après la vic-

toire de François Mitterrand aux présidentielles, l'écart se creuse :
le PS atteignant 37,8 % et le PCF tombant à 16,1 %. Le mouvement
continue en 1986 avec 32,7 contre 9,7 et en 1988 avec 37,8
contre 11,1.

● Le fondement électoral de l'alliance. — L'alliance de gauche
répond avant tout à une nécessité électorale : celle du scrutin majoritaire à deux tours. Il oblige les partis de tendances voisines à
s'unir au second tour derrière un candidat unique, les moins favorisés se retirant en faveur du plus favorisé, ce qu'on appelle le
« désistement ». De 1877 à 1930, la gauche a généralement pratiqué
ces désistements mutuels, que la tradition appelle la « discipline
républicaine ». Il s'agit d'une alliance technique pour conquérir
des sièges, en laissant de côté les divergences idéologiques,
considérables entre les socialistes et les communistes. Rétablie
dès 1962, c'est-à-dire dès la seconde élection suivant le retour au
scrutin majoritaire à deux tours, la « discipline républicaine »
n'a jamais été écartée depuis lors. Le PCF a été plus loin en 1965,
en acceptant de soutenir la candidature présidentielle de François
Mitterrand dès le premier tour.

L'alliance avait une base programmatique lors du Front
populaire de 1936, où elle gagna les élections. L'exemple fut suivi
par le Programme commun de la gauche signé en 1972 parce que
chacun croyait y trouver son compte. Le PS y voyait une limite
aux exigences du PCF en cas d'une victoire qui conduirait au gouvernement, et pensait ainsi rassurer ses électeurs. Le PCF y voyait le
minimum susceptible de convaincre les siens et d'empêcher les
socialistes d'être trop timides dans leurs réformes. Chacun des
deux partis pensait que le Programme commun le favoriserait
aux dépens de son allié, en même temps qu'il leur permettrait
ensemble d'atteindre des électeurs nouveaux. Finalement, le
Parti socialiste a été le grand vainqueur de l'alliance. Grâce à elle,
il a d'abord réussi à presque équilibrer le Parti communiste dès
les élections qui suivent le Programme commun : en 1973, le PC ne

dépasse plus le PS que de 0,7 point. En 1978, le PS est en tête avec 4,4 points d'avance, qui s'élèvent à 21,7 points en 1981, 23 en 1986 et 26,7 en 1988. Cela correspond à un déclin général des partis communistes en Occident, mais il est beaucoup plus fort en France qu'ailleurs. Seul le Parti communiste italien y a échappé, en se transformant en PDS (Partito democratico della Sinestra).

Après la victoire de la gauche unie en 1981, le PCF participe au gouvernement en y acceptant une place très modeste : quatre ministres et secrétaires d'Etat, soit un dixième de leur total. Il accepte la politique de rigueur en 1983, mais refuse de participer au gouvernement Fabius en 1984. L'année suivante, il rompt tout à fait l'alliance de gauche, grâce au rétablissement de la proportionnelle. Le retour au scrutin majoritaire l'oblige à revenir au soutien des socialistes au second tour aux législatives de 1988, comme il avait dû le faire la mort dans l'âme aux présidentielles qui les précèdent. Il ne peut pas agir autrement, bien qu'il le souhaite, parce que la grande majorité de ses électeurs n'accepterait pas ce rejet de la « discipline républicaine ».

Le problème de l'alliance de gauche se pose d'une façon nouvelle depuis que le Parti communiste est tombé au-dessous de 10 % des suffrages dans les élections législatives. Même avec les plus de 37 % des suffrages obtenus par le Parti socialiste en 1981 et en 1988, le pôle gauche ne pourrait pas obtenir la majorité des sièges de l'Assemblée nationale. Après avoir été paralysée de 1945 à 1981 par la puissance d'un parti communiste qui dominait les socialistes, la gauche va-t-elle être paralysée par l'excès de faiblesse du même parti ?

▶ *Les partis hors des pôles*

En dehors des partis de plein exercice qu'on vient de décrire, certaines se tiennent en dehors des alliances bipolaires, soit parce que celles-ci refusent de s'ouvrir à des organisations non démocratiques comme le Front national, soit parce qu'il s'agit d'organisations révolutionnaires d'extrême gauche, soit parce qu'ils prétendent incarner des projets nouveaux aussi éloignés de la droite que de la gauche, tels les écologistes. Le scrutin majoritaire à deux tours empêche ces partis de rendre le pays ingouvernable faute de majorité parlementaire stable et homogène.

1. *Les partis d'extrême droite*. — Longtemps réduite à des groupuscules, l'extrême droite a trouvé une organisation relativement importante dans le Front national.

● Les groupuscules monarchistes. — La III° République a connu une importante extrême droite monarchiste, grâce à un théoricien de qualité : Charles Maurras, fondateur et animateur de *L'Action française*, journal quotidien où se mêlaient l'intelligence et l'extrémisme. Après la Libération, où Maurras fut condamné pour collaboration, le comte de Paris a entraîné le mouvement royaliste vers l'idée d'une monarchie parlementaire, mais les groupuscules monarchistes sont devenus très faibles.

● Le Front national. — Le chômage, l'insécurité, le nationalisme ambiant ont provoqué ces dernières années une poussée d'extrême droite qui a favorisé des mouvements anti-immigrés et anti-européens d'inspiration plus ou moins fasciste. L'un d'entre eux a brusquement accédé au seuil d'un parti relativement important, obtenant 11 % des suffrages (presque autant que le PCF) aux européennes de 1984 et 9,9 % (plus que le PCF) aux législatives proportionnelles de 1986 : le Front national, dirigé par Jean-Marie Le Pen qui avait déjà participé au poujadisme en 1956 et à l'OAS dans les années 60, avant de former en 1978 une « eurodroite » avec les fascistes espagnols et italiens. Le Front national a atteint son sommet aux présidentielles de 1988, où Le Pen a réuni 14,4 % des suffrages au premier tour, retombant à 11,8 aux présidentielles de 1995, ce qui reproduisait son score des européennes de 1989.

Il avait formé un groupe parlementaire dans la législature de 1986-1988, grâce à la proportionnelle. Il a été éliminé de l'Assemblée nationale par le retour au scrutin majoritaire malgré 9,65 % des suffrages en 1988 et 12,7 % en 1993.

2. *Les groupuscules d'extrême gauche.* — Un certain nombre de groupuscules d'extrême gauche survivent en permanence dans la politique française. Après leur poussée épidémique de Mai 68, où le rêve d'une révolution totale et brutale a ressurgi, ils ont été plus affaiblis que jamais par l'effondrement du communisme soviétique. Ils n'ont plus qu'une influence très restreinte, limitée au dynamisme de leurs leaders, tels Arlette Laguiller et Alain Krivine.

● Le trotskysme et le maoïsme. — L'un et l'autre sont des hérésies du marxisme, par rapport à l'orthodoxie incarnée autrefois par Moscou. Le trotskysme se caractérise par la rigidité de l'organisation, par sa tendance à engendrer des scissions successives, son idéologie ultra-révolutionnaire et son « entrisme » dans des groupes modérés qu'il cherche à contrôler.

Le maoïsme a connu des heures de gloire au temps de la Révolution culturelle chinoise (1965-1971) dans une extrême gauche intellectuelle, qui a méconnu la violence tyrannique alors pratiquée par le « Grand Timonier ». Son originalité idéologique était de s'appuyer sur la paysannerie pour imposer la révolution aux villes, en transposant la stratégie chinoise à l'échelle internationale : le Tiers Monde devenant l'artisan d'une révolution mondiale imposée aux pays industrialisés d'Occident.

● L'anarchisme. — L'anarchisme a incarné l'extrême gauche à la fin du siècle dernier, jusqu'à la guerre de 1914. Son slogan « Ni Dieu, ni maître » exprime une opposition radicale à toute autorité morale, politique, économique, culturelle. Il développa d'abord un terrorisme par l'assassinat des autorités politiques, aussi bien démocratiques que tyranniques (bombe de Vaillant à la

Chambre des députés en 1893, assassinat du président Sadi Carnot en 1894 et de tsars de Russie). Il prit part en même temps au développement des syndicats de France, d'Espagne, d'Italie, en leur interdisant de se lier aux partis politiques, ce qui freine le développement de la social-démocratie. Il n'a plus aujourd'hui qu'une influence intellectuelle, à travers des écrivains ou artistes.

3. *Les écologistes.* — Les mouvements écologistes se développent depuis les années 80 dans la plupart des sociétés industrielles modernes, soit sous forme d'association de défense de sites ou de paysages, soit sous forme d'organisations politiques remettant en cause le progrès technique. Leur combativité est sélective : par exemple, elle vise les centrales nucléaires plus que les centrales thermiques, lesquelles sont cependant plus polluantes.

• La poussée des écologistes en 1989. — En France, les écologistes sont plus faibles que dans d'autres pays d'Europe. Ils apparaissent aux élections européennes de 1979 avec un score honorable de 4,4 %, mais en se dissimulant sous le sigle « Europe-écologie ». En 1981, ils obtiennent 3,1 % des suffrages aux élections présidentielles et ne réunissent que 3,6 % aux européennes de 1984. Ils n'ont vraiment percé qu'aux européennes de 1989, avec 10,6 %, au lendemain d'élections municipales où ils avaient obtenu de grands succès dans certaines villes. Ils retombent à presque 5 % aux élections européennes de 1994.

• La position politique des écologistes. — En République fédérale d'Allemagne et en Europe du Nord, les écologistes se situent souvent à l'extrême gauche. Ils font partie des mouvements dits « alternatifs » qui rêvent d'une société radicalement différente. Ils sont en général pacifistes, et prêchent un désarmement unilatéral et la suppression des armes atomiques. En France, ces tendances restent minoritaires, la plupart des écologistes étant moins politisés. Leurs électeurs se situent en majorité à gauche, mais certains candidats font le jeu de la droite, en se maintenant

au second tour, ce qui stérilise une partie des électeurs de gauche :
aux élections municipales de 1989, on l'a vu à Strasbourg (où la
manœuvre a échoué) et dans plusieurs autres grandes villes (où
elle a réussi). En novembre 1995, leurs principaux dirigeants ont
décidé l'alliance avec la gauche.

Sur les partis politiques, cf. les ouvrages cités p. 123, 141 et 169, et F. Borella,
Les partis politiques dans la France d'aujourd'hui, 1ʳᵉ éd., 1973, mis à jour
en 1981 ; J. Chapsal, *La vie politique sous la Vᵉ République*, 2ᵉ éd., 1984 ;
M. Duverger, *La République des citoyens*, 1982, p. 165-191, et p. 273-293 ;
E. Deutsch, D. Lindon et P. Weill, *Les familles politiques aujourd'hui en
France*, 1966 ; D.-L. Seiler, *Partis et familles politiques*, 1980, coll. « Thémis ».
Sur l'UDF, l'ouvrage essentiel est celui de J.-C. Colliard, *Les Républicains
indépendants (Valéry Giscard d'Estaing)*, 1971 ; A. Duhamel, *La République
giscardienne*, 1980. — Sur le gaullisme, base du RPR, cf. les ouvrages de
J. Charlot, *L'UNR (Etude du pouvoir au sein d'un parti politique)*, 1967 ;
Le phénomène gaulliste, 1970 ; *Pourquoi Jacques Chirac*, 1995, et J. Touchard,
Le gaullisme (1940-1969), 1974. — Sur le Parti communiste, cf. les ouvrages
cités p. 141, et G. Lavau, *A quoi sert le Parti communiste français ?*, 1981
(le PCF étant considéré comme correspondant aux « tribuns de la plèbe sous
la République romaine », idée empruntée à M. Duverger, *Les partis politiques*,
1951, p. 452). — Sur le Parti socialiste, cf. H. Portelli, *Le socialisme français
tel qu'il est*, 1980, et *L'Internationale socialiste* (en collaboration), 1983 ;
Changer la vie : programme de gouvernement du Parti socialiste, 1972 ; *Le Projet
socialiste pour la France des années 80*, 1980, et M. Winock, *Le socialisme en
France et en Europe (XIXᵉ-XXᵉ siècles)*, 1992. — Sur le Front national,
cf. N. Mayer et P. Perrineau, *Le Front national à découvert*, 1989 ; P. Milza,
Fascisme français, passé et présent, 1987 ; J.-C. Petit-fils, *L'extrême droite
en France*, 1988 ; l'article de G. Ivaldi dans la *Revue politique et parlementaire*
de mai-juin 1995, p. 43-59, sur l'extrême droite en Europe.

2 | LES FONDEMENTS DU SYSTÈME

Le système français des partis de la Vᵉ République repose
sur deux fondements essentiels. D'une part, sur une évolution de la
société qui a mis fin au grand schisme entraîné par la Révolution
de 1789 (cf. plus haut, p. 60 et s.) et rétabli un certain consensus

national. D'autre part, sur des techniques institutionnelles, essentiellement électorales : scrutin majoritaire à deux tours pour la désignation des députés, suffrage universel pour le choix du Président de la République. Le premier fondement est stable, ne pouvant être modifié que par une évolution lente, analogue à celle qui l'a établi. Le second est à la merci des réformes qui pourraient le détruire.

▶ *Le rétablissement du consensus national*

La bipolarisation suppose que chacun des deux pôles inspire suffisamment de confiance à l'autre pour qu'on puisse lui confier la totalité du pouvoir entre deux élections, sans craindre qu'il refuse ensuite de le rendre s'il est battu à une élection suivante. Elle n'était pas possible dans la France du XIXᵉ siècle et de la première moitié du XXᵉ, parce que chaque camp craignait que l'autre ne soit dominé par des extrémistes qui n'acceptaient pas le pluralisme et l'alternance. Cette situation signifiait que le consensus national était rompu. Elle a pu prendre fin parce qu'il s'est rétabli.

La division bipolaire des suffrages ne doit pas faire illusion. Elle ne correspond plus à une coupure entre deux France. Elle repose sur une très grande diversité de facteurs qui se combinent d'une façon particulière pour chaque citoyen, et non sur une opposition entre deux comportements fondamentalement différents. Cet éparpillement des divisions et le fait qu'aucune ne coïncide exactement avec le clivage droite-gauche correspondent au rétablissement d'un consensus relatif.

1. *Le consensus sur la démocratie.* — Jamais le consensus sur la démocratie n'a été aussi grand qu'aujourd'hui. La tendance monarchique des conservateurs traditionnels a presque totalement disparu. Les mouvements à tendances fascistes n'osent pas avouer ce qu'ils sont et se donnent seulement figure d'une droite musclée. Seuls, quelques gauchistes repoussent en bloc la société actuelle et réclament une révolution : mais cela relève d'un discours et non d'un projet.

● Le consensus sur l'alternance. — Le conflit entre « libéraux »
et « autoritaires » se rencontre dans toutes les sociétés. Mais il y a
consensus relatif quand les uns et les autres ne mettent pas en cause
l'alternance démocratique, c'est-à-dire le changement de majorité
et de gouvernement par le vote des citoyens dans un système
pluraliste. Certes, l'extrême droite de Le Pen et l'extrême gauchisme
ne respecteraient guère la démocratie si l'un ou l'autre détenait
entièrement le pouvoir. Mais ni l'un ni l'autre ne peuvent l'avouer
dans leur propagande, et ni l'un ni l'autre n'ont la capacité
d'exercer le pouvoir en obtenant la majorité des suffrages aux
élections présidentielles ou législatives. En conséquence, ni l'un
ni l'autre ne peuvent interrompre l'alternance.

● Le consensus sur les institutions. — Jusqu'en 1981, la Constitution de 1958-1962 était officiellement contestée par la gauche,
notamment dans son originalité essentielle, qui est l'élection du
Président de la République au suffrage universel. Les choses ont
changé depuis lors. Les socialistes se sont ralliés aux institutions
depuis la victoire de François Mitterrand aux présidentielles
de 1981. Les communistes lui demeurent opposés parce qu'il a
contribué à leur déclin. Mais le PCF ne peut pas demander le
changement d'un système auquel presque tous nos concitoyens
sont attachés, y compris la majorité de ses électeurs. Pour la
première fois depuis 1789, le consensus sur le régime est quasi
général. Les divergences ne portent que sur des points secondaires.

2. *L'évolution de la société.* — Les luttes de classes n'ont pas
disparu dans la France d'aujourd'hui. Mais elles se sont atténuées
et les classes défavorisées ne visent plus à détruire la société et à la
remplacer par une autre. Elles cherchent essentiellement à l'améliorer progressivement. Le révolutionnarisme fait place au réfor-
misme, malgré une crise économique longue et pénible.

● L'affaiblissement de la lutte des classes. — L'élévation du
niveau de vie fait que les besoins fondamentaux de tous les citoyens

peuvent être aujourd'hui satisfaits pour l'essentiel. La nourriture, le vêtement, le logement ne sont pas très bien assurés pour tous, mais peu de gens manquent du nécessaire dans ce domaine sauf beaucoup de SDF (sans domicile fixe) dont le nombre augmente. Les travailleurs d'aujourd'hui sont très différents du prolétariat analysé par Marx lors du coup d'Etat de décembre 1851 ou de la Commune de 1871. Même dans les ghettos d'immigrés, le salaire minimum, l'interdiction de licencier, la sécurité sociale créent une situation moins insupportable que celle des premiers stades du capitalisme.

Bien qu'on soit très loin d'une société juste, l'égalité a fortement progressé. Certes, il y a encore un écart très grand entre le haut et le bas de l'échelle sociale. Mais les prélèvements par l'impôt progressif et l'ensemble des contributions obligatoires d'une part, la redistribution par la sécurité sociale et les allocations diverses d'autre part aboutissent à rétrécir l'éventail des revenus réels. En garantissant tous les citoyens contre la maladie, l'invalidité, la vieillesse, les charges familiales, les accidents du travail, le chômage, l' « Etat de bien-être » (Welfare-State) a complètement transformé la société libérale. Les travailleurs nationaux ne se sentent plus des étrangers dans leur propre pays : ils ne sont plus « aliénés » au sens propre du terme. Même quand ils demeurent partiellement exploités, ils savent que leur condition n'est pas pire que dans les autres pays, et qu'elle est souvent meilleure.

● La crise économique et le réveil de l'exclusion. — Depuis 1973, le monde connaît une profonde crise économique semblable aux dépressions cycliques qui se sont produites de 1873 à 1896 et de 1929 à la guerre de 1939. Elle a été provoquée par la décision des Etats-Unis en 1971 de mettre fin à la convertibilité des monnaies suivant les taux de change fixes établis par les accords de Bretton-Woods en 1945. Elle a été aggravée par la décision des pays arabes exportateurs d'augmenter le prix du pétrole, dont le coût du baril passe alors de 3 dollars à plus de 12 et même de 20 sur le marché libre. Le développement du chômage crée un sentiment d'exclusion pour les adultes qui ont perdu leur emploi et les jeunes qui ne peuvent pas en trouver. La concurrence des travailleurs immigrés (appelés dans la période d'expansion de 1945-1975 et multipliés ensuite par les conséquences de la crise dans le Tiers Monde) réveille un racisme qui était en régression. L'islamisme radical renforce cette exclusion.

Des tensions se développent ainsi entre la partie de la population qui se sent ainsi plus ou moins rejetée et la grande majorité défendant un niveau de vie qui tend lui aussi à se réduire sous la poussée de la crise. Le consensus social subit donc un certain recul, surtout dans des franges marginales. Ni l'alternance démocratique, ni le pluralisme politico-social ne sont remis en cause par la plupart des citoyens. Mais les jeunes des banlieues déshéritées et certains immigrés glissent vers une violence qui les poussent hors démocratie dans des portions du territoire national. Si la plupart développent des révoltes aveugles et sans projet, une part croissante est gagnée par l'intégrisme islamique qui exprime un projet révolutionnaire incarnant une forme nouvelle de tyrannie.

▶ *Les techniques institutionnelles*

Le nouveau système des partis français repose autant sur des techniques institutionnelles que sur l'évolution de la société. Sans le rétablissement du consensus national, ces techniques n'auraient pas suffi à engendrer la bipolarisation. Mais sans ces techniques, le consensus rétabli risquerait fort de ne pas pouvoir maintenir seul le système. Si l'on supprimait à la fois le scrutin majoritaire pour les députés et l'élection du Président au suffrage universel, il est presque certain que la bipolarisation s'effondrerait, et que l'on reviendrait aux majorités fluctuantes aux gouvernements éphémères et impuissants des républiques précédentes.

1. *Le scrutin majoritaire à deux tours pour les législatives.* — En 1951, on a formulé une triple loi sociologique définissant les

relations des systèmes électoraux et des systèmes de partis qui peut se formuler aujourd'hui ainsi, compte tenu de l'expérience postérieure : 1° le scrutin majoritaire à un seul tour tend au bipartisme ; 2° le scrutin majoritaire à deux tours tend à un multipartisme corrigé par des alliances bipolaires ; 3° la représentation proportionnelle tend à un multipartisme sans alliances permettant l'alternance. Dans l'ensemble, ces formules ont été vérifiées. William Riker pense que « la loi de Duverger » est une des seules actuellement établies en science politique (1983, Congrès de l'Association américaine de Science politique), ce qui est probablement exagéré. En tout cas, elle explique assez bien l'influence du scrutin majoritaire à deux tours sur les systèmes français de partis de la III⁰ et de la V⁰ République. Les différences entre les deux régimes éclairent d'ailleurs le mécanisme de la loi.

• La tendance aux alliances. — Dans le scrutin majoritaire à un seul tour (comme en Grande-Bretagne et aux Etats-Unis), on tend naturellement vers deux partis. Puisque le candidat arrivé en tête est élu, quel que soit le total des voix obtenues par ses concurrents, il est essentiel d'éviter le fractionnement des tendances. Si deux candidats démocrates se disputent le siège de telle circonscription contre un seul candidat républicain, ce dernier a les plus grandes chances d'être élu. D'où la « loi d'airain » du scrutin majoritaire à un tour : il écrase les petits partis et oblige chaque grande tendance à s'unifier, ce qui aboutit au bipartisme. Le scrutin majoritaire à deux tours permet au contraire le fractionnement des grandes tendances, tout en évitant que la dispersion des suffrages empêche qu'une majorité stable puisse s'établir au Parlement. Il tend à combiner le multipartisme et la bipolarisation. Pour être élu au premier tour, il faut en effet réunir plus de la moitié des suffrages exprimés, c'est-à-dire plus de suffrages que tous ses concurrents réunis. Sinon, il y a lieu à second tour, où est élu le candidat arrivant en tête, quel que soit le total de ses concurrents.

Chaque tendance a souvent intérêt à présenter plusieurs candidats au premier tour afin de « ratisser large » comme on dit, c'est-à-dire de réunir le maximum de voix possible en diversifiant les candidatures offertes au choix des citoyens. Ainsi, à gauche, un candidat socialiste et un candidat communiste réuniront plus de voix à eux deux qu'un candidat unique. L'essentiel est que le candidat qui arrive en tête dans une tendance la représente seul au second tour : ses concurrents de la même tendance se retirant en sa faveur. On parle simplement de « retrait » pour celui qui retire sa candidature sans dire à ses électeurs pour qui voter au second tour. On parle de « désistement » quand le candidat qui se retire au second tour fait campagne ouverte pour le candidat voisin qui demeure en piste.

• Bipolarisation électorale et bipolarisation parlementaire. — Techniquement, le scrutin majoritaire à deux tours tend à un second tour opposant seulement deux candidats dans chaque circonscription. Ces bipolarisations cloisonnées peuvent laisser le champ libre à une grande diversité d'alliances nationales. D'autant que chaque parti est libre de varier ses alliances suivant les circonscriptions. Sous la III⁰ République, les partis du centre se sont souvent alliés avec la gauche dans certaines circonscriptions, et avec la droite dans certaines autres. Enfin, le scrutin majoritaire à deux tours implique seulement une bipolarisation électorale : rien n'oblige à la prolonger sur le plan parlementaire et gouvernemental. On ne peut pas la prolonger d'ailleurs si les alliances électorales sont différentes suivant les circonscriptions.

L'élément essentiel qui tend à la bipolarisation dans un scrutin majoritaire à deux tours réside dans la discipline nationale des partis. Sous la III⁰ République, les partis socialistes et communistes avaient seuls une structure rigide impliquant une discipline de vote au Parlement. Les autres partis n'étaient que des agglomérations de personnalités, chaque député votant au Parlement comme il l'entendait. Les partis disciplinés n'ont représenté qu'entre 2 et 17 % des sièges à la Chambre des députés de 1902 à 1914, et entre 21 et 37 % de 1919 à 1940. En conséquence aucune alliance solide ne pouvait être construite. Sous la Vᵉ République, la discipline de vote au Parlement s'est peu à peu étendue à tous les partis. L'unité de vote dans les groupes parlementaires rend très difficile la divergence des alliances suivant les circonscriptions, que l'indépendance des députés au Palais-Bourbon rendaient fréquentes avant 1940. Désormais, les alliances de second tour sont en général décidées nationalement, et les candidats qui ne suivent pas les directives du parti en sont exclus.

2. *L'élection du Président de la République au suffrage universel.* — Devenue l'acte fondamental de la vie politique, l'élection populaire du Président a joué un rôle important dans le sens de la bipolarisation, à deux points de vue.

• La primauté des grands partis. — Les trois grands partis du quadrige bipolaire ont été constitués ou rénovés par l'élection présidentielle. Le RPR s'est formé autour du général de Gaulle, l'UDF autour de Valéry Giscard d'Estaing, le Parti socialiste a été tiré par François Mitterrand du déclin où Guy Mollet avait conduit la SFIO. Chacun de ces partis a été le moyen pour un Président de gouverner, ou pour un candidat à la présidence de parvenir à l'Elysée. L'une des raisons de l'affaiblissement de l'UDF, c'est qu'elle n'a pas su faire bloc derrière Raymond Barre dans l'élection présidentielle de 1988 ni s'unir derrière un candidat émanant d'elle en 1995.

Un parti n'est pris au sérieux dans la France d'aujourd'hui que s'il est capable de présenter un candidat présidentiel « plausible », c'est-à-dire ayant des possibilités réelles d'être élu : l'élection présidentielle déterminant le chef suprême du gouvernement, auquel les citoyens accordent ensuite une majorité pour gouverner (1981, 1988) si elle n'existe pas déjà (1965, 1969, 1974, 1995). Seuls les partis qui paraissent susceptibles de prendre ainsi le pouvoir à travers leur candidat présidentiel sont considérés comme des partis de premier rang.

• La bipolarité du second tour. — Techniquement, la loi électorale française impose un duel au second tour des présidentielles, où seuls peuvent rester en compétition les candidats arrivés en tête au second, l'un d'eux étant libre de se retirer, ce qui met en piste le troisième en face de celui demeurant en piste, et ainsi de suite. Ce couperet élimine automatiquement les partis exutoires, et impose un vote utile lors du scrutin décisif. Politiquement, il avantage dans chaque pôle la formation située plus près du centre. En effet, elle recueille au second tour la plupart des suffrages venant de l'autre formation de son pôle, et elle est en mesure de recueillir au-delà de lui les voix médianes qui décident de la victoire dans un scrutin bipolaire.

Tel est le mécanisme de la bipolarisation : elle tend nécessairement à l'alternance d'une droite dominée par le centre-droit et d'une gauche dominée par le centre-gauche. Loin de diviser la nation en deux blocs, comme on le dit en général — sans savoir et sans réfléchir — elle ramène constamment les partis vers la modération qui permet d'attirer les électeurs du milieu. Bien entendu, cette tendance se heurte à des situations conjoncturelles qui peuvent la paralyser quelque temps. Quand un parti au pouvoir tend à abuser de sa situation, il peut provoquer une réaction violente qui donne leur chance aux durs de l'opposition. Ainsi Mrs Thatcher est parvenue au pouvoir à Londres en 1979 par l'aveuglement du parti travailliste, rendu responsable de l'impopularité des syndicats qui le dirigeaient alors, dont les grèves excessives avaient exaspéré la population.

Sur le rétablissement du consensus en France, il est impossible de donner une bibliographie valable, étant donné l'ampleur de la question et la multiplicité de ses aspects. Pour une approche générale, cf. Stanley Hoffmann, *Essai sur la France*, 1977 ; M. Duverger, *La cohabitation des Français*, 1987, et le recueil annuel de la SOFRES, *Opinion publique : enquêtes et commentaires*.

Sur l'influence des systèmes électoraux sur les systèmes de partis, cf.
W.-H. Riker, The two party system and Duverger's Law : an Essay on the
History of Political Science, dans l'*American Political Science Review*, 1982,
p. 753-766 (avec bibliographie), et The number of political parties : a reexami-
nation of Duverger's law, dans *Comparative Politics*, 1976, p. 93-106 ;
J. Sprague, *On Duverger's sociological law : the connection between electoral
laws and party systems*, Saint-Louis, 1980 (Political Science Paper, n° 48,
Washington University). — La théorie a été testée par une enquête comparative
de D. W. Rae, *The political consequences of electoral law*, New Haven et Londres,
1ʳᵉ éd., 1967, 2ᵉ éd., 1971, et débattue dans un grand nombre d'ouvrages et
d'articles. — Pour une mise au point quarante ans après son esquisse dans
La Vie intellectuelle, 1946, p. 62-73, cf. M. Duverger, *La nostalgie de l'impuissance*, 1988, p. 52-86 ; *La République des citoyens*, 1982, p. 243-273,
et les articles : The Duverger's law, thirty years ago, dans A. Lijphart et
B. Grofman (et autres), *Electoral Laws and Their Political Consequences*,
New York, 1986 ; Which is the best electoral system ?, dans A. Lijphart
et B. Grofman, *Choosing an Electoral System* (Issues and Alternatives),
New York, 1984, et Presidential elections and the party system in Europe,
dans R. M. McCormick (et autres), *Political Parties and the Modern State*,
New Brunswick, Etats-Unis, 1984.

2 / Le régime semi-présidentiel

Tout système démocratique est déterminé par la combinaison
des deux sous-systèmes qu'on a successivement examinés : le régime
constitutionnel établi par les règles juridiques et le système de
partis engendré par le jeu des forces politiques. Chaque type des
deux sous-systèmes est compatible avec plusieurs types de l'autre.
Ainsi, un type de régime politique peut permettre des modalités
très variées de système politique. Le régime parlementaire permet
les systèmes de type britannique et les systèmes de type italien.
Le régime semi-présidentiel établi par le général de Gaulle en 1962
permet des modalités encore plus nombreuses.

En droit constitutionnel, on appelle régime semi-présidentiel un régime où le Président de la République est élu au suffrage universel et où il possède des pouvoirs propres notables, mais où le gouvernement est dirigé par un Premier ministre qui ne peut se maintenir au pouvoir qu'avec la confiance de la majorité des députés. Sept régimes de ce genre fonctionnent ou ont fonctionné dans les démocraties d'Occident. Celui établi en 1919 en Allemagne a disparu en 1933. Mais six sont toujours en place : en Finlande depuis 1919, en Autriche depuis 1929, en Irlande depuis 1937, en Islande depuis 1945, en France depuis 1962 et au Portugal depuis 1976. Leur diversité tient à deux facteurs : d'une part, la diversité des pouvoirs constitutionnels du Président dans l'interprétation admise ; d'autre part, l'existence ou l'absence d'une majorité parlementaire.

1 | L'ENVIRONNEMENT CULTUREL DU RÉGIME

Les règles établies par la Constitution qui définit son régime politique ne sont pas interprétées de la même façon dans tous les pays. L'environnement culturel de chacun infléchit la signification des règles juridiques établies, ce qui introduit une distorsion entre les textes et les pratiques.

▶ *La distorsion entre les Constitutions et les pratiques*

Dans deux pays — dont la France — cette distorsion atteint son ampleur maximale : le Président le plus puissant étant celui d'un pays où il a le moins de pouvoirs juridiques, le Président le plus faible étant l'un de ceux qui bénéficient de plus de pouvoirs juridiques.

1. *L'échelle des prérogatives constitutionnelles du Président.* — Trois catégories de pays sont assez faciles à distinguer sous l'angle de l'importance des prérogatives que la Constitution accorde au Président de la République.

• Régimes à faibles prérogatives présidentielles : Irlande et France. — En Irlande, les prérogatives du Président sont si faibles qu'on hésite à qualifier le régime de semi-présidentiel. Le chef de l'Etat ne peut décider seul, sans l'accord du Premier ministre, que pour demander à la Cour suprême de vérifier la constitution-nalité d'une loi votée par le Parlement, pour convoquer l'une des chambres ou les deux en session extraordinaire, pour adresser un message aux députés et sénateurs. Il possède également un pouvoir de blocage pour refuser la dissolution qui lui réclame un Premier ministre, et pour recourir à un référendum demandé conjointement par la majorité du Sénat et le tiers de la Chambre des représentants. Ces prérogatives dépassent à peine le statut d'un chef d'Etat pure-ment symbolique. On est à la frontière des régimes parlementaire et semi-présidentiel.

En France, les prérogatives présidentielles sont beaucoup plus importantes. Rappelons que le chef de l'Etat peut dissoudre l'Assemblée nationale sans l'accord du gouvernement, qu'il peut recourir au référendum avec l'accord du Parlement ou du gouverne-ment, qu'il peut bloquer la volonté du gouvernement sur la poli-tique extérieure, la nomination des hauts fonctionnaires et le contenu des ordonnances, qu'il peut saisir le Conseil constitutionnel d'une loi votée par le Parlement ou renvoyer celle-ci en seconde lecture, qu'il peut enfin utiliser l'article 16 dans des circonstances excep-tionnelles. Mais le pouvoir exécutif et le pouvoir réglementaire appartiennent au Premier ministre, que le Président ne peut révoquer.

• Régimes à prérogatives présidentielles moyennes : Autriche, Portugal, République de Weimar. — Dans ces trois pays, le Pré-sident peut révoquer le Premier ministre en dehors de tout vote de défiance ou de censure, et naturellement de toute démission volon-taire, le terme de « révocation » indiquant par lui-même un renvoi contre la volonté du révoqué. Le gouvernement ne peut donc rester au pouvoir que s'il bénéficie d'une double confiance : celle du

Parlement et celle du Président, l'un et l'autre étant placés sur un pied d'égalité.

La Constitution de l'Autriche ne comporte pas d'autre prérogative importante pour le Président. Celle du Portugal lui reconnaît de plus un droit de veto sur certaines lois. Sur la plupart, il possède seulement un droit de renvoi en seconde lecture, celle-ci se déroulant dans les conditions normales. Sur celles concernant les relations extérieures, la délimitation des propriétés publiques, privées et coopératives, la Cour constitutionnelle, les régimes électoraux, l'état de siège et l'état d'urgence, la défense nationale et les forces armées, il a un veto véritable, parce que la loi renvoyée devant les députés ne peut être confirmée par eux que par un vote à la majorité des deux tiers des présents, celle-ci ne pouvant être inférieure à la majorité absolue des membres composant l'assemblée. En République de Weimar, le Président pouvait soumettre à référendum tout projet de loi voté par le Parlement.

● Régimes à prérogatives présidentielles fortes : Islande et Finlande. — En Islande, le Président de la République dispose du même droit de veto que dans la République de Weimar : c'est-à-dire qu'il peut soumettre à référendum toute loi votée par le Parlement. Il peut aussi édicter des lois provisoires dans l'intervalle des sessions parlementaires : mais elles deviennent caduques quand les députés se réunissent, s'ils ne les ratifient point. Enfin, toutes les décisions législatives et gouvernementales doivent être signées par le Président, ses propres décisions devant elles-mêmes porter le contreseing d'un ministre. En droit, signature et contre-signature pourraient être refusées. Le Président pourrait bloquer le gouvernement, qui pourrait le bloquer aussi dans une Constitution établissant une telle dyarchie : mais cette disposition est symbolique.

La Constitution de Finlande associe moins étroitement le Président et le gouvernement. Chacun d'eux a son domaine propre où il peut agir sans dépendre de l'autre. Par exemple, le chef de l'Etat peut contrôler l'administration, faire procéder à des inspections, demander des explications aux chefs de service, sans que les ministres aient rien à y voir. De leur côté, ces derniers traitent une grande partie des affaires gouvernementales dans des conseils tenus hors la présence du chef de l'Etat. Malgré tout, les questions essentielles sont examinées dans des réunions en présence du Président de la République, qui prend la plupart de ses décisions en Conseil des ministres : par exemple pour l'initiative des lois, leur exécution par décrets, le pouvoir réglementaire, la nomination des hauts fonctionnaires.

Cependant, la volonté du Président ne peut s'accomplir qu'avec un contreseing ministériel, qui est également nécessaire pour la conduite des relations internationales. Mais le contreseing ne peut être refusé que pour illégalité : cela limite beaucoup sa portée et donne une grande autonomie au chef de l'Etat.

2. *L'échelle des pouvoirs effectifs du Président.* — Elle est très différente de celle des prérogatives constitutionnelles.

• Trois systèmes semi-présidentiels en apparence : Islande, Irlande, Autriche. — En Islande, où les prérogatives du Président sont considérables, elles ne sont jamais exercées en fait. En Irlande, où elles sont très faibles, elles sont très rarement exercées. Pour avoir déféré à la Cour suprême une loi qu'il estimait inconstitutionnelle, le Président O'Dalaigh a provoqué une grave crise avec le gouvernement en 1976 et a finalement été obligé de démissionner. En Autriche, les présidents se sont opposés à la formation de majorité de droite dans l'après-guerre mais n'ont pratiquement pas exercé leurs pouvoirs ensuite. Ces trois pays ont des constitutions semi-présidentielles mais pratiquent effectivement des systèmes parlementaires.

• Trois systèmes à dyarchie variable : République de Weimar, Portugal, Finlande. — Dans l'Allemagne de Weimar, le régime semi-présidentiel a fonctionné avec une alternance de pouvoir présidentiel fort et de pouvoir présidentiel effacé. En période de crise, le chef de l'Etat a recouru à des gouvernements sans majorité parlementaire qui utilisaient l'article 48 sur l'état de nécessité autorisant le Président à faire des décrets ayant force de loi : ce fut le cas sous Ebert en 1919-1920, 1922-1923 et 1925, et sous Hindenburg en 1930-1933. Le reste du temps, le régime fonctionnait comme un système parlementaire. Au Portugal, le Président a usé de ses prérogatives constitutionnelles en 1976-1979, mais s'est

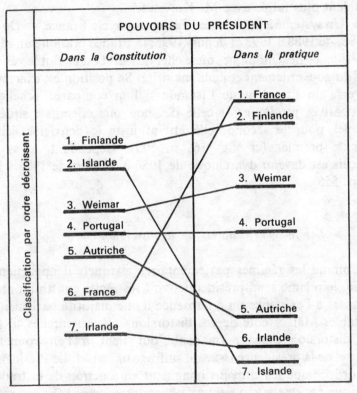

*Fig. 16. — Prérogatives constitutionnelles
et pouvoirs effectifs du Président de la République*

trouvé gêné pour le faire en 1980-1983 et depuis 1987 par l'existence d'une majorité parlementaire opposée.

En Finlande, seul pays pratiquant le régime semi-présidentiel depuis plus de 70 ans, on a connu avant la guerre une alternance de présidents forts et de présidents faibles. De 1951 à 1982, le pouvoir présidentiel s'est nettement renforcé sous le président Kekkonen, qui a même dépassé ses prérogatives juridiques puisqu'il a exercé le pouvoir de révoquer le Premier ministre sans en avoir le droit d'après la Constitution. On est revenu à un Président plus faible avec M. Koïvisto.

• Un système à présidence hégémonique : la France. — De 1962 à 1986, de 1988 à 1993 et depuis 1995, la France pratique un régime à présidence hégémonique, où le chef de l'Etat est en fait le véritable chef du gouvernement et de la majorité. Sa position est exactement l'inverse du Président de l'Islande si l'on compare l'échelle des prérogatives juridiques et celle des pouvoirs effectifs : située au sommet pour le second, elle atteint juste le deuxième échelon pour le premier (cf. fig. 16, p. 505). Cependant, le système français est devenu dyarchique de 1986 à 1988 et de 1993 à 1995 (cf. p. 556).

▶ *Les facteurs culturels de la distorsion*

Comme les régimes parlementaires auxquels il appartient en partie, le régime semi-présidentiel voit ses règles constitutionnelles soumises à l'existence ou à l'absence d'une majorité parlementaire véritable. Mais à côté de ces distorsions conjoncturelles, il subit une distorsion quasi permanente qui tient à l'environnement culturel de la présidence issue du suffrage universel. Le Président est d'abord ce que les citoyens imaginent en fonction de la tradition politique nationale, qui peut affaiblir ou renforcer l'élu du suffrage universel.

1. *Les Présidents à image affaiblie.* — Pour certains Présidents, l'élection au suffrage universel a seulement une valeur symbolique. Pour d'autres, cette élection a été longtemps contestée par une grande partie du pays.

● Les régimes semi-présidentiels symboliques. — En Irlande et en Islande, l'élection du Président au suffrage universel apparaît surtout comme un élément de la décolonisation d'un pays jusque-là dominé par un voisin plus puissant. Les Irlandais l'ont établie dès 1937, alors que leur nation avait encore pour chef d'Etat le roi d'Angleterre, représenté par un gouverneur : il y avait ainsi un Président de la République, alors que la République n'existait pas encore ! Les nationalistes dirigés par Eamon de Valera firent d'ailleurs élire comme premier Président un protestant, pour marquer l'unité du pays malgré la coupure avec l'Irlande du Nord, imposée par Londres. En Islande, jusqu'alors sous l'autorité du « roi de Danemark et d'Islande », les pouvoirs présidentiels définis en 1945 ont été exactement copiés sur ceux du roi dans la Constitution monarchique antérieure.

Dans les deux pays, le Président a été conçu comme un personnage symbolique, et son image a été perçue comme telle par les citoyens. L'élection au suffrage universel a été un moyen de donner au chef du nouvel Etat un prestige équivalent à celui du roi du pays dont la nation dépendait auparavant. Ainsi le Président de l'Islande doit signer toute décision législative ou gouvernementale parce que le roi danois avait ce pouvoir : mais celui-ci était devenu symbolique. Depuis que le Danemark s'était transformé en monarchie parlementaire, la signature royale était automatique. Celle du Président qui a succédé au monarque l'est aussi.

● Les régimes semi-présidentiels à origine contestée. — Dans certains pays, l'élection du Président au suffrage universel a été établie contre la volonté de certains grands partis. Cette origine contestée est frappante en Autriche, où l'élection du Président au suffrage universel a été décidée par une réforme constitutionnelle de 1929, imposée par la droite à une gauche qui lui était absolument opposée. Appliquée seulement après la seconde guerre mondiale, cette réforme a jusqu'en 1986 abouti à l'élection de présidents liés aux sociaux-démocrates, c'est-à-dire au parti qui a toujours été adversaire de leur élection par le peuple. Les citoyens autrichiens sont très attachés à l'élection du Président au suffrage universel, mais aussi au fait que leur élu ne joue pas un rôle politique actif. Suivant l'exemple social-démocrate, les partis ne présentent pas leur leader à l'élection présidentielle : ils le réservent pour les fonctions de Premier ministre.

En Allemagne, les sociaux-démocrates n'étaient pas favorables à l'élection du président au suffrage universel, et ils obtinrent que celle-ci n'ait lieu qu'après l'expiration du mandat du président Ebert, élu en 1919 par la Constituante. La première élection populaire en 1925 porta au pouvoir le maréchal Hindenburg, monarchiste et anti-démocrate, contesté par les partis de gauche.

2. *Le renforcement de l'image présidentielle*. — Il n'est pas toujours facile de distinguer les présidents à image affaiblie des présidents à image renforcée, car certains ont évolué d'une situation à l'autre.

• L'ambiguïté de l'image présidentielle. — Le Portugal présente à cet égard une situation complexe à l'origine. Le premier Président élu au suffrage universel était un militaire : le général Eanes. D'un côté, celui-ci était un artisan de la révolution démocratique et de sa protection contre un coup de force communiste. De l'autre, il avait été quasi imposé aux partis politiques par la pression des Forces armées qui ont longtemps conservé un rôle important dans l'Etat. Son élection fut libre, mais lui-même se trouva ensuite contesté par le Premier ministre socialiste Mario Soarès, lors de leur collaboration orageuse au début de la démocratie portugaise. Les qualités du général lui valurent un second mandat, manifestant sa popularité. Dans un Portugal délivré de toute pression militaire, le Président de Lisbonne acquit ainsi une image assez forte. Mario Soares, qui lui succéda, avait une image encore plus forte, mais il subit dix ans de cohabitation avec un gouvernement du centre droit. Elle enracina la démocratie par une grande stabilité, un peu trop immobile.

L'ambiguïté initiale du régime portugais rappelait un peu celle du régime français. Le général de Gaulle bénéficiait de l'immense prestige du libérateur et le référendum de 1962 avait conféré une légitimité indiscutable à l'élection du chef de l'Etat au suffrage universel. Toutefois, celle-ci supportait en même temps une mauvaise image historique, parce qu'elle avait conduit en 1852 au coup d'Etat du Président Louis-Napoléon Bonaparte qui renversa par lui la Seconde République. Toute la gauche, et une grande partie du centre restaient attachées au parlementarisme classique et refusaient le régime semi-présidentiel, jusqu'à la victoire électorale de François Mitterrand en 1981.

• Les images présidentielles fortes. — A cette date, où deux présidents avaient succédé démocratiquement à de Gaulle, l'image du chef de l'Etat élu au suffrage universel était déjà très forte. Elle rendait le Président beaucoup plus puissant que ses prérogatives constitutionnelles ne le décrivent. Quand le leader de la gauche s'est révélé un Président plus fort que Valéry Giscard d'Estaing et même que Georges Pompidou, la puissance présidentielle a été légitimée aux yeux de la gauche elle-même, bénéficiant ainsi d'un consensus national.

Par ailleurs, la dissuasion nucléaire ne peut être exercée que par le Président de la République. Elle lui confère évidemment une autorité morale considérable dans la politique de défense, elle-même essentielle pour la politique étrangère. Cette dernière a été capitale dans le renforcement de l'image présidentielle en Finlande au cours de l'énergique résistance du Président Kekkonen aux

pressions de Moscou qui a empêché le pays de devenir une démocratie populaire.

En France, la force de l'image présidentielle tient encore plus
au fait que tout le système des partis et le mécanisme majoritaire
se sont réorganisés autour de l'élection du Président au suffrage
universel. Elle est ainsi devenue le moment essentiel de la vie
politique. Les citoyens lui sont profondément attachés, parce
qu'ils choisissent ou révoquent par elle le chef suprême du gouvernement. Elle est devenue le fondement d'une démocratie de l'alternance qui a remplacé « la démocratie sans le peuple » de la
IVᵉ République, ainsi nommée parce que les citoyens ne pouvaient
ni porter au pouvoir une majorité capable de gouverner, ni l'écarter
s'ils avaient perdu confiance en elle : étant réduits à distribuer
aux états-majors des partis des sièges que ceux-ci rassemblaient
en majorités hétérogènes et changeantes en dehors des électeurs,
incapables de décider mais impossibles à sanctionner.

2 | LES RELATIONS DU PRÉSIDENT ET DE LA MAJORITÉ PARLEMENTAIRE

Dans le régime présidentiel incarné aux Etats-Unis, les électeurs
désignent au suffrage universel deux scrutins différents, d'une
part le Président qui dirige le gouvernement, d'autre part le Congrès
dont le nom désigne le Parlement qui contrôle, débat et légifère.
Il y a séparation des pouvoirs en même temps que séparation des
fonctions. Dans les régimes parlementaires répandus en Europe,
les électeurs ne disposent que d'un seul scrutin national au suffrage universel. Par lui, ils élisent des députés qui forment le
Parlement contrôleur et législateur, lequel est en même temps le
maître de la désignation et de la révocation du Premier ministre
et du gouvernement. Il y a séparation des fonctions, mais pas
véritable séparation des pouvoirs.

Dans les régimes semi-présidentiels, le pouvoir de gouverner est partagé entre un Président élu au suffrage universel comme celui des Etats-Unis, et un Premier ministre et des ministres dépendant du Parlement comme ceux de l'Europe. La pratique des pouvoirs présidentiels dépend donc avant tout de l'existence ou de l'absence au sein du Parlement d'un pouvoir majoritaire et des relations du Président avec les majorités qui le détiennent. L'existence ou l'absence d'une majorité homogène, stable et disciplinée est le critère de base de la typologie moderne des régimes parlementaires. Il est également un élément fondamental de celle des régimes semi-présidentiels, qui sont aussi mi-parlementaires. Mais il y devient plus compliqué parce qu'il interfère alors avec la distinction des prérogatives du Président et de celles du Premier ministre. L'entrecroisement des deux facteurs multiplie la diversité des systèmes praticables dans le cadre des régimes semi-présidentiels.

▶ *La notion de pouvoir majoritaire*

On appelle pouvoir majoritaire l'autorité que détient le chef d'une majorité parlementaire quand celle-ci est stable et disciplinée. On devrait en réalité parler de « puissance majoritaire » puisqu'il s'agit d'un élément de fait, fondé sur un rapport de forces, le terme de « pouvoir » devant être réservé aux prérogatives juridiques. Les habitudes prises conduisent à prendre quelques libertés avec cette rigueur de terminologie

1. *Les fondements du pouvoir majoritaire*. — Le développement du pouvoir majoritaire dans les régimes occidentaux est engendré par la combinaison de deux facteurs : d'une part, un système de partis reposant sur une bipolarisation des partis ou des alliances; d'autre part, une forte discipline intérieure des formations qui soutiennent le gouvernement.

• Pouvoir majoritaire et bipartisme. — Le pouvoir majoritaire s'est d'abord développé en Grande-Bretagne, au siècle dernier, au fur et à mesure que s'y est établi un bipartisme rigide, c'est-à-dire quand se sont affrontés deux partis seulement et que chacun a imposé une discipline de vote au Parlement dans les scrutins essentiels, notamment dans les scrutins de confiance et de censure. Des deux éléments précédents — dualisme des partis et discipline de vote de chacun d'eux —, le second est finalement plus important que le premier. Le pouvoir majoritaire n'existe pas aux Etats-Unis, où le bipartisme est quasi permanent, parce qu'aucun des deux partis ne pratique la discipline de vote. Au contraire, le pouvoir majoritaire existe dans certains pays à multipartisme, c'est-à-dire à plus de deux partis, grâce à la discipline de vote : par exemple en France.

● Pouvoir majoritaire et bipolarisation des alliances. — L'exemple français montre que le dualisme des alliances peut aboutir au même résultat que le dualisme des partis, si l'alliance majoritaire est fortement organisée, ce qui lui permet de durer pendant toute une législature normale et de pratiquer la discipline de vote. Certes, un tel pouvoir majoritaire est plus faible que celui des régimes britanniques, parce que le chef de l'alliance n'a d'autorité directe que sur l'un des partis alliés, son autorité sur l'autre ou les autres résultant seulement de l'accord d'alliance, et se trouvant plus ou moins en conflit avec le chef de l'autre ou des autres partis de celle-ci. Cependant, même quand la rivalité interne est grande entre les partis de l'alliance, celle-ci peut servir de base à des majorités solides. On l'a vu en France entre 1976 et 1981, où l'alliance de droite est restée ferme dans les scrutins de confiance, malgré la vigueur du conflit entre les chefs des deux partis qui la composaient : le président Giscard d'Estaing et Jacques Chirac. On l'a revu entre 1986 et 1988, malgré le conflit entre Jacques Chirac et Raymond Barre.

2. *Les conséquences du pouvoir majoritaire.* — Dans les régimes parlementaires et semi-présidentiels, où le gouvernement ne peut

subsister qu'en gardant la confiance des députés, mais où ces derniers peuvent être renvoyés devant les électeurs par une dissolution, le pouvoir majoritaire reconstitue une concentration des pouvoirs autour du chef de la majorité parlementaire.

● La concentration des pouvoirs de gouverner et de légiférer. — Premier ministre ou Président de la République, le chef réel de la majorité concentre dans sa main la puissance gouvernementale et la puissance législative. Il obtient à la fois l'obéissance des ministres et celle des députés. En même temps, il est assuré de la durée : le gouvernement ne risque pas d'être renversé, puisqu'il contrôle la majorité parlementaire.

Parallèlement, le Parlement subit une perte de puissance considérable. Toute son activité est dominée par le chef de la majorité, qui le réduit à une chambre d'enregistrement de ses projets. Certes, la discipline du parti ou de l'alliance majoritaire est traversée de crises et de résistances. Même dans un bipartisme de type britannique, les députés de la majorité regimbent souvent devant les exigences gouvernementales. Aucun parti démocratique n'est totalement monolithique, et le plus discipliné doit toujours être traité avec circonspection. Mais la menace de la dissolution et le risque d'une victoire de l'opposition tendent malgré tout à maintenir une forte discipline.

● Le pouvoir d'opposition. — Les systèmes politiques à pouvoir majoritaire sont les seuls véritablement démocratiques au sens que Karl Popper donne à ce mot. Pour le grand doctrinaire de la démocratie, « ce qui est fondamental est simplement le droit et le pouvoir de la majorité [des citoyens] de destituer le gouvernement... Le jour des élections devrait être... le jour du jugement par le peuple des résultats obtenus par le dernier gouvernement », ce qui n'est possible que dans un système bipolaire.

Cependant, les systèmes politiques à pouvoir majoritaire écartent la séparation des pouvoirs telle que la concevaient Locke et Montesquieu entre le législatif et l'exécutif. Mais ils établissent une séparation des pouvoirs d'un type nouveau, où le pouvoir majoritaire trouve ses limites dans ce qu'on peut appeler le pouvoir d'opposition. Ce dernier s'exerce d'abord à l'intérieur du Parlement, grâce aux prérogatives de la minorité. Le développement de celles-ci doit suivre celui du pouvoir majoritaire. Donner une large place aux questions posées par les députés de la minorité, permettre à celle-ci de disposer d'une partie de l'ordre du jour des assemblées pour qu'on discute ses propositions de loi, faire activement particpier la minorité au travail des commissions : tels sont les principaux moyens de créer un pouvoir d'opposition solide au sein du Parlement. Le pouvoir d'opposition dispose aussi de contrepoids extérieurs au Parlement. Il en est ainsi de la presse dans les pays. Des autorités publiques indépendantes forment un autre type de contrepoids : tels sont le Conseil constitutionnel français ou les juridictions constitutionnelles allemandes et italiennes.

▶ *Pouvoir majoritaire et régimes semi-présidentiels*

Dans les régimes parlementaires, le pouvoir majoritaire est toujours entre les mains du Premier ministre qui en tire sa puissance principale. Grâce à la présence du pouvoir majoritaire, Londres connaît un Premier ministre et un gouvernement stables et puissants alors que l'absence de pouvoir majoritaire les rend faibles et éphémères à Rome, dans des cadres juridiques assez analogues. Dans les régimes semi-présidentiels, la situation se complique. Il ne faut pas considérer seulement l'existence ou l'absence du pouvoir majoritaire, mais aussi sur la position du Président par rapport à lui quand il existe.

1. *L'existence ou l'absence du pouvoir majoritaire* détermine la puissance du gouvernement, son homogénéité et sa stabilité, comme dans les régimes parlementaires.

• L'absence de pouvoir majoritaire. — Le régime semi-présidentiel a d'abord été appliqué dans des pays où les Parlements n'ont pas réuni de majorité : la Finlande et la République de Weimar. L'idée de l'introduire en France a été conçue sous la IVe République, alors que nul n'imaginait que le Parlement français pût connaître un jour une véritable majorité. Dans tous ces cas, l'élection du chef de l'Etat au suffrage universel et l'attribution de prérogatives importantes à ce Président élu par le peuple avaient pour objectif d'établir un point d'ancrage qui permettrait de pallier la faiblesse des gouvernements en face de Parlements anarchiques.

Le Président élu par le peuple n'a répondu qu'en partie à ces espérances. Il facilite la formation des gouvernements de crise et leur donne quelque temps les moyens de gouverner. Il diminue quelque peu l'instabilité ministérielle, mais sans la supprimer et sans permettre des gouvernements efficaces. En Finlande et en Allemagne de Weimar, la durée moyenne des gouvernements est d'un an, et la plupart ont été gênés par les divergences entre les partis coalisés. En même temps, l'impossibilité de constituer des majorités affaiblit les prérogatives du Président, et notamment son droit de dissolution.

• La présence du pouvoir majoritaire. — Dans les régimes semi-présidentiels, l'existence d'une majorité stable, cohérente et disciplinée donne au gouvernement la puissance et la durée, comme dans les régimes parlementaires. Mais dans ces derniers, c'est toujours le Premier ministre qui en profite : chef de la majorité, il a autorité sur les ministres et sur les députés qui la composent. Dans les régimes semi-présidentiels, le pouvoir majoritaire peut appartenir, soit au Premier ministre, soit au Président de la République, suivant la position de ce dernier par rapport à la majorité. Au lieu des deux modalités du système politique en régime parlementaire (parlementarisme majoritaire à l'anglaise, et parlementarisme non majoritaire à l'italienne) on en trouve au moins quatre : le Président pouvant occuper trois types de fonction par rapport à la majorité, quand elle existe.

2. *Les positions du Président par rapport à la majorité.* — Au Moyen Age, la grande querelle du Pape et de l'Empereur était symbolisée par deux glaives : celui du pouvoir spirituel, détenu par le Souverain Pontife seul, et celui du pouvoir temporel dont la Couronne impériale réclamait l'exclusivité que Rome lui contestait. Dans les régimes semi-présidentiels, on peut opposer ainsi le « glaive » du pouvoir majoritaire et les « glaives » des pouvoirs constitutionnels. Selon que le glaive du pouvoir majoritaire est entre les mains du Président ou du Premier ministre, les modalités du système politique sont très différentes (cf. fig. 17, p. 521).

• Le Président chef de la majorité. — Si le Président de la République se trouve du même côté que la majorité et si elle le reconnaît pour son chef, il devient titulaire du pouvoir majoritaire et joint ce glaive à ses prérogatives constitutionnelles qui demeurent intactes entre ses mains. En même temps, ce glaive lui permet de dépouiller partiellement le Premier ministre et le gouvernement de leurs prérogatives constitutionnelles. Aux prérogatives que la Constitution lui reconnaît, il adjoint celles que lui confère son autorité sur la majorité. Cette autorité fait de lui le véritable chef du gouvernement : membres de la majorité et tenus à la discipline qu'elle impose, le Premier ministre et les autres ministres sont à la merci du Président, qui les choisit, les révoque en les obligeant à démissionner, leur donne des directives dont il contrôle l'exécution. Ainsi le « glaive » des pouvoirs constitutionnels du Premier ministre est partiellement paralysé. Les députés de la majorité sont tenus à la même allégeance vis-à-vis du Président. Elle donne à ce dernier le contrôle quasi absolu du Législatif.

• Le Président opposé à la majorité. — S'il est opposé à la majorité, le Président de la République est néanmoins obligé de désigner le leader de celle-ci comme Premier ministre. Ce dernier prend un peu l'allure d'un chef de gouvernement de type britannique, puisqu'il est investi comme lui du pouvoir majoritaire lequel lui assure l'obéissance des ministres et des députés de la majorité. Mais, à la différence de son collègue anglais, le Premier ministre semi-présidentiel voit alors sa puissance limitée par les prérogatives constitutionnelles du Président. Leur exercice ne dépendant pas de la majorité, elles ne pourraient pas être paralysées comme celles du Premier ministre et du gouvernement le sont dans l'hypothèse précédente. Nul ne pourrait empêcher le chef de l'Etat d'exercer à sa guise les pouvoirs qu'il tient de la Constitution. Ainsi s'établirait une dyarchie inégalitaire, où le Président aurait moins de pouvoir que le Premier ministre, sans être réduit à l'impuissance. On notera que la pratique serait à peu près la même dans le cas d'un Président « neutre », c'est-à-dire n'appartenant ni à la majorité, ni à l'opposition.

● Le Président membre discipliné de la majorité. — Une telle situation s'est trouvée plusieurs fois incarnée en Autriche. Dans cette hypothèse, le Président est presque réduit à l'impuissance. Le pouvoir majoritaire appartient alors au Premier ministre, comme dans l'hypothèse précédente. Mais le chef de l'Etat ne peut guère agir contre la majorité, ni contre le Premier ministre et le gouvernement, à la différence de l'hypothèse précédente. Etant lui-même membre de la majorité et présenté par elle à l'élection qui l'a investi, le Président peut difficilement se dresser contre elle. Ses prérogatives constitutionnelles se trouvent alors quasi paralysées, un peu comme celles du Premier ministre dans la première hypothèse envisagée ci-dessus.

Le modèle d'analyse comparative des régimes semi-présidentiels a fait l'objet d'une élaboration progressive. Sur son premier état, cf. M. Duverger, *Echec au roi*, 1978. Sur l'état intermédiaire, cf. M. Duverger et autres, *Les régimes semi-présidentiels* (travaux du Colloque de 1983), 1986. La synthèse actuelle en est présentée dans le chapitre suivant, à travers le cas particulier du système politique français. — Sur la théorie de la démocratie élaborée par K. Popper en 1987, cf. la traduction de son texte dans *Médias-pouvoirs*, avril-juin 1988, p. 7-14, et M. Duverger, *La nostalgie de l'impuissance*, 1988, p. 78-85. — Sur le pouvoir d'opposition, cf. S. Giulj, *Le statut de l'opposition en Europe*, 1980.

Chapitre II

LES MODALITÉS DU SYSTÈME POLITIQUE FRANÇAIS

En droit, le régime semi-présidentiel n'est établi en France que par la révision constitutionnelle du 6 novembre 1962, effectuée par le référendum populaire du 28 octobre précédent qui a approuvé l'élection du Président de la République au suffrage universel. Mais la personnalité du général de Gaulle, le prestige qu'il tenait de la Résistance qu'il avait conduite de 1940 à 1944, les conditions de son retour au pouvoir après le putsch militaire du 13 mai 1958 à Alger lui donnaient une autorité équivalente, sinon supérieure, à celle d'un chef de l'Etat issu du vote populaire. Cependant, durant les premières années, le gouvernement ne disposait pas d'une majorité solide à l'Assemblée nationale. Il l'obtint aux élections législatives des 18-25 novembre 1962, et tous ses successeurs ont connu la même situation depuis lors. Entre 1986 et 1988, et entre 1993 et 1995, cette majorité s'est trouvée opposée au Président de la République. Au contraire, il a été le chef de la majorité de 1962 à 1986 et de 1988 à 1993, et il l'est de nouveau depuis 1995. Ainsi la Ve République a connu trois modalités différentes : un Président sans majorité, un Président chef de la majorité, et un Président opposé à la majorité. Une quatrième modalité serait théoriquement possible, qui a été parfois incarnée en Autriche, celle d'un Président membre discipliné de la majorité, mais elle est pratiquement exclue, étant donné l'image présidentielle forgée par le général de Gaulle et ses quatre successeurs (cf. fig. 18, p. 522).

1 / Le Président chef de la majorité

Jamais la IIIe et la IVe République n'ont connu de véritable majorité parlementaire. La Ve en bénéficie depuis 1962, sans interruption. La première s'est établie à la suite de la dissolution prononcée par le général de Gaulle après la seule motion de censure jamais adoptée par l'Assemblée nationale : motion votée par 280 voix contre 241 le 5 octobre 1962 contre le projet de référendum sur l'élection du Président au suffrage universel. De Gaulle ayant annoncé son départ si le référendum échouait, le succès de ce dernier équivalait à une investiture populaire. Les citoyens donnèrent au général les moyens de gouverner grâce à la majorité de députés élus quelques semaines plus tard. Le scénario se reproduisit quand François Mitterrand, élu Président en 1981, prononça la dissolution pour obtenir une majorité parlementaire qui le soutienne, et en 1988 quand il recourut de nouveau à la dissolution après sa réélection à l'Elysée.

1 | LE SCHÉMA DE L'AUTORITÉ PRÉSIDENTIELLE

S'il est le chef de la majorité, le Président de la République tient dans sa main le « glaive » du pouvoir majoritaire et le « glaive » de ses prérogatives constitutionnelles. Il dispose aussi du prestige qu'il tire de son élection par le peuple et de l'image présidentielle forte enracinée par la tradition depuis l'avènement du général de Gaulle en 1958 (cf. fig. 17, p. 521).

▶ *La puissance et la discipline de la majorité*

Depuis les élections de novembre 1962, l'Assemblée nationale a toujours disposé d'une majorité stable et disciplinée. Cela signifie que la même majorité a duré pendant toute une législature, que le gouvernement n'a jamais été renversé par un vote de censure, et qu'il a toujours obtenu la confiance quand il l'a demandée. Cependant, les majorités ont été inégalement fortes et inégalement unies, ces différences jouant un grand rôle dans le fonctionnement du régime. On peut distinguer à cet égard deux types de majorités : les majorités de coalition et les majorités d'un seul parti.

1. *Les majorités de coalition*. — Elles se sont succédé de 1962 à 1968, de 1973 à 1981, de 1986 à 1988, et depuis 1995. D'abord très inégalitaires, elles sont ensuite devenues plus équilibrées.

• Les coalitions inégalitaires. — Elles expriment au départ la popularité du général de Gaulle, qui a permis de réunir une majorité en 1962 et de la conserver jusqu'en 1978 autour d'un parti gaulliste dominant. La coalition se forme spontanément entre les deux tours, au terme desquels l'UNR gaulliste a 233 sièges sur 482 députés. Elle est donc proche de la majorité, qui lui est assurée par l'appoint du groupe des Républicains indépendants de Valéry Giscard d'Estaing, fort de 36 sièges dont la moitié ralliés entre les deux tours après avoir soutenu le « non » au référendum.

Les élections de mars 1967 ont failli renverser la majorité, la gauche ayant eu l'espoir de gagner au lendemain du premier tour : mais la montée du Parti communiste a fait peur. Finalement, sur les 470 sièges métropolitains, l'opposition en a obtenu 237

1. *Le Président chef de la majorité*

2. *Le Président opposé à la majorité*

3. *Le Président membre discipliné de la majorité*

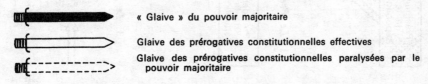

« Glaive » du pouvoir majoritaire

Glaive des prérogatives constitutionnelles effectives

Glaive des prérogatives constitutionnelles paralysées par le pouvoir majoritaire

*Fig. 17. — Les combinaisons du pouvoir majoritaire
et des prérogatives constitutionnelles*

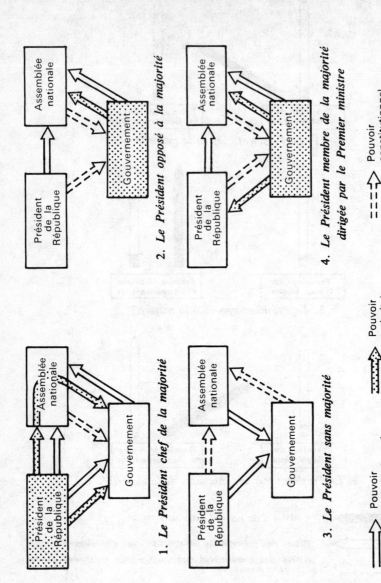

1. Le Président chef de la majorité

2. Le Président opposé à la majorité

3. Le Président sans majorité

4. Le Président membre de la majorité dirigée par le Premier ministre

Pouvoir constitutionnel

Pouvoir majoritaire

Pouvoir constitutionnel affaibli par le rapport des forces politiques

Fig. 18. — Les systèmes possibles dans le cadre de la Constitution de 1958-1962

et la majorité sortante 233. Mais celle-ci est sauvée par les députés d'outre-mer, qui lui donnent 14 sièges contre 3 à l'opposition. Au total, la majorité réunit 247 sièges contre 240, l'UNR disposant de 200 députés. Indispensables, les Républicains indépendants se trouvent ainsi en position de force et la feront sentir. Valéry Giscard d'Estaing osera critiquer « l'exercice solitaire du pouvoir » après le geste du général de Gaulle s'écriant « Vive le Québec libre » devant la foule de Canadiens écoutant son discours de Montréal, le 24 juillet. Mais le futur Président devra finalement rentrer dans le rang sous le règne gaullien.

La révolte étudiante de Mai 68 va réveiller la peur chez les électeurs de droite, qui feront un triomphe à l'UNR (devenue UDR : Union pour la Défense de la République, nom de circonstance). Le parti gaulliste détient cette fois la majorité à lui seul, comme on le verra ci-dessous. Il la maintiendra après le départ du général de Gaulle le 27 avril 1969, au soir du référendum sur la réforme du Sénat qui venait d'échouer. L'UDR dominera encore la majorité après les élections de 1973, où elle n'a plus que 175 sièges métropolitains et les Républicains indépendants 54, sur 473. Cette fois, la majorité ne survit que grâce au ralliement d'une partie des centristes. A partir de 1974, où Valéry Giscard d'Estaing est élu Président de la République, l'hégémonie gaulliste s'affaiblit progressivement sous une double impulsion. D'une part, l'UDR se trouve divisée par la rupture de Jacques Chirac qui a entraîné 42 de ses députés à soutenir Giscard d'Estaing contre Chaban-Delmas, candidat officiel de l'UDR aux présidentielles. D'autre part, la plupart des centristes et des modérés rejoignent la majorité, où ils renforcent le poids des giscardiens.

● Les coalitions équilibrées. — Deux législatures vont connaître des coalitions à peu près équilibrées, dans un environnement très différent. La première correspond avec quatre ans de retard aux conséquences de l'avènement de Valéry Giscard d'Estaing à l'Elysée en 1974. Les législatives de 1978 vont permettre aux citoyens de rectifier la composition de la majorité en faveur du Président. Deux initiatives de celui-ci facilitent l'opération. D'une part, il réunit tous les éléments non gaullistes de la majorité dans une confédération destinée à faire pendant au parti gaulliste : ainsi naît l'UDF (Union pour la Démocratie française). D'autre part, il met fin à la candidature unique de la majorité au premier tour, qui était la règle depuis 1962 et impliquait une domination de l'état-major du parti hégémonique. Ce dernier demeure encore le plus fort avec 154 sièges contre 124 pour l'UDF, et il a retrouvé son unité sous l'autorité de Jacques Chirac qui l'a conquis en 1976 et rebaptisé sous le nom de RPR.

Mais la différence n'est pas considérable. Elle est compensée d'ailleurs par l'influence du Président de la République, qui attire les députés chiraquiens souhaitant devenir ministres. Malgré tout, le RPR a un poids plus grand dans la majorité que les Républicains indépendants en 1967-1968. Le Président contrôle donc moins sa majorité, et son pouvoir sur l'Assemblée nationale se trouve affaibli. Ce facteur a une très grande importance dans le septennat de M. Giscard d'Estaing. Il a certainement contribué à l'échec aux élections présidentielles de 1981.

La seconde coalition équilibrée obtient la majorité aux élections de 1986, le RPR réunissant 155 députés et l'UDF 131 auxquels s'ajoutent cinq divers droites. On voit que les écarts sont faibles par rapport aux proportions de 1978-1981. Mais le total de la droite est en réalité plus élevé, parce que la proportionnelle a ouvert les portes du Palais-Bourbon au Front national, qui a 35 députés. Ils ne sont pas indispensables pour former la majorité, qui totalise 291 voix, soit deux de plus que la majorité absolue dans une Assemblée de 577 membres. Cependant, cette majorité n'est citée ici que pour mémoire parce qu'elle se dresse contre un Président qui lui est opposé : incarnant pour la première fois une cohabitation qui établit une dyarchie au sommet de l'Etat (cf. plus loin, p. 557 et suiv.).

2. *Les majorités d'un seul parti*. — Elles ont apparu dans deux législatures : en 1968-1973 au profit de l'UDR et en 1981-1986 au profit du Parti socialiste. C'est-à-dire, successivement, au profit du parti dominant à droite, apparu le premier, puis du parti dominant à gauche.

● **La majorité gaulliste de 1968-1973.** — La majorité gaulliste élue en 1967 était faible, et le Premier ministre Pompidou avait quelques difficultés à gouverner quand éclata la révolte étudiante de Mai 1968, qui faillit renverser le régime. Après avoir fait mine d'abandonner le pouvoir, le général de Gaulle prononça la dissolution de l'Assemblée nationale et tout rentra dans l'ordre, pendant qu'un grand nombre d'électeurs, apeurés, refluèrent vers l'UNR (devenue UDR) et ses alliés Républicains indépendants. Ensemble, ils recueillent 43,7 % des suffrages — au lieu de 37,7 % en 1967 — ce qui a déplacé plus de 1 200 000 voix. L'effet amplificateur du scrutin majoritaire leur donne 73 % des sièges. L'UDR seule en recueille plus de 60 %.

Elle pourrait donc gouverner seule. Cependant, presque partout la droite a présenté un candidat unique au premier tour, ce qui rend difficile la séparation sur le plan gouvernemental. L'UDR maintient donc son alliance avec les Républicains indépendants, mais ils ne pèsent pas le même poids politique. De 1968 à 1973, la France bénéficie de la plus forte majorité qu'un parti ait jamais eue dans un parlement : supérieure même à celle des monarchistes dans la « chambre introuvable » de 1815.

● **La majorité socialiste de 1981-1986.** — La dissolution de l'Assemblée nationale par François Mitterrand en 1981, après sa première élection présidentielle, porta le parti socialiste à 37,8 % des suffrages en métropole, le plus haut niveau qu'il ait jamais atteint. L'amplification par le scrutin majoritaire lui permit ainsi de recueillir 59,5 % des sièges à lui seul. Son allié communiste, tombé à 16,12 % des suffrages, ne réunissait que 8,75 % des sièges : mais ses suffrages du second tour avaient fait élire beaucoup de députés socialistes. Le président Mitterrand voulut éviter que le PCF ne reprenne la stratégie du « soutien sans participation » qui avait beaucoup gêné le gouvernement de Léon Blum, en permettant aux communistes de faire de la surenchère démagogique. Le PCF désirant en 1981 participer au gouvernement, le Parti socialiste lui accorda seulement quatre portefeuilles de ministres, et exigea qu'il respecte la solidarité ministérielle.

En 1988, la dissolution de l'Assemblée nationale par François Mitterrand après sa seconde élection présidentielle a failli porter le Parti socialiste bien au-dessus de son niveau de 1981. Quinze jours avant le premier tour, un sondage BVA enregistrait 44,5 % d'intentions de vote pour le Parti socialiste et ses alliés, ce qui lui aurait donné plus de 350 sièges. Mais un tel triomphe aurait gêné la politique de modération décidée par le Président, qui déclara publiquement : « Il n'est pas bon qu'un seul parti gouverne », ce qui troubla les électeurs. Les socialistes n'obtinrent que 37,5 % des suffrages au premier tour. En définitive, ils ne réunirent que 275 sièges à l'Assemblée nationale, c'est-à-dire moins que la majorité absolue (289).

▶ *L'autorité du Président sur la majorité*

L'autorité du Président sur la majorité n'est pas exactement la même que celle du Premier ministre britanique sur la sienne. Le Président français n'est pas seulement chef de la majorité quand elle le tient pour tel. Il est aussi le chef de l'Etat élu au suffrage universel qui dispose d'un prestige personnel et de prérogatives juridiques lui permettant de peser d'une autre façon sur la volonté des députés. On distinguera donc l'autorité sur la majorité à travers le parti — ou la coalition — majoritaire, qui ressemble à celle d'un Premier ministre anglais, et l'autorité à travers la situation présidentielle, qui en diffère.

1. *L'autorité du Président à travers le parti ou la coalition majoritaire.* — A cet égard, la situation est très différente entre les Présidents qui disposent d'un parti majoritaire organisé et ceux qui n'en disposent pas. Le général de Gaulle, Georges Pompidou, François Mitterrand et Jacques Chirac rentrent dans la première catégorie. Valéry Giscard d'Estaing appartient à la seconde.

• *L'autorité du Président sur le parti gaulliste.* — L'autorité du général sur le parti qui le soutenait a été très forte, bien que de Gaulle n'ait jamais accepté l'expression « parti gaulliste ». Encore marquée par la République précédente, l'UNR ne s'est pas habituée facilement à cette domination présidentielle. A ses assises nationales de Bordeaux en 1959, Jacques Chaban-Delmas a tenté de l'apaiser en définissant un « domaine réservé », où le Président décide : l'Algérie, la Communauté, les Affaires étrangères, la Défense. Le reste relèverait du gouvernement et du parti majoritaire. Mais le général de Gaulle a précisé qu'il appartient au chef de l'Etat « d'ajuster le domaine suprême qui lui est propre avec ceux dont il attribue la gestion à d'autres, ce qui exclut cette limitation domaniale », ce qui écarte tout domaine réservé.

Le président Georges Pompidou n'était pas très bien vu du parti majoritaire lorsqu'il arriva à l'Elysée en 1969. Mais la tradition d'obéissance au chef de l'Etat était enracinée, et les gaullistes ne pouvaient sitôt se détacher des règles posées par le père fondateur. Le successeur du général fut donc suivi quand il refusa que l'UDR se donne un président qui aurait pu faire écran à l'autorité du chef de l'Etat et celui-ci fut obéi finalement, malgré beaucoup de réticences.

Le président Jacques Chirac a tenu au contraire à faire élire un président du RPR, en la personne de son ancien secrétaire général devenu Premier ministre : Alain Juppé. Il était nécessaire de renforcer la discipline du parti après son extraordinaire division entre deux candidats au premier tour de la présidentielle de 1995. La tradition du respect de l'autorité du chef de l'Etat garantissait la discipline envers un leader qui renouait avec une Présidence de la République gaulliste, après plus de vingt ans d'interruption (1974-1995). Mais Jacques Chirac ne pouvait prendre à l'égard du RPR la distance souhaitée par lui qu'en le plaçant sous la férule d'une personnalité dynamique dont il avait apprécié la fidélité par ailleurs.

• L'autorité du Président sur le Parti socialiste. — Comme ses prédécesseurs à l'Elysée, le président François Mitterrand refusa d'apparaître comme un chef de parti. Dès son élection à l'Elysée, il abandonna ses fonctions de premier secrétaire du PS en installant à sa place Lionel Jospin, un fidèle. Le Président de la République conserva cependant des contacts étroits avec le parti, dont il recevait les dirigeants chaque semaine. Néanmoins, les traditions et la structure du Parti socialiste le poussaient à affirmer son indépendance vis-à-vis du chef de l'Etat. Plus fortement structuré que l'UNR-UDR, plus dominé par un appareil émanant d'adhérents qui élisent le Comité directeur dans un Congrès où la répartition des mandats a fait l'objet de longs débats démo-cratiques dans les sections, le PS était plus difficile à dominer. Le Président de la République sera finalement obéi : mais il devra pour cela utiliser les armes de son pouvoir d'Etat, bien plus que son autorité de chef d'une majorité qui s'efforce d'abord de maintenir son indépendance. L'Elysée devra peu à peu transformer un parti développé dans un régime parlementaire sans majorité en parti adapté à un régime semi-présidentiel avec majorité.

• L'autorité du Président en dehors d'un parti véritable. — De 1974 à 1978, le président Valéry Giscard d'Estaing ne dispose que d'un parti minoritaire dans la majorité : les Répu-blicains indépendants ne réunissant que 60 députés en face des 180 députés UDR et apparentés et des 30 centristes de Jacques Duhamel. En 1978, il organise un cartel électoral entre ses Répu-blicains indépendants, les centristes et les radicaux modérés, sous le nom d'Union pour la Démocratie française L'UDF ne sera jamais un véritable parti, mais une confédération dont chaque participant fait à peu près ce qu'il veut. Cependant, l'autorité du Président de la République sera suffisante pour imposer aux députés de l'UDF la discipline de vote dans les scrutins essentiels. C'est une grande innovation pour la droite et le centre traditionnels.

Par ailleurs, les partisans du Président ne sont pas majoritaires dans l'alliance UDF-gaullistes qui forme sa majorité. Dans les premiers mois du septennat, les gaullistes sont affaiblis par le fait que Jacques Chirac a contribué à leur défaite et qu'il est Premier ministre. Mais celui-ci prend la tête du parti dominant, à la hussarde. Cela lui donne une plus grande indépendance vis-à-vis du Président de la République, lequel voit son Premier ministre s'éloigner progressivement de lui. Les deux ans qui suivent la démission de Jacques Chirac (1976-1978) sont très durs pour Valéry Giscard d'Estaing qui contrôle mal sa majorité. Après les élections législatives de 1978, l'UDF équilibre presque le RPR : mais celui-ci demeure en tête et reste indispensable. Le Président ne le ramène à obéissance qu'en usant de ses prérogatives constitutionnelles.

2. *L'autorité sur la majorité par le prestige et les prérogatives du Président de la République.* — Elus par le suffrage universel et installés au pouvoir pour sept ans, les Présidents de la République ont naturellement du poids sur les députés, en dehors de toute discipline de parti. Le prestige qu'ils tirent de leur investiture populaire et les prérogatives que la Constitution leur reconnaît pendant une longue période leur confèrent naturellement une autorité sur la majorité.

• L'ouverture au-delà de la majorité. — En se présentant une fois élu comme le « Président de tous les Français », le chef de l'Etat suggère à sa majorité qu'il pourrait bien chercher appui au-delà si elle le gênait, ce qui inquiète ses appuis naturels. Ils craignent en effet de se voir dépouillés de quelques avantages du pouvoir au profit de ralliés à la onzième heure. Le général de Gaulle lui-même a inauguré cette ouverture, qui correspondait à son image de héros national au-dessus des partis. Sa politique extérieure lui a valu des soutiens à gauche, y compris même celui du parti communiste dans son retrait de l'OTAN et son ouverture à l'Est. Sa réforme des institutions lui a procuré quelques soutiens du même genre.

Personnellement, le président Pompidou n'était point partisan de s'ouvrir ainsi au-delà de sa majorité naturelle. Mais il appela à Matignon un des barons du gaullisme : Jacques Chaban-Delmas, qui était partisan d'une ouverture vers ce qu'il appelait « la nouvelle société », laquelle se rapprochait plus ou moins d'une social-démocratie. Coordonnée à son cabinet par Jacques Delors — futur ministre socialiste de François Mitterrand puis président de la Commission des Communautés européennes — cette politique a élargi l'audience du nouveau Président de la République. En même temps, elle a inquiété une bonne partie des gaullistes orthodoxes, qui se sont alors tournés vers lui. En faisant démissionner Jacques Chaban-Delmas en 1972, Georges Pompidou a renforcé son autorité sur l'UDR.

L'ouverture maximale a été pratiquée par Valéry Giscard d'Estaing au début de son septennat. Il y fut poussé à la fois par sa faible autorité sur le parti dominant de la majorité, et par une volonté personnelle de « gouverner au centre ». L'abaissement de la majorité électorale à 18 ans, la possibilité pour l'opposition de saisir le Conseil constitutionnel marquent une volonté de réformes libérales qui n'enchante pas la majorité. Elle est surtout choquée par la loi du 17 janvier 1975 sur l'interruption volontaire de grossesse, votée à l'Assemblée nationale par 284 voix dont les deux tiers proviennent de la gauche unanime, pendant que seulement le tiers de l'UDR et le quart des Républicains indépendants approuvent cette réforme de leur Président. La loi du 19 juillet 1975 sur l'imposition des plus-values du capital, autre initiative giscardienne, soulèvera plus de difficultés encore puisqu'il faudra vingt séances de l'Assemblée nationale, dont les dernières en session extraordinaire, pour en venir à bout.

Sous le premier septennat de François Mitterrand, il n'y eut pas d'ouverture au-delà de la majorité : bien que le gouvernement Fabius fût plus modéré que le gouvernement Mauroy. Au début du second septennat, une ouverture vers le centre fut tentée par le gouvernement Rocard, avec quatre ministres et deux sénateurs UDF plus des personnalités indépendantes comme Alain Decaux et Roger Fauroux. L'UDF s'abstint lors du vote du budget de 1989. L'ouverture se rétrécit dans les gouvernements Cresson de 1991 et Bérégovoy de 1993.

• Le recours à l'article 49-3. — Si sa majorité regimbe, le Président de la République dispose d'un admirable moyen pour la contraindre : le recours à l'article 49-3, employé par le Premier ministre sur les directives de l'Elysée. Le texte bénéficiant de cette procédure est en effet automatiquement adopté si une motion de censure n'est pas déposée dans les vingt-quatre heures qui suivent, ou si une motion de censure déposée dans ce délai n'est pas adoptée. Bien entendu, un parti de la majorité ne peut pas déposer une motion de censure contre son propre gouvernement. En conséquence, ce gouvernement peut faire adopter tous les textes plaisant au Président de la République et déplaisant aux militants du parti sans que la responsabilité de ceux-ci soit engagée. Le système a été largement employé quand les majorités parlementaires étaient faibles. Aussi quand de fortes majorités étaient profondément divisées : par exemple dans les gouvernements Raymond Barre de 1976-1981.

Sous François Mitterrand, le recours au 49-3 a d'abord servi à masquer ainsi les divergences entre socialistes et communistes, en empêchant que ces derniers ne manifestent leur désaccord avec le gouvernement. Mais il a ensuite permis d'obliger le Parti socialiste à la discipline envers le Président de la République, dans des affaires comme celle de la réintégration dans l'armée des généraux coupables du putsch algérien de 1961, par exemple. Les majorités d'un seul parti peuvent gêner l'exercice du pouvoir majoritaire par le Président de la République, quand le parti en question est formé par des militants attachés à leur indépendance.

● L'appel au peuple. — Le Président de la République peut toujours faire une pression indirecte sur l'Assemblée nationale en appelant directement au pays. La menace d'une dissolution est très importante à cet égard, car les députés détestent évidemment voir leur mandat écourté et devoir affronter les fatigues, les frais et les aléas d'une campagne électorale. Tous les Présidents ont clairement indiqué que la dissolution suivrait inévitablement toute motion de censure adoptée par l'Assemblée nationale. Une seule l'a été, le 5 octobre 1962 : la dissolution a suivi le 10 octobre. Les Présidents ont ainsi appliqué la règle existant en Grande-Bretagne et dans tous les régimes parlementaires. Mais dans ceux-ci la décision de dissolution appartient au Premier ministre, en fait : le chef de l'Etat ne faisant que l'entériner. Dans le régime semi-présidentiel français, la décision effective appartient au Président de la République seul, qui la prend sans contreseing. Cela lui donne une autorité sur le Premier ministre.

Le Président peut aussi faire appel au peuple par la voie du référendum, si l'on se trouve dans les conditions de l'article 11 de la Constitution. Le général de Gaulle y a recouru quand il n'avait pas de majorité parlementaire en 1961-1962 pour la paix en Algérie et pour l'élection populaire du Président. Il y a recouru aussi en 1969, bien qu'il disposât d'une majorité considérable après les élections de 1968. Mais il avait l'impression qu'elle ne le suivait pas tout à fait, et qu'elle penchait vers Georges Pompidou qui avait manifesté des qualités d'homme d'Etat dans la crise de Mai 68 et qui apparaissait comme un successeur possible pour beaucoup de membres de l'UDR. Le Général voulait donc que le peuple français lui renouvelle sa confiance, ce qui a échoué par la victoire du « non ». Les deux référendums sur l'Europe organisés en 1972 par le président Pompidou et en 1992 par le président Mitterrand n'ont pas eu un effet si brutal, bien qu'ils n'aient pas renforcé leurs auteurs, le premier par suite d'une abstention considérable (39,3 %), le second par la faiblesse de la victoire du « oui » (51,04 % des suffrages exprimés et 31,3 % d'abstentions).

2 | LES MODALITÉS DE LA PRÉSIDENCE MAJORITAIRE

De 1962 à 1986, de 1988 à 1993 et depuis 1995, la présidence majoritaire a pris la forme d'une concentration de l'autorité gouvernementale dans les mains du chef de l'Etat, qui dominait en même temps le pouvoir législatif. Certains ont proposé de qualifier un tel système de « présidence absolue », ce qui est très exagéré car l'absolutisme ne laisse pas de place à l'opposition. On l'appellera « présidence hégémonique », étant entendu qu'elle peut l'être plus ou moins. En 1988-1991, le premier ministre Michel Rocard a bénéficié d'une autonomie plus grande qu'aucun de ses prédécesseurs. Mais la voie avait été ouverte par le gouvernement Fabius de 1984-1986.

La volonté de restreindre la concentration des pouvoirs entre les mains du Président de la République a été affirmée par François Mitterrand dès le début de son premier septennat, comme l'a fait Jacques Chirac en 1995, après son élection. Si la présidence a été moins hégémonique dans le second septennat mitterrandien, c'est que la majorité était moins forte. Si la présidence de Valéry Giscard d'Estaing a été moins hégémonique que les autres, malgré une majorité importante, c'est que cette dernière était très divisée.

▶ *La présidence hégémonique*

L'hégémonie présidentielle n'est pas l'œuvre des successeurs du général de Gaulle comme certains fidèles de celui-ci le croient.

Elle a été établie par le père fondateur lui-même, résumant dans sa conférence de presse du 31 janvier 1964 la conception du pouvoir qu'il appliquait depuis le référendum et les élections de 1962 : « L'autorité indivisible de l'Etat est confiée tout entière au Président par le peuple qui l'a élu... Il n'en existe aucune autre, ni ministérielle, ni civile, ni militaire, ni judiciaire, qui ne soit confiée et maintenue par lui... Il lui appartient d'ajuster le domaine suprême qui lui est propre avec ceux dont il attribue la gestion à d'autres. » Tel n'est pas le régime décrit par la Constitution, mais telle est la pratique de l'hégémonie présidentielle, avec des atténuations variables suivant les personnes et les circonstances.

1. *Les techniques d'hégémonie.* — L'hégémonie présidentielle s'est développée suivant deux techniques différentes, qu'on pourrait qualifier respectivement de gaullienne et de giscardienne.

• L'hégémonie gaullienne reposait d'abord sur l'exceptionnelle personnalité du général et sa qualité de libérateur de la nation en 1945. Techniquement, elle s'appuie sur un choix original des Premiers ministres successifs. Porté au pouvoir par les partisans de l'Algérie française, de Gaulle désigne d'abord comme chef de gouvernement le plus dynamique d'entre eux, Michel Debré, qui est en même temps le plus fidèle des gaullistes. Sa présence à Matignon rassurait la majorité, qui penchait de son côté. Plus le général s'engage à l'opposé, plus le Premier ministre s'efforce de le dissuader et de freiner l'application de ses décisions. Dans les dernières années, de Gaulle doit diriger directement l'affaire algérienne, en utilisant le référendum pour mobiliser les citoyens contre la majorité parlementaire. Finalement, Michel Debré s'inclina et fit accepter par le Parlement la politique du Président.

L'affaire réglée, le général prend pour Premier ministre des personnalités aussi fidèles personnellement, mais sans importance politique, afin qu'elles ne puissent pas faire écran entre le Président de la République et la majorité. Georges Pompidou, qui resta six ans à la tête du gouvernement — ce qui est un record de durée — avait été jeune attaché du cabinet de Gaulle en 1944, puis maître des requêtes au Conseil d'Etat, directeur de la banque Rothschild, directeur du cabinet du général en 1958 et membre du Conseil constitutionnel, avant d'accéder à Matignon en 1962. Après la victoire électorale que suit la crise de Mai 1968, il y est remplacé par Maurice Couve de Murville. Gaulliste depuis 1943 à Alger, ministre des Affaires étrangères du général depuis 1958, candidat malheureux aux élections législatives de 1967, ce dernier n'a pas d'expérience politique intérieure et peu de goût pour les débats parlementaires.

Privé du prestige personnel du général, Georges Pompidou dut d'abord composer avec sa majorité en nommant à Matignon Jacques Chaban-Delmas. Mais au bout de trois ans, en 1972, il prend comme Premier ministre Pierre Messmer. Celui-ci jouit aussi de la confiance des gaullistes, mais il n'a pas de vues politiques personnelles et ne cherche pas à s'imposer. Il correspond au profil des Premiers ministres du général après 1962.

● L'hégémonie giscardienne. — Valéry Giscard d'Estaing est, après François Mitterrand, le plus parlementariste des Présidents de la Ve République, c'est-à-dire le plus attaché à respecter, voire à développer, les prérogatives des assemblées. D'autre part, si sa majorité est grande, elle est profondément divisée, ce qui affaiblit les possibilités d'hégémonie présidentielle. Cependant, jamais un Premier ministre n'a été aussi limité par l'intervention du chef de l'Etat que Jacques Chirac entre 1974 et 1976. Giscard d'Estaing est intervenu dans le choix des ministres plus directement qu'aucun de ses prédécesseurs. Il a présenté lui-même ce choix à la télévision le lendemain de la formation du gouvernement. Sur les 16 membres de celui-ci, cinq seulement appartiennent à l'UDR, parti majoritaire à lui seul, et ne sont pas ses dirigeants. Au contraire, les quatre ministres républicains indépendants sont les leaders du groupe et des amis personnels du chef de l'Etat, dont Michel Poniatowski, ministre de l'Intérieur et seul ministre d'Etat. Quatre centristes antigaullistes y figurent également.

Ce gouvernement choisi par le Président est encadré par lui comme aucun ne l'avait été auparavant, et comme aucun ne le sera ensuite. Le message traditionnel du chef de l'Etat au Parlement est un véritable programme gouvernemental. Chaque mois, le Président rend publiques ses directives au Premier ministre, les unes consistant en des calendriers de réunions à tenir et de communications à faire, les autres déterminant les projets à préparer (plus-values, aménagement du territoire, environnement). D'autre part, les conseils restreints tenus à l'Elysée se multiplient, qui donnent au Président un rôle important dans l'étude et la préparation des décisions, lesquelles relèvent normalement de Matignon. On comprend que Jacques Chirac ne puisse supporter indéfiniment cette situation, et qu'il soit le premier des Premiers ministres du régime à donner spontanément sa démission, le 25 août 1976.

2. *Les résistances à l'hégémonie*. — Elles tiennent soit à l'autorité propre du Premier ministre, soit à l'effort d'autonomie du parti majoritaire.

• Les Premiers ministres à autorité propre. — Cette autorité repose sur des facteurs variés : indépendance de caractère, compétence particulière, influence politique. Jacques Chaban-Delmas et Raymond Barre sont les exemples classiques de cette autorité propre.

Dès son arrivée à l'Elysée, Georges Pompidou choisit Jacques Chaban-Delmas pour Matignon. Ancien ministre de Pierre Mendès France et depuis dix ans président de l'Assemblée nationale, le nouveau Premier ministre avait une grande influence politique. En même temps, il était naturellement porté vers les perspectives larges, qu'il exprima dans sa déclaration du 16 septembre 1969 sur la « nouvelle société » ainsi définie : « une société qui tend vers plus de gestion et de liberté... », « une société où chacun se considère comme un partenaire ».

André Fontaine écrivit dans *Le Monde* que « si le Président de la République avait tenu une conférence de presse de Premier ministre, le Premier ministre venait de faire une déclaration de chef d'Etat », dont il n'avait d'ailleurs pas averti le Président. Celui-ci ne goûtait guère une telle innovation. La majorité du parti gaulliste la trouvait aussi trop audacieuse, mais elle goûtait qu'un homme ayant sa confiance prenne figure d'un véritable héritier du général. Cependant, Chaban-Delmas s'usait au pouvoir pendant que la fonction présidentielle renforçait Georges Pompidou, qui put ainsi devenir hégémonique en 1972, en renvoyant son Premier ministre bien qu'il ait recueilli la confiance des députés deux mois plus tôt avec 368 voix contre 96.

Le cas de Raymond Barre est différent. Lors de sa nomination comme Premier ministre dans l'été 1976, on avait brocardé ce professeur éloigné des milieux parlementaires que le président Valéry Giscard d'Estaing accablait du titre de meilleur économiste de France. Beaucoup pensaient qu'il ne serait que le prête-nom du chef de l'Etat. C'était bien mal connaître l'homme. Il obtint d'emblée d'être libéré des pressions élyséennes qui avaient emprisonné son prédécesseur comme un gladiateur dans le filet du rétiaire. Les agendas semestriels disparaissent tout à fait, les lettres directives se raréfient et s'étiolent, les conseils interministériels s'espacent. Après les élections municipales qui consacrent la défaite du Président, un remaniement consacre l'autorité de Raymond Barre. Il obtient le départ de M. Poniatowski, refuse la nomination de Jean-Jacques Servan-Schreiber et se voit délivré des quatre mentors politiques chargés d'abord de l'encadrer.

● L'indépendance du parti majoritaire. — On a dit que les majorités d'un seul parti ne facilitent pas toujours le développement du pouvoir majoritaire du Président de la République. Fondé pour soutenir la politique du général de Gaulle et n'ayant pas d'autre idéologie que la fidélité à sa personne, l'UNR avait regimbé pendant les premières années avant de se plier tout à fait, comme elle le fit à partir de 1962. Elle regimba de nouveau sous la présidence de Georges Pompidou, jusqu'en 1972 : on vient de voir. La situation était plus difficile pour les socialistes après 1981. Le parti avait combattu en permanence la présidentialisation de la Vᵉ République et réclamé le droit pour l'Assemblée nationale de définir la politique du pays. Ni ses adhérents, ni ses députés n'étaient préparés à admettre facilement l'hégémonie du Président de la République. Les parlementaires évolueront plus rapidement parce que la plupart sont conscients de tenir leur élection du succès de François Mitterrand. Les militants seront beaucoup plus réticents.

Dans les premières années du septennat, le Président a déployé beaucoup d'efforts pour convaincre les socialistes plutôt que de les contraindre. Le mardi matin, le premier secrétaire du PS prenait son petit déjeuner à l'Elysée avec le Premier ministre et le secrétaire général de la présidence, autour du chef de l'Etat. Le mercredi, les mêmes personnalités se retrouvaient au déjeuner, auquel assistaient en outre le président de l'Assemblée nationale, le président du groupe parlementaire du PS et les nᵒˢ 2 et 3 du parti, ainsi que quelques ministres proches du Président : on y discutait essentiellement des rapports entre le parti et le gouvernement. Enfin, le jeudi matin un petit déjeuner regroupait autour du Président une demi-douzaine de notables du parti. Ces contacts ont été ensuite allégés.

La personnalité du Premier ministre Pierre Mauroy favorisa l'évolution du parti qui avait confiance en lui et dont il connaissait bien l'appareil. Il aida ainsi le Président à faire accepter en douceur par le PS le difficile virage vers la rigueur en 1982, qui a transformé les socialistes. François Mitterrand affirma d'autre part son autorité à propos d'une question mineure mais symbolique, où ils lui résistèrent farouchement : l'affaire dite des « généraux de l'OAS », ces putschistes de 1961 en Algérie que le Président voulait réintégrer dans l'armée pour effacer les dernières séquelles de cette guerre coloniale. La majorité des militants et même des députés socialistes y étaient résolument opposés. Le bureau politique du PS imposa donc la discipline de vote aux parlementaires du parti, ainsi obligés de repousser le projet préparé par l'Elysée. Le Président ne parvint à le faire voter qu'à travers l'invocation de l'article 49-3 par le Premier ministre, en novembre 1982.

▶ *La présidence limitée*

Même dans les phases d'hégémonie intégrale, la Présidence n'est pas omnipotente. La structure dualiste d'un exécutif partagé entre l'Elysée et Matignon, dont les hôtes ont chacun des prérogatives constitutionnelles importantes, exclut toute possibilité que l'un soit totalement annihilé par l'autre. Les pouvoirs du Premier ministre impliquent une limitation constante de l'hégémonie présidentielle. Le statut des députés exclut pareillement qu'ils obéissent « perinde ac cadaver » aux ordres du chef de la majorité, même s'ils savent que leur réélection dépend du prestige présidentiel. Il y a ainsi un minimum incompressible de limitation de la présidence, qu'il faut examiner avant de déterminer les possibilités d'une limitation maximale à l'intérieur d'une majorité considérant le Président pour son chef.

1. *La limitation incompressible de la Présidence.* — « La monarchie présidentielle » dont parlent de temps en temps les adversaires du régime relève de la caricature. D'une certaine façon, toutes les démocraties efficaces sont aujourd'hui un aspect monarchique, parce que le pouvoir fondamental de décision y est détenu par le chef d'une majorité parlementaire homogène et disciplinée. Voici près d'un quart de siècle qu'un auteur anglais a qualifié le

Premier ministre britannique de « monarque élu », et que son analyse a été acceptée dans son pays et ailleurs. La monarchie de
Mrs Thatcher est moins limitée que celle de François Mitterrand,
parce que la reine Elisabeth est moins puissante que le Premier
ministre français. Les députés à notre Assemblée nationale ne sont
pas plus dociles que ceux de la Chambre des Communes.

● **La limitation par le Premier ministre .**— Les hiérarchies politiques ne sont jamais aussi rigides que les hiérarchies militaires. On
a dit souvent du Premier ministre qu'il tend à devenir un simple
chef d'état-major du Président, dans les périodes où ce dernier
tend à concentrer dans ses mains tous les pouvoirs de décision :
c'est-à-dire un exécutant se bornant à réunir les moyens d'appliquer
la stratégie du général en chef. C'est oublier que les moyens permettant d'encadrer les ministres et d'assurer la coordination du
gouvernement sont concentrés à Matignon.

En droit, l'article 20 de la Constitution déclare que « le gouvernement détermine et conduit la politique de la nation ». En pratique, la politique de la nation est déterminée dans ses grandes
orientations par le Président de la République, quand il est le chef
de la majorité parlementaire. Mais le gouvernement n'en conserve
pas moins la seconde fonction que l'article 20 lui attribue. Il
ne « détermine » pas la politique de la nation, mais il la « conduit »,
dans le cadre des grandes orientations décidées par le Président
de la République. Celui-ci n'a pas les moyens de contrôler leur
respect dans tous les domaines. Certains secteurs sont suivis de
très près par lui : ainsi les relations extérieures et la défense. Il
peut évoquer par ailleurs n'importe quelle affaire, s'il la juge
essentielle.

Dans le cadre des orientations définies par le Président, le gouvernement dispose néanmoins d'un grand pouvoir, certainement
plus important que ceux exercés par lui sous les républiques précédentes, où la faiblesse et l'anarchie des majorités le paralysaient,

sauf dans les premiers mois. Le Premier ministre de la Ve République est beaucoup plus puissant que le président du Conseil de la IIIe ou de la IVe, qui se trouvait réduit à l'impuissance par les conflits internes et la faiblesse permanente de la majorité. Disposant du pouvoir d'exécution des lois, du pouvoir réglementaire, de la nomination des fonctionnaires (sauf ceux relevant aussi du Président) le Premier ministre dirige effectivement « l'action du gouvernement » comme le dit l'article 5 de la Constitution. Il est entouré d'un cabinet étoffé qui lui permet d'exercer ses tâches. Le secrétaire général du gouvernement siège aussi à ses côtés à Matignon. Par lui, il peut coordonner et contrôler l'action de tous les ministres.

● La limitation par l'autonomie des députés. — L'autorité du Président de la République sur le gouvernement passe à travers son autorité de chef de la majorité parlementaire. Le Président obtient finalement la docilité du Premier ministre parce que celui-ci serait censuré par l'Assemblée nationale si le Président enjoignait à la majorité de le faire. En dernière analyse, un gouvernement ne résiste pas au Président de la République, parce que le Premier ministre et les ministres font eux-mêmes partie de la majorité et obéissent au Président en cette qualité. Certains Premiers ministres ou ministres ont tenté parfois de faire changer d'avis le Président, mais ils se sont toujours inclinés s'ils n'y parvenaient pas, ou ils ont démissionné. Ils n'ont pas été plus loin parce qu'ils ne se sont pas sentis soutenus par la majorité des députés. Entre eux et le Président, elle aurait choisi celui-ci si le Premier ministre l'avait mise au pied du mur.

Cependant, la majorité de l'Assemblée nationale n'obéit pas au Président de la République comme les soldats au commandement crié par leur officier. Les résistances du RPR dans les dernières années du septennat de Valéry Giscard d'Estaing, les frondes à l'intérieur de l'UDR sous la présidence de Georges Pompidou, les résistances du Parti socialiste entre 1981 et 1993 ont pesé sur les décisions des Présidents de la République. Même de Gaulle n'a pas pu faire tout ce qu'il voulait. Au-delà des conflits visibles, la vie politique quotidienne dissimule une pratique constante d'ajustement entre les projets présidentiels et la nécessité de convaincre le Premier ministre, la majorité et ses différentes composantes. Le système électoral favorise d'ailleurs l'autonomie des députés, et par conséquent leur résistance au pouvoir majoritaire. Le scrutin uninominal permet d'acquérir une influence notable dans la circonscription, qui permet d'échapper plus ou moins à la pression de l'appareil du parti.

2. *Les limites de la limitation du pouvoir présidentiel.* — Si l'hégémonie du Président de la République chef de la majorité a toujours été restreinte par les facteurs qu'on vient d'indiquer, elle ne l'a jamais été autant que les prérogatives du gouvernement et les règles de la Constitution auraient permis qu'elle le soit. Contrairement à l'interprétation du général de Gaulle et de ses successeurs, la Constitution établit une dyarchie au sommet, mais son article 8 n'est respecté ni par le Président de la République, ni par le Premier ministre, ce qui donne au chef de l'Etat une autorité sur le chef du gouvernement qui dépasse la Constitution.

● La violation de l'article 8 de la Constitution. — « Le Président de la République nomme le Premier ministre. Il met fin à ses fonctions sur la présentation par celui-ci de la démission du gouvernement », dit le 1er alinéa de cet article 8, dont l'article 19 prescrit que son application n'est pas soumise à conclusion ministérielle. L'article 50 précise d'autre part qu'après l'adoption d'une motion de censure ou un vote de désapprobation du programme du gouvernement ou d'une déclaration de politique générale faite par lui, « le Premier ministre doit remettre au Président de la République la démission du gouvernement ». Ces textes sont très clairs sur un point essentiel : la Constitution ne donne pas au Président le droit de mettre fin aux fonctions de Premier ministre en dehors des cas où celui-ci doit remettre la démission de son gouvernement. Or, tous les Présidents de la République ont jusqu'ici changé librement de Premier ministre, chaque fois qu'ils le jugeaient utile. Ils se sont ainsi arrogé en pratique un droit de révocation qu'ils n'ont pas en droit.

La révocation était masquée par une demande de démission qui a toujours été satisfaite. Tous les Premiers ministres ont jusqu'ici accepté de quitter leurs fonctions quand le Président leur a enjoint de le faire, sans discuter ses raisons. L'hégémonie présidentielle a ainsi établi un système de double responsabilité, devant l'Assemblée nationale et devant le chef de l'Etat, alors que la seconde responsabilité n'existe pas dans la Constitution et qu'elle avait été expressément écartée dans les déclarations devant le Comité consultatif constitutionnel (cf. plus haut, p. 174).

• *La docilité des Premiers ministres.* — La démission forcée par le biais d'une lettre de démission que le chef du gouvernement adresse au chef de l'Etat a été possible parce que aucun Premier ministre n'a résisté à l'injonction présidentielle, jusqu'ici. On a dit que Georges Pompidou, qui a inauguré cette pratique, avait dû remettre à l'Elysée une lettre de démission en blanc avant d'accéder à Matignon : mais cela n'est pas établi. Seul Jacques Chirac a pris l'initiative de la démission : mais Valéry Giscard d'Estaing a prétendu ensuite que celle-ci appliquait une décision commune prise quelques mois plus tôt, ce qui n'a été ni démenti ni confirmé par l'intéressé.

Il est significatif que la même violation de la Constitution — bien que moins évidente — se soit produite en Finlande, où le Président élu au suffrage universel a des pouvoirs très forts. La tradition a été établie par le président Kekkonen, mais elle a disparu avec lui, quand le dernier de ses Premiers ministres, Koïvisto, a refusé de se plier à l'injonction présidentielle de démissionner. Cela lui a valu d'être élu pour remplacer le Président auquel il venait de désobéir. Mais celui-ci était en fonction depuis un quart de siècle. Si aucun Premier ministre français n'a eu cette attitude, c'est qu'elle n'aurait pas eu le même soutien du Parlement ou des citoyens. On ne voit pas quelle majorité aurait soutenu l'un des démissionnés. Au moment où il était requis de quitter Matignon, on ne voit pas quel Premier ministre avait une popularité supérieure à celle du Président qui le mettait à la porte, et qui pouvait recourir à la dissolution.

Sur le système du Président chef de la majorité, cf. Maurice Duverger, *La République des citoyens*, 1982, et *Echec au roi*, 1978, p. 141 et suivantes. — Sur l'influence de l'élection présidentielle sur le régime français, cf. N. Wahl et J.-L. Quermonne, *La France présidentielle*, 1995.

ATTACHEMENT AU RÉGIME ET MÉCONTENTEMENT ENVERS LE GOUVERNEMENT. — Les Français sont, dans l'ensemble, très attachés à cette modalité de la Vᵉ République qu'est le Président chef de la majorité, comme l'ont montré leurs réactions sous la cohabitation qu'on va étudier ci-après. Dans une écrasante majorité, ils ont voulu que celle-ci ne se prolonge pas au-delà de 1988 : tous les sondages l'attestent. Cette popularité du régime ne rejaillit pas toujours sur les gouvernements, loin de là. En général, les Présidents de la République et les Premiers ministres bénéficient d'une approbation de la majorité des citoyens dans les sondages d'opinion, pendant quelques mois au moins après leur arrivée au pouvoir. Ensuite, les opinions défavorables l'emportent souvent sur les favorables : mais avec pas mal de variations ou d'inversions. Cependant, les Français sont presque toujours mécontents de leurs gouvernements, même dans les phases où ils en ont en majorité une bonne opinion du Premier ministre : par exemple, entre mars 1982 et septembre 1982 pour Pierre Mauroy, entre septembre 1984 et septembre 1985 pour Laurent Fabius, entre avril et décembre 1986 pour Jacques Chirac. Seul depuis longtemps Michel Rocard a bénéficié en 1988 d'une majorité d'opinions de satisfaits de la façon dont le pays était gouverné. Il est utile de reproduire ci-avant, à titre documentaire, des graphiques résumant l'opinion des Français sur leur gouvernement depuis mars 1982, où la question a été posée (cf. fig. 19 et 20, p. 545).

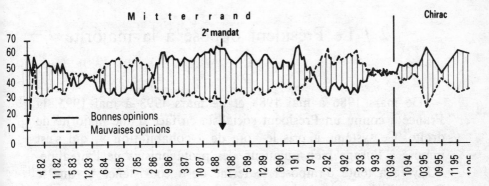

Fig. 19. — La popularité des Présidents de la République (1981-1996)
(d'après les sondages BVA)

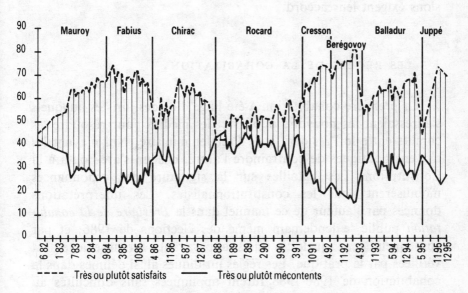

Fig. 20. — La façon dont la France est gouvernée
(d'après les sondages BVA)

2 / Le Président opposé à la majorité

De mars 1986 à mai 1988 et de mars 1993 à mai 1995, la France a connu un Président socialiste en face d'une majorité de droite. Ce système a pris le nom de « cohabitation », qui s'est imposé à l'usage bien qu'aucun des protagonistes ne l'ait aimé. L'Elysée a tenté d'imposer le terme de « coexistence », que le Parti socialiste précisait en « coexistence constitutionnelle ». Mais le système ne se bornait pas à juxtaposer un Président socialiste et un Premier ministre conservateur. La Constitution les obligeait à collaborer dans beaucoup de domaines où les décisions exigent leur accord.

1 | LES RÈGLES DE LA COHABITATION

La première cohabitation a été l'âge d'or des juristes auxquels s'adressaient les pouvoirs publics et les médias pour résoudre les conflits entre le Président et le Premier ministre. Nul n'ayant les moyens politiques de contraindre l'autre, chacun s'arc-bouta à la Constitution. Les batailles sur la signature des ordonnances mobilisèrent tous les constitutionnalistes. Les interprétations données par l'auteur de ce manuel dans le *Bréviaire de la cohabitation* publié le lendemain même des élections de 1986, et par conséquent écrit quelques mois auparavant, furent exactement vérifiées par la pratique. Les règles juridiques ainsi définies dans la cohabitation de 1986-1988 furent appliquées sans difficultés au cours de la cohabitation 1993-1995.

▶ *Les pouvoirs propres à chaque cohabitant*

Le Premier ministre a nettement la prééminence à cet égard, le Président de la République détenant des prérogatives très importantes, mais qui relèvent du contrôle ou de l'arbitrage plutôt que du gouvernement proprement dit.

1. *Les pouvoirs du Premier ministre.* — Ils sont déterminés en droit par la Constitution, mais leur exercice effectif a dépendu avant tout du pouvoir majoritaire, dont le Premier ministre était cette fois détenteur, et non le Président de la République : le deuxième « glaive » avait changé de mains (cf. p. 521).

• Le pouvoir majoritaire. — Une différence considérable sépare à cet égard la cohabitation de 1986-1988 et celle de 1993-1995. En 1986-1988, le Premier ministre ne disposait que d'une majorité faible et divisée. En 1985, les sondages prévoyaient l'année suivante 60 % des suffrages pour la droite et 40 % pour la gauche et les écologistes ce qui risquait d'attribuer 80 % des sièges de l'Assemblée nationale à la première et 20 % aux seconds. Pour éviter un tel résultat, qui eût rendu difficile une cohabitation que beaucoup jugeaient impossible, le président Mitterrand fit remplacer le scrutin majoritaire par la représentation proportionnelle, qui avait aussi l'avantage pour lui de donner une représentation parlementaire au Front national, ce qui réduirait d'autant la majorité réunie par la droite démocratique.

L'ensemble de la droite, lepénistes compris, a obtenu plus de 54,6 % des suffrages en 1986. Mais la proportionnelle a permis au Front national d'obtenir 35 députés, ce qui réduisait la droite parlementaire formée par le RPR et l'UDF à 291 sièges, soit juste deux de plus que la majorité absolue (289). D'autre part, la division de la majorité entre gaullistes et droite classique était très forte : la violente rivalité entre Valéry Giscard d'Estaing et Jacques Chirac se doublant de celle entre Jacques Chirac et Raymond Barre pour l'élection présidentielle de 1988. Ces divisions affaiblissaient un peu plus la position du Premier ministre, mais la cohabitation les limitait : la majorité ne pouvant pas aller trop loin dans les divergences sans favoriser le Président de la République.

Dans la seconde cohabitation, le retour au scrutin majoritaire a entraîné en 1993 les conséquences que François Mitterrand avait empêchées en 1988. L'ensemble de la droite réunit plus de 56 % des suffrages, ce qui lui donna près de 84 % de sièges de l'Assemblée nationale. Les divisions entre le RPR et l'UDF étaient atténuées d'autre part grâce à la personnalité du Premier ministre. Bien qu'appartenant au RPR et mis en place par son chef Jacques Chirac, Edouard Balladur était très prisé de l'UDF, qui lui apporta ses voix lors des présidentielles de 1995. Il avait donc un pouvoir majoritaire considérable.

• Les pouvoirs constitutionnels. — Hormis la défense, la diplomatie et la justice, le Premier ministre est prépondérant dans l'exercice du pouvoir gouvernemental, conformément aux termes de la Constitution : « le gouvernement détermine et conduit la politique de la nation » (art. 20), « le Premier ministre dirige l'action du gouvernement » (art. 21). Disposant du pouvoir d'exécution des lois, le Premier ministre prend sous sa seule signature les décrets réglementaires auxquels renvoient les lois et qui permettent leur application. Disposant seul du pouvoir réglementaire autonome — sauf pour les décrets délibérés en Conseil des ministres — il prend de même les décrets qui définissent les règles de droit en dehors de l'article 34 de la Constitution. Il a seul autorité sur les ministres, sauf sur ceux de la Défense, des Affaires étrangères, de la Coopération et de la Justice qui relèvent aussi du Président de la République. Il donne seul les directives à l'administration, sous réserve du pouvoir de chacun des ministres à cet égard dans le cadre de son département. Dans tous ces domaines, qui sont immenses, le Président de la République n'intervient pas.

Par ailleurs, le Premier ministre décide seul ou en accord avec le gouvernement dans le domaine des relations avec le Parlement, sous réserve de rares exceptions. Il n'a pas besoin de l'accord du Président de la République pour engager la responsabilité du gouvernement sur son programme, sur une déclaration de politique générale ou sur un texte, aux termes de l'article 49; ni pour opposer aux amendements les irrecevabilités de l'article 40 (diminution de ressources ou augmentation de charges publiques) ou de l'article 41 (non-respect du domaine de la loi défini par l'article 34, ou contradiction avec une délégation de pouvoir conforme à l'article 38); ni pour s'opposer à la discussion des amendements non examinés en commission par application de l'article 44-2; ni pour exiger un vote bloqué dans les termes de l'article 44-3; ni pour demander au Parlement l'autorisation de modifier des dispositions législatives par voie d'ordonnances de l'article 38, contrairement au texte du message présidentiel du 8 avril 1986. La fixation de l'ordre du jour prioritaire des assemblées, la participation des ministres à leurs débats, le recours à la procédure de la commission mixte en cas de désaccord entre l'Assemblée nationale et le Sénat sont aussi des prérogatives exclusives du gouvernement.

2. *Les pouvoirs du Président de la République.* — Ils sont à la fois importants et exceptionnels. Ils n'interviennent pas dans la vie politique normale, mais seulement de façon discontinue, soit pour éviter une bavure particulière, soit pour faire face à une crise grave.

• L'interprétation de la Constitution. — « Le Président de la République veille au respect de la Constitution », dit l'article 5. On a dit que cette formule indique à la fois que le chef de l'Etat doit lui-même respecter la Constitution, et qu'il a le pouvoir de les interpréter sauf dans le cas où elle-même a confié cette interprétation à une autre autorité, notamment le Conseil constitutionnel (cf. plus haut, p. 270). Certains juristes ont contesté cette interprétation. Mais nul n'a jamais pu expliquer comment on peut veiller au respect d'un texte sans pouvoir dire en connaissance de cause ce qu'il contient. Veiller au respect d'un texte implique évidemment qu'on ait la capacité d'en fixer le sens s'il y a contestation. Ainsi, en cas de dissentiment entre le Président de la République et le Premier ministre sur l'interprétation de la Constitution, l'avis du Président l'emporte. Toutefois, l'interprétation présidentielle n'a les moyens juridiques d'être respectée que si le Premier ministre, le gouvernement ou le Parlement sont empêchés de passer outre. Tel est le cas, par exemple, du refus de signature présidentielle pour une ordonnance ou un décret délibéré en Conseil des ministres sur la base de l'article 13 : nul n'ayant le moyen de forcer le Président à signer s'il estime que la Constitution lui donne le droit de ne pas le faire, cette interprétation l'emporte nécessairement. Tel serait également le cas pour une demande de nouvelle délibération d'une loi sur la base de l'article 10, dans les conditions précisées ci-dessous.

• Les pouvoirs vis-à-vis du Parlement. — Le Président de la République possède à cet égard trois prérogatives. D'une part, il peut saisir le Conseil constitutionnel d'un texte voté par les assemblées avant qu'il ne soit promulgué, sur la base de l'article 61. D'autre part, il peut demander au Parlement une nouvelle délibération d'un texte de loi ou de certains articles de ce texte. « Cette nouvelle délibération ne peut être refusée » dit l'article 10 : il semble donc qu'aucun pouvoir public ne puisse l'empêcher. Cependant, certains juristes pensent que le Premier ministre dispose d'une telle prérogative, en refusant son contreseing, puisque l'article 10 ne rentre pas dans les exceptions qui dérogent au principe général du contreseing posé par l'article 19. D'autres répliquent que la formule même de l'article 10 rend le contreseing obligatoire, puisque la nouvelle délibération ne peut être refusée. L'article 18 résout le problème de façon plus simple, en autorisant le Président de la République à adresser aux deux assemblées des messages qui sont, eux, dispensés de contreseing. La demande de nouvelle délibération peut évidemment prendre la forme d'un message : sur ce point, le pouvoir d'interprétation présidentielle de la Constitution ne se heurte à aucun obstacle.

● *Les pouvoirs de dissuasion.* — Le Président de la République possède le pouvoir de dissuasion nucléaire, puisque lui seul peut déclencher les armes atomiques stratégiques. Il possède aussi des pouvoirs de dissuasion politique, au moyen de la dissolution de l'Assemblée nationale (art. 12) et de la dictature temporaire établie par l'article 16. La dissolution dissuade les députés de renverser le gouvernement en votant la censure, tous les Présidents ayant laissé entendre qu'ils dissoudraient si la censure en question leur paraissait injustifiée. Elle constitue également un arbitrage éventuel des citoyens en cas de conflit entre la majorité et l'Exécutif. Quant à l'article 16, il concentre tous les pouvoirs dans les mains du Président en cas d'invasion, de révolution ou de guerre civile. Son emploi est tout à fait exceptionnel, et nul n'y a fait allusion pendant la cohabitation.

▶ **Les pouvoirs communs au Président de la République et au Premier ministre**

L'exercice de ces pouvoirs dépasse la simple coexistence. Il implique une collaboration entre les deux têtes de l'Etat, dont les participations à la décision sont parfois inégales, parfois équivalentes.

1. *Les pouvoirs à prééminence présidentielle.* — Le Président l'emporte ici sur le Premier minsitre, qui peut empêcher la décision commune mais participe moins que le chef de l'Etat à son élaboration.

● La politique extérieure et la défense. — « Le Président de la République négocie et ratifie les traités » dit l'article 52 de la

Constitution. Il a donc la maîtrise des négociations internationales les plus importantes. Il est « informé » des autres, qui sont menées par le gouvernement, mais qu'il peut ainsi contrôler, en les évoquant directement s'il estime qu'elles peuvent conduire à un traité. Cependant, l'article 52 n'est pas exclu du contreseing : par conséquent le Premier ministre doit être associé aux négociations dont il pourrait bloquer la conclusion en refusant sa signature lors de la ratification du traité qui les conclura. Le ministre des Affaires étrangères doit donc avoir des contacts fréquents avec l'Elysée, qui supposent la confiance du Président en même temps que du Premier ministre. Il est un peu l'intermédiaire entre les deux.

La défense présente des caractères analogues. Titulaire unique du pouvoir nucléaire, le Président en tire une autorité considérable sur les armées, dont il est le « chef » aux termes de l'article 15 Il préside les conseils et comités supérieurs de la Défense nationale, dont il arrête les procès-verbaux. Certes, le Premier ministre « est responsable de la Défense nationale » aux termes de l'article 21. En termes militaires, la formule signifie qu'il lui appartient de la mettre en œuvre, dans le cadre tracé par les conseils et comités supérieurs et sous les ordres du « chef des armées ».

• Les décrets délibérés en Conseil des ministres. — Le pouvoir réglementaire appartient normalement au Premier ministre seul, en vertu de l'article 21, et la signature du Président n'est pas requise pour les décrets en vertu de ce titre : s'il les signe parce que le Premier ministre lui demande par déférence, cette signature n'ajoute rien au texte, d'après la jurisprudence du Conseil d'Etat. Cependant, l'article 13 exige la signature du chef de l'Etat pour les « décrets délibérés en Conseil des ministres », dont il ne donne pas la liste. On admet qu'il s'agit des décrets pris dans les domaines où la Constitution donne au Président des pouvoirs particuliers : par exemple, ceux concernant l'armée dont il est le chef d'après l'article 13, ou la magistrature dont il garantit l'indépendance d'après l'article 64, ou les libertés publiques proclamées par des textes à valeur constitutionnelle puisqu'il veille au respect de la Constitution d'après l'article 5. Dans la rédaction de tels décrets, le Président a évidemment un pouvoir prééminent, étant donné les prérogatives que lui attribue la Constitution.

• Le référendum de l'article 11 et la révision de la Constitution.

— Le recours à l'article 11 ou la révision de la Constitution peuvent être déclenchés soit par une proposition du gouvernement ou du Premier ministre, soit par une proposition du Parlement. Pour le référendum de l'article 11, la maîtrise du Président est évidente dans les deux cas : la proposition du gouvernement ou celle des assemblées n'étant qu'un déclenchement indiquant l'objet éventuel d'une consultation populaire, dont la décision et le contenu appartiennent au seul chef de l'Etat. Dans la révision constitutionnelle, le contenu du texte doit être voté par chacune des deux assemblées, qu'il s'agisse d'une proposition d'un membre du Parlement ou d'un projet émanant du Président. Pour ce dernier, le Premier ministre doit faire une proposition analogue à celle nécessaire pour le référendum de l'article 11. Dans l'un et l'autre cas, son rôle se borne à rendre possible une décision éventuelle du chef de l'Etat.

2. *Les pouvoirs de collaboration égalitaire*. — Ils concernent deux domaines d'action courante, où le Président est associé aux décisions gouvernementales de façon à peu près équivalente à celle du Premier ministre : les prérogatives du Conseil des ministres et la nomination des fonctionnaires.

• Le Conseil des ministres. — Président du Conseil des ministres, le chef de l'Etat est donc maître de son ordre du jour. En droit strict, il pourrait s'opposer à la discussion de problèmes ou de projets de lois qui lui déplaceraient. Mais cela paralyserait l'action du gouvernement, contrairement au devoir du Président de la République en vertu de l'article 5. En pratique, donc, le

Premier ministre et le président du Conseil doivent s'entendre sur l'ordre du jour du Conseil des ministres, et leur collaboration sur ce point est à peu près égalitaire. On pourrait soutenir que le Président et le Premier ministre sont sur le même pied pour la nomination des ministres, qui est faite par le chef de l'Etat sur proposition du chef du gouvernement : l'accord entre les deux est donc nécessaire. Mais ici le poids du Premier ministre est prépondérant, parce qu'il représente la majorité parlementaire, sans laquelle le gouvernement ne peut pas agir, ni même rester au pouvoir.

● La nomination et la révocation des fonctionnaires. — L'article 13 de la Constitution donne au Président de la République le droit de nommer aux emplois civils et militaires de l'Etat, et détermine les emplois auxquels il ne peut être pourvu qu'en Conseil des ministres. En droit strict, cela donne au Président le droit de s'opposer à toute nomination et à toute révocation. Le Premier ministre ayant également le droit de nommer aux emplois civils et militaires « sous réserve des dispositions de l'article 13 », cela le met sur le même plan que le chef de l'Etat. Leur accord est donc nécessaire et égalitaire. En pratique, le Président ne s'occupe que des emplois de hauts fonctionnaires.

3. *Les pouvoirs de veto du Président de la République.* — Le terme de veto — fort mal vu depuis la Révolution de 1789 — n'existe pas dans la Constitution de 1958-1962. On l'emploie ici pour désigner le pouvoir du Président de refuser une décision dont ni l'initiative ni le contenu ne dépendent de lui. A cet égard, le Premier ministre, le gouvernement ou le Parlement ont la prééminence sur lui. Il peut seulement empêcher la décision, sans participer à son élaboration.

● Le veto sur les ordonnances. — De tous les pouvoirs du Président de la République, celui-ci a été le plus spectaculaire pendant la cohabitation de 1986-1988. Une controverse a fait rage entre les juristes à propos du droit du Président de refuser la signature nécessaire pour valider les ordonnances, en vertu de l'article 13. La plupart ont estimé que ce droit existait. Quelques-uns ont exhumé la vieille formule de l'indicatif ayant valeur d'impératif, habilement utilisée par le général de Gaulle lors de l'élaboration de la Constitution. La question a été tranchée par le fait que l'article 13 n'impose pas un délai pour la signature en question, et que cela permet de toute façon de l'ajourner indéfiniment, comme l'ont fait les présidents Pompidou et Giscard d'Estaing dans un autre domaine : celui de la présentation au référendum ou au Congrès d'un texte de révision de la Constitution (cf. ci-dessous, p. 556).

François Mitterrand a refusé le 14 juillet 1986 de signer l'ordonnance sur la privatisation des entreprises publiques, le 2 octobre 1986 de signer celle sur le découpage des circonscriptions électorales et le 3 décembre de signer celle sur l'aménagement du temps de travail. Dans le premier cas, le Premier ministre a protesté dans une déclaration télévisée, en contestant le droit du Président, oubliant du même coup que celui-ci tient de l'article 5 le pouvoir d'interpréter la Constitution. Dans les autres cas, le refus n'a guère suscité de protestations. Le droit de signer les ordonnances s'est finalement imposé.

● Les autres vetos. — En dehors de la signature des ordonnances, le Président dispose de deux autres vetos. Il peut refuser de convoquer une session extraordinaire du Parlement demandée par le Premier ministre ou la majorité des députés. Le refus opposé par le général de Gaulle en 1960 avait été critiqué par la plupart des juristes parce qu'on restait encore dans un régime essentiellement parlementaire où les pouvoirs du Président étaient seulement nominaux sauf quand la Constitution indiquait clairement le contraire, ce qu'elle ne faisait pas en l'occurrence. L'élection du Président au suffrage universel a changé cette règle d'interprétation (cf. p. 182-183). En 1979, Valéry Giscard d'Estaing a accepté la session extraordinaire qui lui était demandée, mais avec beaucoup de réticences et en marquant clairement son pouvoir d'appréciation en ce domaine. Ayant désormais la plénitude du pouvoir que lui reconnaît l'article 30, le Président pourrait refuser de convoquer le Parlement en session extraordinaire. En pratique, il se borne à exclure certaines questions des sessions extraordinaires.

Par ailleurs, le Président peut bloquer toute révision constitutionnelle en refusant de soumettre au référendum du Parlement les textes adoptés par les deux assemblées. Le président Pompidou refusa le pouvoir de soumettre et au Congrès et au référendum son projet de 1973 sur le quinquennat, en déclarant : « Je ne suis pas tenu par un délai... par conséquent on peut attendre », ce qu'on fait depuis lors. Le président Giscard d'Estaing suivit cet exemple en 1974 pour son projet permettant aux ministres de retrouver leur siège au Parlement en quittant le gouvernement. L'absence de délai étant identique pour les propositions d'origine parlementaire et pour les projets d'origine gouvernementale et présidentielle, le raisonnement de Georges Pompidou — entériné par Valéry Giscard d'Estaing — vaut pour les uns et les autres.

2 | LA PRATIQUE DES COHABITATIONS

Dans l'ensemble, les cohabitations ont correctement fonctionné. Bien que la première ait pris un visage quasi révolutionnaire, après trente ans d'hégémonie présidentielle, aucun conflit grave n'a surgi entre le Président de la République et le Premier ministre. Le 14 juillet 1986, quand François Mitterrand a refusé de signer l'ordonnance sur les privatisations, Jacques Chirac aurait menacé de démissionner, mais sans insister en apprenant qu'il serait alors remplacé sur l'heure. Tout cela s'est passé discrètement, sauf l'algarade du Premier ministre à la télévision le 16 au soir.

Trois grandes différences séparent cependant l'expérience de 1986-1988 et celle de 1993-1995. D'abord, la seconde a bénéficié de l'habitude qui la rendait moins révolutionnaire, que la première, laquelle fut en général bien acceptée par les citoyens (cf. fig. 21, p. 558), quoiqu'ils n'en aient pas très clairement compris les mécanismes (cf. fig. 22, p. 559, et fig. 23, p. 563). Ensuite, les oppositions personnelles étaient plus grandes entre un Chirac impatient et un Mitterrand circonspect qu'entre un Balladur prudent et calme dont le caractère ressemblait à celui du Président de la République. Enfin, la cohabitation de 1986-1988 a été dominée par la rivalité entre les deux frères ennemis pour l'élection présidentielle de 1988, tandis que François Mitterrand ne voulait ni ne pouvait postuler un troisième septennat en 1995 et souhaitait terminer ses quatorze ans de mandat sous l'image d'un Président œcuménique.

▶ *La cohabitation de 1986-1988*

La cohabitation s'est déroulée entre un Premier ministre s'efforçant de prendre tous les pouvoirs et un Président de la République modéré dans l'usage des siens. Peu à peu, cependant, le premier a pris conscience des obstacles infranchissables que pouvait lui opposer l'Elysée et le second en a dressé quelques-uns devant Matignon.

1. *Un Premier ministre dominateur.* — Grand, longiligne remuant, dynamique et intelligent, aimable et détendu dans l'intimité, autoritaire et contracté dans la vie publique, impulsif et prompt à la décision, quitte à la regretter une fois prise et à ne pouvoir la prendre quand elle ne l'a pas été du premier mouvement, Jacques Chirac faisait penser dans son action politique à la célèbre formule que le général de Gaulle appliquait à un tout autre objet : « sûr de lui et dominateur ».

• La théorie de la fraîcheur de la légitimité de la majorité parlementaire. — Jacques Chirac a plus ou moins nié l'autorité

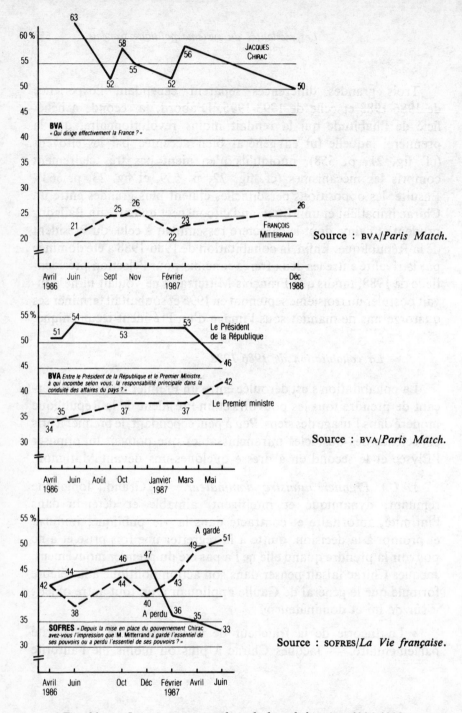

Source : BVA/*Paris Match.*

Source : BVA/*Paris Match.*

Source : SOFRES/*La Vie française.*

Fig. 21. — La perception confuse de la cohabitation 1986-1988

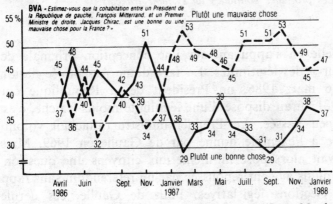

Source : BVA/*Paris Match*.

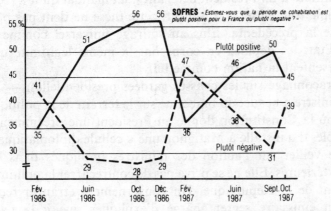

Source : SOFRES/*Le Point*.

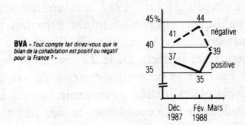

Fig. 22. — L'appréciation difficile de la cohabitation 1986-1988

présidentielle en s'appuyant sur une conception originale de la « fraîcheur » des légitimités. En face d'une Assemblée nationale élue le 16 mars 1986, un Président de la République élu le 10 mai 1981 aurait disposé d'une légitimité moins fraîche, c'est-à-dire un peu passée. Le Premier ministre rattachait volontiers cette thèse à l'exemple donné par de Gaulle en 1969. Mais le général avait alors posé lui-même aux citoyens une question de confiance qu'ils avaient repoussée par un référendum sans rapport avec des élections législatives. Pour de Gaulle, ces dernières n'étaient que des « compétitions locales », sans commune mesure avec la légitimité d'un Président détenant « un mandat qu'il a reçu, lui, du peuple tout entier ». En droit, cette thèse ne tient pas plus debout que la précédente. Elus au suffrage universel comme le chef de l'Etat, les députés en corps ont la même légitimité que lui et représentent la nation comme lui.

• Le braconnage sur les chasses gardées présidentielles. — Le Premier ministre a beaucoup braconné sur le terrain de la politique étrangère où la Constitution donne au Président une prééminence incontestable. Il a installé à Matignon une « cellule diplomatique » chargée de veiller sur l'action des ministres impliqués dans les relations extérieures. Elle ne se priva pas de contrecarrer la politique du Président de la République. Un gouvernement étranger reçut un jour un émissaire secret chargé d'expliquer que « la page Mitterrand est maintenant tournée ». Dans une lettre à Saddam Hussein du 27 juin 1987 non communiquée au Président de la République, le Premier ministre parlait de « la négociation que vous savez ». A propos de l'initiative de défense stratégique américaine, il déclarait le 22 mai 1986 devant la presse étrangère que notre pays ne peut « rester à l'écart de ce grand mouvement, irréversible et justifié », contrairement à la position définie par le Président de la République, lequel réitéra le 27, devant les élèves officiers de Saint-Cyr, que « la France ne doit pas s'insérer dans un dispositif de défense limitant sa liberté d'action ».

Le Premier ministre ayant déclaré le 10 juillet 1986, au camp militaire de Suippes : « Je définis la politique de défense », il fut rappelé discrètement à l'ordre par le Président dès le lendemain matin. Le 13 octobre, François Mitterrand souligna ses prérogatives avec éclat devant les officiers du 2ᵉ régiment de parachutistes au camp de Caylus. Quinze jours plus tard, un Conseil de Défense entérina ses préférences stratégiques, basées sur la priorité d'une dissuasion nucléaire modernisée par le développement des sous-marins lance-missiles. Sur ces bases, le Conseil des ministres approuva le 3 novembre un projet de loi de programmation militaire pour 1987-1992 que le Président déclara « sérieux, raisonnable et cohérent », et que le parti socialiste décida de voter.

• Les Conseils de cabinet. — Hormis les bavures ci-dessus, qui demeurent marginales finalement, la machine gouvernementale a correctement tourné. Jacques Chirac a d'ailleurs estimé qu'il était moins pénible d'être Premier ministre sous le président Mitterrand que sous le président Giscard d'Estaing. Dans la pratique gouvernementale, une seule originalité véritable a caractérisé la cohabitation : le recours à des « Conseils de cabinet » hors la présence du chef de l'Etat, habituelle sous la IIIᵉ et la IVᵉ République et rarement utilisée sous la Vᵉ (cf. p. 328). Jacques Chirac préférait à cette dénomination traditionnelle celle de « réunion de ministres », plus souple en ne rassemblant pas nécessairement la totalité des membres du gouvernement. A part une première réunion générale le 22 mars 1986 juste avant le Conseil des ministres, une seconde en avril et une troisième en juin, il fallut attendre décembre pour parvenir à des réunions régulières, et réaliser avec un peu de retard la seule des prédictions du *Bréviaire de la cohabitation* demeurée lettre morte quelque temps. Huit Conseils de cabinet furent ensuite réunis, sur un rythme accéléré.

2. *Un Président circonspect et subtil.* — « Je ne suis et je ne veux être responsable que des actes dont je prends l'initiative ou que

j'ai approuvés » : telle est la ligne de conduite, nettement tracée par une déclaration au *Point* de novembre 1986. Hors de ce domaine, la distance est mesurée au plus près par un homme qui sait choisir ses mots.

• La modération dans l'exercice des prérogatives présiden-tielles. — Le chef de l'Etat n'a jamais cédé dans l'exercice de ses prérogatives de politique extérieure et de défense. Mais il a été très modéré concernant les affaires intérieures. En particulier, il s'est montré très discret sur le seul terrain où la Constitution lui donne une arme très efficace : la nomination et la révocation des hauts fonctionnaires. Il n'a pas cédé pour le chef d'état-major des armées. Il a mis longtemps à le faire pour le directeur de la Banque de France et le directeur général de la Police nationale, en exigeant qu'ils reçoivent un poste de remplacement convenable et que leur successeur ait son agrément. Il a obtenu que 12 directeurs d'entre-prises nationalisées (sur 24) demeurent en fonction, ce partage symbolisant la cohabitation. Cependant, le Premier ministre a pu procéder à de très nombreuses nominations qui ont construit peu à peu ce que les centristes et les modérés de la majorité appelaient alors « l'Etat-Chirac » ou « l'Etat-RPR ».

• L'usage régulier des admonestations verbales. — L'interven-tion la plus subtile du Président s'est faite sous forme d'admones-tations publiques à propos des réformes gouvernementales qu'il n'approuvait pas. Ses désapprobations méritent de figurer dans une anthologie de la nuance critique. Voici quelques exemples de l'échelle des termes employés : la réforme hospitalière ne suscite que des « réserves », le découpage des régions en Nouvelle-Calédonie provoque de « très fortes réserves », la loi sur l'audiovisuel fait surgir « d'extrêmes réserves ». Le Président « désapprouve » le projet de prisons privées, et proclame sa « désapprobation » quand on supprime l'autorisation administrative de licencie-ment des salariés. Il « déplore » les restrictions du Code de la

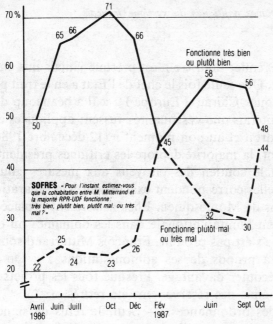

Fonctionne très bien ou plutôt bien

Fonctionne plutôt mal ou très mal

Source : SOFRES/*Le Point*.

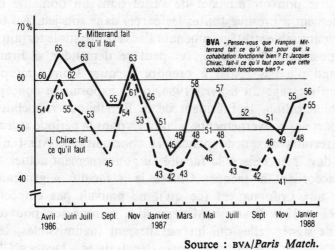

F. Mitterrand fait ce qu'il faut

J. Chirac fait ce qu'il faut

Source : BVA/*Paris Match*.

Fig. 23. — *Le fonctionnement de la cohabitation 1986-1988*

nationalité. Le Premier ministre n'est presque jamais mis en cause personnellement. Une seule fois le chef de l'Etat a eu le trait perfide, en disant de Jacques Chirac à Europe I : « Il a beaucoup de qualités, et je souhaiterais que ces qualités fussent appliquées exactement au bon endroit et au bon moment » (12 décembre 1986).

Naturellement, la majorité déplore les critiques présidentielles, qui affaiblissent le soutien des citoyens aux mesures gouvernementales. Mais elles correspondent exactement à la séparation des pouvoirs, au sens de Montesquieu. Elles ne seraient déplacées que si elles entamaient l'unité nationale dans les domaines où elle est requise, ce qui ne s'est pas produit. François Mitterrand soulignait malicieusement à propos de ses admonestations : « On aurait peut-être pu m'écouter davantage. Presque tous les projets de loi sur lesquels j'ai émis des réserves ont été retirés. »

• Le piège des ordonnances. — Seul, le refus de signer certaines ordonnances a donné l'occasion de souligner d'une façon éclatante le pouvoir du chef de l'Etat dans un domaine où le gouvernement a presque toutes les cartes dans son jeu. Au terme d'une remarquable stratégie amenant l'adversaire sur le terrain où il est en position de faiblesse, on peut se demander si François Mitterrand n'a pas réussi à prendre Jacques Chirac au piège. Dans son message du 8 avril 1986, où il exposait sa conception de la cohabitation, le Président de la République rappelait que « la plupart des gouvernements, y compris dans la période récente », ont eu recours aux ordonnances et concluait : « Aussi n'ai-je pas cru devoir en refuser la faculté au gouvernement actuel. »

En accordant à Jacques Chirac la « faculté » générale de recourir aux ordonnances (ce qu'il ne pouvait pas empêcher : cf. p. 293 et 378), François Mitterrand a masqué son pouvoir de refuser de signer celles qui lui paraîtraient inadmissibles, lequel faisait d'ailleurs contestation entre les juristes. Jacques Chirac s'est mis à la merci du Président en pénétrant sur le terrain où celui-ci l'attendait.

▶ *La cohabitation de 1993-1995*

Comparée à la cohabitation de 1986-1988, la cohabitation de 1993-1995 apparaît beaucoup plus douce. Aucune des algarades de la première n'a d'équivalent dans la seconde, où le Président de la République et le Premier ministre s'apprécient mutuellement. Edouard Balladur ne partageait pas l'opinion de Jacques Chirac qui déclarait deux jours après les élections : « Il serait de l'intérêt de la France que M. Mitterrand démissionne. » En nommant le nouveau Premier ministre, le Président de la République souligna qu'il l'avait choisi « non seulement parce qu'il apparaît le plus apte à rassembler les différentes composantes de la majorité, mais aussi en raison de ses compétences ».

Elles sont indiscutables, mais leur exercice a été quelque peu perturbé par l'élection présidentielle de mai 1995. La cohabitation ne s'en est point ressentie directement, parce que le président Mitterrand n'était pas candidat. Mais elle est progressivement passée au second plan au fur et à mesure qu'est devenue évidente la rivalité Balladur-Chirac et le fait que chacun n'accepterait pas de s'effacer devant l'autre dans la course à l'Elysée. D'où deux phases très nettes dans la cohabitation 1993-1995.

1. *La phase de cohabitation tranquille.* — Le Président de la République et le Premier ministre évitent les conflits ou s'efforcent de les surmonter. L'accord est d'ailleurs profond sur la construction de l'Europe, la politique extérieure, la défense, l'opposition étant forte sur les privatisations, le droit d'asile, l'enseignement public, etc.

● La méthode balladurienne. — Elle donne la préférence à la concertation sur l'affrontement. Elle tient compte de la proximité des élections présidentielles qui conduisent à la prudence dans l'application des réformes, tout en engageant certaines courageuses, telle l'augmentation de la CSG (Cotisation sociale généralisée, inaugurée par le gouvernement Rocard) ou l'obligation de quarante ans de service au lieu de trente-sept et demi pour toucher une retraite à taux plein.

Cependant, le Premier ministre cède devant les mouvements populaires énergiques. Il renonce au plan de rénovation d'Air France qui exigeait des milliers de licenciements quand cela provoque une grève très dure : le personnel paralysant les aéroports. Devant l'impopularité des mesures pour réduire le déficit budgétaire, Edouard Balladur injecte des milliards dans les circuits économiques et impose à la dette publique en forte majoration. Quand les étudiants se soulèvent contre le contrat d'insertion professionnelle pour de premiers emplois payés au-dessous du smic, il fait machine arrière. Sur tous ces points, il n'y a pas de difficultés avec le Président.

● Les domaines conflictuels. — Sur quelques points, le désaccord entre l'Elysée et Matignon est sérieux, mais ni le Président de la République ni le Premier ministre ne poussent à la rupture.

La première dissension notable concerne la réforme de la loi Falloux : le gouvernement voulant supprimer la disposition interdisant aux collectivités locales de financer au-delà de 10 % les investissements des établissements d'enseignement privé. Le Président de la République refusa que la discussion de ce projet de loi soit inscrite à l'ordre du jour d'une session extraordinaire en juillet 1993, afin que le débat se déroule en pleine lumière. La question souleva en janvier 1994 une énorme manifestation nationale des syndicats de l'enseignement public. Elle aboutit à l'abandon de la réforme, conformément au souhait de François Mitterrand.

Le second dissentiment important porte sur la réforme des lois sur l'immigration et la nationalité, le Président n'admettant pas qu'elle mette en cause le droit d'asile. Au contraire, le Premier ministre tient à de telles mesures qui lui permettraient de prendre des suffrages au Front national. Le Conseil constitutionnel annula en partie la loi votée par la majorité. Le chef de gouvernement critiqua sévèrement cette décision, ce qui était une innovation choquante. Il décida en même temps de faire réviser la Constitution afin de passer outre à l'opposition du Conseil. Le Président de la République aurait pu bloquer une telle révision, ce qui aurait provoqué un conflit majeur. Il préféra rechercher un accord avec le Premier ministre. Leur compromis fut voté malgré l'opposition du Parti socialiste.

2. *Le glissement vers une cohabitation de type nouveau.* — Pendant la première année de la cohabitation, la popularité d'Edouard Balladur est au zénith et elle baisse peu la seconde année (cf. fig. 25, p. 570). Les citoyens voteraient la confiance à son gouvernement, ce qui est rare (cf. fig. 24, p. 568). Cependant, les mêmes citoyens continuent à penser que la France est mal gouvernée (cf. fig. 20, p. 545), mais ils ne changent presque jamais d'opinion sur ce point, ce qui ne les empêche pas d'apprécier éventuellement la personnalité du Premier ministre ou du Président de la République. La faveur dont ils entourent celle de Balladur va pousser celui-ci dans une voie tout à fait inédite, qui changera la physionomie de la cohabitation dans sa seconde année. Simultanément, la maladie du Président de la République l'éloigne des contingences politiques. La conjonction des deux phénomènes place au premier plan la compétition Balladur-Chirac.

• La compétition Balladur-Chirac. — On n'envisage guère au début de la cohabitation que le Premier ministre soit candidat aux présidentielles de 1995, puisqu'il est d'accord avec Jacques Chirac sur la candidature de ce dernier. On sait d'ailleurs que le maire de Paris ne renoncera certainement pas, et nul n'imagine alors que deux personnalités du RPR puissent en même temps se présenter devant les électeurs. Dans les premiers mois de 1994, cependant, les enquêtes d'opinions commencent à poser la question, parce que les médias sont friands des réponses. Au début, Balladur

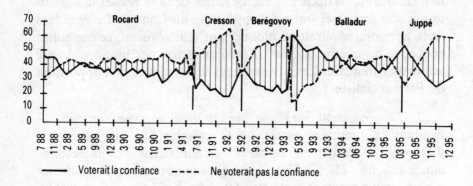

Fig. 24. — La confiance des citoyens dans leurs gouvernements
(d'après les sondages BVA)

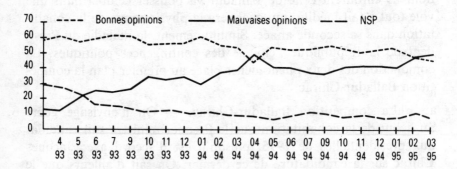

Fig. 25. — La popularité d'Edouard Balladur (1993-1995)
(d'après les sondages BVA)

et Chirac sont à peu près sur la même ligne de départ. Très vite, le Premier ministre va prendre le dessus sur le président du RPR pendant que celui-ci voit sa cote baisser. Etrangement, les Français cessent de voter la confiance au gouvernement au moment où ils se déclarent favorables à une candidature Balladur, comme si elle perturbait les affaires publiques (cf. fig. 24 et 26, p. 568 et 570).

Elle le fait d'ailleurs, en poussant les deux concurrents à la démagogie. Comment agir autrement, quand la droite est sûre de la victoire, quand elle couronnera l'un d'entre eux et quand leur écart au premier tour apparaît variable ? L'atonie de l'économie et la croissance du chômage constituant le premier souci de la plupart des citoyens, Edouard Balladur multiplie les dépenses publiques afin de provoquer un redémarrage par la consommation qui fasse plaisir au maximum d'électeurs, ce qui est efficace à court terme et dangereux à long terme. Privé de tels moyens matériels, son rival a eu l'intuition du profond besoin d'innovation qu'éprouvait une grande partie des citoyens, notamment dans les jeunes générations, où la recherche du travail est encore plus difficile qu'ailleurs.

Après deux septennats où les socialistes ont progressivement abandonné l'utopie pour le réalisme, où la droite s'est lancée dans un intégrisme du marché. Jacques Chirac va répandre dans toute la France, pendant une campagne dynamique sur le terrain, le thème du changement par la lutte contre l'exclusion. Il marie ainsi le libéralisme économique et un certain gaullisme de gauche. Sa démagogie verbale est moins coûteuse que les dépenses publiques balladuriennes. Grâce au talent de celui qui l'emploie, elle obtient de meilleurs résultats, comme on le voit dans l'inflexion des sondages en janvier-février 1995 (cf. fig. 26, p. 570). Mais elle va rendre difficiles les premièrs temps du septennat 1995-2002.

Le Président de la République regarde cette campagne électorale d'un œil amusé. Il joue de la rivalité entre ses deux principaux

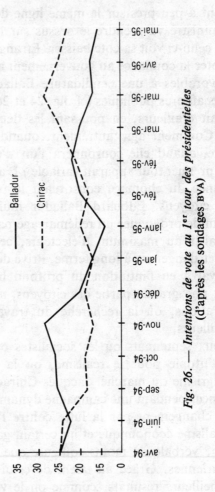

Fig. 26. — *Intentions de vote au 1er tour des présidentielles*
(d'après les sondages BVA)

adversaires politiques avec un certain détachement, sans rien céder sur ses prérogatives.

• La maladie du Président de la République. — Le 18 juillet 1994, François Mitterrand subit une seconde intervention chirurgicale pour un cancer, la première ayant eu lieu en septembre 1992. On saura peu à peu qu'il subit ensuite des traitements pénibles, et des inquiétudes se manifesteront sur la possibilité d'achever son second septennat. François Mitterrand fera face avec un courage et une sérénité admirables accompagnés par une volonté de ne plus rien dissimuler de sa vie jusque dans ses aspects contestés, comme s'il voulait être solidaire du peuple français, même dans ses erreurs. Il suit attentivement l'action du gouvernement dans ses lignes fondamentales.

Les derniers mois de la cohabitation se déroulent dans une atmosphère où les médias s'occupent moins de l'avenir de la nation que de rechercher les scandales qui accroissent le nombre des lecteurs, éditeurs ou téléspectateurs. Le Président de la République n'intervient pas dans cette médiocre politique politicienne, sauf sur un point essentiel à ses yeux : le respect de l'indépendance de la magistrature. Le dernier incident sérieux de la seconde cohabitation se produit en décembre 1994, quand François Mitterrand saisit le Conseil supérieur de la magistrature pour lui demander son avis sur le dessaisissement en cours d'un juge d'instruction enquêtant sur des fausses factures qui auraient favorisé le principal parti du gouvernement. Procédure jamais employée jusqu'alors, que le Conseil justifiera en donnant un mois plus tard l'avis contraire que le Président espérait.

Sur la cohabitation, cf. M. Duverger, *Bréviaire de la cohabitation*, 1986, qui analyse à l'avance les règles juridiques, et *La cohabitation des Français*, 1987, qui décrit la pratique des quinze premiers mois ; J.-M. Colombani et J.-Y. Lhomeau, *Le mariage blanc*, 1986 (jusqu'en août 1986). Comme exemple de conflit juridique, cf. dans *Le Monde* la controverse sur le veto opposé aux ordonnances : articles des 24 et 29 mars, 12 avril, 18 avril, et 22 juillet de M. Duverger, F. Goguel et Y. Robert (pour) ; L. Favoreu, Y. Gaudemet

et J. Larché (contre), et O. Duhamel (position intermédiaire suivant la catégorie d'ordonnances).

L'INTÉGRISME GAULLISTE ET L'OPPOSITION A LA COHABITATION. — Depuis
toujours, des constitutionnalistes gaullistes — notamment François Goguel —
avaient manifesté une opposition de principe à la coexistence du Président
de la République avec une majorité parlementaire qui lui serait opposée.
Cette thèse a pris une grande importance avant les élections de 1986 par suite
du ralliement de Raymond Barre.

1. *Les thèses de l'intégrisme gaulliste.* — Pour l'intégrisme gaulliste, la
pratique de 1962-1986 n'est pas l'un des régimes possibles dans le cadre de
la Constitution de 1958-1962 : elle est la seule qui corresponde à l'esprit de
cette Constitution, tel que le général l'a exposé dans de nombreuses déclarations publiques. Le Président de la République serait la clé de voûte de
la Ve République. Le gouvernement ne procéderait pas de l'Assemblée nationale, mais du Président, même si l'Assemblée peut le renverser. En donnant
toujours au Président depuis 1962 la majorité dont il a eu besoin pour gouverner, les citoyens auraient compris l'essence du régime. Si une élection
législative envoie au Palais-Bourbon une majorité opposée au Président,
celui-ci doit immédiatement s'efforcer de mettre fin à cette divergence entre
les deux expressions de la souveraineté nationale. Il dispose pour cela de
nombreux moyens : par exemple démissionner et se représenter devant les
électeurs, afin de reconquérir leur confiance. En cas de réussite, il dissoudrait
l'Assemblée nationale aussitôt, pour obtenir la majorité nécessaire à sa politique ; en cas d'échec, l'unité du pouvoir majoritaire serait rétablie.

2. *La réfutation de l'intégrisme gaulliste.* — La thèse intégriste s'appuie
essentiellement sur les propos du général dans sa conférence de presse du
31 janvier 1964. Mais en droit, seul compte le texte de la Constitution, qui
dit des choses très différentes. D'autres propos du général vont d'ailleurs en
sens contraire. Parlant des élections de 1967, que l'opposition a failli gagner,
il disait dans sa conférence de presse du 13 mai suivant : « Elles n'avaient
pas pour objet les institutions. Ce n'était pas un référendum national. C'était
simplement 487 compétitions locales... Les dirigeants de toutes les oppositions... espéraient obliger le chef de l'Etat..., contrairement aux obligations
du mandat national qu'il a reçu, lui, du peuple tout entier, à abandonner
la responsabilité suprême de la République et de la France. »
Avant ces élections de 1967, une formule sibylline du général avait fait
croire à quelques intégristes qu'il envisageait d'utiliser l'article 16 en cas de

victoire de la gauche, ce qui eût violé la Constitution. « Certains de ses collaborateurs de l'époque pensent au contraire que, soucieux de montrer dans toutes les hypothèses l'efficacité de la Constitution dont il était le père, il se serait accommodé d'un gouvernement de la gauche », à condition qu'elle ne touchât pas à la force de frappe et à l'indépendance nationale, dit le conseiller d'Etat Jean Massot dans *La Présidence de la République en France*, Ed. de la Documentation française, 1ʳᵉ édit., 1977, p. 210.

LA CONFÉRENCE DE PRESSE DU GÉNÉRAL DE GAULLE DU 31 JANVIER 1964. — Elle est surtout dirigée contre l'idée d'établir en France un régime présidentiel à l'américaine, que le général estimait inadapté à notre pays. En voici l'essentiel :

« Parce que la France est ce qu'elle est, il ne faut pas que le Président soit élu simultanément avec les députés, ce qui mêlerait sa désignation à la lutte directe des partis, altérerait le caractère et abrégerait la durée de sa fonction de chef de l'Etat. D'autre part, il est normal chez nous que le Président de la République et le Premier ministre ne soient pas un seul et même homme. Certes, on ne saurait accepter qu'une dyarchie existât au sommet. Mais, justement, il n'en est rien. En effet, le Président, qui, suivant notre Constitution, est l'homme de la nation, mis en place par elle-même pour répondre de son destin ; le Président, qui choisit le Premier ministre, qui le nomme ainsi que les autres membres du gouvernement, qui a la faculté de le changer, soit parce que se trouve accomplie la tâche qu'il lui destinait et qu'il veuille s'en faire une réserve en vue d'une phase ultérieure, soit parce qu'il ne l'approuverait plus ; le Président, qui arrête les décisions prises dans les Conseils, promulgue les lois, négocie et signe les traités, décrète, ou non, les mesures qui lui sont proposées, est le chef des Armées, nomme aux emplois publics ; le Président, qui, en cas de péril, doit prendre sur lui de faire tout ce qu'il faut ; le Président est évidemment seul à détenir et à déléguer l'autorité de l'Etat. Mais, précisément, la nature, l'étendue, la durée de sa tâche impliquent qu'il ne soit pas absorbé, sans relâche et sans limite, par la conjoncture politique, parlementaire, économique et administrative. Au contraire, c'est là le lot, aussi complexe et méritoire qu'essentiel, du Premier ministre français.

« Certes, il ne saurait y avoir de séparation étanche entre les deux plans, dans lesquels, d'une part, le Président, d'autre part, celui qui le seconde exercent quotidiennement leurs attributions. D'ailleurs, les Conseils et les entretiens sont là pour permettre au chef de l'Etat de définir à mesure l'orientation de la politique nationale et aux membres du gouvernement, à commencer par le Premier, de faire connaître leurs points de vue, de préciser leur action, de rendre compte de l'exécution. Parfois, les deux plans sont confondus quand il s'agit d'un sujet dont l'importance engage tout et, dans ce cas, le Président procède à la répartition comme il le juge nécessaire. Mais, s'il doit être évidemment entendu que l'autorité indivisible de l'Etat est confiée tout entière au Président par le peuple qui l'a élu, qu'il n'en existe aucune autre, ni ministérielle, ni civile, ni militaire, ni judiciaire, qui ne soit conférée et maintenue par lui, enfin qu'il lui appartient d'ajuster le domaine suprême qui lui est propre avec ceux dont il attribue la gestion à d'autres, tout commande, dans les temps ordinaires, de maintenir la distinction entre la fonction et le champ d'action du chef de l'Etat et ceux du Premier ministre.

« Pourtant, objectent parfois ceux qui ne se sont pas encore défaits de la conception de jadis, le gouvernement, qui est celui du Président, est en même temps responsable devant le Parlement. Comment concilier cela ? Répondons que le peuple souverain, en élisant le Président, l'investit de sa confiance. C'est là, d'ailleurs, le fond des choses et l'essentiel du changement accompli. De ce fait, le gouvernement, nommé par le chef de l'Etat et dont au surplus les membres ne peuvent être des parlementaires, n'est plus du tout, vis-à-vis des Chambres, ce qu'il était à l'époque où il ne procédait que de combinaisons de groupes. Aussi, les rapports entre le ministère et le Parlement, tels qu'ils sont réglés par la Constitution, ne prévoient la censure que dans des conditions qui donnent à cette rupture un caractère d'extraordinaire gravité. En ce cas extrême, le Président, qui a la charge d'assurer la continuité de l'Etat, a aussi les moyens de le faire, puisqu'il peut recourir à la nation pour la faire juge du litige par voie de nouvelles élections, ou par celle de référendum, ou par les deux. Ainsi, y a-t-il toujours une issue démocratique. »

3 / Le Président sans majorité

Cette troisième forme de régime semi-présidentiel correspond à l'hypothèse de ceux qui ont fait campagne en France, de 1956 à 1962, pour l'élection du chef suprême de l'Etat au suffrage universel. Nul n'imaginait alors qu'un Parlement français pût un jour reposer sur une majorité homogène et disciplinée, de type

britannique. En pratique, les quatre premières années de la
Ve République correspondent à peu près au modèle du Président
sans majorité.

1 | L'EXPÉRIENCE DE 1959-1962

La France a vécu de 1959 à 1962 une expérience du système
d'un Président sans majorité stable, homogène et disciplinée, dans
des conditions très particulières. D'une part, le président de
Gaulle n'avait pas été élu au suffrage universel et le régime juridique restait parlementaire en droit : mais la popularité du général
lui valait une légitimité au moins égale à celle d'une investiture
populaire. D'autre part, il y avait numériquement une majorité, très
forte même, puisque plus des trois quarts des députés de l'Assemblée nationale avaient été élus sous l'égide du général de Gaulle.
Mais ils étaient très divisés sur les problèmes fondamentaux,
notamment sur la paix en Algérie, et près de la moitié ne prati-
quaient pas la discipline de vote.

▶ *La dislocation de la majorité de 1958*

Les élections de 1958 avaient donné l'impression de l'avènement d'une « chambre introuvable » dans le style de 1815 : le
général de Gaulle bénéficiant d'une majorité considérable. Mais
ce n'était qu'un trompe-l'œil, cette majorité apparente étant écar-
telée entre des contradictions que l'évolution vers l'indépendance
de l'Algérie vont révéler d'abord et accentuer ensuite.

1. *La majorité de novembre 1958*. — L'amplitude de la majorité de 1958 est impressionnante, mais plus apparente que réelle.

• Une majorité numériquement considérable. — Le succès de l'UNR au premier tour est évident. Elle approche avec ses alliés de 15 % des suffrages, alors que les gaullistes n'en avaient recueilli que 3 % en 1956, sous le nom de « Républicains sociaux ». Cette ascension provoque un raz de marée vers le parti du général et un ralliement à de Gaulle du reste de la droite. Après le deuxième tour, l'UNR réunit 198 sièges en métropole, les modérés 133 et le MRP 57, soit une majorité de 388 sièges sur 465. Avec les résultats de l'Algérie et de l'outre-mer, le général dispose théoriquement de 450 voix sur 552 députés.

• Une majorité imprécise et divisée. — Les limites de la majorité sont difficiles à préciser. L'UNR en est le noyau, auquel se joint le groupe « Unité de la République » des députés d'Algérie. Les indépendants forment la droite modérée traditionnelle, que les démocrates-chrétiens prolongent au centre. Au-delà, les radicaux et centristes de gauche hésitent entre le gouvernement et l'opposition. Le flou des frontières de la majorité n'a pas grande importance étant donné son ampleur. Mais l'indiscipline des indépendants et des radicaux oblige à une conquête de leurs suffrages député par député, pour chaque scrutin.

Par ailleurs, la majorité est divisée par deux clivages. D'une part, celui qui sépare les gaullistes attachés à l'autorité du général et les parlementaristes adversaires d'un pouvoir personnel qu'ils supportent seulement à titre provisoire pour faire la paix en Algérie. D'autre part, celui qui sépare les partisans de celle-ci et les fanatiques de « l'Algérie française » attachés à une victoire militaire maintenant la situation coloniale. Les deux clivages ne coïncident pas, de Gaulle ayant au départ une situation ambiguë : porté au pouvoir par les gens de « l'Algérie française », il veut faire la paix en Algérie, de façon à permettre à la France d'avoir les mains libres pour une grande politique internationale.

2. *La désagrégation de la majorité*. — Les gouvernements de 1959-1962 n'ont pas complètement perdu leur majorité avant la motion de censure du 5 octobre 1962, la seule qui ait réussi jusqu'ici sous la Vᵉ République. Mais les majorités ont été fragiles et difficiles dès la fin de 1959.

• Les facteurs de la désagrégation. — Trois facteurs principaux ont poussé à la désagrégation de la majorité : le discours du 16 septembre 1959 sur l'autodétermination en Algérie ; les barricades d'Alger et leur répression en janvier 1960 ; enfin la paix en Algérie et le projet d'élection présidentielle au suffrage universel. Des éléments secondaires interviennent, comme l'éviction de M. Pinay du gouvernement en janvier 1960 et la démission des ministres du MRP après l'algarade anti-européenne du général dans une conférence de presse en 1962. L'ensemble se polarise à deux moments éloignés : au début de la période, entre octobre 1959 et janvier 1960 ; et à la fin, en 1962, quand la classe politique estime qu'elle va pouvoir éliminer de Gaulle et revenir à la IVᵉ République, la paix étant revenue en Algérie.

• Les limites de la désagrégation. — Dans la première phase, les adversaires de l'autodétermination se manifestent dès octobre 1959, quand le premier ministre Michel Debré réclame son approbation : les votes contre, les abstentions et les absences s'élèvent à près de 100 voix à droite et au centre. En décembre 1959, le vote du budget permet d'accentuer la désapprobation en la masquant : le gouvernement n'obtient que 220 voix contre 172, les quelque 160 autres députés s'étant abstenus ou absentés : ainsi 330 députés ne soutiennent pas de Gaulle. La majorité initiale réapparaît pour le vote de la loi sur les subventions aux écoles privées, où le gouvernement obtient 427 voix contre 71 : on voit que ce thème — toujours mobilisateur de la droite — a été utile pour maintenir la majorité, qui semble se rétablir. Mais l'affaire des barricades provoque en janvier 1960 la même opposition que le discours sur l'autodétermination : une centaine de voix du centre et de droite manquent dans le vote sur les pouvoirs spéciaux.

Dans la seconde phase, les nostalgiques de la IVe République pensent que le moment est venu d'éliminer le général. Dès juillet 1962, une motion de censure réunit 206 voix contre l'usage de l'article 49-3 : mais l'opposition peut désormais dépasser les 241 nécessaires, dans une assemblée réduite par suite de l'élimination des parlementaires algériens. Le projet de référendum sur l'élection du Président de la République au suffrage universel aboutit à une motion de censure qui réunit 280 voix, soit 39 de plus que les 241 exigées pour le renversement du gouvernement.

▶ *La pratique du gouvernement sans majorité*

L'incertitude sur la majorité a des conséquences sur l'évolution du régime. Elle développe par ailleurs une stratégie de résistance, destinée à compenser l'absence de majorité.

1. *L'évolution du régime.* — Deux faits saillants doivent être soulignés : la solitude du Président de la République, et la présidentialisation du régime.

• La solitude du Président de la République. — Pendant la semaine de janvier 1960 où les ultras de « l'Algérie française » s'étaient révoltés à Alger en élevant des barricades, les militaires hésitèrent à employer la force contre des insurgés dressés contre le général, la République et la France : « Durant ces cinq jours, rien n'existait plus, ni le régime, ni la Constitution, ni moins encore le gouvernement, hésitant et divisé : il ne restait plus rien qu'un homme, et un homme seul » a pu écrire Raymond Aron. De Gaulle décrira plus tard de ces deux années difficiles, dans ses *Mémoires d'Espoir* : « Les ministres se conforment, sans nul doute, à mes directives. Mais la plupart d'entre eux ne font que s'y résigner. Michel Debré lui-même adopte avec un complet loyalisme chacune de mes initiatives et, d'ailleurs, sait bien que l'Etat ne peut connaître que la raison. Mais il en souffre et ne le cache pas. Le matin où je lui donne à lire, avant que je ne la prononce, l'allocution où je prévois "qu'il y aura une République algérienne", il laisse éclater son chagrin. »

● La présidentialisation du régime. — La dislocation de la majorité porte à renforcer les pouvoirs du Président de la République par rapport au gouvernement. Michel Debré avait déclaré au Conseil d'Etat en lui soumettant le projet de Constitution de 1958 qu'il s'agissait de « donner à la France un régime parlementaire » de type britannique. Il a appliqué cette idée comme Premier ministre, de 1958 à 1962 où il réunit une douzaine de Conseils de cabinet (cf. p. 330) et dirige la politique intérieure depuis Matignon. A cette époque, le général est trop absorbé par l'affaire algérienne et les relations extérieures pour contrôler de près l'action du Premier ministre. Par contre, de Gaulle a si peu confiance dans Michel Debré pour l'Algérie au moment des barricades de janvier 1960 qu'il l'encadre dans ce secteur par des comités spécialisés directement soumis à l'autorité du Président : notamment le Comité des Affaires algériennes.

L'Assemblée nationale soutient le chef de l'Etat sur le même terrain. Les députés inscrivent une disposition extraordinaire dans l'autorisation qu'ils donnent au gouvernement d'agir par voie d'ordonnances pour le maintien de l'ordre et la sauvegarde de l'Etat, juste après les barricades d'Alger. Pour éviter toute aventure putschiste, ils insèrent dans la loi d'habilitation du 4 février 1960 un amendement spécifiant que les ordonnances seraient prises sous la signature du général de Gaulle, ce qui mettait fin au droit du gouvernement d'agir par ordonnances au cas d'un changement de Président de la République.

2. *La compensation de l'absence de majorité.* — Comment compenser l'absence d'une majorité homogène, stable et disciplinée ? — Les présidents du Conseil de la IVᵉ République avaient acquis une grande virtuosité à cet égard, fondée sur une longue habitude. Le général de Gaulle a en partie utilisé leurs techniques, mais sa personnalité et les circonstances lui donnaient des armes plus solides que les leurs.

● La technique des majorités alternatives. — Dans un parlementarisme où le chef de gouvernement n'est jamais sûr de sa majorité, il est obligé de pratiquer la technique des majorités alternatives : faisant voter les mesures sociales avec l'appui de la gauche et les mesures militaires avec l'appui de la droite, par exemple. Le mécanisme a été employé par le général de Gaulle. Les socialistes votent pour le gouvernement en octobre 1959 pour approuver le discours sur l'autodétermination et les communistes s'abstiennent. Les socialistes font de même en janvier 1960 pour le vote sur les pouvoirs spéciaux. Dans les deux scrutins, la droite « Algérie française » vote contre. Mais elle approuvera en décembre 1959 la loi sur les subventions aux écoles privées, repoussée par toute la gauche.

Cela dit, le général n'a pas besoin des voix de gauche ou d'extrême-droite, tant est large sa majorité numérique. Mais la discipline relative de celle-ci tient à un facteur dont les gouvernements de la IVᵉ République étaient privés : la popularité. On ne peut pas renverser de Gaulle, qui reste le libérateur du territoire, l'incarnation de la Résistance, et qui devient le bouclier qui protège la nation des putschs auxquels rêvent les officiers activistes de l'armée d'Algérie. Cette popularité lui permet d'user d'une arme dont ne disposaient pas les présidents du Conseil d'avant 1958 : le référendum.

● Le recours au référendum. — De Gaulle n'était pas si seul que Raymond Aron le disait en 1960. La grande majorité des citoyens percevait obscurément que le général les protégeait des colonels qui tendaient à sud-américaniser l'armée. Les violences de l'OAS, les intrigues parlementaires, les déchirements de Michel Debré et du gouvernement renforçaient cette confiance donnée au Président par le peuple. Il va la mobiliser par deux référendums qui lui permettront de briser les obstacles à une paix en Algérie, que les dirigeants des partis souhaitent au fond du cœur, mais dont ils n'ont pas le courage de payer le prix, qui est l'indépendance de cette terre d'Afrique du Nord. Le 8 janvier 1961, le principe de l'autodétermination est approuvé par 75,3 % des suffrages exprimés et près de 56 % des inscrits, à la grande stupéfaction des partis. Le 8 avril 1962, les accords d'Evian qui entraînent l'indépendance sont approuvés par 90,7 % des suffrages et presque 65 % des inscrits : moins d'un Français sur quinze s'y oppose. La paix établie, les partis espéraient se débarrasser du général et revenir au parlementarisme de la IIIe et la IVe République. Un troisième référendum les en empêcha, en approuvant l'élection du Président au suffrage universel, le 28 octobre 1962.

2 | LA FAIBLESSE D'UN PRÉSIDENT SANS MAJORITÉ

Le système d'un Président sans majorité est une épée de Damoclès suspendue au-dessus du régime semi-présidentiel établi par la Constitution de 1958, ainsi modifiée en 1962. Il suffirait de rétablir la proportionnelle de 1946-1958 et de 1986-1988 pour voir se disloquer des majorités qui reposent essentiellement sur la contrainte du second tour. La proportionnelle de 1986 a fait émerger le Front national sur le plan parlementaire, où il reviendrait certainement avec elle. Sans doute, les législatives ont alors engendré une majorité : mais très faible. Si la proportionnelle avait été maintenue en 1988, elle aurait sans doute fait disparaître toute majorité.

Un système à président sans majorité correspondrait à l'hypothèse de ceux qui ont fait campagne entre 1956 et 1962 pour l'élection au suffrage universel du chef suprême du gouvernement. L'absence de majorité a été également l'hypothèse de base sur laquelle ont raisonné les auteurs de la Constitution de 1958. Elle caractérise aussi les deux plus longs régimes semi-présidentiels étrangers : celui de la Finlande, qui fonctionne depuis 1920, et celui de l'Allemagne de Weimar, qui a fonctionné de 1920 à 1933. Ces exemples peuvent aider à préciser le fonctionnement d'un système semi-présidentiel sans majorité, l'exemple français de 1959-1962 étant déformé par la personnalité exceptionnelle du général de Gaulle.

▶ *Les conséquences de l'absence de majorité*

Rappelons qu'on appelle « absence de majorité » le fait que la composition du Parlement interdit la formation d'une majorité disciplinée et relativement cohérente, susceptible de durer normalement pendant toute la législature. Ce fut la situation des IIIe et IVe Républiques. C'est celle de la République italienne, de la Belgique, du Danemark, des Pays-Bas, d'Israël, etc. L'expérience française de 1986-1988 rentre dans cette catégorie, à cela près que la popularité du général de Gaulle et la pression de la guerre d'Algérie ont donné au gouvernement une force de résistance que ses homologues ne possèdent pas dans l'absence de majorité.

1. *L'omnipotence du Parlement et la faiblesse du gouvernement.* — En l'absence de majorité stable et homogène, les Parlements sont omnipotents en apparence et les gouvernements sont faibles. Mais il s'agit pour les premiers d'une omnipotence apparente et pour les seconds d'une faiblesse réelle.

• L'omnipotence négative du Parlement. — En apparence, les députés sont les maîtres du jeu politique, mais ils ne peuvent jouer qu'en empêchant tout gouvernement efficace, toute décision énergique, sauf en de rares circonstances, très exceptionnelles. Ils ne peuvent que détruire, ils ne peuvent pas construire. Ils sont d'ailleurs naturellement portés à détruire, par le mécanisme d'un tel système. Le renversement des ministères repose sur la même base que l'entreprise capitaliste : la recherche du profit maximum. Plus il y a de crises ministérielles, plus chaque député a de chances d'obtenir un portefeuille, ce qui est son but suprême. La situation est à peu près celle de nombreux enfants qui rêvent de monter sur un manège aux places limitées, pendant une période de temps inextensible. Plus le manège fera de tours et plus sera grand le nombre de ses occupants débarqués à chacun d'eux, plus chaque enfant aura des chances de monter. Mais plus les tours seront brefs.

● La paralysie des gouvernements et l'aliénation des citoyens. — Des gouvernements qui durent peu n'ont pas le temps nécessaire pour des actions en profondeur. Mais l'hétérogénéité des majorités est encore plus paralysante que leurs volte-face successives. Ecartelés entre des partis de tendances différentes qui tirent chacun de son côté, les gouvernements ne peuvent prendre que des demi-mesures. Ils sont à peu près immobiles au centre, où les enchaînent des pressions de sens contraire. Les élections ne peuvent changer grand-chose à leur position : les poussant un peu du centre-droit vers le centre-gauche, ou inversement, toujours paralysés par les contradictions des partis qui les soutiennent. Les citoyens ont ainsi l'impression d'être exclus du jeu politique. Au moment des élections législatives, ils distribuent les sièges entre les partis comme des cartes entre des joueurs qui les utilisent ensuite à leur gré. L'absence de majorité n'est pas seulement négative pour l'efficacité gouvernementale, mais aussi pour le civisme. Elle donne aux citoyens le sentiment d'une aliénation irrémédiable.

2. *Les correctifs dans la Constitution de 1958.* — La Constitution de 1958 a été faite dans la perspective de Parlements sans majorité. Elle a établi deux correctifs destinés à pallier les inconvé-

nients d'une telle situation : le parlementarisme rationalisé et les prérogatives du Président de la République. L'un et l'autre pourraient donner des résultats. Mais leur efficacité pratique serait sans doute moins grande qu'on l'espérait.

• La réglementation du parlementarisme. — La limitation minutieuse du domaine de la loi aurait une efficacité certaine, parce qu'elle ne peut pas être transgressée. Mais la plupart des problèmes importants continuent à relever de la loi, et n'échapperaient donc pas à l'inefficience des députés. La fixation de l'ordre du jour des assemblées par le gouvernement, l'obligation d'engager sur son texte les débats sur les projets de loi, la suppression de l'initiative en matière de dépenses, le vote bloqué de l'article 44 permettraient de limiter la guérilla parlementaire. La réglementation des votes de défiance et de censure, le décompte des voix qui fait pencher l'abstention du côté gouvernemental limiteraient bien des abus de la IIIe et IVe République. Mais empêcheraient-ils les Premiers ministres de démissionner sans vote pour satisfaire le désir des députés, quand ce laxisme resterait essentiel pour conserver leur sympathie et multiplier ses chances de revenir au pouvoir ? Rien n'est moins sûr.

• L'influence du Président de la République. — L'influence d'un Président indépendant du Parlement et fort de son investiture au suffrage universel corrigerait certainement quelques abus des régimes précédents. Pour revenir au gouvernement, il ne faudrait pas seulement plaire à la majorité du Palais-Bourbon, mais aussi à l'hôte de l'Elysée. La participation du chef de l'Etat à la nomination et à la révocation éventuelle de chaque ministre modifierait aussi l'optique des ministrables. En conséquence, les Premiers ministres seraient portés à résister mieux aux manœuvres parlementaires qui les poussent à démissionner, afin de plaire au Président de la République, titulaire d'un droit de dissolution qu'il exerce seul, sans se soucier de l'opinion des députés.

Mais l'absence de majorité affaiblit considérablement la portée de la dissolution, comme arme dissuasive empêchant les députés de paralyser ou de renverser les gouvernements. La dissolution devient incapable de faire surgir des majorités dans un système de partis multiples et indépendants qui est la conséquence naturelle de la proportionnelle. Regardez l'effet des dissolutions en Italie, en Belgique, aux Pays-Bas, au Danemark, en Israël. Elles ne font pas naître des majorités que le système électoral tend à empêcher. Les gouvernements sont aussi faibles et instables après qu'auparavant. Le vote des citoyens est aussi obscur, et chaque dissolution leur donne l'impression d'être floués. Certes, les risques, la fatigue et le coût d'une campagne électorale pourraient dissuader les députés de paralyser ou de renverser un gouvernement s'ils savaient que le Président leur répondrait par une dissolution. Mais on ne peut pas dissoudre tout le temps sans que l'arme ne s'émousse et que la démocratie ne soit menacée.

▶ *Le Président régulateur ou perturbateur ?*

L'exemple des régimes semi-présidentiels étrangers qui ont fonctionné sans majorité parlementaire montre que l'action du Président n'y est pas toujours bénéfique. Souvent régulateur du système, il peut aussi devenir son perturbateur.

1. *Le Président régulateur.* — Les prérogatives constitutionnelles et l'autorité politique du Président peuvent lui permettre d'assurer une certaine régulation du régime.

● Les mécanismes de régulation. — Indépendant des députés qui dépendent de lui par son pouvoir sur la nomination et la révocation des ministres et son droit de dissolution de l'Assemblée nationale, le Président peut tenter de maintenir un gouvernement en place par le jeu des majorités alternatives, comme le font les Premiers ministres dans les régimes parlementaires. Mais cela ne va pas très loin, ne dure pas très longtemps et ne permet pas des décisions énergiques. Un Président élu au suffrage universel peut aussi former des cabinets présidentiels à faible base parlementaire qui recevraient des députés le droit d'agir par ordonnances dissimulant la responsabilité du Parlement dans les mesures impopulaires que celles-ci édicteraient. Mais cela ne peut se faire trop souvent ni trop longtemps sans danger pour les démocrates, comme on l'a vu dans l'Allemagne de Weimar.

• L'exemple de la Finlande. — En Finlande, où le système semi-présidentiel existe depuis 1919 et où le Parlement n'a presque jamais connu de majorité stable et homogène, l'influence du Président a certainement contribué à rendre les gouvernements un peu moins fragiles et un peu plus durables. Elle a été bénéfique en politique extérieure, où la méfiance des Soviétiques envers un pays qui couvrait leur frontière la plus vulnérable a été calmée par la stabilité et l'autorité de présidents décidés à maintenir à l'égard de Moscou une politique de neutralité. La puissance présidentielle est restée malgré tout impuissante à établir une stabilité gouvernementale, puisque la durée moyenne des ministères est d'un an depuis l'établissement du régime. On notera que cette même durée moyenne d'un an a été celle des gouvernements de la République de Weimar, seul régime semi-présidentiel avec la Finlande qui n'ait jamais connu de majorité parlementaire.

2. *Le Président perturbateur*. — L'influence du chef de l'Etat sans majorité risque d'être plutôt perturbatrice, en face d'une assemblée qui pencherait vers une politique opposée à ses préférences. Quelques exemples sont typiques.

• Les exemples de la République de Weimar et du Portugal. — L'hostilité du maréchal-président Hindenburg à une participation gouvernementale des socialistes a rendu impossible la formation de gouvernements ayant une large assise parlementaire dans les dernières années de la République de Weimar. Elle a conduit à leur préférer des cabinets présidentiels dirigés par Brüning qui ont affaibli la démocratie allemande au moment où elle était le plus menacée. L'inimitié à l'égard de Mario Soarès a poussé le président Eanes à le destituer en 1978, alors que le chef du parti socialiste aurait probablement pu gouverner par le mécanisme des majorités alternatives : la crise ainsi ouverte a plutôt perturbé la jeune démocratie portugaise.

• L'exemple de l'Autriche. — En Autriche, l'hostilité des présidents socialistes Körner et Schärf à une coalition de droite unissant les démo-chrétiens et les libéraux a longtemps retardé la formation d'une véritable majorité en face d'une véritable opposition. La préférence des Présidents pour une « grande coalition » unissant les démo-chrétiens et les sociaux-démocrates, et n'excluant que le petit parti libéral, était plus conforme à l'intérêt international de l'Autriche, mais perturbait le mécanisme du régime. Elle supprimait toute vraie possibilité de choix pour les électeurs et aboutissait à un partage des postes administratifs suivant la fameuse « proporz » officialisant un clientélisme qui respectait le pluralisme des partis, mais renforçait l'immobilisme d'un gouvernement qui faisait de la République autrichienne une sorte de République italienne sans corruption, différente quant à la vertu mais non quant à l'impotence.

Textes constitutionnels

Trois textes constitutionnels sont actuellement en vigueur : la Déclaration des droits de l'homme et du citoyen de 1789, le Préambule de la Constitution de 1946, et la Constitution de 1958 dont le propre préambule maintient en vigueur les deux textes précédents. Les trois sont reproduits intégralement ci-après, leur consultation étant indispensable sur beaucoup des points traités dans ce livre.

Le droit constitutionnel positif nécessite la consultation de beaucoup d'autres textes, notamment ceux des anciennes constitutions (qui conservent valeur législative : cf. p. 423), ceux des lois organiques et ceux d'un certain nombre de lois ordinaires, dont les lois électorales. On les trouvera dans M. Duverger, *Constitution et documents politiques* (14ᵉ édit., 1996) en même temps qu'un grand nombre de documents indispensables à la compréhension des pratiques politiques : par exemple, ceux concernant les partis et les élections.

DÉCLARATION DES DROITS DE L'HOMME ET DU CITOYEN (1789)

Les représentants du peuple français, constitués en ASSEMBLÉE NATIONALE, considérant que l'ignorance, l'oubli ou le mépris des droits de l'homme sont les seules causes des malheurs publics et de la corruption des Gouvernements, ont résolu d'exposer, dans une déclaration solennelle, les droits naturels, inaliénables et sacrés de l'homme, afin que cette déclaration, constamment présente à tous les membres du corps social, leur rappelle sans cesse leurs droits et leurs devoirs ;

afin que les actes du Pouvoir législatif et ceux du Pouvoir exécutif, pouvant être à chaque instant comparés avec le but de toute institution politique, en soient plus respectés ; afin que les réclamations des citoyens, fondées désormais sur des principes simples et incontestables, tournent toujours au maintien de la Constitution et au bonheur de tous. — En conséquence, l'ASSEMBLÉE NATIONALE reconnaît et déclare, en présence et sous les auspices de l'Etre Suprême, les droits suivants de l'homme et du citoyen.

ARTICLE PREMIER. — Les hommes naissent et demeurent libres et égaux en droits. Les distinctions sociales ne peuvent être fondées que sur l'utilité commune.

ART. 2. — Le but de toute association politique est la conservation des droits naturels et imprescriptibles de l'homme. Ces droits sont la liberté, la propriété, la sûreté, et la résistance à l'oppression.

ART. 3. — Le principe de toute souveraineté réside essentiellement dans la Nation. Nul corps, nul individu ne peut exercer d'autorité qui n'en émane expressément.

ART. 4. — La liberté consiste à pouvoir faire tout ce qui ne nuit pas à autrui : ainsi, l'exercice des droits naturels de chaque homme n'a de bornes que celles qui assurent aux autres membres de la société la jouissance de ces mêmes droits. Ces bornes ne peuvent être déterminées que par la Loi.

ART. 5. — La Loi n'a le droit de défendre que les actions nuisibles à la société. Tout ce qui n'est pas défendu par la Loi ne peut être empêché, et nul ne peut être contraint à faire ce qu'elle n'ordonne pas.

ART. 6. — La Loi est l'expression de la volonté générale. Tous les citoyens ont droit de concourir personnellement, ou par leurs représentants, à sa formation. Elle doit être la même pour tous, soit qu'elle protège, soit qu'elle punisse. Tous les citoyens étant égaux à ses yeux, sont également admissibles à toutes dignités, places et emplois publics, selon leur capacité, et sans autre distinction que celle de leurs vertus et de leurs talents.

ART. 7. — Nul homme ne peut être accusé, arrêté ni détenu que dans les cas déterminés par la Loi, et selon les formes qu'elle a prescrites. Ceux qui sollicitent, expédient, exécutent ou font exécuter des ordres arbitraires, doivent être punis ; mais tout citoyen appelé ou saisi en vertu de la Loi doit obéir à l'instant : il se rend coupable par la résistance.

ART. 8. — La Loi ne doit établir que des peines strictement et évidemment nécessaires, et nul ne peut être puni qu'en vertu d'une loi établie et promulguée antérieurement au délit, et légalement appliquée.

ART. 9. — Tout homme étant présumé innocent jusqu'à ce qu'il ait été déclaré coupable, s'il est jugé indispensable de l'arrêter, toute rigueur qui ne serait pas nécessaire pour s'assurer de sa personne doit être sévèrement réprimée par la Loi.

ART. 10. — Nul ne doit être inquiété pour ses opinions, même religieuses, pourvu que leur manifestation ne trouble pas l'ordre public établi par la Loi.

ART. 11. — La libre communication des pensées et des opinions est un des droits les plus précieux de l'homme ; tout citoyen peut donc parler, écrire, imprimer librement, sauf à répondre de l'abus de cette liberté dans les cas déterminés par la Loi.

Art. 12. — La garantie des droits de l'Homme et du Citoyen nécessite une force publique ; cette force est donc instituée pour l'avantage de tous, et non pour l'utilité particulière de ceux auxquels elle est confiée.

Art. 13. — Pour l'entretien de la force publique, et pour les dépenses d'administration, une contribution commune est indispensable : elle doit être également répartie entre tous les citoyens, en raison de leurs facultés.

Art. 14. — Tous les citoyens ont le droit de constater, par eux-mêmes ou par leurs représentants, la nécessité de la contribution publique, de la consentir librement, d'en suivre l'emploi, et d'en déterminer la quotité, l'assiette, le recouvrement et la durée.

Art. 15. — La société a le droit de demander compte à tout agent public de son administration.

Art. 16. — Toute société dans laquelle la garantie des droits n'est pas assurée, ni la séparation des pouvoirs déterminée, n'a point de constitution.

Art. 17. — La propriété étant un droit inviolable et sacré, nul ne peut en être privé, si ce n'est lorsque la nécessité publique, légalement constatée, l'exige évidemment, et sous la condition d'une juste et préalable indemnité.

PRÉAMBULE DE LA CONSTITUTION DE 1946

Au lendemain de la victoire remportée par les peuples libres sur les régimes qui ont tenté d'asservir et de dégrader la personne humaine, le peuple français proclame à nouveau que tout être humain, sans distinction de race, de religion ni de croyance, possède des droits inaliénables et sacrés. Il réaffirme solennellement les droits et les libertés de l'homme et du citoyen consacrés par la Déclaration des Droits de 1789 et les principes fondamentaux reconnus par les lois de la République.

Il proclame, en outre, comme particulièrement nécessaires à notre temps, les principes politiques, économiques et sociaux ci-après :

La loi garantit à la femme, dans tous les domaines, des droits égaux à ceux de l'homme.

Tout homme persécuté en raison de son action en faveur de la liberté a droit d'asile sur les territoires de la République.

Chacun a le devoir de travailler et le droit d'obtenir un emploi. Nul ne peut être lésé, dans son travail ou son emploi, en raison de ses origines, de ses opinions ou de ses croyances.

Tout homme peut défendre ses droits et ses intérêts par l'action syndicale et adhérer au syndicat de son choix.

Le droit de grève s'exerce dans le cadre des lois qui le réglementent.

Tout travailleur participe, par l'intermédiaire de ses délégués, à la détermination collective des conditions de travail ainsi qu'à la gestion des entreprises.

Tout bien, toute entreprise, dont l'exploitation a ou acquiert les caractères d'un service public national ou d'un monopole de fait, doit devenir la propriété de la collectivité.

La Nation assure à l'individu et à la famille les conditions nécessaires à leur développement.

Elle garantit à tous, notamment à l'enfant, à la mère et aux vieux travailleurs, la protection de la santé, la sécurité matérielle, le repos et les loisirs. Tout être humain qui, en raison de son âge, de son état physique ou mental, de la situation économique, se trouve dans l'incapacité de travailler a le droit d'obtenir de la collectivité des moyens convenables d'existence.

La Nation proclame la solidarité et l'égalité de tous les Français devant les charges qui résultent des calamités nationales.

La Nation garantit l'égal accès de l'enfant et de l'adulte à l'instruction, à la formation professionnelle et à la culture. L'organisation de l'enseignement public gratuit et laïque à tous les degrés est un devoir de l'Etat.

La République française, fidèle à ses traditions, se conforme aux règles du droit public international. Elle n'entreprendra aucune guerre dans des vues de conquête et n'emploiera jamais ses forces contre la liberté d'aucun peuple.

Sous réserve de réciprocité, la France consent aux limitations de souveraineté nécessaires à l'organisation et à la défense de la paix.

La France forme avec les peuples d'outre-mer une Union fondée sur l'égalité des droits et des devoirs, sans distinction de race ni de religion.

L'Union française est composée de nations et de peuples qui mettent en commun ou coordonnent leurs ressources et leurs efforts pour développer leurs civilisations respectives, accroître leur bien-être et assurer leur sécurité.

Fidèle à sa mission traditionnelle, la France entend conduire les peuples dont elle a pris la charge à la liberté de s'administrer eux-mêmes et de gérer démocratiquement leurs propres affaires ; écartant tout système de colonisation fondé sur l'arbitraire, elle garantit à tous l'égal accès aux fonctions publiques et l'exercice individuel ou collectif des droits et libertés proclamés ou confirmés ci-dessus.

CONSTITUTION DU 4 OCTOBRE 1958

PRÉAMBULE

Le peuple français proclame solennellement son attachement aux Droits de l'Homme et aux principes de la souveraineté nationale tels qu'ils ont été définis par la Déclaration de 1789, confirmée et complétée par le préambule de la Constitution de 1946.

En vertu de ces principes et de celui de la libre détermination des peuples, la République offre aux territoires d'outre-mer qui manifestent la volonté d'y adhérer des institutions nouvelles fondées sur l'idéal commun de liberté, d'égalité et de fraternité et conçues en vue de leur évolution démocratique.

ARTICLE PREMIER. — La France est une République indivisible, laïque, démocratique et sociale. Elle assure l'égalité devant la loi de tous les citoyens sans distinction d'origine, de race ou de religion. Elle respecte toutes les croyances.

TITRE PREMIER

DE LA SOUVERAINETÉ

ART. 2. — La langue de la République est le français.
L'emblème national est le drapeau tricolore, bleu, blanc, rouge.
L'hymne national est la « Marseillaise ».
La devise de la République est : « Liberté, Egalité, Fraternité. »
Son principe est : gouvernement du peuple, par le peuple et pour le peuple.
ART. 3. — La souveraineté nationale appartient au peuple qui l'exerce par ses représentants et par la voie du référendum.
Aucune section du peuple ni aucun individu ne peut s'en attribuer l'exercice.
Le suffrage peut être direct ou indirect dans les conditions prévues par la Constitution. Il est toujours universel, égal et secret.
Sont électeurs, dans les conditions déterminées par la loi, tous les nationaux français majeurs des deux sexes, jouissant de leurs droits civils et politiques.
ART. 4. — Les partis et groupements politiques concourent à l'expression du suffrage. Ils se forment et exercent leur activité librement. Ils doivent respecter les principes de la souveraineté nationale et de la démocratie.

TITRE II

LE PRÉSIDENT DE LA RÉPUBLIQUE

ART. 5. — Le Président de la République veille au respect de la Constitution. Il assure, par son arbitrage, le fonctionnement régulier des pouvoirs publics ainsi que la continuité de l'Etat.
Il est le garant de l'indépendance nationale, de l'intégrité du territoire et du respect des traités.
ART. 6. — Le Président de la République est élu pour sept ans au suffrage universel direct.
Les modalités d'application du présent article sont fixées par une loi organique.
ART. 7. — Le Président de la République est élu à la majorité absolue des suffrages exprimés. Si celle-ci n'est pas obtenue au premier tour de scrutin, il est procédé, le deuxième dimanche suivant, à un second tour. Seuls peuvent s'y présenter les deux candidats qui, le cas échéant après retrait de candidats plus favorisés, se trouvent avoir recueilli le plus grand nombre de suffrages au premier tour.
Le scrutin est ouvert sur convocation du Gouvernement.
L'élection du nouveau Président a lieu vingt jours au moins et trente-cinq jours au plus avant l'expiration des pouvoirs du Président en exercice.
En cas de vacance de la Présidence de la République pour quelque cause que ce soit, ou d'empêchement constaté par le Conseil constitutionnel saisi par le Gouvernement et statuant à la majorité absolue de ses membres, les fonctions du Président

de la République, à l'exception de celles prévues aux articles 11 et 12 ci-dessous, sont provisoirement exercées par le Président du Sénat et, si celui-ci est à son tour empêché d'exercer ces fonctions, par le Gouvernement.

En cas de vacance ou lorsque l'empêchement est déclaré définitif par le Conseil constitutionnel, le scrutin pour l'élection du nouveau Président a lieu, sauf cas de force majeure constaté par le Conseil constitutionnel, vingt jours au moins et trente-cinq jours au plus après l'ouverture de la vacance ou la déclaration du caractère définitif de l'empêchement.

Si, dans les sept jours précédant la date limite du dépôt des présentations de candidatures, une des personnes ayant, moins de trente jours avant cette date, annoncé publiquement sa décision d'être candidate décède ou se trouve empêchée, le Conseil constitutionnel peut décider de reporter l'élection.

Si, avant le premier tour, un des candidats décède ou se trouve empêché, le Conseil constitutionnel prononce le report de l'élection.

En cas de décès ou d'empêchement de l'un des deux candidats les plus favorisés au premier tour avant les retraits éventuels, le Conseil constitutionnel déclare qu'il doit être procédé de nouveau à l'ensemble des opérations électorales ; il en est de même en cas de décès ou d'empêchement de l'un des deux candidats restés en présence en vue du second tour.

Dans tous les cas, le Conseil constitutionnel est saisi dans les conditions fixées au deuxième alinéa de l'article 61 ci-dessous ou dans celles déterminées pour la présentation d'un candidat par la loi organique prévue à l'article 6 ci-dessus.

Le Conseil constitutionnel peut proroger les délais prévus aux troisième et cinquième alinéas sans que le scrutin puisse avoir lieu plus de trente-cinq jours après la date de la décision du Conseil constitutionnel. Si l'application des dispositions du présent alinéa a eu pour effet de reporter l'élection à une date postérieure à l'expiration des pouvoirs du Président en exercice, celui-ci demeure en fonction jusqu'à la proclamation de son successeur.

Il ne peut être fait application ni des articles 49 et 50 ni de l'article 89 de la Constitution durant la vacance de la Présidence de la République ou durant la période qui s'écoule entre la déclaration du caractère définitif de l'empêchement du Président de la République et l'élection de son successeur.

ART. 8. — Le Président de la République nomme le Premier Ministre. Il met fin à ses fonctions sur la présentation par celui-ci de la démission du Gouvernement.

Sur la proposition du Premier Ministre, il nomme les autres membres du Gouvernement et met fin à leurs fonctions.

ART. 9. — Le Président de la République préside le Conseil des Ministres.

ART. 10. — Le Président de la République promulgue les lois dans les quinze jours qui suivent la transmission au Gouvernement de la loi définitivement adoptée.

Il peut, avant l'expiration de ce délai, demander au Parlement une nouvelle délibération de la loi ou de certains de ses articles. Cette nouvelle délibération ne peut être refusée.

ART. 11. — Le Président de la République, sur proposition du Gouvernement, pendant la durée des sessions ou sur proposition conjointe des deux assemblées, publiées au *Journal officiel*, peut soumettre au référendum tout projet de loi portant sur l'organisation des pouvoirs publics, sur des réformes relatives à la politique économique ou sociale de la Nation et aux services publics qui y concourent, ou tendant à autoriser la ratification d'un traité qui, sans être contraire à la Constitution, aurait des incidences sur le fonctionnement des institutions.

Lorsque le référendum est organisé sur proposition du Gouvernement, celui-ci fait, devant chaque assemblée, une déclaration qui est suivie d'un débat.

Lorsque le référendum a conclu à l'adoption du projet de loi, le Président de la République promulgue la loi dans les quinze jours qui suivent la proclamation des résultats de la consultation.

Art. 12. — Le Président de la République peut, après consultation du Premier Ministre et des Présidents des assemblées, prononcer la dissolution de l'Assemblée Nationale.

Les élections générales ont lieu vingt jours au moins et quarante jours au plus après la dissolution.

L'Assemblée Nationale se réunit de plein droit le deuxième jeudi qui suit son élection. Si cette réunion a lieu en dehors de la période prévue pour la session ordinaire, une session est ouverte de droit pour une durée de quinze jours.

Il ne peut être procédé à une nouvelle dissolution dans l'année qui suit ces élections.

Art. 13. — Le Président de la République signe les ordonnances et les décrets délibérés en Conseil des Ministres.

Il nomme aux emplois civils et militaires de l'Etat.

Les conseillers d'Etat, le grand chancelier de la Légion d'Honneur, les ambassadeurs et envoyés extraordinaires, les conseillers maîtres à la Cour des Comptes, les préfets, les représentants du Gouvernement dans les territoires d'outre-mer, les officiers généraux, les recteurs des académies, les directeurs des administrations centrales sont nommés en Conseil des Ministres.

Une loi organique détermine les autres emplois auxquels il est pourvu en Conseil des Ministres ainsi que les conditions dans lesquelles le pouvoir de nomination du Président de la République peut être par lui délégué pour être exercé en son nom.

Art. 14. — Le Président de la République accrédite les ambassadeurs et les envoyés extraordinaires auprès des puissances étrangères ; les ambassadeurs et les envoyés extraordinaires étrangers sont accrédités auprès de lui.

Art. 15. — Le Président de la République est le chef des armées. Il préside les conseils et comités supérieurs de la Défense Nationale.

Art. 16. — Lorsque les institutions de la République, l'indépendance de la Nation, l'intégrité de son territoire ou l'exécution de ses engagements internationaux sont menacées d'une manière grave et immédiate et que le fonctionnement régulier des pouvoirs publics constitutionnels est interrompu, le Président de la République prend les mesures exigées par ces circonstances, après consultation officielle du Premier Ministre, des Présidents des assemblées ainsi que du Conseil constitutionnel.

Il en informe la Nation par un message.

Ces mesures doivent être inspirées par la volonté d'assurer aux pouvoirs publics constitutionnels, dans les moindres délais, les moyens d'accomplir leur mission. Le Conseil constitutionnel est consulté à leur sujet.

Le Parlement se réunit de plein droit.

L'Assemblée Nationale ne peut être dissoute pendant l'exercice des pouvoirs exceptionnels.

Art. 17. — Le Président de la République a le droit de faire grâce.

Art. 18. — Le Président de la République communique avec les deux assemblées du Parlement par des messages qu'il fait lire et qui ne donnent lieu à aucun débat.

Hors session, le Parlement est réuni spécialement à cet effet.

Art. 19. — Les actes du Président de la République autres que ceux prévus aux articles 8 (1er alinéa), 11, 12, 16, 18, 54, 56 et 61 sont contresignés par le Premier Ministre et, le cas échéant, par les ministres responsables.

Titre III

LE GOUVERNEMENT

Art. 20. — Le Gouvernement détermine et conduit la politique de la Nation.

Il dispose de l'administration et de la force armée.

Il est responsable devant le Parlement dans les conditions et suivant les procédures prévues aux articles 49 et 50.

Art. 21. — Le Premier Ministre dirige l'action du Gouvernement. Il est responsable de la Défense Nationale. Il assure l'exécution des lois. Sous réserve des dispositions de l'article 13, il exerce le pouvoir réglementaire et nomme aux emplois civils et militaires.

Il peut déléguer certains de ses pouvoirs aux ministres.

Il supplée, le cas échéant, le Président de la République dans la présidence des conseils et comités prévus à l'article 15.

Il peut, à titre exceptionnel, le suppléer pour la présidence d'un conseil des ministres en vertu d'une délégation expresse et pour un ordre du jour déterminé.

Art. 22. — Les actes du Premier Ministre sont contresignés, le cas échéant, par les ministres chargés de leur exécution.

Art. 23. — Les fonctions de membre du Gouvernement sont incompatibles avec l'exercice de tout mandat parlementaire, de toute fonction de représentation professionnelle à caractère national et de tout emploi public ou de toute activité professionnelle.

Une loi organique fixe les conditions dans lesquelles il est pourvu au remplacement des titulaires de tels mandats, fonctions ou emplois.

Le remplacement des membres du Parlement a lieu conformément aux dispositions de l'article 25.

TITRE IV

LE PARLEMENT

ART. 24. — Le Parlement comprend l'Assemblée Nationale et le Sénat.

Les députés à l'Assemblée Nationale sont élus au suffrage direct.

Le Sénat est élu au suffrage indirect. Il assure la représentation de collectivités territoriales de la République. Les Français établis hors de France sont représentés au Sénat.

ART. 25. — Une loi organique fixe la durée des pouvoirs de chaque assemblée, le nombre de ses membres, leur indemnité, les conditions d'éligibilité, le régime des inéligibilités et des incompatibilités.

Elle fixe également les conditions dans lesquelles sont élues les personnes appelées à assurer, en cas de vacance du siège, le remplacement des députés ou des sénateurs jusqu'au renouvellement général ou partiel de l'assemblée à laquelle ils appartenaient.

ART. 26. — Aucun membre du Parlement ne peut être poursuivi, recherché, arrêté, détenu ou jugé à l'occasion des opinions ou votes émis par lui dans l'exercice de ses fonctions.

Aucun membre du Parlement ne peut faire l'objet, en matière criminelle ou correctionnelle, d'une arrestation ou de toute autre mesure privative ou restrictive de liberté qu'avec l'autorisation du Bureau de l'assemblée dont il fait partie. Cette autorisation n'est pas requise en cas de crime ou de délit flagrant ou de condamnation définitive.

La détention, les mesures privatives ou restrictives de liberté ou la poursuite d'un membre du Parlement sont suspendues pour la durée de la session si l'assemblée dont il fait partie le requiert.

L'assemblée intéressée est réunie de plein droit pour des séances supplémentaires pour permettre, le cas échéant, l'application de l'alinéa ci-dessus.

ART. 27. — Tout mandat impératif est nul.

Le droit de vote des membres du Parlement est personnel.

La loi organique peut autoriser exceptionnellement la délégation de vote. Dans ce cas, nul ne peut recevoir délégation de plus d'un mandat.

ART. 28. — Le Parlement se réunit de plein droit en une session ordinaire qui commence le premier jour ouvrable d'octobre et prend fin le dernier jour ouvrable de juin.

Le nombre de jours de séance que chaque assemblée peut tenir au cours de la session ordinaire ne peut excéder cent vingt. Les semaines de séance sont fixées par chaque assemblée.

Le Premier Ministre, après consultation du Président de l'assemblée concernée, ou la majorité des membres de chaque assemblée peut décider la tenue de jours supplémentaires de séance.

Les jours et les horaires des séances sont déterminés par le règlement de chaque assemblée.

ART. 29. — Le Parlement est réuni en session extraordinaire à la demande du Premier Ministre ou de la majorité des membres composant l'Assemblée Nationale, sur un ordre du jour déterminé.

Lorsque la session extraordinaire est tenue à la demande des membres de l'Assemblée Nationale, le décret de clôture intervient dès que le Parlement a épuisé l'ordre du jour pour lequel il a été convoqué et au plus tard douze jours à compter de sa réunion.

Le Premier Ministre peut seul demander une nouvelle session avant l'expiration du mois qui suit le décret de clôture.

ART. 30. — Hors les cas dans lesquels le Parlement se réunit de plein droit, les sessions extraordinaires sont ouvertes et closes par décret du Président de la République.

ART. 31. — Les membres du Gouvernement ont accès aux deux assemblées. Ils sont entendus quand ils le demandent.

Ils peuvent se faire assister par des commissaires du Gouvernement.

ART. 32. — Le Président de l'Assemblée Nationale est élu pour la durée de la législature. Le Président du Sénat est élu après chaque renouvellement partiel.

ART. 33. — Les séances des deux assemblées sont publiques. Le compte rendu intégral des débats est publié au *Journal officiel*.

Chaque assemblée peut siéger en comité secret à la demande du Premier Ministre ou d'un dixième de ses membres.

TITRE V

DES RAPPORTS ENTRE LE PARLEMENT ET LE GOUVERNEMENT

ART. 34. — La loi est votée par le Parlement.
La loi fixe les règles concernant :

— les droits civiques et les garanties fondamentales accordées aux citoyens pour l'exercice des libertés publiques ; les sujétions imposées par la Défense nationale aux citoyens en leur personne et en leurs biens ;
— la nationalité, l'état et la capacité des personnes, les régimes matrimoniaux, les successions et libéralités ;
— la détermination des crimes et délits ainsi que les peines qui leur sont applicables ; la procédure pénale ; l'amnistie ; la création de nouveaux ordres de juridiction et le statut des magistrats ;
— l'assiette, le taux et les modalités de recouvrement des impositions de toutes natures ; le régime d'émission de la monnaie.

La loi fixe également les règles concernant :

— le régime électoral des assemblées parlementaires et des assemblées locales ;
— la création de catégories d'établissements publics ;

— les garanties fondamentales accordées aux fonctionnaires civils et militaires de l'Etat ;
— les nationalisations d'entreprises et les transferts de propriété d'entreprises du secteur public au secteur privé.

La loi détermine les principes fondamentaux :
— de l'organisation générale de la Défense nationale ;
— de la libre administration des collectivités locales, de leurs compétences et de leurs ressources ;
— de l'enseignement ;
— du régime de la propriété, des droits réels et des obligations civiles et commerciales ;
— du droit du travail, du droit syndical et de la sécurité sociale.

Les lois de finances déterminent les ressources et les charges de l'Etat dans les conditions et sous les réserves prévues par une loi organique.

Les lois de financement de la sécurité sociale déterminent les conditions générales de son équilibre financier et, compte tenu de leurs prévisions de recettes, fixent ses objectifs de dépenses, dans les conditions et sous les réserves prévues par une loi organique.

Des lois de programme déterminent les objectifs de l'action économique et sociale de l'Etat.

Les dispositions du présent article pourront être précisées et complétées par une loi organique.

Art. 35. — La déclaration de guerre est autorisée par le Parlement.

Art. 36. — L'état de siège est décrété en Conseil des Ministres.
Sa prorogation au-delà de douze jours ne peut être autorisée que par le Parlement.

Art. 37. — Les matières autres que celles qui sont du domaine de la loi ont un caractère réglementaire.

Les textes de forme législative intervenus en ces matières peuvent être modifiés par décrets pris après avis du Conseil d'Etat. Ceux de ces textes qui interviendraient après l'entrée en vigueur de la présente Constitution ne pourront être modifiés par décret que si le Conseil constitutionnel a déclaré qu'ils ont un caractère réglementaire en vertu de l'alinéa précédent.

Art. 38. — Le Gouvernement peut, pour l'exécution de son programme, demander au Parlement l'autorisation de prendre par ordonnances, pendant un délai limité, des mesures qui sont normalement du domaine de la loi.

Les ordonnances sont prises en Conseil des Ministres après avis du Conseil d'Etat. Elles entrent en vigueur dès leur publication mais deviennent caduques si le projet de loi de ratification n'est pas déposé devant le Parlement avant la date fixée par la loi d'habilitation.

A l'expiration du délai mentionné au premier alinéa du présent article, les ordonnances ne peuvent plus être modifiées que par la loi dans les matières qui sont du domaine législatif.

ART. 39. — L'initiative des lois appartient concurremment au Premier Ministre et aux membres du Parlement.

Les projets de loi sont délibérés en Conseil des Ministres après avis du Conseil d'Etat et déposés sur le bureau de l'une des deux assemblées. Les projets de loi de finances et de loi de financement de la sécurité sociale sont soumis en premier lieu à l'Assemblée Nationale.

ART. 40. — Les propositions et amendements formulés par les membres du Parlement ne sont pas recevables lorsque leur adoption aurait pour conséquence soit une diminution des ressources publiques, soit la création ou l'aggravation d'une charge publique.

ART. 41. — S'il apparaît au cours de la procédure législative qu'une proposition ou un amendement n'est pas du domaine de la loi ou est contraire à une délégation accordée en vertu de l'article 38, le Gouvernement peut opposer l'irrecevabilité.

En cas de désaccord entre le Gouvernement et le Président de l'assemblée intéressée, le Conseil constitutionnel, à la demande de l'un ou de l'autre, statue dans un délai de huit jours.

ART. 42. — La discussion des projets de loi porte, devant la première assemblée saisie, sur le texte présenté par le Gouvernement.

Une assemblée saisie d'un texte voté par l'autre assemblée délibère sur le texte qui lui est transmis.

ART. 43. — Les projets et propositions de loi sont, à la demande du Gouvernement ou de l'assemblée qui en est saisie, envoyés pour examen à des commissions spécialement désignées à cet effet.

Les projets et propositions pour lesquels une telle demande n'a pas été faite sont envoyés à l'une des commissions permanentes dont le nombre est limité à six dans chaque assemblée.

ART. 44. — Les membres du Parlement et le Gouvernement ont le droit d'amendement.

Après l'ouverture du débat, le Gouvernement peut s'opposer à l'examen de tout amendement qui n'a pas été antérieurement soumis à la commission.

Si le Gouvernement le demande, l'assemblée saisie se prononce par un seul vote sur tout ou partie du texte en discussion en ne retenant que les amendements proposés ou acceptés par le Gouvernement.

ART. 45. — Tout projet ou proposition de loi est examiné successivement dans les deux assemblées du Parlement en vue de l'adoption d'un texte identique.

Lorsque, par suite d'un désaccord entre les deux assemblées, un projet ou une proposition de loi n'a pu être adopté après deux lectures par chaque Assemblée ou si le Gouvernement a déclaré l'urgence, après une seule lecture par chacune d'entre d'elles, le Premier Ministre a la faculté de provoquer la réunion d'une commission mixte paritaire chargée de proposer un texte sur les dispositions restant en discussion.

Le texte élaboré par la commission mixte peut être soumis par le Gouvernement pour approbation aux deux assemblées. Aucun amendement n'est recevable sauf accord du Gouvernement.

Si la commission mixte ne parvient pas à l'adoption d'un texte commun ou si ce texte n'est pas adopté dans les conditions prévues à l'alinéa précédent, le Gouvernement peut, après une nouvelle lecture par l'Assemblée Nationale et par le Sénat, demander à l'Assemblée Nationale de statuer définitivement. En ce cas, l'Assemblée Nationale peut reprendre soit le texte élaboré par la commission mixte, soit le dernier texte voté par elle, modifié le cas échéant par un ou plusieurs des amendements adoptés par le Sénat.

ART. 46. — Les lois auxquelles la Constitution confère le caractère de lois organiques sont votées et modifiées dans les conditions suivantes.

Le projet ou la proposition n'est soumis à la délibération et au vote de la première assemblée saisie qu'à l'expiration d'un délai de quinze jours après son dépôt.

La procédure de l'article 45 est applicable. Toutefois, faute d'accord entre les deux assemblées, le texte ne peut être adopté par l'Assemblée Nationale en dernière lecture qu'à la majorité absolue de ses membres.

Les lois organiques relatives au Sénat doivent être votées dans les mêmes termes par les deux assemblées.

Les lois organiques ne peuvent être promulguées qu'après déclaration par le Conseil constitutionnel de leur conformité à la Constitution.

ART. 47. — Le Parlement vote les projets de loi de finances dans les conditions prévues par une loi organique.

Si l'Assemblée Nationale ne s'est pas prononcée en première lecture dans le délai de quarante jours après le dépôt d'un projet, le Gouvernement saisit le Sénat qui doit statuer dans un délai de quinze jours. Il est ensuite procédé dans les conditions prévues à l'article 45.

Si le Parlement ne s'est pas prononcé dans un délai de soixante-dix jours, les dispositions du projet peuvent être mises en vigueur par ordonnance.

Si la loi de finances fixant les ressources et les charges d'un exercice n'a pas été déposée en temps utile pour être promulguée avant le début de cet exercice, le Gouvernement demande d'urgence au Parlement l'autorisation de percevoir les impôts et ouvre par décret les crédits se rapportant aux services votés.

Les délais prévus au présent article sont suspendus lorsque le Parlement n'est pas en session.

La Cour des Comptes assiste le Parlement et le Gouvernement dans le contrôle de l'exécution des lois de finances.

ART. 47-1. — Le Parlement vote les projets de loi de financement de la sécurité sociale dans les conditions prévues par une loi organique.

Si l'Assemblée Nationale ne s'est pas prononcée en première lecture dans le délai de vingt jours après le dépôt d'un projet, le Gouvernement saisit le Sénat qui doit statuer dans un délai de quinze jours. Il est ensuite procédé dans les conditions prévues à l'article 45.

Si le Parlement ne s'est pas prononcé dans un délai de cinquante jours, les dispositions du projet peuvent être mises en œuvre par ordonnance.

Les délais prévus au présent article sont suspendus lorsque le Parlement n'est pas en session et, pour chaque assemblée, au cours des semaines où elle a décidé de ne pas tenir séance, conformément au deuxième alinéa de l'article 28.

La Cour des comptes assiste le Parlement et le Gouvernement dans le contrôle de l'application des lois de financement de la sécurité sociale.

ART. 48. — Sans préjudice de l'application des trois derniers alinéas de l'article 28, l'ordre du jour des assemblées comporte, par priorité et dans l'ordre que le Gouvernement a fixé, la discussion des projets de loi déposés par le Gouvernement et des propositions de lois acceptées par lui.

Une séance par semaine au moins est réservée par priorité aux questions des membres du Parlement et aux réponses du Gouvernement.

Une séance par mois est réservée par priorité à l'ordre du jour fixé par chaque assemblée.

ART. 49. — Le Premier Ministre, après délibération du Conseil des Ministres, engage devant l'Assemblée Nationale la responsabilité du Gouvernement sur son programme ou éventuellement sur une déclaration de politique générale.

L'Assemblée Nationale met en cause la responsabilité du Gouvernement par le vote d'une motion de censure. Une telle motion n'est recevable que si elle est signée par un dixième au moins des membres de l'Assemblée Nationale. Le vote ne peut avoir lieu que quarante-huit heures après son dépôt. Seuls sont recensés les votes favorables à la motion de censure qui ne peut être adoptée qu'à la majorité des membres composant l'Assemblée. Sauf dans le cas prévu à l'alinéa ci-dessous, un député ne peut être signataire de plus de trois motions de censure au cours d'une même session ordinaire et de plus d'une au cours d'une même session extraordinaire.

Le Premier Ministre peut, après délibération du Conseil des Ministres, engager la responsabilité du Gouvernement devant l'Assemblée Nationale sur le vote d'un texte. Dans ce cas, ce texte est considéré comme adopté, sauf si une motion de censure, déposée dans les vingt-quatre heures qui suivent, est votée dans les conditions prévues à l'alinéa précédent.

Le Premier Ministre a la faculté de demander au Sénat l'approbation d'une déclaration de politique générale.

ART. 50. — Lorsque l'Assemblée Nationale adopte une motion de censure ou lorsqu'elle désapprouve le programme ou une déclaration de politique générale du Gouvernement, le Premier Ministre doit remettre au Président de la République la démission du Gouvernement.

ART. 51. — La clôture de la session ordinaire ou des sessions extraordinaires est de droit retardée pour permettre, le cas échéant, l'application des dispositions de l'article 49. A cette même fin, des séances supplémentaires sont de droit.

TITRE VI

DES TRAITÉS ET ACCORDS INTERNATIONAUX

ART. 52. — Le Président de la République négocie et ratifie les traités.

Il est informé de toute négociation tendant à la conclusion d'un accord international non soumis à ratification.

Art. 53. — Les traités de paix, les traités de commerce, les traités ou accords relatifs à l'organisation internationale, ceux qui engagent les finances de l'Etat, ceux qui modifient des dispositions de nature législative, ceux qui sont relatifs à l'état des personnes, ceux qui comportent cession, échange ou adjonction de territoire, ne peuvent être ratifiés ou approuvés qu'en vertu d'une loi.

Ils ne prennent effet qu'après avoir été ratifiés ou approuvés.

Nulle cession, nul échange, nulle adjonction de territoire n'est valable sans le consentement des populations intéressées.

Art. 53-1. — La République peut conclure avec les Etats européens qui sont liés par des engagements identiques aux siens en matière d'asile et de protection des droits de l'homme et des libertés fondamentales, des accords déterminant leurs compétences respectives pour l'examen des demandes d'asile qui leur sont présentées.

Toutefois, même si la demande n'entre pas dans leur compétence en vertu de ces accords, les autorités de la République ont toujours le droit de donner asile à tout étranger persécuté en raison de son action en faveur de la liberté ou qui sollicite la protection de la France pour un autre motif.

Art. 54. — Si le Conseil constitutionnel, saisi par le Président de la République, par le Premier Ministre, par le Président de l'une ou l'autre assemblée ou par soixante députés ou soixante sénateurs, a déclaré qu'un engagement international comporte une clause contraire à la Constitution, l'autorisation de ratifier ou d'approuver l'engagement international en cause ne peut intervenir qu'après la révision de la Constitution.

Art. 55. — Les traités ou accords régulièrement ratifiés ou approuvés ont, dès leur publication, une autorité supérieure à celle des lois, sous réserve, pour chaque accord ou traité, de son application par l'autre partie.

Titre VII

LE CONSEIL CONSTITUTIONNEL

Art. 56. — Le Conseil constitutionnel comprend neuf membres, dont le mandat dure neuf ans et n'est pas renouvelable. Le Conseil constitutionnel se renouvelle par tiers tous les trois ans. Trois des membres sont nommés par le Président de la République, trois par le Président de l'Assemblée Nationale, trois par le Président du Sénat.

En sus des neuf membres prévus ci-dessus, font de droit partie à vie du Conseil constitutionnel les anciens Présidents de la République.

Le Président est nommé par le Président de la République. Il a voix prépondérante en cas de partage.

Art. 57. — Les fonctions de membre du Conseil constitutionnel sont incompatibles avec celles de ministre ou de membre du Parlement. Les autres incompatibilités sont fixées par une loi organique.

Art. 58. — Le Conseil constitutionnel veille à la régularité de l'élection du Président de la République.

Il examine les réclamations et proclame les résultats du scrutin.

Art. 59. — Le Conseil constitutionnel statue, en cas de contestation, sur la régularité de l'élection des députés et des sénateurs.

Art. 60. — Le Conseil constitutionnel veille à la régularité des opérations de référendum et en proclame les résultats.

Art. 61. — Les lois organiques, avant leur promulgation, et les règlements des assemblées parlementaires, avant leur mise en application, doivent être soumis au Conseil constitutionnel qui se prononce sur leur conformité à la Constitution.

Aux mêmes fins, les lois peuvent être déférées au Conseil constitutionnel, avant leur promulgation, par le Président de la République, le Premier Ministre, le Président de l'Assemblée Nationale, le Président du Sénat ou soixante députés ou soixante sénateurs.

Dans les cas prévus aux deux alinéas précédents, le Conseil constitutionnel doit statuer dans le délai d'un mois. Toutefois, à la demande du Gouvernement, s'il y a urgence, ce délai est ramené à huit jours.

Dans ces mêmes cas, la saisine du Conseil constitutionnel suspend le délai de promulgation.

Art. 62. — Une disposition déclarée inconstitutionnelle ne peut être promulguée ni mise en application.

Les décisions du Conseil constitutionnel ne sont susceptibles d'aucun recours. Elles s'imposent aux pouvoirs publics et à toutes les autorités administratives et juridictionnelles.

Art. 63. — Une loi organique détermine les règles d'organisation et de fonctionnement du Conseil constitutionnel, la procédure qui est suivie devant lui et notamment les délais ouverts pour le saisir de contestations.

Titre VIII

DE L'AUTORITÉ JUDICIAIRE

Art. 64. — Le Président de la République est garant de l'indépendance de l'autorité judiciaire.

Il est assisté par le Conseil supérieur de la Magistrature.

Une loi organique porte statut des magistrats.

Les magistrats du siège sont inamovibles.

Art. 65. — Le Conseil supérieur de la Magistrature est présidé par le Président de la République. Le ministre de la Justice en est le vice-président de droit. Il peut suppléer le Président de la République.

Le Conseil supérieur de la Magistrature comprend deux formations, l'une compétente à l'égard des magistrats du siège, l'autre à l'égard des magistrats du parquet.

La formation compétente à l'égard des magistrats du siège comprend, outre le Président de la République et le Garde des sceaux, cinq magistrats du siège et un magistrat du parquet, un conseiller d'Etat, désigné par le Conseil d'Etat, et trois personnalités n'appartenant ni au Parlement ni à l'ordre judiciaire, désignées respectivement par le Président de la République, le Président de l'Assemblée Nationale et le Président du Sénat.

La formation compétente à l'égard des magistrats du parquet comprend, outre le Président de la République et le Garde des sceaux, cinq magistrats du parquet et un magistrat du siège, le conseiller d'Etat et les trois personnalités mentionnés à l'alinéa précédent.

La formation du Conseil supérieur de la Magistrature compétente à l'égard des magistrats du siège fait des propositions pour les nominations des magistrats du siège à la Cour de cassation, pour celles de premier président de cour d'appel et pour celles de président de tribunal de grande instance. Les autres magistrats du siège sont nommés sur son avis conforme.

Elle statue comme conseil de discipline des magistrats du siège. Elle est alors présidée par le premier président de la Cour de cassation.

La formation du Conseil supérieur de la Magistrature compétente à l'égard des magistrats du parquet donne son avis pour les nominations concernant les magistrats du parquet, à l'exception des emplois auxquels il est pourvu en Conseil des Ministres.

Elle donne son avis sur les sanctions disciplinaires concernant les magistrats du parquet. Elle est alors présidée par le procureur général près la Cour de cassation.

Une loi organique détermine les conditions d'application du présent article.

ART. 66. — Nul ne peut être arbitrairement détenu.

L'autorité judiciaire, gardienne de la liberté individuelle, assure le respect de ce principe dans les conditions prévues par la loi.

TITRE IX

LA HAUTE COUR DE JUSTICE

ART. 67. — Il est institué une Haute Cour de Justice.

Elle est composée de membres élus, en leur sein et en nombre égal, par l'Assemblée Nationale et par le Sénat après chaque renouvellement général ou partiel de ces assemblées. Elle élit son Président parmi ses membres.

Une loi organique fixe la composition de la Haute Cour, les règles de son fonctionnement ainsi que la procédure applicable devant elle.

ART. 68. — Le Président de la République n'est responsable des actes accomplis dans l'exercice de ses fonctions qu'en cas de haute trahison. Il ne peut être mis en accusation que par les deux assemblées statuant par un vote identique au scrutin public et à la majorité absolue des membres les composant ; il est jugé par la Haute Cour de Justice.

Titre X

DE LA RESPONSABILITÉ PÉNALE
DES MEMBRES DU GOUVERNEMENT

Art. 68-1. — Les membres du Gouvernement sont pénalement responsables des actes accomplis dans l'exercice de leurs fonctions et qualifiés crimes ou délits au moment où ils ont été commis.

Ils sont jugés par la Cour de Justice de la République.

La Cour de Justice de la République est liée par la définition des crimes et délits ainsi que par la détermination des peines telles qu'elles résultent de la loi.

Art. 68-2. — La Cour de Justice de la République comprend quinze juges : douze parlementaires élus, en leur sein et en nombre égal, par l'Assemblée Nationale et par le Sénat après chaque renouvellement général ou partiel de ces assemblées et trois magistrats du siège à la Cour de cassation, dont l'un préside la Cour de Justice de la République.

Toute personne qui se prétend lésée par un crime ou un délit commis par un membre du Gouvernement dans l'exercice de ses fonctions peut porter plainte auprès d'une commission des requêtes.

Cette commission ordonne soit le classement de la procédure, soit sa transmission au procureur général près la Cour de cassation aux fins de saisine de la Cour de Justice de la République.

Le procureur général près la Cour de cassation peut aussi saisir d'office la Cour de Justice de la République sur avis conforme de la commission des requêtes.

Une loi organique détermine les conditions d'application du présent article.

Art. 68-3. — Les dispositions du présent titre sont applicables aux faits commis avant son entrée en vigueur.

Titre XI

LE CONSEIL ÉCONOMIQUE ET SOCIAL

Art. 69. — Le Conseil économique et social, saisi par le Gouvernement, donne son avis sur les projets de loi, d'ordonnance ou de décret ainsi que sur les propositions de loi qui lui sont soumis.

Un membre du Conseil économique et social peut être désigné par celui-ci pour exposer devant les assemblées parlementaires l'avis du Conseil sur les projets ou propositions qui lui ont été soumis.

Art. 70. — Le Conseil économique et social peut être également consulté par le Gouvernement sur tout problème de caractère économique ou social. Tout plan ou tout projet de loi de programme à caractère économique ou social lui est soumis pour avis.

Art. 71. — La composition du Conseil économique et social et ses règles de fonctionnement sont fixées par une loi organique.

Titre XII

DES COLLECTIVITÉS TERRITORIALES

Art. 72. — Les collectivités territoriales de la République sont les communes, les départements, les territoires d'outre-mer. Toute autre collectivité territoriale est créée par la loi.

Ces collectivités s'administrent librement par des conseils élus et dans les conditions prévues par la loi.

Dans les départements et les territoires, le délégué du Gouvernement a la charge des intérêts nationaux, du contrôle administratif et du respect des lois.

Art. 73. — Le régime législatif et l'organisation administrative des départements d'outre-mer peuvent faire l'objet de mesures d'adaptation nécessitées par leur situation particulière.

Art. 74. — Les territoires d'outre-mer de la République ont une organisation particulière tenant compte de leurs intérêts propres dans l'ensemble des intérêts de la République.

Les statuts des territoires d'outre-mer sont fixés par des lois organiques qui définissent, notamment, les compétences de leurs institutions propres, et modifiés, dans la même forme, après consultation de l'assemblée territoriale intéressée.

Les autres modalités de leur organisation particulière sont définies et modifiées par la loi après consultation de l'assemblée territoriale intéressée.

Art. 75. — Les citoyens de la République qui n'ont pas le statut civil de droit commun, seul visé à l'article 34, conservent leur statut personnel tant qu'ils n'y ont pas renoncé.

Art. 76. — *Abrogé.*

Titre XIII

Abrogé.

Titre XIV

DES ACCORDS D'ASSOCIATION

Art. 88. — La République peut conclure des accords avec des Etats qui désirent s'associer à elle pour développer leurs civilisations.

Titre XV

DES COMMUNAUTÉS EUROPÉENNES
ET DE L'UNION EUROPÉENNE

Art. 88-1. — La République participe aux Communautés européennes et à l'Union européenne, constituées d'Etats qui ont choisi librement, en vertu des traités qui les ont instituées, d'exercer en commun certaines de leurs compétences.

Art. 88-2. — Sous réserve de réciprocité et selon les modalités prévues par le traité sur l'Union européenne signé le 7 février 1992, la France consent aux transferts de compétences nécessaires à l'établissement de l'Union économique et monétaire européenne ainsi qu'à la détermination des règles relatives au franchissement des frontières extérieures des Etats membres de la Communauté européenne.

Art. 88-3. — Sous réserve de réciprocité et selon les modalités prévues par le traité sur l'Union européenne signé le 7 février 1992, le droit de vote et d'éligibilité aux élections municipales peut être accordé aux seuls citoyens de l'Union résidant en France. Ces citoyens ne peuvent exercer les fonctions de maire ou d'adjoint ni participer à la désignation des électeurs sénatoriaux et à l'élection des sénateurs. Une loi organique votée dans les mêmes termes par les deux assemblées détermine les conditions d'application du présent article.

Art. 88-4. — Le Gouvernement soumet à l'Assemblée Nationale et au Sénat, dès leur transmission au Conseil des Communautés, les propositions d'actes communautaires comportant des dispositions de nature législative.

Pendant les sessions ou en dehors d'elles, des résolutions peuvent être votées dans le cadre du présent article, selon des modalités déterminées par le règlement de chaque assemblée.

Titre XVI

DE LA RÉVISION

Art. 89. — L'initiative de la révision de la Constitution appartient concurremment au Président de la République sur proposition du Premier Ministre et aux membres du Parlement.

Le projet ou la proposition de révision doit être voté par les deux assemblées en termes identiques. La révision est définitive après avoir été approuvée par référendum.

Toutefois, le projet de révision n'est pas présenté au référendum lorsque le Président de la République décide de le soumettre au Parlement convoqué en Congrès ; dans ce cas, le projet de révision n'est approuvé que s'il réunit la majorité des trois cinquièmes des suffrages exprimés. Le bureau du Congrès est celui de l'Assemblée Nationale.

Aucune procédure de révision ne peut être engagée ou poursuivie lorsqu'il est porté atteinte à l'intégrité du territoire.

La forme républicaine du Gouvernement ne peut faire l'objet d'une révision.

TITRE XVII

Abrogé.

Table des figures

Imprimé en France
Imprimerie des Presses Universitaires de France
73, avenue Ronsard, 41100 Vendôme
Avril 1996 — N° 42 061

THÉMIS

Collection dirigée par Maurice Duverger

SCIENCE POLITIQUE

Direction : Maurice Duverger

THÉMIS
Collection dirigée par Maurice Duverger

DROIT PRIVÉ

Direction : Maurice Duverger
Catherine Labrusse-Riou

THÉMIS

Collection dirigée par Maurice Duverger

DROIT PUBLIC

Direction : Maurice Duverger
Didier Truchet

AUBY Jean-Bernard et Jean-François   *Droit des collectivités locales.* 1990, 1ʳᵉ éd.
BURDEAU François   *Histoire du droit administratif.* 1995, 1ʳᵉ éd.
DEBBASCH Charles   *Institutions et droit administratifs*
  T. 1 : *Les Structures administratives.* 1991, 4ᵉ éd. mise à jour
  T. 2 : *L'Action et le contrôle de l'administration.* 1992, 3ᵉ éd. mise à jour
DEBBASCH Charles, BOURDON Jacques, PONTIER Jean-Marie et RICCI Jean-Claude   *Droit administratif des biens.* 1994. 2ᵉ éd.
DUVERGER Maurice   *Eléments de droit public.* 1994, 13ᵉ éd. mise à jour
GLEIZAL Jean-Jacques, GATTI Domenach et JOURNES Claude   *La Police. Le cas des démocraties occidentales.* 1993, 1ʳᵉ éd.
LUCHAIRE François et Yves   *Le Droit de la décentralisation.* 1989, 2ᵉ éd. mise à jour
MEHL Lucien et BELTRAME Pierre   *Science et technique fiscales.* 1984, 1ʳᵉ éd.
REUTER Paul   *Droit international public.* 1992, 7ᵉ éd.
RIVERO Jean   *Les Libertés publiques*
  T. 1 : *Les Droits de l'homme.* 1995, 7ᵉ éd. mise à jour
  T. 2 : *Le Régime des principales libertés.* 1996, 5ᵉ éd. mise à jour
ROBERT Jacques-Henri   *Droit pénal général.* 1992, 2ᵉ éd. mise à jour
SUEUR Philippe   *Histoire du droit public français*
  T. 1 : *Constitution monarchique.* 1993, 2ᵉ éd.
  T. 2 : *Affirmation et crise Etat.* 1994, 2ᵉ éd.
TOUSCOZ Jean   *Droit international.* 1993, 1ʳᵉ éd.
VEDEL Georges et DELVOLVÉ Pierre   *Droit administratif*
  T. I. 1992, 12ᵉ éd.
  T. II. 1992, 12ᵉ éd.

THÉMIS

Collection dirigée par Maurice Duverger

ÉCONOMIE

Direction : Maurice Duverger
Jean-Claude Casanova

BOURGUINAT Henri *Finance internationale.* 1995, 2ᵉ éd.
DENIS Henri *Histoire de la pensée économique.* 1993, 10ᵉ éd. mise à jour
FLOUZAT Denise *Economie contemporaine*
  T. 1 : *Les Fonctions économiques.* 1994, 16ᵉ éd. refondue
  T. 2 : *Les Phénomènes monétaires.* 1995, 13ᵉ éd. mise à jour
  T. 3 : *Croissance, crises et stratégies économiques.* 1994, 7ᵉ éd.
GRELLET Gérard *Structures et stratégies du développement économique.* 1986, 1ʳᵉ éd.
GUILLAUMONT Patrick *Economie du développement*
  T. 1 : *Le Sous-développement.* 1985, 1ʳᵉ éd.
  T. 2 : *Dynamique interne du développement.* 1985, 1ʳᵉ éd.
  T. 3 : *Dynamique internationale du développement.* 1985, 1ʳᵉ éd.
KIRMAN Alan, LAPIED André *Microéconomie.* 1991, 1ʳᵉ éd.
LLAU *Economie financière publique.* 2ᵉ éd. (à paraître)
MORRISSON Christian *La Répartition des revenus* (à paraître)
NÊME Jacques et Colette *Politiques économiques comparées.* 1989, 2ᵉ éd. mise à jour
NIVEAU Maurice *Histoire des faits économiques contemporains.* 1992, 8ᵉ éd.
WOLFELSPERGER Alain *Economie publique.* 1995, 1ʳᵉ éd.

HISTOIRE

Direction : Maurice Duverger
Jean-François Sirinelli

BELY Lucien *Les Relations internationales en Europe, XVIIᵉ-XVIIIᵉ siècles.* 1992, 1ʳᵉ éd.
COURTOIS Stéphane, LAZAR Marc *Histoire du Parti communiste français.* 1995, 1ʳᵉ éd.
WERTH Nicolas *Histoire de l'Union soviétique.* 1992, 2ᵉ éd. mise à jour

PHILOSOPHIE

Direction : Maurice Duverger
Jean-François Mattéi

MATTÉI Jean-François *Platon et le miroir du mythe : de l'âge d'or à l'Atlantide* (à paraître)
AGAZZI Evandro *Le Bien, le mal et la science* (à paraître)
DRAI Raphaël *La Pensée juive* (à paraître)

PRINCIPAUX OUVRAGES DU MÊME AUTEUR

ESSAIS ET ÉTUDES

L'Europe dans tous ses Etats, 1995 (PUF). Traduction portugaise.
Europe des Hommes, 1994 (Odile Jacob). Traductions italienne, espagnole, portugaise, grecque.
Le lièvre libéral et la tortue européenne, 1990 (Albin Michel). Traduction espagnole.
La nostalgie de l'impuissance, 1988 (Albin Michel).
La cohabitation des Français, 1987 (PUF).
Bréviaire de la cohabitation, 1986 (PUF).
La République des citoyens, 1982 (Ramsay). Traductions espagnole, japonaise.
Les partis politiques, 1951 ; 10ᵉ éd., 1981 (Le Seuil). Traductions anglaise, allemande, espagnole, italienne, portugaise, coréenne, iranienne, turque, arabe, chinoise.
Les orangers du lac Balaton, 1980 (Le Seuil). Traductions espagnole, italienne.
Echec au roi, 1978 (Albin Michel). Traduction portugaise, bulgare.
L'autre côté des choses, 1977 (Albin Michel). Traductions portugaise, bulgare.
Lettre ouverte aux socialistes, 1976 (Albin Michel). Traductions espagnole, portugaise, danoise.
La monarchie républicaine, 1974 (Robert Laffont). Traductions espagnole, turque, japonaise.
Janus : les deux faces de l'Occident, 1972 (Arthème Fayard). Traductions anglaise, allemande, espagnole, italienne, portugaise, grecque, danoise, turque, japonaise.
Introduction à la politique, 1964 (Gallimard). Traductions anglaise, italienne, espagnole, portugaise, suédoise, danoise, turque, japonaise, yougoslave, grecque, néerlandaise, iranienne.
La démocratie sans le peuple, 2ᵉ éd., 1971 (Le Seuil). Traductions espagnole, italienne, portugaise, danoise, japonaise, turque, yougoslave.
De la dictature, 1961 (René Julliard). Traductions allemande, italienne, japonaise, turque, arabe.
La VIᵉ République et le régime présidentiel, 1961 (Arthème Fayard). Traductions italienne, espagnole.
Demain la République, 1958 (René Julliard). Traduction italienne.
La participation des femmes à la vie politique, 1955 (Unesco). Traductions anglaise, espagnole.

MANUELS D'ENSEIGNEMENT SUPÉRIEUR

Institutions politiques et droit constitutionnel, I. *Les grands systèmes politiques* ; 18ᵉ éd., 1990 (PUF). Traductions espagnole, arabe.
Sociologie de la politique, 2ᵉ éd., 1984 (PUF). Traductions espagnole, portugaise, chinoise.
Sociologie politique, 3ᵉ éd., 1968 (PUF). Traductions anglaise, espagnole, italienne, portugaise, japonaise.
Méthodes des sciences sociales, 3ᵉ éd., 1964 (PUF). Traductions anglaise, espagnole, italienne, portugaise, japonaise, finlandaise, iranienne, grecque, arabe.
Méthodes de la science politique, 1959 (PUF).
Finances publiques, 10ᵉ éd., 1984 (PUF).
Eléments de fiscalité, 1976 (PUF).
Eléments de droit public, 13ᵉ éd., 1995 (PUF).
The French political system, 1958 ; réimpression, 1974 (Chicago University Press).
Constitutions et documents politiques, 14ᵉ éd., 1996 (PUF).

OUVRAGES DE VULGARISATION

Les Constitutions de la France, 12ᵉ éd., 1991 (PUF). La première édition a été saisie et détruite par la Milice du gouvernement de Vichy. Traduction japonaise.
Les régimes politiques, 7ᵉ éd., 1965 (PUF). Traductions allemande, espagnole, portugaise, indonésienne, finlandaise, turque, grecque, israélienne, iranienne, japonaise, néerlandaise.
Les finances publiques, 4ᵉ éd., 1967 (PUF). Traductions turque, japonaise.

ISBN 2 13 047414 4

21ᵉ édition, mise à jour : 1996, avril

THÉMIS SCIENCE POLITIQUE

SOUS LA DIRECTION DE M. DUVERGER

MAURICE DUVERGER

Professeur émérite à l'Université de Paris I

Le système politique français

Droit constitutionnel
et Science politique

PRESSES UNIVERSITAIRES DE FRANCE

THÉMIS

COLLECTION DIRIGÉE PAR MAURICE DUVERGER

*Le système
politique français*